독학사

4단계
교양공통

국어

시대에듀

머리말 INTRO

학위를 얻는 데 시간과 장소는 더 이상 제약이 되지 않습니다. 대입 전형을 거치지 않아도 '학점은행제'를 통해 학사학위를 취득할 수 있기 때문입니다. 그중 독학학위제도는 고등학교 졸업자이거나 이와 동등 이상의 학력을 가지고 있는 사람들에게 효율적인 학점 인정 및 학사학위 취득의 기회를 줍니다.

학습을 통한 개인의 자아실현 도구이자 자신의 실력을 인정받을 수 있는 스펙인 독학사는 짧은 기간 안에 학사학위를 취득할 수 있는 가장 빠른 지름길로써 많은 수험생들의 선택을 받고 있습니다.

이 책은 독학사 시험을 준비하는 수험생분들이 단기간에 효과적인 학습을 할 수 있도록 다음과 같이 구성하였습니다.

---

01 시행처의 평가영역을 바탕으로 시험에 출제될 수 있는 내용을 '핵심이론'으로 구성하였으며, '더 알아두기'를 통해 내용 이해에 부족함이 없도록 하였습니다. 또한 4단계의 주관식 문제를 대비할 수 있도록 '주관식 레벨 UP'을 수록하였습니다.

02 학습한 이론을 확인할 수 있도록 출제 경향을 반영한 '실전예상문제'를 수록하였습니다. 객관식 문제뿐만 아니라 주관식 문제에도 철저히 대비할 수 있도록 다양한 문제로 구성하였습니다.

03 출제 경향을 반영한 '최종모의고사'로 자신의 실력을 점검해 볼 수 있도록 하였습니다.

04 핵심적인 내용을 정리한 '핵심요약집'으로 전반적인 내용을 손쉽게 파악할 수 있도록 하였습니다.

시간 대비 학습의 효율성을 높이기 위해 방대한 학습 분량을 최대한 압축하여 정리하였으며, 출제 유형을 반영한 문제들로 구성하도록 노력하였습니다. 이 책으로 학위취득의 꿈을 이루고자 하는 수험생 여러분의 합격을 응원합니다.

편저자 드림

◆ 독학학위제란?

「독학에 의한 학위취득에 관한 법률」에 의거하여 국가에서 시행하는 시험에 합격한 사람에게 학사학위를
수여하는 제도

- ✅ 고등학교 졸업 이상의 학력을 가진 사람이면 누구나 응시 가능
- ✅ 대학교를 다니지 않아도 스스로 공부해서 학위취득 가능
- ✅ 일과 학습의 병행이 가능하여 시간과 비용 최소화
- ✅ 언제, 어디서나 학습이 가능한 평생학습시대의 자아실현을 위한 제도
- ✅ 학위취득시험은 4개의 과정(교양, 전공기초, 전공심화, 학위취득 종합시험)으로 이루어져 있으며 각 과정별 시험을
  모두 거쳐 학위취득 종합시험에 합격하면 학사학위 취득

◆ 독학학위제 전공 분야 (11개 전공)

국어국문학 | 영어영문학 | 심리학 | 경영학 | 컴퓨터공학 | 간호학
법학 | 행정학 | 가정학 | 유아교육학 | 정보통신학

※ 유아교육학 및 정보통신학 전공 : 3, 4과정만 개설
　(정보통신학의 경우 3과정은 2025년까지, 4과정은 2026년까지만 응시 가능하며, 이후 폐지)
※ 간호학 전공 : 4과정만 개설
※ 중어중문학, 수학, 농학 전공 : 폐지 전공으로, 기존에 해당 전공 학적 보유자에 한하여 2025년까지 응시 가능

※ 시대에듀는 현재 4개 학과(심리학과, 경영학과, 컴퓨터공학과, 간호학과) 개설 완료
※ 2개 학과(국어국문학과, 영어영문학과) 개설 중

⬡ 과정별 응시자격

단계	과정	응시자격	과정(과목) 시험 면제 요건
1	교양	고등학교 졸업 이상 학력 소지자	• 대학(교)에서 각 학년 수료 및 일정 학점 취득 • 학점은행제 일정 학점 인정 • 국가기술자격법에 따른 자격 취득 • 교육부령에 따른 각종 시험 합격 • 면제지정기관 이수 등
2	전공기초		
3	전공심화		

4	학위취득	• 1~3과정 합격 및 면제
		• 대학에서 동일 전공으로 3년 이상 수료
		  (3년제의 경우 졸업) 또는 105학점 이상 취득
		• 학점은행제 동일 전공 105학점 이상 인정
		  (전공 28학점 포함)
		• 외국에서 15년 이상의 학교교육과정 수료
			없음(반드시 응시)

⬡ 응시방법 및 응시료

• 접수방법 : 온라인으로만 가능
• 제출서류 : 응시자격 증빙서류 등 자세한 내용은 홈페이지 참조
• 응시료 : 20,700원

⬡ 독학학위제 시험 범위

• 시험 과목별 평가영역 범위에서 대학 전공자에게 요구되는 수준으로 출제
• 독학학위제 홈페이지(bdes.nile.or.kr) ➡ 학습정보 ➡ 과목별 평가영역에서 확인

⬡ 문항 수 및 배점

과정	일반 과목			예외 과목		
	객관식	주관식	합계	객관식	주관식	합계
교양, 전공기초 (1~2과정)	40문항×2.5점 =100점	–	40문항 100점	25문항×4점 =100점	–	25문항 100점
전공심화, 학위취득 (3~4과정)	24문항×2.5점 =60점	4문항×10점 =40점	28문항 100점	15문항×4점 =60점	5문항×8점 =40점	20문항 100점

※ 2017년도부터 교양과정 인정시험 및 전공기초과정 인정시험은 객관식 문항으로만 출제

⬡ 합격 기준

■ 1~3과정(교양, 전공기초, 전공심화) 시험

단계	과정	합격 기준	유의 사항
1	교양	매 과목 60점 이상 득점을 합격으로 하고, 과목 합격 인정(합격 여부만 결정)	5과목 합격
2	전공기초		6과목 이상 합격
3	전공심화		

■ 4과정(학위취득) 시험 : 총점 합격제 또는 과목별 합격제 선택

구분	합격 기준	유의 사항
총점 합격제	• 총점(600점)의 60% 이상 득점(360점) • 과목 낙제 없음	• 6과목 모두 신규 응시 • 기존 합격 과목 불인정
과목별 합격제	매 과목 100점 만점으로 하여 전 과목(교양 2, 전공 4) 60점 이상 득점	• 기존 합격 과목 재응시 불가 • 1과목이라도 60점 미만 득점하면 불합격

⬡ 시험 일정

| 1단계
2월 중 | 2단계
5월 중 | 3단계
8월 중 | 4단계
10월 중 |

■ 4단계 시험 과목 및 시간표

구분(교시별)	시간	시험 과목명
1교시	09:00~10:40 (100분)	국어, 국사, 외국어 중 택2 과목 (외국어를 선택할 경우 실용영어, 실용독일어, 실용프랑스어, 실용중국어, 실용일본어 중 택1 과목)
2교시	11:10~12:50 (100분)	총 11개 학과 (컴퓨터공학, 간호학, 국어국문학, 영어영문학, 심리학, 경영학, 법학, 행정학, 유아교육학, 가정학, 정보통신학 중 택2 전공과목)
중식 12:50~13:40(50분)		
3교시	14:00~15:40 (100분)	총 11개 학과 (컴퓨터공학, 간호학, 국어국문학, 영어영문학, 심리학, 경영학, 법학, 행정학, 유아교육학, 가정학, 정보통신학 중 택2 전공과목)

※ 시험 일정 및 세부사항은 반드시 독학학위제 홈페이지(bdes.nile.or.kr)를 통해 확인하시기 바랍니다.

독학학위제 출제방향 GUIDE

국가평생교육진흥원에서 고시한 과목별 평가영역에 준거하여 출제하되, 특정한 영역이나 분야가 지나치게 중시되거나 경시되지 않도록 한다.

독학자들의 취업 비율이 높은 점을 감안하여, 과목의 특성을 반영하는 범주 내에서 학문적이고 이론적인 문항뿐만 아니라 실무적인 문항도 출제한다.

단편적 지식의 암기로 풀 수 있는 문항의 출제는 지양하고, 이해력ㆍ적용력ㆍ분석력 등 폭넓고 고차원적인 능력을 측정하는 문항을 위주로 한다.

이설(異說)이 많은 내용의 출제는 지양하고 보편적이고 정설화된 내용에 근거하여 출제하며, 그럴 수 없는 경우에는 해당 학자의 성명이나 학파를 명시한다.

교양과정 인정시험(1과정)은 대학 교양교재에서 공통적으로 다루고 있는 기본적이고 핵심적인 내용을 출제하되, 교양과정 범위를 넘는 전문적이거나 지엽적인 내용의 출제는 지양한다.

전공기초과정 인정시험(2과정)은 각 전공영역의 학문을 연구하기 위하여 각 학문 계열에서 공통적으로 필요한 지식과 기술을 평가한다.

전공심화과정 인정시험(3과정)은 각 전공영역에 관하여 보다 심화된 전문적인 지식과 기술을 평가한다.

학위취득 종합시험(4과정)은 시험의 최종 과정으로서 학위를 취득한 자가 일반적으로 갖추어야 할 소양 및 전문지식과 기술을 종합적으로 평가한다.

교양과정 인정시험 및 전공기초과정 인정시험의 시험방법은 객관식(4지택1형)으로 한다.

전공심화과정 인정시험 및 학위취득 종합시험의 시험방법은 객관식(4지택1형)과 주관식(80자 내외의 서술형)으로 하되, 과목의 특성에 따라 다소 융통성 있게 출제한다.

독학학위제 합격수기 COMMENT

❝ 저는 학사편입 제도를 이용하기 위해 2~4단계 시험에 순차로 응시했고 한 번에 합격했습니다.
아슬아슬한 점수라서 부끄럽지만 독학사는 자료가 부족해서 부족하나마 후기를 쓰는 것이 도움이 될까 하여
제 합격전략을 정리하여 알려 드립니다.

#1. 교재와 전공서적을 가까이에!

학사학위 취득은 본래 4년을 기본으로 합니다. 독학사는 이를 1년으로 단축하는 것을 목표로 하는 시험이라 실제
시험도 변별력을 높이는 몇 문제를 제외한다면 기본이 되는 중요한 이론 위주로 출제됩니다. 시대에듀의 독학사
시리즈 역시 이에 맞추어 중요한 내용이 일목요연하게 압축·정리되어 있습니다. 빠르게 훑어보기 좋지만 내가
목표로 한 전공에 대해 자세히 알고 싶다면 전공서적과 함께 공부하는 것이 좋습니다. 교재와 전공서적을 함께
보면서 교재에 전공서적 내용을 정리하여 단권화하면 시험이 임박했을 때 교재 한 권으로도 자신 있게 시험을
치를 수 있습니다.

#2. 시간확인은 필수!

쉬운 문제는 금방 넘어가지만 지문이 길거나 어렵고 헷갈리는 문제도 있고, OMR 카드에 마킹까지 해야 하니
실제로 주어진 시간은 더 짧습니다. 앞부분에 어려운 문제가 있다고 해서 시간을 많이 허비하면 쉽게 풀 수 있는
뒷부분 문제들을 놓칠 수 있습니다. 문제 푸는 속도가 느려지면 집중력도 떨어집니다. 그래서 어차피 배점은 같
으니 아는 문제를 최대한 많이 맞히는 것을 목표로 했습니다.
① 어려운 문제는 빠르게 넘기면서 문제를 끝까지 다 풀고 ② 확실한 답부터 우선 마킹한 후 ③ 다시 시험지로
돌아가 건너뛴 문제들을 다시 풀었습니다. 확실히 시간을 재고 문제를 많이 풀어봐야 실전에 도움이 되는 것
같습니다.

#3. 문제풀이의 반복!

여느 시험과 마찬가지로 문제는 많이 풀어볼수록 좋습니다. 이론을 공부한 후 예상문제를 풀다보니 부족한 부분이
어딘지 확인할 수 있었고, 공부한 이론이 시험에 어떤 식으로 출제될지 예상할 수 있었습니다. 그렇게 부족한 부분
을 보충해가며 문제유형을 파악하면 이론을 복습할 때도 어떤 부분을 중점적으로 암기해야 할지 알 수 있습니다.
이론 공부가 어느 정도 마무리되었을 때 시계를 준비하고 모의고사를 풀었습니다. 실제 시험시간을 생각하면서
예행연습을 하니 시험 당일에는 덜 긴장할 수 있었습니다.

학위취득을 위해 오늘도 열심히 학습하시는 수험생 여러분에게도 합격의 영광이 있길 기원하면서 이만 줄입니다. ❞

이 책의 구성과 특징 STRUCTURES

---

01 핵심이론

평가영역을 기반으로 체계적으로 정리된 '핵심이론'을 통해 실제 출제 가능성이 높은 내용을 정확하게 학습해 보세요.

---

02 주관식 레벨 UP

다양한 문제로 구성된 '주관식 레벨 UP'으로 주관식 문제를 대비해 보세요.

제 1 편 | 실전예상문제

01 다음 중 언어의 특성에 대한 설명으로 적절하지 않은 것은?

① 언어의 자의성 : 언어 형식과 내용의 관계가 반드시 고정된 것이 아니다.

② 언어의 역사성 : 언어는 고정되어 불변하는 것이 아니라 시간의 흐름에 따라 의미나 형태가 변화하기도 한다.

③ 언어의 사회성 : 언어 내용과 형식이 일단 한 사회 속에서 약속으로 굳어지면 아무나 마음대로 바꿀 수 없다.

④ 언어의 분절성 : 음운, 단어, 문장, 담화 단위에 이르기까지 각 단위 혹은 단위 사이에 특정한 규칙이 존재한다.

01 언어의 규칙성: 음운, 단어, 문장, 담화 단위에 이르기까지 각각의 문법 단위 내 또는 문법 단위 간에 특정한 규칙이 존재하는 것은 언어의 특성이다. 언어의 분절성 : 현실 세계는 연속적이나 언어는 이를 불연속적으로 끊어서 표현한다.

---

03 실전예상문제

학습한 내용을 바탕으로 '실전예상문제'를 풀어 보면서 문제를 해결하는 능력을 길러 보세요.

부록 최종모의고사 | 국어

제한시간: 50분 | 시작 ___시 ___분 ~ 종료 ___시 ___분

정답 및 해설 432p

01 다음 중 1922년 "백조" 동인으로 활동했던 시인의 작품은?

① 빼앗긴 들에도 봄은 오는가
② 깃발
③ 모란이 피기까지는
④ 추천사

02 다음 중 패관문학만으로 옳게 짝지어진 것은?

04 〈보기〉의 단어에 공통으로 적용된 음운 변동은?

보기
• 꽃내음[꼰내음]
• 바깥일[바깐닐]
• 학력[항녁]

① 중화
② 첨가
③ 비음화
④ 유음화

---

04 최종모의고사

'최종모의고사'를 실제 시험처럼 풀어 보면서 실전 감각을 익히고, 실력을 점검해 보세요.

제 1 편 국어학

제1장 국어에 대한 이해

제1절 ▶ 언어로서의 국어

1. 언어와 사고
① 언어우위론 : 사고보다 언어가 먼저라는 견해
② 사고우위론 : 언어보다 사고가 먼저라는 견해

2. 언어의 특성

특성	설명
기호성	언어는 기호의 하나로, 형식(말소리)과 내용(의미)을 가지고 있다.
자의성(임의성, 무연성)	말소리와 의미 사이에는 아무런 필연적인 관계가 없는 임의적인 관계이다.
사회성(불역성)	언어는 사회적 약속이므로 개인이 함부로 바꾸지 못한다.

---

05 핵심요약집

핵심내용을 정리한 '핵심요약집'으로 전반적인 내용을 한눈에 쉽고 빠르게 효율적으로 정리해 보세요.

목차 CONTENTS

PART 1 핵심이론 & 실전예상문제

PART 2 최종모의고사

PART 3 핵심요약집 (책 속의 책)

지식에 대한 투자가 가장 이윤이 많이 남는 법이다.

– 벤자민 프랭클린 –

제 1 편

국어학

홀륭한 가정만한 학교가 없고, 덕이 있는 부모만한 스승은 없다.

– 마하트마 간디 –

제 1 장 | 국어에 대한 이해

제1절 언어로서의 국어

01 언어의 체계와 사고

1. 언어의 체계

언어 기호는 각각 개별적으로 존재하는 것이 아니라 다른 언어 기호들과 함께 공존하면서 상호 관계를 가지고 그 가치를 발휘한다. 언어 기호는 말소리, 어휘, 그리고 문법 규칙 같은 하위의 체계들로 이루어져 있다.

(1) 언어 체계의 성격
① **계층성** : 하위의 체계는 또 다른 하위의 체계로 이루어진다.
② **긴밀성** : 체계를 이루는 각 항목이나 범주는 서로 긴밀히 연관되어 있기 때문에 그 중의 하나가 변화를 입게 되면 체계 전체가 변화한다.

(2) 언어 체계와 선택
① **체계** : 체계란 서로 긴밀한 관련을 가지고 있는 선택 가능항의 집합이다.
② **선택** : 언어 사용자가 한 체계를 구성하는 항목들 중에서 필요한 것을 골라 쓰는 것이다.
③ **폐쇄적 선택과 개방적 선택** 종요 ★
　㉠ 폐쇄적 선택 : 선택 가능항의 수가 제한적인 경우 → 문법 범주
　㉡ 개방적 선택 : 선택 가능항의 수가 거의 제한이 없는 경우 → 어휘 범주

2. 언어와 사고 종요 ★★

언어와 인간의 사고는 매우 밀접한 관계가 있다. 그러나 언어가 사고에 우선하는지, 사고가 언어에 우선하는지에 대해서는 관점의 차이가 존재한다.

(1) **언어우위론** : 사고보다 언어가 먼저라는 견해. 언어 없이는 사고가 불가능하다는 관점으로, 언어로 명명하여야만 대상으로 인식할 수 있다고 본다.

(2) **사고우위론** : 언어보다 사고가 먼저라는 견해. 언어 없이도 사고는 가능하다는 관점으로, 명명 과정 없이도 대상은 존재할 수 있다고 본다.

언어와 사고의 관계에서 언어 없이는 사고가 불가능하며 언어로 명명하여야만 대상으로 인식할 수 있다고 보는 관점을 무엇이라 하는가?

풀이 언어우위론

02 언어의 특성

1. 기호성(記號性)

언어는 기호의 하나로, 형식(말소리)과 내용(의미)을 가지고 있다.

2. 자의성(恣意性)[= 임의성(任意性) = 무연성(無緣性)] 중요 ★

(1) 말소리와 의미 사이는 아무런 필연적인 관계가 없는 임의적인 관계이다.

(2) 모든 언어가 어떤 의미를 전하기 위해 한 가지로 정해진 말소리를 사용하는 것은 아니다. 각각의 말소리들은 우연히 그렇게 결정된 것일 뿐이다.

주관식 레벨 UP

말소리와 의미 사이는 아무런 필연적인 관계가 없이 임의적으로 맺어진 것일 뿐이라는 언어의 특성을 무엇이라 하는가?

풀이 자의성 = 임의성 = 무연성

3. 사회성(社會性)[= 불역성(不易性)]

(1) 언어는 사회적 약속이므로 개인이 함부로 바꾸지 못한다. - 소쉬르

(2) 언어는 한 사회 공동체가 공유하는 것이므로, 그 사회에서의 묵계가 성립되지 않은 변개(變改)는 결과적으로 인간의 의사소통을 위한 표현 전달의 도구로서의 기능을 언어로부터 박탈하는 것이 된다.

4. 역사성(歷史性)[= 가역성(可逆性)] 중요 ★

언어는 항상 고정되어 불변한 것이 아니라 시간의 경과에 따라 단어의 소리와 의미가 변하거나, 문법 요소에 변화가 생기면서 **끊임없이 변화한다**. 즉, 새말이 생기기도 하고, 있던 말의 형태나 의미가 변하기도 하고 쓰이지 않아 없어지기도 한다. 변할 수 있는 성질이라 하여 '가역성(可逆性)'이라고 한다. 언어는 계속해서 **신생, 성장, 사멸**한다.

5. 분절성(分節性)[= 불연속성(不連續性)] 중요 ★

현실세계는 연속적이나 언어는 물리적으로 연속된 실체를 분절적으로 끊어서 표현한다.

(1) 기호의 분절 : 단어와 어절, 문장은 소리의 연속이지만 자음과 모음으로 나눌 수 있다.

(2) 개념의 분절 : 언어는 외부세계를 있는 그대로 반영하는 것이 아니라 **연속적으로 이루어져 있는 세계를 불연속적인 것으로 끊어서 표현한다.** 연속적인 사물(事物)을 불연속적인 것으로 나누어 표현한다.

> ### 주관식 레벨 UP
> 현실 세계에서 무지개의 색깔은 빨강에서 보라까지의 색의 연속체일 뿐인데 언어에서는 마치 7가지의 분명한 경계가 있는 것처럼 끊어서 표현하는 것과 관계 깊은 언어의 특성은?
>
> 풀이 분절성 = 불연속성

6. 추상성(抽象性)[= 일반화]

개념(언어의 의미)은 언어에 의해 분절이 이루어져 형성된 한 덩어리의 생각으로서, 같은 부류의 사물들에서 공통적 속성을 뽑아내는 추상화의 과정을 거쳐서 형성된다. 따라서 언어는 본질적으로 추상적이다.

7. 개방성(開放性)[= 창조성(創造性)]

언어는 무한에 가까운 생각들을 표현하고 전달할 수 있는 개방적 기호 체계이다.

(1) 인간은 길이와 수에 제한 없이 무한한 문장을 만들어 낼 수 있으며, 듣는 사람 역시 그 의미를 금방 이해할 수 있다.

(2) 언어로 말미암아 인간의 사고가 미치는 범위에 제한이 사라지게 되었다. 즉, 언어는 개방적이고 무한한 체계이기 때문에 우리는 실제로 보았거나 존재하는 것 외에, 실재하지 않는 상상의 산물이나 관념적이고 추상적 개념까지 거의 무한하게 표현할 수 있다.

8. 체계성(體系性)[= 유기성(有機性)]

언어 기호가 모여서 일정한 의미를 전달할 때, 언어 기호들은 하나의 체계를 이루고, 일정한 규칙에 따라 배열되며, 일정한 질서 아래 실현된다. 음운 체계, 어휘 체계, 문법 체계 등이 모두 언어의 체계적 단위들이다. 구조의 관점에서 보면, 의미와 관련하여 '형태소 → 단어 → 어절 → 문장 → 담화' 등으로 체계를 이루고, 음성과 관련하여 '음운 → 음절'로 체계를 이룬다.

9. 선조성(線條性)

둘 이상의 기호가 전후 위치관계를 유지하면서 순차적으로 배열된다.

03 언어의 기능

1. 표현의 기능

(1) 화자의 심리 내용(감정이나 태도)을 표현하는 기능

(2) 언어의 개념적 의미뿐만 아니라 지시 대상에 대한 화자의 감정이나 태도를 나타낸다.

2. 감화적 기능(= 지령적 기능, 환기적 기능, 명령적 기능) 중요 ★

(1) 미래의 특정 행위나 사건이 일어나게 하거나 일어나지 않게 하며, 그 성격이나 방향을 조정하는 기능으로, 듣는 사람으로 하여금 **특정 행동**을 하도록 하는 기능이다.

(2) 말하는 사람의 마음을 표현한다는 점에서 표현의 기능과 다르지는 않으나, 듣는 사람에게 감화 작용을 하여 실제 행동으로 옮기도록 한다는 점에서 표현의 기능과 차이가 있다.

(3) 감화적 기능의 가장 직접적인 형태는 **명령형**의 문장인데, 이 외에도 청유형, 의문형, 평서형 등의 문장도 쓸 수 있다.

(4) 표어, 광고문, 선거 유세, 격언, 교통 표지 등은 주로 감화적 기능을 한다.

> **주관식 레벨 UP**
>
> 미래의 특정 행위나 사건이 일어나게 하거나 일어나지 않게 하며, 그 성격이나 방향을 조정하는 기능으로, 듣는 사람으로 하여금 특정 행동을 하도록 하는 언어의 기능은?
>
> **풀이** 감화적 기능 = 지령적 기능 = 환기적 기능

3. 친교적 기능(사교적 기능)

(1) 말하는 사람과 듣는 사람의 친교 확보 및 친밀한 관계를 확인하는 기능

(2) 이는 원만한 사회생활을 유지하는데 윤활유와 같은 기능으로 인사말들이 대표적이다.

(3) 언어 기호의 관습적(개념적) 의미는 중시하지 않고, 발화(언어 행위) 자체를 중시한다.

4. 표출적 기능

(1) 언어를 기호 이전의 용법으로 거의 본능적으로 사용하는 것으로, 표현 의도나 전달 의도가 없는 것이다. 따라서 이것은 다만 표출된 것일 뿐이며, 표현된 것과는 구별된다.

(2) 놀라거나 위험할 때, 현장에 듣는 사람이 있거나 없거나 관계없는 무의식적으로 나오는 소리를 말한다.

5. 지식과 정보의 보존 기능

(1) 지식을 보존하고 축적해 가는 기능으로 언어의 전달 기능과도 밀접하게 관련되어 있다.

(2) 과거에는 오직 문자 표기만으로 지식 정보를 저장해서, 공간과 시간을 초월하여 다른 사람에게 전달할 수 있었지만, 현대에 들어와서는 음성을 보존하는 일도 가능해졌다.

6. 미적 기능(시적 기능) 중요 ★

(1) 언어 예술 작품(문학 작품, 특히 시)에 주로 사용되는 것으로 언어의 미적 가치를 추구하는 기능

(2) 이 경우 감정적 의미만이 아니라, 언어의 형식인 음성이 주는 효과(개념적 의미)가 매우 중시된다.

7. 관어적 기능(사전적 기능)

언어 수행에 필요한 매체로서의 언어의 기능에 충실한 기능으로, 말을 통해 새로운 말을 학습하고 지식을 증진시키는 역할을 한다.

제2절   국어의 언어적 특징

01 국어의 본질

1. 국어의 개념

(1) 국어는 언어이다. (국어의 일반성)

(2) 국어는 일종의 구체적·개별적 언어이다. (국어의 특수성)

(3) 국어는 국가를 배경으로 한다.

(4) 국어는 정치상 공용어(공식어), 교육상 표준어이다.

(5) 한 나라에서는 하나의 국어가 사용되는 것이 원칙이다. 그러나 예외적으로 둘 이상의 국어를 사용하는 나라도 있다.

2. 국어의 분류 중요 ★★

(1) 계통상 분류 : 국어는 **알타이 어족**에 속하는데, 알타이 어족에는 만주어(퉁구스어), 몽골어, 터키어, 한국어, 일본어 등이 있다.

(2) 형태상 분류 : 국어는 **첨가어(교착어·부착어)**에 속하는데, 첨가어는 문법적 기능을 담당하는 형식 형태소(조사, 어미, 접사)와 의미를 담당하는 실질 형태소가 분명히 구별되는 언어이다.

분류	성격	예
첨가어 (교착어, 부착어)	뜻을 나타내는 실질 형태소에 조사와 어미, 접사 같은 문법적 관계를 나타내는 형식 형태소가 붙음으로써 문법적 기능을 다하는 언어(체언 + 조사, 어간 + 어미, 어근 + 접사)를 말한다. 예 나 + 가(주격), 나 + 의(소유격), 나 + 를(목적격)	한국어, 일본어, 만주어, 몽골어, 터키어
굴절어	낱말에 다른 말을 첨가하지 않고, 어형(語形)의 일부를 변화시키거나 또는 접사를 붙여, 단어가 문장 속에서 가지는 여러 가지 관계를 나타내는 언어를 말한다. 명사·대명사 등에는 성(性)·수(數)·격(格), 동사에는 인칭(人稱)·시제(時制)·수(數) 등의 문법 범주가 있어 이에 따라 일정하게 변화한다. 인도-유럽어가 대표적이다. 예 I(주격), my(소유격), me(목적격)	영어, 독어, 불어
고립어	어미의 변화나 접사 등 문법적 관계를 나타내는 요소의 발달이 없고, 낱말의 실현 위치에 의하여 단어가 문장 속에서 가지는 여러 가지 관계가 결정되는 언어를 말한다. 예 高山(높은 산) － 山高(산이 높다)	중국어, 태국어, 베트남어
포합어	동사를 중심으로 그 전후에 인칭을 나타내는 접사나 목적을 나타내는 말이 결합 또는 삽입되어서, 한 말로써 한 문장을 나타낼 수 있는 언어를 말한다.	아메리카 인디언의 말, 아이누말

언어의 분류 중 한국어를 형태상으로 나눌 때 '첨가어'라 한다. 첨가어의 특징을 간략하게 서술하시오.

풀이 의미를 나타내는 실질 형태소에 형식 형태소가 붙어 문법적 관계를 나타낸다.

(3) 문자 갈래상

① **표음 문자(소리글자)**
  ㉠ 단음 문자 : 자음, 모음으로 음절을 나눔(한글, 영어 등) → 음운 문자, 음소 문자
  ㉡ 음절 문자 : 한 글자로 한 음만 표시(일본어)
② **표의 문자(뜻글자)** : 한자

02 국어의 특질 중요 ★★

1. 음운상의 특징

(1) 국어 자음 중 파열음 계열(파열음, 파찰음)은 예사소리, 된소리, 거센소리의 세 갈래의 대립을 통해서 삼중 체계를 이룬다.(= **삼지적 상관속**)

참고 영어, 독어, 불어 등과 같은 인도–유럽 계통의 언어는 파열음 계열에서 안울림소리(무성음)와 울림소리 (유성음)의 이중체계로 되어 있다.

국어의 자음 중 파열음과 파찰음은 예사소리, 된소리, 거센소리의 세 갈래의 대립을 나타낸다. 이를 뜻하는 문법의 용어를 무엇이라 하는가?

풀이 삼지적 상관속

(2) 다른 언어에 비해 마찰음(ㅅ, ㅆ, ㅎ)이 적다.
  → 영어에는 'f, v, θ' 등의 마찰음이 더 있다.

(3) 두음 법칙이 있다.

(4) 음운상 설전음(r)과 설측음(l)의 구별이 불분명하다.

(5) 음절 끝 위치에 오는 파열음들이 닫힌 상태로 발음된다. → **음절 끝소리 규칙**

(6) 단모음의 수는 10개 (ㅏ, ㅓ, ㅗ, ㅜ, ㅡ, ㅣ, ㅐ, ㅔ, ㅚ, ㅟ)나 될 정도로 많다.

(7) 모음조화 현상이 있다.

(8) 모음동화, 자음동화 현상이 있다.

(9) 음상의 차이와 소리의 길이로 인하여 어감(語感)이 달라지거나 의미가 분화되는 경우가 있다.

2. 어휘(단어)상의 특징

(1) 국어의 어휘는 고유어, 한자어, 외래어의 **삼중 체계**를 이루고 있다.

(2) 다량의 한자어 유입과 구미어(歐美語)의 유입으로 차용어가 많다. 특히 **한자어**의 비중이 높다.

(3) 풍류를 즐기는 낙천적·정서적·감각적인 민족의 특성이 어휘에 반영된 결과로 **감각어**가 발달하였다.

(4) 음성상징어(의성어, 의태어)가 발달되어 있다.

(5) 친족 관계를 나타내는 어휘가 발달되어 있다.

(6) 단어에 성(性)의 구별이 없고, 명사에 수(數)의 개념도 없다.

(7) 형용사에 비교급과 최상급이 없다.

(8) 관사, 관계대명사, 의문대명사, 전치사, 접속사가 없다.

> **주관식 레벨 UP**
>
> 영어에 비해 특히 발달되어 있는 한국어만이 가지는 어휘상의 특징을 세 가지만 쓰시오.
>
> **풀이** 감각어의 발달, 상징어의 발달, 친족어의 발달

3. 구문상의 특징

(1) 첨가어로 조사와 어미, 접사가 발달되어 있어서 대부분의 문법 기능이 이들에 의해 실현된다.

(2) 단어 형성법(파생법, 합성법)이 발달되어 있다.

(3) '주어 + 목적어 + 서술어'의 구조(SOV형의 언어 = 미괄형의 문단 구성)를 갖는다.

(4) 어순의 자리바꿈이 비교적 자유롭다.

(5) 수식어(꾸미는 말 : 관형어, 부사어)는 피수식어(체언, 용언)의 앞에 온다(= 좌분지 언어).

(6) 문장의 요소가 생략되는 일이 많다(주어 및 조사 생략이 많다).

(7) 상하 관계가 중시되던 사회 구조의 영향으로 **높임말과 높임 표현이** 발달하였다.

(8) 시제의 표시가 불분명하다.

(9) 능동과 피동, 주동과 사동의 개념이 막연한 점이 있다.

(10) 단어의 단수·복수 개념이 엄격하지 않다.

제3절 음운론 이해

01 음운과 음절 중요 ★★

1. 음운(音韻)

(1) 음운의 개념

사람들이 머릿속에서 같은 소리로 인식하는 추상적, 사회적, 심리적인 말소리이며, **단어의 의미를 변별**하는 최소의 단위이다.

(2) 음운의 종류

① **음소(音素, 분절 음운)** : 자음과 모음
② **운소(韻素, 비분절 음운)** : 소리의 길이, 높낮이, 세기 등이 말의 뜻을 분화하는 기능을 가졌을 때 이들을 '비분절 음운' 또는 단순히 '운소'라 한다. 운소는 음장이나 악센트와 같은 운율적 자질로 이루어진 음소를 말하며, 초분할 음소(超分割 音素)라 부르는 수도 있다. 자음과 모음은 쉽게 분할되는 분할 음소인데 이들은 분할을 초월하는 음소라는 뜻이다.

2. 음절(音節)

(1) 음절의 개념

한 번에 낼 수 있는 소리마디를 나타내는 문법 단위(**발음의 최소 단위**)로, 음절은 의미와 전혀 관계가 없는 음성학적 문법 단위일 뿐이다. 음절이 만들어지기 위해서는 반드시 모음이 있어야 한다. 모든 말은 음절 단위로 마디를 이루어서 발음된다.

(2) 음절 형성의 제약

① 모음은 음절 형성의 필수적 요소이다. → 모음이 없는 음절은 없다.
② 자음은 음절 형성의 수의적 요소이다. → 모음 + 자음, 모음 단독
③ 국어의 모든 자음은 음절의 첫소리로 설 수 있다.
④ 음절의 끝소리에는 'ㄱ, ㄴ, ㄷ, ㄹ, ㅁ, ㅂ, ㅇ'의 일곱 자음만 올 수 있다.
⑤ 모음과 모음 사이에 세 개 이상의 자음이 올 수 없다.

(3) 국어의 음절 구조

① 모음 단독
② 모음 + 자음
③ 자음 + 모음
④ 자음 + 모음 + 자음

> 참고 국어에서는 '자음 + 모음 + 자음 + 자음'의 음절형은 성립하지 않는다. '넋'의 경우는 발음상 [넉]으로 발음되기 때문에 '자음 + 모음 + 자음'의 음절형이다. (음절은 표기의 단위가 아니라 발음의 단위이기 때문이다)

주관식 레벨 UP

현대국어에서 인정되는 음절의 구조 4가지를 쓰시오.

> 풀이 모음 단독, 자음 + 모음, 모음 + 자음, 자음 + 모음 + 자음

---

02 국어의 음운 체계 중요 ★★

1. 자음(子音) : 19개

소리를 낼 때, 목 안 또는 입 안의 어떤 자리가 완전히 막히거나, 공기가 간신히 지나갈 만큼 좁혀지거나 하는 장애를 받고 나는 소리

(1) 성대의 울림 여부에 따라

① **울림소리(有聲音, 유성음, voiced)** : 성대가 울리는 소리

　㉖ 모든 모음 + 'ㅁ, ㄴ, ㅇ, ㄹ'

② **안울림소리(無聲音, 무성음, unvoiced)** : 성대가 울리지 않는 소리

　㉖ 'ㅁ, ㄴ, ㅇ, ㄹ'을 제외한 모든 자음

(2) 조음 위치에 따라(= 소리 나는 자리)

① **입술소리(兩脣音, 양순음)** : 두 입술이 맞닿아 나는 소리
② **혀끝소리(齒槽音, 치조음)** : 혀끝과 윗잇몸이 맞닿아 나는 소리
③ **센입천장소리(硬口蓋音, 경구개음)** : 혓바닥이 경구개, 즉 굳은 입천장에 가 닿아서 나는 소리
④ **여린입천장소리(軟口蓋音, 연구개음)** : 혓바닥 뒷부분과 연구개 사이에서 나는 소리
⑤ **목청소리(聲門音, 후음)** : 성문에서, 두 성대에 의해 만들어지는 소리

(3) 조음 방식에 따라(= 발음의 방식)

① **파열음(破裂音)** : 허파에서 나오는 공기를 일단 막았다가, 그 막은 자리를 터뜨리면서 내는 소리. 일단 막은 것을 강조하여 정지음(停止音, stop), 폐쇄음(閉鎖音)이라고도 함.
② **파찰음(破擦音)** : 막았다가 서서히 터뜨리면서 마찰을 일으켜 내는 소리. 즉, 파열음과 마찰음의 두 가지 성질을 다 가지는 소리

　참고 파열음과 파찰음은 '예사소리-된소리-거센소리'의 삼지적 상관속(三枝的相關束)을 이룬다. 다만 혀끝소리의 마찰음은 거센소리의 대립이 없으므로 이중 대립만 있다.

③ **마찰음(摩擦音, fricative)** : 입 안이나 목청 사이의 통로를 좁히고 공기를 그 좁은 틈 사이로 내보내어 마찰을 일으키면서 내는 소리

주관식 레벨 UP

국어의 자음 체계 중 '삼지적 상관속(三枝的相關束)'을 이루지 못하는 음운의 조음 방식과 자음을 쓰시오.

　풀이 마찰음, ㅅ / ㅆ

④ **비음(鼻音)** : 연구개와 목젖을 내려 입 안의 통로를 막고 코로 공기를 내보내면서 내는 소리
⑤ **유음(流音)** : 혀끝을 잇몸에 가볍게 대었다가 떼거나(탄설음), 혀끝을 잇몸에 댄 채 공기를 그 양 옆으로 흘려보내면서 내는 소리(설측음)

　참고 국어에서 유음 'ㄹ'은 두 가지 속성을 가지고 있다.
　　㉠ 탄설음(彈舌音, flap) : 'ㄹ'이 음절 초성에 올 때
　　㉡ 설측음(舌側音, lateral) : 'ㄹ'이 음절 종성에 올 때

(4) 어감에 따라(= 소리의 성질)

① **예사소리(平音)** : ㄱ, ㄷ, ㅂ, ㅅ, ㅈ

② **된소리(硬音)** : ㄲ, ㄸ, ㅃ, ㅆ, ㅉ

③ **거센소리(激音, 有氣音)** : ㅋ, ㅌ, ㅍ, ㅊ

> **주관식 레벨 UP**
>
> 국어의 자음 체계 중 '有氣音(유기음)'에 속하는 자음을 모두 쓰시오.
>
> **풀이** ㅋ, ㅌ, ㅍ, ㅊ

(5) 자음 체계 분류표

조음 방식		조음 위치	두 입술	윗 잇몸, 혀 끝	센입천장, 혓바닥	여린입천장, 혀 뒤	목청 사이
			입술소리	혀끝소리	센입천장소리	여린입천장소리	목청소리
안울림소리	파열음	예사소리	ㅂ	ㄷ		ㄱ	
		된소리	ㅃ	ㄸ		ㄲ	
		거센소리	ㅍ	ㅌ		ㅋ	
	파찰음	예사소리			ㅈ		
		된소리			ㅉ		
		거센소리			ㅊ		
	마찰음	예사소리		ㅅ			ㅎ
		된소리		ㅆ			
울림소리	비음		ㅁ	ㄴ		ㅇ	
	유음			ㄹ			

2. 모음(母音) : 21개 ★★

날숨으로 목청을 울려 내는 소리로 장애 없이 순하게 나오는 소리

(1) 단모음 : 10개

길게 내더라도 그 소리를 발음하는 도중에 입술이나 혀가 고정되어 움직이지 않는 모음

① **혀의 앞뒤 위치에 따라** : 전설 모음, 후설 모음

② **혀의 높낮이에 따라** : 고모음(폐모음), 중모음, 저모음(개모음)

③ **입술 모양에 따라**

㉠ 원순 모음 : ㅚ, ㅜ, ㅗ, ㅟ

㉡ 평순 모음 : ㅏ, ㅓ, ㅡ, ㅣ, ㅐ, ㅔ

■ 단모음 체계 분류표

혀의 앞뒤 입술의 모양 혀의 높이	전설 모음		후설 모음	
	평순	원순	평순	원순
고모음	ㅣ	ㅟ	ㅡ	ㅜ
중모음	ㅔ	ㅚ	ㅓ	ㅗ
저모음	ㅐ		ㅏ	

참고 ㉠ 후설 평순 모음을 중설 모음으로 분류하는 경우도 있다.
㉡ 'ㅚ, ㅟ'의 경우에는 발음에 있어서 조건에 따라 이중 모음과 단모음으로 발음되기 때문에 발음에 있어서의 이중성을 인정한다. 그러나 음운 체계상은 **단모음으로 분류**한다.

주관식 레벨 UP

중세국어에서 이중 모음이 현대국어로 오면서 단모음으로 바뀐 모음 4개를 쓰시오.

풀이 ㅔ, ㅐ, ㅚ, ㅟ

(2) 이중 모음 : 11개

소리를 내는 도중에 입술 모양이나 혀의 위치가 처음과 나중에 달라지는 모음
(ㅑ, ㅒ, ㅕ, ㅖ, ㅘ, ㅙ, ㅛ, ㅝ, ㅞ, ㅠ, ㅢ)

03 음운의 변화

1. 음운 변화의 유형

(1) 변천과 변동

① **변천(통시적 변화)** : 시간의 흐름에 따라 변화하는 것으로 '음운, 어휘, 문법, 의미'의 전 범주에서 일어난다.
② **변동(공시적 변화)** : 동일한 시기의 음운 체계 안에서 한 음운이 다른 음운으로 바뀌는 현상이다. 조선 전기의 '됴타(둏다)'가 오늘날 '좋다'로 변하는 것을 '변천'으로서의 구개음화라 한다면, '굳이'가 [구지]로 발음되는 것은 시간의 흐름과는 관계없는 '변동'으로서의 구개음화이다.

(2) 자생적 변화와 결합적 변화

① **자생적 변화** : 음운 자체의 성격으로 말미암아 스스로 변하는 것이다. 다시 말해서 변하는 조건이 따로 없다는 것이다.

② **결합적 변화** : 음운의 환경이나 음운이 결합되는 조건 등으로 말미암아 변하는 것이다.

　㉠ 결정적 변동 : 다시 일정한 조건 아래에서 필연적으로 일어나는 변동

　㉡ 수의적 변동 : 같은 조건에서도 임의적(任意的)으로 일어나는 변동

2. 음운 변동의 종류 `종요` ★★★

(1) 교체(= 대치) : 어떤 음운이 형태소의 끝에서 다른 음운으로 바뀌는 현상

① **음절의 끝소리 규칙(= 중화현상)**

　㉠ 받침소리로는 'ㄱ, ㄴ, ㄷ, ㄹ, ㅁ, ㅂ, ㅇ'의 7개 자음만 발음한다.

> **주관식 레벨 UP**
>
> 현대국어에서 음절의 끝소리에 올 수 있는 7대표음을 쓰시오.
>
> `풀이` ㄱ, ㄴ, ㄷ, ㄹ, ㅁ, ㅂ, ㅇ

　㉡ 받침 'ㄲ, ㅋ', 'ㅅ, ㅆ, ㅈ, ㅊ, ㅌ', 'ㅍ'은 어말 또는 자음 앞에서 각각 대표음 [ㄱ, ㄷ, ㅂ]으로 발음한다.

닦다[닥따]	키읔[키윽]	키읔과[키윽꽈]	옷[옫]	
웃다[욷:따]	있다[읻따]	젖[젇]	빗다[빋따]	꽃[꼳]
쫓다[쫃따]	솥[솓]	뱉다[밷:따]	앞[압]	덮다[덥따]

② **비음화**

　㉠ 받침 'ㄱ(ㄲ, ㅋ, ㄳ, ㄺ), ㄷ(ㅅ, ㅆ, ㅈ, ㅊ, ㅌ, ㅎ), ㅂ(ㅍ, ㄼ, ㄿ, ㅄ)'은 'ㄴ, ㅁ' 앞에서 [ㅇ, ㄴ, ㅁ]으로 발음한다.

먹는[멍는]	국물[궁물]	깎는[깡는]	키읔만[키응만]
몫몫이[몽목씨]	긁는[긍는]	흙만[흥만]	닫는[단는]

　㉡ 받침 'ㅁ, ㅇ' 뒤에 연결되는 'ㄹ'은 [ㄴ]으로 발음한다.

담력[담:녁]	침략[침냑]	강릉[강능]
항로[항:노]	대통령[대:통녕]	

ⓒ 받침 'ㄱ, ㅂ' 뒤에 연결되는 'ㄹ'도 [ㄴ]으로 발음한다.

막론[막논→망논]	백리[백니→뱅니]
협력[협녁→혐녁]	십리[십니→심니]

③ **유음화** : 'ㄴ'은 'ㄹ'의 앞이나 뒤에서 [ㄹ]로 발음한다.(= 설측음화)

　ㄱ ㄴ + ㄹ

난로[날:로]	신라[실라]	천리[철리]
광한루[광:할루]	대관령[대:괄령]	권력[궐력]

　ㄴ ㄹ + ㄴ

칼날[칼랄]	물난리[물랄리]	설날[설랄]
줄넘기[줄럼끼]	할는지[할른지]	

[붙임 1] 첫소리 'ㄴ'이 'ㅀ', 'ㄾ' 뒤에 연결되는 경우에도 이에 준한다.

닳는[달른]	뚫는[뚤른]	핥네[할레]

　❂ 다만, 다음과 같은 단어들은 'ㄹ'을 [ㄴ]으로 발음한다.(비음화)

의견란[의:견난]	임진란[임:진난]	생산량[생산냥]
결단력[결딴녁]	공권력[공꿘녁]	동원령[동:원녕]
상견례[상견녜]	횡단로[횡단노]	이원론[이:원논]
입원료[이붠뇨]	구근류[구근뉴]	

④ **구개음화** : 받침 'ㄷ, ㅌ(ㄾ)'이 조사나 접미사의 모음 'ㅣ'와 결합되는 경우에는, [ㅈ, ㅊ]으로 바꾸어서 뒤 음절 첫소리로 옮겨 발음한다.

곧이듣다[고지듣따]	굳이[구지]	미닫이[미다지]
땀받이[땀바지]	밭이[바치]	벼훑이[벼훌치]

[붙임] 'ㄷ' 뒤에 접미사 '히'가 결합되어 '티'를 이루는 것은 [치]로 발음한다.

굳히다[구치다]	닫히다[다치다]	묻히다[무치다]

⑤ **된소리되기**
예사소리(ㄱ, ㄷ, ㅂ, ㅅ, ㅈ)가 일정한 조건 아래에서 된소리가 되는 현상이다. 즉 안울림소리와 안울림소리가 충돌했을 때 뒷소리 안울림의 예사소리가 반드시 된소리로 발음되는 **결정적 변동**이며 **항상 표준발음**이다.

㉠ 받침 'ㄱ(ㄲ, ㅋ, ㄳ, ㄺ), ㄷ(ㅅ, ㅆ, ㅈ, ㅊ, ㅌ), ㅂ(ㅍ, ㄼ, ㄿ, ㅄ)' 뒤에 연결되는 'ㄱ, ㄷ, ㅂ, ㅅ, ㅈ'은 된소리로 발음한다.

국밥[국빱]	깎다[깍따]	넋받이[넉빠지]
삯돈[삭똔]	닭장[닥짱]	칡범[칙뻠]
넓죽하다[넙쭈카다]	읊조리다[읍쪼리다]	값지다[갑찌다]

㉡ 어간 받침 'ㄴ(ㄵ), ㅁ(ㄻ)' 뒤에 결합되는 어미의 첫소리 'ㄱ, ㄷ, ㅅ, ㅈ'은 된소리로 발음한다.

신고[신ː꼬]	껴안다[껴안따]	앉고[안꼬]
얹다[언따]	삼고[삼ː꼬]	더듬지[더듬찌]

✪ 다만, 피동, 사동의 접미사 '-기-'는 된소리로 발음하지 않는다.

안기다	감기다	굶기다	옮기다

㉢ 어간 받침 'ㄼ, ㄾ' 뒤에 결합되는 어미의 첫소리 'ㄱ, ㄷ, ㅅ, ㅈ'은 된소리로 발음한다.

넓게[널께]	핥다[할따]	훑소[훌쏘]	떫지[떨찌]

✪ 용언의 어간 기본형이 홑받침 'ㄹ'일 때는 된소리로 발음하지 않는다.

갈 + 고[갈고]	길 + 지[길지]	살 + 게[살게] 등

㉣ 관형사형 '-(으)ㄹ' 뒤에 연결되는 'ㄱ, ㄷ, ㅂ, ㅅ, ㅈ'은 된소리로 발음한다.

할 것을[할꺼슬]	갈 데가[갈떼가]	할 바를[할빠를]
할 수는[할쑤는]	할 적에[할쩌게]	갈 곳[갈꼳]

✪ 다만, 끊어서 말할 적에는 예사소리로 발음한다.

㉤ '-(으)ㄹ'로 시작되는 어미의 경우에도 이에 준한다.

할걸[할껄]	할밖에[할빠께]	할세라[할쎄라]

(2) 탈락(= 생략) : 두 음운 중 어느 하나가 없어지는 현상

① 자음 탈락
㉠ 자음군 단순화 : 어말이나 자음 앞에서 겹받침이 올 때 둘 중 하나가 대표음이 되고 나머지는 탈락하는 현상

주관식 레벨 UP

어말이나 자음 앞에서 겹받침이 올 때 둘 중 하나가 대표음이 되고 나머지는 탈락하는 현상을 무엇이라 하는가?

풀이 자음군 단순화 현상

㉮ 겹받침 'ㄳ', 'ㄵ', 'ㄼ, ㄽ, ㄾ', 'ㅄ'은 어말 또는 자음 앞에서 각각 [ㄱ, ㄴ, ㄹ, ㅂ]으로 발음한다.

넋[넉]	넋과[넉꽈]	앉다[안따]	여덟[여덜]
넓다[널따]	외곬[외골]	핥다[할따]	값[갑]

㉯ 겹받침 'ㄺ, ㄻ, ㄿ'은 어말 또는 자음 앞에서 각각 [ㄱ, ㅁ, ㅂ]으로 발음한다.

닭[닥]	흙과[흑꽈]	맑다[막따]	늙지[늑찌]
삶[삼:]	젊다[점:따]	읊고[읍꼬]	읊다[읍따]

[다만 1] '밟-'은 자음 앞에서 [밥]으로 발음하고, '넓-'은 다음과 같은 경우에 [넙]으로 발음한다.

ⓐ 밟다[밥:따]	밟소[밥:쏘]	밟지[밥:찌]
ⓑ 넓-죽하다[넙쭈카다]	넓-적하다[넙쩌카다]	넓-둥글다[넙뚱글다]

[다만 2] 용언의 어간 발음 'ㄺ'은 'ㄱ' 앞에서 [ㄹ]로 발음한다.

맑게[말께]	묽고[물꼬]	얽거나[얼꺼나]

㉡ 동음 탈락 : 같은 음절이나 음운이 맞설 때 하나를 생략한다.

간난(艱難) 〉 가난	목과(木瓜) 〉 모과	종용(從容) 〉 조용
출렴(出斂) 〉 추렴	밥보 〉 바보 등	

㉢ 'ㄹ' 탈락

  ㉮ 용언의 활용(규칙 활용) : [ㄹ + ㄴ, ㅂ, ㅅ, 오]

날다 : 나니, 난, 나는, 납니다, 나시오, 나오 등

  ㉯ 파생과 합성 과정에서 : [ㄹ + ㄴ, ㄷ, ㅅ, ㅈ]

딸님 〉 따님	솔나무 〉 소나무	열닫이 〉 여닫이	달달이 〉 다달이
말소 〉 마소	활살 〉 화살	쌀전 〉 싸전	울짖다 〉 우짖다 등

     ⓡ 'ㅎ' 탈락
       ㉮ 'ㅎ' 불규칙 : [ㅎ + ㄴ, ㄹ, ㅁ, 오]

> 하얗다 : 하야니, 하얄, 하야면, 하야오 등

       ㉯ 'ㅎ'+ 모음(어미, 접미사)

> 좋은〉[조은]   끓이다〉[끄리다] 등

     ⓜ 'ㅅ' 탈락(불규칙 활용) : [ㅅ + 모음 어미]

> 긋 + 어〉그어   짓 + 어〉지어   붓 + 어〉부어

② **모음 탈락**
    ㉠ 동음 탈락

> 서 + 었 + 다〉섰다   가 + 아〉가   타 + 았 + 다〉탔다 등

    ㉡ '으' 탈락(규칙 활용) : [으+ 모음(ㅇ)]

> 담그 + 아〉담가   잠그 + 아라〉잠가라   따르 + 아서〉따라서 등

    ㉢ 'ㅏ' 탈락

> 간편하 + 게〉간편케   부지런하 + 다〉부지런타 등

    ㉣ 'ㅓ' 탈락

> 캐 + 어〉캐

    ㉤ 'ㅜ' 탈락(불규칙 활용)

> 푸 + 어〉퍼

(3) 축약 : 두 형태소가 만나 한 음운 또는 한 음절로 되는 현상
    ① **자음 축약** : [ㅎ + ㄱ, ㄷ, ㅂ, ㅈ]→ ㅋ, ㅌ, ㅍ, ㅊ

> 좋고[조코]   좋다[조타]   잡히다[자피다]
> 낙하[나카]   끓기다[끈키다] 등

② **모음 축약** : 두 모음이 결합되어 한 모음이 되는 경우

　㉠ ㅡ + ㅣ 〉ㅢ : 뜨이 + 다 〉 띄다

　㉡ ㅗ + ㅣ, ㅏ 〉 ㅚ, ㅘ : 보이 + 다 〉 뵈다, 보 + 아라 〉 봐라

　㉢ ㅜ + ㅣ, ㅓ 〉 ㅝ : 누 + 이어 〉 뉘여, 두 + 어라 〉 둬라

　㉣ ㅚ + ㅓ 〉 ㅙ : 되 + 어 〉 돼, 뵈 + 어요 〉 봬요

　㉤ ㅣ + ㅓ, ㅗ 〉 ㅕ, ㅛ : 가지 + 어 〉 가져, 다치 + 어 〉 다쳐, 하지 + 오 〉 하죠

　㉥ ㅏ + ㅣ 〉 ㅐ : 사이 〉 새

　㉦ ㅏ + ㅕ 〉 ㅐ : 하 + 여 〉 해

(4) 첨가 : 형태소가 합성될 때 그 사이에 음운이 덧붙는 현상

① 사잇소리 현상

두 개의 형태소 또는 단어가 **합성 명사**를 이룰 때 앞말의 끝소리가 울림소리이고, 뒷말의 첫소리가 안울림 예사소리이면 뒤의 예사소리가 된소리로 변하는 현상이다. 이는 수의적 변동이므로 울림소리 뒤에서 사잇소리 현상이 일어나지 않는 단어도 있으며, 조건에 따라 표준발음일 수도 있고, 아닐 수도 있다.

　㉠ 표기상으로는 사이시옷이 없더라도, 관형격 기능을 지니는 사이시옷이 있어야 할(휴지가 성립되는) 합성어의 경우에는, 뒤 단어의 첫소리 'ㄱ, ㄷ, ㅂ, ㅅ, ㅈ'을 된소리로 발음한다.

문-고리[문꼬리]	눈-동자[눈똥자]	신-바람[신빠람]
그믐-달[그믐딸]	아침-밥[아침빱]	잠-자리[잠짜리]

주관식 레벨 UP

'문고리, 눈동자, 신바람'은 각각 [문꼬리], [눈똥자], [신빠람]으로 발음된다. 이와 관계된 음운현상을 무엇이라 하는가?

풀이 사잇소리 현상

　㉡ 한자어에서, 'ㄹ' 받침 뒤에 결합되는 'ㄷ, ㅅ, ㅈ'은 된소리로 발음한다.

갈등[갈뜽]	발동[발똥]	절도[절또]	갈증[갈쯩]
물질[물찔]	발전[발쩐]	몰상식[몰쌍식]	불세출[불쎄출]

② 소리의 첨가

　㉠ 합성어 및 파생어에서, 앞 단어나 접두사의 끝이 자음이고 뒤의 단어나 접미사의 첫 음절이 '이, 야, 여, 요, 유'인 경우에는, 'ㄴ' 소리를 첨가하여 [니, 냐, 녀, 뇨, 뉴]로 발음한다.

솜-이불[솜니불]	홑-이불[혼니불]	막-일[망닐]
한-여름[한녀름]	남존-여비[남존녀비]	늑막-염[능망념]

제1장 국어에 대한 이해 **21**

ⓛ 'ㄹ' 받침 뒤에 첨가되는 'ㄴ' 소리는 [ㄹ]로 발음한다.

들-일[들:릴]	솔-잎[솔립]	설-익다[설릭따]
물-약[물략]	불-여우[불려우]	서울-역[서울력]

ⓒ 과도한 소리의 첨가 : 표준발음으로 인정하지 않는다.
  ㉮ 과도한 'ㄴ' 첨가 : 표준발음으로 인정하지 않는다.

6·25[유기오(○)/ 융니오(×)]	3·1절[사밀쩔(○)/ 삼닐쩔(×)]
강요[강요(○)/ 강뇨(×)]	등용문[등용문(○)/ 등뇽문(×)]
금연[그면(○)/ 금년(×)]	담임[다밈(○)/ 담님(×), 다님(×)]
겸임[겨밈(○)/ 겸님(×)]	함유[하뮤(○)/ 함뉴(×)]
목요일[모교일(○)/ 몽뇨일(×)]	금요일[그묘일(○)/ 금뇨일(×)]
선열[서녈(○)/ 선렬(×)]	분열[부녈(○)/ 분렬(×)] 등

  ㉯ 과도한 'ㄹ' 첨가 : 표준발음으로 인정하지 않는다.

송별연[송벼련(○)/ 송별련(×)]	활용[화룡(○)/ 활용(×)]
실용[시룡(○)/ 실룡(×)]	활약[화략(○)/ 활략(×)]
절약[저략(○)/ 절략(×)]	밀약[미략(○)/ 밀략(×)]
굴욕[구룍(○)/ 굴룍(×)]	일요일[이료일(○)/ 일료일(×)]
월요일[워료일(○)/ 월료일(×)]	촬영[촤령(○)/ 촬령(×)] 등

ⓔ 둘 다를 표준발음으로 인정하는 경우 : 다음과 같은 말들은 'ㄴ' 소리를 첨가하여 발음하되, 표기대로 발음할 수 있다.

이죽-이죽[이중니죽/ 이주기죽]	야금-야금[야금냐금/ 야그먀금]
욜랑-욜랑[욜랑놀랑/ 욜랑욜랑]	검열[검:녈/ 거:멸]
금융[금늉/ 그뮹]	

❂ 2017년 발음 수정(복수 표준 발음으로 인정)

표제어	수정전	수정후	비고
관건[2]	[관건]	[관건/관껀]	발음 수정
불법[1]	[불법]	[불법/불뻡]	발음 수정
교과[1]	[교:과]	[교:과/교:꽈]	발음 수정
반값	[반:갑]	[반:갑/반:깝]	발음 수정
효과[1]	[효:과]	[효:과/효:꽈]	발음 수정
분수[6]	[분쑤]	[분쑤/분수]	발음 수정
점수[6]	[점쑤]	[점쑤/점수]	발음 수정
함수[4]	[함쑤]	[함쑤/함수]	발음 수정
안간힘	[안깐힘]	[안깐힘/안간힘]	발음 수정
인기척	[인끼척]	[인끼척/인기척]	발음 수정

강약	[강약]	[강약/강냑]	발음 수정
영영¹	[영:영]	[영:영/영:녕]	발음 수정
의기양양	[의:기양양]	[의:기양양/의:기양냥]	발음 수정
밤이슬	[밤니슬]	[밤니슬/바미슬]	발음 수정
연이율	[연니율]	[연니율/여니율]	발음 수정
순이익	[순니익]	[순니익/수니익]	발음 수정
감언이설	[가먼니설]	[가먼니설/가머니설]	발음 수정
괴담이설	[괴:담니설/궤:담니설]	[괴:담니설/궤:다미설]	발음 수정

✪ [김밥/ 김빱]의 복수 발음은 '표준국어대사전' 2016년 3/4분기 수정에서 인정되었다.

③ 'ㅣ' 모음 동화

　　㉠ 'ㅣ'모음 순행 동화 : 다음과 같은 용언의 어미는 [어]로 발음함을 원칙으로 하되, [여]로 발음함
　　도 허용한다.

> 피어[피어/ 피여]　　　　　　　　　　　되어[되어/ 되여]

[붙임] '이오, 아니오'도 이에 준하여 [이요], [아니요]로 발음함을 허용한다.

　　㉡ 'ㅣ'모음 역행 동화(Umlaut 현상) : 앞 음절의 'ㅏ, ㅓ, ㅗ, ㅜ'가 뒤 음절에 전설모음인 'ㅣ'가
　　오면, 전설모음인 'ㅐ, ㅔ, ㅚ, ㅟ'로 동화되는 현상을 말한다.

3. 모음의 발음 중요 ★★

(1) 단모음 : 'ㅏ, ㅐ, ㅓ, ㅔ, ㅗ, ㅚ, ㅜ, ㅟ, ㅡ, ㅣ'는 단모음(單母音)으로 발음한다. 다만, 'ㅚ, ㅟ'는
이중 모음으로 발음할 수 있다.

> 최근[최근/ 췌근]　　　　　　금괴[금괴/ 금궤]　　　　　　국회[구쾨/ 구쿼] 등

(2) 이중 모음 : 'ㅑ, ㅒ, ㅕ, ㅖ, ㅘ, ㅙ, ㅛ, ㅝ, ㅞ, ㅠ, ㅢ'는 이중 모음으로 발음한다.

　① 용언의 활용형에 나타나는 '져, 쪄, 쳐'는 [저, 쩌, 처]로 발음한다.

> 가지어→ 가져[가저]　　　　쪄어→ [쩌]　　　　　다치어→ 다쳐[다처]

　② '예, 례' 이외의 'ㅖ'는 [ㅔ]로도 발음한다.

> 계집[계:집/ 게:집]　　　계시다[계:시다/ 게:시다]　　　시계(時計)[시계/ 시게]
> 연계(連繫)[연계/ 연게]　　메별(袂別)[몌별/ 메별]　　　개폐(開閉)[개폐/ 개페]
> 혜택(惠澤)[혜:택/ 헤:택]　　지혜(智慧)[지혜/ 지혜]

③ 자음을 첫소리로 가지고 있는 음절의 'ㅢ'는 [ㅣ]로 발음한다.

늴리리[닐리리]	닁큼[닝큼]	무늬[무니]	띄어쓰기[띠어쓰기]
씌어[씨어]	틔어[티어]	희망[히망]	유희[유히]

④ 단어의 첫음절 이외의 '의'는 [ㅣ]로, 조사 '의'는 [ㅔ]로 발음함도 허용한다.

주의[주의/ 주이]	협의[혀븨/ 혀비]
우리의[우리의/ 우리에]	강의의[강:의의/ 강:이에]

주관식 레벨 UP

'민주주의의 의의'는 모두 4가지로 발음될 수 있다. 표준발음으로 인정되는 4가지의 발음을 모두 쓰시오.

풀이 민주주의의 의의/ 민주주의에 의의/ 민주주의에 의이/ 민주주이에 의이

제4절　형태론 이해

01 문법 단위

1. 형태소(形態素) 중요 ★★★

일정한 뜻을 가진 가장 작은 말의 단위, 여기서 의미는 어휘적 의미와 문법적 의미를 모두 포괄한다. 어휘적 의미는 실사의 의미이고, 문법적 의미는 조사나 어미와 같은 허사의 의미이다.

(1) 자립성의 유무에 따라

① **자립 형태소** : 다른 형태소와 결합하지 않고 자립하여 쓰일 수 있는 형태소
   → 체언(명사, 대명사, 수사), 수식언(관형사, 부사), 독립언(감탄사)
② **의존 형태소** : 반드시 다른 말에 기대어 쓰이는 형태소
   → 조사, 용언의 어간, 어미, 접사

(2) 의미의 실질성 여부에 따라

① **실질 형태소(= 어휘 형태소)** : 구체적인 대상이나 구체적인 상태를 나타내는 실질적 의미를 가지고 있는 형태소 → 자립 형태소 + 용언의 어간

② **형식 형태소(= 문법 형태소)** : 실질적인 의미가 없이 말과 말 사이의 문법적 관계를 표시해 주는 형태소 → 조사, 어미, 접사(의존 형태소에서 용언의 어간을 뺀 나머지)

> **주관식 레벨 UP**
>
> '철수가 책을 들고 학교에 갔다.'의 문장에서 의존 형태소이면서도 실질 형태소에 포함되는 형태소를 쓰시오.
>
> **풀이** 용언의 어간 : 들, 가

(3) 이형태(異形態)

하나의 형태소이나 (의미 동일) 다른 형태를 가진 형태소들을 이형태라고 한다. (일반적으로 표제어를 정하는 것은 음운론적으로 설명이 용이한 편을 따른다)

① **음운론적 이형태** : 하나의 형태소가 다른 음운 환경에서 다른 형태를 갖고 있는 이형태를 뜻한다 (= 자동적 교체 현상).

② **형태론적 이형태** : 하나의 형태소가 다른 환경에서 다른 모습을 띠는 것이다. (음운론적으로 설명될 수 없는 것들) = (비자동적 교체 현상)

2. 단어(單語) : 최소 자립어

자립할 수 있는 말이나, 자립할 수 있는 형태소에 붙어서 쉽게 분리할 수 있는 말
→ 음운은 최소의 의미 변별 단위, 형태소는 최소의 의미 단위, 단어는 최소 자립 단위

3. 어절(語節)

① 문장을 구성하고 있는 도막도막의 단위
② 띄어쓰기 단위와 대체로 일치

02 단어의 형성

1. 어근과 접사

(1) **어근(語根)** : 단어를 형성할 때 실질적인 의미를 나타내는 중심 부분

(2) **접사(接辭)** : 어근에 붙어 그 뜻을 제한하는 주변 부분 ('어근'과 '접사'는 의미의 중심 여부에 따른 분류이고, '어간'과 '어미'는 활용 여부에 따른 분류이다)

① **파생 접사** : 단어 형성에 기여하는 접사
② **굴절 접사(굴절 어미)** : 문법적 기능을 하는 어미 ('굴절 접사'라는 용어보다는 선어말 어미, 어말 어미, 굴절 어미, 연결 어미, 전성 어미 등의 용어에서 보듯이 '어미'라는 용어가 더 일반적으로 사용되고 있다)

2. 단어의 분류 〔중요〕★★

(1) **단일어** : 하나의 실질적 어근으로 된 단어
① **모든 자립 형태소** : 하늘, 땅, 사람, 나무, 돌, 시나브로, 몹시 등
② **단순한 '어간 + 어미'의 구조** : 가다, 간다, 갔다, 먹다, 먹는다, 먹었다 등

(2) **복합어**
① **파생어** : 접두사 + 실질적 어근, 실질적 어근 + 접미사
② **합성어** : 실질적 어근 + 실질적 어근

3. 파생어

어근의 앞이나 뒤에 파생 접사(어근의 앞에 붙는 파생 접사는 접두사, 어근의 뒤에 붙는 파생 접사는 접미사)가 붙어서 만들어진 단어

(1) **접두파생어**
① 주로 품사를 바꾸지 않고 뒤 어근에 특정한 뜻을 더하거나 한정하면서 새로운 말을 만들어 낸다. (한정적 접사에 의한 어휘적 파생법)
② 극히 부분적이긴 하지만 **품사를 바꾸는 경우도 있다.** (지배적 접사에 의한 통사적 파생법)
㉠ 메마르다, 강마르다 → 동사인 '마르다'를 형용사로 바꾸어 주고 있다.
㉡ 숫되다, 엇되다 → 동사인 '되다'를 형용사로 바꾸어 주고 있다.
㉢ 제한적 분포 : 명사, 동사, 형용사의 앞에만 존재한다.
㉣ 접미사에 비해서 그 숫자가 상대적으로 적다. 그 분포에 있어서도 명사, 동사, 형용사에만 존재한다.
③ **관형사성 접두사** : 관형사처럼 체언 앞에 붙는 접두사

접두사	의미	보기
강-	다른 것이 섞이지 않은	강술, 강기침, 강울음
갖-	가죽으로 된	갖신, 갖옷, 갖풀
개-	야생의, 질이 떨어지는/ 쓸데없는	개살구, 개나리/ 개떡/ 개수작, 개죽음
군-	쓸데없는/ 가외로 더한	군것질, 군소리, 군입, 군불, 군살/ 군식구

날–	생 것의/ 아직 익지 않은/ 아주 지독한	날것, 날고기/ 날김치/ 날도둑, 날강도
대–	가득 찬/ 큰(대단한)	대낮/ 대기록, 대성공, 대학자
덧–	거듭, 덧붙인	덧신, 덧니, 덧저고리
돌–	야생의, 품질이 낮은	돌미역, 돌미나리/ 돌배
들–	야생의, 품질이 낮은	들국화, 들장미/ 들꽃, 들풀/ 들깨, 들기름
맞–	마주/ 걸맞은	맞돈, 맞고소/ 맞상대
맏–	같은 항렬 등에서 손위로서 첫째인	맏아들, 맏며느리, 맏손자, 맏형
메–	차지지 않은	메떡, 메밥, 메수수, 멥쌀
맨–	순전하게 다만 그것뿐	맨발, 맨손, 맨머리, 맨몸
민–	꾸밈새나 딸린 것 없이/ 격식을 갖추지 않은	민머리, 민저고리/ 민며느리
보금–	깃들이게 만든	보금자리
불–	몹시 심한	불가물, 불여우
빗–	비스듬한	빗면
선–	익숙하지 못한/ 덜 된	선무당, 선머슴, 선소리, 선웃음/ 선잠
시(媤)–	시집의, 시가의	시아버지, 시누이
숫–	변하지 않은, 본디 그대로의	숫음식, 숫총각, 숫눈
알–	덮어 싼 것이 없는, 진짜의	알몸, 알밤, 알부자, 알거지
암– / 수–	암컷, 수컷의	암캐, 암캉아지, 수탉, 수탕나귀
애–	어린, 앳된, 처음의	애송이, 애호박, 애벌레, 애갈이
엇–	서로 마주 대하는, 어긋난	엇셈, 엇각, 엇보
올–	식물이나 열매가 일찍 자란	올감자, 올벼, 올밤, 오조
옹–	작고 옹졸한	옹생원
옹달–	작고 오목한	옹달샘, 옹달솥
찰–	끈기가 있고 차진, 매우 심한	찰떡, 찰흙, 찹쌀/ 찰거머리
참–	진짜의, 썩 좋은	참벗, 참사랑/ 참먹, 참숯, 참깨, 참기름
큰–	맏이의	큰아버지, 큰고모, 큰형, 큰이모
풋–	덜 익은/ 미숙한	풋고추, 풋사과/ 풋잠, 풋사랑
한–	큰, 한창의, 한가운데, 같은/ 바깥	한고비, 한길/ 한겨울/ 한마을/ 한데
햇–	그해에 새로 태어난	햇곡식
헛–	쓸데없는/ 실속 없는	헛구역, 헛기침, 헛소문, 헛수고, 헛고생
홀–	짝이 없는	홀아비, 홀몸
홑–	하나로 된	홑이불, 홑몸, 홑바지

④ **부사성 접두사** : 부사처럼 주로 용언 앞에 붙는 접두사

접두사	의미	보기
깔–	업신여기어	깔보다
덧–	본래 있는 위에 더	덧나다, 덧붙다
돋–	남보다 뛰어나게	돋보다
들–	몹시, 함부로	들볶다, 들끓다, 들쑤시다
되–	도리어, 도로, 다시	되걸리다, 되새기다
드–	정도가 한층 높게	드높다, 드세다
빗–	잘못	빗나가다, 빗디디다
숫–	본디 생긴 그대로	숫되다
얕–	실제보다 깎아 보아	얕보다, 얕잡다
엇–	비뚜로, 어긋나게	엇가다, 엇깎다
엿–	남몰래, 가만히	엿듣다, 엿보다
올–	일찍되게, 야무지게	올되다, 올차다
짓–	함부로, 흠씬	짓누르다, 짓밟다
치–	위로	치솟다, 치닫다
새–	빛깔이 짙고 산뜻하게	새(샛)하얗다, 새빨갛다

⑤ **통용 접두사** : 명사나 용언에 다 붙을 수 있는 경우

> 덧신/ 덧신다   뒤범벅/ 뒤섞다   올벼/ 올되다
> 헛수고/ 헛되다   애호박/ 앳되다

⑥ **이형태** : 나름대로의 일정한 형태를 가지고 있으나 때로는 그 형태를 바꾸기도 한다.
    ⊙ '올–' → '올벼/ 오조'
    ⓛ '애–' → '애호박/ 앳되다'
    ⓒ '멥–' → '맵쌀/ 메벼'

⑦ **관형사와 관형사성 접두사, 부사와 부사성 접두사 구분** : 중간에 다른 말을 넣을 수 있으면 각각 관형사와 체언, 부사와 용언인 두 개의 품사이고, 넣을 수 없으면 체언 및 용언에 접두사가 붙은 파생어이다.
    ⊙ 관형사 : '모두, 온통'의 뜻
        → 맨 쓰레기밖에 없다. (맨 더러운 쓰레기밖에 없다)
    ⓛ 접두사 : '다른 것이 섞이지 않은'의 뜻
        → 맨손 체조 (맨 깨끗한 손 체조)

(2) 접미파생어

① 뜻을 더하는 의미적 기능뿐만 아니라 어근의 품사를 바꾸는 문법적 기능도 하면서 새로운 말을 만들어 낸다.

② 접미사는 접두사에 비해 숫자에 있어서뿐만 아니라, 그 분포에 있어서도 매우 다양하다.

③ 접미사가 붙어서 파생어가 되는 품사 유형은 명사, 대명사, 수사, 동사, 형용사, 부사, 조사 등 매우 다양하다.

㉠ 한정적 접미사 : 품사는 바꾸지 않고 뜻을 더해 주는 접미사(= 어휘적 파생법)

접사	의미	보기
-금	강조하는 구실을 함.	다시금
-꾼	전문적·습관적으로 하는 사람	사냥꾼, 씨름꾼, 나무꾼, 심부름꾼
-꾸러기	버릇이 많은 것	잠꾸러기, 심술꾸러기
-님	남의 이름이나 호칭 뒤에 붙어 높임.	선생님, 사장님, 별님
-다랗	정도를 의미하는 형용사에 붙음.	굵다랗다, 높다랗다
-들	여럿(복수 표시)	사람들, 나무들
-보	사물의 모양, 정도	꾀보, 먹보
-뜨리	강세의 뜻	넘어뜨리다/ 넘어트리다
-사귀	낱낱의 잎	잎사귀
-씨	태도, 버릇	솜씨, 마음씨
-아지	얕잡음, 작음	강아지, 모가지(목 + 아지), 송아지
-앟/ 엏	색깔·모양에 관계있는 말에 붙음.	까맣다(깜 + 앟 + 다), 둥그렇다(둥글 + 엏 + 다)
-이	부사 뒤에 붙는 접미사	더욱이, 일찍이
-쟁이	성질, 행동, 모양을 나타내는 말에 붙음.	심술쟁이, 욕심쟁이
-질	노릇과 짓	낚시질, 도둑질
-치	강세의 뜻	밀치다, 놓치다

㉡ 지배적 접미사 : 품사를 바꿔 주는 접미사(= 통사적 파생법)

형태	용법	보기
파생 명사	동사→명사	웃-음, 크-기, 쓰-기, 지우-개, 마-개(막 + 애), 놀-이, 덮개(덮 + 개)
	형용사→명사	슬-픔, 넓-이, 높-이
	부사→명사	깜박-이, 덜렁-이
파생 동사	명사→동사	위반-하다, 운동-하다
	형용사→동사	밝-히다, 높-이다, 낮-추다, 늦-추다, 넓-히다
	부사→동사	깜박-이다, 꿈틀-거리다, 출렁-거리다, 더-하다
파생 형용사	명사→형용사	가난-하다, 학생-답다, 슬기-롭다, 자연-스럽다, 신사-답다, 복-스럽다
	부사→형용사	울퉁불퉁-하다, 반듯반듯-하다, 보드럽다(보들 + 업 + 다)
	관형사→형용사	새-롭다
	동사→형용사	그립다(그리 + ㅂ + 다), 놀랍다(놀라 + ㅂ + 다), 아프다(앓 + 브 + 다)
파생 부사	동사→부사	마주(맞 + 우), 너무(넘 + 우), 차마(참 + 아), 비로소(비롯 + 오)
	형용사→부사	자주(잦 + 우), 많-이, 깨끗-이, 높-이, 달리(다르 + 이), 급-히, 멀-리
	명사→부사	나날-이, 정성-껏, 힘-껏, 진실-로, 정말-로, 곳곳-이, 집집-이

파생 조사	동사 → 조사	조차(좇 + 아), 부터(붙 + 어)
	형용사 → 조사	같-이
	명사 → 조사	밖-에
파생 관형사	명사 → 관형사	우호-적, 정신-적
	대명사 → 관형사	이-까짓, 그-까짓

ⓒ 통사적 접미사(지배적 접사) : 통사적 접미사에는 품사를 변화시키는 기능뿐만 아니라, 사동 접미사 '-이-'나 피동 접미사 '-히-'같이 문장의 통사 구조에 변화를 줄 수 있는 것들도 포함된다.

(3) 특수한 파생어 `중요` ★

① 특수한 경우지만 접두사와 접미사가 결합하여 형성된 단어는 **파생어**로 처리한다.

풋(접두사) + 내기(접미사)	암(접두사) + 수(접두사)

② **영파생(零派生)** : 접사가 결합되지 않고 품사가 달라지는 경우는 '영파생' 또는 '무접 파생'이라 한다.

신(명사) 〉 신다(동사)	띠(명사) 〉 띠다(동사)
참(명사) 〉 참다(동사)	품(명사) 〉 품다(동사)

4. 합성어 `중요` ★★

파생 접사 없이 실질적 어근과 실질적 어근이 직접 합쳐져서 만들어진 단어

(1) 합성어의 종류

합성 명사	두 개의 명사 어근이 연결	대등 합성어	앞뒤, 똥오줌
		종속 합성어	돌다리, 도시락밥
		융합 합성어	춘추, 연세
	관형사 + 명사		새해, 새마을
	용언의 관형사형 + 명사		큰형, 어린이
	용언의 명사형 + 명사		볶음밥, 디딤돌
합성 대명사	관형사 + 명사		이것, 여러분
	대명사 반복		누구누구, 여기저기
합성 수사	수사 + 수사		열하나, 예닐곱
	동일수사 반복		하나하나

합성 동사	앞 뒤 어근이 모두 동사	대등 합성어	들고나다
		종속 합성어	갈아입다
		융합 합성어	돌아가다[死]
	형용사 + 동사		기쁘다, 좋아하다
	명사 + 동사(구성 방법에 있어 차이)		힘들다, 힘쓰다, 앞서다
	부사 + 동사		잘되다, 못하다
	제한적 어근 + 동사		쳐다보다
합성 형용사	형용사끼리 합성		희디히다, 머나멀다
	동사 + 동사		깎아지르다
	명사 + 형용사		맛있다, 대중없다
	명사 + 동사		맛나다, 힘차다
	부사와 용언이 연결	부사 + 형용사	가만있다, 다시없다
		부사 + 동사	못나다, 막되다
	관형사형 + 명사 + 형용사		보잘것없다, 쓸데없다
합성 관형사	관형사 + 관형사		한두
	관형사 + 명사		온갖
	수사 + 동사		스무남은
	형용사 + 형용사		기나긴
	부사 + 동사		몹쓸
합성 부사	뒤 어근이 부사인 구성	부사 + 부사	곧잘
		명사 + 부사	하루빨리
		대명사 + 부사	제각각
	뒤 어근이 명사인 구성	관형사 + 명사	한바탕
		명사 + 명사	밤낮
		동사 + 명사	이른바
	부사 + 동사		가끔가다
	동사 + 동사		가다가다, 오락가락
	동사의 명사형 반복		더듬더듬
	형용사의 반복 구성		느릿느릿
	부사의 반복 구성		아슬아슬
합성 감탄사	감탄사 + 감탄사		얼씨구절씨구
	감탄사 + 명사		아이참
	관형사 + 명사		웬걸
	동사 + 동사		자장자장
	대명사 + 동사		여보(여기 보오)

주관식 레벨 UP

다음 단어들 중 파생어가 모두 몇 개인지 쓰시오.

> 건널목, 검붉다, 바가지, 부나비, 마무리, 지붕, 풋고추

풀이 4개 : 바가지, 마무리, 지붕, 풋고추

---

(2) 합성법의 유형 중요 ★★★

① **통사적 합성어** : 통사적 합성어는 통사론적인 시각에서 볼 때 두 어근 또는 단어가 연결된 방식이 문장에서의 구나 어절의 구성 방식과 일치하는 것을 말한다(= 생산적 합성법).

② **비통사적 합성어** : 비통사적 합성어는 일반적인 우리말의 통사적 구성 방법과 어긋나는 방법으로 형성된 것을 말한다(= 비생산적 합성법).

㉠ 용언과 체언이 연결될 때 소위 관형사형 전성 어미가 생략되는 현상

늦잠	늦더위	꺾쇠	감발
덮밥	접칼 등	(작은집, 큰집, 쥘손)	

㉡ 용언과 용언이 연결되는 데 있어서 연결 어미가 생략되는 현상

여닫다	우짖다	검푸르다
뛰놀다	잡쥐다	(들고나다, 돌아가다)

㉢ 국어의 부사는 용언이나 관형사나 다른 부사를 수식하는 것이 원칙인데 **부사가 체언 앞에 오는 현상**

부슬비	헐떡고개	촐랑새

주관식 레벨 UP

합성법의 유형 중 '검푸르다'와 '부슬비'가 비통사적 합성어인 이유를 서술하시오.

풀이 • 검푸르다 : 어간 뒤에 어미는 생략될 수 없는 것이 일반적 구조이나, 어미가 생략되었으므로 비통사적 합성어이다.
　　• 부슬비 : 체언 앞에는 관형사가 오는 것이 일반적 구조이나 부사가 체언 앞에 왔으므로 비통사적 합성어이다.

제2장 │ 훈민정음과 한글에 대한 이해

제1절 │ 국어와 한글

1. 한글의 우수성

한글은 우리 고유의 문자 체계로, 독창성과 과학성을 지닌 위대한 문화유산이다.

(1) 탄생 기록(훈민정음 어지)을 가진 유일한 문자로, 세종 25년(1443년) 음력 12월에 세종대왕이 직접 **창**
제하였고, 세종 28년(1446년)에 반포하였다.

(2) 문자 발달사에서 제일 높은 수준의 '음소(음운) 문자'이면서, 음절 단위로 글자를 만들어 쓰는 독창적인
방식을 취하고 있다.

(3) 제자 원리가 매우 과학적이고 체계적이며 독창적이고, 철학이 심오하며 합리적이다. 먼저 상형의 원리
로 기본자를 만들었는데, 자음의 기본자(ㄱ, ㄴ, ㅁ, ㅅ, ㅇ)는 발음 기관을 본떠 만들었고, 모음(ㆍ,
ㅡ, ㅣ)은 천·지·인을 상형하여 만들었다. 그리고 이들 기본자에 가획의 원리를 적용하여 많은 글자
를 만들어 냈다.

(4) 한글의 모음은 영어와 달리 위치에 따라 소리값이 바뀌지 않으며, 묵음자가 없어 소리와 문자의 일치성
이 뛰어나다.

(5) 한글은 표음 문자이기 때문에 어떤 소리도 사실적으로 표기할 수 있다. 글자의 수가 적으면서도 표음성
이 뛰어나, 컴퓨터나 휴대 전화에서의 정보 처리가 빠르므로 정보화 시대에 매우 적합하다.

(6) 쓰기 쉽고 배우기도 쉬워 문화 발전에 효용성이 크다.

2. 한글 명칭의 변천

훈민정음(訓民正音)	세종의 어지: 세종대왕이 붙인 정식 명칭 → 정음
언문(諺文)	최만리 상소문: 훈민정음을 낮추어 부른 이름. '상놈의 글' (암클: 여자들이 사용하는 글이란 뜻으로, 훈민정음을 낮추어 부른 이름)
반절(半切)	중종 22년(1527년) 최세진의 '훈몽자회(訓蒙字會)'에서 처음 제시 → 최세진이 붙인 이름은 아니다.
국서(國書)	숙종(17세기 말) 김만중이 '서포만필'에서 붙인 이름
국문(國文)	영조(18세기) 때 홍계희가 '삼운성휘'에서 처음 붙인 이름이고, 갑오개혁 이후 국어 존중 의식에 의해 주로 사용되었다.
가갸글	한글 음절의 차례(가, 갸, 거, 겨, …)에서 비롯된 이름으로, 조선어 연구회에서는 '가갸날'을 제정하기도 했다.
한글	1913년 주시경이 '한민족의 글, 위대한 글'이라는 뜻으로 붙인 이름

3. 한글 자모의 명칭

(1) 조선 중종 때 역관 최세진이 「훈몽자회」(1527)에서 처음으로 자모의 명칭을 제시하였으며, 1933년 '한 글 맞춤법 통일안' 제정 때 현재의 명칭이 명명되었다.

> ㄱ(기역) ㄴ(니은) ㄷ(디귿) ㄹ(리을) ㅁ(미음) ㅂ(비읍) ㅅ(시옷) ㅇ(이응) ㅈ(지읒) ㅊ(치읓) ㅋ(키읔)
> ㅌ(티읕) ㅍ(피읖) ㅎ(히읗) ㅏ(아) ㅑ(야) ㅓ(어) ㅕ(여) ㅗ(오) ㅛ(요) ㅜ(우) ㅠ(유) ㅡ(으) ㅣ(이)

(2) 훈몽자회(訓蒙字會) 중요 ★★

① 중종 22년(1527) 최세진이 천자문을 보완하여 편찬한 어린이용 한자 교습서

② 한글을 '반절(半切)'이라 칭했다. (諺文字母俗所爲半切二十七字)
  → 속세에서 널리 쓰이고 있던 '반절'이라는 명칭이 훈몽자회에서 처음 나타난 기록이지 최세진이
    명칭을 붙인 것은 아니다.

③ 자모의 명칭과 순서가 오늘날과 유사하다. 자음 16자(ㆆ 제외) + 모음 11자 → 27 자모
  → 자모의 순서와 명칭을 오늘날과 유사하게 처음 제시한 것이고, 동일한 것은 1933년 조선어학회
    에서 제시한 것이다.

④ 8종성법을 규정했다. → 초성 종성 통용 8자

⑤ 초성 체계와 명칭: 16자 (ㆆ 제외)

	ㄱ	ㄴ	ㄷ	ㄹ	ㅁ	ㅂ	ㅅ	ㆁ
초성 종성 통용 8자	基役 기역	尼隱 니은	池(末) 디귿	梨乙 리을	眉音 미음	非邑 비읍	時(衣) 시옷	異凝 이응
	ㅋ	ㅌ	ㅍ	ㅈ	ㅊ	ㅿ	ㅇ	ㅎ
초성 독용 8자	(箕) 키	治 티	皮 피	之 지	齒 치	而 싀	伊 이	屎 히

최세진이 천자문을 보완하여 편찬한 어린이용 한자 교습서로서 자모의 명칭과 순서를 오늘날과 유사하게 처음 제시한 문헌은?

풀이 훈몽자회

제2절   훈민정음

01 훈민정음(訓民正音)

1. 명칭

① **문자 체계의 명칭**: 훈민정음(백성을 가르치는 바른 소리)
② **책 이름**: '訓民正音 解例本'(한문본)–훈민정음에 대한 해설서

2. 연대

① **창제**: 세종 25년(1443년) 음력 12월 '예의' 완성
② **반포**: 세종 28년(1446년) 음력 9월 상한 '훈민정음 해례본' 간행

3. 창제자 및 협찬자

① **창제자**: 세종
② **협찬자**: 정인지, 신숙주, 성삼문, 이개, 최항, 박팽년, 이선로, 강희안 등 집현전 학자들

4. 창제의 배경

① 借字表記法(향찰, 이두, 구결)의 난해성
② **국어 음운 구조의 복잡성**: 종성이 복잡해서 차자 표기법으로는 국어를 충실히 적을 수 없었다.

5. 창제의 목적

① 자주, 애민, 실용정신
② 언어와 문자의 불일치 해소
③ 당시 한자음을 정리, 통일하기 위해

6. 판본

① **해례본(解例本)** : '예의(例義)', '해례(解例)', '정인지의 서(序)'가 모두 한문으로 된 목판본이고 1940년 경북 안동에서 발견되어 간송 박물관에 소장되었다(국보 70호).
② **실록본(實錄本)** : 세종 실록 28년 9월에 '예의' 부분만 한문으로 실려 있다.
③ **언해본(諺解本)** : 해례본의 '예의' 부분만을 우리말로 옮겨 놓은 것이다.

7. 해례본의 체제

(1) 예의(例義) : 본문

① **세종의 어지(御旨)** : 훈민정음 창제 동기
② **글자의 음가(音價)** : 초성(23자)과 중성(11자)의 음가
③ **글자의 운용(運用)** : 종성법, 연서법, 병서법, 부서법
④ **성음법(成音法)과 방점(傍點)** : 음절 이루는 법과 음의 고저(高低) 표시법

(2) 해례(解例) : 5해 1례

① **제자해(制字解)** : 글자를 만드는 원리와 기준 설명
② **초성해(初聲解)** : 동국정운 23초성 체계에 따른 자음 설명
③ **중성해(中聲解)** : 중성의 규정과 이중모음 설명
④ **종성해(終聲解)** : 종성의 본질과 '8종성 가족용' 설명
⑤ **합자해(合字解)** : 초성, 중성, 종성이 합해져서 글자가 됨을 설명
⑥ **용자례(用字例)** : 실제 낱말의 예를 들어 설명

(3) 정인지의 서(序) : 훈민정음 창제의 취지, 경위, 의의, 가치 등을 설명

02 훈민정음(訓民正音) 제자 원리 종요 ★★

1. 초성(初聲, 자음, 첫소리) : 17자 - 발음기관 모양의 상형(象形) + 가획(加劃)

명칭	기본자	가획자	이체자	제자 원리
어금닛소리(牙音)	ㄱ	ㅋ	ㆁ	혀뿌리가 목구멍을 막는 모양(舌根閉喉之形)
혓소리(舌音)	ㄴ	ㄷ, ㅌ	ㄹ	혀끝이 윗잇몸에 붙는 모양(舌附上齶之形)
입술소리(脣音)	ㅁ	ㅂ, ㅍ		입술 모양(口形)
잇소리(齒音)	ㅅ	ㅈ, ㅊ	ㅿ	이의 모양(齒形)
목구멍소리(喉音)	ㅇ	ㆆ, ㅎ		목구멍 모양(喉形)

참고 ① 가획자(加劃字) : 기본자에 획을 더하여 만든 글자
　　　② 이체자(異體字) : 기본자를 다소 모양을 달리하여 만든 글자

주관식 레벨 UP

훈민정음 초성 중 발음기관을 형상한 기본 5자를 쓰시오.

풀이 ㄱ, ㄴ, ㅁ, ㅅ, ㅇ

2. 중성(中聲, 모음, 가온뒷소리) : 11자 - '天·地·人' 삼재(三才) 상형

기본자	제자 원리	발음
·	形之圓 象乎天也 하늘의 둥근 모양(天)	舌縮而聲深 혀를 오그려 소리를 깊게 냄(후설)
―	形之平 象乎地也 땅의 평평한 모양(地)	舌小縮而聲不深不淺 혀를 조금 오그려 소리가 깊지도 얕지도 않음(중설)
ㅣ	形之立 象乎人也 사람이 서 있는 모양(人)	舌不縮而聲淺 혀를 오그리지 않아 소리가 얕음(전설)

3. 종성(終聲, 자음, 끝소리) : 종성부용초성(終聲復用初聲)

따로 만들지 않고 초성자를 다시 사용한다.

제3절 자모의 운용(運用) 종요★★

1. 이어쓰기(連書法 = 니서쓰기) : 밑으로 이어서 쓰기

> ○롤 입시울쏘리 아래 니서쓰면 입시울가비야톤소리 드외느니라.

① 순경음(脣輕音 : 입시울가비야톤소리) 만드는 법
② 순음(ㅂ, ㅍ, ㅃ, ㅁ) 아래에 'ㅇ'을 붙임
③ ㅸ, ퟹ, ㅹ, ㅱ : 세조 때 소멸
④ 순수국어의 표기에는 실질적 음가가 있는 'ㅸ'만 사용되었고, 나머지는 형식적 자음이었기 때문에 동국정운식 한자음[개신(改新) 한자음]에만 사용되었다.
⑤ 연서법이나 'ㅸ'은 현대국어에는 적용되지 않으나, 용언의 활용 과정에서 'ㅂ' 불규칙과 관련이 있다.

> **주관식 레벨 UP**
>
> 훈민정음 자모의 운용 중 "○롤 입시울쏘리 아래 니서쓰면 입시울가비야톤소리 드외느니라."의 규정의 명칭과 이 규정에 의해 만들어진 자음 중 순수국어의 표기에 사용되었던 음운을 쓰시오.
>
> **풀이** 연서법, ㅸ

2. 나란히 쓰기(竝書法 = 골바쓰기) : 옆으로 나란히 쓰기

> 첫소리롤 어울워 뿛디면 골바쓰라. 乃냉終즁ㄱ소리도 혼가지라.

① **각자병서(各字竝書)** : 같은 자음을 두 번 반복해서 쓰는 법
  ㉠ ㄲ, ㄸ, ㅃ, ㅉ : 동국정운식 한자음 표기에 사용
  ㉡ ㅆ, ㆅ : 동국정운식 한자음과 순수국어 표기에 같이 사용
② **합용병서(合用竝書)** : 서로 다른 자음을 나란히 쓰는 법
  ㉠ 이중병서 : ㅺ, ㅼ, ㅄ/ ㅳ, ㅄ, ㅶ, ㅷ/ ㅥ, ㅦ, ㄿ …
  ㉡ 삼중병서 : ㅴ, ㅵ

3. 붙여쓰기(附書法 = 브텨쓰기) : 자음에 모음을 붙이는 방법 → 음절 규정

> · 와 ㅡ와 ㅗ와 ㅜ와 ㅛ와 ㅠ와란 첫소리 아래 브텨쓰고
> ㅣ와 ㅏ와 ㅓ와 ㅑ와 ㅕ와란 올흔녀긔 브텨쓰라.

① **下書** : 초성 + ·, ㅡ, ㅗ, ㅜ, ㅛ, ㅠ
② **右書** : 초성 + ㅣ, ㅏ, ㅓ, ㅑ, ㅕ

4. 음절 이루기(成音法)

> 믈읫 字ㅉᆞ | 모로매 어우러ᅀᅡ 소리 이ᄂᆞ니.

① **凡字必合而成音(범자필합이성음)** : 모든 낱글자(음운)는 반드시 합해져야 음절이 된다.
② **초성 + 중성 + 종성 → 성음(成音)** : 동국정운식 한자음은 반드시 이 규정을 적용한다.
　　예 世솅, 虛헝, 流륭
③ 순수국어의 경우는 '초성 + 중성'만으로도 성음(成音)이 된다.

5. 점찍기

① **명칭** : 방점, 사성점, 성조, 좌가점(左加點)이라고도 한다.
② **특징**
　㉠ 원래 음의 고저를 나타낸 것으로 **상성**은 현대어에서 **장음(長音)**으로 남아 있다.
　㉡ 중국 음운의 사성(평성, 상성, 거성, 입성)을 모방했다.
　㉢ 순조 때 유희(柳僖)가 〈언문지(諺文誌)〉에서 사성 무용론(無用論)을 주장했다.
③ **종류, 성질, 용례**

사성 ＼ 항목	방점	해례본	훈민정음 언해본	용례	비고
평성(平聲)	없음	安而和(春)	뭇 ᄂᆞᆺ가ᄫᆞᆫ 소리	활(弓), 쇼(牛) 빗(梨), 뎔(寺)	단음
상성(上聲)	2점	和而擧(夏)	처ᅀᅥ미 ᄂᆞᆺ갑고 냉중이 노ᄑᆞᆫ 소리	:돌(石), :눈(雪) :말(言), :둘(二)	장음
거성(去聲)	1점	擧而壯(秋)	뭇 노ᄑᆞᆫ 소리	·갈(刀), ·비(舟) ·ᄯᅡ(地), ·물(馬)	단음
입성(入聲)	없음 1점 2점	促而塞(冬)	ᄲᆞᆯ리 긋 돋ᄂᆞᆫ 소리	긷(柱), 입(口) :몯(不能)	방점으로 구별 못함

참고 안울림소리 받침(ㄱ, ㄷ, ㅂ, ㅅ)이나, 한자음에서 'ㅭ' 받침(이영보래)이 사용된 음절은 입성으로 본다.

④ **사성(四聲)의 소멸**
　㉠ 소멸시기 : **임진왜란 직후**(16세기 말 ~ 17세기 초)
　㉡ 소멸과정 : '거성'의 높은 소리가 점점 낮아지면서 평성과의 높낮이 구별이 없어짐. '상성'의 처음이 낮았다가 높아지는 소리도 평탄하게 되어 버렸다.

ⓒ 사성점은 「용비어천가」(1447), 「훈민정음 언해본」(1459), 「두시언해 초간본」(1481), 「소학언해」(1586) 등 조선 전기 문헌에서 사용되었고, 조선 후기 문헌인 「동국신속삼강행실도」(1617), 「두시언해 중간본」(1632), 「노걸대언해」(1670) 등에는 사용되지 않았다.

> **주관식 레벨 UP**
>
> 중세국어의 사성 중 현대국어에 장음으로 바뀐 것은?
>
> **풀이** 상성

제4절 표기법(表記法) 종요 ★★

1. 받침규정

(1) 종성부용초성 : 표의적 표기

① '훈민정음 예의'에 나오는 규정

② 초성 17자를 모두 받침으로 쓸 수 있다는 규정

③ '용비어천가', '월인천강지곡'이 종성부용초성의 받침 정신을 적용한 대표적 문헌이나, 이 두 문헌에도 'ㅋ, ㆆ'은 사실상 그 예를 볼 수 없다.

④ 'ㅈ, ㅊ, ㅌ, ㅍ'의 받침이 있으면 이 규정으로 이해한다.

⑤ 표의주의 표기법(어원 또는 형태소의 기본형을 밝혀 적는 표기법) = 형태음소적 표기법

⑥ 계승 : 세종(월인천강지곡, 용비어천가) → 주시경 → 한글 맞춤법 통일안

> **주관식 레벨 UP**
>
> 세종 당시 훈민정음의 실험과정에서만 사용되고 소멸되었다가 현대국어의 표기법에서 부활된 종성 규정은?
>
> **풀이** 종성부용초성

(2) 8종성 가족용(15세기 일반적 표기법) : 표음적 표기

① '훈민정음 해례'의 '종성해(終聲解)'에 있는 규정

② 중세어에서는 첫소리로 쓰이는 글자 중, 'ㄱ, ㆁ, ㄷ, ㄴ, ㅂ, ㅁ, ㅅ, ㄹ'의 8자만 받침으로 허용한 편의주의적 표기법 규정이다.

③ 세종 이후 영조 무렵까지 모든 문헌이 이 원리에 따라 받침을 사용하였다.

④ 중세어에서는 'ㄷ'과 'ㅅ'을 엄격히 구별하여 사용했다.

⑤ 이 규정은 **표음적 표기법**(음소적 표기법)으로, 한 형태소가 환경에 따라 모습을 바꿀 때 바뀐 대로 적는 방법이다.

⑥ '훈민정음 언해본(1459)', '두시언해 초간본(1481)' 등 대부분의 15C 문헌에서 지켜졌다.

(3) 초성 종성 통용 8자 : 8종성의 재확인(정착)

① 최세진의 〈훈몽자회〉에서 제시된 규정

② ㄱ, ㄴ, ㄷ, ㄹ, ㅁ, ㅂ, ㅅ, ㆁ(= 초성 종성 통용 8자)

③ ㅋ, ㅌ, ㅍ, ㅈ, ㅊ, ㅿ, ㅇ, ㅎ(= 초성 독용 8자)

주관식 레벨 UP

'훈몽자회'에서 제시된 '초성 종성 통용 8자'를 모두 쓰시오.

> **풀이** ㄱ, ㄴ, ㄷ, ㄹ, ㅁ, ㅂ, ㅅ, ㆁ

---

(4) 7종성법(七終聲法)

① 17세기 말(영조 이후)부터 20세기 초(1933년 '한글 맞춤법 통일안')까지 적용된다.

② 'ㄱ, ㄴ, ㄹ, ㅁ, ㅂ, ㅅ, ㅇ'의 7자만 받침으로 사용된다.

③ 8종성 글자 중 'ㄷ'은 사실상 받침으로 쓰이지 않았다('ㄷ'을 'ㅅ'으로 대용).

> **참고** 처음에는 'ㄷ'과 'ㅅ'이 발음상 구별됐으나, 영조 이후 그 구별이 점점 어려워지자 'ㄷ'을 'ㅅ'으로 통일하여 사용하기 시작하였다.

(5) 종성부용초성 : 표의적 표기

① 세종 당시 훈민정음 실험 과정에서만 사용되었다가 소멸된 이후, 1933년 조선어학회의 '한글맞춤법 통일안'에서 복원되었다.

② 종성부용초성 규정을 부활한 이유는 어원을 밝혀 적기 위해서이다.

③ 현대는 종성의 표기법은 종성부용초성이나, 음절의 끝소리에는 7대표음을 사용한다.

2. 연철, 혼철, 분철

표기방법		연철(이어적기)	혼철(거듭적기)	분철(끊어적기)
나타난 시기		15C에 철저히 지켜짐	16C부터 나타남	1933년 이후 완전히 정착됨
표기상 특징		표음적 표기: 앞말의 종성을 뒷말의 초성에 내려 적음	과도기적 표기: 앞말의 종성을 적고 뒷말의 초성에도 내려 적음	표의적 표기: 앞말의 종성을 적고 뒷말의 초성에 'ㅇ'을 적음
체언 + 조사	심 + 이	시미	심미	심이
	님 + 을	니믈	님믈	님을
	바롤 + 애	바른래	바롤래	바롤애

어간	높+은	노픈	놉픈	높은
+	깊+은	기픈	깁픈	깊은
어미	흩+은	흐튼	훗튼	흩은

3. 동국정운식 한자음 표기

(1) 동국정운(東國正韻)

① 세종 29년 완성, 30년에 간행한 최초의 음운서(전 6권)이다.
② 중국의 '홍무정운(洪武正韻)'의 음운체계를 모방하였다.

(2) 동국정운식 한자음

① 세종 당시의 현실적인 우리의 한자음을 중국의 한자 '원음'에 가깝도록 개신(改新)한 한자음이다.
② 중국 운서를 토대로 한 인위적인 개정 한자음이므로 실제 통용음과는 거리가 먼 이상음(理想音)이다.
③ 세종·세조 때의 문헌에만 적용되고, 성종 때부터는 우리의 현실적 한자음을 사용하였다. (두시언해 초간본의 간행부터)
④ 용비어천가는 한자 뒤에 동국정운식 이상음을 표기하지는 않았지만, 조사나 어미 등을 선택할 때는 동국정운식 조건을 적용하였다.

(3) 대표적인 용례

① 중국 원음에 가까운 이상적 표기(실제 통용음이 아님)
  예 便뼌 安한, 上쌍, 節죓, 中듕國귁 등
② 성음법(成音法)에 따라 초성, 중성, 종성을 반드시 갖추어 적고, 끝소리가 없는 경우에는 음가 없는 'ㅇ'(zero)이나 'ㅱ' 등을 붙인다.
  예 虛헝, 那낭, 步뽕, 流륭, 喉聲, 斗둫 등
③ **이영보래(以影補來)** : 'ㄹ'받침 한자는 반드시 'ㅭ'으로 표기
  예 月웛, 日싫, 戌슗, 佛뿛, 八밣, 節죓

주관식 레벨 UP

세종 당시의 현실적인 우리의 한자음을 중국의 한자 '원음'에 가깝도록 개신하기 위해 중국의 '홍무정운'의 음운체계를 모방하여 편찬한 최초의 음운서는?

풀이 동국정운

제 3 장 | 표준어와 방언

어휘의 양상

1. 표준어

(1) 표준어 제정의 이유
① 통일된 의사소통의 매개체가 필요하기 때문에
② 국민의 일체감을 고취하고 사회의 통합을 추구하기 위해

(2) 개념 : 표준어는 교양 있는 사람들이 두루 쓰는 현대 서울말로 정함을 원칙으로 한다.
① **제정** : 1933년 10월 29일, 한글학회의 전신인 조선어학회에서 제정·공포한 것을 근간으로 하여 현재에는 1988년 1월에 개정한 것을 1989년 3월 1일부터 사용하고 있다.
② **표준어의 조건** 중요 ★
　㉠ 시대적 조건 : 현대
　㉡ 계층적 조건 : 교양 있는 사람들
　㉢ 지역적 조건 : 서울말

> **주관식 레벨 UP**
>
> 현대 표준어 사정원칙의 개념을 쓰시오.
>
> 　　　　　　　풀이 표준어는 교양 있는 사람들이 두루 쓰는 현대 서울말로 정함을 원칙으로 한다.

(3) 표준어의 기능
① **통일(統一)의 기능** : 표준어는 원활한 의사소통을 통해 한 나라 국민을 하나로 뭉치게 해 주고 같은 국민으로서의 일체감을 가지도록 해 주는 기능을 한다.
② **준거(準據)의 기능** : 표준어는 공적인 언어생활의 기준이 되는 기능을 한다. 또 규범을 바르게 따르도록 하는 태도를 길러주는 기능도 가진다.
③ **우월(優越)의 기능** : 표준어는 그것을 쓰는 사람이 쓰지 않는 사람보다 우월한 사람임을 드러내주는 기능을 한다.
④ **독립(獨立)의 기능** : 표준어는 대외적으로 한 민족임을 확인하는 기능을 한다.

2. 방언

(1) 개념 : 하나의 언어가 몇 개의 언어 집단으로 분화되었을 때 그 각각의 언어 체계를 통틀어 일컫는 말이다. 방언이 속한 언어의 근본 체계에서 크게 벗어나지 않으면서 음운, 문법, 어휘 사이의 차이를 드러내는데, 이는 언어를 사용하는 집단의 오랜 관습에 의해 형성된다. 방언은 계층적 방언과 지역적 방언으로 나뉘는데 일반적으로는 지역 방언을 지칭한다.

(2) 방언의 가치 : 언어 발전의 원동력

① **생활언어로서의 가치** : 민속적, 향토적 성격
② **옛말 연구의 자료**
③ **표준어를 보충하는 자료**

(3) 방언의 종류

방언은 그 말을 사용하는 구성원들 간에 정신적 유대감을 돈독하게 해주고 표준어로 표현하기 힘든 정서와 느낌을 표현할 수 있다.

① **지역 방언** : 같은 언어라도 지역적으로 격리되어 오랜 시간이 흐르면 원래의 언어와 다른 모습으로 바뀌게 되는데, 지역에 따라 달라진 언어를 지역 방언이라고 한다. 국어의 방언을 일반적으로 '동북 방언, 서북 방언, 중부 방언, 동남 방언, 서남 방언, 제주 방언'의 여섯 개로 나눈다.
② **사회 방언** : 같은 언어라도 연령, 성별, 사회 집단 등에 따라 분화하기도 하는데, 이를 사회 방언이라고 한다.

3. 은어, 속어

(1) 은어(隱語) 중요 ★

① 은어란 어떤 폐쇄적 집단에 속한 사람들이 다른 집단으로부터 자신을 방어하려는 목적에서 발생한 어휘로, '비밀어'라고도 한다.
② 은어는 학생, 군인, 범죄 집단 등 무엇인가를 숨길 목적으로 말을 해야 할 필요가 있는 집단이면 누구나 가질 수 있다.
③ 은어는 일반 사회에 알려지게 되면 즉시 변경되어 새로운 은어가 나타난다.

> **주관식 레벨 UP**
>
> 어떤 폐쇄적 집단에 속한 사람들이 다른 집단으로부터 자신을 방어하려는 목적으로 발생한 어휘로, '비밀어'라고도 하는 어휘를 무엇이라 부르는가?
>
> 풀이 은어

(2) 속어(俗語)

    ① 속어는 비속하고 천박한 어감을 주는 말로, 비속어 또는 비어라고도 한다.

    ② 공식적이거나 점잖은 자리에서는 속어를 사용하지 않는다.

    ③ 속어는 장난기 어린 표현, 신기한 표현, 반항적인 표현, 구체성을 강하게 드러내는 사실적인 표현을 하고 싶을 때 많이 사용된다.

4. 금기어, 완곡어

(1) **금기어** : 불쾌하고 두려운 것을 연상하게 하여 입 밖에 내기를 주저하는 말이다.

(2) **완곡어** : 금기어 대신 불쾌감이 덜 하도록 만든 말로, 기본적으로 금기어와 같은 대상을 가리킨다. 상대방에게 불쾌감을 주지 않기 위해서는 상황과 장면을 고려하여 완곡어를 사용해야 한다.

제2절   주요 표준어 규정 해설   종요 ★★★

〈발음 변화에 따른 표준어 규정〉

(1) 제1절 자음

제3항	다음 단어들은 거센소리를 가진 형태를 표준어로 삼는다. (ㄱ을 표준어로 삼고, ㄴ을 버림)

ㄱ	ㄴ	비고
끄나풀	끄나불	
나팔꽃	나발꽃	
녘	녁	동~, 들~, 새벽~, 동 틀 ~.
부엌	부억	
살-쾡이	삵-괭이	'삵'도 표준어임.
칸	간	1. ~막이, 빈~, 방 한~.
		2. '초가삼간, 윗간'의 경우에는 '간'임.
털어-먹다	떨어-먹다	재물을 다 없애다.

  참고   ① 거센소리 표기가 올바른 경우

        [텁수룩하다(○)/ 덥수룩하다(×)], [해코지(○)/ 해꼬지(×)],

        [오지랖(○)/ 오지랍(×)], [찌푸리다(○)/ 찌뿌리다(×)]

    ② 복수로 인정하는 경우

        [삐치다(○)/ 삐지다(○)], [후텁지근하다(○)/ 후덥지근하다(○)] 등

제4항	다음 단어들은 거센소리로 나지 않는 형태를 표준어로 삼는다. (ㄱ을 표준어로 삼고, ㄴ을 버림)

ㄱ	ㄴ	비고
가을-갈이	가을-카리	
거시기	거시키	
분침	푼침	

참고 ① 거센소리 표기가 올바르지 않은 경우
　　　　[덤풀(×)/ 덤불(○)], [널판지(×)/ 널빤지(○)], [재털이(×)/ 재떨이(○)],
　　　　[먼지털이(×)/ 먼지떨이(○)], [곤두박히다(×)/ 곤두박이다(○)],
　　　　[흐리멍텅하다(×)/ 흐리멍덩하다(○)], [착찹하다(×)/ 착잡하다(○)]
　　　　[저넉(×)/ 저녁(○)], [칼치(×)/ 갈치(○)] 등
　　　② [나침반(羅針盤)]과 [나침판]은 둘 다 바른 표기다.

제5항	어원에서 멀어진 형태로 굳어져서 널리 쓰이는 것은, 그것을 표준어로 삼는다. (ㄱ을 표준어로 삼고, ㄴ을 버림)

ㄱ	ㄴ	비고
강낭콩	강남콩	
고삿	고샅	겉~, 속~.
사글-세	삭월-세	'월세'는 표준어임.
울력-성당	위력-성당	떼를 지어서 으르고 협박하는 일

참고 ① '고삿'과 '고샅'은 의미가 다른 말이다.
　　　　㉠ 고삿 : 초가지붕을 엮을 때 쓰는 새끼.
　　　　㉡ 고샅 : [골 + 샅]. 마을의 좁은 골목. 좁은 골짜기 사이
　　　② '삭월세(朔月貰)'는 어원이 한자어이나, 어원에서 멀어져 굳어진 '사글세'만을 인정하고 있기 때문에 '사글셋방'의 경우에는 비록 어원이 4음절의 한자어 '朔月貰房'에서 왔다 하더라도 한자어의 어원을 인정하지 않기 때문에 사이시옷을 표기해야 한다.

제6항	다음 단어들은 의미를 구별함이 없이, 한 가지 형태만을 표준어로 삼는다. (ㄱ을 표준어로 삼고, ㄴ을 버림)

ㄱ	ㄴ	비고
돌	돐	생일, 주기.
둘-째	두-째	'제2, 두 개째'의 뜻.
셋-째	세-째	'제3, 세 개째'의 뜻.
넷-째	네-째	'제4, 네 개째'의 뜻.
빌리다	빌다	1. 빌려 주다, 빌려 오다. 2. '용서를 빌다'는 '빌다'임.

참고 ① 생일이나 주기를 뜻하는 '돐'은 '돌'로 통일되었으므로 '돌[石]'과의 의미를 구별할 때는 소리의 길이로 파악한다.
　　　㉠ 돌[生日], ㉡ 돌:[石]
　　② '차용하다'의 의미만 '빌리다'로 통일되었고, 그 외의 의미는 '빌다'로 쓴다.
　　　※ 빌다 ㉠ 빌어먹다[乞]
　　　　　　　㉡ 소원을 빌다, 행복을 빌다[祝, 祈願]
　　　　　　　㉢ 용서를 빌다[恕]

다만, '둘째'는 십 단위 이상의 서수사(순서)에 쓰일 때에 '두째'로 한다.

ㄱ	ㄴ	비고
열두-째		열두 개째의 뜻은 '열둘째'로.
스물두-째		스물두 개째의 뜻은 '스물둘째'로.

참고 ① '셋째'와 '넷째'는 10 이하든 10 이상이든 모두 받침이 있는 것으로 통일되었다.
　　② '둘째'의 경우는 10 이하에는 '두째'를 인정하지 않으나, 십 단위 이상의 서수사(순서)에 쓰일 때에만 인정한다. 다만, 십 단위 이상이라 해도 양수사(수량)에서는 '둘째'를 쓴다는 점에 유의한다.
　　　㉠ 열두째 : 열두 번째, ㉡ 열둘째 : 열두 개째

제7항	수컷을 이르는 접두사는 '수-'로 통일한다. (ㄱ을 표준어로 삼고, ㄴ을 버림)

ㄱ	ㄴ	비고
수-꿩	수-퀑/ 숫-꿩	'장끼'도 표준어임.
수-나사	숫-나사	
수-놈	숫-놈	
수-사돈	숫-사돈	
수-소	숫-소	'황소'도 표준어임.
수-은행나무	숫-은행나무	

[다만 1] 다음 단어에서는 접두사 다음에서 나는 거센소리를 인정한다. 접두사 '암-'이 결합되는 경우에도 이에 준한다. (ㄱ을 표준어로 삼고, ㄴ을 버림)

ㄱ	ㄴ	비고
수-캉아지	숫-강아지	
수-캐	숫-개	
수-컷	숫-것	
수-키와	숫-기와	
수-탉	숫-닭	
수-탕나귀	숫-당나귀	
수-톨쩌귀	숫-돌쩌귀	

| 수–퇘지 | 숫–돼지 | |
| 수–평아리 | 숫–병아리 | |

[다만 2] 다음 단어의 접두사는 '**숫**'으로 한다. (ㄱ을 표준어로 삼고, ㄴ을 버림)

ㄱ	ㄴ	비고
숫–양	수–양	
숫–염소	수–염소	
숫–쥐	수–쥐	

참고 ① 접두사 다음에 나는 거센소리를 인정하는 경우는 '암–'이나 '수–' 다음에 예사소리가 오는 모두를
　　　　인정하는 것이 아니라, 위에 제시된 9가지만 한한다.
　　　　예 [숫고양이 → 수코양이(×)/ 수고양이(○)], [숫벌 → 수펄(×)/ 수벌(○)]
　　　② 접두사 '숫'을 인정하는 경우도 [다만 2]에 제시된 3가지만 인정한다.

주관식 레벨 UP

현 표준어 규정 중 접두사 '숫–'을 인정하는 3개의 단어를 쓰시오.

　　　　　　　　　　　　　　　　　　　　　　　　　　　　　풀이 숫양, 숫염소, 숫쥐

(2) 제2절 모음

제9항	' ㅣ ' 역행 동화 현상에 의한 발음은 원칙적으로 표준 발음으로 인정하지 아니하되, 다만 다음 단어들은 그러한 동화가 적용된 형태를 표준어로 삼는다. (ㄱ을 표준어로 삼고, ㄴ을 버림)

ㄱ	ㄴ	비고
–내기	–나기	서울–, 시골–, 신출–, 풋–.
냄비	남비	
동댕이–치다	동당이–치다	

[붙임 1] 다음 단어는 ' ㅣ ' 역행 동화가 일어나지 아니한 형태를 표준어로 삼는다. (ㄱ을 표준어로 삼고, ㄴ을 버림)

ㄱ	ㄴ	비고
아지랑이	아지랭이	

[붙임 2] 기술자에게는 '–장이', 그 외에는 '–쟁이'가 붙는 형태를 표준어로 삼는다. (ㄱ을 표준어로 삼고, ㄴ을 버림)

ㄱ	ㄴ	비고
미장이	미쟁이	
유기장이	유기쟁이	
멋쟁이	멋장이	
소금쟁이	소금장이	

담쟁이-덩굴	담장이-덩굴	
골목쟁이	골목장이	
발목쟁이	발목장이	

참고 ① '~장이'는 '장인(匠人)'에서 유래된 말로 수공업의 기술자를 나타내는 경우에만 사용해야 한다.
　　　　　㉘ 미장이, 놋갓장이[놋그릇을 만드는 일을 업으로 하는 사람 = 주장(鑄匠)],
　　　　　　　고리장이(고리짝이나 키를 만들어 파는 것을 업으로 하는 사람 = 유기장이),
　　　　　　　땜장이, 옹기장이[옹기를 전문으로 만드는 사람 = 도공(陶工) = 도기장이],
　　　　　　　석수장이, 대장장이, 칠장이, 도배장이, 간판장이 등
　　　　② '~쟁이'를 쓰는 경우
　　　　　㉠ 사람이 아닌 경우 : ㉘ 담쟁이넝쿨, 발목쟁이, 소금쟁이, 사주쟁이, 멋쟁이 등
　　　　　㉡ 기술자가 아닌 경우 : ㉘ 점쟁이, 관상쟁이, 중매쟁이 등
　　　　　㉢ '사람의 직업, 성질, 습관 또는 행동 모양' 등을 나타내는 말에 붙어서 그러한 사람을 가리켜
　　　　　　 낮춰 부르는 경우
　　　　　　 ㉘ 환쟁이, 침쟁이, 소리쟁이, 글쟁이, 월급쟁이 등

제10항　　다음 단어는 모음이 단순화한 형태를 표준어로 삼는다. (ㄱ을 표준어로 삼고, ㄴ을 버림)

ㄱ	ㄴ	비고
괴팍-하다	괴퍅-하다/ 괴팩-하다	
-구먼	-구면	
미루-나무	미류-나무	←美柳~.
미륵	미력	←彌勒. ~보살, ~불, 돌~
여느	여늬	
온-달	왼-달	만 한 달
으레	으례	
케케-묵다	켸켸-묵다	
허우대	허위대	
허우적-허우적	허위적-허위적	허우적-거리다

제11항　　다음 단어에서는 모음의 발음 변화를 인정하여, 발음이 바뀌어 굳어진 형태를 표준어로 삼는다. (ㄱ을 표준어로 삼고, ㄴ을 버림)

ㄱ	ㄴ	비고
-구려	-구료	
깍쟁이	깍정이	1. 서울~, 알~, 찰~ 2. 도토리, 상수리 등의 받침은 '깍정이'임.
나무라다	나무래다	
미수	미시	미숫-가루

바라다	바래다	'바램[所望]'은 비표준어임.
상추	상치	~쌈.
시러베-아들	실업의-아들	
주책	주착	←主着. ~망나니, ~없다
지루-하다	지리-하다	←支離.
튀기	트기	
허드레	허드래	허드렛-물, 허드렛-일
호루라기	호루루기	

주관식 레벨 UP

다음은 비표준어들이다. 표준어에 맞게 고치시오.

상치, 미류나무, 담장이덩쿨, 숫병아리, 삭월세

풀이 상추, 미루나무, 담쟁이넝쿨/ 담쟁이덩굴, 수평아리, 사글세

(3) 제3절 준말

제14항	준말이 널리 쓰이고 본말이 잘 쓰이지 않는 경우에는, 준말만을 표준어로 삼는다. (ㄱ을 표준어로 삼고, ㄴ을 버림)

ㄱ	ㄴ	비고
귀찮다	귀치 않다	
김	기음	~매다.
똬리	또아리	머리에 받치는 고리 모양의 물건
무	무우	~강즙, ~말랭이, ~생채, 가랑~, 갓~, 왜~, 총각~
미다	무이다	1. 털이 빠져 살이 드러나다. 2. 찢어지다.
뱀	배암	
뱀-장어	배암-장어	
빔	비음	설~, 생일~.
샘	새암	
생-쥐	새앙-쥐	
솔개	소리개	
온갖	온가지	
장사-치	장사-아치	

제16항	준말과 본말이 다 같이 널리 쓰이면서 준말의 효용이 뚜렷이 인정되는 것은, 두 가지를 다 표준어로 삼는다. (ㄱ은 본말이며, ㄴ은 준말임)

ㄱ	ㄴ	비고
거짓-부리	거짓-불	작은말은 '가짓부리, 가짓불'임.
노을	놀	저녁~.
막대기	막대	
망태기	망태	
머무르다	머물다	
서두르다	서둘다	모음 어미가 연결될 때에는 준말의 활용형을 인정하지 않음
서투르다	서툴다	
석새-삼베	석새-베	
시-누이	시-뉘/ 시-누	
오-누이	오-뉘/ 오-누	
외우다	외다	외우며, 외워 : 외며, 외어
이기죽-거리다	이죽-거리다	
찌꺼기	찌끼	'찌꺽지'는 비표준어임.

참고 [머무르다/ 머물다], [서두르다/ 서둘다], [서투르다/ 서툴다]의 경우 활용할 때, 자음의 어미 앞에서는 본말과 준말의 활용을 모두 인정하지만, 모음의 어미 앞에서는 본말의 활용('르' 불규칙 활용)만을 인정하고 준말의 활용형을 인정하지 않는다.
① [머무르 + 고 〉 머무르고(○)/ 머물 + 고 〉 머물고(○)]
　 [머무르 + 어 〉 머물러(○)/ 머물 + 어 〉 머물어(×)]
② [서두르 + 지 〉 서두르지(○)/ 서둘 + 지 〉 서둘지(○)]
　 [서두르 + 어 〉 서둘러(○)/ 서둘 + 어 〉 서둘어(×)]
③ [서투르 + 게 〉 서투르게(○)/ 서툴 + 게 〉 서툴게(○)]
　 [서투르 + 어 〉 서툴러(○)/ 서툴 + 어 〉 서툴어(×)]

(4) 제5절 복수 표준어

제18항	다음 단어는 ㄱ을 원칙으로 하고, ㄴ도 허용한다.

ㄱ	ㄴ	비고
네	예	
쇠-	소-	-가죽, -고기, -기름, -머리, -뼈
괴다	고이다	물이 ~, 밑을 ~.
꾀다	꼬이다	어린애를 ~, 벌레가 ~.
쐬다	쏘이다	바람을 ~.

죄다	조이다	나사를 ~.
쬐다	쪼이다	볕을 ~.

참고 ① 소의 부속물을 나타낼 때는 '쇠-'와 '소-'의 두 형태가 모두 표준어로 인정되지만, 그렇지 않을 경우에는 '소-'만을 인정한다.
　　　　例 소달구지, 소도둑, 소띠, 소몰이, 소싸움 등
　　　② '꾀다'를 속되게 이르는 말인 '꼬시다'도 표준어로 인정한다.

제19항	어감의 차이를 나타내는 단어 또는 발음이 비슷한 단어들이 다 같이 널리 쓰이는 경우에는, 그 모두를 표준어로 삼는다. (ㄱ, ㄴ을 모두 표준어로 삼음)

ㄱ	ㄴ	비고
거슴츠레-하다	게슴츠레-하다	
고까	꼬까	~신, ~옷
고린-내	코린-내	
교기(驕氣)	갸기	교만한 태도
구린-내	쿠린-내	
꺼림-하다	께름-하다	
나부랭이	너부렁이	

참고 복수 표준어와 유사한 표기를 주의
　　　① [해쓱하다 – 핼쑥하다(○)/ 핼쓱하다(×)]
　　　② [뜨개질 – 뜯게질(○)/ 뜯개질(×)]
　　　③ [늦장 – 늑장(○)/ 늣장(×)]
　　　④ [길잡이 – 길라잡이(○)/ 길앞잡이(×)]
　　　⑤ [신기롭다 – 신기하다(○)/ 신기스럽다(×)]
　　　⑥ [거슴츠레하다 – 게슴츠레하다(○)/ 거슴치레하다(×)]
　　　⑦ [넝쿨 – 덩굴(○)/ 덩쿨(×)]
　　　⑧ [봉숭아 – 봉선화(○)/ 봉숭화(×)]
　　　⑨ [좀체 – 좀처럼(○)/ 좀체로(×)]
　　　⑩ [삽살개 – 삽사리(○)/ 삽살이(×)]
　　　⑪ [뾰루지 – 뾰두라지(○)/ 뾰두락지(×)]
　　　⑫ [고깃간 – 푸줏간(○)/ 푸줏관, 다림방(×)]
　　　⑬ [벌레 – 버러지(○)/ 벌거지, 벌러지(×)]
　　　⑭ [여태껏 – 입때껏 – 이제껏(○)/ 여직껏(×)]
　　　⑮ [우레 – 천둥(○)/ 우뢰(×)]
　　　⑯ [마룻줄 – 용총줄(○)/ 이어줄(×)]
　　　⑰ [부침개질 – 부침질 – 지짐질(○)/ 부치개질(×)]
　　　⑱ [서럽다 – 섧다(○)/ 설다(×)]
　　　⑲ [역성들다 – 역성하다(○)/ 편역들다(×)]
　　　⑳ [장가가다 – 장가들다(○)/ 서방가다(×)]

제3절 추가 표준어 중요 ★★

01 2011년

1. 현재 표준어와 같은 뜻으로 추가로 표준어로 인정한 것(11개)

추가된 표준어	현재 표준어
간지럽히다	간질이다
남사스럽다	남우세스럽다
등물	목물
맨날	만날
묫자리	묏자리
복숭아뼈	복사뼈
세간살이	세간
쌉싸름하다	쌉싸래하다
토란대	고운대
허접쓰레기	허섭스레기
흙담	토담

2. 현재 표준어와 별도의 표준어로 추가로 인정한 것(25개)

추가된 표준어	현재 표준어	뜻 차이
~길래	~기에	~길래: '~기에'의 구어적 표현
개발새발	괴발개발	'괴발개발'은 '고양이의 발과 개의 발'이라는 뜻이고, '개발새발'은 '개의 발과 새의 발'이라는 뜻
나래	날개	'나래'는 '날개'의 문학적 표현
내음	냄새	'내음'은 향기롭거나 나쁘지 않은 냄새로 제한됨.
눈꼬리	눈초리	• 눈초리: 어떤 대상을 바라볼 때 눈에 나타나는 표정 예 '매서운 눈초리' • 눈꼬리: 눈의 귀 쪽으로 째진 부분
떨구다	떨어뜨리다	'떨구다'에 '시선을 아래로 향하다'라는 뜻 있음.
뜨락	뜰	'뜨락'에는 추상적 공간을 비유하는 뜻이 있음.
먹거리	먹을거리	먹거리: 사람이 살아가기 위하여 먹는 음식을 통틀어 이름.
메꾸다	메우다	'메꾸다'에 '무료한 시간을 적당히 또는 그럭저럭 흘러가게 하다.'라는 뜻이 있음.
손주	손자(孫子)	• 손자: 아들의 아들. 또는 딸의 아들 • 손주: 손자와 손녀를 아울러 이르는 말

어리숙하다	어수룩하다	'어수룩하다'는 '순박함/ 순진함'의 뜻이 강한 반면에, '어리숙하다'는 '어리석음'의 뜻이 강함.
연신	연방	'연신'이 반복성을 강조한다면, '연방'은 연속성을 강조
횡하니	횡허케	횡허케 : '횡하니'의 예스러운 표현
걸리적거리다	거치적거리다	자음 또는 모음의 차이로 인한 어감 및 뜻 차이 존재
끄적거리다	끼적거리다	"
두리뭉실하다	두루뭉술하다	"
맨숭맨숭/맹숭맹숭	맨송맨송	"
바동바동	바둥바둥	"
새초롬하다	새치름하다	"
아웅다웅	아옹다옹	"
야멸차다	야멸치다	"
오손도손	오순도순	"
찌뿌둥하다	찌뿌듯하다	"
추근거리다	치근거리다	"

3. 두 가지 표기를 모두 표준어로 인정한 것(3개)

추가된 표준어	현재 표준어
택견	태견
품새	품세
짜장면	자장면

02 2014년

1. 현재 표준어와 같은 뜻을 가진 표준어로 인정한 것(5개)

추가된 표준어	현재 표준어
구안와사	구안괘사
굽신*	굽실
눈두덩이	눈두덩
삐지다	삐치다
초장초	작장초

✿ '굽신'이 표준어로 인정됨에 따라, '굽신거리다, 굽신대다, 굽신하다, 굽신굽신, 굽신굽신하다' 등도 표준어로 함께 인정됨.

2. 현재 표준어와 뜻이나 어감의 차이가 나는 별도의 표준어로 인정한 것(8개)

추가된 표준어	현재 표준어	뜻 차이
개기다	개개다	개기다 : (속되게) 명령이나 지시를 따르지 않고 버티거나 반항하다. (*개개다 : 성가시게 달라붙어 손해를 끼치다)
꼬시다	꾀다	꼬시다 : '꾀다'를 속되게 이르는 말. (*꾀다 : 그럴듯한 말이나 행동으로 남을 속이거나 부추겨서 자기 생각대로 끌다)
놀잇감	장난감	놀잇감 : 놀이 또는 아동 교육 현장 따위에서 활용되는 물건이나 재료. (*장난감 : 아이들이 가지고 노는 여러 가지 물건)
딴지	딴죽	딴지 : (주로 '걸다, 놓다'와 함께 쓰여) 일이 순순히 진행되지 못하도록 훼방을 놓거나 어기대는 것. (*딴죽 : 이미 동의하거나 약속한 일에 대하여 딴전을 부림을 비유적으로 이르는 말)
사그라들다	사그라지다	사그라들다 : 삭아서 없어져 가다. (*사그라지다 : 삭아서 없어지다)
섬찟*	섬뜩	섬찟 : 갑자기 소름이 끼치도록 무시무시하고 끔찍한 느낌이 드는 모양. (*섬뜩 : 갑자가 소름이 끼치도록 무섭고 끔찍한 느낌이 드는 모양)
속앓이	속병	속앓이 : (1) 속이 아픈 병. 또는 속에 병이 생겨 아파하는 일 (2) 겉으로 드러내지 못하고 속으로 걱정하거나 괴로워하는 일 (*속병 : (1) 몸속의 병을 통틀어 이르는 말 (2) '위장병'을 일상적으로 이르는 말 (3) 화가 나거나 속이 상하여 생긴 마음의 심한 아픔)
허접하다	허접스럽다	허접하다 : 허름하고 잡스럽다. (*허접스럽다 : 허름하고 잡스러운 느낌이 있다)

✪ '섬찟'이 표준어로 인정됨에 따라, '섬찟하다, 섬찟섬찟, 섬찟섬찟하다' 등도 표준어로 함께 인정됨.

03 2015년

1. 복수 표준어 : 현재 표준어와 같은 뜻을 가진 표준어로 인정한 것(4개)

추가 표준어	현재 표준어	비고
마실	마을	• '이웃에 놀러 다니는 일'의 의미에 한하여 표준어로 정함. '여러 집이 모여 사는 곳'의 의미로 쓰인 '마실'은 비표준어임. • '마실꾼, 마실방, 마실돌이, 밤마실'도 표준어로 인정함. 예 나는 아들의 방문을 열고 이모네 마실 갔다 오마고 말했다.
이쁘다	예쁘다	'이쁘장스럽다, 이쁘장스레, 이쁘장하다, 이쁘디이쁘다'도 표준어로 인정함. 예 어이구, 내 새끼 이쁘기도 하지.
찰지다	차지다	사전에서 〈'차지다'의 원말〉로 풀이함. 예 화단의 찰진 흙에 하얀 꽃잎이 화사하게 떨어져 날리곤 했다.
-고프다	-고 싶다	사전에서 〈'-고 싶다'가 줄어든 말〉로 풀이함. 예 그 아이는 엄마가 보고파 앙앙 울었다.

2. 별도 표준어 : 현재 표준어와 뜻이 다른 표준어로 인정한 것(5개)

추가 표준어	현재 표준어	뜻 차이
꼬리연	가오리연	• 꼬리연 : 긴 꼬리를 단 연. • 가오리연 : 가오리 모양으로 만들어 꼬리를 길게 단 연. 띄우면 오르면서 머리가 아래위로 흔들린다. 예 행사가 끝날 때까지 하늘을 수놓았던 대형 꼬리연도 비상을 꿈꾸듯 끊임없이 창공을 향해 날아올랐다.
의론	의논	• 의론(議論) : 어떤 사안에 대하여 각자의 의견을 제기함. 또는 그런 의견. • 의논(議論) : 어떤 일에 대하여 서로 의견을 주고 받음. • '의론되다, 의론하다'도 표준어로 인정함. 예 이러니저러니 의론이 분분하다.
이크	이키	• 이크 : 당황하거나 놀랐을 때 내는 소리. '이키'보다 큰 느낌을 준다. • 이키 : 당황하거나 놀랐을 때 내는 소리. '이끼'보다 거센 느낌을 준다. 예 이크, 이거 큰일 났구나 싶어 허겁지겁 뛰어갔다.
잎새	잎사귀	• 잎새 : 나무의 잎사귀. 주로 문학적 표현에 쓰인다. • 잎사귀 : 낱낱의 잎. 주로 넓적한 잎을 이른다. 예 잎새가 몇 개 남지 않은 나무들이 창문 위로 뻗어 올라 있었다.
푸르르다	푸르다	• 푸르르다 : '푸르다'를 강조할 때 이르는 말. • 푸르다 : 맑은 가을 하늘이나 깊은 바다, 풀의 빛깔과 같이 밝고 선명하다. • '푸르르다'는 '으불규칙용언'으로 분류함. 예 겨우내 찌푸리고 있던 잿빛 하늘이 푸르르게 맑아 오고 어디선지도 모르게 흙냄새가 뭉클하니 풍겨 오는 듯한 순간 벌써 봄이 온 것을 느낀다.

3. 복수 표준형 : 현재 표준적인 활용형과 용법이 같은 활용형으로 인정한 것(2개)

추가 표준형	현재 표준형	비고
말아 말아라 말아요	마 마라 마요	'말다'에 명령형어미 '-아', '-아라', '-아요' 등이 결합할 때는 어간 끝의 'ㄹ'이 탈락하기도 하고 탈락하지 않기도 함. 예 내가 하는 말 농담으로 듣지 마/ 말아. 얘야, 아무리 바빠도 제사는 잊지 마라/ 말아라. 아유, 말도 마요/ 말아요.
노랗네 동그랗네 조그맣네 …	노라네 동그라네 조그마네 …	• ㅎ불규칙용언이 어미 '-네'와 결합할 때는 어간 끝의 'ㅎ'이 탈락하기도 하고 탈락하지 않기도 함. • '그렇다, 노랗다, 동그랗다, 뿌옇다, 어떻다, 조그맣다, 커다랗다' 등등 모든 'ㅎ'불규칙용언의 활용형에 적용됨. 예 생각보다 훨씬 노랗네/ 노라네. 이 빵은 동그랗네/ 동그라네. 건물이 아주 조그맣네/ 조그마네.

04 2016년

1. 추가 표준어(4항목)

추가 표준어	현재 표준어	뜻 차이
걸판지다	거방지다	걸판지다[형용사] ① 매우 푸지다. 　예 술상이 걸판지다./ 마침 눈먼 돈이 생긴 것도 있으니 오늘 저녁은 내가 걸판지게 사지. ② 동작이나 모양이 크고 어수선하다. 　예 싸움판은 자못 걸판져서 구경거리였다./ 소리판은 옛날이 걸판지고 소리할 맛이 났었지. ‥‥‥‥‥‥‥‥‥‥‥‥‥‥‥‥‥‥‥‥‥‥‥‥‥‥‥‥‥ 거방지다[형용사] ① 몸집이 크다. ② 하는 짓이 점잖고 무게가 있다. ③ = 걸판지다①.
겉울음	건울음	겉울음[명사] ① 드러내 놓고 우는 울음. 　예 꼭꼭 참고만 있다 보면 간혹 속울음이 겉울음으로 터질 때가 있다. ② 마음에도 없이 겉으로만 우는 울음. 　예 눈물도 안 나면서 슬픈 척 겉울음 울지 마. ‥‥‥‥‥‥‥‥‥‥‥‥‥‥‥‥‥‥‥‥‥‥‥‥‥‥‥‥‥ 건울음[명사] = 강울음. 강울음[명사] = 눈물 없이 우는 울음, 또는 억지로 우는 울음.
까탈스럽다	까다롭다	까탈스럽다[형용사] ① 조건, 규정 따위가 복잡하고 엄격하여 적응하거나 적용하기에 어려운 데가 있다. '가탈스럽다①'보다 센 느낌을 준다. 　예 까탈스러운 공정을 거치다. 　　규정을 까탈스럽게 정하다. 　　가스레인지에 길들여진 현대인들에게 지루하고 까탈스러운 숯 굽기 작업은 쓸데없는 시간 낭비로 비칠 수도 있겠다. ② 성미나 취향 따위가 원만하지 않고 별스러워 맞춰주기에 어려운 데가 있다. '가탈스럽다②'보다 센 느낌을 준다. 　예 까탈스러운 입맛 　　성격이 까탈스럽다. 　　딸아이는 사 준 옷이 맘에 안 든다고 까탈스럽게 굴었다. ❂ 같은 계열의 '가탈스럽다'도 표준어로 인정함. ‥‥‥‥‥‥‥‥‥‥‥‥‥‥‥‥‥‥‥‥‥‥‥‥‥‥‥‥‥ 까다롭다[형용사] ① 조건 따위가 복잡하거나 엄격하여 다루기에 순탄하지 않다. ② 성미나 취향 따위가 원만하지 않고 별스럽게 까탈이 많다.
실뭉치	실몽당이	실뭉치[명사] 실을 한데 뭉치거나 감은 덩이. 　예 뒤엉킨 실뭉치 　　실뭉치를 풀다. 　　그의 머릿속은 엉클어진 실뭉치같이 갈피를 못 잡고 있었다. 실몽당이[명사] 실을 풀기 좋게 공 모양으로 감은 뭉치.

2. 추가 표준형(2항목)

추가 표준어	현재 표준어	비고
엘랑	에는	• 표준어 규정 제25항에서 '에는'의 비표준형으로 규정해 온 '엘랑'을 표준형으로 인정함. • '엘랑' 외에도 'ㄹ랑'에 조사 또는 어미가 결합한 '에설랑, 설랑, -고설랑, -어설랑, -질랑'도 표준형으로 인정함. • '엘랑, -고설랑' 등은 단순한 조사/ 어미 결합형이므로 사전 표제어로는 다루지 않음. 　예 서울엘랑 가지를 마오. 　　　교실에설랑 떠들지 마라. 　　　나를 앞에 앉혀놓고설랑 자기 아들 자랑만 하더라.
주책이다	주책없다	• 표준어 규정 제25항에 따라 '주책없다'의 비표준형으로 규정해 온 '주책이다'를 표준형으로 인정함. • '주책이다'는 '일정한 줏대가 없이 되는대로 하는 짓'을 뜻하는 '주책'에 서술격조사 '이다'가 붙은 말로 봄. • '주책이다'는 단순한 명사 + 조사 결합형이므로 사전 표제어로는 다루지 않음. 　예 이제 와서 오래 전에 헤어진 그녀를 떠올리는 나 자신을 보며 '나도 참 주책이군' 하는 생각이 들었다.

05 2017년

1. 추가 표준어(5항목)

추가 표준어	현재 표준어	뜻 차이
꺼림직하다	꺼림칙하다	꺼림직하다[형용사] : 마음에 걸려서 언짢고 싫은 느낌이 있다. (= 꺼림칙하다) 꺼림칙하다[형용사] : 마음에 걸려서 언짢고 싫은 느낌이 있다. (≒ 꺼림직하다) 　예 그가 그 일을 알고 있다는 사실이 마음속에 조금 꺼림칙하게 남았다. 　　　아이를 혼자 보내기가 꺼림칙했으나 어쩔 수 없었다.
께름직하다	께름칙하다	께름직하다[형용사] : 마음에 걸려서 언짢고 싫은 느낌이 꽤 있다. (= 께름칙하다) 께름칙하다[형용사] : 마음에 걸려서 언짢고 싫은 느낌이 꽤 있다. (≒ 께름직하다) 　예 작은아버지를 쫓겨나게 했던 일이 조금 께름직하기는 했으나 자기가 부러 그랬던 것은 아니라고 생각하면 그만일 것도 같았다. 　　　늘 그랬었지만 따라나서기가 께름칙하다.
추켜세우다	치켜세우다	추켜세우다[동사] ① 옷깃이나 신체 일부 따위를 위로 가뜬하게 올려 세우다. (= 치켜세우다) 　예 눈썹을 추켜세우다. 　　　재섭이 얼른 몸을 추켜세우고는 딱하다는 듯이 혀를 찼다. ② 정도 이상으로 크게 칭찬하다. (= 치켜세우다) 치켜세우다[동사] ① 옷깃이나 신체 일부 따위를 위로 가뜬하게 올려 세우다. (≒ 추켜세우다) 　예 바람이 차가워지자 사람들은 모두 옷깃을 치켜세우고 있었다. 　　　어른에게 눈초리를 치켜세우고 대들다니 버릇이 없구나.

		② 정도 이상으로 크게 칭찬하다. (≒ 추켜세우다) 예 한때는 사람들이 그를 영웅으로 치켜세운 적도 있었다. 그때는 우리를 개화된 애국자라고 치켜세우더니 사세가 불리해지니까 우릴 헌신짝 버리듯 하고는 제 놈들만 꽁무니를 빼지 않았소.
추켜올리다	추어올리다	추켜올리다[동사] ① 옷이나 물건, 신체 일부 따위를 위로 가뜬하게 올리다. (= 추어올리다) 예 그녀는 자꾸 흘러내리는 치맛자락을 추켜올리며 걸었다. 그 총부리 앞에서 두 손을 번쩍 추켜올린 채 지시에 따라 움직이던 첫 대면 당시의 기억이 언제까지고 새로웠다. ② 실제보다 과장되게 칭찬하다. (= 추어올리다) ┄┄ 추어올리다[동사] ① 옷이나 물건, 신체 일부 따위를 위로 가뜬하게 올리다. (≒ 추켜올리다, 치켜올리다) 예 바지를 추어올리다. 그는 땀에 젖어 이마에 찰싹 들러붙은 머리카락을 손가락으로 추어올렸다. 그는 완장을 어깨 쪽으로 바짝 추어올린 다음 가슴을 활짝 펴고는 심호흡을 했다. ② 실제보다 과장되게 칭찬하다. (≒ 추어주다, 추켜올리다, 치켜올리다) 예 그 애는 조금만 추어올리면 기고만장해진다. 그를 옆에서 자꾸 추어올리니 그도 공연히 우쭐대는 마음이 들었다.
치켜올리다	추어올리다 추켜올리다	치켜올리다[동사] ① 옷이나 물건, 신체 일부 따위를 위로 가뜬하게 올리다. (= 추어올리다) ② 실제보다 과장되게 칭찬하다. (= 추어올리다)

제4절 관용어구와 관련된 표기 종요 ★★

(1) [괴발개발(○)/ 개발새발(○)]

→ 고양이의 발과 개의 발이라는 뜻으로, 글씨를 되는대로 아무렇게나 써 놓은 모양을 이르는 말이다. 단, '개의 발과 새의 발'이란 뜻으로 쓰였다면 '개발새발'도 맞는 표기로 인정한다.

예 담벼락에는 **괴발개발** 아무렇게나 낙서가 되어 있었다.

(2) [방방곡곡(○)/ 방방곳곳(×)]

→ 방방곡곡(坊坊曲曲)은 한 군데도 빠짐이 없는 모든 곳

예 **방방곡곡** 안 다닌 데 없이 다녔어도 이처럼 좋은 곳은 보지 못했다.

(3) [성대모사(○)/ 성대묘사(×)]

→ 성대모사(聲帶模寫)는 자신의 목소리로 다른 사람의 목소리나 새, 짐승 따위의 소리를 흉내내는 일

예 철수의 주특기는 **성대모사**다.

(4) [아연실색(○)/ 아연질색(×)]

→ 아연실색(啞然失色)은 뜻밖의 일에 얼굴빛이 변할 정도로 놀람.
㉠ 우리는 그가 음모를 꾸민 사실에 **아연실색**하여 아무 말도 할 수 없었다.

(5) [야반도주(○)/ 야밤도주(×)]

→ 야반도주(夜半逃走)는 남의 눈을 피하여 한밤중에 도망함.
㉠ 사람들은 그가 왜 **야반도주**를 했는지 모르겠다고 숙덕숙덕하였다.

(6) [양수겸장(○)/ 양수겹장(×)]

→ 양수겸장(兩手兼將)은 장기에서, '두 개의 말이 한꺼번에 장을 부른다.'는 말로 양쪽에서 동시에 하나를 노림을 비유적으로 이르는 말
㉠ 군정의 주위에는 그 재산을 노리는 자들이 맴돌았고, 통역관들은 그 틈바구니에서 권력을 행사하고 이권을 취득하는 **양수겸장**을 치고 있었던 것이다.

(7) [오곡백과(○)/ 오곡백화(×)]

→ 오곡백과(五穀百果)는 온갖 곡식과 과실
㉠ 가을은 **오곡백과**가 무르익는 시기이다.

(8) [삼우제(○)/ 삼오제(×)]

→ 삼우제(三虞祭)는 죽은 지 세 번째 지내는 제사
㉠ **삼우제**도 지났고 상가에 왔었던 손님들도 다 떠났다.

(9) [절체절명(○)/ 절대절명(×)]

→ 절체절명(絶體絶命)은 몸도 목숨도 다 되었다는 뜻으로, 어찌할 수 없는 궁박한 경우를 비유적으로 이르는 말
㉠ 그들은 **절체절명**의 궁지에서 탈출하는 데 성공했다.

(10) [풍비박산(○)/ 풍지박산(×)]

→ 풍비박산(風飛雹散)은 사방으로 날아 흩어짐.
㉠ 사업의 실패로 **풍비박산**이 된 집안을 수습하다.

(11) [혈혈단신(○)/ 홀홀단신(×)]

→ 혈혈단신(孑孑單身)은 의지할 곳이 없는 외로운 홀몸.
㉠ 그는 달리 갈 곳도, 가족도 없는 **혈혈단신** 외톨이였다.

(12) [삼수갑산(○)/ 산수갑산(×)]

→ 삼수갑산(三水甲山)은 우리나라에서 가장 험한 산골이라 이르던 평안도의 삼수와 갑산.
  예 삼수갑산을 갈지언정 중강진은 못 간다.(삼수갑산에 귀양살이를 갈지언정 자기 마음에 맞지 않
    는 중강진에는 가지 않겠다는 뜻으로, 마음에 들지 않는 일은 어떤 피해가 있더라도 절대로 할
    수 없음을 비유적으로 이르는 말)

(13) [사주단자(○)/ 사주단지(×)]

→ 사주단자(四柱單子)는 혼인이 정해진 뒤 신랑 집에서 신부 집으로 신랑의 사주를 적어서 보내는 종이.
  예 혼담이 결정되어 사주단자를 받았다.

제5절　띄어쓰기 정리 중요 ★★★

1. 붙여 쓰는 경우

(1) 체언이나 부사에 붙는 조사는 붙여 쓴다.

① 체언 다음의 '-대로', '-만큼', '-뿐'은 조사이므로 체언과 붙여 쓴다.

학생대로 선생대로	그이만큼	공무원뿐 아니라

② 체언 다음에 모양이나 행동이 그 정도임을 나타내는 '-같이'나 오직 그것뿐임을 뜻하는 '-밖에'는
조사이므로 체언과 붙여 쓴다.

황소같이	하나밖에	할 수밖에

③ '커녕', '라고', '부터', '마는'은 조사이므로 붙여 쓴다.

들어가기는커녕 좋습니다마는	"알았다."라고	하고서부터/ 친구로부터

(2) 용언의 어미 또는 어미처럼 굳어 버린 숙어는 붙여 쓴다.

배운 것은 없을망정 놀지언정	보다시피 가다뿐이냐?	하면 할수록

❖ 기(에) 다음의 '망정'은 의존 명사이므로 띄어 쓴다.
  예 비가 오기에 망정이지.

(3) 성과 이름, 성과 호 등은 붙여 쓰고, 이에 덧붙는 호칭어, 관직명 등은 띄어 쓴다.

윤동주(尹東柱)	이율곡(李栗谷)	채영신∨씨	최치원∨선생
박병채∨박사	충무공∨이순신∨장군		

❂ 다만, 성과 이름, 성과 호를 분명히 구분할 필요가 있을 경우에는 띄어 쓸 수 있다.

남궁억/ 남궁∨억	독고준/ 독고∨준	황보지봉(皇甫芝峰)/ 황보∨지봉

(4) 우리말 성에 붙는 가(哥), 씨(氏)는 접미사이므로 윗말에 붙여 쓴다(= 성씨 그 자체 의미).

    예 김가, 이가, 최가, 박씨, 송씨, 정씨
    ① 이름 또는 성명에 붙는 '씨'는 띄어 쓴다.
        예 수영∨씨, 김수영∨씨
    ② 다만, 호칭어일 때(의존 명사)는 띄어 쓴다.
        예 이∨씨, 김∨가

(5) 분류학상의 동식물명은 모두 붙여 쓴다.

강장동물문	암끝검은표범나비	너도밤나무	야치식물강
며느리발톱	카이젤펭귄	사철나무속	푸른누룩곰팡이
사가도귤빛부전나비	푸른수리팔랑나비		

(6) 우리말로 된 농축산물의 품종명은 붙여 쓴다.

개량백색토	새마을금장고추	긴알락콩	진돗개

(7) 역사적인 서명(書名), 사건명은 붙여 쓴다.

경국대전	조선왕조실록	삼국사기	고금속어
훈민정음	임오군란	동국여지승람	임진왜란

(8) 접두사나 접미사는 붙여 쓴다.

    ① '주의'가 붙어 되는 말은 접미사이므로 윗말에 붙여 쓴다.

민주주의	자유주의	사실주의	후기 인상주의	낭만주의

② 명사의 아래, 어원적 어근 혹은 부사 아래에 '하다'가 붙어 한 단어가 될 때, '하다'는 **접미사**이므로 윗말에 붙여 쓴다.

결행하다	출렁출렁하다	황량하다	착하다
물렁물렁하다	반듯하다		

③ '하다'가 붙을 수 있는 명사에 '시키다, 되다'가 붙어 한 낱말이 될 때, '시키다, 되다'는 접미사이므로 윗말에 붙여 쓴다. 또한 '드리다'가 몇몇 명사 뒤에서 '공손한 행위'의 뜻을 더할 때는 접미사이므로 붙여 쓴다.

결정되다	결정시키다	발전시키다/ 감사드리다
인사드리다	전화드리다 등	

④ 명사 아래에 붙어 피동의 의미 '입음'을 나타내는 '받다, 당하다'는 접미사이므로 윗말에 붙여 쓴다.

봉변당하다	사기당하다	납치당하다/ 오해받다
교육받다	사랑받다	

⑤ 명사 아래에 접미사 '화(化)'가 붙어, 그렇게 만들거나 그렇게 됨을 나타내는 말 아래에, 다시 '하다, 시키다, 되다'가 붙을 때에는 접미사이므로 붙여 쓴다.

대중화하다	대중화시키다	대중화되다

✿ 다만 중간에 조사가 들어갈 경우는 띄어 쓴다.

결정을∨하다	봉변을∨당하다/ 반듯은∨하다
대중화를∨하다	결정을 시키다

⑥ 숫자와 함께 쓰이는 '몇', '수' 등은 접두사이므로 숫자에 붙여 쓴다.
　예 몇백 년, 수천 개

⑦ '제(第)-'는 한자어 수사에 붙어 차례를 나타내는 **접두사**이므로 항상 뒷말과 붙여 쓴다.

제1∨장/ 제1장(○)/ 제∨1장(×)	제3∨과/ 제3과(○)/ 제∨3과(×)
제2∨차 세계 대전	

⑧ '짜리, 어치'는 **접미사**이므로 어근과 반드시 붙여 쓴다.
　예 얼마짜리, 100원어치

(9) '있다', '없다'의 경우 대개는 앞말과 띄어 쓴다. 그러나 합성어가 된 말에는 붙여 쓴다.

① 가만있다, 관계있다, 값있다, 뜻있다, 재미있다, 멋있다, 맛있다 등
② 거침없다, 그지없다, 빈틈없다, 손색없다, 스스럼없다, 틀림없다, 하염없다, 상관없다, 관계없다 등

❂ 반드시 띄어 써야 하는 경우

눈치∨있다	실속∨있다	쓸모∨있다	염치∨있다	의미∨있다
자신∨있다	거리낌∨없다	남김∨없다	부담∨없다	필요∨없다 등

(10) 첩어 또는 준첩어는 한 덩어리가 되게 붙여 쓴다.

가끔가끔	가만가만히	곤드레만드레	너울너울	매일매일
머나먼	엉큼성큼	여기저기	요리조리 등	

(11) 한 부분이 자립성이 희박한 말에 붙어 굳어 버렸거나, 본동사와 어울려 한 개념, 한 상태, 한 동작을 나타내는 다음 말들은 합성어로 보고 붙여 쓴다.

걸어가다	끌려오다	뛰어들다	거두어들이다
뛰어나가다	흘러내리다	끌어당기다	쥐어뜯다
가려먹다	둘러싸다	뛰어오르다	끌어올리다
뒤집어쓰다	내주다	휘어잡다	달려들어가다

2. 띄어 쓰는 경우

(1) 의존 명사는 앞말(관형어)과 띄어 쓴다.

아는∨<u>의</u>	한∨<u>가지</u>	먹을∨<u>만큼</u>	우는∨<u>것</u>	모르는∨<u>체</u>
한∨<u>개</u>	집 한∨<u>채</u>	옷 한∨<u>벌</u>		

(2) 두 말을 이어 주거나 열거할 적에 쓰이는 말은 띄어 쓴다.

국장∨<u>겸</u>∨과장	열∨<u>내지</u>∨스물	청군∨<u>대</u>∨백군
부산·광주∨<u>등</u>	이사장∨<u>및</u>∨이사들	사과·배∨<u>등속</u>

(3) 십(10) 이상의 숫자에 접미사 '여'가 붙으면 '연간', '일간' 등은 윗말 '여'에서 띄어 쓰고, '간'은 접미사의 성격이 강하므로 붙여 쓴다.

10여∨<u>일간</u>	20여∨<u>분간</u>	30여∨<u>년간</u>	40여∨<u>초간</u>

✪ 다만, 순서를 나타내는 경우나 숫자와 어울리어 쓰이는 경우에는 붙여 쓸 수 있다.

두시 삼십분 오초	제일과	삼학년
육층	1998년 7월 25일	2대대
16동 502호	제1실습실	80원

(4) 수를 적을 적에는 만(萬) 단위로 띄어 쓴다.

12억 3456만 7898 : 십이억 삼천사백오십육만 칠천팔백구십팔

(5) 고유 명사에 붙는 명사로서 독립할 수 있는 것은 띄어 쓴다.

세종∨대왕	안중근∨의사	이순신∨장군
한용운∨스님	이준∨열사	손기정∨선수

(6) 뚜렷이 별개의 단어로 인식되는 것은 띄어 쓴다.

의암∨선생∨행장기	독립∨투쟁사∨자료집

(7) 붙여 쓰면 이해하기 어렵다거나 의존 명사로 인정되는 것들은 띄어 쓴다.

    ㉠ 문명인∨간(문명인 사이), 문명∨인간(문명한 인간)
      삼십이∨조(條)로 된 법률, 삼십이조(32兆)∨원
      20세기∨초, 19세기∨말(의존 명사로 인정)

3. 붙여 써도 좋고 띄어 써도 좋은 경우

(1) 보조 용언은 띄어 씀을 원칙으로 하되, 경우에 따라 붙여 씀도 허용한다.

원칙	허용
• 불이 꺼져 간다.	• 불이 꺼져간다.
• 내 힘으로 막아 낸다.	• 내 힘으로 막아낸다.
• 어머니를 도와 드린다.	• 어머니를 도와드린다.
• 그릇을 깨뜨려 버렸다.	• 그릇을 깨뜨려버렸다.
• 비가 올 듯하다.	• 비가 올듯하다.
• 그 일은 할 만하다.	• 그 일은 할만하다.
• 일이 될 법하다.	• 일이 될법하다.
• 비가 올 성싶다.	• 비가 올성싶다.
• 잘 아는 척한다.	• 잘 아는척한다.

> **더 알아두기**
>
> **본용언과 보조 용언을 붙여 쓸 수 있는 경우**
> ① 본용언과 보조 용언이 보조적 연결어미 '-아/ 어'로 연결되어 있는 경우
> ② 보조 용언이 '체하다, 만하다, 척하다, 듯하다, 법하다'인 경우
> ③ 보조 용언이 '성싶다'인 경우
>
> **본용언과 보조 용언을 붙여 쓸 수 없는 경우**
> ① 보조적 연결어미 '-고, -지, -게'로 연결되는 경우
> 예 책을 읽고 싶다. 책을 읽지 않았다. 책을 읽게 해라.
> ② 보조적 연결어미 '-아/ 어' 뒤에 조사가 붙는 경우
> 예 잘도∨놀아만∨나는구나! 책을∨읽어도∨보고…
> ③ 본용언이 합성동사인 경우
> 예 네가∨덤벼들어∨보아라. 강물에∨떠내려가∨버렸다.
> ④ 보조 용언의 중간에 조사가 붙는 경우
> 예 그가 올∨듯도∨하다. 잘난∨체를∨한다.

(2) 성명 이외의 고유 명사는 단어별로 띄어 씀을 원칙으로 하되, 단위별로 띄어 쓸 수 있다.

원칙	허용
대한∨중학교	대한중학교
한국∨대학교∨사범∨대학	한국대학교∨사범대학

(3) 전문 용어는 단어별로 띄어 씀을 원칙으로 하되, 붙여 쓸 수 있다.

원칙	허용
만성∨골수성∨백혈병	만성골수성백혈병
중거리∨탄도∨유도탄	중거리탄도유도탄

(4) 단음절로 된 단어가 연이어 나타날 적에는, 수식어와 피수식어가 자연스럽게 의미상 하나의 단어를 이룰 때에는 붙여 쓸 수 있다.

- 이∨집∨저∨집 – 이집∨저집
- 한∨잎∨두∨잎 – 한잎∨두잎
- 한∨잔∨술 – 한잔∨술
- 늘∨더∨먹는다 – 늘더∨먹는다(×)
- 이∨말∨저∨말 – 이말∨저말
- 좀∨더∨큰∨것 – 좀더∨큰 것
- 좀∨더∨큰∨새∨집 – 좀더∨큰∨새집
- 꽤∨안∨온다 – 꽤안∨온다(×)

4. 기타 띄어쓰기에 주의해야 할 경우

(1) 부정의 '안'과 '못'의 띄어쓰기

① '안(아니)'이나 '못'이 '하다'와 어울릴 적에 용언의 어미 '-지' 다음에 오면 보조 용언의 일부로 보고 뒤의 '하다'와 붙여 쓴다.

먹지(는)∨아니한다.	먹지(는)∨못하다.

② 열등 비교를 나타내는 '못하다'는 붙여 쓴다.

그녀는 언니만∨못하다.

③ 위의 경우 이외에는 '안'과 '못'은 부정의 부사로 보고 뒷말과 띄어 쓴다.

내가 못∨하는 일은 없다.	그렇게 하면 안∨될 것이다.

(2) '안되다/ 안 되다', '못되다/ 못 되다', '못하다/ 못 하다'의 띄어쓰기

❂ 부정문인 경우는 띄어 쓰나, 부정문으로 쓰인 경우가 아니면 붙여 쓴다.

① 마음이 <u>안되다</u>/ 시험에 실패했다니 참 <u>안되었다</u>. [형용사]
일이 <u>안∨되다</u>/ 시간이 아직 <u>안∨되었다</u>. [부정문]
② <u>못된</u> 친구/ 행동이 <u>못되다</u>/ 심보가 <u>못되다</u> [형용사]
외교관이 <u>못∨된</u> 것을 비관하다/ 떠난 지 채 1년이 <u>못∨되었다</u>. [부정문]
③ 숙제를 <u>못하다</u>/ 노래를 <u>못하다</u>. [형용사]
  ❂ 뜻: '하긴 했는데 일정한 수준에 못 미치다'. 반대말은 '잘하다'임
아파서 일을 <u>못∨하다</u>/ 일이 있어서 숙제를 <u>못∨하다</u> [부정문]
④ 형이 동생만 <u>못하다</u> : 읽지 <u>못하다</u>→'-지 못하다' 구성

(3) 의존 명사와 어미의 구별

① ~ㄴ데
  ㉠ '처소 및 경우'의 뜻일 때 : '데'가 의존 명사이므로 앞말과 띄어 씀.
  ㉡ '~ㄴ다, 그런데'의 뜻일 때 : '데'를 어미의 일부로 보고 앞말과 붙여 씀.
  ㉖ 예 그가 사는∨<u>데</u>를 모르겠다.
    배즙은 목 아픈∨<u>데</u> 효과가 있다.
    비가 <u>오는데</u> 어디 가니?
② ~ㄴ지
  ㉠ '경과한 시간'의 뜻일 때 : '지'가 의존 명사이므로 앞말과 띄어 씀.
  ㉡ '막연한 의문'의 뜻일 때 : '지'를 어미의 일부로 보고 앞말과 붙여 씀.

　　예 그가 떠난∨지가 벌써 10년이 되었다.

　　　　그것이 무엇을 의미하는지를 모르겠다.

③ ~ㄴ바

　　㉠ '방법', '일'의 뜻일 때 : '바'가 의존 명사이므로 앞말과 띄어 씀.

　　㉡ '~았(었)더니'의 뜻일 때 : '바'를 어미의 일부로 보고 앞말과 붙여 씀.

　　예 생각하는∨바가 같다. 어찌할∨바를 모르다.

　　　　금강산에 가 본바 과연 절경이었다.

④ ~ㄴ만큼

　　㉠ '분량', '정도'의 뜻일 때 : '만큼'이 의존 명사이므로 앞말과 띄어 씀.

　　㉡ '이유'의 뜻일 때 : '만큼'을 어미의 일부로 보고 앞말과 붙여 씀.

　　예 나는 대접받은∨만큼 일은 하겠다.

　　　　나는 충분히 대접을 받은만큼 불만이 없다.

⑤ '-걸'/ '-ㄹ 거야', '-ㄹ 텐데'/ '-ㄹ 테야'

　　'-걸'이 '것을'의 축약형으로 쓰였거나 '-거야'가 '-것이야'의 축약형으로 쓰였을 때 '-거-'가 의존 명사이므로 앞의 용언의 관형사형과 띄어 쓴다. 또한 '-텐데'가 '-터인데', '-테야'가 '-터이야'의 축약형으로 쓰였을 때도 '-터'가 의존 명사이므로 용언의 관형형과 띄어 쓴다.

　　㉠ 후회할∨걸 왜 그랬어. ('-ㄹ 것을')

　　　　이 옷은 네 몸에 맞을∨거야. ('-ㄹ 것이야')

　　㉡ 날이 맑아야 할∨텐데. ('-ㄹ 터인데')

　　　　회사를 그만둘∨테야. ('-ㄹ 터이야')

　　✪ '-걸'이 뉘우침이나 아쉬움, 막연한 추측을 나타낼 때는 어미의 일부이므로 앞말에 붙여 쓴다.

　　㉢ 내가 먼저 사과할걸. (가벼운 뉘우침이나 아쉬움)

　　　　지금쯤 도착했을걸? (막연한 추측)

(4) 외래어에 붙을 때와 우리말에 붙을 때의 구별 : '해, 섬, 강, 산' 등이 외래어에 붙을 때나 우리말에 붙을 때나 모두 붙여 쓴다. (2016년 개정)

카리브해/ 북해	발리섬/ 목요섬	콜로라도강/ 압록강
에베레스트산/ 백두산		

(5) '한'이 '하나의, 대략, 어느, 어떤'의 의미를 나타낼 때는 관형사로 보아 띄어 쓰고, 그 외의 막연한 '일차(一次), 일단(一但), 같은, 대단히, 기회가 있는 어떤 때, 과거의 어느 때'의 경우에는 붙여 쓴다.

　　예 실망하지 말고 다시 한∨번 도전해야지. 한∨열흘 걸릴까? (대략)

　　　　옛날에 한∨가난한 선비가 살았다. (어느)

　　　　한번 엎지른 물은 다시 주워 담지 못한다. (일차)

　　　　인심 한번 박하네. (대단히)

　　　　한번은 길에서 큰돈을 주운 적이 있다. (과거의 어느 때)

제주도는 <u>한번</u> 가봄직한 곳이다. (기회가 있는 어떤 때)
<u>한마음</u> <u>한뜻</u>으로 뭉쳐 보자. 온 가족이 <u>한자리</u>에 모였다. (같은)

(6) '-어지다', '-어하다'의 띄어쓰기

❂ '-어지다', '-어하다'는 앞말의 품사를 바꾸는 경우가 있어 일률적으로 붙여 쓴다.

① 이루어지다, 예뻐지다, 잘 만들어졌다
② 행복해하다, 애통해하다

(7) 중(中): 의존 명사 – 띄어 쓴다

① 여럿의 가운데

학생∨중에	꽃∨중의 꽃	내가 찾는 물건이 이∨중에 있다.

② 무엇을 하는 동안

회의∨중에는 잡담을 하지 말 것!	지금 다리를 건설∨중이다.

③ 어떤 상태에 있는 동안

임신 중	수감 중	대학 재학 중에 입대하다

④ (주로 '중으로' 꼴로 쓰여) 어떤 시간의 한계를 넘지 않는 동안

그는 오늘내일 중으로 출국할 예정이다.

⑤ 안이나 속

해수 중에 녹아 있는 산소	공기 중에 떠다니는 바이러스

⑥ 한 단어로 굳어진 말은 합성어이므로 붙여 쓴다.

은연중	무의식중	한밤중	부재중	부지불식중 등

(8) '만'

① '시간의 경과', '동안'의 뜻: 의존 명사이므로 띄어 쓴다.

이거 얼마∨만인가?	집 떠난 지 3년∨만에 돌아왔다.

❂ '오랜만에, 오랫동안'의 구별에 주의

② '**한정**'**의 뜻** : 보조사로 붙여 쓴다.

철수만 오다	공부만 하다

③ '**그러한 정도에 이름**'**의 뜻** : 보조사이므로 붙여 쓴다.

형만 한 아우 없다	짐승만도 못하다
호랑이만 하다	그 사람도 키가 꼭 너만 하더라.

(9) '만큼', '뿐', '대로'

① 체언 뒤에서는 조사로 쓰이므로 붙여 쓴다.

   예 저 <u>도서관만큼</u> 크게 지으시오.

   숙제를 해 온 학생은 <u>철수뿐</u>이었다.

   <u>약속대로</u> 되었다.

② 관형어 뒤에는 의존 명사이므로 띄어 쓴다.

   예 애쓴∨<u>만큼</u> 얻게 되어 있다.

   허공만 응시할∨<u>뿐</u> 아무 말이 없었다. 바른∨<u>대로</u> 대라.

③ '-니만큼', '-리만큼'은 어미의 일부이므로 붙여 쓴다.

   예 열심히 <u>일했느니만큼</u> 좋은 성과가 기대된다.

(10) '상' : 접미사 − 붙여 쓴다.

① '**그것과 관계된 입장**' **또는** '**그것에 따름**'**의 뜻을 더하는 접미사**

관계상	미관상	사실상	외관상	절차상

② '**추상적인 공간에서의 한 위치**'**의 뜻을 더하는 접미사**

인터넷상	전설상	통신상	역사상

③ **물체의 위나 위쪽을 이르는 말**

지구상의 생물	지도상의 한 점	직선상의 거리

(11) '녘' : 의존 명사

① '**방향**'**을 나타낼 때** : '쪽'의 뜻으로 항상 붙여 쓴다. (= 합성어)

동녘	서녘	남녘	북녘	들녘 등

② (일부 명사나 어미 '-을' 뒤에 쓰여) 어떤 때의 무렵 : 의존 명사이므로 띄어 쓴다.

해∨뜰∨녘	해∨질∨녘	동틀∨녘	아침 녘	황혼 녘 등

참고 '동트다'는 한 단어이므로 '동틀∨녘'에서 '동틀-'은 붙여 써야 하지만, '해뜨다'나 '해지다'의 경우 한 단어로 인정하지 않으므로 '해∨뜰∨녘, 해∨질∨녘'처럼 모두 띄어 써야 한다.

③ 합성어이므로 붙여 쓰는 경우

새벽녘	샐녘	저물녘	어슬녘	저녁녘 등

(12) '내(內), 외(外), 초(初), 말(末), 백(白)' : 의존 명사로 띄어 쓴다.

① 범위∨내, 이 구역∨내
② 예상∨외, 이 계획∨외에도, 전공∨외의 교양 과목
③ 20세기∨초, 내년∨초, 개국∨초, 학기∨초
④ 90년∨말, 이 달∨말, 이번 학기∨말쯤에 보자, 고려∨말, 금년∨말
   ❂ '학기말 시험, 학년말 고사'처럼 굳어진 경우는 붙여 쓴다.
⑤ 주인∨백, 관리소장∨백

(13) '간(間)' : 의존 명사 – 띄어 쓴다.

① '한 대상에서 다른 대상까지의 사이'
   예 서울과 부산 간 야간열차.
② '관계'의 뜻을 나타내는 말
   예 부모와 자식 간에도 예의를 지켜야 한다.
     가족∨간, 국가∨간, 이웃∨간, 3개국∨간
③ 앞에 나열된 말 가운데 어느 쪽인지를 가리지 않는다는 뜻을 나타내는 말
   예 공부를 하든지 운동을 하든지 간에 열심히만 해라.

(14) '만하다', '듯하다', '체하다'

① **용언의 관형사형 다음** : 보조 용언이므로 띄어 씀이 원칙이나 붙여 씀을 허용한다.
   예 음악이 들을∨만하다. – 들을만하다.
     죽이 끓을∨듯하다. – 끓을듯하다.
     잘난∨체한다. – 잘난체한다.
② **보조 용언의 중간에 조사가 붙는 경우** : 반드시 띄어 써야 한다.
   예 음악이 들을∨만하다. – 들을∨만도∨하다.
     죽이 끓을∨듯하다. – 끓을∨듯도∨하다.
     잘난∨체한다. – 잘난∨체를∨한다.

③ 체언 뒤의 조사 '만'과 '하다'가 결합된 경우일 때나 어간 뒤에 '듯하다'가 오는 경우에는 '하다'가 서술어이므로 띄어 쓴다.

예 강아지가 <u>송아지만∨하다</u>. 죽이 <u>끓듯∨하다</u>. / 죽이 끓∨듯하다.(×)

주관식 레벨 UP

1. 다음 문장을 띄어쓰기 규정에 맞게 고쳐 쓰시오.

> 지난번해일이밀어닥칠때집채만한파도가해변을덮쳤다.

> 풀이 지난번∨해일이∨밀어닥칠∨때∨집채만∨한∨파도가∨해변을∨덮쳤다.

2. 다음 밑줄 친 부분은 띄어쓰기가 바르지 않다. 그 이유를 설명해 보시오.

> ㉠ 당신같은 사람은 없어.
> ㉡ 당신 같이 친절한 사람은 없어.

> 풀이 ㉠의 '같은'은 형용사의 활용형으로 띄어 써야 하고, ㉡의 '같이'는 조사이므로 체언에 붙여 써야 한다.

제4장 | 언어 예절

높임 표현 종요 ★★

1. 상대 높임법 : 국어 높임법 중 가장 발달

(1) **개념** : 화자가 청자에 대하여 높이거나 낮추어 말하는 방법, 크게 격식체와 비격식체로 나뉜다.

(2) **실현** : 서술어의 종결 어미를 통해 실현 (6등분)

구분	격식체				비격식체	
	해라체	하게체	하오체	하십시오체	해	해요
평서형	-(는/ ㄴ)다.	-네.	-오.	-(ㅂ니)다.	-어.	-어요.
의문형	-(느)냐?	-(느)ㄴ가?	-오?	-(ㅂ니)까?	-어?	-어요?
감탄형	-(는)구나!	-(는)구먼!	-(는)구료!		-어!	-어요!
명령형	-어라.	-게.	-오.	-(ㅂ)시오.	-어.	-어요.
청유형	-자.	-세.		-(ㅂ)시다.	-어.	-어요.

(3) **격식체** : 의례적 용법으로 심리적인 거리감(직접적, 권위적)을 나타낸다.
   ① **해라체(아주 낮춤)** : 예 가는 대로 편지 보내마.
   ② **하게체(예사 낮춤)** : 예 내가 너무 흥분하였던 것 같네.
   ③ **하오체(예사 높임)** : 예 이 얘기를 어째서 계속하여야 하는지 모르겠구려.
   ④ **하십시오체(아주 높임)** : 예 손님, 도장 가지고 오셨습니까?

(4) **비격식체** : 정감적이고 격식을 덜 차리는 구어적 표현으로 일상생활에서 사용
   ① **해체(두루 낮춤-반말투)** : 예 철수야, 빨리 가.
   ② **해요체(두루 높임)** : 예 형님, 빨리 오세요.

2. 주체 높임법

(1) **개념** : 화자보다 서술어의 주체가 나이나 사회적 지위 등에서 상위자일 때, 서술어의 주체를 높이는 방법

(2) 실현

① **주체 높임 선어말 어미 '-(으)시' 사용** : 예 저기 아버지가 오신다.

② **주격 조사 '-께서' 사용** : 예 저기 아버지께서 오신다.

③ **특수 어휘의 사용**

　㉠ 명사

댁	진지	말씀	치아	신관
약주(藥酒)	옥고(玉稿)	귀교	춘추(春秋)	계씨(季氏)
백씨(伯氏)	영식(令息)	영윤(令胤)	영랑(令郎)	영교(令嬌)
영애(令愛)	영부인(令夫人)	성함(姓銜)	함자(銜字)	존함(尊銜)
생신(生辰) 등				

　　예 할아버지께서는 아직도 <u>치아</u>가 좋으십니다.

　　참고 '말씀'은 높임과 낮춤에 두루 사용하는 어휘다.

　㉡ 동사

계시다	잡수시다	주무시다	편찮으시다	돌아가시다 등

　　예 할아버지, 많이 <u>편찮으세요</u>?

> **주관식 레벨 UP**
>
> 주체 높임과 낮춤에 두루 사용하는 명사는 무엇인가?
>
> 　　　　　　　　　　　　　　　　　　　　　　　　　　　　　　　풀이 말씀

(3) 직접 높임과 간접 높임

① **직접 높임** : 문장의 주체(주어)가 되는 대상을 높임

　　예 아버지께서 방안에 <u>계시다</u>.

② **간접 높임** : 높이고자 하는 대상의 신체 부분, 소유물, 관계 깊은 것을 높이는 방법으로 '-(으)시'를 사용

　㉠ 신체 부분 : 예 아버지께서는 무릎이 아프십니다.

　㉡ 소유물 : 예 선생님께서는 자동차가 없으시다.

　㉢ 관계 깊은 것 : 예 곧 선생님의 말씀이 있으시겠습니다.

　　참고 '계시다'는 주체 직접 높임에, '있으시다'는 주체 간접 높임에 사용한다.

> **주관식 레벨 UP**
>
> '계시다'와 '있으시다'의 용법의 차이점에 대해 설명하시오.
>
> 　　　　　　　풀이 '계시다'는 주체 직접 높임에, '있으시다'는 주체 간접 높임에 사용한다.

(4) 압존법(주체 높임의 제약) : 화자보다 주체가 높다 하더라도 주체가 청자보다 낮으면 주체 높임을 사용할 수 없다. 단, 혈연관계나 사제 간에만 가능하다.

① **혈연관계**

예 할아버지, 어머니<u>께서</u> 조금 전에 <u>가셨습니다</u>.

→ 할아버지, 어머니가 조금 전에 갔습니다.

② **사제관계**

예 선생님, 김소월 선배<u>님</u>이 <u>오셨어요</u>.

→ 선생님, 김소월 선배가 왔어요.

③ 직장에서는 압존법을 인정하지 않으므로 청자의 직급과 상관없이 화자보다 주체의 직급이 높을 때에는 주체 높임을 사용하여야 한다.

예 사장님, <u>이 과장</u> 어디 <u>갔습니까</u>?(평사원이 말할 때)

→ 사장님, 이 과장님 어디 가셨습니까?

> **주관식 레벨 UP**
>
> 화자보다 주체가 높다 하더라도 주체가 청자보다 낮으면 주체 높임을 사용할 수 없음을 뜻하는 높임법의 용어는 무엇인가?
>
> **풀이** 압존법

3. 객체 높임법

(1) 개념 : 목적어나 부사어, 즉 서술어의 객체를 높이는 방법

(2) 실현

① **부사격 조사 '–께' 사용**

예 나는 선생님<u>께</u> 과일을 <u>드렸다</u>.

② **특수 동사(여쭙다, 모시다, 뵙다, 드리다) 사용**

예 나는 아버지를 <u>모시고</u> 병원으로 갔다.

> **주관식 레벨 UP**
>
> 객체 높임법에 사용하는 서술어 4가지를 쓰시오.
>
> **풀이** 여쭙다, 모시다, 뵙다, 드리다

제2절 | 생활 속의 언어 예절 종요 ★★

1. 직장에서의 언어 예절

(1) 동료에 관하여 말할 때

① 동료에 관해서 말할 때에는 누구에게 말하는가에 관계없이 '-시'를 넣지 않는다.
  예 (박 과장이 아랫사람에게 말할 때) "박영희 씨, 김 과장 어디 갔어요?"
② 자기보다 나이가 많은 동료를 다른 동료나 아랫사람에게 말할 때에는 서술어 '-시-'를 넣을 수 있다.
  예 (박 과장이 자신보다 나이가 많은 김 과장을 지칭할 때) "박영희 씨, 김 과장 어디 가셨어요?
③ 윗사람에게 말할 때에는 '-시-'를 넣지 않아야 한다.
  예 (박 과장이 부장에게 김 과장을 지칭할 때) "김 과장은 은행에 갔습니다."

(2) 윗사람에 관해서 말할 때 : 압존법을 적용하지 않는다.

  예 (평사원이) "사장님, 이 과장님은 은행에 가셨습니다."(○)
    (평사원이) "사장님, 이 과장은 은행에 갔습니다."(×)

(3) 아랫사람에 관해 말할 때 : 아랫사람에 관해 말할 때에는 누구에게 말하는가에 관계없이 '-시'를 넣지 않고 말하는 것이 원칙이다. 그러나 아랫사람을 그보다 더욱 아랫사람에게 말할 때에는 '-시-'를 넣어 말할 수 있다.

  예 (과장이) "김영희 씨, 김철수 씨 어디 갔어요?
    (부장이) "박영희 씨, 김 과장 어디 가셨어요?"

(4) 거래처의 사람에게 말할 때

① 거래처의 사람에게 말할 때에는 그 말하는 대상이 우리 직장의 평사원이라면 듣고 있는 다른 회사 사람의 직급에 관계없이 '-시-'를 넣지 않는다.
  예 (과장이 다른 회사 과장에게) "김철수 씨는 은행에 갔습니다."
② 직급이 있는 사람이라면 그 사람과 같은 직급의 사람이나 그 아래의 사람에게 말할 때 자기보다 직급이 낮더라도 '-시-'를 넣는다.
  예 (부장이 과장을 다른 회사의 과장이나 평사원에게) "김 과장 은행에 가셨습니다."
③ 직급이 있는 사람을 그 사람 직급 이상의 다른 회사 사람에게 말할 때에는 '-시-'를 넣지 않고 말한다.
  예 (부장이 과장을 다른 회사 부장에게) "김 과장 은행에 갔습니다."
④ 자기보다 직급이 높은 사람을 다른 회사 사람에게 말할 때에는 상대방의 직급에 관계없이 '-시-'를 넣어 말한다.
  예 (평사원이 과장을 다른 회사 부장에게) "김 과장님 은행에 가셨습니다."
⑤ 전화로 대화를 할 때에는 누가 누구에게 말하든지 '-시-'를 넣어 말하는 것이 바람직하다. 거래처의 사람을 거래처의 사람에게 말할 때에는 대상에 관계없이 존경법의 '-시-'를 넣어 말한다.

⑥ 부장이 과장의 아들에게 말하는 경우처럼 직장 동료와 사적인 관계의 사람에게 말할 때에는 윗사람이 아랫사람을 말할 경우라도 '-시-'를 넣어 말하는 것이 바람직하다.
　예 (부장이 김 과장의 아들에게 말할 때) "김 과장(님) 은행에 가셨습니다."

2. 생활 속의 언어 예절 [종요]★★★

(1) 1인칭 주체일 경우 : 원칙적으로는 높일 수 없다.
　예 선생님, 내가 가겠습니다. → 선생님, 제가 가겠습니다.
① 절대적 대상(국가, 민족, 겨레, 동포 등) : 낮출 수 없다.
　예 할머니, 저희 나라가 우승했대요. → 할머니, 우리나라가 우승했대요.
② 가족 이외의 다른 사람에게 부모를 말할 때에는 언제나 높인다.
　예 제(우리) 아버지가 이렇게 말씀하셨습니다.
③ '우리'와 '저희' : 말 듣는 이가 같은 소속(공동체) 사람이라면 '우리'를, 같은 공통체 사람이 아니면서 높임의 대상이 될 때는 '저희'를 사용한다.
　㉠ 같은 회사 직원에게
　　예 이것은 우리 회사에서 새로 개발한 제품입니다.
　㉡ 다른 회사 직원에게
　　예 이것은 저희 회사에서 새로 개발한 제품입니다.

(2) 식사(食事) : 높임의 의미가 없이 '먹는 일'을 뜻하는 일본어이므로 아랫사람이 윗사람을 직접 대하면서는 쓸 수 없는 말이다.
① 진지 : '밥'의 높임말로 가정에서만 쓸 수 있다.
　예 아버지, 식사하세요. → 아버지, 진지 드세요.
② 아침, 점심, 저녁 : 직장이나 일반 사회에서는 '진지' 대신 시간적 의미를 지닌 말을 대신 사용한다.
　예 교수님, 식사하셨어요?(점심 때) → 교수님, 점심 드셨어요?
③ '식사'는 아랫사람이 윗사람에게 직접 사용할 수는 없으나, 제3자의 이야기를 할 때는 가능하다.
　예 사장님, 부장님께서 요즘 식사도 제대로 못하신대요.

(3) 수고 : 높임의 의미가 없는 말이니, 아랫사람이 윗사람에게는 쓸 수 없고, 동년배나 아랫사람에게만 가능하다.
① 강의가 끝난 후 학생들이 교수에게
　예 교수님, 수고하셨습니다. → 교수님, 고맙습니다.
② 평사원이 부장보다 먼저 퇴근할 때
　예 부장님, 수고하세요. → 부장님, 저 먼저 퇴근합니다. 부장님, 내일 뵙겠습니다.
③ 부장이 평사원보다 먼저 퇴근하면서
　예 먼저 가네, 수고들 하게.

(4) **야단** : '소리를 높여 화를 내는 일'로 윗사람이 아랫사람에게 '꾸중을 하다'의 뜻이다. 그러므로 '야단을 치다'는 표현은 있어도 '**야단을 맞다**'는 표준 어법이 아니다.

　예 선생님께 <u>야단을 맞았다</u>. → 선생님께 <u>꾸중(꾸지람, 걱정)</u>을 들었다.

(5) **평안** : 아랫사람이 윗사람에게 쓸 수 없는 표현이다.

　예 그동안 <u>평안하셨습니까?</u> → 그동안 <u>안녕하셨습니까?</u>

3. 소개 예절

(1) 자신을 남에게 소개할 때

상황	표현
일반적으로	• 처음 뵙겠습니다.(저는) ○○○입니다. • 안녕하십니까? ○○○입니다. (허용)
아버지에 기대어 자신을 소개할 때	저희 아버지는 (아버지의 함자는) ○○자 ○자이십니다. 참고 성에는 '자'를 붙이지 않는다.

(2) 중간에서 다른 사람을 소개할 때

① 친소 관계를 따져 자기와 가까운 사람을 먼저 소개한다.

　예 건우가 어머니보다 젊은 남자 담임선생님과 어머니를 소개하는 경우 어머니를 선생님께 먼저 소개한다.

② 손아랫사람을 손윗사람에게 먼저 소개한다.

　예 건우가 친구들과 놀다가 할아버지를 만난 경우 친구들을 할아버지께 먼저 소개한다.

③ 남성을 여성에게 먼저 소개한다.

　예 건우가 새로 전학 온 여자 친구를 같은 반 남자 친구에게 소개하는 경우 남자 친구를 여자 친구에게 먼저 소개한다.

4. 전화 예절

(1) 전화를 받을 때의 말

전화기의 벨이 울리면 전화를 받는 쪽이 먼저 말을 해야 하는지 거는 쪽이 먼저 말을 해야 하는지 하는 문제는 나라마다 다르다. 우리나라에서는 주로 전화를 받는 사람이 먼저 말을 시작한다.

상황	표현
전화를 받을 때	• 집에서 : 여보세요. 구로동입니다./ 네, 구로동입니다. • 직장에서 : 네, ○○ 주식회사입니다.
전화를 바꾸어 줄 때	(네), 잠시(잠깐, 조금) 기다려 주십시오. 바꾸어 드리겠습니다.
상대방이 찾는 사람이 없을 때	지금 안 계십니다. 들어오시면 뭐라고 전해 드릴까요?
잘못 걸려 온 전화일 때	아닌데요(아닙니다), 전화 잘못 걸렸습니다.

(2) 전화를 걸 때의 말

상황	표현
상대방이 응답을 할 때	• 집에서 : 안녕하십니까? (저는, 여기는) ○○○입니다. ○○○씨 계십니까? ① 나이 어린 사람의 경우 어른이 전화를 받았을 때 : 안녕하십니까? 저는 ○○의 친구 ○○입니다. ○○○ 있습니까? ② 상대방이 먼저 확인할 필요가 있을 때 : 안녕하십니까? ○○○댁입니까? • 직장에서 : 안녕하십니까? (저는, 여기는) ○○○인데요. ○○○씨 좀 꿔 주시겠습니까?
통화하고 싶은 사람이 없을 때	• 말씀 좀 전해주시겠습니까? • 죄송합니다만 ○○○한테서 전화 왔었다고 전해주시겠습니까?
전화를 잘못 걸었을 때	죄송합니다(미안합니다). 전화가 잘못 걸렸습니다.

(3) 대화를 마치고 전화를 끊을 때

"안녕히 계십시오.", "고맙습니다. 안녕히 계십시오.", "이만(그만) 끊겠습니다. 안녕히 계십시오." 등 인사를 하고 끊는 것을 생활화하도록 한다.

> 참고 "들어가세요."라는 인사는 명령형이고, 상스러운 느낌을 줄 수 있기 때문에 피하는 것이 좋다.

5. 새해 인사 예절

① 새해 인사로 가장 알맞은 것은 "새해 복 많이 받으십시오."이다. 상대에 따라 "새해 복 많이 받으세요.", "새해 복 많이 받게.", "새해 복 많이 받아라." 등으로 쓸 수 있다.

② 세배할 때는 절하는 것 자체가 인사이기 때문에 어른에게 "새해 복 많이 받으십시오."와 같은 말을 할 필요는 없다. 그냥 공손히 절만 하면 그것으로 인사를 다한 것이며 어른의 덕담이 있기를 기다리면 된다.

③ 절하겠다는 뜻으로 어른에게 "절 받으세요.", "앉으세요."라고 말하는 사람들도 있는데 이는 예의가 아니다. 가만히 서 있다가 어른이 자리에 앉으시면 말없이 그냥 공손히 절을 하는 것이 옳다. 다만 나이 차가 많지 않아 상대방이 절 받기를 사양하면 "절 받으세요.", "앉으세요."라고 말할 수 있다.

④ 덕담은 어른이 아랫사람에게 내리는 것으로서 "새해 복 많이 받게.", "소원 성취하게."가 가장 일반적이다. 이렇게 어른의 덕담이 있은 뒤에 "과세 안녕하십니까?"와 같이 말로 인사를 한다. 이 때 특별히 "만수무강하십시오.", "할머니 오래오래 사세요."와 같이 건강과 관련된 말은 쓰지 않는 것이 좋다. 의도와 달리 상대방에게 '내가 그렇게 늙었나?' 하는 서글픔을 느끼게 할 수 있기 때문이다. "올해에도 등산 많이 하세요."와 같이 기원을 담은 인사말이 좋다.

제3절　가족관계의 호칭어 및 지칭어　종요 ★★★

1. 부모 · 자식 간의 호칭어 · 지칭어

구분	호칭어	지칭어			
		자기		타인	
		산 사람	죽은 사람	산 사람	죽은 사람
아버지	• 어릴 때: 아빠(아버지) • 성장 후: 아버지 • 돌아가셨을 때: 현고(顯考) 　[축문에]	• 家親(가친) • 嚴親(엄친) • 父主(부주)	• 先親(선친) • 先考(선고) • 先父君(선부군)	• 春府丈(춘부장) • 椿丈(춘장) • 春堂(춘당) • 大人(대인) • 어르신, 어르신네	• 先大人(선대인) • 先考丈(선고장) • 先丈(선장)
어머니	• 어릴 때: 엄마(어머니) • 성장 후: 어머니 • 돌아가셨을 때: 현비(顯妣) 　[축문에]	• 慈親(자친) • 母主(모주) • 家慈(가자) • 母親(모친)	• 先妣(선비) • 先慈(선자)	• 慈堂(자당) • 母堂(모당) • 萱堂(훤당) • 母夫人(모부인) • 大夫人(대부인)	• 先大夫人 　(선대부인) • 先夫人(선부인)
아들	• 혼인 전: ○○(이름) • 혼인 후: ○○(이름) 　　　○○ 아비(아범)	• 家兒(가아) • 家豚(가돈) • 豚兒(돈아) • 迷豚(미돈)		• 令郎(영랑) • 令息(영식) • 令胤(영윤)	
딸	• 혼인 전: ○○(이름) • 혼인 후: ○○(이름) 　　　○○ 어미(어멈)	• 女息(여식) • 息鄙(식비)		• 令愛(영애) • 令嬌(영교) • 令孃(영양)	
손자	○○(이름)	孫子(손자), 孫兒(손아)		令抱(영포), 令孫(영손)	

① 어떤 사람들은 자신의 살아 계신 부모를 가리켜 말할 때 "저의 아버님이…, 저의 어머님이…"처럼 '님'자를 붙여 말하기도 한다. 이것은 잘못이다. 자신의 가족을 남에게 높여 말하는 것은 예의에 벗어나는 것이다. '아버님, 어머님'은 남의 부모를 높여 말하거나 **자신의 돌아가신 부모**에 대해서 쓰는 말이다.

② 자녀는 당연히 이름을 부른다. 결혼해서도 이름을 부를 수 있지만 '○○ 아비(아범), ○○ 어미(어멈)'처럼 아이 이름을 넣어 부를 수 있다. 때로 '군수'니 '박사' 등 아들의 직함이나 학위로 부르기도 하나 남에게 말할 때 조심하여야 한다.

> **주관식 레벨 UP**
>
> '春府丈(춘부장)'은 누구를 호칭하는 말인가?
>
> **풀이** 남의 살아계신 아버지

2. 시부모와 며느리/ 처부모와 사위 간의 호칭어

구분	호칭어	지칭어
며느리	아가, 새아가, (○○) 어미(어멈), 얘야	• 며느리에게 : 아가, 새아기, (○○) 어미(어멈), 너 • 부모에게 : 며늘애, (○○) 어미(어멈), ○○댁(처) • 배우자에게 : 며늘애, 새아기, (○○) 어미(어멈), ○○댁(처) • 아들에게 : (○○) 어미, 네 댁, 네 처 • 사돈에게 : 며늘애, ○○ 어미 [그들이 부르는 대로]
사위	○ 서방, 여보게	• 사위에게 : ○ 서방, 자네 • 딸에게 : ○ 서방 • 아들에게 : ○ 서방, 매부 • 장인, 장모가 대화하면서 : ○ 서방, (○○) 아비(아범) • 사돈에게 : ○ 서방

(1) 시부모와 며느리 사이

① **시부모** : 시아버지를 부르는 말은 '아버님'이다. 요즘 시아버지를 친밀하게 여겨 '아버지'라고 부르는 경향이 있으나, 지금도 시아버지는 예를 갖추어 대해야 할 어려운 대상이므로 '아버님'으로 불러야 한다. 그러나 시어머니는 부엌 등 같은 공간에서 일하고 대화하는 시간도 더 많아 시아버지보다 친근한 대상이므로 '어머님' 뿐만 아니라 '어머니'라고 해도 된다.

② **며느리** : 며느리를 부르는 말은 '아가, 새아가, ○○ 어미(어멈), 얘'이다. 그런데 '얘'는 친근하게 들릴 수도 있지만 자칫 불쾌감을 줄 수도 있으므로 조심해야 한다. 한편 며느리를 부모와 배우자에게 가리켜 말할 때는 '며늘애, 새아가, ○○ 어미(어멈)'라고 하거나, 아들 이름을 넣어 '○○ 댁, ○○ 처'라고 할 수 있다.

(2) 처부모와 사위 사이

① **처부모** : 장인은 '장인어른, 아버님'이라고 부르며, 장모는 '장모님, 어머님'이라고 부른다. 그러나 '아버지, 어머니'라고까지 부르는 것은 옳지 못하다. 한편 '**빙장어른**' '**빙모님**'이라고 부르는 사람도 있으나 이는 남의 **처부모**를 높여 부르는 말이다. 또 배우자에게 '당신 아버지, 당신 어머니' 등으로 말하는 것은 마치 남을 가리켜 말하는 듯한 느낌을 주므로 특별한 경우가 아니면 삼가야 한다.

② **사위** : 사위는 'ㅇ 서방, 여보게'라고 부른다. 때로 사위의 이름을 부르는 경우가 있는데 이는 옳지 못하다.

3. 부부 간의 호칭어 · 지칭어

구분	호칭어	지칭어
남편	• 신혼 초 : 여보, ㅇㅇ씨, 여봐요[허용] • 자녀가 있을 때 : 여보, ㅇㅇ 아버지 • 장 · 노년기 : 여보, 영감, ㅇㅇ 아버지, ㅇㅇ 할아버지	• 남편에게 : 당신, ㅇㅇ씨[신혼 초], 영감[장 · 노년] • 시부모에게 : 아비, 아범, 그이(이이, 저이) • 친정 부모에게 : ㅇ 서방, 그 사람
아내	• 신혼 초 : 여보, ㅇㅇ씨, 여봐요[허용] • 자녀가 있을 때 : 여보, ㅇㅇ 엄마, 여봐요[허용] • 장 · 노년기 : 여보, 임자, ㅇㅇ 어머니, ㅇㅇ 엄마, ㅇㅇ 할머니	• 아내에게 : 여보, ㅇㅇ씨[신혼 초], 임자[장 · 노년] • 친부모에게 : (ㅇㅇ) 어미(어멈), 그 사람 • 장인, 장모에게 : ㅇㅇ 어미(어멈, 엄마), 집사람, 그 사람, 안사람

(1) 남편

① 신혼 초에는 '여보'라고 부르기 어색할 수 있으므로 'ㅇㅇ씨, 여봐요'라고 쓸 수 있다. 흔히 쓰는 '자기, 오빠, 아저씨' 등은 호칭어로든 지칭어로든 쓰지 말아야 하며, 특히 '아빠'는 자신의 친정아버지를 부르는 것인지 남편을 부르는 것인지 혼란스러울 뿐만 아니라 일본식 어법이므로 절대로 써서는 안 된다.

② 신혼 초라도 시부모 앞에서 남편을 가리킬 때 'ㅇㅇ씨'라고 이름을 불러서는 안 된다. 아이가 있으면 '아비, 아범'이라고 하면 되고, 아이가 없을 경우 '이이, 그이, 저이'로 부르면 된다.

(2) 아내

① 아내를 부르는 말은 '여보, ㅇㅇ씨, 여봐요'이다. 적지 않은 경우 'ㅇㅇ야, 이봐' 등 아내를 낮추어 부르는데 이는 좋지 않다. 또 '자기'로 부르거나 '와이프'로 가리키기도 하는데 역시 써서는 안 될 말이다.

② 부모에게 아내를 가리켜 말할 때는 'ㅇㅇ 어미(어멈)'이라고 하고, 아이가 없으면 '이 사람, 그 사람, 저 사람'으로 쓴다. 부모 앞에서는 아내를 낮추어야 하므로 'ㅇㅇ 엄마'라고 하지는 않으며 '집사람, 안사람, 처'라고 하지도 않는다. 그렇다고 '걔, ㅇㅇ[이름]'라고까지 낮추어서도 안 된다.

③ 처부모에게는 아내를 낮출 필요가 없으므로 'ㅇㅇ 어미(어멈), 그 사람'뿐만 아니라 'ㅇㅇ 엄마, 집사람, 안사람'이라고 할 수 있다. 동기 항렬들에게는 'ㅇㅇ 엄마, 집사람, 안사람'으로 가리키고, 특히 손위인 경우 '처'라는 말도 쓸 수 있다. 잘 모르는 타인에게는 '집사람, 안사람, 아내, 처'라고 한다.

4. 동기와 그 배우자에 대한 호칭어 · 지칭어 종요 ★★

(1) 남자의 경우

구분	호칭어	지칭어
형/ 형의 아내	형, 형님/ 아주머님, 형수님	• 당사자에게: 형, 형님/ 아주머님, 아주머니, 형수님 • 부모에게: 형/ 아주머니, 형수 • 자녀에게: 큰아버지(큰아버님)/ 큰어머니(님) • 타인에게: 형, 형님/ 형수(님)
남동생/ 남동생의 아내	○○[이름], 아우, 동생/ 제수씨, 계수씨	• 부모, 동기, 타인에게: ○○[이름], 아우, 동생/ 제수(씨), 계수(씨) • 처가 쪽 사람에게: 아우, 동생/ 제수(씨), 계수(씨) • 자녀에게: 삼촌, 작은아버지(작은아버님)/ 작은어머님(님), 숙모(님)
누나/ 누나의 남편	누나, 누님/ 매부, 매형, 자형	• 부모에게: 누나/ 매부, 매형, 자형 • 동기 및 처가 쪽 사람, 타인에게: 누나, 누님/ 매부, 매형, 자형 • 자녀에게: 고모(님)/ 고모부(님)
여동생/ 여동생의 남편	○○[이름], 동생/ 매부, ○ 서방	• 당사자 및 부모에게: ○○[이름], 동생/ 매부, ○ 서방 • 동기 및 처가 쪽 사람에게: 누이동생/ 매부 • 타인에게: 누이동생/ 매부, ○ 서방

(2) 여자의 경우

구분	호칭어	지칭어
오빠/ 오빠의 아내	오빠, 오라버니(님)/ (새)언니	• 당사자에게: 오빠, 오라버니(님)/ (새)언니 • 부모에게: 오빠, 오라버니/ (새)언니, 올케 • 동기에게: 오빠, 오라버니(님), 형(님)/ (새)언니 • 시댁 쪽 사람 및 타인에게: (친정) 오빠, (친정) 오라버니, ○○ 외삼촌/ 새언니, 올케, ○○ 외숙모 • 자녀에게: 외삼촌, 외숙부(님)/ 외숙모(님)
남동생/ 남동생의 아내	○○(이름), 동생/ 올케	• 부모에게: ○○(이름), 동생/ 올케 • 동기에게: ○○(이름), 동생, 형(님), 오빠/ 올케, 형수님, (새)언니 • 자녀에게: 외삼촌, 외숙부(님)/ 외숙모(님) • 타인에게: ○○(이름), ○○ 외삼촌, (친정) 동생/ 올케, ○○ 외숙모
언니/ 언니의 남편	언니/ 형부	• 친정 쪽 사람에게: 언니/ 형부, 매부 • 시댁 쪽 사람 및 타인에게: 언니, ○○ 이모/ 형부, ○○ 이모부 • 자녀에게: 이모(님)/ 이모부(님)
여동생/ 여동생의 남편	○○[이름], 동생/ ○ 서방(님)	• 당사자 및 부모에게: ○○[이름], 동생/ ○ 서방(님) • 동기에게: ○○[이름], 동생, 누나, 언니/ ○ 서방, 매부 • 시댁 쪽 사람 및 타인에게: 친정 여동생, ○○ 이모/ ○○ 이모부, 동생의 남편

5. 남편(아내)의 동기와 그 배우자에 대한 호칭어 · 지칭어

(1) 남편의 동기와 그 배우자에 대하여

구분	호칭어	지칭어			
		시댁 쪽 사람에게	친정 쪽 사람에게	자녀에게	타인에게
(남편의) 형/ 형의 아내	아주버님/ 형님	아주버님/ 형님	시아주버니, ○○큰아버지/ 큰동서(맏동서), ○○ 큰어머니	(첫째) 큰아버지(님), (지역 이름) 큰아버지/ 큰어머니(님)	시아주버니(님), ○○ 큰아버지/ 큰동서(맏동서), ○○ 큰어머니
(남편의) 아우/ 아우의 아내	(○째) 도련님 [미혼자], (○째) 서방님 [기혼자]/ 동서	도련님[미혼자], 서방님[기혼자]/ 동서	시동생, ○○ 작은 아버지, ○○ 삼촌/ 동서, ○○ 작은 어머니	삼촌[미혼자], 작은아버지(님) [기혼자]/ 작은어머니(님)	시동생, 도련님, 서방님, ○○ 작은 아버지, ○○ 삼촌/ 동서, ○○ 작은어머니
(남편의) 누나/ (남편) 누나의 남편	형님/ 아주버 님, 서방님	형님/ (지역 이름) 아주버님, (지역 이름, 성) 서방님, ○○ 고모부(님)	시누이, ○○ 고모/ (지역 이름) 아주버님, (지역 이름, 성) 서방 님, ○○ 고모부(님)	고모(님)/ 고모부(님)	시누이, ○○ 고모, 아 가씨, 아기씨/ (지역 이름) 아주버님, (지역 이름, 성) 서방님, ○ ○ 고모부(님)
(남편의) 여동생/ (남편) 여동 생의 남편	아가씨, 아기 씨/ 서방님	아가씨, 아기씨/ (지역 이름, 성) 서방님, ○○ 고모 부(님)	시누이, ○○ 고모/ (지역 이름, 성) 서방님, ○○ 고모부(님)	고모(님)/ 고모부(님)	시누이, ○○ 고모, 아 가씨, 아기씨/ (지역 이름, 성) 서방님, ○ ○ 고모부(님)

① **남편의 형과 그 배우자** : 남편의 형은 '아주버님'으로 부르고, 그 아내는 '형님'으로 부른다. 자기보다 나이가 어려도 그렇게 불러야 하며 존댓말을 써야 한다. 여자의 서열은 시댁의 남편들의 서열에 따라 정해지는 것이다.

② **남편의 아우와 그 배우자** : 남편의 아우는 미혼인 경우 '도련님'으로 부르고, 기혼인 경우 '서방님'으로 부른다. 그 아내는 '동서'라고 부른다. 이때, 만일 아랫동서가 나이가 많은 경우에는 '동서'라고 부르고 존댓말을 하여야지 하대해서는 안 된다.

③ **남편의 누나와 그 배우자** : 남편의 누나는 '형님'으로 부르고, 그 남편, 곧 시누이의 남편은 '아주버 님, 서방님'으로 부른다.

④ **남편의 여동생과 그 배우자** : 남편의 여동생은 '아가씨, 아기씨'라고 부른다. 당사자가 어리거나 결 혼을 해도 마찬가지이다. 그 배우자(손아래 시누이의 남편)는 '서방님'으로 부른다. '서방님'은 손위 시누이와 손아래 시누이의 남편을 두루 가리키는 말이다.

(2) 아내의 동기와 그 배우자에 대해서

구분	호칭어	지칭어				
		당사자에게	아내에게	부모, 동기, 타인에게	장인, 장모에게	자녀에게
(아내의) 오빠/ 오빠의 아내	형님, 처남[연하]/ 아주머니	형님, 처남[연하]/ 아주머니	형님, 처남[연하]/ 처남의 댁	처남, ○○ 외삼촌/ 처남의 댁, ○○ 외숙모	형님, 처남[연하]/ 처남의 댁	외삼촌, 외숙부 (님)/ 외숙모(님)
(아내의) 남동생/ 남동생의 아내	처남, ○○(이름)/ 처남의 댁	처남, 자네/ 처남의 댁	처남, ○○(이름)/ 처남의 댁	처남, ○○ 외삼촌/ 처남의 댁, ○○ 외숙모	처남, ○○(이름)/ 처남의 댁	외삼촌, 외숙부 (님)/ 외숙모(님)
(아내의) 언니/ 언니의 남편	처형/ 형님, 동서[연하]	처형/ 형님, 동서[연하]	처형/ 형님, 동서[연하]	처형, ○○ 이모/ 동서, ○○ 이모부	처형/ 형님, 동서[연하]	이모(님)/ 이모부(님)
(아내의) 여동생/ 여동생의 남편	처제/ 동서, ○ 서방	처제/ 동서, ○ 서방	처제/ 동서, ○ 서방	처제, ○○ 이모/ 동서, ○○ 이모부	처제/ 동서, ○서방	이모/ 이모부(님)

① **아내의 남자 동기와 그 배우자**
　㉠ 아내의 오빠를 부르는 말은 '형님, 처남'이다. 자기보다 나이가 많으면 '형님'이라 부르고, 나이가 적으면 '처남'이라 부른다. 아내의 남동생을 가리키는 말은 '처남'이다. 나이가 아주 어리면 이름을 부를 수 있다. 그러나 손아래 처남의 나이가 자기보다 많다고 해서 '형님'이라고 하지는 않는다.
　㉡ 아내의 오빠의 아내(손위 **처남의 댁**)를 호칭하는 말은 '아주머니'이다. 당사자 외 남에게 가리켜 말할 때는 '처남의 댁' 등으로 한다. 아내의 남동생의 아내(손아래 처남의 댁)를 호칭하는 말은 '처남의 댁'이다.

② **아내의 여자 동기와 그 배우자**
　㉠ 아내의 언니는 '**처형**'이라 부르고, 아내의 여동생은 '**처제**'라 부른다.
　㉡ 아내 언니의 남편, 곧 손위 동서는 '형님'이라 부른다. 다만 자기보다 나이가 적을 경우에는 '형님'이라 하지 않고, '동서'라고 한다. 남자들의 서열에서 아무리 손위라 할지라도 자기보다 나이가 어리면 '형님'이라고 부르지 않는 것이다. 아내 여동생의 남편, 곧 손아래 동서는 '동서, ○서방'이라고 부른다. 자기보다 나이가 많다면 '동서'라고 한다. 나이가 많더라도 서열상 손아래이므로 '형님'이라고 하지도 않고, 또 손아래이긴 해도 나이가 많으므로 '○서방'처럼 낮추어 말해서도 안 된다.

6. 숙질(叔姪) 간의 호칭어·지칭어

구분	호칭어	지칭어		
		말하는 사람의 자녀에게	당사자의 자녀에게	그 밖의 사람들에게
아버지의 형	큰아버지	○○ 큰할아버지(큰할아버님), 종조할아버지(종조할아버님), 종조부(님), ○○ 할아버지(할아버님)	큰아버지, 아버지, 아빠	큰아버지, 백부 [아버지의 맏형만]
아버지 형의 아내	큰어머니	○○ 큰할머니(님), 종조할머니(님), 종조모(님), ○○ 할머니(님)	큰어머니, 어머니, 엄마	큰어머니, 백모 [아버지의 맏형의 아내만]
아버지의 남동생	삼촌, 아저씨 [미혼], 작은 아버지[기혼]	○○ 작은할아버지(작은할아버님), (작은) 종조할아버지(종조할아버님), (작은) 종조부(님), ○○ 할아버지(할아버님)	작은아버지, 아버지, 아빠	삼촌, 아저씨[미혼], 작은아버지, 숙부, 시숙[기혼]
아버지 남동생의 아내	작은어머니	○○ 작은할머니(님), (작은) 종조할머니(님), (작은) 종조모(님), ○○ 할머니(님)	작은어머니, 어머니, 엄마	작은어머니, 숙모, 시숙모
아버지의 누이	고모, 아주머니	대고모(님), 왕고모(님), (고모) 할머니(님), ○○ 할머니(님)	고모, 어머니, 엄마	고모
아버지 누이의 배우자	고모부, 아저씨	대고모부(님), 왕고모부(님), 고모할아버지 (고모할아버님), ○○ 할아버지(할아버님)	고모부, 아버지, 아빠	고모부, 고숙
어머니의 남자 형제	외삼촌, 아저씨	진외할아버지(진외할아버님), 진외종조부(님), ○○ 할아버지(님)	외삼촌, 외숙부, 아버지, 아빠	외삼촌, 외숙
어머니 남자 형제의 배우자	외숙모, 아주머니	진외할머니(님), ○○ 할머니(님)	외숙모, 어머니, 엄마	외숙모
어머니의 자매	이모, 아주머니	이모할머니(님), ○○ 할머니(님)	이모, 어머니, 엄마	이모
어머니 자매의 배우자	이모부, 아저씨	이모할아버지(이모할아버님), ○○ 할아버지(할아버님)	이모부, 아버지,아빠	이모부, 이숙

7. 조카에 대한 호칭어·지칭어

구분	호칭어	지칭어	
		친조카	누이의 자녀
남자 조카/ 조카의 아내	○○(이름)[미성년], 조카(님), ○○ 아비, ○○ 아범[성년]/ 아가, 새아가, ○○ 어미, 질부(姪婦), 생질부(甥姪婦)	조카/ 조카며느리, 질부(姪婦)	생질(甥姪)/ 생질부(甥姪婦)
여자 조카/ 조카사위	○○(이름)[미성년], 조카(님), ○○ 어미, ○○ 어멈[성년]/ ○ 서방, ○○ 아비, ○○ 아범	조카딸, 질녀(姪女)/ 조카사위, 질서(姪壻)	생질녀(甥姪女)/ 생질서(甥姪壻)

8. 사돈 간의 호칭어 · 지칭어

(1) 같은 항렬 : 밭사돈이 밭사돈을 부르는 경우 '사돈어른' 또는 '사돈'이라고 하고, 안사돈을 부르는 경우 '사부인'이라고 한다. 안사돈이 안사돈을 부르는 경우 '안사돈'이라고 하고, 밭사돈을 부르는 경우는 '사돈어른'이라고 한다.

남자가	남자에게	사돈어른[나이가 위일 때], 사돈[나이 차이가 많거나 친밀할 때]
	여자에게	사부인
여자가	남자에게	사돈어른, 밭사돈[나이 차이가 많거나 친밀할 때]
	여자에게	사부인[나이가 위일 때], 사돈[나이가 아래거나 친밀할 때]

(2) 위 항렬 : 며느리 · 사위의 조부모를 부르는 말은 '사장(査丈) 어른'이다. 할머니를 구별하여 '안사장 어른'이라고 할 수도 있다. 조부모보다 한 항렬 높으면 '노사장 어른'이라고 한다.

(3) 아래 항렬 : 며느리 · 사위의 동기와 그 배우자, 조카 등 아래 항렬의 사람을 부를 경우, 남자는 '사돈, 사돈도령, 사돈총각'으로, 여자는 '사돈, 사돈처녀, 사돈아가씨' 등으로 부른다.

> **주관식 레벨 UP**
>
> 1. 시집 간 누나의 시아버지를 '사돈어른'이라 호칭하였다. 틀린 이유와 바른 호칭에 대해 설명하시오.
>
> **풀이** '사돈'이란 같은 항렬이나 손위 항렬이 손아래 항렬을 부를 때 사용하는 호칭이므로, 손아래 항렬이 위 항렬에게는 '사장어른'이라 호칭해야 한다.
>
> 2. 여자의 입장에서 '남편의 누나'를 호칭하는 용어는?
>
> **풀이** 형님

제4절 | 직장과 사회의 호칭어 및 지칭어

1. 직장 사람들에 대한 호칭어 · 지칭어

구분	직함	호칭어 · 지칭어
동료에게	없음	○○○(○○)씨, 선생님, ○ 선생(님), ○○○ 선생(님), ○ 선배, ○ 형, (○○) 언니, ○(○○) 여사
	있음	○ 과장, ○○○(○○)씨, 선생님, ○ 선생(님), ○○○ 선생(님), ○ 선배, ○ 형, ○(○○○) 여사
상사에게	없음	선생님, ○(○○) 선생님, ○(○○) 선배님, ○(○○) 여사
	있음	부장님, ○(○○) 부장님, (총무) 부장님
아래 직원에게	없음	○○○씨, ○ 형, ○○○ 선생(님), ○(○○) 여사, ○ 선생(님), ○ 군, ○ 양
	있음	○ 과장, 총무과장, ○○○씨, ○ 형, ○ 선생(님), ○○○ 선생(님)

2. 타인에 대한 호칭어 · 지칭어

구분		호칭어 · 지칭어
친구의 배우자	친구의 남편	(○) ○○씨, ○○ 아버지, (○) 과장님, (○) 선생님
	친구의 아내	아주머니, (○) ○○씨, ○○ 어머니, 부인, ○ 여사, ○[직함] **참고** 제수씨, 계수씨(×)
배우자의 친구	남편의 친구	(○) ○○씨, ○○ 어머니, 아주머니, ○ 선생(님), ○[직함](님)
	아내의 친구	(○) ○○씨, ○○ 어머니, 아주머니, ○ 선생(님), ○ 여사, ○[직함](님)
부모의 친구	아버지의 친구	• 어린이 말 : (지역 이름) 아저씨, ○○ 아버지 • 어른 말 : (지역 이름) 아저씨, 어르신, 선생님, (○) [직함]
	어머니의 친구	• 어린이 말 : (지역 이름) 아주머니, ○○ 어머니(엄마) • 어른 말 : (지역 이름) 아주머니, ○○ 어머니
친구의 부모	친구의 아버지	• 어린이 말 : ○○ 아버지, (지역 이름) 아저씨 • 어른 말 : (○○) 아버님, 어르신, ○○ 할아버지
	친구의 어머니	• 어린이 말 : ○○ 어머니(엄마), (지역 이름) 아주머니 • 어른 말 : (○○) 어머님, 아주머니, ○○ 할머니
선생님의 배우자	여선생님의 남편	사부(師夫)님, ○(○○) 선생님, ○[직함]
	남선생님의 아내	사모(師母)님
직장 상사의 가족	남편	(○, ○○○) 선생님, (○, ○○○) [직함](님)
	아내	사모님, 아주머니(님)
직장 동료나 아랫사람의 가족	남편	(○, ○○○) 선생님, (○, ○○○) [직함](님)
	아내	아주머니(님), 부인
	자녀	○○[이름], ○○○씨, (○) [직함](님)

3. 자기에 대하여 말할 때

(1) 직장에서

상사가 아래 직원에게	• 사장인데. • 총무부 김 부장인데.
아래 직원이 상사에게	• 상무이사입니다. • 총무부 김 부장입니다. • 총무부장 ○○○입니다.
다른 회사 사람에게	• ○○ 주식회사 상무 이사입니다. • 총무부 김 부장입니다. • 총무부장 ○○○입니다. • 총무부 ○○○입니다.

(2) 가정에서

부모님의 친구에게	• 저희 아버지가 김(姓) ○자 ○자 쓰십니다. • 저희 아버지 함자가 김(姓) ○자 ○자이십니다. * ○자 ○자 ○자(×) • ○○○씨/ 부장(님) 아들입니다.
자녀의 친구에게	• ○○○의 아버지이다. • ○○○의 아비이다(아비 되는 사람입니다).
자녀의 스승에게	• ○○○의 아비입니다(아비 되는 사람입니다). • ○○○의 아버지입니다.
동기의 친구에게	• ○○○씨가 제 큰형님입니다(이십니다). • ○○○씨의 동생입니다.
동기의 직장에 전화를 걸어	• ○○○씨의 동생입니다. • ○○○씨의 형 되는 사람입니다 • 제 동생이 ○○○입니다.
아내(남편)의 친구에게	• ○○○씨의 남편(바깥사람/ 아내, 집사람, 처, 안사람)입니다. • ○○○씨가 제 아내(집사람, 안사람, 처/ 남편, 바깥양반)입니다.
아내(남편)의 직장에 전화를 걸어서	• 집입니다. • ○○씨이 남편(바깥사람/ 아내, 집사람, 안사람, 처)입니다.

주관식 레벨 UP

'사부(師夫)님'이란 누구의 입장에서 누구를 호칭하는 말인가?

<u>풀이</u> 제자의 입장에서 여선생의 남편

제5절 촌수(寸數)와 친척 관계 중요 ★★★

(1) 직계 가족과의 촌수는 자기와 상대까지의 대수(代數)가 촌수이다. 즉 아버지와 아들은 1대니 1촌이고, 할아버지와 손자는 2대니까 2촌이다.

(2) 방계 가족과의 촌수는 자기와 어떤 조상에게서 갈라졌는지를 먼저 알고 자기와 그 조상의 대수(代數)에 그 조상과 대상의 대수를 합해서 촌수로 한다. 즉, 형제자매는 아버지에서 갈렸는데 자기와 아버지는 1대이고 아버지와 형제자매는 1대이니까 합해서 2촌이고, 백숙부와 자기는 할아버지에서 갈렸는데 할아버지와 백숙부는 1대이고 자기는 2대니까 합해서 3촌이 되는 것이다.

[친족 계보도]

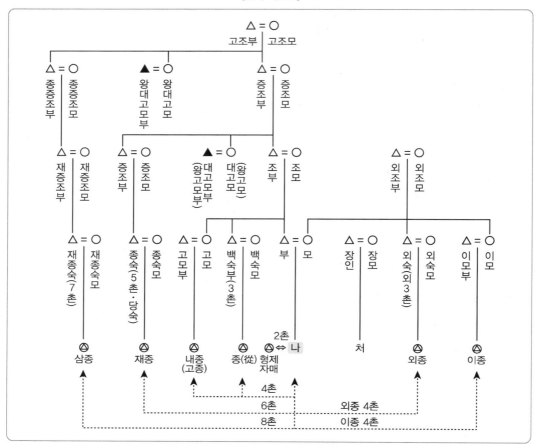

주관식 레벨 UP

'재종형(再從兄)'은 나와 촌수가 몇 촌인가?

풀이 6촌

제6절 **서간문(書簡文) 쓰기**

1. 서간문의 개념

상대편에게 전하고 싶은 것을 적어 보내는 편지글이다. 대화하는 기분으로 말하듯이 쓰되, 예절에 맞게 전달할 내용을 적어야 한다.

2. 서간문의 형식

(1) 전문(前文)

① **기필(起筆)** : 첫 머리에 호칭을 말한다.
② **시후(時候)** : 계절을 인용한 인사
③ **문안(問安)** : 수신자의 안부를 묻는 인사
④ **자기안부(自己安否)** : 문안 다음 자기안부를 알림.

　참고 전문을 생략할 때 : 제번(除煩)하옵고, 관생(冠省)하옵고, 관략(冠略)하옵고, 제례(除禮)하옵고 등

(2) 본문(本文)

서간문에서 가장 중요한 부분으로 "다름이 아니옵고…", "간절하게 그대에게 꼭 해야 할 말은…", "실은…" 등으로 시작한다.

(3) 결말(結末)

① **끝인사**
② **날짜(年·月·日)** : 편지를 쓴 연월일을 쓴다.
③ **서명(署名)** : 자기 이름을 쓴다.

　참고 결말 생략 시 : 이만 총총, 불비(不備), 불비례(不備禮) 등

④ **첨기(添記)** : 본문에서 빠뜨린 내용을 추가해서 쓰는 것이다.

　참고 ㉠ 보통 사이 : 추이(追而), 추신(追伸)
　　　　 ㉡ 높은 사람 : 추백(追白), 추계(追啓), 취복백(就伏白)

3. 한문투 편지 용어 **종요**★

① **본제입납(本第入納)·본가입납(本家入納)** : 우리의 관습상 부모님의 이름을 함부로 부를 수 없기 때문에 자기 집에 편지를 쓸 경우 자신의 이름을 쓰고 그 밑에 쓰는 말이다.
② **인비친전(人秘親展)** : 인사비밀이니 받는 이가 몸소 펴 보기를 바란다는 말이다.
③ **전교(轉交)** : 다른 사람의 말이다.

④ **좌하(座下)** : 귀하보다 높은 말로 마땅히 공경할 어른에게 쓰는 말이다(부모님, 직계 존속).

⑤ **귀중(貴中)·제위(諸位)·각위(各位)** : 편지를 받을 기관이나 단체의 이름 아래에 써서 상대편을 높이는 말이다.

⑥ **귀하(貴下)** : 일반적으로 남자를 높일 경우에 쓰는 말이다.

⑦ **학형(學兄)** : 자기와 나이가 비슷한 남자

⑧ **인형(仁兄), 대형(大兄), 아형(雅兄)** : '씨'와 비슷하나 보다 더 다정한 표현이다.

⑨ **불선(不宣)** : 편지 끝에 '쓸 말은 많지만 다 쓰지 못했다'는 뜻이다.

⑩ **배복(拜伏)·경복(敬復)** : 답장의 첫머리에 '공경하여 답장을 드린다'는 뜻이다.

⑪ **경구(敬具)·경백(敬白)** : 편지 끝에 '삼가 아룁니다'의 뜻

⑫ **취복백(就伏白)** : 웃어른에게 안부를 물은 다음 사연을 여쭐 때 쓰는 말

01 **주제별 어휘** 중요 ★★

1. 단위를 나타내는 말(단위성 의존 명사)

(1) 10 단위

① **갓** : 비웃, 굴비 따위의 10마리. 고사리, 고비 따위의 10모숨
> 참고 비웃 : 식료품인 생선으로서의 청어

② **고리** : 소주 10사발을 한 단위로 일컫는 말

③ **꾸러미** : 달걀 10개를 꾸리어 싼 것. 꾸리어 싼 것을 세는 단위

④ **뭇** : 생선 10마리, 미역 10장, 자반 10개를 이르는 단위

⑤ **동** : 먹은 10장, 붓은 10자루를 이르는 단위

⑥ **죽** : 버선이나 그릇 등의 열 벌을 한 단위로 말하는 것

(2) 20 단위

① **두름** : 조기, 청어 따위의 생선을 10마리씩 두 줄로 묶은 20마리

② **제** : 탕약 20첩, 또는 그만한 분량으로 지은 환약이나 고약의 양.

③ **쾌** : 북어 20마리

④ **태** : 나무꼬챙이에 꿴 말린 **명태** 20마리

⑤ **축** : 마른 오징어 20마리

> **주관식 레벨 UP**
>
> 조기, 청어 따위의 생선을 10마리씩 두 줄로 묶은 20마리를 뜻하는 순우리말의 단위어는?
>
> 풀이 두름

(3) 50 단위

① **거리** : 오이, 가지 따위의 50개를 이르는 단위

② **동** : 피륙 50필, 무명과 베는 50필

(4) 100 단위

① **강다리** : 쪼갠 장작 100개비를 한 단위로 이르는 말

② **담불** : 벼 100섬을 단위로 이르는 말

③ **접** : 과일, 무, 배추, 마늘 따위의 100개를 이르는 말

④ **톳** : 김 100장씩을 한 묶음으로 세는 단위

(5) 기타 단위

① **매** : 젓가락 한 쌍

② **벌** : 옷, 그릇 따위의 짝을 이룬 한 덩이를 세는 말

③ **손** : 고등어나 배추 등 크고 작은 두 개를 묶은 것

④ **켤레** : 신, 버선 따위의 둘을 한 벌로 세는 단위

⑤ **쌈** : 바늘 24개

⑥ **판** : 달걀 30개

⑦ **연** : 종이 전지 500장

⑧ **우리** : 기와를 세는 단위. 한 우리는 2000장

(6) 단위를 세는 말

① **모숨** : 모나 푸성귀처럼 길고 가는 것의 한 줌쯤 되는 분량

② **바리** : 마소에 잔뜩 실은 짐을 세는 단위

③ **움큼** : 손으로 한 줌 움켜쥔 만큼의 분량

④ **술** : 숟가락으로 떠서 헤아릴만한 분량

⑤ **채** : 집, 이부자리를 세는 단위

⑥ **사리** : 국수, 새끼 같은 것을 사리여 놓은 것을 세는 단위

⑦ **가리** : 곡식, 장작의 한 더미. 삼을 벗긴 한 줌

⑧ **가웃** : 되, 말, 자의 수를 셀 때 남는 반분

⑨ **마투리** : 한 가마니나 한 섬에 차지 못하고 남은 양

⑩ **바리** : 마소가 실어 나르는 짐을 세는 단위

2. 날씨와 관련된 말

(1) 바람과 관련된 말

① **샛바람** : 동풍(東風) = 춘풍(春風)

② **마파람** : 남풍(南風) = 앞바람

③ **하늬바람** : 서풍(西風) = 추풍(秋風) = 갈바람

④ **된바람** : 북풍(北風) = 동풍(冬風) = 뒤바람

⑤ **갈마바람** : 서남풍의 뱃사람 말

⑥ **건들바람** : 초가을에 선들선들 부는 바람

⑦ **고추바람** : 몹시 찬바람

⑧ **높새바람** : 북동풍의 뱃사람 말

⑨ **높하늬바람** : 북서풍의 뱃사람 말

⑩ **된마파람** : 동남풍의 뱃사람 말

⑪ **살바람** : 좁은 틈새로 들어오는 바람. 황소바람

⑫ **색바람** : 초가을에 선선히 부는 바람

⑬ **소소리바람** : 초봄에 제법 차갑게 부는, 살 속으로 기어드는 차고 음산한 바람

⑭ **왜바람** : 일정한 방향 없이 이리저리 부는 바람

⑮ **피죽바람** : 모기철에 아침에는 동풍이 불고, 저녁에는 서북풍이 부는 상태

주관식 레벨 UP

'서풍(西風)'을 뜻하는 순우리말은 무엇인가?

풀이 하늬바람/ 갈바람

---

(2) 비와 관련된 말

① **개부심** : 장마에 큰물이 난 뒤, 한동안 쉬었다가 몰아서 내리는 비

② **건들장마** : 초가을에 비가 쏟아지다가 번쩍 개고 또 오다가 다시 개는 장마

③ **그믐치** : 음력 그믐에 내리는 비나 눈

④ **는개** : 안개보다는 조금 굵고 이슬비보다는 가는 비

⑤ **먼지잼** : 비가 겨우 먼지나 날리지 않을 정도로 오는 것

⑥ **목비** : 모낼 무렵에 한목 오는 비

⑦ **발비** : 빗방울의 발이 보이도록 굵게 내리는 비

⑧ **여우비** : 볕이 난 날 잠깐 뿌리는 비

⑨ **웃비** : (날이 아주 갠 것이 아니라) 한창 내리다가 잠시 그친 비

⑩ **작달비** : 굵직하고 거세게 퍼붓는 비

(3) 눈과 관련된 말

① **길눈** : 한 길이나 될 만큼 많이 쌓인 눈

② **누리** : 싸락눈보다 크고 단단한 덩이로 내리는 눈, 우박

③ **마른눈** : 비가 섞이지 않고 내리는 눈

④ **숫눈** : 쌓인 그대로 있는 눈

⑤ **자국눈** : 겨우 발자국이 날 정도로 적게 내린 눈

(4) 안개 · 서리와 관련된 말

　① **물안개** : 비 오듯이 많이 끼는 안개

　② **해미** : 바다 위에 낀 매우 짙은 안개

　③ **된서리** : 늦가을에 아주 되게 내린 서리

　④ **무서리** : 그 해의 가을 들어 처음 내리는 묽은 서리

　⑤ **상고대** : 나무나 풀에 눈같이 내린 서리

　⑥ **서리꽃** : 유리창 따위에 엉긴 수증기가 얼어붙어 꽃처럼 무늬를 이룬 것

주관식 레벨 UP

유리창 따위에 엉긴 수증기가 얼어붙어 꽃처럼 무늬를 이룬 것을 뜻하는 순우리말은?

풀이 서리꽃

---

3. 길과 관련된 말

　① **고샅길** : 마을의 좁은 골목길, 좁은 골짜기 사이의 길

　② **길라잡이** : 길을 인도하는 사람

　③ **길섶** : 길의 가장자리. 길가

　④ **낭길** : 낭떠러지를 끼고 난 길

　⑤ **도린곁** : 인적이 드문 외진 곳

　⑥ **모롱이** : 산모퉁이의 휘어 둘린 곳

　⑦ **숫눈길** : 눈이 와서 덮인 후에 아무도 아직 지나지 않은 길

　⑧ **자드락길** : 나지막한 산기슭에 경사지게 있는 좁은 길

　⑨ **조롱목** : 조롱 모양으로 된 길목

　⑩ **허방** : 길 가운데 움푹 패인 땅

4. 사람과 관련된 말

(1) 사람을 가리키는 말

　① **간나위** : 간사스러운 사람

　② **감때꾼** : 생김새나 모양이 매우 험상궂고 몹시 사나운 사람

　③ **고림보** : 마음이 옹졸하여 하는 짓이 푼푼하지 못한 사람

　④ **고명딸** : 아들 많은 집의 외딸

　⑤ **고삭부리** : 음식을 많이 먹지 못하는 사람, 기력이나 체질이 약해 늘 병치레를 하는 사람

　⑥ **구나방** : 말이나 행동이 거칠고 예절이 없는 사람

　⑦ **궐공** : 몸이 허약한 사람

⑧ **까리** : 일정한 직업이 없이 길거리에서 떠돌아다니는 부랑자
⑨ **늦깎이** : ㉠ 사리를 남보다 늦게 깨달은 사람. ㉡ 나이가 들어서 중이 된 사람
⑩ **늿보** : 사람됨이 천하고 더러운 사람
⑪ **대갈마치** : 온갖 어려움을 겪은 아주 야무진 사람
⑫ **만무방** : 예의나 염치가 없는 사람들의 무리
⑬ **망석중** : 남이 부추기는 대로 따라 노는 사람
⑭ **모도리** : 조금도 빈틈없이 아주 야무지게 생긴 사람
⑮ **벽창호** : 고집이 세고 성질이 무뚝뚝한 사람
⑯ **안잠자기** : 남의 집에서 잠을 자면서 일을 도와주며 사는 여자
⑰ **책상물림** : 글만 읽다가 세상에 처음 나서서 물정에 어두운 사람
⑱ **핫아비** : 지어미가 있는 남자. 유부남
⑲ **핫어미** : 지아비가 있는 여자. 유부녀
⑳ **윤똑똑이** : 자기만 혼자 잘나고 영악한 체하는 사람을 낮잡아 이르는 말
㉑ **궁도련님** : 부유한 집에서 자라나 세상의 어려운 일을 잘 모르는 사람을 비유적으로 이르는 말
㉒ **바사기** : 사물에 어두워 아는 것이 없고 똑똑하지 못한 사람을 놀림조로 이르는 말

주관식 레벨 UP

부유한 집에서 자라나 세상의 어려운 일을 잘 모르는 사람을 비유적으로 이르는 순우리말은?

풀이 궁도련님

(2) 사람의 태도나 성격과 관련된 말

① **감궂다** : 음충맞게 험상궂다.
② **곰살궂다** : 성질이 부드럽고 다정스럽다.
③ **곰상스럽다** : 성질이나 행동이 잘고 좀스럽다.
④ **궤란쩍다** : 행동이 건방지고 주제넘다.
⑤ **끌밋하다** : 차림새나 인물이 깨끗하고 미끈하여 시원하다.
⑥ **두남두다** : 가엾게 여기어 돌보아주다.
⑦ **무람없다** : 예의를 지키지 아니하여 버릇없다.
⑧ **버르집다** : 작은 일을 크게 벌이다.
⑨ **살갑다** : 겉으로 보기보다는 마음이 너르다. / 상냥하고 부드럽다.
⑩ **숫되다** : 순진하고 어수룩하다.
⑪ **열없다** : 조금 부끄럽다. 담이 작고 겁이 많다.
⑫ **웅숭깊다** : 성품이 온화하고 도량이 넓다.

02 주요 순우리말 어휘 중요 ★★

ㄱ

☑부분은 Check로 활용해 보세요!

□ **가멸다** : 재산이 많고 살림이 넉넉하다.

□ **가시버시** : 부부(夫婦)의 낮춤말

□ **가없다** : 끝이 없다. 한이 없다. 다함이 없다.

□ **각다분하다** : 일해 나가는 데 있어서 매우 힘들고 고되다.

□ **갈붙이다** : 남을 헐뜯어 사이가 벌어지게 하다.

□ **감사납다** : ① 휘어잡기 힘들게 억세고 사납다.
　　　　　　　② 일하기 힘들게 험하고 거칠다.

□ **감투밥** : 그릇 위까지 올라오도록 수북하게 담은 밥

□ **갓바치** : 가죽신 만드는 일을 업으로 삼던 사람

주관식 레벨 UP

순우리말 '갓바치'는 어떤 사람을 의미하는 어휘인지 쓰시오.

　　　　　　　　　　　　　　　풀이 가죽신 만드는 일을 업으로 삼던 사람

□ **겅성드뭇하다** : 많은 수효가 듬성듬성 흩어져 있다.

□ **게걸스럽다** : 먹으려고 하는 탐심이 있다.

□ **겯고틀다** : 비슷한 능력의 사람이 서로 힘을 겨루다.

□ **곁두리** : 농부나 일꾼들이 끼니 외에 참참이 먹는 음식 (비슷한 말 : 사이참, 샛밥)

□ **곰바지런하다** : 일을 시원스럽게 해치우지는 못하나, 놀지 않고 고물고물 바지런하다.

□ **구순하다** : 사귀거나 지내는데 의가 좋다.

□ **그악스럽다** : 사납고 모진 데가 있다.

□ **길마** : 짐을 싣기 위하여 소의 등에 얹는 틀

□ **깜냥** : 일을 가늠 보아 해낼만한 능력

ㄴ

□ **나룻** : 수염

□ **나우** : 좀 많게. 정도가 좀 낮게

□ **날포** : 하루 남짓한 동안. '-포'는 '동안'을 나타내는 접미사

□ **너스레** : 남을 놀리려고 늘어놓는 말솜씨

□ **너울** : 바다의 사나운 큰 물결

□ **넌출지다** : 넝쿨이 치렁치렁하게 늘어지다.

□ **넘나다** : 분수에 지나치는 짓을 하다.

□ **노루목** : 노루가 자주 다니는 길목이란 뜻으로 넓은 들에서 다른 곳으로 이어지는 좁은 지역을 이르는 말

□ **눙치다** : 언짢았던 마음을 풀어서 누그러지게 하다.

□ **느껍다** : 그 무엇에 대한 느낌이 가슴에 사무쳐서 마음에 겹다.

ㄷ

□ **다붓하다** : 떨어진 사이가 멀지 않다.

□ **다직해야** : 기껏 한다고 해야

□ **대궁** : 먹다가 그릇 안에 남긴 밥

□ **댓바람에** : ㉠ 일에 당하여 맨 첫 번으로
　　　　　　　 ㉡ 단번에, 지체하지 않고 곧

□ **도란도란** : 나직한 목소리로 정답게 이야기하는 소리, 또는 그 모양

□ **도르리** : 여러 사람이 음식을 돌려가며 내어 함께 먹는 일

□ **도저하다** : ㉠ (사람이나 그 학식, 생각 따위가) 아주 깊고 철저하다.
　　　　　　　 ㉡ (언행이) 아주 곧아서 빗나감이 없다.

□ **동티나다** : 잘못 건드려 재앙이 일어나다.

□ **되모시** : 이혼하고 처녀 행세하는 여자

□ **두남두다** : 잘못을 두둔해 주다.

□ **두억시니** : ≒ 야차(夜叉). 모질고 사나운 귀신의 하나. 사람을 괴롭히거나 해친다는 사나운 귀신

□ **드레** : 사람의 됨됨이로서의 점잖음과 무게

□ **드팀전** : 온갖 피륙을 파는 가게

□ **똘기** : 채 익지 않은 과실

ㅁ

□ **마뜩잖다** : 아주 마음에 들지 않다

□ **마뜩하다** : '제법 마음에 들어 좋다'의 뜻을 지닌 긍정적 표현

□ **마름** : 지주의 위임을 받아 소작지를 관리하던 사람

□ **머흘다** : 험하다

□ **모꼬지** : 여러 사람이 놀이나 잔치 따위로 모이는 일

□ **모도리** : 조금도 빈틈이 없는 야무진 사람을 얕잡아 이르는 말

□ **무녀리** : ㉠ 한 태에 낳은 여러 마리 새끼 가운데 가장 먼저 나온 새끼
　　　　　　 ㉡ 말이나 행동이 좀 모자란 듯이 보이는 사람을 비유적으로 이르는 말

□ **무자맥질** : 물속에 들어가서 떴다 잠겼다 하며 팔다리를 놀리는 것

□ **미리내** : '은하수'의 방언

> ### 주관식 레벨 UP
>
> '은하수'를 뜻하는 순우리말 어휘는?
>
> 풀이 미리내

☐ **미쁘다** : 믿음직하다, 미덥다
☐ **미욱하다** : 어리석고 둔하다
☐ **미주알고주알** : 아주 사소한 일까지 속속들이

ㅂ

☐ **바리** : ㉠ 놋쇠로 만든 여자의 밥그릇
　　　　㉡ 마소에 잔뜩 실은 짐을 세는 말
☐ **바이** : 다른 도리 없이, 전연, 아주, 과연
☐ **바투** : 거리가 썩 가깝게
☐ **반기** : ㉠ 잔치나 제사를 지낸 후 몫몫이 담아 여러 사람에게 돌리는 음식
　　　　㉡ 밥그릇
☐ **버르집다** : ㉠ 없던 일이나 아니 해도 좋을 일을 일으켜 벌여 놓다.
　　　　　㉡ 남이 알지 못하던 일을 들추어내다.
　　　　　㉢ 조그마한 일을 크게 떠벌리다.
☐ **버성기다** : 벌어져서 틈이 있다.
☐ **베잠방이** : 베로 만든 옷
☐ **벼리** : ㉠ 그물의 위쪽 코를 꿰어 잡아당기게 된 줄
　　　　㉡ 책의 첫머리에 속 내용을 대강 추려 차례로 벌여 놓은 줄거리 → 목차(目次)
☐ **벼리다** : 날이 무딘 연장을 불에 달구어 두드려 날카롭게 만들다.
☐ **변죽** : 그릇 따위의 가장자리
☐ **불콰하다** : (술기운을 띠거나 혈기가 좋아서 얼굴빛이) 보기 좋게 불그레하다.

ㅅ

☐ **사위다** : 불이 다 타서 재가 되다.
☐ **사이참** : 일을 하다가 잠시 쉬는 동안. 또 그때 먹는 음식. 새참
☐ **살뜰하다** : 규모가 있고 착실하다.
☐ **생때같다** : 몸이 튼튼하고 병이 없다.
☐ **선불** : 설맞은 총알

주관식 레벨 UP

'선불 맞은 호랑이 뛰듯 한다.'에서 '선불'의 의미는?

풀이 설맞은 총알

☐ **설피다** : 짜거나 엮은 것이 거칠고 성기다.
☐ **성글다** : 간격이나 사이가 뜨다. (유의어) 성기다
☐ **성엣장** : 물 위에 떠서 흘러가는 얼음덩이

□ **세간나다** : 함께 살던 사람이 따로 살림을 차리다.
□ **손방** : 할 줄 모르는 솜씨(비전문가). 문외한(門外漢)
□ **시앗** : 남편의 첩
□ **신소리** : 상대방의 말을 슬쩍 놓쳐서 받아넘기는 말
□ **싸개통** : 여러 사람이 둘러싸고 다투며 승강이를 벌이는 모양

ㅇ

□ **아귀다툼** : 서로 헐뜯고 기를 쓰며 사납게 다투는 일
□ **악도리** : 모질게 덤비기를 잘하는 사람·짐승, 영악한 싸움쟁이
□ **알음알음** : 서로 아는 관계
□ **암상** : 남을 미워하고 샘을 잘 내는 잔망스러운 심술
□ **애오라지** : 다만, 오직, 마음에 부족하나마 겨우
□ **어이딸** : 어머니와 딸, 모녀(母女)
□ **에워가다** : 빙 돌아 둘러 가다, 피하여 둘러 가다.
□ **옹골지다** : 실속 있게 꽉 차다.
□ **웃기** : 과실, 포, 떡 등을 괸 이에 모양을 내기 위해 얹는 재료
□ **의뭉스럽다** : 겉으로는 어리석은 것 같으나 속은 엉큼한 데가 있다.

ㅈ

□ **자못** : 생각보다 매우, 꽤
□ **저어하다** : 두려워하다
□ **종요롭다** : 없어서는 안 될 만큼 몹시 긴요하다.
□ **지청구** : 까닭 없이 남을 탓하고 원망하는 짓
□ **짜장** : 참, 정말로, 과연

ㅊ

□ **추레하다** : 겉모양이 깨끗하지 못하고 생기가 없다.
□ **칠칠하다** : ㉠ 잘 자라서 길다.
　　　　　　　 ㉡ 일의 솜씨가 능란하고 빠르다.

ㅌ

□ **턱찌끼** : 먹다 남은 음식
□ **투미하다** : 어리석고 둔하다.

ㅍ

□ **푼푼하다 :** ㉠ 모자람이 없이 넉넉하다.
　　　　　　 ㉡ 사람됨이 옹졸하지 아니하고 너그럽고 활달하다.

ㅎ

□ **함초롬하다 :** 가지런하고 곱다.
□ **함함하다 :** 털이 보드랍고 반지르르하다.
□ **해거름 :** 해가 서쪽으로 기울어질 무렵
□ **행짜 :** 심술을 부려 남을 해치는 행위

제2절　한자어 어휘와 한자성어

01　한자어 어휘 　중요 ★★

1. 나이

□ **幼學(유학) :** 10세
□ **沖年(충년) :** 10세 안팎
□ **志學(지학) :** 15세
□ **二八(이팔) :** 16세
□ **妙齡(묘령), 芳年(방년) :** 여자 나이 20세 안팎
□ **弱冠(약관), 丁年(정년) :** 남자 나이 20세
□ **而立(이립) :** 30세
□ **不惑(불혹) :** 40세
□ **桑年(상년) :** 48세
□ **知天命(지천명), 半百(반백), 艾年(애년) :** 50세
□ **望六(망륙) :** 51세
□ **耳順(이순), 六旬(육순) :** 60세
□ **回甲(회갑), 華甲(화갑), 還甲(환갑), 還曆(환력), 望七(망칠) :** 61세
□ **進甲(진갑) :** 62세
□ **從心(종심), 古稀(고희) :** 70세
□ **喜壽(희수) :** 77세
□ **望九(망구) :** 81세

☐ **米壽(미수)** : 88세

☐ **凍梨(동리), 졸수** : 90세

☐ **望百(망백)** : 91세

☐ **白壽(백수)** : 99세

☐ **下壽(하수)** : 60세 또는 80세

☐ **中壽(중수)** : 80세 또는 100세

☐ **上壽(상수)** : 100세 또는 100세 이상

주관식 레벨 UP

'不惑(불혹)'과 '米壽(미수)'의 나이의 총합은 몇 살인가?

풀이 128살

---

2. 간지(干支)

(1) 십간(十干)

甲(갑), 乙(을), 丙(병), 丁(정), 戊(무), 己(기), 庚(경), 辛(신), 壬(임), 癸(계)

(2) 십이지(十二支)

12지	자(子)	축(丑)	인(寅)	묘(卯)	진(辰)	사(巳)	오(午)	미(未)	신(申)	유(酉)	술(戌)	해(亥)
동물	쥐	소	범	토끼	용	뱀	말	양	원숭이	닭	개	돼지
시각	23~1	1~3	3~5	5~7	7~9	9~11	11~13	13~15	15~17	17~19	19~21	21~23

주관식 레벨 UP

'자시(子時)'는 시간상 몇 시에서 몇 시를 의미하는가?

풀이 23시 ~ 01시

---

3. 날짜

① **朔(삭)**

  ㉠ 음력으로 매달 초하룻날

  ㉡ '개월'의 예스러운 말

② **旬(순)** : 열흘

③ 望(망) : 보름

> 참고 朔望(삭망 : 음력 초하루와 보름), 旣望(기망 : 음력 열엿새)

④ 念(념) : 스무날
⑤ 晦(회) : 그믐

4. 기타

① **文房四友(문방사우)** : 紙(지 : 종이)·筆(필 : 붓)·硯(연 : 벼루)·墨(묵 : 먹)
② **北窓三友(북창삼우)** : 琴(금 : 거문고)·酒(주 : 술)·詩(시)
③ **四君子(사군자)** : 梅(매)·蘭(난)·菊(국)·竹(죽)
④ **歲寒三友(세한삼우)** : 겨울철에도 지조를 지키는 소나무(松)·대나무(竹)·매화(梅)

주관식 레벨 UP

'歲寒三友(세한삼우)'에 해당하는 사물을 한자로 쓰시오.

> 풀이 松, 竹, 梅

---

⑤ **十長生(십장생)** : 해·구름·산·돌·물·소나무·불로초·거북·학·사슴
⑥ **三綱五倫(삼강오륜)**
   ㉠ 三綱(삼강) : 유교의 도덕에서 기본이 되는 세 가지 강령
     ㉮ 君爲臣綱(군위신강) : 군신의 도리로 '忠(충)'을 이른다.
     ㉯ 父爲子綱(부위자강) : 부자의 도리로 '孝(효)'를 이른다.
     ㉰ 夫爲婦綱(부위부강) : 부부의 도리로 '貞操(정조), 節槪(절개)'를 이른다.
   ㉡ 五倫(오륜) : 유학에서 사람이 지켜야 할 다섯 가지 도리
     ㉮ 父子有親(부자유친) : 아버지와 아들 사이의 도리는 친애에 있음을 이른다.
     ㉯ 君臣有義(군신유의) : 임금과 신하 사이의 도리는 의리에 있음을 이른다.
     ㉰ 夫婦有別(부부유별) : 남편과 아내 사이의 도리는 서로 침범하지 않음에 있음을 이른다.
     ㉱ 長幼有序(장유유서) : 어른과 어린이 사이에는 엄격한 차례가 있고 복종해야 할 질서가 있음을 뜻한다.
     ㉲ 朋友有信(붕우유신) : 벗 사이에는 믿음이 있어야 함을 이른다.
⑦ **孟子(맹자)의 四端(사단)**
   ㉠ 惻隱之心(측은지심) : 불쌍히 여겨 언짢아하는 마음 = 인(仁)
   ㉡ 羞惡之心(수오지심) : 옳지 못함을 부끄러워하고 착하지 못함을 미워하는 마음 = 의(義)
   ㉢ 辭讓之心(사양지심) : 겸손히 남에게 사양하는 마음 = 예(禮)
   ㉣ 是非之心(시비지심) : 옳고 그름을 가릴 줄 아는 마음 = 지(智)

02 한자성어

1. 동의의 성어 중요 ★★★

(1) 마음에서 마음으로 전해짐
① **以心傳心(이심전심)** : 마음과 마음이 서로 말없이 통함.
② **心心相印(심심상인)** : 마음과 마음에 서로를 새김.
③ **不立文字(불립문자)** : 불도의 깨달음은 마음에서 마음으로 전해지는 것이지 문자나 말로 전해지는 것이 아니라는 말
④ **敎外別傳(교외별전)** : 석가가 말이나 문자를 쓰지 않고 마음으로써 따로 심원한 뜻을 전하여 준 일
⑤ **拈華示衆(염화시중)** : 꽃을 따서 무리에게 보인다는 뜻으로, 말이나 글로 표현하지 않고 뜻을 전하는 일
⑥ **拈華微笑(염화미소)** : 마음에서 마음으로 깊은 뜻을 전함.

(2) 벗과의 사귐
① **竹馬故友(죽마고우)** : 죽마를 타고 놀던 옛 친구라는 뜻으로, 어릴 때부터의 친구를 말함.
② **莫逆之友(막역지우)** : 마음이 맞아 서로 거슬리는 일이 없는 친한 벗
③ **刎頸之交(문경지교)** : 상대를 위해서는 자신의 목이 잘려도 한(限)이 없을 만큼 굳은 신의로 맺어진 친밀한 사이

> **주관식 레벨 UP**
> 상대를 위해서는 자신의 목이 잘려도 한이 없을 만큼 굳은 신의로 맺어진 친밀한 사이를 뜻하는 한자성어는?
> **풀이** 刎頸之交(문경지교)

④ **管鮑之交(관포지교)** : 관중과 포숙아의 사귐. 지극히 친밀한 교제 관계
⑤ **水魚之交(수어지교)** : 물고기가 물을 떠나 살 수 없는 것과 같은 아주 가까운 사이
⑥ **金蘭之契(금란지계)** : 벗 사이의 교정(交情)이 깊음을 이름.
⑦ **伯牙絶絃(백아절현)** : 자기를 알아주는 참다운 벗의 죽음을 슬퍼함을 이름.
⑧ **知音(지음)** : 자기를 알아주는 친구. 백아(伯牙)와 종자기(鍾子期) 사이의 고사에서 (거문고) 소리를 알아듣는다는 뜻에서 유래
⑨ **金石之交(금석지교)** : 쇠와 돌같이 굳은 사귐.
⑩ **肝膽相照(간담상조)** : 서로의 마음을 터놓고 숨김없이 친하게 사귐(간과 쓸개가 서로 비춘다).
⑪ **斷金之契(단금지계)** : 무쇠라도 끊을 만큼 마음이 굳은 두 사람의 사귐. 정이 두터운 친구 간의 우정을 뜻함.
⑫ **芝蘭之交(지란지교)** : '지초(芝草)와 난초(蘭草)의 교제'란 뜻으로 벗 사이의 맑고도 고귀한 사귐을 이름.

⑬ **膠漆之交(교칠지교)** : 아주 친밀하여 서로 떨어질 수 없는 교분을 이름.

⑭ **貧賤之交(빈천지교)** : 가난하고 천할 때 사귄 사이, 또는 그런 벗

(3) 여럿 중에서 뛰어남

① **出衆(출중)** : 뭇사람 가운데서 뛰어남.

② **拔群(발군)** : 여럿 가운데서 특히 뛰어남.

③ **白眉(백미)** : 중국 촉나라의 마씨(馬氏) 다섯 형제 중 흰 눈썹이 긴 마량이 가장 뛰어났다는 고사에서 유래한 말. 곧 여럿 가운데서 가장 뛰어난 사람

④ **泰斗(태두)** : '태산북두(泰山北斗)'의 준말로 우러름을 받는 사람, 어떤 전문 분야에서 썩 권위가 있는 사람

⑤ **囊中之錐(낭중지추)** : 주머니 속에 있는 송곳은 그 예리한 끝으로 주머니를 뚫고 나오듯이, 현명하고 역량이 있는 사람은 어디서나 그 재능이 드러나기 마련이라는 말

⑥ **群鷄一鶴(군계일학)** : 많은 닭 가운데 한 마리의 학과 같이, 여러 평범한 사람 가운데 유독 뛰어난 사람을 말함.

⑦ **鐵中錚錚(철중쟁쟁)** : 여러 쇠붙이 가운데서도 유난히 맑게 쟁그랑거리는 소리가 난다는 뜻으로, 같은 무리 가운데서도 가장 뛰어난 사람을 이르는 말

> **주관식 레벨 UP**
>
> 여러 쇠붙이 가운데서도 유난히 맑게 쟁그랑거리는 소리가 난다는 뜻으로, 같은 무리 가운데서도 가장 뛰어난 사람을 이르는 한자성어는?
>
> **풀이** 鐵中錚錚(철중쟁쟁)

(4) 소견이 좁은 사람

① **井底之蛙(정저지와)** : 우물 안 개구리란 뜻으로, 세상 물정에 어둡고 시야가 좁은 것을 말함.

② **坐井觀天(좌정관천)** : 우물에 앉아 하늘을 봄. 곧 견문이 썩 좁음을 이르는 말

③ **管見窺天(관견규천)** : 대롱으로 하늘을 봄. 소견이 매우 좁음. ≒管中之天(관중지천)

④ **通管窺天(통관규천)** : 대롱으로 하늘 엿보기. 견문이 좁은 사람을 풍자하는 말

(5) 어리석고 융통성이 없음

① **守株待兔(수주대토)** : 나무 그루터기를 지키며 토끼를 기다림. 곧 융통성이 없어서 변통할 줄을 모르고 굳게 지키기만 함.

② **刻舟求劍(각주구검)** : 배에서 물속에 칼을 떨어뜨리고 그 떨어진 자리를 눈으로 표시를 하였다가 배가 정박한 뒤에 칼을 찾는다는 뜻으로, 사람이 어리석고 융통성이 없음을 비유한 말

③ **膠柱鼓瑟(교주고슬)** : 거문고의 기러기발을 아교로 붙여 놓고 거문고를 탐. 고지식하여 융통성이 전혀 없음. 또는 규칙에 얽매여 변통할 줄 모르는 사람

④ **尾生之信(미생지신)** : 우직하여 융통성이 없음. 또는 약속을 굳게 지키고 변하지 아니함.

(6) 일관성이 없이 자주 변함

① **朝變夕改(조변석개)** : 아침, 저녁으로 변함. 즉 매우 자주 변함.
② **朝令暮改(조령모개)** : 아침에 내린 명령을 저녁에 바꾼다는 뜻으로, 법령이 빈번하게 바뀜을 일컫는 말
③ **作心三日(작심삼일)** : 마음을 작정한 지 사흘도 못 간다는 뜻으로 마음먹은 일이 오래 계속되지 못한다는 말
④ **高麗公事三日(고려공사삼일)** : 고려의 정책이나 법령은 사흘 만에 바뀜. 곧 시작한 일이 오래가지 못함을 비유

(7) 환경의 영향을 받음

① **麻中之蓬(마중지봉)** : 삼밭의 쑥. 착한 벗을 사귀면 자기도 착해짐.
② **堂狗風月(당구풍월)** : 무식한 사람이라도 유식한 사람과 같이 있으면 다소 유식해진다는 말
③ **近墨者黑(근묵자흑)** : 먹을 가까이 하면 검어짐, 곧 못된 사람과 어울리면 그의 좋지 못한 행실에 물든다는 말 ≒ 近朱者赤(근주자적)
④ **南橘北枳(남귤북지)** : 강남의 귤은 강북에 옮겨 심으면 탱자가 됨. 사람은 사는 곳의 환경에 따라 착하게도 되고 악하게도 된다는 뜻 ≒ 橘化爲枳(귤화위지)
⑤ **孟母三遷(맹모삼천)** : '맹모삼천지교'의 준말. 환경이 아이에게 미치는 영향을 생각하여, 맹자 어머니가 세 번이나 이사를 하면서 맹자의 교육에 힘썼다는 고사에서 유래된 말

(8) 평범한 사람들

① **甲男乙女(갑남을녀)** : 보통 평범한 사람들
② **匹夫匹婦(필부필부)** : 평범한 남녀를 일컫는 말
③ **張三李四(장삼이사)** : 중국에서 가장 흔한 張씨의 셋째 아들과 李씨의 넷째 아들. 곧 평범한 사람을 비유
④ **樵童汲婦(초동급부)** : 나무를 하는 아이와 물 긷는 여인이라는 뜻으로 평범하게 살아가는 일반 백성을 이르는 말
⑤ **愚夫愚婦(우부우부)** : 어리석은 남자와 어리석은 여자를 이르는 말

(9) 매우 위태로운 형세

① **風前燈火(풍전등화)** : 바람 앞의 등불. 위급한 일이 임박한 것을 가리킴.
② **累卵之勢(누란지세)** : 포개어 놓은 달걀같이 매우 위험한 상태 ≒ 累卵之危(누란지위)
③ **命在頃刻(명재경각)** : 목숨이 경각에 있음. 곧 금방 숨이 끊어질 지경에 이름.
④ **百尺竿頭(백척간두)** : 백자의 높은 장대 끝. 몹시 높은 곳. 매우 위험한 지경 ≒ 竿頭之勢(간두지세)
⑤ **焦眉之急(초미지급)** : 눈썹이 타면 급히 끄지 않을 수 없다는 뜻으로, 매우 다급함을 일컬음.
⑥ **如履薄氷(여리박빙)** : 얇은 얼음을 밟는 것과 같다는 뜻으로, 아슬아슬하고 위험한 일을 비유적으로 이르는 말
⑦ **一觸卽發(일촉즉발)** : 한 번 건드리기만 해도 폭발할 것같이 몹시 위급한 상태

(10) 효도

① **昏定晨省(혼정신성)** : 저녁에는 잠자리를 정하고 아침에는 살핌. 곧 아침저녁으로 어버이의 안부를 물어서 살핌.

② **反哺之孝(반포지효)** : '까마귀 새끼가 자란 뒤에 늙은 어미에게 먹이를 물어다 준다'는 뜻으로 자식이 자라서 어버이가 길러준 은혜에 보답함을 이르는 말 ≒ 反哺報恩(반포보은)

③ **斑衣之戱(반의지희)** : 때때옷을 입고 하는 놀이란 뜻으로 늙어서도 부모에게 효도함을 이르는 말 ≒ 老萊之戱(노래지희)

④ **出告反面(출고반면)** : 나갈 때는 행선지를 부모님께 알리고 집에 돌아와서는 부모님의 얼굴을 뵘.

⑤ **望雲之情(망운지정)** : 자식이 부모를 그리는 정

⑥ **風樹之嘆(풍수지탄)** : 부모가 이미 세상을 떠나 효도를 할 수 없음을 한탄하는 것

⑦ **冬溫夏淸(동온하정)** : 부모를 섬김에 있어 겨울에는 따뜻하게, 여름에는 서늘하게 한다는 뜻

(11) 인생이 덧없음

① **一場春夢(일장춘몽)** : 한바탕 봄의 꿈이라는 뜻으로, 덧없는 부귀영화를 비유

② **南柯一夢(남가일몽)** : 덧없는 꿈, 또는 허무한 한때의 부귀영화

③ **邯鄲之夢(한단지몽)** : 당나라의 노생이 한단 땅에서 여옹의 베개를 빌려서 잠을 자다가 메조 밥을 짓는 사이에 80년간의 영화로운 꿈을 꾸었다는 고사에서 유래함. 곧 인생의 부귀영화의 덧없음을 비유하는 말 ≒ 呂翁之枕(여옹지침), 老生之夢(노생지몽), 黃粱夢(황량몽)

④ **一炊之夢(일취지몽)** : 인생과 부귀영화의 덧없음.

(12) 일시적인 계책

① **姑息之計(고식지계)** : 계집과 자식만을 생각한다는 원 뜻에서 당장에만 탈 없이 편안하게 지낸다는 뜻으로 확대됨. 일시적으로 변통하는 꾀. 일시적으로 편안하고자 생각해 낸 계책

② **臨機應變(임기응변)** : 때와 일에 따라서 적당히 처리함.

③ **下石上臺(하석상대)** : 아랫돌을 빼서 윗돌을 괴고 윗돌을 빼서 아랫돌 괴기. 곧 임시변통으로 이리저리 둘러맞춤을 일컫는 말 ≒ 上下撑石(상하탱석)

④ **凍足放尿(동족방뇨)** : 잠깐은 좀 낫지만 크게 이로움이 못됨. '언 발에 오줌 누기'

⑤ **彌縫策(미봉책)** : 임시변통으로 이리저리 꾸며 맞추기 위한 계책

> **주관식 레벨 UP**
>
> 우리말 속담 '언 발에 오줌 누기'와 관련된 한자성어는?
>
> **풀이** 凍足放尿(동족방뇨)

(13) 독서와 관련된 성어

① 정독(精讀)

㉠ 讀書白遍意自見(독서백편의자현) : 책을 여러 번 되풀이하여 읽으면 뜻을 저절로 알게 됨.

㉡ 韋編三絶(위편삼절) : 책을 맨 가죽 끈이 세 번 끊어짐. 곧 책을 여러 번 되풀이해 읽거나 독서에 힘쓰는 일을 비유

㉢ 眼光徹紙背(안광철지배) : 눈빛이 종이의 뒷면을 꿰뚫는다는 뜻으로, 깊은 속뜻까지 아는 것을 의미함. ≒ 眼透紙背(안투지배)

② 다독(多讀)

㉠ 手不釋卷(수불석권) : 손에서 책을 놓지 않음. 곧 열심히 공부함.

㉡ 博而不精(박이부정) : 여러 방면으로 널리 아나 정통하지 못함. 다독의 단점

㉢ 男兒須讀五車書(남아수독오거서) : 남자는 모름지기 다섯 수레에 실을 만큼의 많은 책을 읽어야 한다는 말

③ 독서에 힘씀

㉠ 讀書三昧(독서삼매) : 오직 책읽기에만 골몰한 경지

㉡ 晝耕夜讀(주경야독) : 낮에는 일하고 밤에는 공부한다는 뜻으로 바쁜 틈을 타서 어렵게 공부함을 이르는 말

㉢ 自强不息(자강불식) : 스스로 쉬지 않고 줄곧 힘씀.

㉣ 螢雪之功(형설지공) : 고생하면서도 꾸준히 학문을 닦은 보람 ≒ 螢窓雪案(형창설안)

㉤ 切磋琢磨(절차탁마) : '옥돌(玉石)을 자르고 갈고 쪼고 닦는다'는 뜻으로, 학문과 덕행을 갈고 닦음.

(14) 화합할 수 없는 원수 사이

① 不俱戴天之讎(불구대천지수) : 한 하늘 아래서 같이 살 수 없는 원. 임금이나 아버지를 살해한 원수를 일컫는 말

② 氷炭之間(빙탄지간) : 서로 화합될 수 없는 것을 말함. 얼음과 숯불은 서로 그 성질이 상반되어 조화를 이룰 수 없다는 데에서 나온 말 ≒ 氷炭不相容(빙탄불상용)

③ 犬猿之間(견원지간) : 개와 원숭이의 사이라는 뜻으로, 사이가 매우 나쁜 두 사람의 관계를 비유적으로 이르는 말

④ 水火相剋(수화상극) : ㉠ 물과 불이 서로 용납하여 공존할 수 없음. ㉡ 서로 원수와 같이 지냄을 비유적으로 이르는 말

(15) 시절이 무척 태평함

① 鼓腹擊壤(고복격양) : 배를 두드리고 흙덩이를 친다는 뜻으로, 태평세월을 일컫는 말

② 太平烟月(태평연월) : 근심이나 걱정이 없는 편안한 세월

③ 康衢煙月(강구연월) : 평화스러운 풍경을 뜻함.

④ 含哺鼓腹(함포고복) : 배불리 먹고 기뻐 즐김.

⑤ 比屋可封(비옥가봉) : 집집마다 표창할만한 인물이 많다는 뜻으로 나라에 착하고 어진 사람이 많음을 이르는 말

⑥ **激昻歌(격앙가)** : 풍년이 들어 농부가 태평한 세월을 즐기는 노래. 중국의 요임금 때에, 태평한 생활을 즐거워하여 불렀다고 함.

(16) 차이가 많이 남

① **雲泥之差(운니지차)** : '구름과 진흙의 차이'라는 뜻으로 사정이 크게 다른 경우에 쓰는 말
② **天壤之差(천양지차)** : 하늘과 땅의 차이. 곧 아주 엄청난 차이
③ **宵壤之判(소양지판)** : 두 사물이 엄청나게 다름.

(17) 우열을 가릴 수 없음

① **難兄難弟(난형난제)** : 형제가 모두 덕(德)이 있어 우열을 가리기 힘들다는 뜻으로 인물이나 사물의 우열을 가리기 힘들 때 쓰는 말
② **伯仲之勢(백중지세)** : 서로 우열을 가리기 힘든 형세. 큰아들과 둘째 아들이 비슷하다는 뜻
③ **莫上莫下(막상막하)** : 우열을 가리기 어려울 만큼 서로 차이가 거의 없음.
④ **龍虎相搏(용호상박)** : (용과 범이 서로 싸운다는 뜻으로) '힘이 강한 두 사람이 승부를 겨룸'을 비유하여 이르는 말

(18) 일이 잘못된 뒤에 대책을 세움

① **亡羊補牢(망양보뢰)** : 양을 잃고 난 뒤 양 우리를 보수함. 실패하거나 손해를 본 후에 뒤늦게 잘못을 고침. '소 잃고 외양간 고친다.'
② **晩時之歎(만시지탄)** : 시기에 뒤늦었음을 원통해하는 탄식
③ **死後藥方文(사후약방문)** : 때를 놓치고 난 뒤에 기울이는 헛된 노력을 이르는 말
④ **渴而穿井(갈이천정)** : 목이 말라서야 비로소 우물을 판다는 뜻으로, 사전에 아무런 준비를 하고 있지 않다가, 일이 생긴 뒤 비로소 서둘러봐야 아무 소용이 없다는 말 ≒ 臨渴掘井(임갈굴정)
⑤ **雨後送傘(우후송산)** : 비 온 뒤에 우산(雨傘)을 보낸다는 뜻으로, 이미 지나간 일에 쓸데없는 말과 행동을 보태는 경우를 말함

주관식 레벨 UP

한자성어 '死後藥方文(사후약방문)'의 뜻을 설명하시오.

풀이 때를 놓치고 난 뒤에 기울이는 헛된 노력을 이르는 말

(19) 이러지도 저러지도 못함

① **四面楚歌(사면초가)** : 사면을 적에게 포위당하여 고립 상태에 빠진 경우를 이르는 말
② **進退兩難(진퇴양난)** : 나아가기도 어렵고 물러나기도 어려운 상황, 즉 이러기도 어렵고 저러기도 어려운 매우 난처한 처지
③ **進退維谷(진퇴유곡)** : 나아갈 수도 없고, 물러설 수도 없이 궁지에 몰려 있음.

(20) 제3자가 이익을 보게 됨
  ① 漁父之利(어부지리) : 쌍방이 싸우는 틈을 타서 제3자가 힘들이지 않고 이익을 얻는 것을 일컬음.
  ② 蚌鷸之爭(방휼지쟁) : 조개와 도요새가 서로 싸우다가 어부에게 붙잡혔다는 말로 둘이서 버티고 싸우다가 제3자에게 이익을 뺏김을 비유
  ③ 犬兎之爭(견토지쟁) : 개와 토끼가 다투다가 둘이 다 지쳐 죽어 농부가 주워갔다는 고사에서 나온 말로 둘의 싸움에 제3자가 이익을 본다는 뜻

(21) 아주 무식함
  ① 目不識丁(목불식정) : 丁자도 식별하지 못함. 곧 '낫 놓고 기역자도 모른다'는 말
  ② 一字無識(일자무식) : 글자를 하나도 알지 못함.
  ③ 魚魯不辨(어로불변) : '魚'자와 '魯'자를 분별하지 못함. 곧 무식함을 이르는 말
  ④ 菽麥不辨(숙맥불변) : 콩인지 보리인지를 구별하지 못한다는 뜻으로, 사리분별을 못하고 세상물정을 잘 모름을 이르는 말

(22) 아름다운 자연
  ① 江湖煙波(강호연파) : 강이나 호수 위에 안개처럼 보얗게 이는 잔물결. 대자연의 풍경을 이름.
  ② 山紫水明(산자수명) : 산은 자줏빛으로 선명하고 물은 맑다는 뜻으로, 경치가 아름다움을 이르는 말
  ③ 煙霞日輝(연하일휘) : 안개와 노을이 빛남.
  ④ 淸風明月(청풍명월) : 맑은 바람과 밝은 달
  ⑤ 武陵桃源(무릉도원) : 속세를 떠난 평화로운 별천지. 무릉에 사는 한 고기잡이가 물에 떠오는 복숭아 꽃잎을 따라가 찾았다는 별천지
  ⑥ 箕山穎水(기산영수) : 소부와 허유가 귀를 씻은 곳으로 속세를 벗어난 자연

(23) 자연을 좋아하고 즐기는 정
  ① 悠悠自適(유유자적) : 속세를 떠나 아무 속박 없이 조용하고 편안하게 삶.
  ② 泉石膏肓(천석고황) : 자연을 사랑하는 고질적인 병
  ③ 煙霞痼疾(연하고질) : 자연의 아름다운 경치를 즐기는 고질적인 병
  ④ 樂山樂水(요산요수) : 산수(山水)의 자연을 즐기며 좋아함.
  ⑤ 吟風弄月(음풍농월) : 맑은 바람과 밝은 달을 읊음.

(24) 자연과의 일체
  ① 莊周之夢(장주지몽) : 나와 외물은 본래 하나이던 것이 현실에서 갈라진 것에 불과하다는 이치를 비유적으로 설명한 말. 장주가 꿈에서 나비가 되었다가 깬 뒤에 자기가 꿈속에서 나비가 되었는지 원래 나비였던 자기가 꿈속에서 장주가 되었는지 알 수 없게 되었다는 고사에서 나온 말 ≒ 胡蝶夢(호접몽)
  ② 主客一體(주객일체) : 나와 나 이외의 대상이 하나가 됨.

③ **渾然一致(혼연일치)** : 차별이나 균열도 없이 하나로 합치됨. ≒ 渾然一體(혼연일체)
④ **物我一體(물아일체)** : 주체와 객체가 하나가 됨. ≒ 物心一如(물심일여)

(25) 가난 속의 풍류

① **安分知足(안분지족)** : 편안한 마음으로 제 분수를 지키며 만족할 줄을 앎.
② **安貧樂道(안빈낙도)** : 빈궁한 가운데 편안하게 생활하며 도를 즐김.
③ **簞瓢陋巷(단표누항)** : 도시락과 표주박 물을 마시며 가난한 마을에 산다는 뜻으로 선비의 청빈한 생활을 이르는 말
④ **簞食瓢飮(단사표음)** : 도시락 먹고 표주박으로 마심. 청빈하고 소박한 생활을 이르는 말

(26) 미인

① **傾國之色(경국지색)** : 나라를 기울게 할 만큼 용모가 빼어난 미인. 곧 절세의 미인
② **丹脣皓齒(단순호치)** : 붉은 입술과 하얀 치아라는 뜻으로, 아름다운 여자의 얼굴을 표현할 때 쓰는 말
③ **花容月態(화용월태)** : 아름다운 여인의 얼굴과 맵시를 이르는 말
④ **絕世佳人(절세가인)** : 세상에 견줄 만한 사람이 없을 정도로 뛰어나게 아름다운 여인
⑤ **傾國之色(경국지색)** : 임금이 혹하여 나라가 기울어져도 모를 정도의 미인이라는 뜻으로, 뛰어나게 아름다운 미인을 이르는 말

(27) 너무 지나치면 안 됨

① **過猶不及(과유불급)** : 지나침은 미치지 못함과 같음. 중용이 중함을 이르는 말
② **矯角殺牛(교각살우)** : 조그만 일을 고치려다 큰일을 그르침.
③ **矯枉過直(교왕과직)** : 잘못을 바로잡으려다가 지나쳐서 오히려 나쁘게 됨을 이르는 말

(28) 부부의 도리

① **擧案齊眉(거안제미)** : '밥상을 눈썹 높이로 공손히 들어 남편 앞에 바친다'는 뜻으로, 남편을 깍듯이 공경함.
② **夫唱婦隨(부창부수)** : 남편의 주장에 아내가 따름. 부부의 화합을 일컫는 말
③ **女必從夫(여필종부)** : 아내는 반드시 남편을 따라야 한다는 말
④ **琴瑟相和(금슬상화)** : 금(琴)과 슬(瑟)이 합주하여 화음(和音)이 조화되는 것과 같이 부부 사이가 다정하고 화목함을 비유적으로 이르는 말

(29) 비정한 세태

① **甘呑苦吐(감탄고토)** : '달면 삼키고 쓰면 뱉는다'는 뜻으로, 자기에게 이로우면 이용하고 필요 없는 것은 배척한다는 말
② **炎凉世態(염량세태)** : 금세 뜨거웠다가 차가워지는 세태란 뜻으로, 권세가 있을 때는 아부하고, 몰락하면 푸대접하는 세상인심을 비유하는 말

(30) **겉 다르고 속 다름**
① **口蜜腹劍(구밀복검)** : 입으로 꿀같이 달콤한 말을 하면서 속에는 칼 같은 마음을 품어 해칠 생각을 가짐.
② **面從腹背(면종복배)** : 겉으로는 따르는 척하면서 뒤로는 배신함. ≒ 面從後言(면종후언)
③ **表裏不同(표리부동)** : 겉과 속이 다름.
④ **羊頭狗肉(양두구육)** : 양의 머리를 내걸고 개고기를 판다는 뜻으로, 겉으로는 훌륭한 것을 내세우고 실제로는 변변찮은 짓을 함을 비유
⑤ **敬而遠之(경이원지)** : 겉으로 공경하되, 가까이 하지는 않음.

(31) **약자가 강자의 틈에 끼어서 고생함**
① **鯨戰蝦死(경전하사)** : (고래 싸움에 새우 등 터진다) 강한 자끼리 서로 싸우는 통에 아무 상관도 없는 약한 자가 해를 입음을 비유적으로 이르는 말 ≒ 間於齊楚(간어제초)
② **間於齊楚(간어제초)** : 약자가 강자들 틈에 끼어서 괴로움을 겪음을 이르는 말. 중국의 주나라 말엽 등나라가 제나라와 초나라 사이에 끼어서 괴로움을 겪었다는 데서 유래함.

(32) **대를 위하여 소를 희생함**
① **先公後私(선공후사)** : 공적인 일을 먼저 하고 사적인 일은 뒤로 미룸.
② **泣斬馬謖(읍참마속)** : 제갈량이 전투에서 패배한 책임을 물어 평소에 아끼고 사랑했던 마속을 울면서 목을 벤 데서 유래한 말로, 군율을 세우기 위해서는 사랑하고 아끼는 사람도 버림을 이르는 말
③ **大義滅親(대의멸친)** : 큰 도리를 지키기 위하여 부모나 형제도 돌아보지 않음.
④ **見危致命(견위치명)** : 나라가 위태로울 때 자기의 몸을 나라에 바침.

2. 속담 관련 성어
☑ 부분은 Check로 활용해 보세요!

□ **甘呑苦吐(감탄고토)** : (달면 삼키고 쓰면 뱉는다) 자기에게 이로우면 이용하고 필요 없는 것은 배척한다는 말
□ **開門納賊(개문납적)** : (문 열고 도적을 들여놓는다) 곧, 스스로 화를 만듦을 이르는 말
□ **見蚊拔劍(견문발검)** : (모기를 보고 칼을 빼어든다) 작은 일에 어울리지 않게 큰 대책을 씀을 이르는 말 ≒ 怒蠅拔劍(노승발검)
□ **鯨戰蝦死(경전하사)** : (고래 싸움에 새우 등 터진다) 강한 자끼리 서로 싸우는 통에 아무 상관도 없는 약한 자가 해를 입음을 비유적으로 이르는 말 ≒ 間於齊楚(간어제초)

> **주관식 레벨 UP**
> '鯨戰蝦死(경전하사)'를 우리말 속담으로 바꾸어 쓰시오.
> **풀이** 고래 싸움에 새우 등 터진다.

□ 孤掌難鳴(고장난명) : (외손뼉이 울랴?) 손바닥 하나로 소리를 내지 못한다는 뜻으로, 상대가 없이는 무슨 일이든 이루어지기 어려움을 비유

□ 苦盡甘來(고진감래) : (태산을 넘으면 평지를 본다) 고생을 하게 되면 그 다음에는 즐거움이 온다는 말

□ 矯角殺牛(교각살우) : (뿔을 바로잡으려다가 소를 죽인다), (빈대 잡으려다 초가삼간 태운다) 곧, 조그만 일을 고치려다 큰일을 그르침. ≒ 小貪大失(소탐대실), 矯枉過直(교왕과직)

□ 囊中取物(낭중취물) : (식은 죽 먹기) 주머니 속에 든 것을 꺼내 가지는 것과 같이 아주 손쉽게 얻음.

□ 能書不擇筆(능서불택필) : (글씨를 잘 쓰는 사람은 붓을 가리지 않는다) 곧 그림을 그리거나 글씨를 쓰는데 종이나 붓 따위의 재료 또는 도구를 가리는 사람이라면 서화의 달인이라고 할 수 없다는 말

□ 堂狗風月(당구풍월) : (서당 개 삼 년에 풍월을 읊는다) 무식한 사람이라도 유식한 사람과 같이 있으면 다소 유식해진다는 말

□ 螳螂拒轍(당랑거철) : (하룻강아지 범 무서운 줄 모른다) 사마귀가 달려오는 수레바퀴를 받으려고 했다는 데서 유래한 말로 약한 자가 제 분수도 모르고 상대할 수 없는 강자에게 대항하여 덤벼 듦. ≒ 一日之狗 不知畏虎(일일지구 부지외호)

□ 同價紅裳(동가홍상) : (이왕이면 다홍치마) 이왕 같은 조건이라면 좀 낫고 편리한 것을 택함.

□ 得隴望蜀(득롱망촉) : (말 타면 경마 잡히고 싶다) 만족할 줄을 모르고 계속 욕심을 부리는 경우를 비유적으로 이르는 말. 후한(後漢)의 광무제가 농(隴) 지방을 평정한 후에 다시 촉(蜀) 지방까지 원하였다는 데에서 유래함.

□ 登高自卑(등고자비) : (천릿길도 한 걸음부터), (첫 술에 배부르랴) 높은 데에 오르려면 얕은 곳에서부터 올라가야만 하듯이, 무슨 일이든지 순서가 있음을 일컫는 말 ≒ 欲速不達(욕속부달)

□ 燈下不明(등하불명) : (등잔 밑이 어둡다) 가까운 데서 생긴 일을 잘 모르는 경우를 말함.

□ 摩斧作針(마부작침) : (열 번 찍어 안 넘어가는 나무가 없다) 도끼를 갈아서 바늘을 만든다는 뜻. 곧 ① 아무리 어려운 일이라도 참고 계속하면 언젠가는 반드시 성공함을 비유 ② 노력을 거듭해서 목적을 달성함의 비유 ≒ 十伐之木(십벌지목)

□ 馬耳東風(마이동풍) : (말 귀에 봄바람) 남이 말하는 것을 귀담아듣지 않고, 지나쳐 흘려버리는 것을 비유한 말 ≒ 牛耳讀經(우이독경)

□ 晩食當肉(만식당육) : (시장이 반찬이다) 배가 고플 때 먹으면 무엇이든 맛이 있게 먹는 것과 같음.

□ 亡子計齒(망자계치) : (죽은 자식 나이 세기) 이미 그릇된 일은 생각해도 쓸 데 없음.

□ 猫項懸鈴(묘항현령) : (고양이 목에 방울 달기) 아무도 하지 않으려는 어려운 일을 당하여 위험을 무릅쓰고 앞장설 사람을 기다리거나 또는 행할 때의 비유

□ 聞一知十(문일지십) : (하나를 보면 열을 안다) 일부를 보면 전체를 안다는 뜻으로 매우 영특하다는 뜻

□ 覆水不收(복수불수) : (한 번 엎지른 물을 어찌 주워 담으랴) 이미 저지른 일은 다시 수습하기 어려움. ≒ 覆盃之水(복배지수)

□ 事必歸正(사필귀정) : (콩 심은 데 콩 나고 팥 심은 데 팥 난다) 무슨 일이든지 마지막에 가서는 바르게 처리가 된다는 뜻

□ 雪上加霜(설상가상) : (엎친 데 덮친 격) 눈 위에 또 서리가 덮였다는 뜻으로, 불행이 엎친 데 덮친 격으로 거듭 생겨남을 말함. ≒ 下穽投石(하정투석)

☐ 宿虎衝鼻(숙호충비) : (잠자는 호랑이 코침 주기) 그대로 가만히 두었으면 아무 탈이 없을 것을 공연히 건드려 문제를 일으킴을 비유적으로 이르는 말. 자는 벌집 건드린다.

> **주관식 레벨 UP**
>
> 한자성어 '宿虎衝鼻(숙호충비)'를 우리말 속담으로 바꾸어 쓰시오.
>
> **풀이** 잠자는 호랑이 코침 주기

☐ 識字憂患(식자우환) : (아는 게 병, 모르는 게 약) 학식이 있는 것이 도리어 근심을 사게 되는 것을 말함.

☐ 十匙一飯(십시일반) : (백짓장도 맞들면 낫다) 여러 사람이 조금씩 부조하면 한 사람을 충분히 도울 수 있음을 비유

☐ 我田引水(아전인수) : (내 논에 물대기) 자기 형편에 좋게만 생각하거나 행동함.

☐ 仰天而唾(앙천이타) : (하늘보고 침 뱉기) '남을 해치려다가 자기가 해를 입는다'는 말

☐ 於異阿異(어이아이) : (아 다르고 어 다르다) 같은 말이라도 표현하는데 따라서 그 맛이 전혀 다름.

☐ 言中有骨(언중유골) : (말 속에 뼈가 있다) 예사로운 말 속에 단단한 속뜻이 들어 있음.

☐ 吾鼻三尺(오비삼척) : (내 코가 석자) '곤경에 처하여 자기 일도 감당할 수 없는데, 어찌 남을 도울 수가 있겠는가'의 뜻

☐ 烏飛梨落(오비이락) : (까마귀 날자 배 떨어진다) 남의 혐의를 받기 쉬운 우연의 일치 ≒ 瓜田不納履(과전불납리), 李下不整冠(이하부정관)

☐ 牛耳讀經(우이독경) : (쇠귀에 경 읽기) 곧 아무리 타일러도 소용이 없음.

☐ 類類相從(유유상종) : (초록은 동색), (가재는 게 편) 같은 패끼리 서로 왕래하여 상종함. ≒ 草綠同色(초록동색)

☐ 泣兒授乳(읍아수유) : (울지 않는 아이 젖 주랴) 줄 때까지 기다리지 말고 제 것은 마땅히 제때 요구해야 함.

☐ 易如反掌(이여반장) : (식은 죽 먹기), (누운 소 타기) 쉽기가 손바닥을 뒤집는 것과 같음.

☐ 一擧兩得(일거양득) : (배 먹고 이 닦기), (꿩 먹고 알 먹기), (도랑 치고 가재 잡는다), (임도 보고 뽕도 딴다) 한 가지 일을 하여 두 가지 이득을 얻음. ≒ 一石二鳥(일석이조)

☐ 一魚濁水(일어탁수) : (어물전 망신 꼴뚜기가 시킨다) 한 마리의 물고기가 물을 흐리게 함. 곧 한 사람의 잘못으로 여러 사람이 피해를 입게 됨을 이르는 말

> **주관식 레벨 UP**
>
> 한자성어 '一魚濁水(일어탁수)'를 우리말 속담으로 바꾸어 쓰시오.
>
> **풀이** 어물전 망신 꼴뚜기가 시킨다.

☐ 自中之亂(자중지란) : (갈치가 갈치 꼬리 문다) 자기 편 속에서 일어난 싸움

☐ 積小成大(적소성대) : (티끌 모아 태산) 작은 것도 쌓이면 큰 것이 됨. ≒ 塵合泰山(진합태산)

☐ 井底之蛙(정저지와) : (우물 안 개구리) 세상 물정에 어둡고 시야(視野)가 좁은 것을 말함.

☐ 祭德稻飯(제덕도반) : (제사 덕에 쌀밥 먹는다) 곧 자신의 노력도 없이 남의 덕으로 잘 먹게 됨을 이르는 말

☐ 鳥足之血(조족지혈) : (새 발의 피) 극히 적은 분량

☐ 走馬加鞭(주마가편) : (달리는 말에 채찍질한다) 잘하는 사람을 더욱 잘하도록 격려함.

☐ 走馬看山(주마간산) : (수박 겉핥기) '말을 달리면서 산천의 경개를 구경한다.'는 뜻으로, 사물의 겉만 훑어보고 속에 담긴 내용이나 참된 모습을 바르게 알아내지 못하는 것을 이름.

☐ 知斧斫足(지부작족) : (믿는 도끼에 발등 찍힌다) 믿던 일이 어그러지거나 친한 사람에게 해를 입음을 비유

☐ 青出於藍(청출어람) : (나중 난 뿔이 우뚝하다) 제자가 스승보다 낫다는 말. 또는 후진(後進)이 선배보다 낫다는 뜻 ≒ 青出於藍而青於藍(청출어람이청어람), 氷水爲之而寒於水(빙수위지이한어수), 後生可畏(후생가외)

☐ 追友江南(추우강남) : (벗 따라 강남 간다) ① 벗이 가면 먼 길이라도 따라감. ② 하기 싫어도 남이 권하므로 결국 따라하게 됨.

☐ 漢江投石(한강투석) : (한강에 돌 던지기) 지나치게 미미하여 전혀 효과가 없음을 비유하는 말 ≒ 紅爐點雪(홍로점설)

☐ 咸興差使(함흥차사) : (강원도 포수) 심부름 간 사람이 돌아오지 않을 때 하는 말

☐ 狐假虎威(호가호위) : (원님 덕에 나팔 분다) 남의 권세를 빌려 위세를 부림.

☐ 畵中之餠(화중지병) : (그림의 떡) '그림으로 그린 떡은 먹을 수 없다.'는 뜻으로, 실제로 사용되거나 보탬이 될 수 없는 것을 일컫는 말

☐ 後生角高(후생각고) : (뒤에 난 뿔이 우뚝하다) 제자나 후배가 스승이나 선배보다 나을 때 이르는 말

☐ 黑狗沐浴(흑구목욕) : (검둥개 미역 감기기) 아무리 공들여도 효과가 없음을 이르는 말

주관식 레벨 UP

한자성어 '後生角高(후생각고)'를 우리말 속담으로 바꾸어 쓰시오.

풀이 뒤에 난 뿔이 우뚝하다.

제3절 ┃ 관용 표현

1. 관용 표현의 개념

관용 표현(慣用表現)은 의미나 구조상 관습적으로 특별히 굳어진 단어나 구절을 가리키는데, 속담·고사성어·수수께끼·비유어·은어·상투어 등을 포함한다. 언어 구조면에서 볼 때 관용 표현은 대개 두 단어 이상으로 이루어진 구절로, 각 단어가 지닌 기본적인 의미로는 그 전체 의미를 알기 어렵다는 특징을 갖는다. 관용어는 모든 언어대중이 두루 사용한다는 점에서 일상어와 같이 보편적이나, 문법적·구조적인 면에서 평범하지 않고 대체로 비속어의 느낌이 강하다.

2. 신체와 관련된 관용 표현 중요 ★★

(1) '머리'와 관련된 관용 표현

① **머리가 굳다** : 사고방식이나 사상 따위가 완고하다.

② **머리가 크다** : 어른처럼 생각하거나 판단하게 되다.

③ **머리가 잘 돌아가다** : 어떤 문제의 해결책을 잘 생각해내다.

④ **머리를 맞대다** : 어떤 일을 의논하거나 결정하기 위해 서로 마주 대하다.

⑤ **머리를 짜내다** : 몹시 애를 써서 여러 가지 생각을 해내다.

(2) '눈'과 관련된 관용 표현

① **눈에 선하다** : 잊히지 않고 눈앞에 보이는 듯 기억에 생생하다.

② **눈 깜짝할 사이** : 매우 짧은 순간.

③ **눈에 밟히다** : 잊히지 않고 자꾸 눈에 떠오르다.

④ **눈이 빠지도록 기다리다** : 몹시 애타게 오랫동안 기다리다.

⑤ **눈이 트이다** : 사물이나 현상을 판단할 줄 알게 되다.

> **주관식 레벨 UP**
>
> '잊히지 않고 눈앞에 보이는 듯 기억에 생생하다.'를 뜻하는 관용 표현을 쓰시오.
>
> **풀이** 눈에 선하다

(3) '귀'와 관련된 관용 표현

① **귀가 솔깃하다** : 어떤 말이 그럴듯하게 여겨져 마음이 쏠리다.

② **귀를 기울이다** : 남의 이야기나 의견에 관심을 가지고 주의를 모으다.

③ **귀에 못이 박히다** : 같은 말을 여러 번 듣다.

④ **귀가 질기다** : 둔하여 남의 말을 잘 이해하지 못하다.

⑤ **귀 밖으로 듣다** : 남의 말을 성의 있게 듣지 않고 듣는 둥 마는 둥 하다.

(4) '코'와 관련된 관용 표현

① **코가 빠지다** : 걱정에 싸여 맥이 빠지다.

② **코를 싸쥐다** : 무안이나 핀잔으로 얼굴을 들 수 없게 되다.

③ **콧대를 꺾다** : 상대편의 자만심이나 자존심을 꺾어 기를 죽이다.

④ **코에 걸다** : 무엇을 자랑삼아 내세우다.

⑤ **코 아래 입** : 매우 가까운 것

(5) '입'과 관련된 관용 표현

① **입에서 신물이 나다** : 두 번 다시 대하기 싫을 정도로 매우 지긋지긋하다.

② **입을 맞추다** : 미리 짜고 말의 내용을 맞추어 두다.

③ **입이 무겁다** : 말수가 적거나 아는 얘기를 함부로 옮기지 않다.

④ **입이 짧다** : 음식을 심하게 가리거나 적게 먹다.

⑤ **입이 질다** : 속된 말씨로 거리낌 없이 말을 함부로 하다.

(6) '얼굴'과 관련된 관용 표현

① **얼굴이 꽹과리 같다** : 사람이 염치가 없고 뻔뻔스럽다.

② **얼굴이 두껍다** : 부끄러움을 모르다.

③ **얼굴이 뜨겁다** : 부끄럽거나 창피하여 남을 대하기 어렵다.

④ **얼굴이 반쪽이 되다** : 병이나 고통 따위로 얼굴이 몹시 마르고 야위게 되다.

⑤ **얼굴을 깎다** : 체면을 잃게 만들다.

주관식 레벨 UP

관용 표현 '얼굴이 두껍다'의 의미는?

풀이 부끄러움을 모르다.

---

(7) '목'과 관련된 관용 표현

① **목에 힘을 주다** : 거드름을 피우거나 남을 깔보는 듯한 태도를 취하다.

② **목을 풀다** : 창, 노래, 연설 따위를 하기에 앞서 목소리를 가다듬다.

③ **목을 축이다** : 목이 말라 물 따위를 마시다.

④ **목 안의 소리** : 들릴 듯 말 듯 한 작은 소리

⑤ **목이 빠지게 기다리다** : 몹시 애타게 오랫동안 기다리다.

(8) '손'과 관련된 관용 표현

① **손을 붙이다** : 모자란 일손을 채우거나 노력을 들여 일하다.

② **손에 땀을 쥐다** : 아슬아슬하여 마음이 조마조마하다.

③ **손을 뻗치다** : 이제까지 하지 아니하던 일까지 활동 범위를 넓히다.

④ **손이 맵다** : 손으로 슬쩍 때려도 몹시 아프다.

⑤ **손이 크다** : 씀씀이가 후하고 크다.

주관식 레벨 UP

'아슬아슬하여 마음이 조마조마하다'를 의미하는 관용 표현은?

풀이 손에 땀을 쥐다.

---

(9) '발'과 관련된 관용 표현

① **발을 뽑다** : 관계된 일에서 물러나거나 책임을 피하여 빠져나오다.
② **발을 끊다** : 오가지 않거나 관계를 끊다.
③ **발이 익다** : 여러 번 다니어서 길에 익숙하다.
④ **발이 넓다** : 아는 사람이 많다.
⑤ **발이 묶이다** : 몸을 움직일 수 없거나 활동할 수 없는 형편이 되다

(10) '가슴'과 관련된 관용 표현

① **가슴이 미어지다** : 깊고 큰 사랑과 배려를 받아 고마움으로 마음의 감동이 크다.
② **가슴에 멍이 들다** : 마음속에 쓰라린 고통과 모진 슬픔이 지울 수 없이 맺히다.
③ **가슴이 타다** : 마음속으로 고민하여 가슴이 뜨거워지는 것 같다.
④ **가슴에 새기다** : 잊지 않게 단단히 기억하다.
⑤ **가슴이 뜨끔하다** : 깜짝 놀라거나 양심의 가책을 받다.

> **주관식 레벨 UP**
>
> '깊고 큰 사랑과 배려를 받아 고마움으로 마음의 감동이 크다.'를 뜻하는 관용 표현은?
>
> **풀이** 가슴이 미어지다.

(11) '팔'과 관련된 관용 표현

① **팔이 안으로 굽다** : 혈연관계에 있거나 친분이 두터운 쪽으로 마음이 기울다.
② **팔을 걷고 나서다** : 적극적으로 나서서 덤비다.
③ **한 팔을 잃다** : 도움이 되는 가장 중요한 사람을 잃다.
④ **한 팔이 되다** : 도움을 주는 중요한 사람이 되다.

(12) '다리'와 관련된 관용 표현

① **다리가 길다** : 음식 먹는 자리에 우연히 가게 되어 먹을 복이 있다.
② **다리를 잇다** : 끊어진 관계를 다시 맺어 통하게 되다.
③ **다리를 들리다** : 미리 손쓸 기회를 빼앗기다.
④ **다리를 건너다** : 말이나 물건 따위가 어떤 한 사람을 거쳐 다른 사람에게 넘어가다.
⑤ **다리가 짧다** : 흠이 있거나 지체가 낮다.

(13) '무릎'과 관련된 관용 표현

① **무릎을 꿇리다** : 항복하거나 굴복하게 하다.
② **무릎을 치다** : 몹시 놀랍거나 기쁜 일이 있을 때나 좋은 생각이 떠올랐을 때 감탄하다.
③ **무릎을 맞대다** : 공통의 관심사에 대해 서로 의견을 주고받다.

④ **무릎을 마주하다** : 서로 가까이 마주 앉다.
⑤ **무릎을 꿇다** : 항복하거나 굴복하다.

> **주관식 레벨 UP**
>
> 관용 표현 '무릎을 맞대다.'의 뜻을 풀이해 보시오.
>
> **풀이** 공통의 관심사에 대해 서로 의견을 주고받다.

제4절 | 조사와 어미

1. 조사 **종요** ★★

의존 형태소로서, 자립 형태소에 붙어 그 말과 다른 말과의 문법적 관계를 표시해주거나 뜻을 더해주는 단어들의 묶음이다.

(1) 특징

① 활용하지 않는 것(불변어)이 원칙이나 서술격 조사 '**이다**'만은 예외적으로 활용(**가변어**)한다.
② 주로 체언에 붙어 문법적 관계를 나타내거나 뜻을 더해 주는 구실을 한다.
③ 모든 말에 붙을 수 있으나 **관형사와 감탄사에만** 붙을 수 없다.
④ 자립성은 없기 때문에 띄어 쓸 수는 없으나, **분리성** 때문에 단어로 인정한다.
⑤ 대개 체언 뒤에 붙지만, 때로는 동사, 형용사와 부사 뒤에 붙기도 하고 문장 뒤에 붙기도 한다.

> **주관식 레벨 UP**
>
> 조사를 단어로 인정할 수 있는 이유를 서술하시오.
>
> **풀이** 자립 형태소에 붙어 쉽게 분리될 수 있기 때문에

(2) 종류 : 조사는 그 기능과 의미에 따라 격조사, 접속 조사, 보조사로 나누어진다.

> **주관식 레벨 UP**
>
> 기능과 의미에 따라 나눈 조사의 유형 3가지를 쓰시오.
>
> **풀이** 격조사, 접속 조사, 보조사

① **격조사** : 앞에 오는 체언이 문장 안에서 일정한 **자격**을 가지도록 하여 주는 조사

    ㉠ 주격 조사 : 주어의 자격 부여

        ㉮ 이 / 가 : 예 <u>꽃이</u> 피었다. <u>철수가</u> 오고 있다.

        ㉯ 께서(주체 높임) : 예 <u>할아버지께서</u> 오셨다.

        ㉰ 에서(단체) : 예 <u>우리학교에서</u> 우승을 하였다.

        ㉱ 이서(사람의 수효) : 예 <u>둘이서</u> 걸었네.

주관식 레벨 UP

학교문법에서 인정하는 주격조사 4가지를 쓰시오.

                                                 풀이 이 / 가, 께서, 에서, 이서

    ㉡ 서술격 조사 : 이다 예 철수는 <u>학생이다</u>.

    ㉢ 보격 조사 : 이 / 가 + 되다 / 아니다.

        예 그는 <u>공무원이</u> 되었다. 나는 <u>바보가</u> 아니다.

    ㉣ 목적격 조사 : 을 / 를 / ㄹ 예 학생이 <u>공부를</u> 한다.

    ㉤ 관형격 조사 : 의 예 <u>학생의</u> 본분

    ㉥ 부사격 조사

쓰임		조사	보기
처소	낙착점	에(무정 명사) 에게(유정 명사)	창에 돌을 던지지 마라. 그에게 선물을 주었다.
	출발점	에서, 에게서, 한테서, 로부터	아침에 집에서 출발했다.
	지향점	에, (로), 에게	공부하러 도서관에 갔다.
	소재지	에, 에서	아버지께서는 회사에 계십니다. 학교에서 운동회가 열렸다.
	때	에	여섯 시에 오너라.
도구		(으)로, (으)로써	사랑으로써 어려움을 극복했다.
자격		(으)로, (으)로서	철수는 공무원으로서 성실히 일했다.
비교		와/ 과, 만큼, 처럼, 보다	철수는 영수와 닮았다. 철수도 영수만큼 키가 크다.
함께함		와/ 과, 하고	철수와 함께 갔다.
원인		에, (으)로	빗소리에 잠이 깨었다.
바뀜(변성)		(으)로	물이 얼음으로 변했다.

    ㉦ 호격 조사 : 아 / 야, 여 / 이시여

        예 호철아, 철수야, 님이여, 하느님이시여

② **접속 조사** : 두 단어를 같은 자격으로 이어 주는 구실을 하는 조사

    예 '와 / 과'(문어에서 잘 쓰임), '랑, 하고'(구어에서 잘 쓰임)

③ **보조사** : 앞 말에 **특별한 뜻**을 더하여 주는 조사. 보조사는 크게 문장 성분 뒤에 오는 성분 보조사와 문장 끝에 붙는 종결 보조사, 그리고 문장 성분에도 붙고 문장 끝에도 붙는 통용 보조사가 있다.

 ㉠ 성분 보조사 : '만, 는, 도'와 같이 문장 성분에 붙는 것을 말한다. 이들은 주어에도 붙고 부사어에도 붙고 용언에도 붙어 다양한 양상을 보인다.

 ㉡ 종결 보조사 : '마는, 그려, 그래' 같은 보조사로, 이들은 문장 맨 끝에 와서는 '감탄'의 의미를 덧붙인다.

 ㉢ 통용 보조사 : '요'는 상대 높임을 나타내며 어절이나 문장의 끝에 결합하는 독특한 성격을 가진다.

2. 용언(用言) : 동사, 형용사 중요 ★★★

문장의 주어를 서술하는 기능을 가진 말을 용언이라고 한다.

(1) 특징

① **어미의 활용** : 쓰임에 따라 어형(語形)이 변하는 **가변어(활용어)**에 속한다.

② **어간과 어미** : 서술어 기능을 하며, 실질 형태소(어간)와 형식 형태소(어미)로 구성된다.

③ **부사어의 한정** : 부사어의 수식을 받을 수 있으며, 관형어와는 어울리지 않는다.

④ 서술어가 되는 것이 주된 기능이나, 관형사형 전성 어미를 취하면 **관형어**가 되고, 부사형 전성 어미를 취하면 **부사어**가 된다.

⑤ **시제와 높임법 표시** : 시제 및 높임·낮춤법이 있다.

다음 예문에서 밑줄 친 부분의 품사와 성분을 쓰시오.

> ㉠ 꽃이 아름답다.
> ㉡ 아름다운 강산에 살고 싶다.
> ㉢ 별이 아름답게 빛난다.

풀이 ㉠ 형용사, 서술어 ㉡ 형용사, 관형어 ㉢ 형용사, 부사어

(2) 동사 : 주어의 동작이나 과정을 나타내는 단어의 부류

① **자동사** : 움직임이 그 주어에만 관련되는 동사
② **타동사** : 움직임이 다른 대상, 즉 목적어에 미치는 동사

(3) 형용사 : 주어의 성질이나 상태를 나타내는 단어의 부류

① **성상 형용사** : 성질이나 상태를 나타내는 형용사
② **지시 형용사** : 지시성을 나타내는 형용사(지시 형용사는 성상 형용사에 앞서는 순서상의 특징을 가진다)

(4) 동사와 형용사를 구분하는 기준

① 기본형에 현재 시제 선어말 어미 '-는-/ -ㄴ-'이 결합할 수 있으면 동사이고, 결합할 수 없으면 형용사이다.
② 기본형에 관형사형 어미 '-는'이 결합할 수 있으면 동사이고, 결합할 수 없으면 형용사이다. ('본, 솟은'에 쓰인 '-(으)ㄴ'은 과거 시제를 나타내는 전성 어미로서 형용사에 쓰이는 '-(으)ㄴ'과는 차이가 있다)
③ '의도'를 뜻하는 '-려'나 '목적'을 뜻하는 어미 '-러'와 함께 쓰일 수 있으면 동사, 그렇지 못하면 형용사이다.
④ 동사는 명령형 어미 '-어라'와 청유형 어미 '-자'와 결합할 수 있는 데 반하여, 형용사는 이러한 어미와 결합할 수 없다.
⑤ '-고 있다'형이 가능하면 동사, 불가능하면 형용사이다.

다음 예문 중에서 동사와 형용사를 고르시오.

> 개나리꽃이 ㉠ 흐드러지게 핀 교정에서 친구들과 ㉡ 찍은 사진은, 그때 느꼈던 ㉢ 설레는 행복감은 물론, 대기 중에 ㉣ 충만한 봄의 기운, 친구들과의 악의 ㉤ 없는 농지거리, 벌들의 잉잉거림까지 현장에 있는 것과 다름없이 느끼게 해 준다.

풀이 ① 동사 : ㉡, ㉢, ② 형용사 : ㉠, ㉣, ㉤

3. 어미 （중요）★★★

(1) 어간과 어미

① **어간** : 활용 시 변화하지 않는 부분
② **어미** : 활용 시 변화하는 부분

주관식 레벨 UP

'되풀이하는'에서 어근과 어간과 어미를 각각 구별해 보시오.

풀이 ① 어근 : 풀 ② 어간 : 되풀이하 ③ 어미 : 는

(2) 어미의 유형

① **선어말 어미** : 어간과 어말 어미 사이에 온다.

구분	형태
높임 선어말 어미	-시-
시제 선어말 어미	• 과거 : -았-/ -었 　 • 현재 : -는/ -ㄴ • 미래 : -겠 　 • 회상 : -더-
공손 선어말 어미	-옵/ 오-, -사오/ 삽-/ -사옵-, -자오-/ -자옵-/ -잡-

주관식 레벨 UP

선어말 어미의 유형 3가지를 나열하시오.

풀이 높임 선어말 어미, 시제 선어말 어미, 공손 선어말 어미

② **어말 어미** : 용언을 끝맺는 위치에 놓이고 그 자체만으로도 어간에 결합하여 단어를 이룰 수 있다.
　㉠ 종결 어미 : 문장의 끝에 와서 문장을 종결시키는 어미
　㉡ 연결 어미 : 용언과 용언을 연결시키는 어미
　　㉮ 대등적 연결 어미 : '-고, -며'
　　㉯ 종속적 연결 어미 : '-니, -어서, -게'
　　㉰ 보조적 연결 어미 : '-아, -게, -지, -고'
　㉢ 전성 어미 : 품사를 바꾸지는 못하지만, 용언으로 하여금 명사, 관형사, 부사의 기능을 할 수 있도록 기능의 변화를 가능하게 해 주는 어미
　　㉮ 명사형 전성 어미 : '-(으)ㅁ, -기'
　　㉯ 관형사형 전성 어미 : '-(으)ㄴ, -는, -(으)ㄹ, -던'
　　㉰ 부사형 전성 어미 : '-듯이, -게, -도록, -(아)서'

구분		형태	
종결 어미	평서형	-ㄴ/ 는다, -네, -오, -ㅂ니다, -렷다, -마	
	감탄형	-구나, -군, -로구나, -어라/ -아라	
	의문형	-느냐, -니, -는가, -나, -ㅂ니까, -ㄹ까	
	명령형	-어라/ -아라, -려므라, -ㅂ시오	
	청유형	-자, ㅂ시다, -세, -시지요	
비종결 어미	연결 어미	대등적 연결 어미	-고, -며, -면서, -락, -거나, -든지
		종속적 연결 어미	-면, -니, -나, -려고, -자, -뿐더러
		보조적 연결 어미	-아/ -어, -게, -지, -고
	전성 어미	명사형	-(으)ㅁ, -기
		관형사형	-는, -은/ ㄴ, -던, -ㄹ
		부사형	-듯이, -도록, -게, -아/ 어서

주관식 레벨 UP

어말 어미의 유형 중 품사를 바꾸지는 못하지만, 용언으로 하여금 다른 품사처럼 형태를 바꾸어 기능의 변화를 가능하게 해 주는 어미의 명칭과 종류를 쓰시오.

풀이 전성 어미, 명사형, 관형사형, 부사형

제5절   수식어와 피수식어

1. 관형어 **종요** ★★

(1) 개념 : 체언을 수식

(2) 실현 : 관형사가 그대로 관형어가 되는 것이 기본이나, 체언에 관형격 조사 '의'가 결합되어 관형어로 쓰이거나(관형격 조사 '의'가 없이 '체언 + 체언'의 구성으로 나타나기도 한다), 용언의 관형사형(용언의 어간에 관형사형 어미 '-(으)ㄴ, -는, -(으)ㄹ, -던'이 결합)으로 나타난다.

① **관형사** : 예 아기가 새 옷을 입었다.
② **체언 + 관형격 조사** : 예 소녀는 시골의 풍경을 좋아한다.
③ **체언 단독(관형격 조사 생략)** : 예 소녀는 시골 풍경을 좋아한다.
④ **용언의 관형사형** : 예 저기 가는 사람이 누구니?
⑤ **안긴문장(관형절)** : 예 빛깔이 고운 꽃은 향기가 없다.
⑥ **체언 + 접미사[的]** : 예 역사적 사명을 띠고 태어났다.

2. 부사어 (종요)★★

(1) 개념 : 주로 서술어를 한정하는 말. '어떻게'에 해당하는 말

(2) 갈래

① 성분 부사어

㉠ 개념 : 용언, 관형어, 다른 부사어를 수식

㉡ 실현 : 부사어가 그대로 부사어가 되는 것이 기본이나, 체언에 부사격 조사 '에, 에서, 에게, (으) 로'가 결합되어 나타나거나, 용언의 부사형 '이, 게, -(아)서, -도록'으로 나타난다. 또 보조사가 결합되어 실현되기도 한다.

㉮ 부사 : 예 가을 하늘이 <u>참</u> 높아 보인다.

㉯ 체언 + 부사격 조사 : 예 우리들은 오후에 <u>여행에서</u> 돌아왔다.

㉰ 부사 + 보조사 : 예 <u>무척이나</u> 맑아 보인다.

㉱ 용언의 부사형 : 예 별이 <u>아름답게</u> 빛난다.

② 문장 부사어

㉠ 개념 : 문장 전체를 수식 (문장이나 단어를 이어주는 접속 부사어와 '과연, 설마, 모름지기, 확실 히, 만일, 설령, 제발, 부디'와 같이 말하는 사람의 심리적 태도를 나타내는 부사들, 이러한 부사 들은 특별한 말들과 호응 관계를 이루는 경우가 많다)

㉡ 실현

㉮ <u>그러나</u> 희망이 아주 사라진 것은 아니다.

㉯ 정치, 경제 <u>및</u> 문화가 발달하여야 선진국이다.

㉰ <u>과연</u> 그 아이는 똑똑하구나.

㉱ <u>확실히</u> 오늘 경기는 신나는 한 판이었어.

㉲ <u>만일</u> 네가 계속 이런 식으로 나온다면 더 이상은 참을 수 없어.

㉳ <u>모름지기</u> 젊은이는 커다란 포부를 가져야 한다.

(3) 필수적 부사어와 수의적 부사어

① 개념 : 문장에서 꼭 필요로 하는 부사어를 필수적 부사어, 그렇지 않은 부사어를 수의적 부사어라 한다. (부사어는 문장에서 꼭 필요한 성분은 아니다)

② 실현

㉠ 필수적 부사어 : 부사격 조사 '와, 로' 등이 결합되어 이루어짐. ('다르다, 생기다, 같다, 비슷하 다, 닮다, 다르다' 같은 두 자리 서술어나, '주다, 삼다, 넣다, 두다' 같은 세 자리 서술어는 필수 적으로 부사어를 요구한다)

예 나는 나, <u>너와는</u> 다르다. / 영현이는 <u>아빠와</u> 닮았다. / 아버지는 그 아이를 <u>수양딸로</u> 삼으셨다.

㉡ 수의적 부사어 : 파생 부사(예 많이, 일찍이)나 순수 부사(예 꼭)로 이루어짐.

예 나는 나, 너와는 <u>많이</u> 다르다. / 영현이는 아빠와 꼭 닮았다. / 아버지는 <u>일찍이</u> 그 아이를 수양딸로 삼으셨다.

(4) 체언 수식 부사

'바로, 다만, 단지, 특히, 오직, 겨우, 아주' 등은 부사이지만 관형어처럼 사용되기도 한다. (학교 문법에서는 품사의 통용을 설정하고 있으므로 관형사로 통용하는 처리도 가능하다는 점에서 체언 수식 부사로 처리하는 것에 문제점이 있다)

예 <u>바로</u> 오너라. <u>그건</u> 바로 너의 책임이다.

제6절　문장성분 간의 호응 등

1. 문장 성분 호응의 오류 중요 ★★★

(1) 주어와 서술어 호응의 오류

① 무엇보다 중요한 것은 인간이 문명의 이기(利器)를 사용할 때 그것이 인간 자신을 위하여 슬기롭게 <u>사용되어야 한다.</u> → 사용되어야 한다는 것이다.

② 그리고 이 학과를 선택하게 된 또 다른 이유는 내가 공부하고 싶었던 <u>의학 분야라는 것이다.</u> → 싶었던 것이 의학 분야였기 때문이다.

③ 이곳에 주차하는 <u>사람은</u> 과태료를 <u>부과하니</u> 주의하기 바랍니다. → 사람에게는

④ <u>해결책은</u> 새로운 일자리를 만들어 내는 데 <u>달려 있다.</u> → 해결책은 새로운 일자리를 만들어 내는 것이다.

⑤ <u>낙찰자는</u> 다른 법령에 의한 요건 미비로 인한 불이익에 대하여 우리 구는 <u>책임지지 않습니다.</u> → 낙찰자는 다른 법령에 의한 요건 미비로 인한 불이익에 대하여 우리 구에 책임을 요구할 수 없습니다. → 낙찰자가 다른 법령에 의한 요건 미비로 인하여 불이익을 당할 경우, 우리 구는 책임지지 않습니다.

⑥ <u>이곳은</u> 민원 사무 처리 기준표상 우리 부 소관 17종 민원의 업무 처리 과정에 대한 피해 사례를 <u>신고하여 주시기 바랍니다.</u>
　→ 이곳은 민원 사무 처리 기준표상 우리 부 소관 17종 민원의 업무 처리 과정에 대한 피해 사례를 접수하는 곳입니다.
　→ (여러분들께서는) 이곳에 민원 사무 처리 기준표상 우리 부 소관 17종 민원의 업무 처리 과정에 대한 피해 사례를 신고하여 주시기 바랍니다.

⑦ <u>이 지역은</u> 무단 입산자에 대하여는 자연공원법 제60조에 의거 처벌을 <u>받게 됩니다.</u>
　→ 이 지역은 ~ 처벌을 받는 곳입니다.
　→ 이 지역에 무단 입산자는 ~ 처벌을 받게 됩니다.

⑧ <u>일을</u> 그런 식으로 몰려와 항의한다고 해서 <u>풀어지는 것이 아니다.</u>
　→ 일이 그런 식으로 몰려와 항의한다고 해서 풀어지는 것은 아니다.

주관식 레벨 UP

다음 예문이 어법에 맞지 않는 이유를 쓰고, 어법에 맞게 고치시오.

> 이 지역은 무단 입산자에 대하여는 자연공원법 제60조에 의거 처벌을 받게 됩니다.

풀이 이유 : 주어 '이 지역은'과 서술어 '받게 됩니다'의 호응이 이루어지지 않았다.
→ 이 지역은 ~ 처벌을 받는 곳입니다.
→ 이 지역에 무단 입산자는 ~ 처벌을 받게 됩니다.

---

(2) 목적어와 서술어 호응의 오류

① 나는 <u>영희가 좋다</u>. → 영희를 좋아한다.

② 언니는 집에서 <u>원예를 가꾼다</u>. → 꽃을 가꾼다.

③ 오늘도 어김없이 바람 부는 날인데도 노인은 외출할 <u>생각을 마음먹었다</u>. → 생각을 했다.

④ 이슬람, 유대교도들 또한 서유럽의 돼지고기를 먹는 식생활에 <u>거부감이 느낄 것이다</u>.
→ 거부감을 느낄 것이다.

⑤ 시민 단체들은 영세민들의 삶을 파괴하는 <u>정비 계획을 전면 폐기할 것을</u> 서울시에 강력히 <u>항의했다</u>.
→ 정비 계획에 대해 ~ 강력히 항의하였다.

(3) 구조어(부사어)와 서술어 호응의 오류 〔중요〕 ★★

참고 부사어와 서술어의 호응

• 결코 ~ 않다	• 과연 ~ 구나	• 그다지 ~ 하지 않다
• 도대체 ~ 이냐	• 드디어 ~ 하다	• 마치 ~ 같다
• 만약 ~ 라면(~ㄴ다면)	• 부디 ~ 하여라	• 비록 ~ 일지라도/ ~지 않지만
• 아마 ~ ㄹ것이다	• 여간 ~ 않다	• 일절 ~ 않다(못하다)
• 차라리 ~ ㄹ지언정	• 차마 ~ 않다	• 혹시 ~ 거든
• 하물며 ~ 랴(~ㄴ가)	• 아무리 ~ 해도	• 왜냐하면 ~ 때문(까닭)이다
• 모름지기 ~ 해야 한다	• 반드시 ~ 하다	• 절대로 ~ 하지 않다
• 심지어 ~ 하다	• 확실히 ~ 하다	• 뉘라서 ~ 하랴/ ~지 않겠는가

① <u>결코</u> 그는 <u>성실하다</u>. → 결코(부정) ~ 성실하지 않다.

② <u>과연</u> 그는 키가 <u>크지 않구나</u>! → 과연(긍정) ~ 키가 크구나!

③ <u>그다지</u> 인심이 <u>후하던</u> 그도 세태의 변화에 따라 달라졌다. → 그다지(부정) ~ 후하지 않던

④ 그는 내키지 않은 일은 <u>반드시</u> 하지 않는다. → 절대로(부정) 하지 않는다.

⑤ 그 여자는 <u>비록</u> 얼굴이 <u>예쁘지만</u>, 사람들의 호감을 산다. → 비록(부정) ~ 예쁘지 않지만

⑥ 그는 회사 일이 많을 때는 열두 시가 넘어서 집에 들어가기 일쑤였고, <u>심지어</u> 며칠씩 들어가지 않는 경우는 <u>없었다</u>. → 심지어 ~ 있었다.

⑦ <u>아마</u> 그는 자신의 신념과 회의 사이에서 갈등을 <u>겪고 있다</u>.
→ 아마(추측) ~ 겪고 있을 것이다.

⑧ <u>아무리</u> 돈이 <u>많지만</u> 그럴 수는 없다. → 아무리 ~ 많아도

⑨ 이런 무료한 시간에 그런 회상의 유혹을 물리치기란 <u>좀처럼 어려운</u> 일이었다.

→ 좀처럼(부정) 쉬운 일이 아니었다.

⑩ 반장도 못하는 일인데, <u>하물며</u> 너 같은 아이가 <u>못 하겠지</u>.

→ 하물며 ~ 하겠는가?/ 하물며 ~ 할 수 있겠는가?

주관식 레벨 UP

다음 예문들을 성분 간의 호응을 고려하여 바르게 고쳐 쓰시오.

① 그는 내키지 않은 일은 반드시 하지 않는다.
② 아마 그는 자신의 신념과 회의 사이에서 갈등을 겪고 있다.
③ 그다지 인심이 후하던 그도 세태의 변화에 따라 달라졌다.

풀이 ① 절대로(부정) 하지 않는다. ② 아마(추측) ~ 겪고 있을 것이다. ③ 그다지(부정) ~ 후하지 않던

---

2. 과도한 성분의 생략

(1) 주어의 부당한 생략

① 지난번 폭우로 피해를 본 수재민들에게 겨울철 이전에 주택 복구를 위해 100억 원의 자금을 <u>지원키로 했습니다</u>. → 전체 주어 생략

② 본격적인 공사가 언제 시작되고, <u>언제 개통될지 모른다</u>. → 전체 주어 생략

③ 아버님과 어머님은, 살아 계셨을 때처럼 시골 집 문밖에 나와 동구를 바라보시며 지금도 나를 기다리고 계실 것 같은 <u>생각이 든다</u>. → '생각이 든다'의 주어 생략

④ 우리가 한글과 세계의 여러 문자들을 비교해 볼 때, <u>매우 조직적이며 과학적이고 독창적인 문자</u>라고 하는 사실은 널리 알려져 있다.

→ '조직적이며 과학적이고 독창적인 문자'의 주어 생략

⑤ 그들이 결혼식을 마치고 신혼여행을 떠난 후, 하객들이 음식점으로 모였을 때 <u>시작되었다</u>.

→ '시작되었다'의 주어 생략

(2) 서술어의 부당한 생략

① 재일 동포들은, 일본 사회의 구성원으로서 모든 의무를 다하고 있으면서도 <u>차별과 합당한 대우를 받지 못하고 있다</u>.

→ 차별을 당하고, 합당한 대우를 받지 못하고 있다.

② 학교에서는 <u>학생들의 건강과 쾌적한 교실 환경을 조성하기 위하여</u> 공기 청정기를 설치하기로 하였다.

→ 학생들의 건강을 유지하고, 쾌적한 교실 환경을 조성하기 위하여

③ 이 제품은 <u>우수한 기술력과 충분한 테스트를 거친</u> 신뢰할 수 있는 제품입니다.

→ 우수한 기술력을 바탕으로 만들었으며, 충분한 테스트를 거친

④ 이 배는 <u>사람이나 짐을 싣고</u> 하루에 다섯 번씩 운행한다.

　　→ 사람을 태우거나 짐을 싣고

⑤ <u>해외여행이나 좋은 영화나 뮤지컬 등은 빼놓지 않고 관람하는</u> 것이 이른바 '골드 미스'의 전형적인 생활양식이다.

　　→ 해외여행을 하거나 좋은 영화나 뮤지컬 등은 빼놓지 않고 관람하는 것이

(3) 목적어의 부당한 생략

① 우리는 그분을 존경하였고, 그분 또한 <u>사랑하셨다</u>.

　　→ 우리는 그분을 존경하였고, 그분 또한 우리를 사랑하셨다.

② 그녀는 자신이 이기적인 줄을 알면서도 남에게서는 무척 <u>듣기 싫어한다</u>.

　　→ 그녀는 자신이 이기적인 줄을 알면서도 남에게서 자신이 그렇다는 말을 무척 듣기 싫어한다.

③ 인류는 환경에 순응하기도 하고, <u>지배하기도 했다</u>.

　　→ 환경에 순응하기도 하고, 환경을 지배하기도 했다.

(4) 부사어의 부당한 생략

① 인간은 환경을 지배하기도 하고, 때로는 <u>순응하면서</u> 산다.

　　→ 환경을 지배하기도 하고, 때로는 환경에 순응하면서

② 역사적으로 우리나라는 중국을 지배하기도 했고, <u>지배당하기도</u> 했다.

　　→ 중국을 지배하기도 했고, 중국에 지배당하기도 했다.

01 다음 중 언어의 특성에 대한 설명으로 적절하지 <u>않은</u> 것은?

① 언어의 자의성 : 언어 형식과 내용의 관계가 반드시 고정된 것이 아니다.

② 언어의 역사성 : 언어는 고정되어 불변하는 것이 아니라 시간의 흐름에 따라 의미나 형태가 변화하기도 한다.

③ 언어의 사회성 : 언어 내용과 형식이 일단 한 사회 속에서 약속으로 굳어지면 아무나 마음대로 바꿀 수 없다.

④ 언어의 분절성 : 음운, 단어, 문장, 담화 단위에 이르기까지 각 단위 혹은 단위 사이에 특정한 규칙이 존재한다.

01 • 언어의 규칙성 : 음운, 단어, 문장, 담화 단위에 이르기까지 각각의 문법 단위 내 또는 문법 단위 간에 특정한 규칙이 존재하는 언어의 특성이다.
• 언어의 분절성 : 현실 세계는 연속적이나 언어는 이를 불연속적으로 끊어서 표현한다.

02 다음 중 한국어의 특성으로 맞지 <u>않는</u> 것은?

① 한국어는 첨가어이므로 접사나 어미가 발달되어 있다.

② 한국어에서는 주어가 잇달아 나타나는 문장 구성이 가능하다.

③ 한국어에서 관형어는 항상 체언 앞에 온다.

④ 한국어의 관형사는 형용사처럼 활용한다.

02 '활용'이란 어간에 어미를 결합하여 어형을 변화시키는 것을 말한다. 9품사 중 활용할 수 있는 것은 원칙상 용언(동사, 형용사 = 가변어)이며, 예외적으로 서술격조사('이다')를 인정하고 있다. 나머지는 활용할 수 없는 불변어이다.

정답 (01 ④   02 ④)

03 〈보기〉의 자음 분류는 소리 내는 방법에 따라 나눈 것이다.
① 소리 내는 위치에 따라 : 양순음(입술소리 ㅂ/ ㅃ/ ㅍ/ ㅁ), 설음(혀끝소리 ㄷ/ ㄸ/ ㅌ/ ㅅ/ ㅆ/ ㄴ/ ㄹ), 경구개음(센입천장소리 ㅈ/ ㅉ/ ㅊ), 연구개음(여린입천장소리 ㄱ/ ㄲ/ ㅋ/ ㅇ), 목청소리(ㅎ)
② 혀의 앞뒤 위치에 따른 모음의 분류 : 전설모음, 후설모음
③ 입술 모양에 따른 모음의 분류 : 원순모음, 평순모음

04 겹받침 'ㄺ, ㄻ, ㄼ'은 어말 또는 자음 앞에서 각각 [ㄱ, ㅁ, ㅂ]으로 발음한다. 따라서 '읊고'는 [을꼬]가 아니라 [읍꼬]로 발음된다.
① [막따]
② 겹받침 'ㄼ'은 어말이나 자음 앞에서 원칙상 'ㄹ'이 대표음이다.
③ 용언의 어간 말음 'ㄺ'은 'ㄱ'의 어미 앞에서는 대표음 'ㄹ'로 발음한다.

05 〈보기〉는 음운의 변동에서 모음 탈락 중 동음 탈락에 대한 설명이다. '가자'는 동사 '가다'의 어간 '가-'에 어떤 행동을 함께 하자는 뜻을 나타내는 종결 어미 '-자'가 연속되는 경우이므로 모음의 동음 탈락이 일어나지 않는다.
① 자+(아: 명령형 종결 어미): 동음 탈락
② 서+(어)서: 동음 탈락
④ 가+(아: 보조적 연결 어미): 동음 탈락

정답 03② 04④ 05③

03 다음 현대 국어의 자음에 대한 〈보기〉와 같은 분류에서 파열음, 파찰음, 마찰음, 유음, 비음의 다섯 가지로 나누는 기준은?

보기
현대 국어의 자음(子音)은 파열음(破裂音)/ ㅂ, ㅃ, ㅍ, ㄷ, ㄸ, ㅌ, ㄱ, ㄲ, ㅋ/ 파찰음(破擦音)/ ㅈ, ㅉ, ㅊ/ 마찰음(摩擦音)/ ㅅ, ㅆ, ㅎ/ 유음(流音)/ ㄹ/ 비음(鼻音)/ ㅁ, ㄴ, ㅇ/ 등의 열아홉이다.

① 소리 내는 위치
② 소리 내는 방법
③ 혀의 위치
④ 입술의 모양

04 다음 중 밑줄 친 겹받침의 발음이 옳지 않은 것은?
① 가을 하늘은 참으로 맑다. [막따]
② 감이 익지 않아 대단히 떫다. [떨:따]
③ 우리는 그 책을 읽고, 큰 감명을 받았다. [일꼬]
④ 그는 흥에 겨워 시를 읊고, 장구를 쳤다. [을꼬]

05 다음 중 밑줄 친 부분이 〈보기〉의 설명에 해당하지 않는 것은?

보기
국어에는 동일한 모음이 연속될 때 하나가 탈락하는 현상이 나타난다.

① 늦었으니 어서 자.
② 여기 잠깐만 서서 기다려.
③ 조금만 천천히 가자.
④ 일단 가 보면 알 수 있겠지.

06 다음 중 의존 형태소이면서 실질 형태소인 것만으로 묶인 것은?

> 영희는 책을 집에 놓고 학교에 갔다.

① 놓-, 가-
② -고, -ㅆ-
③ 영희, 책, 집
④ -는, -을, -에

07 다음 중 어휘의 구성이 나머지와 <u>다른</u> 것은?

① 참숯
② 헌옷
③ 풋과일
④ 개살구

08 다음 중 훈민정음에 대한 설명으로 옳지 <u>않은</u> 것은?

① 초성자는 훈민정음 해례본의 설명에 따르면 발음기관의 모양을 본떠 만들었다.
② 중성자는 훈민정음 해례본의 설명에 따르면 천지인(天地人) 삼재(三才)를 기본으로 만들었다.
③ 현대 한글맞춤법에 제시된 한글 자모의 순서는 '훈몽자회(訓蒙字會)'의 자모 순서와 같다.
④ 훈민정음이 처음 만들어졌을 때는 'ㄱ'을 '기역'이라 부르지 않았던 것으로 보인다.

---

06 형태소 분석 : '영희 / 는 / 책 / 을 / 집 / 에 / 놓 / 고 / 학 / 교 / 에 / 가 / 았 / 다'
의존 형태소이면서 실질 형태소인 것은 용언의 어간('놓-'과 '가-')이다.

07 합성어 : 헌(관형사) + 옷(명사)
① 파생어 : 참(접두사) + 숯(명사). '거짓'의 반대인 '참'은 명사
③ 파생어 : 풋(접두사) + 과일(명사)
④ 파생어 : 개(접두사) + 살구(명사)

08 최세진의 '훈몽자회'(1527)에서 제시한 한글 자모의 순서는 오늘날과 유사하게 처음 제시한 것이지 동일한 것은 아니다. 현대 한글맞춤법에 제시된 한글 자모의 순서는 1933년 조선어학회의 '한글맞춤법 통일안'부터이다.

정답 06 ① 07 ② 08 ③

09　다.와 마.는 맞는 설명이다.
　　가. ㄱ : 아음(牙音)―상설근폐후지형
　　나. ㄴ : 설음(舌音)―상설부상악지형
　　라. ㅅ : 치음(齒音)―상치형

09　다음 훈민정음 제자원리에 대한 설명 중 옳은 것으로만 묶인 것은?

> 가. 'ㄴ'은 혀뿌리가 목구멍을 막는 모양을 본뜸(象舌根廢喉之形).
> 나. 'ㅅ'은 혀가 윗잇몸에 닿은 모양을 본뜸(形舌附上齶之形).
> 다. 'ㅁ'은 입의 모양을 본뜸(象口形).
> 라. 'ㄱ'은 치아의 모양을 본뜸(象齒形).
> 마. 'ㅇ'은 목구멍의 모양을 본뜸(象喉形).

① 가, 다
② 다, 마
③ 가, 다, 마
④ 나, 다, 라

10　〈보기〉는 중세 자모의 운용 규정 중 '連書法(연서법) = 니서쓰기'에 관한 설명이다. 연서법은 '순경음'을 만드는 규정으로 현대 국어에는 적용되지 않지만, 'ㅂ'불규칙 활용에서 그 흔적을 찾을 수 있다. 본래 연서의 규정에 의해 'ㅸ, ㅱ, ㅹ, ㆄ'의 네 가지의 순경음이 만들어졌으나, 이 중 'ㅸ'만이 실질적인 음가를 가지고 있어 고유어의 표기에 사용했었고, 나머지는 음가가 없는 형식적 자음이었기 때문에 동국정운식 이상음에서만 사용했다.

10　다음 〈보기〉의 설명에 적합한 음운은 무엇인가?

> ㅇ를 입시울쏘리 아래 니서쓰면 입시울가비야ᄫᆞᆫ소리 ᄃᆞ외ᄂᆞ니라.

① ㅂ
② ㅿ
③ ㅸ
④ ㆆ

정답 (09 ②　10 ③)

11 다음 〈보기〉에서 필요한 표준어의 기능으로 옳은 것은?

> **보기**
> A : 퍼뜩 와서 밥무라.
> B : 아따 어디께 무가 있다요?
> A : 아 밥무라는데 무시는 와 찾노?
> B : 무시가 뭐라요?

① 통일의 기능
② 독립의 기능
③ 우월의 기능
④ 준거의 기능

12 다음 밑줄 친 부분이 표준어인 것은?

① 그는 <u>시골나기</u>라 농사에 대한 관심이 많다.
② 그는 <u>미쟁이</u> 신분이지만 언제나 당당하다.
③ 그는 우리 마을의 <u>멋장이</u>로 통한다.
④ 저 집 담벽은 온통 <u>담쟁이</u> 넝쿨로 뒤덮였다.

13 다음 중 비표준어가 포함된 것은?

① 마을 – 마실
② 예쁘다 – 이쁘다
③ 새초롬하다 – 새치름하다
④ 부스스하다 – 부시시하다

11 통일(統一)의 기능은 원활한 의사소통을 통하여 한나라 국민을 하나로 뭉치게 해주고, 같은 국민으로서 일체감을 가지도록 해 주는 구실을 한다.
→ A와 B는 서로 다른 방언을 사용하므로 의사소통의 장애를 받고 있는 상황이다.

12 'ㅣ'모음 역행동화와 관련된 표준어 규정이다.
담쟁이 : 사람이 아닌 경우 접미사는 '-쟁이'이다.
① 시골내기 ② 미장이 ③ 멋쟁이

13 부스스하다 : 머리카락이나 털 따위가 몹시 어지럽게 일어나거나 흐트러져 있다. 전설모음화 형태인 '부시시하다'는 비표준어이다. 다만, '푸시시하다'는 표준어이다.
① 마을-마실 : 둘 다 표준어이다. 2015년 '마실'을 표준어로 인정했으나 '이웃에 놀러 다니는 일'의 의미에 한하여 써야 하며 '여러 집이 모여 사는 곳'인 '마을'과 구별해야 한다.
② 예쁘다-이쁘다 : 2015년 '이쁘다'도 복수표준어로 인정하였다.
③ 새초롬하다-새치름하다 : '쌀쌀맞게 시치미를 떼는 태도가 있다.'의 '새치름하다'에 2011년 '새초롬하다'도 복수표준어로 인정하였다.

정답 11 ① 12 ④ 13 ④

14 살고기(×)–살코기(○)
　① 가뭄(○)–가물(○)
　② 고깃간(○)–푸줏간(○) : 고깃관,
　　 푸줏관, 다림방은 비표준어
　③ 댓돌(○)–툇돌(○)

14 다음 중 복수 표준어끼리 짝지어진 것이 <u>아닌</u> 하나는?

　① 가뭄 – 가물
　② 고깃간 – 푸줏간
　③ 댓돌 – 툇돌
　④ 살고기 – 살코기

15 삼수갑산(三水甲山) : 우리나라에서
가장 험한 산골이라 이르던 함경도
삼수와 갑산. '삼수갑산에 가는 한이
있어도'는 자신에게 닥쳐올 어떤 위
험을 무릅쓰고라도 어떤 일을 단행
할 때 하는 말
　① 절체절명(絶體絶命) : 몸도 목숨
　　 도 다 되었다는 뜻으로, 어찌할
　　 수 없는 궁박한 경우를 비유적으
　　 로 이르는 말
　③ 혈혈단신(孑孑單身) : 의지할 곳
　　 이 없는 외로운 홀몸
　④ 풍비박산(風飛雹散) : 사방으로
　　 날아 흩어짐.

15 다음 중 밑줄 친 단어의 표기가 옳은 것은?

　① <u>절대절명</u>의 순간 그를 구한 것은 옛 친구였다.
　② <u>삼수갑산</u>에 가는 한이 있더라도 내 손으로 해결하겠다.
　③ 할아버지께서는 30년 전 <u>홀홀단신</u>으로 고향을 떠나셨다.
　④ 아버지의 사업실패로 그 집안은 <u>풍지박산</u>이 되었다.

16 '올 듯하다'의 경우에는 본용언과 보
조 용언의 구성이므로 '올∨듯하다'
로 띄어 쓰는 것이 원칙이나 '올듯하
다'처럼 붙여 씀도 허용한다. 하지만
보조 용언의 중간에 조사가 붙는 경
우에는 띄어 써야 한다. '올∨듯도∨
하다'
　① 먹은∨지 : 관형어 아래 '지'가
　　 '어떤 일이 있었던 때로부터 지금
　　 까지의 동안'을 뜻할 때는 의존명
　　 사이므로 앞말과 띄어 써야 한다.
　② 관계없이 : '문제 될 것이 없이'의
　　 뜻을 지닌 한 단어의 부사이므로
　　 붙여 써야 한다.
　③ 발리섬 : '해, 섬, 강, 산' 앞에 외
　　 래어가 오든 우리말이 오든 관계
　　 없이 모두 붙여 쓴다.

16 다음 중 띄어쓰기가 모두 옳은 문장은?

　① 밥을 먹은지 두 시간밖에 안 지났다.
　② 학력이나 나이에 관계 없이 누구나 지원할 수 있다.
　③ 이번 휴가에 발리 섬으로 여행을 간다.
　④ 하늘을 보니 비가 올 듯도 하다.

정답 (14 ④　15 ②　16 ④)

17 다음 밑줄 친 부분에 쓰인 높임법에 대한 설명으로 가장 적절한 것은?

> 누나는 할머니를 <u>모시고</u> 시골에 갔다.

① 상황에 따라 격식체와 비격식체로 나뉜다.

② 목적어나 부사어가 지시하는 대상, 즉 주어의 행위가 미치는 대상을 높여 표현하는 높임법이다.

③ 청자를 높이거나 낮추어 표현하는 높임법으로, 종결 어미에 의해 청자에 대한 높임이나 낮춤의 정도가 표현된다.

④ 서술어의 어간에 선어말어미 '-(으)시'를 붙여 높임을 표현한다. '계시다', '잡수시다' 등 특수한 어휘를 통해 실현되기도 한다.

17 객체 높임법은 목적어나 부사어가 지시하는 대상을 높여 표현하는 높임으로 서술어에 특별한 동사(드리다, 모시다, 뵙다, 여쭙다)를 사용한다.
①, ③ 상대(청자) 높임에 대한 설명이다.
④ 주체 높임에 대한 설명이다.

18 다음 중 어법에 맞는 표현은?

① (면접을 마친 후 면접관에게) 면접관님, 수고하십시오.

② (문상을 가서 상주에게) 삼가 조의를 표합니다.

③ (점원이 손님에게) 손님께서 찾으시는 물건은 품절이십니다.

④ (아내가 남편에게) 오빠, 외식하러 가요.

18 상가는 유족의 슬픔과 고통을 함께 나누는 장소이다. 문상을 가면 일단 고인에게 두 번 절하고 상주에게 맞절을 한 후 아무 말도 하지 않고 물러나오는 것이 예의다. 상을 당한 사람을 가장 극진히 위로해야 할 자리이지만, 그 어떤 말도 유족에게는 위로가 될 수 없기 때문이다. 다만 굳이 말을 해야 할 상황이라면 "삼가 조의를 표합니다." 또는 "뭐라 위로의 말씀을 드려야 할지 모르겠습니다." 등이 적합하다.
① '수고'는 아랫사람이 윗사람에게 사용하는 말이 아니라, 윗사람이 아랫사람에게 또는 동년배 사이에 사용하는 말이다.
③ 손님께서 찾으시는 물건은 품절입니다. : 주체인 손님을 높이는 말은 조사 '께서'와 선어말 어미 '시'다. 주체와 관련된 서술어는 '찾다'이므로 여기에는 '시'를 사용할 수 있지만, '물건'을 높일 수는 없다.
④ 결혼을 한 상황이므로 결혼 전의 '오빠'라는 호칭을 적절하지 않다. 결혼한 배우자에게는 '여보'나 '○○아빠' 정도가 적절한 호칭이다.

정답 17 ② 18 ②

19 당숙(堂叔) = 종숙 : 아버지의 사촌 형제(5寸)
　① 고모(姑母) : 아버지의 누이(3寸)
　③ 백부(伯父) = 큰아버지 : 둘 이상의 아버지의 형 가운데 맏이가 되는 형(3寸)
　④ 숙부(叔父) = 작은아버지 : 아버지의 결혼한 남동생(3寸)

20 좌하(座下) : 편지를 받을 사람이 아주 윗사람일 때 붙이는 말로 '귀하(貴下)'보다도 높은 극존칭이다.

21 '올케'는 '오빠의 아내'라는 말이고, '시누이'는 '남편의 누나나 여동생'을 의미하는 말이다. 올케가 손아래 시누이를 부를 때는 '아가씨, 아기씨'라 호칭하고, 손위 시누이를 부를 때는 '형님'이라고 호칭한다. '고모'는 아버지의 누이를 이르거나 부르는 말이므로 적절하지 않다.
　① 춘부장(椿府丈) : 남의 아버지를 높여 이르는 말
　② 매부(妹夫) : 손위 누이나 손아래 누이의 남편을 이르거나 부르는 말이다. 다만 '매형, 자형'은 누나의 남편에 대한 호칭어이므로 여동생의 남편에게는 붙이지 않는다.
　③ 시아버지에 대한 호칭어는 '아버님'이고, 시어머니에 대한 호칭어는 '어머님'과 '어머니'를 둘 다 사용할 수 있다.

정답 19 ②　20 ②　21 ④

---

19 다음 중 나와 촌수가 가장 먼 사람은?
　① 고모
　② 당숙
　③ 백부
　④ 숙부

20 다음 중 편지 용어에 대한 설명으로 옳지 않은 것은?
　① 친전(親展) : 편지를 받을 사람이 직접 펴 보라고 편지 겉봉에 적는 말
　② 좌하(座下) : 편지를 받을 사람이 아랫사람일 때 붙이는 말
　③ 귀중(貴中) : 편지를 받을 단체나 기관의 이름 아래에 쓰는 높임말
　④ 본제입납(本第入納) : 본가로 들어가는 편지라는 뜻으로, 자기 집으로 편지할 때에 편지 겉봉에 자기 이름을 쓰고 그 밑에 쓰는 말

21 다음 중 호칭어와 지칭어의 사용이 바르지 않은 것은?
　① (친구 사이에서) 영호, 자네 춘부장께서는 무고하신가?
　② (남동생이 누나에게) 누님, 매부와 언제 여행을 가셔요?
　③ (며느리가 시아버지에게) 아버님, 어머니는 어디 가셨어요?
　④ (올케가 시누이에게) 고모, 할머님께서 저 찾지 않으셨어요?

22 다음 중 생선의 수가 가장 많은 것은?

① 고등어 네 손
② 굴비 두 두름
③ 삼치 다섯 뭇
④ 북어 세 쾌

23 다음 중 한자성어의 뜻풀이로 옳지 <u>않은</u> 것은?

① 결초보은(結草報恩) : 죽은 뒤에라도 은혜를 잊지 않고 갚음을 이르는 말
② 방약무인(傍若無人) : 어떤 약으로도 치료할 수 없는 상태임.
③ 절치부심(切齒腐心) : 몹시 분하여 이를 갈며 속을 썩임.
④ 점입가경(漸入佳境) : 들어갈수록 점점 재미가 있음.

24 다음 중 한자성어와 속담의 연결이 옳지 <u>않은</u> 것은?

① 螳螂拒轍 – 하룻강아지 범 무서운 줄 모른다.
② 孤掌難鳴 – 천리 길도 한 걸음부터
③ 如反掌 – 땅 짚고 헤엄치기
④ 權不十年 – 달도 차면 기운다.

---

22 북어 20마리 → 세 쾌(60마리)
① 손 : 고등어 2마리 → 네 손(8마리)
② 두름 : 굴비 20마리 → 두 두름(40마리)
③ 뭇 : 삼치 10마리 → 다섯 뭇(50마리)

23 방약무인 : '곁에 아무도 없는 것처럼 여긴다'는 뜻으로, 주위에 있는 다른 사람을 전혀 의식하지 않고 제멋대로 행동하는 것을 이르는 말. '어떤 약으로도 치료할 수 없는 상태임'을 뜻하는 한자성어는 '병입고황(病入膏肓)'이다.
① 결초보은 : '풀을 묶어서 은혜를 갚는다'라는 뜻으로, ㉠ 죽어 혼이 되더라도 입은 은혜를 잊지 않고 갚음. ㉡ 무슨 짓을 하여서든지 잊지 않고 은혜에 보답함. ㉢ 남의 은혜를 받고도 배은망덕한 사람에게 개만도 못하다고 하는 말
③ 절치부심 : '이를 갈고 마음을 썩이다'는 뜻으로 대단히 분(憤)하게 여기고 마음을 썩임.
④ 점입가경 : '가면 갈수록 경치가 더해진다.'는 뜻으로, 일이 점점 더 재미있는 지경으로 돌아가는 것을 비유하는 말로 쓰임.

24 고장난명 : 한쪽 손뼉은 울리지 못한다는 뜻으로, 혼자서는 일을 이루기가 어려운 것을 비유적으로 이르는 말 → 백지장도 맞들면 낫다.
'천리 길도 한 걸음부터'는 '등고자비(登高自卑)'와 어울리는 속담
① 당랑거철 : 사마귀가 앞발을 들고 수레를 멈추려 했다는 고사에서 유래한 말로, 자기 분수도 모르고 무모하게 덤빔을 비유적으로 이르는 말
③ 여반장 : 어떠한 일이 손바닥을 뒤집는 것과 같다는 뜻으로, 일이 매우 쉬움을 비유적으로 이르는 말
④ 권불십년 : 아무리 높은 권세라도 10년을 가지 못한다는 말

정답 (22 ④ 23 ② 24 ②)

25 '입이 질다'는 '말을 수다스럽게 많이 하는 버릇이 있다'는 뜻으로 '교양'과는 어울리지 않는다.
① 입이 높다 : 보통 음식으로 만족하지 아니하고 맛있고 좋은 음식만을 바라는 버릇이 있다.
② 입이 뜨다 : 입이 무겁거나 하여 말수가 적다.
③ 입 아래 코 : 일의 순서가 바뀐 경우를 비유적으로 이르는 말

25 **다음 중 밑줄 친 관용어의 사용이 적절하지 않은 것은?**

① 저 친구는 <u>입이 높아</u> 일반 음식은 먹지 않아.
② 그는 <u>입이 뜨고</u> 과묵한 사람이다.
③ <u>입 아래 코</u>라고 일의 순서가 바뀌었어.
④ 사람이 저렇게 <u>입이 진</u> 것을 보니 교양이 있겠구나.

26 '는'은 주격 조사가 아니라 받침 없는 체언 뒤에 붙어 문장 속에서 어떤 대상이 화제임을 나타내는 '보조사'이다.
① '에서' : 처소 부사격 조사
② '와' : 비교 부사격 조사
③ '로서' : 자격 부사격 조사

26 **다음 밑줄 친 것 중 보조사인 것은?**

① 이 물건은 시장<u>에서</u> 사 왔다.
② 개는 늑대<u>와</u> 비슷하게 생겼다.
③ 그것은 교사<u>로서</u> 할 일이 아니다.
④ 나<u>는</u> 거칠 것 없는 바다의 사나이다.

27 '㉠ 참 : 성상부사, ㉡ 과연 : 양태부사, ㉢ 엄마와 : 체언 + 비교부사격조사, ㉣ 그러나 : 문장접속부사'로 모두 성분은 부사이다.
① ㉠의 '참'은 문장의 어느 한 성분(아름답다)만을 수식하는 성분부사어지만, ㉡의 '과연'은 뒤에 오는 문장 전체를 수식하는 문장부사어이다.
② ㉡의 '과연'은 문장 부사어지만, ㉢의 '엄마와'는 서술어 '닮았다'를 수식하는 성분 부사어이다.
③ ㉢의 '엄마와'는 성분 부사어지만, ㉣의 '그러나'는 문장 접속 부사어이다.

27 **다음 밑줄 친 성분에 대한 설명 중 가장 적절한 것은?**

> ㉠ 영선이가 <u>참</u> 아름답다.
> ㉡ <u>과연</u> 영선이는 똑똑하구나.
> ㉢ 영선이는 <u>엄마와</u> 닮았다.
> ㉣ <u>그러나</u> 영선이는 역경을 이겨냈다.

① ㉠과 ㉡의 밑줄 친 부분은 문장 내의 다른 성분을 수식하는 성분 부사어이다.
② ㉡과 ㉢의 밑줄 친 부분은 문장 전체를 수식하는 문장 부사어이다.
③ ㉢과 ㉣의 밑줄 친 부분은 앞뒤를 연결해 주는 접속 부사어이다.
④ ㉠부터 ㉣까지 밑줄 친 부분은 모두 부사어이다.

정답 25 ④ 26 ④ 27 ④

28 다음 중 문장의 호응이 어색한 것은?

① 절대로 이것은 사실이 아닙니다.

② 아직 학교에 도착하지 않았습니다.

③ 모름지기 교통법규를 지키는 일은 중요합니다.

④ 그다지 돈은 중요하지 않습니다.

01 다음 설명과 관련이 깊은 언어의 특성을 쓰시오.

> ㉠ 우리나라의 '집'을 영어에서는 '하우스'라 한다.
> ㉡ 우리말에 '목숨'과 '생명'의 유의어가 있다.
> ㉢ '부추'를 어느 방언에서는 '솔'이라고 한다.
> ㉣ 말소리와 의미 사이에는 아무런 필연적인 관계가 없다.

28 '모름지기'는 서술어 '~해야 한다.'와 호응 → 모름지기 교통법규를 지켜야 한다.
① '절대로 ~이 아니다.'
② '아직 ~지 않다.'
④ '그다지 ~지 않다.'

01
정답 자의성 = 임의성 = 무연성
해설 자의성의 근거: 동일 형식-다른 내용, 다른 형식-동일 내용
① 동일한 내용에 대해 각 언어마다 형식이 다르다.
② 동음이의어와 유의어가 있다.
③ 언어의 형식과 내용의 변화가 따로따로 일어난다.(언어의 역사성)
④ 의성어나 의태어의 경우에도 의미와 소리 사이에 필연성은 없는 것으로 본다.
⑤ 표준어와 사투리가 있다.

정답 28 ③

02
정답 ㉡, ㉤
해설 '/ㄷ/', '/ㄸ/', '/ㅌ/'
① 자음 : 조음 기관의 어떤 부분이 장애를 받아 나는 소리
② 조음 위치 : '혀끝소리(치조음)'
③ 조음 방법 : 파열음–허파에서 나오는 공기를 일단 막았다가, 그 막은 자리를 터뜨리면서 내는 소리

03
정답 '늦잠'은 합성법에서 어간 뒤에 관형사형 전성어미 '–은'은 생략될 수 없는 것이 일반적 구조이나, 어미가 생략되었으므로 비통사적 합성어이고, '촐랑새'는 체언 앞에는 관형사가 오는 것이 일반적 수식의 구조이나 부사가 체언 앞에 왔으므로 일반적 수식구조와 어긋나는 비통사적 합성어이다. 부사가 용언 앞에 오는 수식구조는 통사적 합성어이다.

02 다음 중 '/ㄷ/', '/ㄸ/', '/ㅌ/' 소리의 특징에 해당하는 기호를 모두 쓰시오.

> ㉠ 공기가 코를 통과하면서 나오는 소리
> ㉡ 조음 기관의 어떤 부분이 장애를 받아 나는 소리
> ㉢ 혀의 앞부분이 딱딱한 입천장에 닿아서 나는 소리
> ㉣ 소리를 낼 때 공기가 빠져 나가면서 마찰이 나는 소리
> ㉤ 폐에서 나오는 공기를 일단 막았다가 그 막은 자리를 터뜨리면서 내는 소리

03 합성법의 유형 중 '늦잠'과 '촐랑새'가 비통사적 합성어인 이유를 서술하시오.

해설 통사적 합성과 비통사적 합성의 식별 기준
① 체언 뒤 '조사'의 생략 : 통사적 합성어–집(의)안, 힘(이)들다, 힘(을)쓰다, 앞(에)서다 등
② 어간 뒤 '어미'의 생략 : 비통사적 합성어–덮(은)밥, 늦(은)더위, 높(고)푸르다, 검(고)붉다 등
③ 어간 + 어미 + 실질 : 통사적 합성어–날아가다, 돌아보다, 큰형, 작은형 등
④ 관형사 + 체언 : 통사적 합성어–새해, 새옷, 새마을 등
⑤ 부사 + 용언 : 통사적 합성어–잘하다, 못하다 등
⑥ 부사 + 부사 : 통사적 합성어–죄다, 줄곧, 더더욱, 부슬부슬 등
⑦ 부사 + 체언 : 비통사적 합성어–부슬비, 촐랑새 등

04 훈민정음 초성 중 이체자의 개념과 자음을 모두 쓰시오.

04

정답 훈민정음의 초성자 중 '이체자(異體字)'란 가획의 원리로는 설명할 수 없이 기본자를 다소 모양을 달리하여 만든 글자를 말하는 것으로 'ㆁ(옛이응), ㄹ(반설음), ㅿ(반치음)'이 이에 속한다.

해설 훈민정음 초성 17자
훈민정음 초성(初聲, 자음, 첫소리): 17자－발음기관 모양의 상형(象形) + 가획(加劃) + 이체(異體)

명칭	기본자	가획자	이체자	제자 원리
어금닛소리(牙音)	ㄱ	ㅋ	ㆁ	혀뿌리가 목구멍을 막는 모양(舌根閉喉之形)
혓소리(舌音)	ㄴ	ㄷ, ㅌ	ㄹ	혀끝이 윗잇몸에 붙는 모양(舌附上齶之形)
입술소리(脣音)	ㅁ	ㅂ, ㅍ		입술 모양(口形)
잇소리(齒音)	ㅅ	ㅈ, ㅊ	ㅿ	이의 모양(齒形)
목구멍소리(喉音)	ㅇ	ㆆ, ㅎ		목구멍 모양(喉形)

05 다음 문장을 띄어쓰기 규정에 맞게 고쳐 쓰고 그 이유를 설명하시오.

그는 동 틀 녘에 왔다가 어슬 녘에 떠났다.

05

정답 그는∨동틀∨녘에∨왔다가∨어슬녘에∨떠났다.
'녘'이 때(무렵)를 뜻할 때는 의존명사이므로 띄어 쓰지만, '동트다'는 합성동사이므로 붙여 써야 한다. 다만 '어슬녘'처럼 합성어로 인정되는 경우에는 붙여 쓴다.

해설 '녘' 띄어쓰기
① '방향'을 나타낼 때: '쪽'의 뜻으로 항상 붙여 쓴다.(= 합성어)
예 동녘, 서녘, 남녘, 북녘, 들녘 등
② (일부 명사나 어미 '-을' 뒤에 쓰여) 어떤 때의 무렵: 의존명사이므로 띄어 쓴다.
예 해∨뜰∨녘, 해∨질∨녘, 동틀∨녘 아침 녘, 황혼 녘 등
③ 합성어이므로 붙여 쓰는 경우
예 새벽녘, 샐녘, 저물녘, 어슬녘, 저녁녘 등

참고 '동트다'는 한 단어이므로 '동틀∨녘'에서 '동틀-'은 붙여 써야 하지만, '해뜨다'나 '해지다'의 경우 한 단어로 인정하지 않으므로 '해∨뜰∨녘, 해∨질∨녘'처럼 모두 띄어 써야 한다.

06

정답 자형, 매형, 매부

해설 '누나의 남편'에 대한 호칭
① 자형(姉兄) : 손위 누이의 남편을 이르거나 부르는 말
② 매형(妹兄) : 손위 누이의 남편을 이르거나 부르는 말. ≒ 인형, 자부, 자서, 자형.
③ 매부(妹夫) : 손위 누이나 손아래 누이의 남편을 이르거나 부르는 말

07

정답 ⓒ 거리, ⓔ 접, ⓜ 죽
ⓒ 거리 : 오이, 가지 따위의 50개를 이르는 단위
ⓔ 접 : 과일, 무, 배추, 마늘 따위의 100개를 이르는 말
ⓜ 죽 : 버선이나 그릇 등의 열 벌을 한 단위로 말하는 것

해설 20을 뜻하는 단위어
① 두름 : 조기, 청어 따위의 생선을 10마리씩 두 줄로 묶은 20마리
② 제 : 탕약 20첩, 또는 그만한 분량으로 지은 환약이나 고약의 양
③ 쾌 : 북어 20마리
④ 태 : 나무꼬챙이에 꿴 말린 명태 20마리
⑤ 축 : 마른 오징어 20마리

06 남자의 입장에서 '누나의 남편'에 대한 호칭 3가지를 제시해 보시오.

07 다음 단위어 중 20단위를 나타내는 말이 아닌 것을 모두 쓰시오.

㉠ 두름	㉡ 제	㉢ 거리
㉣ 접	㉤ 죽	㉥ 태

08 다음 밑줄 친 부분의 시간을 쓰시오.

> 梨花에 月白하고 銀漢이 <u>三更</u>인제
> 一枝春心을 子規야 알랴마는
> 多情도 病인 양하야 잠 못 들어 하노라
>
> — 이조년의 시조

08

정답 三更 : 23시 ~ 01시 ≒ 자시(子時), 병야(丙夜)

해설 12지(띠와 시)

12지	자(子)	축(丑)	인(寅)	묘(卯)	진(辰)	사(巳)	오(午)	미(未)	신(申)	유(酉)	술(戌)	해(亥)
동물	쥐	소	범	토끼	용	뱀	말	양	원숭이	닭	개	돼지
시각	23~1	1~3	3~5	5~7	7~9	9~11	11~13	13~15	15~17	17~19	19~21	21~23

09 관용 표현 '발을 뽑다.'의 뜻을 풀이해 보시오.

09

정답 발을 뽑다 : 관계된 일에서 물러나거나 책임을 피하여 빠져나오다.

해설 '발'과 관련된 관용 표현
① 발을 뽑다 : 관계된 일에서 물러나거나 책임을 피하여 빠져나오다.
② 발을 끊다 : 오가지 않거나 관계를 끊다.
③ 발이 익다 : 여러 번 다니어서 길에 익숙하다.
④ 발이 넓다 : 아는 사람이 많다.
⑤ 발이 묶이다 : 몸을 움직일 수 없거나 활동할 수 없는 형편이 되다.

10

정답 주어 '이 지역은'과 서술어 '받게 됩니다'의 호응이 이루어지지 않았다.
→ 이 지역은 ~ 처벌을 받는 곳입니다.
→ 이 지역에 무단 입산자는 ~ 처벌을 받게 됩니다.

해설 **문장 성분 간 호응의 오류**
① 주어와 서술어 호응의 오류
② 목적어와 서술어 호응의 오류
③ 구조어(부사어)와 서술어 호응의 오류

10 다음 예문이 어법에 맞지 않는 이유를 쓰고, 어법에 맞게 고치시오.

> 이 지역은 무단 입산자에 대하여는 자연공원법 제60조에 의거 처벌을 받게 됩니다.

제 2 편

고전문학

교육은 우리 자신의 무지를 점차 발견해 가는 과정이다.

− 윌 듀란트 −

제 **1** 장 | 총론

제1절 | 한국문학의 범위와 영역

1. 한국문학의 성격과 범위

(1) 정의

한국어로 된 문학, 한국인이 자신의 사상과 감정 등 가치 있는 체험을 한국어로 형상화한 문학, 우리 민족이 선사시대 이래 오늘날까지 창조한 문학 전체를 말한다.

(2) 한국문학의 영역 분류

① 전승 방식에 따른 분류(구비문학과 기록문학)
② 기록 문자에 따른 분류(국문문학과 한문문학)

2. 한국문학의 영역

(1) 구비문학

① **정의** : 사람들의 입을 통하여 전승되어 온 문학이다.
② **성격** : 말로 된 문학, 구연(口演)되는 문학, 공동작의 문학, 단순하고 보편적인 문학, 민중적이고 민족적인 문학
③ **종류** : 말(속담, 수수께끼 등), 이야기(신화, 전설, 민담 등), 노래(민요, 서사무가, 판소리 등), 놀이(무당굿, 꼭두각시놀음, 탈춤 등)
④ **의의** : 한국문학의 중요한 일원이며 국문문학의 모태가 되었고 지금도 창작, 향유되고 있다.

(2) 한문문학

① **정의** : BC 2세기 경 한자가 우리나라에 전해진 이래 조선 후기까지 **한자로 창작한, 우리나라 사람들**의 손에 의해 창작된 문학이다.
② **성격** : 한자를 배울 수 있었던 귀족이나 지식층만이 창작, 향유했다.
③ **가치** : 우리 민족이 각 시대마다 처했던 현실을 충실히 반영한 작품이 많고, 한국문학의 폭을 넓히고 심미적 의식과 사상을 풍부하게 했다.

(3) 국문문학

① **정의** : 국문으로 표현된 문학

② **종류** : 순수 국문문학(한글로 된 문학), **차자문학**(향찰로 표기된 향가가 이에 해당되는데 국문문학에 속함)

③ **성격** : 한글 창제 이후 본격적으로 발달하였으며, 구비문학으로부터 창조적 원천을 얻어 왔고, 한문 문학의 영향도 받았다.

제2절   **한국문학의 전개** `종요` ★

1. 고대문학 : 태동기 ~ 918년

(1) 국문학의 발생

제천 의식에서 행해진 집단가무(集團歌舞, ballad dance)에서 발생하였다.

(2) 국문학의 분화

① 집단가무 형태의 원시 종합 예술에서 문학이 분화되고, 다시 이것이 신화·전설 등의 설화 문학과 개인 서정 가요로 점차 분화되어 독자적인 길을 걷게 되었다.

② 설화와 고대 가요는 구비 전승되다가 후대에 한역되면서 정착했다.

③ 집단적 서사문학에서 개인적 서정문학으로 이행되었다.

(3) 운문문학

① **고대가요(古代歌謠)** : 구비 전승되다가 한역되면서 정착

② **향가(鄕歌)** : 향찰 문자로 기록된 정형시가의 발생

(4) 산문문학

설화(신화·전설·민담)가 구비되다가 후대 소설의 근원이 되었다.

(5) 한문학의 발달

일찍이 한자가 수입되어 한문문학이 발달하였으며, 한자의 음과 훈을 빌려 우리말을 표기하는 차자 표기법이 개발되기도 하였다.

2. 고려시대 문학 : 918 ~ 1392년

(1) 특징

① 과도기적 문학

② **국문학의 암흑기** : 한문학의 융성기 → 향가의 소멸

③ 무신난 이후 새로운 문학 담당층의 대두(신진사대부)

④ 문학 향유 계층의 대립(고려속요 ↔ 경기체가)

(2) 운문문학

① **향가계여요** : 향가와 고려속요의 과도기

② **고려속요** : 고려 평민들의 서정가요

③ **경기체가** : 양반 계층의 교술 양식

④ **시조** : 사대부들의 즉흥적 시심을 담기 위해 발생

주관식 레벨 UP

고려시대에 발생된 운문문학 4가지 장르를 쓰시오.

풀이 향가계여요, 고려속요, 경기체가, 시조

---

(3) 산문문학

① **패관문학** : 구비 전승되던 설화의 채록

② **가전체문학** : 계세징인(戒世懲人)을 목적으로 창작된 의인체 문학

(4) 한문학

과거제도의 실시와 불교의 융성으로 인한 한문학의 발달

3. 조선 전기 문학 : 1392 ~ 1592년

(1) 특징

① **훈민정음의 창제** : 본격적인 국문학의 출발 기점

② **전대의 구전문학의 정착** : 고려 속요

③ **경서와 문학서의 언해 사업이 활발하게 추진**

④ **새로운 문학 양식의 대두** : 악장, 가사, 고대소설

⑤ **운문문학의 성행** : 시조, 가사

⑥ **고대소설의 태동** : 한문소설

(2) 운문문학

① **악장문학** : 건국 초기의 송축가

② **시조** : 사대부들의 필수적 교양물

③ **가사** : 경기체가의 붕괴로 나타난 교술양식

주관식 레벨 UP

조선 전기 경기체가의 붕괴 과정에서 발생한 교술양식으로 시조와 더불어 2대 운문문학에 포함된 장르는 무엇인가?

풀이 가사(歌辭)

---

(3) 산문문학

고대 한문소설의 태동

(4) 한문학

도학파와 사장파가 대립 이후 순정문학파로 발전

4. 조선 후기 문학 : 1592 ~ 1894년

(1) 특징

① **현실주의적인 경향의 대두** : 조선 전기의 비현실적이고 소극적인 안빈낙도, 음풍농월류의 경향에서 탈피, 현실적이고 구체적인 삶의 의미를 추구하는 문학 경향이 강하게 대두되었다.

② **산문화, 장편화의 경향** : 시조가 정형성을 벗어난 중·장형 시조인 엇시조와 사설시조로 변화했으며, 가사 역시 보다 산문적인 내용인 기행 가사나 유배 가사를 주류로 하였고 분량도 장편화되었다.

③ **평민 문학의 대두** : 작자층과 향유 계층이 평민 계급으로 대폭 확대되면서 평민 의식을 반영한 다양한 작품들이 등장하였다.

④ **국문 소설의 발달** : 허균의 '홍길동전'을 비롯, 김만중의 '구운몽', '사씨남정기' 등 많은 국문 소설이 쏟아져 나왔다.

⑤ **국문 수필류 창작** : 일기, 서간, 기행 등의 다양한 수필류가 대거 생산되었다.

⑥ **평민의 종합예술 정착** : 판소리, 민속극

(2) 운문문학

① **시조** : 시조창과 사설시조의 융성

② **가사** : 서사가사, 장편가사, 잡가의 등장

(3) 산문문학

① 국문 소설의 태동과 융성

② 아녀자 중심의 국문수필의 태동

(4) 평민의 종합예술

① 판소리의 정착과 융성

② 민속극의 정착과 발달

주관식 레벨 UP

조선 후기 평민의 종합예술로 정착한 2대 장르는 무엇인가?

풀이 판소리와 민속극

제3절   한국문학의 특질 종요 ★

1. 한(恨)의 정서

(1) 개념 : 주어진 운명에 대결하지 않고 순응함으로써 슬픔을 승화시키는 것

(2) 배경 : 민족의 역사적 환경, 즉 외세의 침입, 신분적 억압 체제, 전통적 도덕주의와 숙명론의 굴레로부터 비롯되었다.

(3) 미적 범주 : 우아미 혹은 비장미

(4) 작품 : 고려가요, 민요, 1920년대의 현대시 등

2. 해학과 풍자의 미학

(1) 개념

① **해학** : 희극적 인물을 통해 고통과 갈등을 화해의 세계로 변화시키는 **웃음**의 정신(→ 평민들의 건강한 삶의 의식 반영)

② **풍자** : 현실의 부조리와 모순을 빗대어 폭로함으로써 현실에 대한 부정과 비판 의식을 간접적으로 표현하는 정신

(2) **배경** : 지배층의 가렴주구와 불합리한 도덕주의의 질곡으로 고통스런 삶을 영위하던 서민들의 삶의 애환을 표출하는데서 비롯되었다.

(3) **가치** : 체념에 빠질 수 있는 고통과 한을 받아들여 삭이거나, 내적으로 저항함으로써 역경을 뛰어넘을 수 있었다.

(4) **작품** : 민요, 사설시조, 판소리계 소설, 탈춤 등

3. 조화와 풍류의 정신

(1) **개념**
　　① **조화** : 여유와 품위를 주는 아름다움
　　② **풍류** : 약간의 변형을 통해 전체적인 조화에 활력을 줌

(2) **배경** : 사대부 사회의 삶의 여유와 낙천적인 세계관에서 비롯되었다.

(3) **가치** : 자연미의 발견과 인생론의 심화

(4) **작품** : 강호한정(江湖閑情)의 시조 및 가사, 사설시조의 파격미, 청록파와 시문학파의 시

4. 선비 기질과 지조

(1) **개념** : 고상한 품위와 위엄으로 대의명분에 충실하려는 강한 의지와 절개

(2) **배경** : 유교적 전통 사회 속에서 형성된 선비 기질에서 비롯되었다.

(3) **가치** : 민족의 고난을 극복하는 주체성의 확보

(4) **작품** : 조선 전기 시조(충의가, 절의가), 일제하의 저항시 등

제 2 장 | 고전시가

제1절 고대가요의 세계 종요 ★★★

01 현전가요

(1) 개념

① 집단적이고 서사적인 문학에서 개인적이고 서정적인 시가(詩歌)로 분리되면서 생성·발전

② 향가 이전의 시가

(2) 특징

① 집단적 서사시에서 개인적 서정시로 발전하였다.

② 배경 설화 속에 삽입가요의 형태로 구비 전승되었다.

③ 구전되다가 **한역(漢譯)**되어 전한다.

> 참고 단, '정읍사'만은 조선 시대에 국문 정착

④ 집단적 서사문학에서 개인적 서정문학으로의 이행되는 모습을 보여준다.

(3) 작품 개관

제목	작가	시기	내용	특징	출전
공무도하가 (公無渡河歌)	백수광부의 처	고조선	사별(死別)의 정한	최초의 서정시가, 곡조명 : 공후인	『해동역사』, 『고금주』
구지가 (龜旨歌)	구간(九干)	신라 유리왕	• 영신군가(迎神君歌) • 수로왕 강림 신화	최초의 구비 서사시, 주 술가, 노동요	『삼국유사』
황조가 (黃鳥歌)	유리왕	고구려	이별의 정한	최초의 개인 서정시	『삼국사기』
정읍사 (井邑詞)	행상인의 아내	백제	남편의 안전 기원	국문으로 정착된 최고(最 古)의 시가	『악학궤범』
해가사 (海歌詞)	강릉 주민	신라 성덕왕	수로 부인	구지가의 아류작	『삼국유사』

주관식 레벨 UP

1. 가사가 전해지는 현전가요 5편의 제목을 모두 쓰시오.

풀이 공무도하가, 구지가, 황조가, 정읍사, 해가사

2. 현전 고대가요 중 한역시가 아니라 유일하게 국문으로 전해지는 작품은?

풀이 정읍사

02 주요 작품의 감상

1. 공무도하가(公無渡河歌) **중요** ★★

公無渡河(공무도하)	님아, 그 물을 건너지 마오.
公竟渡河(공경도하)	님은 기어이 물을 건너시고 말았네.
墮河而死(타하이사)	물에 빠져 죽으니
當奈公何(당내공하)	님을 장차 어이할거나.

– 『해동역사』권22 악가 악무조

핵심정리

① 작자 : 백수 광부(白首狂夫)의 처(妻)
② 연대 : 고조선(古朝鮮)
③ 성격 : 개인적, 서정적 가요
④ 종류 : 한역가(漢譯歌), 서정시, 개인적인 서정가요
⑤ 표현 : 직서법, 직정적(直情的)이고 절박한 표현
⑥ 구성 : 4언 4구체
⑦ 제재 : 물
⑧ 주제 : 임을 여읜 슬픔, 남편의 죽음을 애도(哀悼)
⑨ 의의
　　㉠ 황조가와 함께 우리나라 최고의 서정가요
　　㉡ 원시적 집단적 서사시에서 서정시로 옮아가는 과도기적 작품

주관식 레벨 UP

다음 작품에서 밑줄 친 시어의 함축적 의미를 구별하여 쓰시오.

公無渡㉠河(공무도하)
公竟渡㉡河(공경도하)
墮㉢河而死(타하이사)
當奈公何(당내공하)

풀이 ㉠ 충만한 사랑, ㉡ 이별, ㉢ 죽음

2. 구지가(龜旨歌) 중요 ★★

龜何龜何(구하구하)	거북아 거북아
首其現也(수기현야)	머리를 내어라
若不現也(약불현야)	내놓지 않으면
燔灼而喫也(번작이끽야)	구워서 먹으리

– 『삼국유사(三國遺事)』 권2

핵심정리

① 작자 : 구간(九干)
② 연대 : 신라 유리왕 19년, 가락국 건국 때
③ 성격 : 주술요(呪術謠), 노동요(勞動謠), 집단 무가
④ 종류 : 한역가, 서사적 서정시(배경은 서사시, 내용상으로는 서정시)
⑤ 표현 : 주술적(呪術的), 직설적(直說的) 표현, 명령 어법
⑥ 구성 : 4언 4구체, 무요(巫謠)
⑦ 주제 : 수로왕 강림 기원, 생명 탄생의 염원
⑧ 의의
　　㉠ 현재 전하는 가장 오래된 집단 무가(巫歌)
　　㉡ 주술성을 가진 현전 최고의 노동요(勞動謠)

주관식 레벨 UP

1. 다음 작품의 어조를 순서대로 나열하시오.

龜何龜何(구하구하)	거북아 거북아
首其現也(수기현야)	머리를 내어라
若不現也(약불현야)	내놓지 않으면
燔灼而喫也(번작이끽야)	구워서 먹으리

풀이 환기, 명령, 가정, 위협

2. 현전 고대가요 중 가장 오래된 집단 무가이며, 주술성을 지닌 최고의 노동요의 제목은?

〖풀이〗 구지가

3. 황조가(黃鳥歌) 〔중요〕 ★

翩翩黃鳥(편편황조)	펄펄 나는 꾀꼬리는
雌雄相依(자웅상의)	암수 서로 정다운데
念我之獨(염아지독)	외로워라 이 내 몸은
誰其與歸(수기여귀)	그 누구와 함께 돌아갈까.

– 『삼국사기(三國史記)』 권13

핵심정리

① **작자** : 고구려 유리왕
② **연대** : 고구려 유리왕 3년(B.C 17년)
③ **성격** : 개인적 서정시, 삽입가요
④ **표현** : 자연물을 빌려 우의적으로 표현. 대조, 의태법
⑤ **구성** : 4언4구(四言四句), **선경후정(先景後情)**
⑥ **제재** : 꾀꼬리[黃鳥]
⑦ **주제** : 임을 여읜 슬픔(실연의 슬픔)
⑧ **의의**
　　㉠ 집단적인 서사문학에서 개인적인 서정문학으로 옮겨가는 단계의 노래
　　㉡ 내용이 전해지는 유일한 고구려 가요

주관식 레벨 UP

다음 작품의 대표적 시상 전개방식 두 가지를 제시하시오.

翩翩黃鳥	펄펄 나는 꾀꼬리는
雌雄相依	암수 서로 정다운데
念我之獨	외로워라 이 내 몸은
誰其與歸	그 누구와 함께 돌아갈까.

〖풀이〗 선경후정, 4단구성

4. 정읍사(井邑詞) 중요 ★★★

> 둘하 노피곰 도두샤
> 어긔야 머리곰 비취오시라
> 어긔야 어강됴리 / 아으 다롱디리
> 져재 녀러신고요
> 어긔야 즌 딕를 드딕욜셰라
> 어긔야 어강됴리
> 어느이다 노코시라
> 어긔야 내 가논 딕 졈그룰셰라
> 어긔야 어강됴리 / 아으 다롱디리
>
> 달님이시여 높이높이 돋으시어
> 멀리멀리 비춰 주소서.
> 어긔야 어강됴리 / 아으 다롱디리
> 시장에 가 계시는지요.
> 위험한 곳을 디딜까 두렵습니다.
>
> 어느 곳에나 놓으십시오.
> 당신 가시는 곳에 저물까 두렵습니다.
> 어긔야 어강됴리 / 아으 다롱디리

핵심정리

① 작자 : 어느 행상의 처
② 연대 : 백제 시대(고려 시대로 보는 설도 있음)
③ 성격 : 민요적. 망부석 설화
④ 종류 : 백제 가요, 속요(俗謠)
⑤ 구성 : 3장(연) 6구(각 연에 후렴구가 있음)
⑥ 주제 : 행상 나간 남편의 무사귀환(안전)을 기원
⑦ 의의
  ㉠ 현전하는 유일한 백제의 노래이다.
  ㉡ 한글로 기록되어 전하는 가장 오래된 노래이다.
  ㉢ 시조의 원형으로 보기도 한다. (여음구를 제외하면 4음보 3장의 형태임)
  ㉣ 여음구와 후렴구로 보아 고려가요로 보기도 한다.
  ㉤ 조선 성종 때 『악학궤범』에 수록되었으나, 중종 때 '남녀상열지사'라 하여 '동동'과 함께 삭제되었다. 그러나 민간에서는 '아롱곡'이라는 별칭으로 구비 전승되었다.
⑧ 출전 : 『악학궤범(樂學軌範)』

주관식 레벨 UP

'정읍사'와 같은 '망부석설화'를 배경으로 하는 신라와 백제의 부전가요를 하나씩 쓰시오.

풀이 치술령곡, 선운산가

제2절 향가(鄕歌)의 성격과 주요 작품 세계

01 개념

(1) 광의(廣義) : 중국의 시가(詩歌)에 대한 우리나라의 노래

(2) 협의(狹義) : 향찰(鄕札)로 표기된 신라 시대의 노래

> **주관식 레벨 UP**
>
> 향가의 표기방식의 명칭은 무엇인가?
>
> 풀이 향찰(鄕札)

02 시기

신라 초인 6C 경부터 고려 초 10C 경까지 활발하게 창작되었고, 고려 중엽에 소멸하였다.

03 의의

(1) 현전 기록문학의 효시 : 기록문학으로 고대문학의 본격적인 출발점

(2) 현전 최초의 정형시(10구체)

(3) 신라어 연구의 귀중한 자료, 표기법(향찰)은 외래문화를 주체적으로 수용 · 발전시킨 예

> **주관식 레벨 UP**
>
> 10구체 향가의 문학사적 의의를 서술하시오.
>
> 풀이 현전 기록문학의 효시이며, 현전 최초의 정형시이다.

04 형식

(1) **4구체(4수)** : 향가의 초기 형태. 민요・동요의 정착형 → 서동요, 풍요, 헌화가, 도솔가

(2) **8구체(2수)** : 과도기적 형태. 4구체의 중첩형 → 모죽지랑가, 처용가

(3) **10구체(19수)** : 신라 향가(8수) + 고려 향가(11수)

  ① **완성형** = 사뇌가(詞腦歌), 사내악
  ② **3단 구성** : 기(4)−서(4)−결(2)

  > 참고 ‘찬기파랑가’는 ‘3−5−2’의 구성

  ③ **낙구 첫머리(9행)** : ‘아으’. 감탄사 고정
  ④ **낙구(9, 10행)** : 주제구
  ⑤ 3단 구성과 낙구 첫머리 감탄사는 고려 시대 시조에 영향을 줌

  주관식 레벨 UP

  현전 4구체 향가 4수를 모두 쓰시오.

  풀이 서동요, 풍요, 헌화가, 도솔가

05 특징

(1) **현전 향가(25수)** : 『삼국유사』 14수, 『균여전』 11수.

  > 참고 부전 향가집: 진성여왕 2년(888) 『**삼대목(三代目** : 각간 위홍, 대구화상)』

  주관식 레벨 UP

  진성여왕 2년(888) 각간 위홍과 대구화상이 편찬한 부전 향가집은?

  풀이 삼대목(三代目)

(2) **작자** : 승려, 화랑 등 주로 **귀족 계층**의 노래

  > 참고 ① 4구체에 다소 평민들의 민요적 성격이 있다고 하더라도 10구체가 주류를 이루므로 상・하층이 공유하던 국민문학이라는 설명은 잘못된 것이다.
  > ② 주로 남성 위주의 노래이지만, 현전 유일의 여류작은 ‘희명’의 ‘천수대비가’이다.

현전 향가 중 유일한 여류작의 작가와 제목은 무엇인가?

풀이 희명, 천수대비가

(3) **내용** : 서정적 노래가 주류, 주술적 · 불교 발원 포함 → 서정 양식

현전 향가 중 주술성을 지닌 4편의 작품 제목을 쓰시오.

풀이 도솔가, 처용가, 혜성가, 원가

06 주요 작품

(1) 삼국유사(14수) : 신라 향가

형식	제목	작가	내용	특징
4구체	서동요 (薯童謠)	백제 무왕	선화공주와의 결혼을 위해 부른 참요적 내용, 동요의 정착형	최초의 향가
	풍요 (豊謠)	미상	불상을 지을 때 진흙을 운반하면서 부른 불교적 노동요	향가 중 유일한 노동요
	헌화가 (獻花歌)	어느 노인	수로 부인에게 철쭉을 꺾어 바치면서 부른 연정가	진달래꽃과 관련된 민요
	도솔가 (兜率歌)	월명사	해의 변괴를 없애기 위한 주술가	주술가
8구체	모죽지랑가 (慕竹旨郎歌)	득오	죽지랑의 인품을 그리며 부른 추모가	만가(輓歌)
	처용가 (處容歌)	처용	아내를 범하는 역신(疫神)을 쫓는 노래, 무가(巫歌), 주술가	신라 향가의 마지막 작품
10구체	혜성가 (彗星歌)	융천사	혜성의 변괴와 왜구의 출몰을 막기 위해 부른 주술가	최초의 10구체
	원가 (怨歌)	신충	왕의 식언(食言)을 원망하여 지은 노래로 주술성을 가짐	일명 백수가(柏樹歌)
	원왕생가 (願往生歌)	광덕	극락왕생을 기원하는 불교적 내용	추모가
	제망매가 (祭亡妹假)	월명사	요절(夭折)한 누이를 추모하는 노래	추모가
	찬기파랑가 (讚耆婆郎歌)	충담사	기파랑의 인품을 사모해서 부른 노래	추모가

안민가 (安民歌)	충담사	나라를 다스리는 도리에 대한 유교적 치국(治國) 이념을 표현	유일하게 유교적 정치 이념 표출
천수대비가 (千手大悲歌)	희명	눈먼 자식의 눈을 뜨게 해 달라고 비는 기도가	유일한 여류작
우적가 (遇賊歌)	영재	영재가 도적들을 만났을 때, 그들을 깨우친 설법의 노래	불교적

주관식 레벨 UP

향가 해독의 근거가 된 작품은?

풀이 처용가

(2) 균여전(보현십원가 11수) : 고려 향가 ─ 10구체, 찬불가

예경제불가	칭찬여래가	광수공양가	참회업장가
수희공덕가	청전법륜가	청불주세가	상수불학가
항순중생가	보개회향가	총결무진가	

07 주요 작품의 감상

1. 서동요(薯童謠)

善化公主主隱	善化公主니믄	선화 공주님은
他密只嫁良置古	눔 그스지 얼어두고	남몰래 정을 통하고
薯童房乙	맛둥방올	서동방을
夜矣卯乙抱遣去如	바미 몰 안고 가다.	밤에 몰래 안고 가다.

핵심정리

① 작자 : 서동(薯童)
② 연대 : 신라 진평왕 때(599년 이전), 백제 무왕의 젊은 시절
③ 성격 : 참요(讖謠-예언, 암시하는 노래)
④ 종류 : 4구체(전래되어 온 민요가 정착됨)
⑤ 주제 : 선화 공주에 대한 연정(戀情), 결혼 계략
⑥ 의의
　　㉠ 현전 최초의 향가
　　㉡ 민요가 4구체 향가로 정착한 노래
　　㉢ 현전 향가 중 유일한 동요(童謠)
　　㉣ 배경설화 : 서동 설화
⑦ 출전 : 『삼국유사(三國遺事)』

2. 처용가(處容歌)

東京明期月良	시볼 불긔 드래	서울 밝은 달 아래
夜入伊遊行如可	밤드리 노니다가	밤 늦도록 노닐다가
入良沙寢矣見昆	드러사 자리 보곤	들어와 자리 보니
脚烏伊四是良羅	가르리 네히어라	가랑이가 넷이어라
二肹隱吾下於叱古	둘흔 내해엇고	둘은 내 것인데
二肹隱誰支下焉古	둘흔 뉘해언고	둘은 뉘 것인고
本矣吾下是如馬於隱	본딕 내해다마른	본디 내 것이었다마는
奪叱良乙何如爲理古	아사눌 엇디ᄒ릿고	빼앗아 간 것을 어찌하리오

핵심정리

① 작자 : 처용(處容)
② 연대 : 신라 헌강왕(875~885)
③ 성격 : 주술적 무가(巫歌), 축사(逐邪)의 노래
④ 종류 : 8구체 향가(4·4조의 민요조로 됨)
⑤ 표현 : 직서적(直敍的)인 표현. 관용적 태도
⑥ 주제 : 귀신을 쫓아냄[축사(逐邪)]
⑦ 의의
    ㉠ 벽사 진경(辟邪進慶)의 소박한 민요에서 형성된 무가
    ㉡ 의식무(儀式舞), 또는 연희의 성격을 띠고 고려와 조선 시대까지 계속 전승
    ㉢ 향가이면서도 고려 속요에 포함(향가 해독의 근거가 된 작품)
    ㉣ 현전 신라 향가의 마지막 작품
⑧ 출전 : 『삼국유사(三國遺事)』 권2

3. 제망매가(祭亡妹歌) 종요 ★★★

生死路는	생사(生死) 길은
예 이샤매 저히고	예 있으매 머뭇거리고
나는 가느다 말ㅅ도	나는 간다는 말도
몯 다 닏고 가느닛고.	못다 이르고 어찌 갑니까.
어느 ᄀ술 이른 ᄇᄅ매	어느 가을 이른 바람에
이에 저에 뻐딜 닙다이	이에 저에 떨어질 잎처럼
ᄒ둔 가재 나고	한 가지에 나고
가논 곧 모드온뎌	가는 곳 모르온저.
아으 彌陀刹애 맛보올 내	아아, 미타찰(彌陀刹)에서 만날 나
道 닷가 기드리고다.	도(道) 닦아 기다리겠노라.

핵심정리

① 작자 : 월명사(月明師)
② 구성 : 역순행식 구성(현재-과거-미래)
③ 성격 : 추도가(追悼歌), 서정시. 불교 아미타 사상
④ 표현 : 비유법, 상징법
⑤ 미의식 : 비장미, 숭고미
⑥ 제재 : 죽은 누이
⑦ 주제 : 죽은 누이의 명복을 빎. 인간고(人間苦)의 종교적 승화
⑧ 의의
    ㉠ 숭고한 불교심이 나타나 있는 죽은 누이의 명복을 빈 추모의 노래
    ㉡ '찬기파랑가'와 함께 표현 기교와 서정성이 가장 뛰어난 향가의 백미
    ㉢ 뛰어난 비유를 통해 인간고(人間苦)의 종교적 승화를 노래
⑨ 출전 : 『삼국유사(三國遺事)』

주관식 레벨 UP

'제망매가'에서 3행의 '나'와 9행의 '나'는 각각 누구를 가리키는가?

풀이 3행의 나 : 죽은 누이, 9행의 나 : 작가(월명사)

4. 찬기파랑가(讚耆婆郎歌) 종요 ★★★

열치매 나토얀 ᄃ리 힌구룸 조초 ᄠ가는 안디하. 새파른 나리여히 耆郎이 즈ᅀᅵ 이슈라. 일로 나릿 ᄌᆡ벽히 郎이 디니다샤온 ᄆᅀᆞ미 ᄀᆞᆺ홀 좇누아져. 아으 잣ᄉ가지 노파 서리 몯누올 花꺼이여.	열치매 나타난 달이 흰 구름 쫓아 떠가는 것 아닌가? 새파란 냇물에 기파랑의 모습이 있어라! 이로부터 냇가 조약돌에 기파랑이 지니시던 마음의 끝을 쫓고 싶어라. 아아, 잣가지 드높아 서리를 모르시올 화랑장이여!

핵심정리

① 작자 : 충담사
② 미의식 : 숭고미
③ 성격 : 추모가, 예찬가, 서정시
④ 표현 : 은유법, 상징법, 문답법

⑤ 구성

구분		소재(보조관념)	속성(원관념)
문사	작자가 달에게 물음(1~3행)	달	우러러 보는 존재
답사	달이 작자에게 답함(4~8행)	냇물	맑고 깨끗한 모습
		조약돌	원만하고 강직한 인품
결사	작자의 독백(9~10행)	잣나무	고결한 절개

⑥ 제재 : 기파랑의 인격
⑦ 주제
   ㉠ 기파랑의 고매한 인품을 추모
   ㉡ 기파랑의 이상과 절조(節操)에 대한 찬미
⑧ 의의
   ㉠ '제망매가'와 더불어 표현 기교와 서정성이 돋보이는 작품이다.
   ㉡ 주술성이나 종교적 색채가 없는 순수한 서정시이다.

주관식 레벨 UP

'찬기파랑가'에서 기파랑의 보조관념으로 제시된 소재 4가지를 쓰시오.

풀이 달, 냇물, 조약돌, 잣가지

---

5. 안민가(安民歌) 종요 ★★

君은 어비여 臣은 ᄃᆞᅀᆞ샬 어ᅀᅵ여 民ᄋᆞᆫ 얼흔 아히고 ᄒᆞ샬디 民이 ᄃᆞᆺᆯ 알고다. 구믌ᄉᆞ다히 살손 物生 이흘 머기 다ᄉᆞ라. 이ᄯᅡᄒᆞᆯ ᄇᆞ리곡 어듸갈뎌 ᄒᆞᆯ디 나라악 디니디 알고다. 아으 君다이 臣다이 民다이 ᄒᆞᄂᆞᆯᄃᆞᆫ 나라악 太平ᄒᆞᄂᆞ잇다.	군(君)은 아버지요 신(臣)은 사랑하실 어머니요 민(民)은 어린아이로! 하실지면 민이 (위정자의) 사랑을 알리이다. 꾸물거리며 살손 (별다른 생각 없이 주어진 날을 순응하며 살아가는) 물생(物生) 이를 먹어 (잘) 다스려져 '이 땅(신라)을 버리고 어디 가려!' 할지면 (왕께서는) 나라 안이 유지될 줄 알리이다. 아으, 군답게, 신답게, 민답게 할지면 나라 안이 태평하니이다.

핵심정리

① 작가 : 충담사
② 성격 : 유교적, 교훈적, 권계적(勸戒的)
③ 주제 : 나라를 다스리는 올바른 길. 국태민안(國泰民安)의 도
④ 의의
   ㉠ 불교나 주술적 내용이 유교적 정치이념을 지닌 현전 유일의 향가
   ㉡ 임금을 훈계하기 위한 현실적이고 정치적인 노래

제3절 | 고려속요의 성격과 주요 작품 세계 중요 ★★

01 개념

향가가 쇠퇴하고 그 명맥을 유지하던 향가계의 노래까지 자취를 감추면서 크게 유행한 갈래로, 고려시대 평민들이 부르던 민요적 시가로 '고속가(古俗歌)', '여요(麗謠)', '장가(長歌)', '별곡(別曲)' 등으로 부르는 서정양식이다.

02 수록 문헌

구비 전승되다가 훈민정음 창제 이후 『악학궤범(樂學軌範)』, 『악장가사(樂章歌詞)』, 『시용향악보(時用鄉樂譜)』에 전한다.

참고
① 가장 많은 작품을 수록하고 있는 문헌은 『악장가사(樂章歌詞)』이다.
② 이제현의 문집 『익재난고』의 '소악부(小樂府)'에는 11수의 고려속요가 한역되어 전한다.
③ 조선조 문헌에 수록되는 과정에서 '남녀상열지사(男女相悅之詞)' 혹은 '음사(淫詞)'라 비판받았다.
④ '사리부재(詞俚不載 : 노랫말이 저속한 것은 문헌에 싣지 못한다)'라 하여 문헌에서 삭제하기도 하였다.
⑤ '사리부재(詞俚不載)'의 원칙을 가장 충실히 적용한 문헌은 『악학궤범(樂學軌範)』이다.
⑥ 수록 과정에서 고려 이전부터 내려 온 '정읍사'와 '처용가'도 같이 포함되었다.

03 특징

(1) 형식

① **음보율** : 3음보

② **음수율** : 비정형시가이므로 고정된 것은 아니지만, '청산별곡', '가시리' 등을 보면 3음보격에 의한 3·3·2조가 주조를 이룬다.

③ 대부분 분절체(= 분장체, 분연시)로 되어 있다.

> **참고** 비연시 : 사모곡, 상저가, 이상곡, 처용가, 유구곡

④ 후렴구가 발달했다.

> **주관식 레벨 UP**
>
> 향가에 비해 고려속요만이 가지는 형식상 특징을 3가지만 서술하시오.
>
> **풀이** 대체로 3음보의 율격을 가지며, 분절체이고, 후렴구가 발달하여 있다.

(2) 내용

① 평민계급의 민요적 시가로 리듬이 매끄럽고 표현이 소박하다.

② 현세적·향락적인 성격이 강하다.

③ 아름다운 우리말의 구사로 순수·진솔한 감정과 정서를 살렸다.

④ 주로 남녀 간의 사랑, 자연에 대한 예찬, 이별의 안타까움 등

> **주관식 레벨 UP**
>
> 현전 고려가요 중 '남녀상열지사'의 주제를 지닌 세 작품을 쓰시오.
>
> **풀이** 쌍화점, 만전춘, 이상곡

(3) 작가

대부분 연대나 작가가 미상이기 때문에 문자를 가지지 못했던 평민 계층으로 파악한다.

> **참고** '정과정곡'은 작자와 연대가 분명하더라도 구비되다가 『악학궤범』 속에 국문으로 정착되었으므로 고려속요에 포함된다.

04 주요 작품

작품	형식	작품내용	출전
청산별곡 (靑山別曲)	전 8연 분절체	• 현실도피적인 생활상과 실연(失戀)의 애정이 담긴 노래 • 고려속요의 백미	『악장가사』, 『시용향악보』
동동 (動動)	전 13연 월령체	• 월별로 그 달의 자연경물이나 행사에 따라 남녀 사이의 애정을 읊은 달거리 노래 • 월령체 노래의 효시	『악학궤범』
정석가 (鄭石歌)	전 6연 분절체	• 임금(또는 임)의 만수무강을 축원한 노래 • 불가능한 상황을 설정하여 임과의 사랑을 노래	『악장가사』, 『시용향악보』
가시리	전 4연 연장체	• 남녀 간의 애타는 이별의 노래로 일명 귀호곡(歸乎曲) • 부전가요 '예성강곡'과 연관됨.	『악장가사』, 『시용향악보』
상저가 (相杵歌)	4구체, 비연시	• 방아를 찧으면서 부른 소박한 노동요. 신라의 백결 선생의 '대악'과 연관됨. • 내용상 '효'를 주제로 한다.	『시용향악보』
처용가 (處容歌)	비연시 (非聯詩)	• 향가인 처용가를 부연해서 부른 무가(巫歌), 축사(逐邪)의 노래 • 희곡적으로 구성됨. 향가 해독의 근거 제시	『악학궤범』, 『악장가사』
서경별곡 (西京別曲)	전 3연 분절체	• 서경을 무대로 한 남녀 간의 애끓는 이별가 • 임을 따르겠다는 적극적 의지와 임에 대한 질투의 감정이 드러나는 등 적극 적인 정서가 돋보임.	『악장가사』, 『시용향악보』
쌍화점 (雙花店)	전 4연	• 남녀 간의 적나라한 애정을 표현한 유녀의 노래. '사룡(蛇龍)'과 연관됨. • '쌍화점'은 '만두가게'의 뜻. 남녀상열지사	『악장가사』, 『시용향악보』
사모곡 (思母曲)	비연시 (非聯詩)	• 어머니의 사랑을 호미와 낫에 비유한 소박한 노래 • 별칭은 '엇노리'. 신라의 '목주가'와 연관됨	『악장가사』, 『시용향악보』
이상곡 (履霜曲)	비연시 (非聯詩)	남녀상열지사로 지목된 것으로 성종 때 개작됨	『악장가사』
만전춘 (滿殿春)	전 5연	• 남녀 간의 애정을 대담 솔직하게 읊은 사랑의 노래 • 고려속요 중 시조의 형식을 지님(2연과 5연). 남녀상열지사	『악장가사』
유구곡 (維鳩曲)	비연시 (非聯詩)	• 비둘기를 좋아한다는 노래로 속칭 '비두로기'라 함. • 예종의 '벌곡조'와 관련됨	『시용향악보』

주관식 레벨 UP

영향 관계를 고려하여 (   )에 알맞은 고려속요의 제목을 쓰시오.

① 대악(백결선생) → (㉠)
② 목주가 → (㉡)

풀이 ㉠ 상저가, ㉡ 사모곡

05 주요 작품의 감상

1. 정과정곡(鄭瓜亭曲) 중요 ★★

내 님믈 그리ᅀᆞ와 우니다니 山(산) 졉동새 난 이슷ᄒᆞ요이다. 아니시며 거츠르신 ᄃᆞᆯ 아으 殘月曉星(잔월효성)이 아ᄅᆞ시리이다. 넉시라도 님은 ᄒᆞᆫᄃᆡ 녀져라 아으 벼기더시니 뉘러시니잇가. 過(과)도 허믈도 千萬(천만) 업소이다. ᄆᆞᆯ힛마리신뎌 ᄉᆞᆯ읏븐뎌 아으 니미 나ᄅᆞᆯ ᄒᆞ마 니ᄌᆞ시니잇가. 아소 님하, 도람 드르샤 괴오쇼셔.	내가 임(임금)을 그리워하여 울고 지내니 산에서 우는 소쩍새와 나는 비슷합니다. (저에 대한 혐의가 사실이) 아니며 거짓인 줄을 희미한 달과 샛별(천지신명)이 알 것입니다. 넋이라도 임과 함께 살아가고 싶어라. (저를) 헐뜯은 사람이 누구였습니까? 저는 결코 아무런 잘못도 없습니다. 그것은 뭇사람의 참언이었습니다. 슬프도다 임께서 저를 벌써 잊으셨습니까? 아소 임이시여, 마음을 돌이켜 들으시어 다시 사랑해 주소서.

핵심정리

① **작가** : 정서(鄭敍)
② **연대** : 의종 20년(1166)
③ **형식** : 10구체의 변형
④ **표기** : 국문
⑤ **의의**
    ㉠ 유배 문학의 효시 → 정철의 '사미인곡', '속미인곡'에 영향을 줌
    ㉡ 현전 10구체 형식의 마지막 작품
    ㉢ 고려속요 중 작자와 연대가 밝혀지고, 주제가 충신연군이며, 후렴구가 없는 유일한 노래
⑥ **악곡명** : 삼진작(三眞勺)
⑦ **주제** : 결백의 토로와 **충신연군**(忠臣戀君)
⑧ **출전** : 『악학궤범(樂學軌範)』

주관식 레벨 UP

1. 고려속요 중 작자와 연대가 밝혀지고, 주제가 충신연군이며, 후렴구가 없는 유일한 노래의 작가와 제목은 무엇인가?

풀이 정서, 정과정곡

2. '정과정곡'의 영향을 받은 정철의 가사 2편을 쓰시오.

풀이 사미인곡, 속미인곡

2. 청산별곡(靑山別曲) 중요 ★★★

① 작자 : 미상(未詳)
② 구성
　　㉠ 8연의 분절체(= 분장체), 3음보 3·3·2조
　　㉡ '기-승-전-결'의 4단 구성, 혹은 '산-바다'의 대칭적 2단 구성
　　㉢ 'a-a-b-a'의 통사적 율격 구조
③ 성격
　　㉠ 외우 내환의 현실에서 생의 고뇌를 잊으려는 선인들의 낙천성(樂天性-醉樂思想)이 드러남
　　㉡ 현실 도피적이며, 현실에 대한 부정적 내용이 나타남
　　㉢ 애상적(哀傷的)이며, 감상적(感傷的)이다. 체념적, 은둔사상(隱遁思想)
　　㉣ 상징적 수법, 순화된 정서 표현, 음악적 효과 뛰어남
④ 표현
　　㉠ ㄹ, ㅇ음이 밝고 명랑한 효과를 주고 있음, 음악적인 경쾌함을 줌
　　㉡ 동일 어휘의 반복을 통한 의미 강조
　　㉢ 소재의 상징성 중시
⑤ 제재 : 내우(內憂-척신의 전횡, 무신난) 외환(外患-몽고군의 침입)의 현실
⑥ 주제 : 삶의 고뇌와 비애(悲哀), 현실에의 체념, 생의 고독과 비애
⑦ 출전 : 『악장가사(樂章歌詞)』, 『시용향악보(時用鄕樂譜)』

(1) 1연 : 이상향인 청산으로의 귀의(歸依), 현실 도피

살어리 살어리랏다 청산(靑山)애 살어리랏다. 멀위랑 ᄃᆞ래랑 먹고 청산(靑山)애 살어리랏다. 얄리얄리 얄라셩 얄라리 얄라	살으리 살으리라. 청산에 가서 살으리라. 머루랑 다래랑 먹고 청산에서 살으리라. 얄리얄리 얄라셩 얄라리 얄라

(2) 2연 : 감정이입을 통한 고독과 비애, 비탄의 삶

우러라 우러라 새여 자고 니러 우러라 새여.	우는구나 우는구나 새여. 자고 일어나서 우는구나 새여.
널라와 시름 한 나도 자고 니러 우니로라.	너보다 근심이 많은 나도 자고 일어나서 울며 지내노라.
얄리얄리 얄라셩 얄라리 얄라	얄리얄리 얄라셩 얄라리 얄라

위 작품에서 시적자아의 감정이입의 대상을 쓰시오.

풀이 새

(3) 3연 : 속세에 대한 번민, 미련과 번민

가던 새 가던 새 본다 믈 아래 가던 새 본다. 잉 무든 장글란 가지고 믈 아래 가던 새 본다. 얄리얄리 얄라셩 얄라리 얄라	갈던 밭을 본다. 갈던 밭을 본다. 속세에 살면서 갈던 밭을 본다. (농사를 그만두어) 녹슨 연장을 가지고 속세에서 갈던 밭을 바라본다. 얄리얄리 얄라셩 얄라리 얄라

위 작품에서 이상향과 대립되며 '속세'를 의미하는 단어를 쓰시오.

풀이 믈 아래

(4) 6연 : 새로운 안식처에 대한 동경

살어리 살어리랏다 바른래 살어리랏다. ᄂᆞ므자기 구조개랑 먹고 바른래 살어리랏다. 얄리얄리 얄라셩 얄라리 얄라	살으리 살으리라. 바다에 가서 살으리라. 나문재랑 굴조개랑 먹고 바다에 가서 살으리라. 얄리얄리 얄라셩 얄라리 얄라

(5) 7연 : 생의 절박함, 희망을 가짐(현실에의 동경)

가다가 가다가 드로라 에졍지 가다가 드로라. 사스미 짒대예 올아셔 히금(奚琴)을 혀거를 드로라. 얄리얄리 얄라셩 얄라리 얄라	가다가 가다가 듣노라. 외딴 부엌(들판을 멀리 돌아) 가다가 듣노라. 사슴이 장대에 올라가서 해금을 켜는 소리를 듣노라. 얄리얄리 얄라셩 얄라리 얄라

(6) 8연 : 술로 고통을 잊으려는 낙천적 태도

가다니 빅브른 도긔 설진 강수를 비조라. 조롱곳 누로기 미와 잡스와니 내 엇디 ᄒᆞ리잇고. 얄리얄리 얄라셩 얄라리 얄라	가다보니 (배가) 불룩한 술독에 진한 술을 빚는구나. 조롱박꽃과 누룩의 냄새가 맵게 (나를) 붙잡으니 내가 (마시지 않고) 어찌하리오. 얄리얄리 얄라셩 얄라리 얄라

위 작품에서 고려 평민들의 낙천적 세계관을 나타내는 소재는 무엇인가?

풀이 술

3. 동동(動動) 중요 ★★★

① 갈래 : 고려속요, 4구 3음보. 전 13연의 달거리 노래
② 성격 : 이별의 노래, 민요풍, 頌禱歌(송도가)
③ 표현
　　㉠ 영탄법, 직유법, 은유법
　　㉡ 여음구. '動動'은 북 소리를, '다리'는 악기 소리를 흉내 낸 의성어
④ 구성 : 숲 13연의 분절체, 월령체 구성(序詞와 本詞인 1월에서 12월까지의 달거리로 구성)
⑤ 주제 : 임에 대한 頌禱(송도)와 哀戀(애련)
⑥ 의의 : 현전 월령체 노래의 효시, 슬픔과 원한을 讚美(찬미)로 승화시킴
⑦ 출전 : 『악학궤범』

주관식 레벨 UP

고려속요 중 월령체의 효시에 해당하는 작품은?

풀이 동동

(1) 1연 : 서사 - 임에 대한 송도(송축)

德으란 곰비예 받즙고, 福으란 림비예 받즙고, 德이여 福이라 호늘 나수라 오소이다. 아으 動動다리.	덕은 뒤에 바치옵고, 복은 앞에 바치오니 덕과 복이라 하는 것을 드리러 오십시오. 아으 動動다리.

→ 궁중에서 불리는 의식요의 절차를 갖추기 위해 후대에 덧붙여진 것으로 추측되는 부분

(2) 2연 : 정월령 - 고독과 그리움

正月ㅅ 나릿므른 아으 어져 녹져 ᄒᆞ논듸, 누릿 가온듸 나곤 몸하 ᄒᆞ올로 널셔. 아으 動動다리.	정월의 냇물은 아! 얼었다가 녹으려 하는데 세상에 태어난 이 몸은 홀로 살아가는구나. 아으 動動다리.

→ 냇물이 얼었다가 녹으려 한다는 것을 통해, 자신의 얼었던 마음을 녹여줄 사람 없이 홀로 지내는 화자의 고독한
　신세를 한탄함. (중의적이고 우의적인 표현)

(3) 3연 : 2월령 - 임(= 등불)에 대한 송축

二月ㅅ 보로매 아으 노피 현 燈ㅅ불 다호라. 萬人 비취실 즈싀샷다. 아으 動動다리.	2월 보름(연등일)에 아! 높이 켠 등불 같구나. 온 백성(만인)을 비추실 모습이로구나. 아으 動動다리.

→ 연등일 행사 때 높이 달아놓은 등불의 모습으로 임의 모습을 표현함. 등불[만인을 비추실 임의 모습으로, '임이 지닌 내면적인 모습(인격, 성품)'을 강조한 표현]

(4) 4연 : 3월령 - 임(= 꽃)에 대한 송축

三月 나며 開혼 아으 滿春 둘욋고지여. ᄂᆞ미 브롤 즈슬 디녀 나샷다. 아으 動動다리.	3월 지나면서 핀 아! 늦봄의 진달래꽃이여 남이 부러워할 모습을 지니셨구나. 아으 動動다리.

→ 늦봄에 핀 진달래꽃[임이 지닌 외면적인 모습(준수하고 아름다운 외양)을 찬양]

(5) 5연 : 4월령 - 오지 않는 임에 대한 원망

四月 아니 니저 아으 오실셔 곳고리새여. 므슴다 綠事니믄 녯 나ᄅᆞᆯ 닛고신뎌. 아으 動動다리.	4월을 아니 잊고 아! 오셨구나, 꾀꼬리새여! 어찌하여 녹사(錄事)님은 옛날의 나를 잊으셨는가? 아으 動動다리.

→ 계절을 잊지 않고 찾아오는 꾀꼬리새, 그러나 임(녹사님)은 소식이 없고, 화자는 상사(相思)에 여위어만 간다.

(6) 6연 : 5월령 - 임의 장수 기원

五月 五日애 아으, 수릿날 아춤 藥은 즈믄 힐 長存ᄒᆞ샬 藥이라 받줍노이다. 아으 動動다리.	5월 5일(단오)에 아! 단오날 아침에 먹는 약은 천 년을 오래 사실 약이므로 바치옵나이다. 아으 動動다리.

→ 단오날의 풍습 중의 하나인 익모초는 장수하는 약으로, 곁에 없는 임이지만 그를 그리며 약을 바치며 임을 송축한다.

주관식 레벨 UP

다음 작품의 괄호 안에 들어갈 세시풍속의 명칭은?

五月 五日애 아으, (　　　) 아춤 藥은 즈믄 힐 長存ᄒᆞ샬 藥이라 받줍노이다. 아으 動動다리.

풀이 수릿날(단오)

(7) 7연 : 6월령 – 임에게 버림받은 신세 한탄(= 빗)

六月ㅅ 보로매 아으 별해 브론 빗 다호라. 도라보실 니믈 젹곰 좃니노이다. 아으 動動다리.	6월 보름(유두)에 아! 벼랑에 버려진 빗 같구나. 돌아보실 임을 잠시나마 따르겠나이다. 아으 動動다리.

→ 유두일 풍습 중에, 동쪽으로 흐르는 물에 머리를 감고 나서 머리를 빗은 빗을 벼랑 끝에 버리는 것이 있는데, 이때 버려진 빗에다 자신의 모습을 비유함으로써, 버림받은 자신의 신세를 나타내고 있다.

(8) 8연 : 7월령 – 임과 함께 살고자 하는 소망

七月ㅅ 보로매 아으 百種 排ᄒᆞ야 두고, 니믈 흔 ᄃᆡ 녀가져 願을 비ᅀᆞᆸ노이다. 아으 動動다리.	7월 보름(백종)에 아! 온갖 종류의 음식을 차려 두고 임과 함께 살아가고자 하는 소원을 비옵나이다. 아으 動動다리.

→ 백중날, 온갖 음식과 과일을 차려 놓고 올리는 기원 속에 임과 함께 살고 싶은 애절한 소망을 담아 노래하고 있다.

(9) 9연 : 8월령 – 한가위의 쓸쓸함과 그리움

八月ㅅ 보로ᄆᆞ 아으 嘉俳 나리마른 니믈 뫼셔 녀곤 오늘낤 嘉俳샷다. 아으 動動다리.	8월 보름(가배)은 아! 가배날이지마는 님을 모시고 지내야만 오늘이 뜻있는 한가위이도다. 아으 動動다리.

→ 즐거운 한가위 명절, 사랑하는 임이 있어야만 진정 즐거운 명절이 될 수 있으나, 임이 없기에 더더욱 쓸쓸하고 고독한 한가위를 보낼 수밖에 없음을 나타내고 있다.

(10) 10연 : 9월령 – 임이 없는 고독과 한

九月 九日애 아으 藥이라 먹논 黃花 고지 안해 드니 새셔 가만ᄒᆞ얘라. 아으 動動다리.	9월 9일(중양절)에 아! 약으로 먹는 국화 꽃이 집안에 드니 초가집 안이 고요하구나. 아으 動動다리.

→ 중양절, 황화전을 부쳐서 가을 산으로 나들이 가는 풍습이 있는 절기이다. 황화전의 재료인 국화꽃이 집안에 가득 피니, 임이 안 계신 초가가 더욱 적막하게만 느껴진다.

(11) 11연 : 10월령 – 임에게 버림받은 서글픔

十月애 아으 져미연 ᄇᆞ롯 다호라. 것거 ᄇᆞ리신 後에 디니실 흔 부니 업스샷다. 아으 動動다리.	10월에 아! 베어 버린 보리수나무 같구나. 꺾어 버리신 후에 지니실 한 분이 없으시도다. 아으 動動다리.

→ 보리수의 빨간 열매를 따먹은 후에 다시 쳐다보지 않고 버려진 보리수나무 가지처럼, 버림받은 서글픔을 나타내고 있다.

(12) 12연 : 11월령 - 임에 대한 그리움과 사랑의 슬픔

十一月ㅅ 봉당 자리예 아으 汗衫 두퍼 누워 슬흘ᄉ라온뎌 고우닐 스싀옴 녈셔. 아으 動動다리.	11월 봉당 자리에 아! 한삼을 덮고 누워 슬프구나, 고운님을 (두고) 스스로 살아가는구나. 아으 動動다리.

→ 추운 겨울밤, 봉당 자리에 홑적삼을 덮고 누워 임 없이 혼자 살아가는 기막힌 신세를 나타냄. 사랑의 고통을 봉당 자리와 홑적삼을 통해 강조하고 있다.

(13) 13연 : 12월령 - 임과 맺어질 수 없는 운명에 대한 한탄

十二月ㅅ 분디남ㄱ로 갓곤 아으 나슬 盤잇 져 다 호라. 니미 알픽 드러 얼이노니 소니 가재다 므릅노이 다. 아으 動動다리.	12월 분지나무로 깎은 아! (임께) 차려드릴 소반 위 의 젓가락 같구나. 임의 앞에 들어 놓았더니, 손님이 가져다가 입에 물었나이다. 아으 動動다리.

→ 이루지 못할 사랑과 뜻하지 않은 사람에게 시집가게 된 비련의 주인공인 화자의 신세를 비유적으로 노래하고 있다.

4. 사모곡(思母曲)

> **핵심정리**
> ① 형식 : 6구체, 비분절체, 비연시(단연시)
> ② 성격 : 예찬적, 유교적
> ③ 표현
>   ㉠ 비유법(직유법), 영탄법
>   ㉡ 비교법과 반복법을 통한 의미 강조
>   ㉢ 진솔하고 소박한 표현을 사용
>   ㉣ 농경 사회에 친숙한 농기를 빗대어 어머니의 절대적인 사랑을 노래
> ④ 어조 : 어머니를 그리는 애절한 목소리
> ⑤ 별칭 : 엇노리
> ⑥ 의의
>   ㉠ 농경 사회의 친숙한 농기구(호미, 낫)에 빗대어 어머니의 절대적인 사랑을 노래
>   ㉡ 신라의 부전가요인 '목주가(木州歌)'의 후신
> ⑦ 주제 : 어머니의 절대적인 사랑 예찬
> ⑧ 출전 : 『악장가사(樂章歌詞)』, 『시용향악보(時用鄕樂譜)』

호미도 눌히언마루는 낟ㄱ티 들 리도 업스니이다. 아바님도 어이어신마루는 위 덩더둥셩 어마님ㄱ티 괴시리 업세라. 아소 님하 어마님ㄱ티 괴시리 업세라.	호미도 날이 있지마는 낫처럼 들을 까닭이 없습니다. 아버님도 어버이시지마는 어머님같이 나를 사랑하실 분이 없도다. 더 말씀하지 마시오(아서라) 사람들이여, 어머님같이 사랑하실 분이 없도다.

5. 상저가(相杵歌)

> **핵심정리**
> ① 성격 : 노동요, 민요, 방아 타령
> ② 내용 : 유교적 孝(효)의 사상을 바탕으로 한 방아 타령
> ③ 구성 : 전 후 2단 구성, 4행의 非聯詩(비연시)
> ④ 표현 : 영탄법, 반복법('히얘, 히아해' 등의 여음은 경쾌한 느낌을 준다)
> ⑤ 의의
>   ㉠ 구전가요가 정착한 민간 속요
>   ㉡ 현전 고려속요 중 유일한 노동요
>   ㉢ 신라 부전가요인 백결선생의 대악(碓樂)의 영향을 받음
> ⑥ 주제 : 村婦(촌부)의 소박한 효심, 부모를 위하는 촌부의 생활 감정
> ⑦ 출전 : 『시용향악보』

듥긔동 방해나 디허 히얘 게우즌 바비나 지어 히얘 아바님 어마님씌 받줍고 히야해 남거시든 내 머고리, 히야해 히야해	덜커덩 방아나 찧어 거친 밥이나 지어서 아버님 어머님께 바치옵고 남거든 내가 먹으리.

6. 정석가(鄭石歌) 중요 ★★★

> **핵심정리**
> ① 성격 : 祝禱歌(축도가), 송축
> ② 형식
>   ㉠ 6연의 분절체(1연은 3구로 구성되어 있고, 2~6연은 각 6구로 구성됨)
>   ㉡ 3·3·4조의 3음보

③ 표현
　　㉠ 과장법, 역설법, 반어법, 열거법, 설의법
　　㉡ 불가능한 것을 가능으로 설정해 놓고 영원한 사랑을 노래함.
　　㉢ 반복 구문을 통한 리듬감 형성
④ 주제 : 임에 대한 영원한 연모의 정
⑤ 출전 : 『악장가사』 (『시용향악보』에는 제1연만 수록)

(1) 1연 : 태평성대를 희구함

딩아 돌하 당금(當今)에 계샹이다 딩아 돌하 당금(當今)에 계샹이다 션왕셩딕(先王聖代)예 노니ᄋᆞ와지이다.	징이여 돌(경쇠)이여 (임금님이) 지금에 (우리 앞에) 계시옵니다. 징이여 돌이여 지금에 계시옵니다. 태평성대에 노닐고 싶습니다.

(2) 2연 : 임과의 영원한 사랑

삭삭기 셰몰애 별헤 나ᄂᆞᆫ 삭삭기 셰몰애 별헤 나ᄂᆞᆫ 구은 밤 닷 되를 심고이다. 그 바미 우미 도다 삭나거시아 그 바미 우미 도다 삭나거시아 유덕(有德)ᄒᆞ신 님믈 여희ᄋᆞ와지이다.	바삭바삭한 가는 모래 벼랑에 바삭바삭한 가는 모래 벼랑에 구운 밤 닷 되를 심습니다. 그 밤이 움이 돋아 싹이 나야만 그 밤이 움이 돋아 싹이 나야만 덕(德)이 있는 임과 이별하고 싶습니다.

> **주관식 레벨 UP**
>
> 작품의 상황을 고려할 때 '유덕(有德)ᄒᆞ신 님믈 여희ᄋᆞ와지이다'에 사용된 표현기법과 작중 화자의 심리를 쓰시오.
>
> 　　　　　　　　　　　　　　　　　　　　　　**풀이** 반어법, 영원히 임과 함께 하고 싶은 마음

(3) 3연 : 임과의 영원한 사랑

옥(玉)으로 련(蓮)ㅅ고즐 사교이다. 옥(玉)으로 련(蓮)ㅅ고즐 사교이다. 바회 우희 접듀(接柱)ᄒᆞ요이다. 그 고지 삼동(三同)이 퓌거시아 그 고지 삼동(三同)이 퓌거시아 유덕(有德)ᄒᆞ신 님믈 여희ᄋᆞ와지이다.	옥으로 연꽃을 새깁니다. 옥으로 연꽃을 새깁니다. (그 꽃을) 바위 위에 접붙입니다. 그 꽃이 세 묶음이 피어야만 그 꽃이 세 묶음이 피어야만 유덕하신 임과 이별하고 싶습니다.

(4) 6연 : 영원한 신의(信義)

구스리 바회예 디신들	구슬이 바위에 떨어진들
구스리 바회예 디신들	구슬이 바위에 떨어진들
긴힛돈 그츠리잇가	(구슬을 꿰고 있는) 끈이야 끊어지겠습니까?
즈믄 히룰 외오곰 녀신들	(당신과 내가) 천 년을 외따로 살아간들
즈믄 히룰 외오곰 녀신들	(당신과 내가) 천 년을 외따로 살아간들
신(信)잇돈 그츠리잇가.	(임과의 사이의) 믿음이야 끊어지겠습니까?

7. 가시리 〔중요〕★★

> **핵심정리**
> ① 성격 : 서정시, 이별가
> ② 형식
>   ㉠ 3・3・2조의 3음보의 운율
>   ㉡ 1연이 2구로 이루어진 전 4연의 분절체 형식
>   ㉢ 기-승-전-결의 완결된 구조
> ③ 표현
>   ㉠ 소박하고 간결한 시어 및 시형
>   ㉡ 반복법 사용
> ④ 별칭 : 『시용향악보』에는 '귀호곡'이라는 제목으로 제1연만 수록됨.
> ⑤ 주제 : 이별의 정한
> ⑥ 출전 : 『악장가사』, 『악학편고』, 『시용향악보』

(1) 기(起) : 애원

가시리 가시리잇고 나는	가시겠습니까 가시겠습니까.
브리고 가시리잇고 나는	(나를) 버리고 가시겠습니까.
위 증즐가 大平盛代(대평셩디)	위 증즐가 大平盛代(대평셩디)

> **주관식 레벨 UP**
>
> 다음 작품의 괄호 안에 알맞은 후렴구를 쓰시오.
>
> | |
> |---|
> | 가시리 가시리잇고 나는 |
> | 브리고 가시리잇고 나는 |
> | (　　　　　　　　) |
>
> 풀이 위 증즐가 大平盛代(대평셩디)

(2) 승(承) : 원망의 고조

날러는 엇디 살라 ᄒ고 ᄇ리고 가시리잇고 나ᄂᆫ 위 증즐가 大平盛代(대평셩ᄃᆡ)	나더러는 어떻게 살라하고 버리고 가시렵니까. 위 증즐가 大平盛代(대평셩ᄃᆡ)

(3) 전(轉) : 어쩔 수 없이 보내는 마음(시적 반전)

잡ᄉ와 두어리마ᄂᆞᄂᆫ 선ᄒᆞ면 아니 올셰라 위 증즐가 大平盛代(대평셩ᄃᆡ)	붙잡아 두고 싶지만 서운하게 생각하시어 아니 오실까 두렵습니다. 위 증즐가 大平盛代(대평셩ᄃᆡ)

(4) 결(結) : 간절한 기원

셜온 님 보내ᄋᆞᆸ노니 나ᄂᆫ 가시ᄂᆞᆫ 듯 도셔 오쇼셔 나ᄂᆫ 위 증즐가 大平盛代(대평셩ᄃᆡ)	서럽지만 님을 보내오니 가시자마자 돌아오십시오. 위 증즐가 大平盛代(대평셩ᄃᆡ)

제4절 ┃ 경기체가의 성격과 주요 작품 세계

1. 개념 (종요) ★★

고려 중엽 이후 무신(武臣)들이 집권하게 되자, 대부분의 문신들은 관계(官界)를 떠나 초야에서 은둔하였지만, 일부 문신들은 집권층들의 문하를 드나들며 신흥 사대부 계층을 형성하게 되었다.

경기체가는 이들 신흥 사대부들이 자신들의 득의에 찬 삶과 향락적인 여흥을 위하여 창출한 시가양식이며, 후렴구에 경기하여(景幾何如)라는 구절이 들어 있기 때문에 '경기체가' 혹은 '경기하여가'라 불린다.

> **주관식 레벨 UP**
>
> 고려 중엽 무신 집권 이후 등장한 신흥 사대부들이 자신들의 득의에 찬 삶과 향락적인 여흥을 위하여 창출한 시가양식은 무엇인가?
>
> **풀이** 경기체가/ 경기하여가

2. 특징

(1) 작가 : 작자는 대부분 문인들로, 상류 계층이 향유한 **귀족 문학**이다.

(2) 장르

① 구체적 사물을 나열하면서 객관적인 설명을 가하는 **교술장르**이다.
② **기록문학**이며, **정형시**가이다.

(3) 내용

① 글, 경치, 기상 등을 제재로 삼았다.
② 신흥 사대부 계층을 형성한 문인들의 득의에 찬 삶과 향락적 여흥을 나타난다.
③ 사물이나 경치를 나열하며 신흥 사대부의 호탕한 기상과 자부심을 드러낸다.

(4) 형식 및 표기

① 4구로 된 전대절(前大節)과 2구로 된 후소절(後小節)로 되어 있다.
② 3·3·4조 또는 4·4·4조를 기본 음수율로 하며, 음보율은 3음보이다.
③ 한문구가 나열되어 있고, 부분적으로 이두를 사용하였다.
④ 분장체이며 각 절 끝에 '위 景 긔 엇더ᄒ니잇고' 또는 '경기하여'라는 후렴구가 있다.

(5) 전개

① **효시** : 한림별곡
② **마지막 작품** : 권호문, '독락팔곡'

> 참고 이설(異說)로 민규의 '충효가'가 있으나, 후세의 아류작으로 본다.

주관식 레벨 UP

문학사상 최초의 경기체가와 마지막 작품의 제목을 순서대로 쓰시오.

풀이 한림별곡, 독락팔곡

(6) 의의

① 조선 초 '악장' 문학의 형성에 영향을 주었다.
② 조선시대 **가사(歌詞) 문학의 기원**이 되었다.
③ 형식은 속요를 모방하면서, 내용은 사대부의 삶을 소개한 특이한 형태의 문학으로, 조선 시대에 와서 가사(歌詞)로 통합되면서 발전적 해체를 하게 된다.

3. 주요 작품

작품	연대	작자	형식	내용
한림별곡	고려 고종 때	한림제유	8연, 3·3·4조	시부, 서적, 명필, 명주, 화훼(花卉), 음악, 누각, 추천(鞦韆)을 노래했다. 경기체가의 효시로 당시 문인들의 풍류적인 생활을 읊었다.
관동별곡	고려 충숙왕	안축	8연, 3·3·4조	작자가 강원도 순무사로 있다가 돌아오는 길에 관동 지방의 절경을 보고 읊은 것으로, 모두 8장으로 되어 있다. 『근재집』에 그 내용이 전한다.
죽계별곡	고려 충숙왕	안축	5연	고향인 풍기 순흥의 절경을 읊었다.

4. 주요 작품 감상

■ 한림별곡(翰林別曲) 중요 ★★★

> **핵심정리**
>
> ① 작자 : 한림제유(翰林諸儒)
> ② 연대 : 고려 고종 때
> ③ 성격 : 과시적, 풍류적, 향락적, 퇴폐적
> ④ 표현 : 열거법, 영탄법, 설의법, 반복법
> ⑤ 구성 : 전 8장의 분절체(각 장에서 1~4행은 전대절, 5~6행은 후소절이라 함)
> ⑥ 운율 : 3·3·4조, 3음보
> ⑦ 의의 : 경기체가의 효시
> ⑧ 주제 : 향락적 생활과 풍류. 신진사류들의 자긍심과 의욕적 기개 찬탄
> ⑨ 출전 : 『악장가사』

(1) 제1장 : 시부(詩賦) – 시인과 문장 예찬

元淳文(원슌문) 仁老詩(인노시) 公老四六(공노ᄉ륙)
李正言(니졍언) 陳翰林(딘한림) 雙韻走筆(솽운주필)
冲基對策(튱긔ᄃ칙) 光鈞經義(광균경의) 良鏡詩賦(량경시부)
위 試場(시댱)ㅅ 景(경) 긔 엇더ᄒ니잇고.
葉(엽) 琴學士(금혹ᄉ)의 玉笋門生(옥슌믄ᄉ)) 琴學士(금혹ᄉ)의 玉笋門生(옥슌믄ᄉ))
위 날조차 몃 부니잇고.

유원순의 문장, 이인로의 시, 이공로의 사륙변려문
이규보와 진화의 쌍운을 맞추어 써 내려간 글
유충기의 대책문, 민광균의 경서 해의(解義), 김양경의 시와 부(賦)
아, 과거 시험장의 광경, 그것이 어떠합니까? (참으로 굉장하다)

금의가 배출한 죽순처럼 많은 제자들. 금의가 배출한 죽순처럼 많은 제자들
아, 나까지 몇 분입니까?

(2) 제2장 : 서적(書籍) - 학문 수련과 독서에 대한 자긍심 찬양

唐漢書(당한서) 莊老子(장로즈) 韓柳文集(한류문집)
李杜集(니두집) 蘭臺集(난디집) 白樂天集(빅락텬집)
毛試尙書(모시상서) 周易春秋(쥬역춘추) 周戴禮記(쥬딕례귀)
위 註(주)조쳐 내 외읂 景(경) 긔 엇더ᄒ니잇고.
葉(엽) 大平廣記(대평광기) 四百餘卷(ᄉ빅여권) 大平廣記(대평광기) 四百餘卷(ᄉ빅여권)
위 歷覽(력남)ㅅ 景(경) 긔 엇더ᄒ니잇고.

당서와 한서, 장자와 노자, 한유와 유종원의 문집
이백과 두보의 시집, 난대영사(슈使)들의 시문집, 백낙천의 문집
시경과 서경, 주역과 춘추, 대대례와 소대례
아, 이러한 책들을 주석까지 포함하여 내쳐 외는 광경이 그 어떠합니까?
대평광기 사백여 권을 대평광기 사백여 권을
아, 열람하는 광경이 그 어떠합니까? (참으로 훌륭하다)

(3) 제8장 : 추천(鞦韆) - 그네 뛰는 흥겨운 정경과 풍류 생활 찬양

唐唐唐(당당당) 唐揪子(당츄즈) 조협(皁莢) 남긔
紅(홍)실로 紅(홍)글위 미요이다.
혀고시라 밀오시라 鄭少年(뎡소년)하.
위 내 가논 듸 눔 갈셰라.
葉(엽) 削玉纖纖(샥옥셤셤) 雙手(솽슈)ㅅ 길헤 削玉纖纖(샥옥셤셤) 雙手(솽슈)ㅅ길헤
위 携手同遊(휴슈동유)ㅅ 景(경) 긔 엇더ᄒ니잇고.

당당당 당추자(호도나무) 쥐엄나무에
붉은 그네를 맵니다.
당기시라 미시라 정소년이여.
아, 내가 가는 곳에 남이 갈까 두렵다.
옥을 깎은 듯 고운 손길에, 옥을 깎은 듯 고운 손길에
아, 마주 손잡고 노니는 정경, 그것이 어떠합니까? (참으로 좋습니다)

주관식 레벨 UP

고려속요와 경기체가의 공통점 3가지만 열거해 보시오.

풀이 3음보, 분절체, 후렴구 발달

제5절 악장(樂章)의 성격과 주요 작품 세계 _{중요} ★★

01 개념

왕의 행차나 종묘제향(宗廟祭享) 등 **국가적인** 행사에 사용하던 음악의 가사로서, 조선 초기의 **송축가**(頌祝歌)를 이른다.

주관식 레벨 UP

'**악장(樂章)**'문학의 개념을 서술하시오.

풀이 조선 건국 직후 왕의 행차나 종묘제향 등 국가적인 행사에 사용하던 음악의 가사로서, 조선 초기의 송축가를 말한다.

---

02 특징

(1) 내용

① **조선 개국의 정당성 피력** : 민심 수습
② 조선 창업자들의 업적 칭송
③ 조선의 새로운 제도나 문물에 대한 찬양
④ 조선 왕조의 영원한 발전 축원
⑤ 후왕(後王)에 대한 권계(勸戒)

(2) 작가

조선조 개국 공신들이나 권신들

(3) 형식

① 기본형은 4구 2절씩, 변조형은 4구 내외 또는 2절 이상
② 하나의 형식을 지닌 **일정한 정형시는 아니다.**

(4) 성격

① 유교적 **충의 사상**을 바탕으로 함.
② 정치적 목적성을 지닌 **교술 양식**
③ 왕권과 체제의 확립으로 일찍 소멸

(5) 소멸 이유(한계성)

① **향유 계층의 제한** : 백성들과 유리된 궁중 문학

　→가장 근본적 이유 : 향유 계층의 제한으로 국민문학(민족문학)의 성격을 지니지 못했다.

② **작가층의 제한** : 일부 지배층에 한함.

③ **주제의 제한** : 송축과 찬양으로 일관

④ **표현의 제한** : 과장과 아유(阿諛)가 심해 문학성이 결여

⑤ **형식의 제한** : 한시현토체가 주류를 이룸.

03 주요 작품

형식	작품	연대	작가	내용
신체	용비어천가	세종 27	정인지, 안지, 권제	훈민정음으로 쓴 최초의 작품으로, 조선을 세우기까지 6조의 사적(事跡)을 중국 고사와 대비하여 그 공덕을 기리어 지은 노래이다. 각 사적의 기술에 앞서 우리말 노래를 먼저 싣고 그에 대한 한역시를 뒤에 붙였다. 125장. 10권 5책
	월인천강지곡	세종 29	세종	『석보상절』의 석가 공덕을 보고 지은 석가모니의 찬송가
속요체	신도가	태조 3	정도전	새로운 도읍지 예찬과 태조의 만수무강 찬양
	유림가	세종	미상	조선의 창업 송축과 유교 정치를 찬양
	감군은	명종 1	상진	임금의 성덕과 성은 찬양
경기체가	상대별곡	정종~태종	권근	사헌부의 생활을 읊은 것으로, 조선의 문물 제도의 왕성함을 찬양
	화산별곡	세종 7	변계량	조선의 개국 창업을 찬양
	오륜가	세종	미상	오륜에 대해서 부른 송가
	연형제곡	세종	미상	형제의 우애를 기리고 조선의 문물 제도를 찬양
한시체	문덕곡	태조 2	정도전	태조의 문덕(文德)을 찬양
	궁수분곡	태조 2	정도전	태조가 지리산에서 왜구를 격퇴한 것을 찬양. 무공곡
	납씨가	태조 2	정도전	태조가 야인(나하추)을 격파한 무공을 찬양. 무공곡
	정동방곡	태조 2	정도전	태조의 위화도 회군을 찬양
	근천정	태조 2	하륜	시경의 아송체를 모방하여 지은 것으로 태조의 공덕을 찬양
	봉황음	세조	윤회	조선의 문물과 왕가의 태평 기원

주관식 레벨 UP

정도전이 지은 한시체 악장 문학 중 이성계의 '위화도 회군'의 정당성을 피력한 작품은?

　　풀이 정동방곡

04 용비어천가(龍飛御天歌) 중요 ★★

1. 작품의 해제

(1) 연대

① **본문 완성** : 세종 27년(1445년)[국문가사]
② **간행** : 세종 29년(1447년)

(2) 형태 : 악장(樂章 – 국문학상), 서사시(敍事詩 – 시의 분류상), 송축가(頌祝歌 – 내용상)

(3) 의의

① 훈민정음으로 기록된 최초의 문헌
② 정음으로 된 최초의 장편 서사시
③ 세종 당시의 국어 연구에 귀중한 자료
④ 월인천강지곡과 함께 악장 문학의 대표작

(4) 체제 및 형식

① **10권 5책 125장**
② **2절 4구체**(단, 1장 – 1절 3구체, 125장 – 3절 9구체로 파격)
③ **전절(前節)** : 중국 역대 제왕의 사적을 찬양함. **후절(後節)** : 6조의 사적을 찬양함.
④ **본문** : 본가(本歌) – 국문(國文) + 한문(漢文), 한역시(漢譯詩), 한문 배경 설화
⑤ **구조**
　　㉠ 서사(序詞) : 1장, 2장 – 건국의 정당성을 밝힘.
　　　　→ 조선 건국의 정당성과 영원성 송축 : **개국송(開國頌)**
　　㉡ 본사(本詞) : 3장 ~ 109장 – 대체로 중국 고사와 대구를 이룸.
　　　　→ 육조의 사적 예찬 : **사적찬(事蹟讚)**
　　㉢ 결사(結詞) : 110장 ~ 125장 – 후왕에 대한 권계
　　　　→ **계왕훈(戒王訓)**
　　참고 110장 ~ 124장 : 勿忘章, 毋忘章

(5) 궁중 음악에서 사용됨 : 몇 개의 장에 곡을 붙여 종묘 제악(祭樂)이나 궁중 연악(宴樂)의 아악(雅樂)으로 사용

① **여민락(與民樂)** : 1장 ~ 4장, 125장→漢譯詩
② **취풍형(醉豊亨)** : 1장 ~ 8장, 125장→국문 가사
③ **치화평(致和平)** : 1장 ~ 16장, 125장→국문 가사

'용비어천가'의 가사에 붙여 노래했던 궁중악의 명칭 3가지를 쓰시오.

풀이 여민락, 취풍형, 치화평

2. 주요 작품의 감상

(1) 제1장 : 해동장(海東章) 중요 ★

海東(해동) 六龍(육룡)이 느르샤 일마다 天福(천복)이시니.
古聖(고성)이 同符(동부)ᄒ시니.

海東六龍飛(해동육룡비) 莫非天所扶(막비천소부) 古聖同符(고성동부)

우리나라에 여섯 성인이 웅비(雄飛)하시어, (하시는) 일마다 모두 하늘이 내린 복이시니,
(이것은) 중국 고대의 여러 성군(聖君)이 하신 일과 부절을 맞춘 것처럼 일치하십니다.

핵심정리

① 형식 : 1절 3구(125장과 함께 형식상의 파격을 이룬 장)
② 성격 : 송축가[개국송(開國頌)]
③ 주제 : 조선 건국의 천명성
④ 핵심어 : 천복(天福)
⑤ 명칭 : 해동장(海東章)

'용비어천가' 1장 "해동 육룡이 느르샤~"에서 '육룡'이 지시하는 대상을 순서대로 나열해 보시오.

풀이 목조 – 익조 – 도조 – 환조 – 태조 – 태종

(2) 제2장 : 근심장(根深章) 종요 ★★

> 불휘 기픈 남ᄀᆞᆫ ᄇᆞᄅᆞ매 아니 뮐씨, 곶 됴코 여름 하ᄂᆞ니.
> 시미 기픈 므른 ᄀᆞᄆᆞ래 아니 그츨씨, 내히 이러 바ᄅᆞ래 가ᄂᆞ니.
>
> 根深之木(근심지목) 風亦不扤(풍역불올) 有灼其華(유작기화) 有蕡其實(유분기실)
> 源遠之水(근원지수) 旱亦不竭(한역불갈) 流斯爲川(유사위천) 于海必達(우해필달)
>
> 뿌리가 깊은 나무는 바람에 움직이지 아니하므로, 꽃이 좋고 열매 많으니.
> 샘이 깊은 물은 가뭄에 그치지 아니하므로, 내가 이루어져 바다에 가느니.

핵심정리

① 형식 : 2절 4구(정격장)의 대구 형식
② 내용 : 송축가[개국송(開國頌)]
③ 핵심어 : 곶, 여름, ᄇᆞ를
④ 특징
　㉠ 중국의 고사가 전혀 나타나지 않음.
　㉡ 순수한 우리 고유어만 사용함.
　㉢ 고도의 상징법 사용
　㉣ 전 125장 중 가장 문학성이 뛰어남.
⑤ 주제 : 조선 왕조의 무궁한 발전의 기원

주관식 레벨 UP

'용비어천가' 2장에서 'ᄇᆞᄅᆞ매'과 'ᄀᆞᄆᆞ래'이 상징하는 바를 4음절의 한자로 쓰시오.

　　　　　　　　　　　　　　　　　　　　　　　　　풀이 내우외환(內憂外患)

(3) 제125장 종요 ★★

> 千世(천 세) 우희 미리 定(정)ᄒᆞ샨 漢水(한수) 北(북)에 累仁開國(누인개국)ᄒᆞ샤 卜年(복년)이 ᄀᆞᆺ업스시니,
> 聖神(성신)이 니ᅀᅡ샤도 敬天勤民(경천근민)ᄒᆞ샤ᅀᅡ, 더욱 구드시리이다.
> 님금하, 아ᄅᆞ쇼셔. 落水(낙수)예 山行(산행) 가 이셔 하나빌 미드니잇가.
>
> 千世黙定(천세묵정)　　漢水陽(한수양)　　累仁開國(누인개국)　　卜年無彊(복년무강)
> 子子孫孫(자자손손)　　聖神雖繼(성신수계)　敬天勤民(경천근민)　　迺益永世(내익영세)
> 嗚呼(오호)　　　　　　嗣王監此(사왕감차)　洛表游畋(낙표유전)　　皇祖其恃(황조기시)
>
> 천세(天世) 전에 미리 정하신 한강 북쪽에, 여러 대를 물린 어린 임금이 나라를 여(開)시어 왕조가 끝이 없으시니,

성신(聖神)이 이으시어도 하늘을 공경하고 백성을 부지런히 섬겨야 더욱 굳건할 것입니다.
임금이여, 아소서. 낙수(落水)에 사냥을 가 있으면서 조상만 믿으시겠습니까?

핵심정리

① 형식 : 3절 9구(파격장)
② 내용 : 계왕훈(戒王訓)
③ 핵심어 : 경천근민(敬天勤民)
④ 특징
　　㉠ 수사법 : 거례법(擧例法)
　　㉡ 관련 한자 성어 : 타산지석(他山之石), 반면교사(反面敎師)
⑤ 구성
　　㉠ 논리적 : 전제-주지-부연
　　㉡ 내용적 : 송축-권계-당부
　　㉢ 시간적 : 현재-미래-과거
⑥ 주제 : 후대 왕에 대한 권계(勸戒)

주관식 레벨 UP

다음 작품의 시상 전개방식을 논리상, 내용상, 시간상에 따라 각각 방법을 서술하시오.

千世(천 세) 우희 미리 定(정)ᄒ샨 漢水(한수) 北(북)에 累仁開國(누인개국)ᄒ샤 卜年(복년)이 ᄀ업스시니,
聖神(성신)이 니ᅀᅡ샤도 敬天勤民(경천근민)ᄒ샤ᅀᅡ, 더욱 구드시리이다.
님금하, 아ᄅᆞ쇼셔. 落水(낙수)예 山行(산행) 가 이셔 하나빌 미드니잇가.

풀이 ① 논리상 : 전제-주지-부연 ② 내용상 : 송축-권계-당부 ③ 시간상 : 현재-미래-과거(역순행식 구성)

제6절　시조(時調)의 특징과 흐름 종요 ★★★

01 시조의 특징

1. 개념

고려 중기에 발생하여 말엽에 완성된 우리 고유의 대표적인 정형시로, '경기체가'에는 담을 수 없는 신흥 사대부들의 즉흥적 시심을 담기 위한 서정양식이다.

2. 형성 과정

서정민요 → 향가 10구체 → 고려속요(만전춘) → 시조

3. 특징

(1) 명칭

① '단가(短歌), 시여(詩餘), 신조(新調), 영언(永言), 가요(歌謠), 가곡' 등으로 불렸다.

② 조선 영조 때의 가객 이세춘(李世春)의 곡조명인 '시절가조(時節歌調)'에서 '시조(時調)'라는 명칭이 유래되었다.

③ 신광수(申光洙)의 석북집(石北集)에서 근거 제시

(2) 형식

① 3・4조, 4・4조의 4음보

② 3장 6구 45자 내외의 정형시로 종장의 첫 음보 3음절 고정

주관식 레벨 UP

고려 말에 완성된 '평시조'의 일반적 형식에 대해 서술하시오.

풀이 3・4조 또는 4・4조의 음수율과 4음보의 음보율을 지니며, 3장 6구 12음보 45자 내외의 정형시로 종장의 첫 음보 3음절은 항상 고정된다.

---

02 시조의 흐름 중요 ★★

1. 조선 전기 시조의 개관

(1) 전개 양상

① 고려 말에 형식이 완성된 시조는 조선조에 들어와 사대부의 교양물로 널리 창작되었다.

② 시조는 간결・소박한 것을 즐기는 사대부의 서정성 표현에 알맞은 형태였기 때문에 국문 서정시의 주류로 부상한다.

③ 가사와 더불어 전기를 대표할 수 있었던 2대 운문 문학이다.

④ 건국 초기에는 유교적 충의(忠義)를 주제로 출발하여 중기 이후 점차 자연미의 발견 및 애정과 도학의 세계로까지 확대되었다.

(2) 특징

① **평시조의 유행**: 3장 6구 4음보, 3・4(4・4)조의 간결한 평시조 형식이 널리 애용되었다.

② **연시조의 등장** : 평시조를 여러 수 묶은 연시조의 등장으로 다양하고 체계적인 생각을 표현하게 되었다. 연시조에는 보통 제목이 붙는다.

> 참고 최초 : 맹사성의 '강호사시가'

우리나라 최초의 연시조와 사설시조의 작가와 작품명을 각각 쓰시오.
> 풀이 최초의 연시조는 맹사성의 '강호사시가'이고, 최초의 사설시조는 정철의 '장진주사'이다.

③ **교방 시조의 발전** : 기녀들의 고독과 한(恨)의 정서가 정교하고 아름답게 표현되었다.
④ **강호가도의 형성** : 시조가 그 영역을 확대하는 과정에서 강호가도가 뚜렷한 흐름을 형성하여 영남 가단과 호남 가단을 이루었다.

> 참고 **강호가도(江湖歌道)** : 조선 시대, 속세를 떠나 강호 자연 속에 묻혀 시가(詩歌)를 벗하고 살던 시인이나 가객들의 한 유파. 또는 이들의 경향 및 시풍(詩風)을 말하며, 자연에 도학적 의미를 부여하였다.
> ㉠ 영남 가단 : 심성 우위 → 이현보·주세붕·이황·권호문 등
> ㉡ 호남 가단 : 풍류 중심 → 송순·김인후·김성원·정철 등

2. 조선 후기 시조의 개관

(1) 전개 양상

① **시조 문학의 절정과 윤선도의 출현**
시조의 대사 고산(孤山) 윤선도가 출현하여 자연미를 순수서정으로 승화시키고 뛰어난 시어의 조탁으로 시조의 결정을 이룬다.
② **시조의 대중화**
평민 작가의 참여와 평민 중심 가단 형성, 시조집의 편찬 등으로 시조가 국민 문학으로 성장하여 시조의 대중화가 이루어진다.
㉠ 시조창 : 18세기에 새로 등장한 대중적 창법에 의해 시조의 창곡화(唱曲化)가 이루어진다.
㉡ 전문 가객의 등장 : 시조를 창작하고 곡조를 얹어 불렀으며, 가단을 형성하였다.
㉢ 가단의 형성 : 시조창의 보급과 시조집 편찬
→ 경정산 가단(김천택·김수장), 노가재 가단(김수장 중심), 승평계(박효관·안민영) 등
③ **이세춘(李世春)에 의해 '시조(時調)'라는 명칭이 처음 등장**

조선 후기 시조창의 보급과 시조집을 편찬하는 등 시조동호회인 '가단'이 형성되게 된다. 김천택과 김수장이 중심이 되어 활동한 가단의 명칭은?
> 풀이 경정산가단

(2) 특징

① 양반과 평민 계층이 공유함으로써 국민문학(민족문학)의 성격을 지니며 발달

② 사설시조의 등장과 융성 [종요] ★★

　　㉠ 개념 : 평시조의 형식에서 종장 첫 구를 제외한 한 장 이상이 무제한적으로 길어진 **장형 시조**(長型時調) – 농시조, 사슬 시조

　　㉡ 형성 : 평민 의식의 분출과 산문 정신의 발달로 발생

　　㉢ 제재 : 실학사상의 영향으로 현실에서 제재를 취했다.

　　㉣ 주제 : 양반사회의 비판, 승려에 대한 희롱, 가족제도에서의 갈등, 서민생활의 애환, 진솔한 애정 표현 등

　　㉤ 미의식 : 골계미 중심. 해학과 건강한 비판 정신을 반영한 **풍자성**

　　㉥ 표현 : 가사투와 민요풍의 혼입, 반어와 풍자·익살, 재담의 삽입, 대화체 사용 등

(3) 주요 시조집

시조집	연대	편찬자	편수	내용
청구영언 (靑丘永言)	영조 4년	김천택	시조 998수, 가사 17편	• 최초의 고시조집. 곡조별 분류 • 권말에 가사 17편을 수록
해동가요 (海東歌謠)	영조 39년	김수장	883수	작가별 분류
고금가곡 (古今歌曲)	(영조 40?)	송계연월옹	시조 294수, 가사 11편	주제에 따라 인륜·권계·송축·정조·연군 등 21항목으로 분류하여 편찬함.
가곡원류 (歌曲源流)	고종 13년	박효관 안민영	시조 839수	곡조별 분류. 남창과 여창으로 나누었고, 뒤에 여창유취(女唱類聚)를 붙였음. 일명 '해동악장(海東樂章)'
병와가곡집 (甁窩歌曲集)	정조	이형상	시조 1109수	일명 '악학습령'. 가장 많은 시조가 실림.
남훈태평가 (南薰太平歌)	철종	미상	224수	잡가 3편, 가사 4편 포함. 순 한글로 표기. 음악적 의도로 종장 끝 구[제4구]를 생략함.

[참고] 3대 고시조집 : 청구영언, 해동가요, 가곡원류

주관식 레벨 UP

조선 후기 편찬된 3대 고시조집의 제목을 쓰시오.

[풀이] 청구영언, 해동가요, 가곡원류

03 주요 작품의 감상

1. 고려 말 ~ 조선 초의 시조

(1) 春山(춘산)에 눈 녹인 바룸 : 우탁

> 春山(춘산)에 눈 녹인 바룸 건둣 불고 간 듸 업다.
> 져근 덧 비러다가 마리 우희 불니고져
> 귀 밋틔 히묵은 서리를 녹여 볼가 ᄒ노라.

핵심정리

① 갈래 : 평시조, 단시조
② 성격 : 탄로가(嘆老歌), 의지적·긍정적
③ 표현 : 은유법, 도치법
④ 주제 : 늙음에 대한 탄식과 그 극복 의지
⑤ 의의 : 최초의 시조
⑥ 출전 : 『청구영언』, 『병와가곡집』

(2) 梨花(이화)에 月白(월백)ᄒ고 : 이조년 종요 ★★

> 梨花(이화)에 月白(월백)ᄒ고 銀漢(은한)이 三更(삼경)인 제
> 一枝春心(일지춘심)을 子規(자규) ㅣ 알랴마ᄂ
> 多情(다정)도 病(병)인 양ᄒ여 잠 못 들어 하노라.

핵심정리

① 갈래 : 평시조, 단시조
② 성격 : 다정가(多情歌)
③ 표현 : 상징법, 의인법, 복합감각적 심상
④ 핵심어 : 일지춘심
⑤ 주제 : 봄밤의 애상적인 정서
⑥ 출전 : 『청구영언』, 『병와가곡집』

(3) 白雪(백설)이 ᄌ자진 골에 : 이색

> 白雪(백설)이 ᄌ자진 골에 구루미 머흐레라.
> 반가온 梅花(매화)는 어늬 곳에 픠였는고.
> 夕陽(석양)에 홀로 셔 이셔 갈 곳 몰라 ᄒ노라.

> **핵심정리**
>
> ① 갈래 : 평시조, 단시조
> ② 성격 : 우국가(憂國歌)
> ③ 표현 : 은유법, 풍유법
> ④ 제재 : 매화(우국지사 상징)
> ⑤ 주제 : 기울어가는 왕조에 대한 한탄과 슬픔. 우국충정(憂國衷情). 봄을 기다리는 마음
> ⑥ 출전 : 『청구영언』

(4) 눈마즈 휘여진 딕를 : 원천석 종요 ★

> 눈마즈 휘여진 딕를 뉘라셔 굽다틴고
> 구블 節(절)이면 눈 속의 프를쏘냐
> 아마도 歲寒孤節(세한고절)은 너샌인가 ㅎ노라.

> **핵심정리**
>
> ① 갈래 : 평시조, 단시조
> ② 성격 : 절의가(節義歌), 의지적
> ③ 표현 : 상징법, 설의법, 의인법
> ④ 핵심어 : 세한고절(歲寒孤節)
> ⑤ 제재 : 눈 속의 대나무
> ⑥ 주제 : 대나무 예찬, 고려 왕조에 대한 충절 다짐
> ⑦ 출전 : 『병와가곡집』

(5) 흥망(興亡)이 유수(有數)ㅎ니 : 원천석 종요 ★★

> 흥망(興亡)이 유수(有數)ㅎ니 만월대(滿月臺)도 추초(秋草) ㅣ로다.
> 오백 년(五百年) 왕업(王業)이 목적(牧笛)에 부쳐시니,
> 석양(夕陽)에 지나는 객(客)이 눈물계워 ㅎ노라.

> **핵심정리**
>
> ① 갈래 : 평시조, 단시조
> ② 성격 : 회고가(懷古歌), 감상적
> ③ 표현 : 은유법, 영탄법, 중의법, 복합감각
> ④ 구성 : 선경후정(先景後情)
> ⑤ 제재 : 만월대
> ⑥ 주제 : 망한 왕조에 대한 회고, 고려의 멸망을 슬퍼함. 맥수지탄(麥秀之嘆)
> ⑦ 출전 : 『청구영언』

2. 조선 전기 시조

(1) 방(房) 안에 혓는 燭(촉)불 : 이개 중요 ★

> 방(房) 안에 혓는 燭(촉)불 눌과 離別(이별)ㅎ엿관딕
> 겻츠로 눈물 디고 속타는 줄 모로는고
> 뎌 燭(촉)불 날과 갓트여 속타는 줄 모로도다.

핵심정리

① 갈래 : 평시조, 단시조
② 성격 : 여성적, 감상적, 사육신(死六臣)의 절의가(節義歌)
③ 표현 : 의인법, 감정이입
④ 제재 : 촛불
⑤ 주제 : 단종(端宗)과의 이별의 슬픔, 연군지정

주관식 레벨 UP

위 작품의 배경이 된 역사적 사건은?

풀이 계유정난

(2) 수양산(首陽山) 부라보며 : 성삼문 중요 ★

> 수양산(首陽山) 부라보며 이제(夷齊)를 한(恨)ㅎ노라.
> 주려 주글진들 채미(採薇)도 ㅎ는것가.
> 아모리 프시엣거신들 긔 뉘 싸헤 낫드니.

핵심정리

① 갈래 : 평시조, 단시조
② 성격 : 지사적, 풍자적, 절의가(節義歌), 충의가
③ 표현 : 풍유법, 중의법, 설의법
④ 제재 : 백이와 숙제의 고사
⑤ 주제 : 굳은 절의와 지조

(3) 三冬(삼동)에 뵈옷 닙고 : 조식

> 三冬(삼동)에 뵈옷 닙고 巖穴(암혈)에 눈비 마자
> 구름 씬 볏뉘도 씬 적이 업건마는
> 西山(서산)에 히 지다 ㅎ니 눈물겨워 ㅎ노라.

> **핵심정리**
>
> ① 종류 : 평시조, 단시조
> ② 성격 : 유교적, 군신유의, 연군가(戀君歌)
> ③ 제재 : 중종의 승하
> ④ 주제 : 임금님 승하의 애도

(4) 오륜가(五倫歌) : 주세붕 [종요] ★

> 지아비 밧갈러 나간 듸 밥고리 이고 가
> 반상(飯床)을 들오듸 눈섭의 마초이다
> 진실노 고마오시니 손이시나 드릇실가. 「제4수」

> **핵심정리**
>
> ① 갈래 : 연시조(전 6수)
> ② 성격 : 교훈적, 직설적, 계도적
> ③ 특징 : 조선 시대의 이상적인 인간관을 드러내며 교훈적이고 도덕적인 설교가 많음.
> ④ 제재 : 오륜(五倫)
> ⑤ 주제 : 삼강오륜(三綱五倫)의 교훈 강조
> ⑥ 출전 : 『무릉속집』

주관식 레벨 UP

위 작품은 '오륜'의 덕목 중 어느 부분에 해당하는가?

[풀이] 부부유별(夫婦有別)

(5) 도산십이곡가(陶山十二曲歌) : 이황

① **言志 一曲 – 제재** : 천석고황

> 이런들 엇더ᄒ며 뎌런들 엇더ᄒ료
> 초야우생(草野愚生)이 이러타 엇더ᄒ료
> ᄒ믈며 천석고황(泉石膏肓)을 곳쳐 무슴ᄒ리

② **言學 四曲 – 제재** : 학문 수행에 전념할 결의

> 당시(當時)에 녀든 길흘 몃 ᄒ로 ᄇ려 두고
> 어듸 가 ᄃ니다가 이제야 도라온고
> 이제야 도라오나니 년 듸 ᄆᆞᆷ 마로리

③ 言學 五曲 – 제재 : 만고상청

> 青山(청산)는 엇뎨ᄒ야 萬古(만고)애 프르르며,
> 流水(유수)는 엇뎨ᄒ야 晝夜(주야)애 긋디 아니는고.
> 우리도 그치디 마라 萬古常青(만고상청)호리라.

핵심정리

① 종류 : 평시조, 연시조(전 12수)
② 성격 : 교훈가, 예찬가
③ 제재
  ㉠ 전 6곡[언지(言志) – 사물에 접하는 감흥]
  ㉡ 후 6곡[언학(言學) – 학문하는 자세]
④ 주제
  ㉠ 전 6곡(자연에 동화된 생활)
  ㉡ 후 6곡(학문 수양 및 학문에 힘쓸 것을 다짐)

---

(6) 冬至(동지)ㅅ돌 기나긴 밤을 : 황진이 `중요` ★

> 冬至(동지)ㅅ돌 기나긴 밤을 한 허리를 버혀 내여
> 春風(춘풍) 니불 아래 서리서리 너헛다가
> 어론님 오신 날 밤이여든 구뷔구뷔 펴리라.

핵심정리

① 종류 : 평시조, 단시조
② 성격 : 연정가(戀情歌), 애련(愛戀)의 노래, 감상적, 낭만적
③ 표현
  ㉠ 불가능한 상황 설정 = 추상적 시간의 구체적 사물화
  ㉡ 대구법, 의태어의 사용
④ 제재 : 연모(戀慕)의 정
⑤ 주제 : 임을 그리는 마음

---

(7) 마음이 어린 後(후) | 니 : 서경덕

> 마음이 어린 後(후) | 니 하난 일이 다 어리다.
> 萬重雲山(만중운산)에 어내 님 오리마난,
> 지난 닙 부난 바람에 행여 건가 하노라.

① 종류 : 평시조, 단시조
② 성격 : 감상적, 낭만적, 환각적
③ 제재 : 기다림
④ 주제 : 임을 그리워하는 마음

(8) 묏버들 갈히 것거 : 홍랑

묏버들 갈히 것거 보내노라 님의손디,
자시는 窓(창) 밧긔 심거 두고 보쇼셔.
밤비예 새 닙곳 나거든 날인가도 너기쇼셔.

① 종류 : 평시조, 단시조
② 성격 : 이별가(離別歌), 연정가, 감상적, 애상적, 여성 편향적
③ 제재 : 묏버들
④ 주제 : 임에게 보내는 사랑, 임을 잊지 못하는 마음

(9) 梨花雨(이화우) 훗쑤릴 제 : 계랑

梨花雨(이화우) 훗쑤릴 제 울며 잡고 離別(이별)ᄒ 님
秋風落葉(추풍낙엽)에 저도 날 싱각ᄂ는가.
千里(천 리)에 외로운 쑴만 오락가락 ᄒ노매.

① 종류 : 평시조, 단시조
② 성격 : 연정가, 애상적
③ 표현 : 계절의 추이와 그에 따른 작중 화자의 마음을 시각적으로 형상화
④ 제재 : 이별과 그리움
⑤ 주제 : 임에 대한 그리움

(10) 십년(十年)을 경영(經營)ᄒ야 : 송순 `중요` ★

십년(十年)을 경영(經營)ᄒ야 초려삼간(焦廬三間) 지어내니
나 ᄒ 간 ᄃ 둘 ᄒ 간에 청풍(淸風) ᄒ 간 맛져두고
강산(江山)은 드릴 듸 업스니 둘너 두고 보리라.

① 종류 : 평시조, 단시조
② 성격 : 전원적, 관조적, 풍류적, 한정가
③ 사상 : 자연 친화, 안분지족(安分知足)
④ 제재 : 전원생활
⑤ 주제 : 자연에 귀의한 즐거움, 安貧樂道(안빈낙도)

(11) 재너머 성권롱(成勸農) 집의 : 정철

재너머 성권롱(成勸農) 집의 술 닉닷 말 어제 듯고
누은쇼 발로 박차 언치 노하 지즐트고
아히야 네 권롱(勸農) 겨시냐 정좌수(鄭座首)왓다 ᄒᆞ여라

① 종류 : 평시조, 단시조
② 성격 : 전원 한정가
③ 표현 : 해학적 표현, 비약법(중장−종장). 시상의 과감한 생략
④ 제재 : 술
⑤ 주제 : 향촌 생활의 흥취, 전원 한정

(12) 강호사시가(江湖四時歌) : 맹사성 종요 ★★

① 春詞 : 흥겹고 풍류스런 강호 생활

江湖(강호)에 봄이 드니 미친 興(흥)이 절로 난다
濁醪溪邊(탁료계변)에 金鱗魚(김린어)ㅣ 안주로다
이 몸이 閑暇(한가)히옴도 亦君恩(역군은)이샷다.

② 夏詞 : 한가한 초당 생활

江湖(강호)에 녀름이 드니 草堂(초당)에 일이 업다
有信(유신)한 江波(강파)는 보내나니 바람이로다
이 몸이 서늘히옴도 亦君恩(역군은)이샷다.

③ 秋詞 : 고기 잡으며 즐기는 생활

江湖(강호)에 ᄀᆞ올이 드니 고기마다 술져 잇다
小艇(소정)에 그믈 시러 흘리 띄워 더뎌 두고
이 몸이 消日(소일)히옴도 亦君恩(역군은)이샷다.

④ **冬詞** : 안빈낙도하는 생활

> 江湖(강호)에 겨월이 드니 눈 기픠 자히 남다
> 삿갓 빗기 쓰고 누역으로 오슬 삼아,
> 이 몸이 칩지 아니히옴도 亦君恩(역군은)이샷다.

핵심정리

① 종류 : 평시조, 연시조(전 4수)
② 성격 : **강호 연군가**, 전원적, 풍류적
③ 구성 : 계절에 따라 한 수씩 노래했다. 각 수는 '江湖(강호)'로 시작하여, '**亦君恩(역군은)이샷다.**'로
　끝난다. [상진의 '感君恩(감군은)', 송순의 '면앙정가'에도 '亦君恩(역군은)이샷다.'가 나온다]
④ 내용 : 자연 속에서 안빈낙도하며 유유자적하는 선비의 생활을 읊었다.
⑤ 제재 : 사시(四時)의 강호 생활
⑥ 주제 : 강호한정(江湖閒情), 안분지족하는 은사의 유유자적한 생활과 임금의 은혜에 감사함.
⑦ 의의
　㉠ 국문학 사상 최초의 연시조(聯詩調)
　㉡ 이황의 「도산십이곡」과 이이의 「고산구곡가」에 영향을 줌.
　㉢ 유가(儒家)의 강호가도(江湖歌道)의 효시

---

3. 조선 후기 시조

(1) 鐵嶺(철령) 노픈 峰(봉)에 : 이항복 **중요** ★

> 鐵嶺(철령) 노픈 峰(봉)에 쉬여 넘는 저 구롬아.
> 孤臣寃涙(고신원루)를 비 삼아 띄어다가
> 님 계신 九重深處(구중심처)에 뿌려본들 엇더리.

핵심정리

① 갈래 : 평시조, 단시조
② 성격 : 감상적
③ 표현 : 감정이입
④ 제재 : 고신원루
⑤ 주제 : 우국지정(憂國之情)
⑥ 관련사건 : 인목대비 폐비

주관식 레벨 UP

위 작품의 역사적 배경이 된 사건을 국문수필로 쓴 작품은?

　　　　　　　　　　　　　　　　　　　　　　　　　　　　　　풀이 계축일기

(2) 가노라 三角山(삼각산)아 : 김상헌 중요 ★

> 가노라 三角山(삼각산)아, 다시보쟈 漢江水(한강수) ㅣ 야.
> 故國山川(고국산천)을 써나고쟈 ᄒ랴마는,
> 時節(시절)이 하 殊常(수상)ᄒ니 올동말동ᄒ여라.

핵심정리

① 갈래 : 평시조, 단시조
② 성격 : 우국가(憂國歌), 비분가(悲憤歌)
③ 표현 : 의인법, 대유법, 대구법
④ 제재 : 청에 볼모로 잡혀 감. 병자호란
⑤ 주제 : 우국지사의 비분강개와 우국충정(憂國夷情)

(3) 국화야 너는 어이 : 이정보

> 국화야 너는 어이 삼월춘풍(三月春風) 다 보ᄂ고
> 낙목한천(落木寒天)에 네 홀노 피엿는다
> 아마도 오상고절(傲霜孤節)은 너ᄲᆞᆫ인가 ᄒ노라.

핵심정리

① 종류 : 평시조, 단시조
② 성격 : 절의가, 예찬적
③ 표현 : 의인법
④ 제재 : 국화
⑤ 주제 : 高節(고절), 선비의 고고한 절개, 국화에 대한 예찬

주관식 레벨 UP

다음 작품의 괄호에 들어 갈 한자성어를 쓰시오.

> 국화야 너는 어이 삼월춘풍(三月春風) 다 보ᄂ고
> 낙목한천(落木寒天)에 네 홀노 피엿는다
> 아마도 (   )은 너ᄲᆞᆫ인가 ᄒ노라.

풀이 오상고절(傲霜孤節)

(4) 조홍시가(早紅枾歌) : 박인로 중요 ★

> 盤中(반중) 早紅(조홍)감이 고아도 보이느다.
> 柚子(유자)ㅣ 안이라도 품엄 즉도 ᄒ다마는
> 품어 가 반기리 업슬식 글노 설워ᄒ느이다.

> **핵심정리**
>
> ① 종류 : 평시조. 연시조(전 4수)
> ② 성격 : 사친가(思親歌), 교훈적, 유교적
> ③ 제재 : 조홍(早紅)감
> ④ 주제 : 효심(孝心). 풍수지탄(風樹之嘆)

(5) 어부사시사(漁父四時詞) : 윤선도 중요 ★★★

① 春詞 4 : 어촌의 아름다운 춘경(春景)

> 우는 거시 벅구기가 프른 거시 버들숩가
> 이어라 이어라
> 漁村(어촌) 두어 집이 닛 속의 나락들락.
> 至菊悤(지국총) 至菊悤(지국총) 於思臥(어사와)
> 말가ᄒ 기픈 소희 온간 고기 뛰노느다.

② 夏詞 2 : 소박하고 유유자적한 생활

> 년닙희 밥 싸 두고 반찬으란 쟝만 마라
> 닫 드러라 닫 드러라.
> 青蒻笠(청약립)은 써 잇노라, 綠蓑依(녹사의) 가져오냐.
> 至菊悤(지국총) 至菊悤(지국총) 於思臥(어사와)
> 무심흔 白鷗(백구)는 내 좃는가 제 좃는가.

③ 秋詞 1 : 안빈낙도의 삶과 가을강의 흥취

> 物外(물외)예 조흔 일이 漁夫生涯(어부생애) 아니러냐.
> 빈 떠라 빈 떠라
> 漁翁(어옹)을 욷디 마라, 그림마다 그렷더라.
> 至菊悤(지국총) 至菊悤(지국총) 於思臥(어사와)
> 四時興(사시흥)이 흐가지나 추강(秋江)이 은듬이라.

④ **冬詞 4**: 어촌의 아름다운 설경(雪景)-선경후정

> 간 밤의 눈 갠 後(후)의 景物(경물)이 달랃고야.
> 이어라 이어라
> 압희는 萬頃琉璃(만경유리) 뒤희는 千疊玉山(천첩옥산).
> 至菊悤(지국총) 至菊悤(지국총) 於思臥(어사와)
> 仙界(선계)ㄴ가 佛界(불계)ㄴ가 人間(인간)이 아니로다.

핵심정리

① 연대: 효종 2년(1651년) 고산의 나이 65세 때 해남의 부용동(芙蓉洞)에 은거하면서 지음.
② 갈래: 연시조, 춘·하·추·동 각 10수 (모두 40수)
③ 성격: 강호한정가
④ 내용
    ㉠ 춘사: 이른 봄에 고기잡이를 떠나는 광경을 동양화처럼 그림
    ㉡ 하사: 소박한 어옹(漁翁)의 생활
    ㉢ 추사: 속세를 떠나 자연과 동화된 생활
    ㉣ 동사: 은유를 써서 정계(政界)에 대한 작자의 근심하는 마음
⑤ 제재: 어부의 생활과 자연의 경치
⑥ 특징
    ㉠ 초장과 중장 사이, 중장과 종장 사이에 고려속요와 같은 여음
    ㉡ 대구법, 반복법, 의성법의 사용
    ㉢ 강호가도(江湖歌道) 시풍의 완성작
    ㉣ 순수 국어의 아름다움을 가장 잘 살려 예술적으로 승화
⑦ 주제: 강호의 한정(閑情). 철따라 펼쳐지는 자연의 경치와 어부생활의 흥취
⑧ 출전: 『고산유고(孤山遺稿)』

주관식 레벨 UP

윤선도의 시조 '어부사시사'의 여음구인 '至菊悤(지국총) 至菊悤(지국총)'은 의성어로 추정된다. 무엇을 본뜬 소리인가?

> 풀이 | 노 젓는 소리

(6) 오우가(五友歌): 윤선도 중요 ★★

① **序詞**

> 내 버디 몃치나 ᄒ니 水石(수석)과 松竹(송죽)이라.
> 東山(동산)의 ᄃᆞᆯ 오르니 긔 더욱 반갑고야.
> 두어라 이 다숫 밧긔 또 더ᄒᆞ야 머엇ᄒᆞ리.

② **水** : 청정(淸淨)과 영원성

> 구룸 빗치 조타 한나 검기를 조로 흔다.
> 부람 소리 묽다 한나 그칠 적이 하노매라.
> 조코도 그츨 뉘 업기는 **믈뿐**인가 한노라.

③ **石** : 불변성

> 고즌 므스 일로 픠며셔 쉬이 디고
> 풀은 어이ᄒ야 프르는 둣 누르느니.
> 아마도 변티 아닐 순 **바회뿐**인가 한노라.

④ **松** : 절개

> 더우면 곳 픠고 치우면 닙 디거놀
> 솔아 너는 엇디 눈서리를 모르는다.
> 九泉(구천)의 불휘 고둔 줄을 글로 ᄒ야 아노라.

⑤ **竹** : 절개

> 나모도 아닌 거시 플도 아닌 거시
> 곳기는 뉘 시기며 속은 어이 뷔연는다.
> 뎌러코 四時(사시)에 프르니 그를 됴하ᄒ노라.

⑥ **月** : 광명(光明)과 과묵(寡黙)

> 쟈근 거시 노피 떠서 萬物(만물)을 다 비취니,
> 밤듕의 光明(광명)이 너만ᄒ니 또 잇느냐.
> 보고도 말 아니 ᄒ니 내 벋인가 ᄒ노라.

핵심정리

① **종류** : 연시조(6수)
② **성격** : 찬미적
③ **제재** : 水 · 石 · 松 · 竹 · 月
④ **주제** : 오우(五友) 예찬
⑤ **출전** : 『고산유고』 중 '산중신곡'(18수)

주관식 레벨 UP

윤선도의 시조 '오우가(五友歌)'에서 다섯 벗을 순서대로 열거해 보시오.

　　　　　　　　　　　　　　　　　　　　　　　　　　　　　풀이 水 · 石 · 松 · 竹 · 月

(7) 귓도리 져 귓도리 중요 ★★

> 귓도리 져 귓도리 에엿부다 져 귓도리
> 어인 귓도리 지는 둘 새는 밤의 긴 소리 쟈른 소리 節節(절절)이 슬픈 소리 제 혼자 우러 녜어 紗窓(사창)
> 여윈 줌을 슬드리도 씨오는고야.
> 두어라 제 비록 微物(미물)이나 無人洞房(무인동방)에 내 뜻 알리는 저 쑨인가 하노라.

핵심정리

① 종류 : 사설시조
② 성격 : 연모가(戀慕歌)
③ 표현 : 의인법, 감정이입, 반복법, 반어법
④ 제재 : 귓도리(귀뚜라미)
⑤ 주제 : 가을밤에 임을 그리는 외롭고 쓸쓸한 여인의 정
⑥ 관련 성어 : 전전반측(輾轉反側), 동병상련(同病相憐)

(8) 나모도 바히돌도 업슨 뫼헤 중요 ★

> 나모도 바히돌도 업슨 뫼헤 매게 또친 가토릐 안과,
> 大川(대천) 바다 한가온대 一千石(일천 석) 시른 비에 노도 일코 닷도 일코 농총도 근코 돗대도 것고 치도
> 빠지고 부람 부러 물결 치고 안개 뒤섯겨 자자진 날에 갈 길은 千里萬里(천리만리) 나믄 듸 四面(사면)이
> 거머 어득 져믓 天地寂寞(천지적막) 가치노을 썻는듸 水賊(수적) 만난 都沙工(도사공)의 안과,
> 엇그제 님 여흰 내 안히야 엇다가 フ을하리오.

핵심정리

① 갈래 : 사설시조
② 성격 : 별한가(別恨歌)
③ 표현 : 점층법, 열거법, 비교법, 과장법
④ 어조 : 절망적이고 절박한 여인의 목소리
⑤ 제재 : 까투리와 도사공
⑥ 주제 : 임을 여윈 절망적인 슬픔, 사랑하는 임을 여윈 걷잡을 수 없는 절박한 심정
⑦ 관련 성어 : 설상가상(雪上加霜)

(9) 되들에 동난지이 사오 중요 ★★

> 되들에 동난지이 사오, 져 쟝스야, 네 황후 그 무서시라 웨는다, 사쟈.
> 外骨內肉(외골내육) 兩目(양목)이 上天(상천), 前行(전행), 後行(후행), 小(소)아리 八足(팔족) 大(대)아리
> 二足(이족), 淸醬(청장) 으스슥 하는 동난지이 사오.
> 쟝스야, 하 거복이 웨지 말고 게젓이라 하렴은.

> 핵심정리
>
> ① 종류 : 사설시조
> ② 성격 : 해학적, 풍자적, 묘사적
> ③ 표현 : 대화체, 돈호법
> ④ 제재 : 동난지이(게젓)
> ⑤ 주제 : 허장성세(虛張聲勢) 세태 풍자. (양반들의) 현학적 자세 비판

(10) 두터비 프리를 물고 중요 ★★★

> 두터비 프리를 물고 두험 우희 치드라 안자,
> 건넌 山(산) 브라보니 白松骨(백송골)이 떠잇거늘, 가슴이 금즉ᄒ여 풀덕 뛰여 내닷다가 두험 아래 쟛바지거고.
> 모쳐라, 놀낸 낼싀만정 에헐질 번ᄒ괘라.

> 핵심정리
>
> ① 종류 : 사설시조, 풍자시
> ② 성격 : 우의적(寓意的)
> ③ 제재 : 두꺼비
> ④ 주제 : 약자에게는 강한 체 뽐내고, 강자 앞에서는 비굴한 양반 계층 풍자
> ⑤ 관련 성어 : 약육강식(弱肉强食), 허장성세(虛張聲勢)

(11) 창(窓) 내고쟈 창(窓)을 내고쟈 중요 ★

> 창(窓) 내고쟈 창(窓)을 내고쟈 이 내 가슴에 창(窓)을 내고쟈.
> 고모장지 셰살장지 들장지 암돌져귀 수돌져귀 비목걸새 크나큰 쟝도리로 똥닥 바가 이 내 가슴에 창(窓) 내고쟈.
> 잇다감 하 답답홀 제면 여다져 볼가 ᄒ노라.

> 핵심정리
>
> ① 갈래 : 사설시조
> ② 성격 : 해학적
> ③ 표현 : 열거법, 반복법, 과장법, 점층법. 불가능한 상황 설정
> ④ 재재 : 창(窓). 답답한 심회
> ⑤ 주제 : 마음속에 쌓인 비애와 고통

(12) 붉가버슨 兒孩(아해)ㅣ들리 : 이정신

> 붉가버슨 兒孩(아해)ㅣ들리 거믜쥴 테를 들고 기川(천)으로 往來(왕래)호며,
> 붉가숭아 붉가숭아 져리 가면 죽ᄂ니라. 이리 오면 스ᄂ니라. 부로나니 붉가숭이로다.
> 아마도 世上(세상) 일이 다 이러훈가 ᄒ노라.

핵심정리

① 종류 : 사설시조
② 성격 : 풍자가
③ 표현 : 중의법
④ 제재 : 아이들의 놀이. 고추잠자리
⑤ 주제 : 서로 속고 속이는 세상사 풍자. 약육강식(弱肉强食)의 세태 풍자

---

(13) 싀어마님 며ᄂ라기 낫바

> 싀어마님 며ᄂ라기 낫바 벽 바홀 구르지 마오.
> 빗에 바든 며ᄂ린가 갑세 쳐 온 며ᄂ린가. 밤나모 서근 등걸에 휘초리나 ᄀ치 알살픠선 싀아바님, 볏 뵌
> 쇳똥ᄀ치 되죵고신 싀어마님, 삼 년(三年) 겨론 망태에 새 송곳부리 ᄀ치 샢쪽ᄒ신 싀누의님, 당(唐)피 가
> 론 밧틔 돌피 나니ᄀ치 시노란 욋곳 ᄀ튼 핏똥 누는 아들 ᄒ나 두고,
> 건 밧틔 메곳 ᄀ튼 며ᄂ리를 어듸를 낫바 ᄒ시ᄂ고.

핵심정리

① 종류 : 사설시조
② 성격 : 원부가(怨婦歌)
③ 표현 : 열거법
④ 제재 : 시집살이
⑤ 주제 : 며느리의 시어머니에 대한 원망. 왜곡된 가정생활에 대한 비판

제7절   가사(歌辭)의 유형별 이해

01 가사의 이해 종요 ★★

1. 가사의 개관

(1) 개념

① 경기체가의 붕괴에서 발생한 교술 장르

② 형식상 운문이며, 내용상 수필적 산문(운문과 산문의 중간형식)으로 운문에서 산문으로 넘어가는 과도기적 시형

> **주관식 레벨 UP**
>
> 경기체가의 붕괴에서 발생한 교술 장르로 형식상은 운문이지만 내용상은 수필적 산문으로 운문에서 산문으로 넘어가는 과도기적 시형을 뜻하는 장르는?
>
> 풀이 가사

(2) 형식

① **음보율** : 4음보

② **음수율** : 1구(3·4, 4·4조)

③ **구수나 행수의 제한이 없는 연속체의 장가**

④ **정격가사** : 결사의 종구가 시조의 종장(3·5·4·3)과 자수 동일

  예 아모타, 백년행락(百年行樂)이 이만흔들 엇지흐리. (상춘곡)

  참고 변격가사 : 결사의 종구가 시조의 종장과 자수 불일치(조선 후기)

> **주관식 레벨 UP**
>
> 가사의 형식 중 '정격가사'란 무엇을 의미하는가?
>
> 풀이 결사 부분의 맨 마지막 행이 시조의 종장의 자수와 일치하는 것

2. 조선 전기 가사의 전개 양상

(1) 특징

① 사대부의 유교적 이념과 삶의 표현에 적합한 장가(長歌) 양식으로, 감군은, 연군, 유유자적하는 강호의 생활을 주로 읊었다.

② 정극인의 '상춘곡'에서 시작하여, 정철에 이르러 절정을 보인다.

  참고 효시 : 정극인의 '상춘곡'(고려 말 나옹화상의 '서왕가'라는 이설도 있다)

국문학상 최초의 가사를 쓴 작가와 작품명을 쓰시오.

풀이 정극인, 상춘곡

③ 조선 전기의 가사는 양반 사대부들에 의해 주도되었는데, 정극인·송순·정철 등이 대표적인 작가들이다. 특히, 정철은 아름다운 우리말을 잘 살리고, 고도의 은유와 상징으로 격조 높은 작품들을 창작하여 가사 문학의 제1인자로 평가되고 있다.

참고 강호가도의 확립 : 상춘곡(정극인) → 면앙정가(송순) → 성산별곡(정철)

(2) 영향 관계

① **서정가사** : 상춘곡(정극인) → 면앙정가(송순) → 성산별곡(정철) → 노계가(박인로)
② **기행가사** : 관서별곡(백광홍) → 관동별곡(정철) → 일동장유가(김인겸) → 연행가(홍순학)
③ **유배가사** : 만분가(조위) → 만언사(안조환) → 북천가(김진형)
④ **내방가사** : 선반가(권씨 부인) → 규원가(허난설헌) → 봉선화가(정일당)

정극인의 '상춘곡'을 이어 받아 정철의 '성산별곡'에 영향을 주어 교량적 역할을 한 작가와 작품을 쓰시오.

풀이 송순, 면앙정가

(3) 정철의 가사에 대한 평가

① **김만중의 『서포만필』**
   ㉠ 左海眞文章只此三篇(좌해진문장지차삼편) : '속미인곡, 사미인곡, 관동별곡'
   ㉡ 중국 초나라 굴원이 쓴 '이소(離騷)'에 빗대어 '동방의 이소'라 극찬
   ㉢ 가장 뛰어난 작품은 '속미인곡' : 순수 국어의 아름다움을 가장 잘 살린 작품
② **홍만종의 『순오지』**
   ㉠ 관동별곡 : 악보의 절조
   ㉡ 사미인곡 : 초(楚)의 '백설곡(白雪曲)'에 비유
   ㉢ 속미인곡 : 제갈공명의 '출사표'에 비유

김만중이 '서포만필'에서 정철의 가사를 평가하여 '左海眞文章只此三篇'라 했다. 이 세편에 포함되는 작품을 쓰시오.

풀이 관동별곡, 사미인곡, 속미인곡

3. 조선 전기 작품

작품	연대	작자	내용
상춘곡	성종 1 (1470)	정극인	최초의 가사. 자연에 파묻힌 생활 속에서 봄날의 경치를 찬란한 내용으로, 『불우헌집』에 실려 있음. 창작은 15세기, 표기는 후손 정효목에 의해 정조(18세기) 때 표기되었음.
만분가	연산군 4 (1498)	조위	무오사화 때 순천에서 지은 최초의 유배 가사
면앙정가	중종 19 (1524)	송순	향리인 담양에 면앙정(俛仰亭)을 짓고 나서, 자연과 정취를 노래함. '상춘곡'을 계승하고 '성산별곡'에 영향을 주었음.
관서별곡	명종 11 (1556)	백광홍	최초의 기행 가사. 평안도 지방의 자연 풍물을 두루 돌아보고 그 아름다움을 읊었음. 정철의 '관동별곡'에 영향을 줌.
성산별곡	명종 15 (1560)	정철	전라남도 담양군 있는 성산의 풍경과, 서하당과 식영정을 중심으로 한 사계절의 변화를 읊으면서 그 누각을 세운 김성원의 풍류를 칭송한 노래로 『송강가사』에 실려 있음. 정철의 처녀작. '면앙정가'의 영향을 받음.
관동별곡	선조 13 (1580)	정철	강원도 관찰사로 부임하여 자연을 노래한 기행 가사. '관서별곡'의 영향을 받음.
사미인곡	선조 18 (1585)	정철	'정과정곡'의 영향을 받음. 충신연주지사. 한 여인이 생이별한 남편을 그리워하는 독백체 형식. 여성적 어조의 작품
속미인곡	선조 18 (1585)	정철	'사미인곡'의 속편. 두 여인의 대화체 형식으로 된 충신연주지사. 우리말의 묘미를 최대한 살려내고 있음.
규원가	선조	허난설헌	여자의 애원을 우아한 필체로 쓴 내방 가사
낙지가	중종	이서	담주의 미풍양속과 그 승경을 노래하고 태평성대가 오기를 기원
선반가	중종	권씨	농암 이현보를 영접하기 위해 창작. 최초의 내방 가사
미인별곡	명종	양사언	한 여인의 아름다움을 노래
환산별곡	명종	이황	벼슬을 버리고 전원에서 유유자적하는 생활을 노래함.
자경별곡	선조	이이	향풍(鄕風)을 바로잡기 위한 교훈가
강촌별곡	선조	차천로	벼슬을 버리고 자연에 묻혀 생활하는 정경
서호별곡	선조	허강	한강의 풍치를 노래함.

4. 조선 후기 가사의 개관

(1) 전개 양상

① **향유계층의 확대** : 지배층의 권위 실추로 피지배층(평민가사, 내방가사 등)이 참여하여 향유계층은 확대되었으나, 중심계층이 지배층에 머물러 있어 시조처럼 국민문학으로 성장하지는 못했다.

② **주제와 표현 양식의 다변화**

③ **형식**

　㉠ 산문화의 경향으로 정격가사에서 변격가사로 변모

　㉡ 단형가사에서 장편가사로 변모

④ **내용** : 서정가사에서 서사가사로 변모

⑤ 평민의식의 성장과 실학사상의 영향으로 교술양식으로서의 가사문학의 본질(산문성, 객관성, 기록성)을 유감없이 발휘하기는 했으나, 예술적 측면에서는 조선 전기 가사에 비해 다소 떨어진다.

⑥ **잡가(雜歌)의 출현** : 하층 전문소리꾼들에 의해 불린 현실적 유흥의 노래

(2) 유형

① **내방가사(內房歌辭)** : 일명 규방가사(閨房歌詞)라고도 한다. 여인들의 섬세한 생활감정과 현모양처의 도리를 표현했다.
　　예 계녀가(誡女歌), 봉선화가 등

② **평민가사** : 서민생활을 주제로 한 것이며, 향토적인 가락으로 노래하기도 하였다. 작자는 대부분 미상이다.

③ **유배가사** : 유배 체험을 기록한 가사이다.
　　예 안조환 「만언사(萬言詞)」, 김진형 「북천가(北遷歌)」, 송주석 「북관곡(北關曲)」, 이수광 「조천가(朝天歌)」 등

④ **장편 기행가사** : 국내는 물론 중국이나 일본을 다녀와 그 견문을 기록한 가사이다.
　　예 김인겸 「일동장유가(日東壯遊歌)」, 홍순학 「연행가(燕行歌)」 등

⑤ **전쟁가사** : 왜적에 대한 적개심과 평화를 추구하였다.
　　예 박인로 「태평사(太平詞)」, 「선상탄(船上嘆)」 등

5. 조선 후기 작품

작품	연대	작가	내용
고공가 (雇工歌)	임란 직후	허전	당시 국정의 부패와 무능을 개탄하고, 만조백관을 머슴에 비유하여 부지런하고 검소하기를 권장하는 내용(나랏일을 농사에 빗대어 표현)
고공답주인가 (雇工答主人歌)	임란 직후	이원익	허전(許墺)의 '고공가'에 화답하는 형식으로서, 작가가 영의정의 처지에서 당파싸움을 일삼는 신하를 꾸짖고 임금에게 간(諫)하려는 목적으로 지었음.
조천가 (朝天歌)	선조	이수광	일명 조천록, 조천곡. 전·후 2곡이 있었다고 하나, 가사는 알 수 없음. 유배가사
태평사 (太平詞)	선조 31	박인로	전쟁가사. 왜적을 몰아내고 태평세월의 도래를 갈구함으로써 수군을 위로한 작품
선상탄 (船上嘆)	선조 38	박인로	전쟁가사. 임진왜란 뒤 왜적을 미워하고 평화를 갈구하는 뜻을 읊은 작품
사제곡 (莎堤曲)	광해군 3	박인로	사제의 승경과 이덕형의 소요자적하는 생활을 읊은 것
누항사 (陋巷詞)	광해군 3	박인로	이덕형과 교유하면서 지은 가사. 가난하지만 안빈낙도하는 심회와 생활상을 읊은 작품
독락당 (獨樂堂)	광해군 11	박인로	옥산서원 독락당을 찾아가, 회재 이언적 선생을 추모하고 그 곳의 경치를 노래한 작품
영남가 (嶺南歌)	인조 13	박인로	영남 안찰사 이근원의 선정을 백성들이 숭모함을 표현한 작품
노계가 (蘆溪歌)	인조 14	박인로	지은이가 만년에 숨어 살던 노계의 경치를 읊은 작품
북관곡 (北關曲)	숙종	송주석	작가가 조부인 송시열의 덕원 유배에 따라가 지은 작품, 유배가사

일동장유가 (日東壯遊歌)	영조 39	김인겸	지은이가 일본 통신사 조엄의 서기로 갔다가 견문한 바를 노래한 작품, 현전 최장편 기행가사
만언사 (萬言詞)	정조	안조환	지은이가 추자도로 귀양 가서 겪은 천신만고의 참상을 노래한 작품, 유배가사
농가월령가 (農家月令歌)	헌종	정학유	계절에 따른 농가의 월중 행사와 세시풍속을 월령체 형식으로 교훈적으로 노래함. 조선 시대 농촌의 생활사 및 풍속 연궁에 귀중한 자료가 되며, 광해군 때 고상안이 지었다는 설도 있음.
봉선화가	헌종	정일당 남씨	손톱에 봉선화 물을 들이는 풍습 따위를 여인의 감정과 연관하여 읊은 것으로, 모두 100구로 되어 있음.
북천가 (北遷歌)	철종 4	김진형	명천에 귀양갔다가 돌아오기까지의 생활과 견문을 쓴 작품. 칠보산의 관풍(觀楓) 놀이, 군산월(君山月)과의 사랑 등 호화스러운 생활 모습은 만언사와 대조적, 유배가사
연행가 (燕行歌)	고종 3	홍순학	1886년에 주청사(奏請使) 유후조의 서장관으로 북경에 가서 견문한 바를 읊은 작품, 장편 기행가사

주관식 레벨 UP

> 조선 후기 가사 중 나랏일을 농사에 빗대어 표현하고, 당시 국정의 부패와 무능을 개탄하며 만조백관을 머슴에 비유하여 부지런하고 검소하기를 권장하는 내용을 지닌 작품의 작가와 제목을 쓰시오.
>
> **풀이** 허전, 고공가

6. 잡가(雜歌) 중요 ★

(1) 특징

① **개념** : 조선 후기 시정(市井)에서 하층 계급의 전문 소리꾼(사계축, 삼패 기생)등에 의해 불린 현실적 유흥의 노래

② **명칭** : 양반들의 시조와 같은 정가(正歌)에 비해 형식이나 표현, 내용 등이 잡스럽다 하여 '잡가(雜歌)'라 불렀고, 별칭으로는 사설이 길어서 '긴 잡가', 앉아서 부른다 하여 '좌창'이라고도 했다.

③ **영향** : 가사, 시조, 판소리, 민요

④ **작가와 연희자** : 사계축이라는 하층 소리꾼과 삼패 기생들

⑤ **향유 계층** : 평민의 중심이었으나, 일부 양반들도 향유

⑥ **형성** : 18세기 무렵 가사가 정형성을 잃으면서 대중적 혼합 가요의 형태로 발전

⑦ **형식** : 기존 가사의 기본형(4 · 4조)을 따르나, 파격이 심함

⑧ **내용** : 전체적으로 현실적 · 향락적 · 쾌락적 성격이 강함

⑨ **표현**

　　㉠ 서민층의 순수 국어의 사용

　　㉡ 음성상징어의 사용

　　㉢ 한자어나 중국 고사의 인용 : 상층문화에 대한 모방 심리

(2) 종류

① **경기 잡가(京畿雜歌)** : 서울, 경기 지방. 맑고 깨끗한 느낌
  ㉠ 휘모리 잡가 : 기법이 사설시조와 유사. 빠른 율동에 따라 말을 계속 열거하는 특징
    ㈜ 맹꽁이 타령, 바위 타령 등
  ㉡ 12잡가 : 순수 서민층의 노래. '긴 잡가'
    ㈜ 유산가, 적벽가, 제비가, 소춘향가, 집장가, 형장가, 평양가, 선유가, 출인가, 십장가, 방물가, 월령가
② **서도 잡가(西道雜歌)** : 황해도, 평안도 일대. 탄식의 느낌을 주는 애절함.
  ㈜ 수심가, 영변가 등
③ **남도 잡가(南道雜歌)** : 전라도 지방. 억양이 분명하고 강함.
  ㈜ 육자배기, 새타령 등

주관식 레벨 UP

조선 후기 시점에서 하층 계급의 전문 소리꾼에 의해 불린 현실적 유흥의 노래를 의미하는 평민가사를 무엇이라 하는가?

풀이 잡가

---

02 주요 작품의 감상

1. 상춘곡(賞春曲) : 정극인 중요 ★★

핵심정리

① 연대 : 성종 1년(1470)
② 성격 : 주정적, 서정적
③ 종류 : 서정가사, 정격가사, 양반가사
④ 구성 : 서사·본사(춘경·상춘)·결사의 3단 구성
⑤ 주제 : 봄의 완상(玩賞)과 안빈낙도
⑥ 의의
  ㉠ 우리나라 가사 문학의 효시
  ㉡ 산림처사로서의 생활을 다루는 은일 가사의 첫 작품으로 사림파 문학의 계기를 마련한 작품
  ㉢ 호남가단의 강호가도 시풍의 효시
⑦ 영향 관계
  상춘곡(常春曲, 정극인) → 면앙정가(俛仰亭歌, 송순) → 성산별곡(星山別曲, 정철) → 누항사(陋巷詞, 박인로)
⑧ 출전 : 『불우헌집』(정조 10년, 1786년)

(1) 서사(序詞) : 산림에 묻혀 삶[풍류 생활의 기상]

> 紅塵(홍진)에 뭇친 분네 이내 生涯(생애) 엇더ᄒᆞ고. 녯 사ᄅᆞᆷ 風流(풍류)ᄅᆞᆯ 미츨가 못 미츨가. 天地間(천지간) 男子(남자) 몸이 날만ᄒᆞᆫ 이 하건마ᄂᆞᆫ, 山林(산림)에 뭇쳐 이셔 至樂(지락)을 ᄆᆞ를 것가. 數間(수간)茅屋(모옥)을 碧溪水(벽계수) 앏픠두고, 松竹(송죽) 鬱鬱裏(울울리)예 風月(풍월)主人(주인) 되여셔라.
>
> 세상에 묻혀 사는 분들이여. 이 나의 생활이 어떠한가. 옛 사람들의 운치 있는 생활을 내가 미칠까 못 미칠까? 세상의 남자로 태어난 몸으로서 나만한 사람이 많건마는 왜 그들은 자연에 묻혀 사는 지극한 즐거움을 모르는 것인가? 몇 간쯤 되는 초가집을 맑은 시냇물 앞에 지어 놓고, 소나무와 대나무가 우거진 속에 자연의 주인이 되었구나!

(2) 본사(本詞) 1 : 춘경(春景)에의 몰입(沒入)

> 엊그제 겨을 지나 새봄이 도라오니, 桃花(도화)杏花(행화)ᄂᆞᆫ 夕陽裏(석양리)예 픠여 잇고, 綠楊芳草(녹양방초)ᄂᆞᆫ 細雨中(세우중)에 프르도다. 칼로 ᄆᆞᆯ아 낸가, 붓으로 그려 낸가. 造化神功(조화신공)이 物物(물물)마다 헌ᄉᆞ롭다. 수풀에 우는 새ᄂᆞᆫ 春氣(춘기)ᄅᆞᆯ ᄆᆞᆺ내 계워 소ᄅᆡ마다 嬌態(교태)로다. 物我一體(물아일체)어니, 興(흥)이이 다ᄅᆞᆯ소냐. 柴扉(시비)예 거러 보고, 亭子(정자)애 안자보니 逍遙吟詠(소요음영)ᄒᆞ야, 山日(산일)이 寂寂(적적)ᄒᆞᆫ듸, 閑中眞味(한중진미)ᄅᆞᆯ 알 니 업시 호재로다.
>
> 엊그제 겨울이 지나 새봄이 돌아오니, 복숭아꽃과 살구꽃은 저녁 햇빛 속에 피어 있고, 푸른 버들과 아름다운 풀은 가랑비 속에 푸르도다. 칼로 재단해 내었는가? 붓으로 그려 내었는가? 조물주의 신비스러운 솜씨가 사물마다 야단스럽구나! 수풀에서 우는 새는 봄 기운을 끝내 이기지 못하여 소리마다 아양을 떠는 모습이로다. 자연과 내가 한 몸이거니 흥겨움이야 다르겠는가? 사립문 주변을 걷기도 하고 정자에 앉아 보기도 하니, 천천히 거닐며 나직이 시를 읊조려 산 속의 하루가 적적한데, 한가로운 가운데 참된 즐거움을 아는 사람이 없이 혼자로구나.

(3) 결사(結詞) : 안빈낙도의 삶

> 功名(공명)도 날 ᄭᅴ우고, 富貴(부귀)도 날 ᄭᅴ우니. 淸風明月(청풍명월) 外(외)예 엇던 벗이 잇ᄉᆞ올고. 簞瓢陋巷(단표누항)에 훗튼 혜음 아니 ᄒᆞᄂᆡ. 아모타, 百年行樂(백년행락)이 이만ᄒᆞᆫ들 엇지ᄒᆞ리.
>
> 공명도 날 꺼리고, 부귀도 날 꺼리니, 청량한 바람과 밝은 달 이외에 어느 벗이 있겠느냐. 청빈한 선비의 살림에 헛된 생각 아니하네. 아무튼 한평생 즐겁게 지내는 일이 이만하면 어떠한가.

2. 면앙정가(俛仰亭歌) : 송순 종요 ★

> **핵심정리**
>
> ① 연대 : 중종 19년(1524). 원작의 창작은 16세기, 필사본은 18세기 이후의 표기임.
> ② 성격 : 강호가도(江湖歌道)

③ 종류 : 서정가사, 양반가사, 은일가사
④ 구성 : 기승전결(起承轉結) 79구의 4단 구성
⑤ 제재 : 면앙정과 그 주변의 자연의 승경(勝景)
⑥ 주제 : 대자연 속의 풍류 생활. 아름다운 자연 속에 노니는 풍류 생활
⑦ 의의 : 강호가도를 확립한 노래로, 정극인의 '상춘곡'을 이어받고, 정철의 '성산별곡'에 영향을 줌.
⑧ 내용 : 작자가 41세 때 향리(鄕里)인 전남 담양의 제월봉 아래 면앙정을 짓고 그 아름다운 자연 속에 노니는 자신의 풍류 생활을 노래한 것.
⑨ 출전 : 『면앙집』 – 원전에는 '면앙정장가'로 되어 있음.

(1) 기(起) : 제월봉과 면앙정의 위치와 모습

제월봉의 위치와 형세(용) / 면앙정의 모습(청학)

无等山(무등산) 흔 활기 뫼히 동다히로 버더 이셔, 멀리 쎄쳐와 霽月峯(제월봉)이 되여거늘 無邊(무변) 大野(대야)의 므슴 짐쟉호노라 닐곱 구비 홈듸 움쳐 므득므득 버럿눈 둣, 가온대 구비는 굼긔 든 늘근 뇽이 선줌을 굿 쌔야 머리를 언쳐시니, 너릭바회 우히 松竹(송죽)을 헤혀고 亭子(정자)를 언쳐시니 구름 툰 靑鶴(청학)이 千里(천 리)를 가리라 두 느래 버럿눈 둣.

무등산 한 지맥이 동쪽으로 뻗어 있어 멀리 떨치고 와 제월봉이 되었거늘 끝없이 넓은 벌판에 무슨 생각을 하느라고, 일곱 굽이가 한 곳에 움츠려 무더기무더기 벌여 놓은 듯하고, 가운데 굽이는 구멍에 든 늙은 용이 선잠을 막 깨어 머리를 얹어 놓은 듯하니 너럭바위 위에 소나무와 대나무를 헤치고 정자를 앉혔으니, 구름을 탄 청학이 천 리를 가려고 두 날개를 벌리고 있는 듯.

(2) 승(承) 2 : 면앙정의 사시(四時) 가경(佳景)

흰 구름 브흰 煙霞(연하) 프로니는 山嵐(산람)이라. 千巖萬壑(천암만학)을 제 집을 삼아 두고 나명성 들명성 일히도 구는지고. 오르거니 느리거니 長空(장공)의 떠나거니 廣野(광야)로 거너거니 프르락 불그락 여트락 디트락 斜陽(사양)과 섯거디어 細雨(세우)조초 쓰리난다. 籃輿(남여)를 비야 투고 솔 아릭 구븐 길노 오며 가며 ㅎ는 적의 綠楊(녹양)의 우는 黃鶯(황앵) 嬌態(교태) 겨워 ㅎ는고야. 나모새 ㅈㅈ지어 綠陰(녹음)이 얼린 적의, 百尺欄干(백척 난간)의 긴 조으름 내여 펴니, 水面凉風(수면 양풍)이야 긋칠 줄 모르는가. 즌 서리 싸딘 후의 산 빗치 錦繡(금수)로다. 黃雲(황운)은 쏘 엇디 萬頃(만경)의 펴겨 디오. 漁笛(어적)도 흥을 계워 둘를 쑤롸 브니는다. 草木(초목) 다 진 후의 江山(강산)이 미몰커늘, 造物(조물)이 헌亽호야 氷雪(빙설)로 쑤며내니, 瓊宮瑤臺(경궁요대)와 玉海銀山(옥해은산)이 眼底(안저)의 버러셰라. 乾坤(건곤)도 가음열사 간 대마다 경이로다.

흰 구름, 뿌연 안개와 놀, 푸른 것은 산아지랑이로구나. 수많은 바위와 골짜기를 제 집으로 삼아 두고 나면서 들면서 아양도 떠는구나. 날아오르다가, 내려앉다가 공중으로 떠났다가, 넓은 들로 건너갔다가 푸르기도 하고 붉기도 하고, 옅기도 하고 짙기도 하고, 석양과 섞여 가랑비조차 뿌린다. 뚜껑 없는 가마를 재촉해 타고 소나무 아래 굽은 길로 오고 가며 하는 때에, 푸른 버드나무에서 우는 꾀꼬리는 흥에 겨워 아양을 떠는구나. 나무와 억새풀이 우거져 녹음이 짙어진 때에 긴 난간에서 긴 졸음을 내어 펴니, 물 위의 서늘한 바람이야 그칠 줄을 모르는구나. 된서리 걷힌 후에 산빛이 수놓은 비단 물결 같구나. 누렇게 익은 곡식

은 또 어찌 넓은 들에 퍼져 있는고? 고기잡이를 하며 부르는 피리도 흥을 이기지 못하여 달을 따라 계속 부르는가. 초목이 다 떨어진 후에 강산이 묻혀 있거늘, 조물주가 야단스러워 얼음과 눈으로 꾸며 내니, 경궁 요대와 옥해은산 같은 설경이 눈 아래 펼쳐져 있구나. 하늘과 땅도 풍성하구나. 가는 곳마다 아름다운 경치 로구나.

(3) 결(結) : 호연지기(浩然之氣)와 군은(君恩)

江山風月(강산풍월) 거늘리고 내 百年(백년)을 다 누리면 岳陽樓(악양루) 상의 李太白(이태백)이 사라오 다. 浩蕩情懷(호탕정회)야 이에서 더홀소냐. 이 몸이 이렁 굼도 亦君恩(역군은)이샷다.

아름다운 자연을 거느리고 내 평생을 다 누리면 악양루 위의 이태백이 살아온들, 넓고 끝없는 정다운 회포 는 이보다 더할쏘냐. 이 몸이 이렇게 지내는 것도 역시 임금의 은혜이시로다.

3. 관동별곡(關東別曲) : 정철 종요 ★★★

핵심정리

① 연대 : 선조 13년(1580), 45세 때
② 사상 : 충의(유교) 및 애민 사상, 신선 사상(도교)
③ 종류 : 양반가사, 정격가사
④ 구성 : 295구의 기행 가사. 3·4조 4음보의 연속체
⑤ 문체 : 가사체, 운문체, 화려체
⑥ 표현 : 적절한 감탄사, 대구법, 생략법 등을 사용한 탄력이 넘치는 문장. 명쾌, 화려하고, 섬세, 우아 하며 활달하고 낭만적이어서, 작가의 호방한 기상이 드러남.
⑦ 내용
  ㉠ 부임 여정, 금강산 유람, 관동 팔경 유람
  ㉡ 연군지정, 애민 사상을 토로한 서정가사
⑧ 주제 : 금강산, 관동 팔경의 절승에 대한 감탄과 연군지정 및 애민 사상
⑨ 출전 : 『송강가사』 이선본(숙종 16년 1690년)

(1) 서사(序詞) : [起] - ① 관찰사로의 부임

江강湖호애 病병이 깁퍼 竹듁林님의 누엇더니, 關관東동 八팔百빅 里니에 方방面면을 맛디시니, 어와 聖 셩恩은이야 가디록 罔망極극ᄒ다. 延연秋츄門문 드리드라 慶경會회 南남門문 ᄇ라보며, 下하直직고 믈너 나니 玉옥節졀이 알픠 셧다. 平평丘구驛역 믈을 ᄀ라 黑흑水슈로 도라드니, 蟾셤江강은 어듸메오, 雉티岳 악이 여긔로다.

고치지 못할 정도의 병처럼 자연을 너무도 사랑하여 창평에 은거하여 한가로이 지내는데 800리나 되는

강원도 관찰사의 직분을 맡기시니 아, 임금의 은혜야말로 더욱 더 끝이 없구나. 연추문으로 달려 들어가 경회루의 남문을 바라보면서 임금님께 작별을 고하고 물러나니 벌써 부임 준비가 되었구나. 양주역에서 말을 갈아타고 여주로 돌아 들어가니, 섬강이 어디인가 여기가 원주로구나.

(2) 서사(序詞) : [起] – ② 관내 순력과 선정의 포부

昭쇼陽양江강 느린 믈이 어드러로 든단 말고. 孤고臣신 去거國국에 白빅髮발도 하도 할샤. 東동州쥐 밤 계오 새와 北븍寬관亭뎡의 올나ᄒᆞ니, 三삼角각山산 第뎨一일峰봉이 ᄒᆞ마면 뵈리로다. 弓궁王왕 大대闕궐 터희 烏오鵲쟉이 지지괴니, 千쳔古고 興흥亡망을 아는다, 몰ᄋᆞᄂᆞ다. 淮회陽양 녜 일홈이 마초아 ᄀᆞᆮ틀시고. 汲급長댱儒유 風풍彩치를 고려 아니 볼 게이고.

소양강에 흐르는 물은 어디로 흘러가는가? (소양강은 흘러흘러 임금이 계신 한양으로 흐르는구나)[→ 연군지정(戀君之情)] 임금과 이별하고 한양을 떠난 외로운 신하는 나라 걱정에 흰 머리만 늘어가는구나. [→ 우국충정(憂國衷情)] 철원에서 밤을 겨우 지새고 북관정에 오르니, 임금이 계신 한양의 삼각산 제일 높은 봉우리가 보일 것만 같구나.[→ 연군지정(戀君之情)] 태봉국 궁예왕의 대궐터에서 지저귀는 무심한 까막까치는 나라의 흥망을 알고 우는가, 모르고 우는가?[역사의 무상감 → 맥수지탄(麥秀之嘆)] 이곳의 지명이 옛날 중국 한 나라의 회양 땅과 마침 같으니, 회양 태수로 선정을 베풀었던 급장유의 풍채를 이곳에서 다시 볼 것인가.[→ 선정포부(善政抱負)]

(3) 본사(本詞) – 1 : 내금강 유람 [承] – ① 만폭동 폭포의 장관

營영中듕이 無무事ᄉᆞᄒᆞ고 時시節졀이 三삼月월인 제, 花화川쳔 시내길히 楓풍岳악으로 버더 잇다. 行ᄒᆡᆼ裝장을 다 ᄻᆞᆯ티고 石셕逕경의 막대 디퍼, 百빅川쳔洞동 겨틱 두고 萬만瀑폭洞동 드러가니, 銀은 ᄀᆞᆮ튼 무지게, 玉옥 ᄀᆞᆮ튼 龍룡의 초리, 섯돌며 뿜ᄂᆞᆫ 소리 十십里리의 ᄌᆞ자시니, 들을 제는 우레러니 보니는 눈이로다.

관내(감영)가 무사하고 호시절 삼월에 화천 시냇길은 풍악(금강산)으로 뻗어 있다. 여장을 간편히 꾸리고 좁은 산길에 지팡이를 짚고, 백천동을 지나서 만폭동 계곡에 들어가니, 무지개처럼 아름답고, 용의 꼬리처럼 고운 폭포가 섞여 떨어지는 웅장한 소리가 십리 밖까지 울려 퍼졌으니, 멀리서 들을 때에는 천둥소리 같더니, 가까이 다가가서 보니 흰 눈처럼 흩날리는구나.

(4) 본사(本詞) – 1 : 내금강 유람 [承] – ② 금강대의 선학

金금剛강臺딕 민 우層층의 仙션鶴학이 삿기 치니, 春츈風풍 玉옥笛뎍聲셩의 첫ᄌᆞᆷ을 ᄭᆡᆺ돗던디, 縞호衣의 玄현裳상이 半반空공의 소소 ᄯᅳ니, 西셔湖호 녯 主쥬人인을 반겨서 넘노는 ᄃᆞᆺ.

금강대 꼭대기 위에 학이 새끼를 치니, 옥피리 소리 같은 봄바람에 선잠을 깨었던지, 흰 저고리, 검은 치마를 입은 듯한 학이 공중에 높이 솟아오르니, 서화의 옛 주인인 임포를 반기는 듯, 나를 반겨서 노는 듯하구나.

(5) 본사(本詞) - 1 : 내금강 유람 [承] - ③ 진헐대에서의 조망

小쇼香향爐노 大대香향爐노 눈 아래 구버보고, 正졍陽양寺亽 眞진歇헐臺딕 고텨 올나 안준마리, 廬녀山산 眞진面면目목이 여긔야 다 뵈ᄂᆞ다. 어와, 造조化화翁옹이 헌亽토 헌亽ᄒᆞᆯ샤. ᄂᆞᆯ거든 ᄠᅱ디 마나, 셧거든 솟디 마나. 芙부蓉용을 고잣ᄂᆞᆫ 듯, 白ᄇᆡᆨ玉옥을 뭇것ᄂᆞᆫ 듯, 東동溟명을 박ᄎᆞᄂᆞᆫ 듯, 北븍極극을 괴왓ᄂᆞᆫ 듯. 놉흘시고 望망高고臺딕, 외로올샤 穴혈望망峰봉이 하ᄂᆞᆯ의 추미러 므슨 일을 ᄉᆞ로리라 千천萬만劫겁 디나ᄃᆞ록 구필 줄 모ᄅᆞᄂᆞᆫ다. 어와 너여이고, 너 ᄀᆞᄐᆞ니 ᄯᅩ 잇ᄂᆞᆫ가.

진헐대에 올라 크고 작은 봉우리를 바라보니, 중국의 여산처럼 아름다운 금강산의 참모습이 여기에서 다 보이는 듯하구나. 아아, 조물주의 재주가 야단스럽구나. 금강산의 수많은 봉우리가 나는 듯 뛰는 듯, 우뚝 서있는 듯 솟아오르는 듯하니, 참으로 수려하구나. 연꽃을 꽂아 놓은 듯, 백옥을 묶어 놓은 듯, 동해 바다를 박차고 일어나는 듯, 북극을 바치고 있는 듯하다. 높이 솟은 망고대, 외로워 보이는 혈망봉은 하늘에 치밀어 무슨 일을 아뢰려고 수많은 세월이 지나도록 굽힐 줄을 모르느냐? 굳건히 지조를 지키는 이는 망고대, 혈망봉 너로구나. 너처럼 지조를 지키는 것이 또 있겠는가?

(6) 본사(本詞) - 1 : 내금강 유람 [承] - ④ 개심대에서의 조망과 감회

開기心심臺딕 고텨 올나 衆듕香향城셩 ᄇᆞ라보며, 萬만二이千천峰봉을 歷녁歷녁히 혀여ᄒᆞ니 峰봉마다 밋쳐 잇고 긋마다 서린 긔운, ᄆᆞᆰ거든 조티 마나, 조커든 ᄆᆞᆰ디 마나. 뎌 긔운 흐터 내야 人인傑걸을 ᄆᆞᆫᄃᆞᆯ고쟈. 形형容용도 그지업고 體톄勢셰도 하도 할샤. 天텬地디 삼기실 제 自ᄌᆞ然연이 되연마ᄂᆞᆫ, 이제와 보게 되니 有유情졍도 有유情졍ᄒᆞᆯ샤. 毗비蘆로峰봉 上샹上샹頭두의 올라 보니 긔 뉘신고. 東동山산 泰태山산이 어ᄂᆞ야 놉돗던고. 魯노國국 조븐 줄도 우리ᄂᆞᆫ 모ᄅᆞ거든, 넙거나 넙은 天텬下하 엇ᄶᅵᄒᆞ야 젹닷 말고. 어와 뎌 디위ᄅᆞᆯ 어이ᄒᆞ면 알 거이고. 오ᄅᆞ디 못ᄒᆞ거니 ᄂᆞ려가미 고이ᄒᆞᆯ가.

개심대에 다시 올라 중향성 봉우리를 바라보며, 만 이천 봉을 똑똑히 헤아려 보니, 봉마다 맺혀 있고 끝마다 서린 기운, 맑거든 깨끗하지나, 깨끗하거든 맑지나 말 것이지, 맑고 깨끗한 만 이천 봉의 수려함이여! 저 맑고 깨끗한 기운을 흩어 내어 뛰어난 인재를 만들고 싶구나. 산봉우리의 형상이 다양하기도 하구나. 천지가 창조될 때에 저절로 생성된 것이지만, 이제 와서 보니 조물주의 뜻이 깃들어 있구나. 비로봉 정상에 올라 본 사람이 누구인가? (비로봉 정상에 오르니, '동산에 올라 노나라가 작고, 태산에 올라 천하가 작다'고 한 공자님의 말씀이 생각나는구나.) 동산과 태산 어느 것이 비로봉보다 높단 말인가? 노나라가 좁은 줄도 우리는 모르는데, 넓고도 넓은 천하를 공자는 어찌하여 작다고 했단 말인가? 아! 저 공자의 높고 넓은 정신적 경지를 어찌하면 알 수 있을 것인가? 오르지 못해 내려가는 것이 무엇이 이상할까?

(7) 본사(本詞) - 1 : 내금강 유람 [承] - ⑤ 화룡소에서의 감회

圓원通통골 ᄀᆞᄂᆞᆫ 길로 獅亽子ᄌᆞ峰봉을 ᄎᆞᆽ자가니, 그 알픠 너러바회 化화龍룡쇠 되여셰라. 千천年년 老노龍룡이 구비구비 서려 이셔, 晝듀夜야의 흘녀 내여 滄창海ᄒᆡ예 니어시니, 風풍雲운을 언제 어더 三삼日일雨우ᄅᆞᆯ 디련ᄂᆞᆫ다. 陰음崖애예 이온 플을 다 살와 내여ᄉᆞ라.

원통골의 좁은 길로 사자봉을 찾아가니, 그 앞의 넓은 바위가 화룡소가 되었구나. 마치 천 년 묵은 늙은 용이 굽이굽이 서려 있는 것 같은 화룡소 물이 밤낮으로 흘러내려 넓은 바다에 이었으니, 비, 구름을 언제 얻어 흡족한 비를 내리려느냐? 그늘진 낭떠러지에 헐벗고 굶주린 백성을 다 살려 내려무나.

(8) 본사(本詞) – 1 : 내금강 유람 [承] – ⑥ 십이 폭포의 장관

磨마訶하衍연 妙묘吉길祥샹 雁안門문재 너머 디여, 외나모 써근 드리 佛블頂뎡臺디 올라ᄒ니, 千쳔尋심 絕졀壁벽을 半반空공애 셰여 두고, 銀은河하水슈 한 구비를 촌촌이 버혀 내여, 실フ티 플텨이셔 뵈フ티 거러시니, 圖도經경 열 두 구비, 내 보매는 여러히라. 李니謫뎍仙션 이제 이셔 고텨 의논ᄒ게 되면, 廬녀山산이 여긔도곤 낫단 말 못 ᄒ려니.

마하연, 묘길상, 안문재를 넘어 내려가 썩은 외나무다리를 건너 불정대에 오르니, (조물주가) 천길이나 되는 절벽을 하늘 가운데 세워 두고, 은하수 큰 굽이를 마디마디 잘라내어 실처럼 풀어서 베처럼 걸어 놓았으니, 도경에는 열두 굽이로 그려졌지만, 내가 보기에는 그보다 더 많아 보인다. 이태백이 지금 있어서 다시 의논하게 되면 여산 폭포가 십이 폭포보다 아름답다는 말은 못 할 것이다.

(9) 본사(本詞) – 2 : 관동 8경 유람 [轉] – ① 동해로 가는 감회

山산中듕을 미양 보랴, 東동海ᄒ로 가쟈스라. 藍남輿여 緩완步보ᄒ야 山산映영樓누의 올나ᄒ니, 玲녕瓏롱 碧벽溪계와 數수聲셩啼뎨鳥됴는 離니別별을 怨원ᄒ는 둧, 旌졍旗긔를 썰티니 五오色ᄉ이 넘노는 둧, 鼓고角각을 섯부니 海ᄒ雲운이 다 것는 둧. 鳴명沙사길 니근 ᄆᆯ이 醉ᄎᆔ仙션을 빗기 시러, 바다홀 겻틔 두고 海ᄒ棠당花화로 드러 가니, 白ᄇᆡ鷗구야 ᄂᆞ디 마라, 네 버딘 줄 엇디 아는.

내금강 경치만 보겠는가? 이제는 동해 바다로 가자꾸나. 남여를 타고 천천히 걸어서 산영루에 오르니, 눈부시게 반짝이는 푸른 시냇물과 여러 아름다운 소리로 우는 산새는 나와의 이별을 원망하는 듯하고(감정이입), 깃발을 휘날리니, 오색 빛깔 넘나들며 노니는 듯하고, 북과 피리를 섞어 부니 바닷구름이 다 걷히는 것 같구나. 백사장 길에 익숙한 말이 취한 신선을 비스듬히 태우고, 바다를 옆에 끼고 해변의 해당화 핀 꽃밭으로 들어가니, 갈매기야 날지 말아라, 내가 너의 친구인 줄을 어찌 알고 날아가느냐?

(10) 본사(本詞) – 2 : 관동 8경 유람 [轉] – ④ 의상대에서의 일출의 장관과 감회

梨니花화는 볼셔 디고 졉동새 슬피 울 제, 洛낙山산 東동畔반으로 義의相샹臺디예 올라 안자, 日일出츌을 보리라 밤듕만 니러ᄒ니, 祥샹雲운이 집픠는 동, 六뉵龍뇽이 바퇴는 동, 바다히 써날 제는 萬만國국이 일위더니, 天텬中듕의 티쯔니 毫호髮발을 혜리로다. 아마도 녈구름 근쳐의 머믈셰라. 詩시仙션은 어듸 가고 咳ᄒᆡ唾타만 나맛ᄂ니. 天텬地디間간 壯쟝훈 긔별 ᄌ셔히도 홀셔이고.

배꽃은 벌써 지고 소쩍새가 슬피 울 제, 낙산사 동쪽 언덕길을 따라 의상대에 올라 앉아, 일출을 보려고 한밤중쯤 일어나니, 상서로운 구름이 뭉게뭉게 피어나는 듯, 여섯 마리의 용이 해를 떠받치는 듯, 해가 바다에서 솟아오를 때에는 온 세상이 흔들리는 듯하더니, 하늘에 치솟아 뜨니 가는 터럭도 셀 수 있을 만큼 밝구나. 행여나 지나가는 구름이 해 근처에 머무를까 근심스럽구나.(간신의 무리가 임금의 총명을 가릴까 두렵다. 이태백의 시구 인용) 이태백은 어디가고 시구만 남았느냐? 천지간 굉장한 소식이 자세히도 표현되었구나.

(11) 본사(本詞) - 2 : 관동 8경 유람 [轉] - ⑦ 망양정에서의 조망

天텬根근을 못내 보와 望망洋양亭뎡 올은말이, 바다 밧근 하늘이니 하늘 밧근 므서신고. ᄀᆞ득 노ᄒᆞᆫ 고래, 뉘라셔 놀내관ᄃᆡ, 블거니 쁨거니 어즈러이 구는디고. 銀은山산을 것거 내여 六뉵合합의 ᄂᆞ리ᄂᆞᆫ 듯, 五오月월 長댱天텬의 白ᄇᆡᆨ雪셜은 므ᄉᆞ 일고.

하늘의 끝을 내내 보지 못하여 망양정에 오르니, (수평선 멀리) 바다 밖은 하늘인데, 하늘 밖은 무엇인가? 가뜩이나 성난 고래(파도)를 누가 놀라게 하기에, (물을) 불거니 뿜거니 어지럽게 구는 것인가? 은산(흰 물결)을 꺾어 내어 온 세상에 흩뿌려 내리는 듯, 오월의 드높은 하늘에 백설(흰 포말)은 무슨 일인가?

(12) 결사(結詞) : 結 - ① 망양정에서의 월출

져근덧 밤이 드러 風풍浪낭이 定뎡ᄒᆞ거늘, 扶부桑상 咫지尺쳑의 明명月월을 기ᄃᆞ리니, 瑞셔光광 千쳔丈댱이 뵈는 듯 숨ᄂᆞᆫ고야. 珠쥬簾렴을 고텨 것고, 玉옥階계를 다시 쓸며, 啓계明명星셩 돗도록 곳초 안자 ᄇᆞ라보니, 白ᄇᆡᆨ蓮년花화 ᄒᆞᆫ 가지를 뉘라셔 보내신고. 일이 됴흔 世셰界계 ᄂᆞᆷ대되 다 뵈고져. 流뉴霞하酒쥬 ᄀᆞ득 부어 ᄃᆞᆯᄃᆞ려 무론 말이, 英영雄웅은 어ᄃᆡ 가며, 四ᄉᆞ仙션은 긔 뉘러니, 아ᄆᆞ나 맛나 보아 넷 긔별 뭇쟈 ᄒᆞ니, 仙션山산 東동海ᄒᆡ예 갈 길히 머도 멀샤.

잠깐 사이에 밤이 되어 바람과 파도가 가라앉거늘, 해 뜨는 곳 가까이(동해 바닷가)에서 밝은 달을 기다리니, 상서로운 달빛이 구름 사이로 보이는 듯 숨는구나. 구슬로 만든 발을 다시 걷고, 섬돌로 만든 층계를 다시 쓸며, 샛별이 돋아 오를 때까지 곧바로 앉아서 밝은 달을 바라보니, 흰 연꽃 같은 달을 누가 보내셨는가? 이렇게 아름다운 세상을 다른 사람 모두에게 다 보이고 싶구나(온 백성에게 고루고루 은혜를 베풀고 싶다는 선정의 포부). 신선주를 가득 부어 들고 달에게 묻는 말이 '영웅은 어디 갔으며, 사선은 그 누구인가.' 아무나 만나 보아 영웅과 사선의 옛 소식을 묻고자 하니, 선산이 있는 동해로 가는 길이 멀기도 멀구나.

(13) 결사(結詞) : 結 - ② 꿈속에서 신선과의 인연

松숑根근을 볘여 누어 픗ᄌᆞᆷ을 얼픗 드니, 꿈애 ᄒᆞᆫ 사ᄅᆞᆷ이 날ᄃᆞ려 닐온 말이, 그ᄃᆡᄅᆞᆯ 내 모ᄅᆞ랴, 上샹界계예 眞진仙션이라. 黃황庭뎡經경 一일字ᄌᆞ를 엇디 그릇 닐거 두고, 人인間간의 내려 와셔 우리를 ᄯᆞᆯ오ᄂᆞᆫ다. 져근덧 가지 마오. 이 술 ᄒᆞᆫ 잔 머거 보오. 北븍斗두星셩 기우려 滄챵海ᄒᆡ水슈 부어 내여, 저 먹고 날 머겨늘 서너 잔 거후로니, 和화風풍이 習습習습ᄒᆞ야 兩냥腋익을 추혀 드니, 九구萬만里리 長댱空공애 져기면 ᄂᆞᆯ리로다. 이 술 가져다가 四ᄉᆞ海ᄒᆡ예 고로 ᄂᆞ화 億억萬만蒼창生ᄉᆡᆼ을 다 醉취케 ᄆᆡᆼᄀᆞᆫ 後후의, 그제야 고텨 맛나 ᄯᅩ ᄒᆞᆫ 잔 ᄒᆞ쟛고야. 말 디쟈 鶴학을 ᄐᆞ고 九구空공의 올나가니, 空공中듕 玉옥簫쇼 소리 어제런가 그제런가. 나도 ᄌᆞᆷ을 ᄭᆡ여 바다홀 구버보니, 기픠를 모ᄅᆞ거니 ᄀᆞᆺ인들 엇디 알리. 明명月월이 千쳔山산 萬만落낙의 아니 비췬 ᄃᆡ 업다.

소나무 뿌리를 베고 누워 선잠이 얼핏 드니, 꿈속에서 한 사람이 나에게 이르는 말이, "그대를 내가 모르겠느냐? 그대는 하늘나라의 신선이다. 황정경 한 글자를 어찌하여 잘못 읽고 인간 세상에 내려와서 우리를 따르는가? 잠깐만 가지 마오. 이 술 한 잔 마셔 보오." 북두칠성 같은 국자를 기울여 동해 바닷물 같은 술을 부어 내여, 저 한 잔 먹고 나에게도 먹이거늘, 서너 잔 기울이니, 봄바람이 산들산들하여 두 겨드랑이를 추켜올리니, 아득한 하늘을 웬만하면 날 것 같구나. "이 술 가져다가 온 세상에 고루 나누어, 온 백성을 다 취하게 만든 후에(선정의 포부), 다시 만나 또 한 잔 합시다."는 말이 끝나자 신선은 학을 타고 아득한 하늘로 올라가니, 공중에서 들려오는 옥피리가 어제던가 그제던가 어렴풋하구나. 나도 잠을 깨어 바다를 굽어보니, 깊이를 모르는데, 바다 끝인들 어찌 알겠는가? 밝은 달이 온 세상에 아니 비친 곳이 없다.

4. 사미인곡(思美人曲) : 정철 [종요] ★★★

핵심정리

① 연대 : 선조 18년 ~ 22년(1585 ~ 1589)
② 성격 : 연군지사
③ 종류 : 서정가사
④ 구성 : 3·4조, 4·4조로 된 서정가사. '서사-본사-결사'의 3단 구성
⑤ 배경 : 정철이 50세 되던 선조 18년(1585)에 사간원의 논척을 받고 관직에서 물러나 그의 고향 전남 창평에 4년간 우거할 때 지은 작품이다.
⑥ 의의
  ㉠ '속미인곡'과 더불어 가사 문학의 절정을 이루는 작품이다.
  ㉡ '정과정'을 원류로 하는 충신연군지사
⑦ 주제 : 연군(戀君)의 정(情), 충신연군지사
⑧ 출전 : 『송강가사(松江歌辭)』 성주본

(1) 서사(序詞) : 임과의 인연과 이별 후의 그리움

이 몸 삼기실 제 님을 조차 삼기시니, 훈싱 緣연分분이며 하늘 모롤 일이런가. 나 ㅎ나 졈어 잇고 님 ㅎ나 날 괴시니, 이 ᄆ음 이 ᄉ랑 견졸ᄃᆡ 노여 업다. 平평生싱애 願원ᄒᆞ요ᄃᆡ 흔ᄃᆡ 녜쟈 ᄒᆞ얏더니, 늙거야 므스 일로 외오 두고 글이ᄂᆞᆫ고. 엇그제 님을 뫼셔 廣광寒한殿뎐의 올낫더니 그 더ᄃᆡ 엇디ᄒᆞ야 下하界계예 ᄂ려 오니. 올 적의 비슨 머리 얼킈연디 三삼年년이라. 燕연脂지粉분 잇ᄂᆞ마ᄂᆞᆫ 눌 위ᄒᆞ야 고이 홀고. ᄆᆞ음의 ᄆ친 실음 疊텹疊텹이 ᄡᅡ혀 이셔, 짓ᄂᆞ니 한숨이오, 디ᄂᆞ니 눈믈이라. 人인生싱은 有유限ᄒᆞᆫ듸 시름도 그지 업다. 無무心심ᄒᆞᆫ 歲셰月월은 믈 흐르ᄃᆞᆺ ᄒᆞᄂ고야. 炎염凉냥이 째를 아라 가ᄂᆞᆫ 듯 고텨 오니, 듯거니 보거니 늣길 일도 하도 할샤.

이 몸이 태어날 때에 임을 따라 태어나니, 한평생 함께 살아갈 인연이며 이 또한 하늘이 어찌 모를 일이던가? 나는 오직 젊어 있고, 임은 오직 나를 사랑하시니, 이 마음과 사랑을 비할 곳이 전혀 없다. 평생에 원하되 임과 함께 살아가려 하였더니, 늙어서야 무슨 일로 외따로 두고 그리워하는고? 엊그제에는 임을 모시고 광한전에 올라 있었더니, 그 동안에 어찌하여 속세에 내려왔느냐? 내려올 때에 빗은 머리가 헝클어진 지 3년일세. 연지와 분이 있지마는 누구를 위하여 곱게 단장할꼬? 마음에 맺힌 근심이 겹겹으로 쌓여 있어서 짓는 것이 한숨이요, 흐르는 것이 눈물이라. 인생은 한정이 있지만 시름은 끝이 없구나. 무심한 세월은 물 흐르듯 하는구나. 추위와 더위가 계절을 알고 갔다가는 이내 다시 돌아오니, 듣거나 보거나 하는 가운데 느낄 일도 많기도 많구나.

(2) 본사(本詞) - ① 봄

> 東동風풍이 건듯 부러 積적雪셜을 헤텨 내니, 窓창 밧긔 심근 梅미花화 두세 가지 픠여셰라. ᄀᆞ득 冷닝淡담ᄒᆞᆫᄃᆡ 暗암香향은 므스 일고. 黃황昏혼의 ᄃᆞᆯ이 조차 벼마틱 빗최니, 늣기는 듯 반기는 듯, 님이신가 아니신가. 뎌 梅미花화 것거내여 님 겨신 ᄃᆡ 보내오져. 님이 너를 보고 엇더타 너기실고.

> 봄바람이 문득 불어 쌓인 눈을 녹여 내니, 창밖에 심은 매화가 두세 가지 피었구나. 가뜩이나 쌀쌀하고 담담한데, 은은하게 풍겨오는 암향(暗香)은 무슨 일인가? 황혼에 달이 따라와 베갯머리에 비치니, 흐느끼는 듯 반기는 듯, 혹시 임이신가 아니신가? 저 매화를 꺾어 내어 임이 계신 곳에 보내고 싶구나. 임이 매화 너를 보고 어떻다 생각하실까?

(3) 본사(本詞) - ② 여름

> ᄭᅩᆺ 디고 새닙 나니 綠녹陰음이 실렷ᄂᆞᆫᄃᆡ, 羅나韋위 寂적寞막ᄒᆞ고 繡슈幕막이 뷔여 잇다. 芙부蓉용을 거더 노코 孔공雀쟉을 둘러 두니, ᄀᆞ득 시름 한ᄃᆡ 날은 엇디 기돗던고. 鴛원鴦앙錦금 버혀 노코 五오色식線션 플텨 내여, 금자히 견화이셔 님의 옷 지어 내니, 手슈品품은 ᄏᆞ니와 制졔度도도 ᄀᆞ줄시고. 珊산瑚호樹슈 지게 우히 白빅玉옥函함의 다마 두고, 님의게 보내오려 님 겨신 ᄃᆡ ᄇᆞ라보니, 山산인가 구롬인가 머흐도 머흘시고. 千쳔里리 萬만里리 길흘 뉘라셔 ᄎᆞ자 갈고. 니거든 여러 두고 날인가 반기실가.

> 꽃잎이 지고 새잎이 나니 푸른 나무그늘이 짙어졌는데 비단 휘장만 쓸쓸히 걸리고, 수놓은 장막 안은 아무도 없이 비어 있다. 연꽃무늬 방장을 걷어놓고, 공작을 수놓은 병풍을 둘러 두니, 가뜩이나 근심 걱정이 많은데, 날을 어찌 이리 길더냐? 원앙 무늬 비단을 베어 놓고 오색실을 풀어내어 금자로 재어서 임의 옷을 만들어 내니, 솜씨는 말할 것도 없거니와 격식도 갖추었구나. 산호수 지게 위에 백옥함에 담아서 임에게 보내려 임 계신 곳을 바라보니, 산인가 구름인가 잔뜩 가려져 험하기도 험하구나. 천만리 머나먼 길을 누가 찾아갈까? 가거든 임께서 열어 보시고 나를 보신 듯이 반가워하실까?

(4) 본사(本詞) - ③ 가을 : 선정(善政)을 갈망함

> ᄒᆞᄅᆞ밤 서리김의 기러기 우러 녤 제, 危위樓루에 혼자 올나 水슈晶졍簾념 거든말이, 東동山산의 ᄃᆞᆯ이 나고 北북極극의 별이 뵈니, 님이신가 반기니 눈믈이 절로 난다. 淸쳥光광을 쥐여 내여 鳳봉凰황樓누의 븟티고져. 樓누 우히 거러 두고 八팔荒황의 다 비최여, 深심山산 窮궁谷곡 졈낫ᄀᆞ티 밍그쇼셔.

> 하룻밤 사이에 서리 내리는 계절로 바뀌어 기러기가 울며 지나갈 때, 높다란 누각에 혼자 올라서 수정으로 만든 발을 걷으니, 동산에 달이 떠오르고 북극성이 보이니, 임이신가 하여 반가워하니 눈물이 절로 난다. 저 맑은 달빛을 움켜쥐어 임이 계신 궁궐에 부쳐 보내고 싶구나. 임께서는 그것을 누각 위에 걸어두고 온 세상이 다 비추어, 깊은 산골까지도 대낮같이 환하게 만드옵소서.

(5) 본사(本詞) - ④ 겨울 : 임에 대한 그리움

乾건坤곤이 폐식ᄒ야 白빅雪셜이 ᄒᆞᆫ 빗친 제, 사ᄅᆞᆷ은ᄏᆞ니와 ᄂᆞᆯ새도 긋쳐 잇다. 瀟쇼湘샹 南남畔반도 치오미 이러커든, 玉옥樓누高고處쳐야 더옥 닐너 므슴ᄒᆞ리. 陽양春춘을 부쳐 내여 님 겨신 ᄃᆡ 쏘이고져. 茅모簷쳠 비췬 ᄒᆡ를 玉옥樓누의 올리고져. 紅홍裳샹을 니믜ᄎᆞ고 翠취袖슈를 半반만 거더, 日일暮모 脩슈竹듁의 혬가림도 하도 할샤. 댜른 ᄒᆡ 수이 디여 긴밤을 고초 안자, 靑청燈등 거른 겻틔 鈿뎐恐공候후 노하 두고, ᄭᅮᆷ의나 님을 보려 틱 밧고 비겨시니, 鴦앙衾금도 ᄎᆞ도 출샤 이 밤은 언제 샐고.

천지가 겨울의 추위에 얼어 생기가 막혀, 흰 눈빛으로 덮여 있을 때에, 사람은 말할 것도 없거니와 날짐승의 자취도 끊어져 있구나. 소상강 남쪽 둔덕도 추위가 이와 같거늘, 하물며 임 계신 북쪽 대궐이야 더욱 말해 무엇하리? 따뜻함 봄기운을 부치어 내어 임 계신 곳에 쐬게 하고 싶구나. 초가집 처마에 비친 따뜻한 햇볕을 임 계신 궁궐에 올리고 싶구나. 붉은 치마를 여미어 입고 푸른 소매를 반쯤 걷어 올려 저문 해에 긴대나무에 기대어 이런저런 잡념도 많기도 많구나. 짧은 겨울 해가 이내 넘어 가고 긴 밤을 꼿꼿이 앉아, 청사초롱을 걸어둔 옆에 자개로 수놓은 공후를 놓아두고, 꿈에서나 임을 보려고 턱을 바치고 기대어 앉았으니, 원앙 이불이 차기도 차구나. 이 밤은 언제나 샐까?

(6) 결사(結詞) : 임에 대한 변함없는 충성심

ᄒᆞᄅᆞ도 열두 ᄠᅢ ᄒᆞᆫ ᄃᆞᆯ도 셜흔 날, 져근덧 ᄉᆡᆼ각 마라 이 시름 닛쟈 ᄒᆞ니, ᄆᆞ음의 ᄆᆡ쳐 이셔 骨골髓슈의 ᄢᅦ텨 시니, 扁편鵲쟉이 열히 오나 이 병을 엇디 ᄒᆞ리. 어와 내 병이야 이 님의 타시로다. 출하리 싀여디여 범나븨 되오리라. 곳나모 가지마다 간 ᄃᆡ 죡죡 안니다가, 향므든 ᄂᆞᆯ애로 님의 오시 올므리라. 님이야 날인 줄 모ᄅᆞ셔도 내 님 조ᄎᆞ려 ᄒᆞ노라.

하루도 열 두 때, 한 달도 서른 날, 잠시라도 임 생각을 말아서 이 시름을 잊으려 해도 마음속에 맺혀 있어 뼈 속까지 사무쳤으니, 편작과 같은 명의가 열 명이 오더라도 이 병을 어찌 고치랴. 아, 내 병이야 모두 임의 탓이로다. 차라리 죽어서 범나비나 되리라. 꽃나무 가지마다 간 데 족족 앉아 다니다가, 향기 묻은 날개로 임의 옷에 옮으리라. 임께서야 나인 줄을 모르셔도 나는 임을 따르려 하노라.

5. 속미인곡(續美人曲) : 정철 중요 ★★★

> **핵심정리**
>
> ① 연대 : 선조 18 ~ 22년(1585 ~ 1589)
> ② 성격 : 연군지사
> ③ 종류 : 서정가사
> ④ 구성 : 3 · 4조 내지 4 · 4조를 기조로 한 **대화체(문답 형식)**의 서정가사
> ⑤ 배경 : '사미인곡'과 같이 정철이 그의 향리인 전남 창평에 우거할 때 지었다.
> ⑥ 의의
>   ㉠ '사미인곡'과 더불어 가사 문학의 극치를 이룬 작품이다.
>   ㉡ 우리말의 구사가 절묘하여 문학성이 높다.

    ⓒ 대화 형식으로 된 작품이다.

    ⓔ 홍만종은 「순오지」에서 공명(孔明)의 '出師表(출사표)'에 비견할 만하다고 하였다.

    ⓜ 김만중은 「서포만필」에서 '관동별곡'과 전후 미인곡 중 '속미인곡'이 가장 뛰어나다고 하였다.

⑦ 주제 : 연군의 정

⑧ 출전 : 『송강가사』

(1) 서사(序詞) – ① 甲女의 물음 : 백옥경을 떠난 이유

> 뎨 가는 뎌 각시 본 듯도 한뎌이고. 天上(천상) 白玉京(백옥경)을 엇디하야 離別(이별)하고 해 다 뎌 져믄 날의 눌을 보라 가시난고.
>
> 저기 가는 저 각시 본 듯도 하구나. 임금이 계시는 대궐을 어찌하여 이별하고, 해가 다 저문 날에 누구를 만나러 가시는고?

(2) 서사(序詞) – ② 乙女의 대답 : 조물주의 탓(자책과 체념, 자탄)

> 어와 네여이고 내 스셜 드러 보오. 내 얼굴 이 거동이 님 괴얌즉 한가마는 엇딘디 날 보시고 네로다 녀기실 시 나도 님을 미더 군뜨디 전혀 업서 이리야 교틴야 어즈러이 구돗썬디 반기시는 낫비치 녜와 엇디 다른신 고. 누어 싱각하고 니러 안자 혜여하니 내 몸의 지은 죄 뫼フ티 짜혀시니 하늘히라 원망하며 사름이라 허믈하랴. 셜워 플텨 혜니 造物(조믈)의 타시로다.
>
> 아, 너로구나. 내 사정 이야기를 들어 보오. 내 얼굴과 이 나의 태도는 임께서 사랑함직 한가마는 어쩐지 나를 보시고 너로구나 하고 특별히 여기시기에 나도 임을 믿어 딴 생각이 전혀 없이, 응석과 아양을 부리며 지나치게 굴었던지 반기시는 낯빛이 옛날과 어찌 다르신고? 누워 생각하고 일어나 앉아 헤아려 보니, 내 몸에 지은 죄가 산같이 쌓였으니, 하늘을 원망하며 사람을 탓하랴. 셜워서 여러 가지 일을 풀어 내여 헤아 려 보니, 조물주의 탓이로다.

(3) 본사(本詞) – ① 甲女의 위로

> 글란 싱각 마오
>
> 그렇게는 생각 마시오.

(4) 본사(本詞) – ② 乙女 : 임에 대한 걱정

> 매친 일이 이셔이다. 님을 뫼셔 이셔 님의 일을 내 알거니 믈 フ툰 얼굴이 편하실 적 몃 날일고. 春寒苦熱 (춘한고열)은 엇디하야 디내시며 秋日冬天(추일동천)은 뉘라셔 뫼셧난고. 粥早飯(죽조반) 朝夕(조석) 뫼 녜와 갓티 셰시난가. 기나긴 밤의 잠은 엇디 자시난고.

(마음속에) 맺힌 일이 있습니다. 예전에 임을 뫼셔 임의 일을 내가 알거니와, 물같이 연약한 몸이 편하실 때가 몇 날일꼬? 이른 봄날의 추위와 여름철의 무더위는 어떻게 지내시며, 가을날 겨울날은 누가 모셨는 고? 자릿조반과 아침과 저녁 진지는 예전과 같이 잘 잡수시는지? 기나긴 밤에 잠은 어떻게 주무시는가?

(5) 본사(本詞) - ③ 乙女 : 임에 대한 그리움

님다히 消息(쇼식)을 아므려나 아쟈 하니 오날도 거의로다 내일이나 사람 올가. 내 마음 둘 대 업다 어드러 로 가잣 말고. 잡거니 밀거니 놉픈 뫼해 올라가니 구름은 크니와 안개는 므스 일고. 山川(산천)이 어둡거니 日月(일월)을 엇디 보며 咫尺(지쳑)을 모라거든 千里(쳔 리)를 바라보랴. 찰하리 믈가의 가 배 길히나 보쟈 하니 바람이야 물결이야 어둥졍 된뎌이고. 샤공은 어대 가고 뷘 배만 걸렷나니. 江天(강텬)의 혼쟈 셔셔 디난 해를 구버보니 님다히 消息(쇼식)이 더욱 아득 한뎌이고.

임 계신 곳의 소식을 어떻게 해서라도 알려고 하니 오늘도 거의 저물었구나. 내일이나 임의 소식을 전해 줄 사람이 올까? 내 마음 둘 곳이 없다. 어디로 가자는 말인가? 나무, 바위 등을 잡기도 하고 밀기도 하면서 높은 산에 올라가니, 구름은 말할 것 없거니와 안개는 무슨 일로 저렇게 끼어 있는고? 산천이 어두운데 일월을 어떻게 바라보며, 눈앞의 가까운 곳도 모르는데, 천리나 되는 먼 곳을 (어떻게) 바라볼 수 있겠는 가? 차라리 물가에 가서 뱃길이나 보자 하니, 바람과 물결로 어수선하게 되었구나. 뱃사공은 어디 가고 빈 배만 걸렸는고? 강가에 혼자 서서 지는 해를 굽어보니 임 계신 곳의 소식이 더욱 아득하구나.

(6) 본사(本詞) - ④ 乙女 : 獨守空房(독수공방)의 애달픔

茅簷(모쳠) 찬 자리의 밤듕만 도라오니 半壁靑燈(반벽쳥등)은 눌 위ᄒᆞ야 불갓는고. 오르며 느리며 헤쓰며 바니니 져근덧 力盡(녁진)ᄒᆞ야 픗줌을 잠간 드니 精誠(졍셩)이 지극ᄒᆞ야 꿈의 님을 보니 玉(옥) ᄀᆞᆮ튼 얼굴이 半(반)이나마 늘거셰라. ᄆᆞᄋᆞᆷ의 머근 말슴 슬ᄏᆞ장 솗쟈 ᄒᆞ니 눈믈이 바라 나니 말인들 어이ᄒᆞ며 情(졍) 을 못다ᄒᆞ야 목이조차 몌여ᄒᆞ니 오뎐된 鷄聲(계셩)의 ᄌᆞᆷ은 엇디 씨돗던고.

초가집 찬 잠자리에 한밤중이 돌아오니. 벽 가운데 걸려 있는 등불은 누구를 위하여 밝은고? 산을 오르내 리며 강가를 헤매며 시름없이 오락가락하니, 잠깐 사이에 힘이 지쳐 풋잠을 잠깐 드니, 정성이 지극하여 꿈에 잠깐 임을 보니, 옥과 같이 곱던 얼굴이 반 넘어 늙었구나. 마음속에 품은 생각을 실컷 사뢰려고 하였더니, 눈물이 쏟아지니 말인들 어찌하며, 정회도 다 못 풀어 목마저 메니, 방정맞은 닭소리에 잠은 어찌 깨었던고?

(7) 결사(結詞) - ① 乙女 : 님에 대한 그리움

어와, 虛事(허스)로다. 이 님이 어디 간고. 결의 니러 안자 窓(창)을 열고 ᄇᆞ라보니 어엿븐 그림재 날 조츨 뿐이로다. 출하리 싀여디여 落月(낙월)이나 되야이셔 님 겨신 窓(창) 안히 번드시 비최리라.

아, 허황한 일이로다. 이 임이 어디 갔는고? 즉시 일어나 앉아 창문을 열고 밖을 바라보니, 가엾은 그림자 만이 나를 따라 있을 뿐이로다. 차라리 사라져서(죽어서) 지는 달이나 되어서 임이 계신 창문 앞에 환하게 비치리라.

(8) 결사(結詞) - ② 甲女의 위로

> 각시님 둘이야크니와 구즌 비나 되쇼셔.
>
> 각시님, 달은커녕 궂은 비나 되십시오.

6. 규원가(閨怨歌) : 허난설헌 종요 ★

> **핵심정리**
>
> ① 연대 : 선조 때로 추정
> ② 성격 : 원부사(怨夫詞)
> ③ 종류 : 내방가사
> ④ 구성 : 서사, 본사, 결사의 3단 구성(혹은, 기-승-전-결의 4단 구성)
> ⑤ 의의
>   ㉠ 현전하는 최고(最高)의 내방 가사이다.
>   ㉡ 남존여비의 유교 사회에서의 여성의 한(恨)이 잘 드러나 있다.
> ⑥ 주제 : 봉건 사회에서의 규방(閨房) 부인의 원정(怨情)
> ⑦ 출전 : 『고금가곡(古今歌曲)』

(1) 기(起) : 서러운 회포 - ① 서러운 회포를 적는 감회

> 엊그제 저멋더니 ᄒᆞ마 어이 다 늘거니. 少年行樂 생각ᄒᆞ니 일러도 속절업다. 늘거야 서론말슴 ᄒᆞ자니 목이 멘다.
>
> 엊그제까지 젊었는데, 어찌 벌써 이렇게 다 늙어 버렸는가? 어릴 때 즐겁게 지냈던 일을 생각하니 말해도 소용이 없구나. 이렇게 늙은 뒤에야 서러운 사연을 말하자니 목이 메인다.

(2) 기(起) - ② 젊은 시절 회상

> 父生 母育 辛신苦고ᄒᆞ야 이 내 몸 길러 낼 제 公공侯후配배匹필은 못 바라도 君군子자好호逑구 願원ᄒᆞ더니, 三生의 怨원業업이오 月下의 緣연分분ᄋᆞ로, 長장安안遊유俠협 경박자ᄅᆞᆯ 꿈ᄀᆞ치 만나 잇서, 當時의 用心ᄒᆞ기 살어름 디듸는 듯.
>
> 부모님이 나를 낳아 기르시며 몹시 고생하여 이내 몸 길러 낼 때, 높은 벼슬아치의 배필은 바라지 못한다 할지라도 군자의 좋은 짝이 되기를 바랐었는데, 전생에 지은 원망스러운 업보(業報)요 부부의 인연으로 장안의 호탕하면서도 경박한 사람을 꿈같이 만나 당시에 시집살이에 남편 시중 들면서 조심하기를 마치 살얼음을 디디는 듯했다.

(3) 기(起) – ③ 늙고 외로운 신세 자탄

三五 二八 겨오 지나 天然麗質 절로 이니, 이 얼골 이 態度로 百年期約 ᄒ얏더니, 年光이 훌훌ᄒ고 造物이 多다猜시ᄒ야, 봄바람 가을 믈이 뵈오리 북 지나닷 雪빈花顏 어딕 두고 面目可憎 되거고나. 내 얼골 내 보거니 어느 님이 날 괼소냐. 스스로 慙참愧괴ᄒ니 누구를 怨원望망ᄒ리.

열다섯 살 열여섯 살을 겨우 지나 타고난 아름다운 모습이 저절로 피어나니, 이 얼굴 이 태도로 평생을 약속하였는데 세월이 빨리 지나고 조물주마저 다 시기하여 세월이 베틀의 베올 사이에 북이 지나가듯 빨리 지나가 꽃같이 젊고 아름답던 얼굴 어디 두고 모습이 밉게도 변했구나. 내 얼굴을 내가 보고 알거니와 어느 임이 이러한 나를 사랑해 주실 것인가? 스스로 부끄러워하니 누구를 원망하리오?

(4) 승(承) : 임에 대한 원망과 그리움 – ① 남편의 외도와 무소식

三三五五 冶야游유園원의 새 사람이 나단 말가. 곳 피고 날 저믈 제 정처 업시 나가 잇어, 白馬 金금鞭편으로 어딕어딕 머무는고. 遠近을 모르거니 消息이야 더욱 알랴. 인연을 긋처신들 싱각이야 업슬소냐. 얼골을 못 보거든 그립기나 마르려믄, 열 두 째 김고 길샤 설흔 날, 支離ᄒ다.

여러 사람이 떼를 지어 다니는 술집에 새 기생이 나타났다는 말인가? 꽃 피고 날 저물 때 정처 없이 나가서 호사로운 행장을 하고 어디어디 머물러 노는가? 바깥출입이 없어 원근(遠近) 자리를 모르는데, 임의 소식이야 더욱 알 수 있으랴. 겉으로는 인연을 끊었지만 그렇다고 임에 대한 생각이야 어찌 없겠는가. 임의 얼굴을 못 보거든 그립지나 말았으면 좋으련만, 하루 열두 때가 길기도 길구나. 한 달 서른 날이 지루하기만 하다.

(5) 승(承) – ② 사계절을 지내면서 느끼는 임에 대한 그리움과 애달픈 심정

玉窓에 심근 梅花 몃 번이나 픠여 진고, 겨울 밤 차고 찬 제 자최눈 섯거 치고, 여름날 길고 길제 구준 비는 므스 일고. 三春花柳 好時節의 景物이 시름업다. 가을 둘 방에 들고 졸실率솔이 상에 울제, 긴 한숨 디는 눈물 속절 업시 혬만 만타. 아마도 모진 목숨 죽기도 어려울샤.

규방 앞에 심은 매화 몇 번이나 피었다 졌는가. 겨울 밤 차고 찬 때 적은 눈 섞어 내리고 여름 낮 길고 긴 때 굳은비는 무슨 일인가. 봄날 꽃 피고 버들잎이 돋아나는 좋은 계절에 아름다운 경치를 보아도 아무 감흥도 일어나지 않는다. 가을 달이 방에 들이 비치고 귀뚜라미가 침상에서 울 때, 긴 한숨과 떨어뜨리는 눈물에 생각만 헛되이 많다. 이 모진 목숨 죽기도 어렵구나.

(6) 전(轉) : 외로움을 거문고로 달램

도로혀 풀쳐 혜니 이리 ᄒ여 어리 ᄒ리. 靑燈을 돌라 노코 綠녹綺기琴금 빗기안아, 碧벽蓮련花화 한 곡조를 시름 조차 섯거 타니, 瀟소湘상 夜雨의 댓소리 섯도는 듯, 華表 千年의 別鶴이 우니는 듯, 玉手의 타는 手段 녯 소래 잇다마는, 芙부蓉용帳장 寂寞ᄒ니 뉘 귀에 들리소니. 肝간腸장이 九曲 되야 구븨구븨 끈쳐서라.

돌이켜 여러 가지 일을 생각하니 이렇게 살아가서 어찌 하겠는가. 등불을 둘러 놓고 푸른 빛깔로 아름답게 꾸민 거문고를 비스듬히 안아 벽련화 한 곡을 시름에 싸여 타니, 소상강 밤비가 댓잎 소리가 섞여 들리는 듯하고, 망주석에 천 년 만에 찾아온 특별한 학이 울고 있는 듯하다. 가냘프고 고운 손으로 타는 솜씨는 옛 가락이 그대로 남아 있다마는 연꽃무늬가 있는 휘장을 친 방안이 텅 비었으니 누구의 귀에 들리겠는가? 구곡간장이 굽이굽이 끊어지는 것 같구나.

(7) 결(結) : 기구한 운명을 한탄하며 임을 기다림

출하리 잠을 드러 쑴의나 보려 ᄒ니, 바람의 디ᄂᆞᆫ 닙과 풀 속에 우는 즘생, 므스 일 원수로서 잠조차 쎄오ᄂᆞᆫ다. 天上의 牽견牛우織직女녀 銀河水 막혀셔도, 七月 七夕 一年一度 失期치 아니거든, 우리님 가신 후는 弱水 가렷관듸, 오거나 가거나 消息조차 쓰쳣ᄂᆞᆫ고. 欄난干간의 비겨 셔서 님 가신 듸 바라보니, 草露ᄂᆞᆫ 맷쳐 잇고 暮모雲운이 디나갈 제 竹林 푸른 고듸 새 소리 더욱 설다. 세상의 서룬 사람 수업다 ᄒ려니와, 薄박明명ᄒᆞᆫ 紅顔이야 날 가트니 쏘 이실가. 아마도 이님의 지위로 살동말동 ᄒᆞ여라.

차라리 잠이 들어 꿈에나 임을 보려 하니 바람이 지는 나뭇잎 소리와 풀 사이에서 우는 벌레 소리는 나와 무슨 원수가 졌기에 나의 잠마저 깨우는고? 하늘의 견우성과 직녀성은 은하수가 막혔어도 칠월 칠석 일 년에 한 번씩 기약을 어기지 않고 만나는데, 우리 임 가신 후는 무슨 장애물이 가리었기에 오고 가는 소식마저 끊어졌는가? 난간에 기대어 서서 임 가신 곳을 바라보니, 풀이슬은 맺혀 있고 저녁 구름이 지나갈 때, 대수풀 우거진 푸른 곳에는 새 소리가 더욱 섧게 들린다. 세상에는 서러운 사람이 많다고 하지만 기구한 팔자를 가진 여자야 나와 같은 이가 또 있겠는가? 아마도 이 임의 탓으로 살 듯 말 듯 하구나.

7. 누항사(陋巷詞) : 박인로 종요 ★

핵심정리

① 해제 : 고향에 돌아가 생활하던 작가가 친구 이덕형이 두메 생활의 어려움을 묻자 그에 대한 답으로 지은 가사이다. 일상생활에서 겪은 경험을 사실적으로 형상화하면서 자연에 묻혀 안빈낙도하며 충효와 우애를 지키겠다는 의지를 노래하였다.

② 갈래 : 양반가사

③ 성격 : 전원적, 사색적, 사실적

④ 특징
　㉠ 일상생활에 대한 생생한 묘사를 보여 줌.
　㉡ 감정을 현실적인 언어로 직접적으로 드러냄.

⑤ 의의 : 조선 후기 가사의 새로운 주제와 방향을 제시함.

⑥ 연대 : 조선 광해군 3년(1611년)

⑦ 제재 : 안분지족(安分知足)의 생활

⑧ 주제
　㉠ 자연을 벗 삼아 안빈낙도하고자 하는 선비의 궁핍한 생활상
　㉡ 빈이무원(貧而無怨)하며 충효, 우애, 신의를 나누는 삶의 추구

⑨ 출전 : 『노계집』

(1) 서사 : 누항(陋巷) – 생애저어(길흉화복을 하늘에 맡기고 안빈일념으로 살고 싶음)

> 어리고 迂闊(우활)홀 산이 너 우힌 더니 업다. 吉凶禍福(길흉화복)을 하날긔 부쳐 두고, 陋巷(누항) 깁푼
> 곳의 草幕(초막)을 지어 두고, 風朝雨夕(풍조우석)에 석은 딥히 셥히 되야, 셔 홉 밥 닷 홉 粥(죽)에 煙氣
> (연기)도 하도 할샤. 설 데인 熟冷(숙냉)애 뷘 비 쇡일 뿐이로다. 生涯(생애) 이러ᄒ다, 丈夫(장부) 뜻을
> 옴길넌가. 安貧一念(안빈일념)을 젹을망졍 품고 이셔, 隨宜(수의)로 살려 ᄒ니 날로조차 齟齬(저어)ᄒ다.
>
> 어리석고 세상 물정에 어두운 것은 나보다 더한 이가 없다. 길흉화복(운명)을 하늘에 맡겨 두고, 누추한
> 깊은 곳에 초가집을 지어 두고, 아침저녁 비바람에 썩은 짚이 섶이 되어, 서 홉 밥, 닷 홉 죽에 연기도
> 많기도 많구나. 설 데운 숭늉에 빈 배 속일 뿐이로다. 생활이 이러하다고 장부가 품은 뜻을 바꿀 것인가.
> 가난하지만 편안하여, 근심하지 않는 한결같은 마음을 적을망정 품고 있어, 옳은 일을 좇아 살려 하니 날이
> 갈수록 뜻대로 되지 않는다.

(2) 본사 : 농우(農牛) – ① 회억병과(전쟁에 임하여 죽을 고비를 넘겼던 일을 회상)

> ᄀ올히 不足(부족)커든 봄이라 有餘(유여)ᄒ며 주머니 뷔엿거든 甁(병)이라 담겨시랴. 貧困(빈곤)ᄒ 人生
> 이 天地間(천지간)의 나뿐이라. 飢寒(기한)이 切身(절신)ᄒ다 一丹心(일단심)을 이질ᄂ가. 奮義忘身(분의망신)ᄒ
> 야 죽어야 말녀 너겨, 于橐(우탁) 于囊(우랑)의 줌줌이 모와 녀코, 兵戈(병과) 五載(오재)예 敢死心(감ᄉ
> 심)을 가져 이셔, 履尸涉血(이시섭혈)ᄒ야 몃 百戰(백전)을 지닛연고.
>
> 가을이 부족하거든 봄이라고 넉넉하며, 주머니가 비었거든 술병이라고 술이 담겨 있겠느냐. 가난한 인생이
> 이 세상에 나뿐이랴. 굶주리고 헐벗음이 절실하다고 한 가닥 굳은 마음을 잊을 것인가. 의에 분발하여 제
> 몸을 잊고 죽어야 그만두리라 생각한다. 전대와 망태에 줌줌이(한 줌 한 줌) 모아 넣고, 임진왜란 5년 동안
> 에 죽고야 말리라는 마음을 가지고 있어, 주검을 밟고 피를 건너는 혈전을 몇 백전이나 지내었는가.

(3) 본사 : 농우(農牛) – ② 궁경가색(전쟁 후 몸소 농사를 짓고자 하나 소가 없어 고심함)

> 一身(일신)이 餘暇(여가) 잇사 一家(일가)를 도라보랴. 一老長鬚(일노장수)는 奴主分(노주분)을 이젓거든,
> 告余春及(고여춘급)을 어늬 사이 싱각ᄒ리. 耕當間奴(경당문노)인들 눌ᄃ려 물롤ᄂ고. 窮耕稼穡(궁경가
> 색)이 너 分(분)인 줄 알리로다. 莘野耕搜(신야경수)와 瓏上耕翁(농상경옹) 賤(천)타ᄒ리 업건마ᄂ 아므려
> 갈고젼들 어늬 쇼로 갈로손고.
>
> 일신이 겨를이 있어서 일가를 돌보겠는가? 늙은 종은 종과 주인간의 분수를 잊었거든, 하물며 나에게 봄이
> 왔다고 일러 주기를 어느 사이에 생각할 것인가? 밭갈기를 종에게 묻고자 한들 누구에게 물을 것인가?
> 몸소 농사를 짓는 것이 나의 분수인 줄 알겠도다. 세신초(細莘草 : 잡초)가 많이 난 들에서 밭을 가는
> 늙은이와 밭두둑 위에서 밭가는 늙은이를 천하다고 할 사람이 없건마는 아무리 갈고자 한들 어느 소로
> 갈 것인가?

(4) 본사 : 농우(農牛) – ③ 궁경심려(가뭄에 언뜻 내리는 비를 보고 밭을 갈려고 빌리러 감)

旱旣太甚(한기태심)ᄒ야 時節(시절)이 다 느즌 제, 西疇(서주) 놉흔 논애 잠깐 긴 녈비예 道上(도상) 無源水(무원수)를 반만콴 ᄃᆡ혀 두고, 쇼 ᄒᆞᆫ 적 듀마 ᄒᆞ고 엄섬이 ᄒᆞᄂᆞᆫ 말삼, 親切(친절)호라 너긴 집의 둘 업슨 黃昏(황혼)의 허위허위 다라가셔, 구디 다든 門(문) 밧긔 어득히 혼자 서셔 큰 기춤 아함이를 良久(양구)토록 ᄒᆞ온 後(후)에, 어와 긔 뉘신고 廉恥(염치) 업산 ᄂᆡ옵노라. 初更(초경)도 거읜ᄃᆡ 긔 엇지 와 겨신고. 年年(연년)에 이러ᄒᆞ기 苟且(구차)ᄒᆞᆫ 줄 알건마ᄂᆞᆫ 쇼 업슨 窮家(궁가)애 혜염 만하 왓삽노라.

가뭄이 이미 심하여 시절이 다 늦은 때에, 서쪽 두둑이 높은 논에 잠깐 지나가는 비에, 길 위에 흘러내리는 근원 없는 물을 반만큼 대어 두고, 소 한 번 빌려 주겠다 하는 탐탁하지 않게 하는 말씀을 친절하다고 여긴 집에 달도 없는 황혼에 허둥지둥 달려가서 굳게 닫은 문 밖에 멀찍이 혼자 서서 큰 기침 에헴 소리를 꽤 오래도록 한 뒤에 "아, 그가 누구이신가?" 하고 묻는 말에 "염치없는 저올시다" 하고 대답하니, "초경도 거의 지났는데 그대 어찌하여 와 계신가?" 하기에 "해마다 이러하기가 염치없는 줄 알건마는 소 없는 가난한 집에 걱정이 많아 왔삽노라."

(5) 본사 : 농우(農牛) – ④ 인인수모(농우를 빌리러 갔다가 수모를 당하고 돌아옴)

공ᄒᆞ나 갑시나 주엄 즉도 ᄒᆞ다마ᄂᆞᆫ, 다만 어제 밤의 거ᄂᆞᆫ 집 져 사름이, 목 불근 수기 稚(치)를 玉脂泣(옥지읍)게 ᄭᅮ어ᄂᆡ고, 간 이근 三亥酒(삼해주)를 醉(취)토록 勸(권)ᄒᆞ거든 이러한 恩惠(은혜)를 어이 아니 갑흘넌고. 來日(내일)로 주마 ᄒᆞ고 큰 言約(언약) ᄒᆞ야거든, 失約(실약)이 未便(미편)ᄒᆞ니 사설이 어려왜라. 實爲(실위) 그러ᄒᆞ면 혈마 어이홀고. 헌 먼덕 수기 스고 측 업슨 집신에 설피설피 믈너오니, 風彩(풍채) 저근 形容(형용)애 긔 즈칠 ᄲᅮᆫ이로다.

"공짜로나 값을 치르거나 해서 줄만도 하다마는, 다만 어젯밤에 건넛집 저 사람이 목 붉은 수꿩을 구슬 같은 기름이 끓어오르게 구워내고, 갓 익은 삼해주를 취하도록 권하였거든, 이러한 고마움을 어찌 아니 갚겠는가? 내일 소를 빌려 주마 하고 큰 언약을 하였거든, 약속을 어김이 미안하니 말씀하기 어렵다."고 한다. 사실이 그렇다면 설마 어찌할까? 헌 갓을 숙여 쓰고, 축이 없는 짚신에 맥없이 물러나오니 풍채 작은 모습에 개가 짖을 뿐이로다.

(6) 본사 : 강호(江湖) – ⑤ 종조추창(매정한 세태를 한탄하고 밭 갈기를 포기함)

蝸室(와실)에 드러간들 잠이 와사 누어시랴. 北窓(북창)을 비겨 안자 ᄉᆡ비를 기다리니, 無情ᄒᆞᆫ 戴勝(대승)은 이 ᄂᆡ 恨(한)을 도우ᄂᆞ다. 終朝惆悵(종조추창)ᄒᆞ며 먼 들흘 바라보니, 즐기ᄂᆞᆫ 農歌(농가)도 興(흥) 업서 들리ᄂᆞ다. 世情(세정) 모른 한숨은 그칠 줄을 모르ᄂᆞ다. 아ᄭᅡᆫ온 져 소뷔ᄂᆞᆫ 볏보님도 됴홀세고, 가시 엉권 묵은 밧도 容易(용이)케 갈련마ᄂᆞᆫ, 虛堂半壁(허당반벽)에 슬ᄃᆡ업시 걸려고야. 春耕(춘경)도 거의거다 후리쳐 더뎌 두쟈.

작고 누추한 집에 들어간들 잠이 와서 누워 있으랴? 북쪽 창문에 기대어 앉아 새벽을 기다리니, 무정한 오디새는 이내 원한을 재촉한다. 아침이 마칠 때까지 슬퍼하며 먼 들을 바라보니 즐기는 농부들의 노래도 흥이 없이 들린다. 세상 인정을 모르는 한숨은 그칠 줄을 모른다. 아까운 저 쟁기는 볏의 빔도 좋구나! 가시가 엉긴 묵은 밭도 쉽게 갈련마는, 텅 빈 집 벽 가운데 쓸데없이 걸렸구나! 봄갈이도 거의 지났다. 팽개쳐 던져두자.

(7) 본사 : 강호(江湖) - ⑥ 첨피기욱(밝은 달·맑은 바람을 벗 삼아 임자 없는 자연 속에서 절로 늙겠다고 다짐함)

> 江湖(강호) 혼 쑴을 쑤언지도 오리러니, 口腹(구복)이 爲累(위루)ᄒ야 어지버 이져써다. 瞻彼淇燠(첨피기욱)혼ᄃᆡ 綠竹(녹죽)도 하도 할샤. 有斐君子(유비군자)들아 낙ᄃᆡ ᄒ나 빌려스라. 蘆花(노화) 깁픈 곳애 明月淸風(명월청풍) 벗이 되야, 님ᄌᆡ 업슨 風月江山(풍월강산)애 절로절로 늘그리라. 無心(무심)혼 白鷗(백구)야 오라 ᄒ며 말라 ᄒ랴. 다토리 업슬손 다문 인가 너기로라.
>
> 자연을 벗 삼아 살겠다는 한 꿈을 꾼 지도 오래더니, 먹고 마시는 것이 거리낌이 되어, 아아! 슬프게도 잊었다. 저 기수의 물가를 보건대 푸른 대나무도 많기도 많구나! 교양 있는 선비들아, 낚싯대 하나 빌려 다오. 갈대꽃 깊은 곳에 밝은 달과 맑은 바람이 벗이 되어, 임자 없는 자연 속 풍월강산에 절로절로 늙으리라. 무심한 갈매기야 나더러 오라고 하며 말라고 하겠느냐? 다툴 이가 없는 것은 다만 이것뿐인가 여기노라.

(8) 결사 : 단사표음 - 안빈낙도(빈이무원하고 충효, 화형제, 신붕우를 중히 여기고 살아가겠다고 다짐함)

> 無狀(무상)혼 이 몸애 무슨 志趣(지취) 이스리마는 두세 이렁 밧논을 다 무겨 더뎌 두고, 이시면 粥(죽)이오 업시면 굴물망졍 남의 집 남의 거슨 전혀 부러 말럇스라. 닉 貧賤(빈천)을 슬히 너겨 손을 헤다 물너가며, 남의 富貴(부귀)를 불리 너겨 손을 치다 나아오랴. 人間(인간) 어닉 일이 命(명) 밧긔 삼겨시리. 貧而無怨(빈이무원)을 어렵다 ᄒ건마는 닉 生涯(생애) 이러호ᄃᆡ 설온 ᄯᅳᆺ은 업노왜라. 簞食瓢飮(단사표음)을 이도 足(족)히 너기로라. 平生(평생) 혼 ᄯᅳᆺ이 溫飽(온포)애ᄂᆞᆫ 업노왜라. 太平天下(태평천하)애 忠孝(충효)를 일을 삼아 和兄弟(화형제) 信朋友(신붕우) 외다 ᄒ리 뉘 이시리. 그 밧긔 남은 일이야 삼긴 ᄃᆡ로 살렷노라.
>
> (이제는 소 빌리기를 맹세코 다시 말자) 보잘 것 없는 이 몸이 무슨 소원이 있으리요마는 두세 이랑 되는 밭과 논을 다 묵혀 던져두고, 있으면 죽이요 없으면 굶을망정 남의 집, 남의 것은 전혀 부러워하지 않겠노라. 나의 빈천함을 싫게 여겨 손을 헤친다고 물러가며, 남의 부귀를 부럽게 여겨 손을 친다고 나아오랴? 인간 세상의 어느 일이 운명 밖에 생겼겠느냐? 가난하여도 원망하지 않음을 어렵다고 하건마는 내 생활이 이러하되 서러운 뜻은 없다. 한 도시락의 밥을 먹고, 한 표주박의 물을 마시는 어려운 생활도 만족하게 여긴다. 평생의 한 뜻이 따뜻이 입고, 배불리 먹는 데에는 없다. 태평스런 세상에 충성과 효도를 일로 삼아, 형제간에 화목하고 벗끼리 신의 있게 사귀는 일을 그르다고 할 사람이 누가 있겠느냐? 그 밖에 나머지 일이야 태어난 대로 살아가겠노라.

8. 유산가(遊山歌)

핵심정리

① 해제 : 봄철의 자연 경관을 바라보는 화자의 흥겨움과 낙천적 태도가 잘 드러난 경기 지방의 12잡가(雜歌) 중 하나로, 선인들의 삶에 대한 낙천적 태도와 유흥적인 삶의 모습을 엿볼 수 있다.
② 갈래 : 잡가(雜歌)
③ 운율 : 4음보 4·4조가 바탕이나 파격이 심함.
④ 어조 : 아름다운 자연을 감상하는 영탄적 어조
⑤ 성격 : 묘사적, 감각적, 현세적, 낙천적, 서경적, 향락적, 유흥적, 영탄적
⑥ 특징
　㉠ 의태어와 의성어를 사용하여 생동감을 부여함.
　㉡ 시각적 이미지와 청각적 이미지를 통해 감각적으로 표현함.
　㉢ 대구법, 열거법, 비유법 등 다양한 표현 방법을 활용함.
　㉣ 우리말 표현과 한자어가 혼용되어 쓰임.
　㉤ 언어 표현 층위의 이중성(상투적·한문투 표현 + 고유어 표현)을 통해, 양반문화와 하층 서민문화의 혼용이 드러나고 있다.
⑦ 제재 : 봄날의 경치
⑧ 주제 : 봄날 아름다운 경치 완상과 흥취

---

(1) 서사 : 봄 경치 권유

> 화란춘성(花爛春城)하고 만화방창(萬化方暢)이라. 때 좋다 벗님네야, 산천경개(山川景槪)를 구경을 가세.
>
> 봄 성(城)에 꽃이 만발하고 만물이 화창하게 피어난다. 때가 좋구나, 벗들아, 산천의 경치를 구경 가자.

(2) 본사 ① : 산 경치의 아름다움

> 죽장망혜(竹杖芒鞋) 단표자(單瓢子)로 천리강산을 들어가니, 만산홍록(滿山紅綠)들은 일년일도(一年一度) 다시 피어 춘색(春色)을 자랑노라 색색이 붉었는데, 창송취죽(蒼松翠竹)은 창창울울(蒼蒼鬱鬱)한데, 기화요초(琪花瑤草) 난만중(爛漫中)에 꽃 속에 잠든 나비 자취 없이 날아난다. 유상앵비(柳上鶯飛)는 편편금(片片金)이요, 화간접무(花間蝶舞)는 분분설(紛紛雪)이라. 삼춘가절(三春佳節)이 좋을씨고. 도화만발점점홍(桃花滿發點點紅)이로구나. 어주축수애삼춘(漁舟逐水愛三春)이어든 무릉도원(武陵桃源)이 예 아니냐. 양류세지사사록(楊柳細枝絲絲綠)하니 황산곡리 당춘절(黃山谷裏當春節)에 연명오류(淵明五柳)가 예 아니냐.
>
> 대나무 지팡이 짚고 짚신 신고, 표주박 하나 든 간편한 차림으로 천 리 강산에 들어가니, 온 산에 가득한 붉은 꽃과 푸른 잎은 일 년에 한 번씩 다시 피어 봄빛을 자랑하느라고 색색이 붉어 있는데, 푸른 소나무와 대나무는 울창하고, 아름다운 꽃과 풀이 화려하게 피어 있는 가운데 꽃 속에서 자던 나비는 자취도 없이날 아가 버린다. 버드나무 위에 나는 꾀꼬리는 마치 금 조각 같고, 꽃 사이에서 춤추는 나비는 어지러이 날리는 눈 같다. 아름다운 봄 석 달이 참으로 좋구나. 복숭아꽃이 만발하여 점점이 붉었구나. 고깃배를 타

고 물을 거슬러 올라가며 봄을 즐기니, 무릉도원이 여기가 아니냐? 버드나무 가는 가지는 실처럼 늘어져 푸르고, 골짜기에 봄을 만난 격이요, 도연명이 다섯 그루 버드나무를 심었다는 곳이 여기가 아니냐?

(3) 본사 ②: 새, 산, 폭포수의 아름다움

제비는 물을 차고, 기러기 무리져서 거지중천(居之中天)에 높이 떠서 두 나래 훨씬 펴고, 펄펄 백운간(白雲間)에 높이 떠서 천리 강산 머나먼 길을 어이 갈꼬 슬피 운다. 원산(遠山)은 첩첩(疊疊), 태산(泰山)우줄우줄 춤을 춘다. 층암 절벽상(層巖絕壁上)의 폭포수(瀑布水)는 콸콸, 수정렴(水晶簾) 드리운 듯, 이 골 물이 주루루룩, 저 골 물이 쏼쏼, 열에 열 골 물이 한데 합수(合水)하여 천방져 지방져 소쿠라지고 펑퍼져, 넌출지고 방울져, 저 건너 병풍석(屛風石)으로 으르렁 콸콸 흐르는 물결이 은옥(銀玉)같이 흩어지니, 소부(巢父) 허유(許由) 문답하던 기산영수(箕山潁水)가 예 아니냐.

제비는 물을 차고, 기러기는 무리를 지어 허공에 높이 떠 두 날개를 활짝 펴고, 펄펄 흰 구름 사이에 높이 떠서 천 리 먼 길을 어찌 갈까 하며 슬피 운다. 먼 산은 겹겹이 있고, 큰 산은 우뚝 솟았으며, 기이한 바위는 층층이 쌓였고, 큰 소나무는 가지가 축축 늘어지고 구부러져서 사나운 바람에 흥을 못 이겨 우줄우줄 춤을 춘다. 층층의 바위 절벽 위에 폭포수는 콸콸 쏟아지는데, 마치 수정발을 드리운 듯, 이 골짜기 물이 주루루룩, 저 골짜기 물이 쏼쏼 흘러내리고, 여러 곳의 물이 한데 합쳐져서 천방지방으로 솟아오르고 퍼져나가고 길게 이어졌다가 방울이 되어 또는 물방울을 이루기도 하고, 저 건너 병풍처럼 둘러친 석벽으로 으르렁 콸콸 소리를 내며 흐르는 물결이 은옥같이 흩어지니, 소부가 허유를 보고 서로 문답하던 기산과 영수가 여기가 아니냐?

(4) 결사: 무궁한 경개 예찬

주곡제금(奏穀啼禽)은 천고절(千古節)이요, 적다정조(積多鼎鳥)는 일년풍(一年豐)이라. 일출낙조(日出落照)가 눈앞에 벌여나 경개무궁(景槪無窮) 좋을씨고.

주걱새 울음소리는 영원히 변치 않는 절개를 알리고, 소쩍새 울음소리는 한 해의 풍년 들 징조를 알리는구나. 아침에 뜬 해가 낙조가 되어 눈앞에 벌어지니, 경치가 한없이 좋구나.

제 3 장 | 고전산문

제1절　국문소설의 형성과 전개

1. 고대소설의 개관

(1) 개념

① 설화, 패관문학, 가전체 등을 바탕으로 중국의 전기(傳奇), 화본(話本) 등의 영향을 받아 발생한 서사문학이다.

② 산문문학이며, 허구성을 띤다.

(2) 특징 중요 ★★★

① **작가**: 한문소설은 대부분 양반으로 분명하지만, 국문소설은 작가 미상이 많다.

② **주제**: 대부분 권선징악(勸善懲惡)

③ **인물**

　㉠ 재자가인적(才子佳人的) 주인공

　㉡ 평면적이고 전형적 인물

④ **구성**: 연대기적 구성(일대기적 구성)

⑤ **사건**

　㉠ 전기적(傳奇的), 비현실적

　㉡ 우연성의 개입 남발

⑥ **배경**: 대부분 중국 배경

⑦ **결말**: 대부분 행복한 결말

⑧ **문체**: 문어체, 운문체

2. 조선 후기 국문소설

(1) 전개 양상

① 임란·병란을 전후하여 평민의 자각, 산문 정신, 현실주의의 사고 등의 영향으로 소설이 발전하였다.

② **국문소설의 탄생**: 광해군 때 최초의 국문소설인 '홍길동전'이 나오기 시작하면서 한글소설이 쓰였다.

③ **군담소설(軍談小說)의 성행**: 임·병란 후 실존인물과 허구적 영웅들의 활약상을 통해 실제로는 패배했지만 이에 대한 정신적 보상과 민족적 적개심을 불러 일으켜 민족의식을 고취하려고 하였다.

④ **고대소설 융성의 토대 마련** : 숙종 때 김만중의 '구운몽'과 '사씨남정기'가 나오면서 소설의 수준이 한층 격상되었다.

⑤ **고대소설의 융성** : 영·정조 시대에 연암 박지원의 풍자 단편과 많은 평민 소설이 나타나 고대소설의 전성기를 이루었다.

(2) 국문소설의 유형

① **사회소설(社會小說)** : 사회 제도의 모순을 비판한 소설

작품	연대	작가	내용
홍길동전 (洪吉童傳)	광해군	허균	• 최초의 한글소설, 사회소설, 영웅소설 • 영향 : '지하국 퇴치 설화', 「수호지」, 「삼국지연의」 등 • 작가의 한문수필 유재론(遺才論), 호민론(豪民論)이 사상적 바탕 • 주제 : 적서차별(嫡庶差別)의 타파, 탐관오리 응징과 빈민구제, 해외진출사상 (이상국 건설) 등 • 아류작 : '전우치전', '서화담전'
전우치전	미상	미상	담양(潭陽)에 실존하였던 전우치를 주인공으로 하고 있으며, '홍길동전'의 아류 작임.

> **참고** 채수의 '설공찬전'을 최초의 한글 소설로 주장하는 견해도 있으나, 1996년 발견된 것은 원본 한문소설에 대한 국문 번역본이다.

② **군담소설(軍談小說)**

㉠ 역사 군담 : 실존했던 인물이나 실재 사건을 바탕으로 허구화한 소설

작품	연대	작가	내용
임진록 (壬辰錄)	임란 후	미상	• 왜병을 물리치고 왜왕의 항복을 받고 개선하는 내용 • 충무공의 군략(軍略), 서산대사, 사명당의 도술 등이 수록됨.
곽재우전 (郭再佑傳)	임란 후	미상	• 임진왜란 때 홍의장군 곽재우가 의병을 일으켜 왜병을 무찌른 무용담 • '천강 홍의장군'이란 제목으로 출간됨.
김덕령전 (金德齡傳)	임란 후	미상	간신들의 참소로 억울하게 죽은 의병장 김덕령의 생애와 업적을 그림.
임경업전 (林慶業傳)	병란 후	미상	명나라를 구함과 아울러 병자호란의 치욕을 씻으려고 애쓰다가 원통하게 죽어 간 임경업의 무용담으로 전기적 소설(傳記的 小說)에 속함.
박씨전 (朴氏傳)	병란 후	미상	• 여성 영웅소설. 박씨 부인이 병자호란 때 도술로 청나라 장수와 공주를 굴복 시킨 내용 • 병자호란의 치욕을 소설을 통하여 씻고자 하는 작가 의식이 잘 드러남.

ⓒ 창작 군담 : 중국을 무대로 가공적 영웅을 허구화한 소설

작품	연대	작가	내용
유충렬전	미상	미상	위기에 처한 천자를 구하고 나라를 바로 잡아 부귀영화를 누린다는 내용
조웅전	미상	미상	위기에 처한 태자를 구출하고 수십만 대군으로 송나라를 구해 낸다는 내용
장국진전	미상	미상	중국 명나라를 배경으로 하여 장국진의 결혼담과 그 부인의 무용담을 그린 것
장백전	미상	미상	원나라 말기를 배경으로 장백과 딸 장소저의 기구한 운명을 다루고 있음.
소대성전	미상	미상	위기에 처한 천자를 구해 주고는 노왕(魯王)에 제수된 뒤 행복하게 살았다는 내용

③ 설화소설(說話小說) : 구비 전승되어 온 설화를 소재로 한 소설

작품	연대	작가	내용
심청전 (沈淸傳)	미상	미상	• 심청이의 효행을 그림. 유교적 효사상과 불교의 윤회사상 • 도덕소설 '연권녀 설화, 효녀 지은 설화, 거타지 설화, 인신공양 설화' 등의 근원설화가 있음
장끼전	미상	미상	• 꿩을 의인화하여 인간세계를 풍자함. • 풍자소설 별칭 : '웅치전(雄稚傳)'
흥부전 (興夫傳)	미상	미상	• 형제간의 우애(표면적 주제), 계층 간의 갈등(심층적 주제) • '방이 설화, 박타는 처녀 설화, 동물 보은 설화' 등의 근원설화가 있음
옹고집전 (雍固執傳)	미상	미상	• 판소리계 소설 • 부자이면서 인색하고 불효자인 옹고집이 잘못을 뉘우치고 착한 사람이 된다는 이야기
왕랑반혼전 (王郞返魂傳)	미상	미상	• 불교설화를 소설화한 작품 • 왕사궤라는 인물을 통해 불교에의 귀의와 윤회 사상을 강조한 작품

④ 가정소설(家庭小說) : 봉건적인 가정 내의 이야기 등을 다룬 소설

작품	연대	작가	내용
사씨남정기 (謝氏南征記)	숙종	김만중	• 숙종이 인현왕후를 쫓아냄을 풍자한 것이라고도 함. • 요첩(妖妾)과의 환락이나 수신제가에 누(累)가 됨을 풍자한 목적소설이며, 고대수필 '인현왕후전'과 유사함.
창선감의록 (彰善感義錄)	순조	조성기	• 한문소설 • 효와 우애를 강조한 도덕 소설. 한글본도 전함.
장화홍련전 (薔花紅蓮傳)	미상	미상	• 계모가 전처의 자식을 학대함으로써 생긴 가정비극을 그린 작품 • 주제는 권선징악이며 '아랑각 전설'을 모태로 함.
콩쥐팥쥐전	미상	미상	• 착하고 예쁜 콩쥐가 계모와 이복 동생 팥쥐에게 심한 구박을 받으나 감사(監司)와 혼인한다는 내용 • 권선징악을 주제로 하고 있음.

주관식 레벨 UP

요첩(妖妾)과의 환락이나 수신제가에 누(累)가 됨을 풍자한 목적소설이다. 고대수필 '인현왕후전'과 유사한 김만중의 소설은?

풀이 사씨남정기(謝氏南征記)

⑤ **풍자소설(諷刺小說)** : 시대, 사회, 인물의 결함이나 과오 등을 풍자한 소설

작품	연대	작가	내용
배비장전 (裵裨將傳)	순조 ~ 철종(?)	미상	• 양반의 위선적인 생활을 풍자한 것으로, 배비장이 제주도에 갔다가 기생 애랑에게 빠져 수모 당한 이야기 • 판소리계 소설. '발치설화'와 연관됨.
옹고집전 (甕固執傳)	미상	미상	• 옹고집이 중을 학대하다가, 그 중이 만들어낸 가짜 옹고집에게 쫓겨나서 고생 끝에 자기의 잘못을 뉘우쳐 착한 사람이 됨을 그림. • 판소리계 소설. '장자못설화'와 연관됨.
이춘풍전 (李春風傳)	영조 ~ 정조	미상	무력한 남편과 거세된 양반을 풍자한 것으로 새로운 여성상을 제시함.

⑥ **염정소설(艶情小說)** : 남녀 간의 애정 문제를 다룬 소설

작품	연대	작가	내용
춘향전 (春香傳)	영조 ~ 정조	미상	• 판소리계 소설 • 부사(府使)의 아들 이몽룡과 퇴기(退妓)의 딸 성춘향의 신분을 초월한 사랑을 그림. 완판본 열녀춘향수절가
옥단춘전 (玉丹春傳)	영조 ~정조	미상	• '춘향전'의 아류작 • 이혈룡과 기생 옥단춘과의 사랑을 그림.
숙향전 (淑香傳)	영조 ~ 정조	미상	• '춘향전'의 아류작 • 숙향이 고생하다가 초왕(楚王)이 되는 이선과 결혼하여 정렬 부인이 된다는 이야기
숙영낭자전 (淑英娘子傳)	영조 ~ 정조	미상	• '춘향전'의 아류작 • 선비 백선군과 꿈에서 본 숙영과의 사랑을 그림.
운영전 (雲英傳)	선조	유영	• 비극적인 정사 • 원본은 한문본(궁중을 배경으로 한 고대소설 중에서 유일한 비극적 결말). 일명 '수성궁몽유록', '유영전'이라 함.
구운몽 (九雲夢)	숙종	김만중	• 몽자류 소설의 효시 • '조신설화'의 영향을 받음. • 환몽구조(현실-꿈-현실), 공간이동(천상-지상-천상) • 중심 사상은 불교의 '공(空)' 사상 • 주제 : 인간의 부귀, 영화, 공명 등이 모두 일장춘몽. 인생무상 • 창작 동기 : 유배지에서 노모를 위로하기 위함. • 아류작 : 옥루몽, 옥련몽
옥루몽 (玉樓夢)	숙종	남익훈	• 몽자류 소설 • 일부다처제의 내용으로 되어 있음. '구운몽'의 아류작임.
채봉감별곡 (彩鳳感別曲)	미상	미상	• 사실적인 묘사로 조선 말기 부패한 관리들의 추악한 이면을 폭로하고, 진취적인 한 여성이 부모의 명령을 거역하면서까지 사랑을 성취한다는 내용 • '추풍감별곡'이라고 함.

주관식 레벨 UP

1. 몽자류 소설의 효시이며, 작가가 유배지에서 노모를 위로하기 위해 지었다고 알려진 소설의 제목은?

   `풀이` 김만중, 구운몽

2. 김만중의 소설 제목 '구운몽(九雲夢)'의 뜻을 서술해 보시오.

   `풀이` '구(九)'는 등장인물로 천상계에서는 성진과 8선녀를, 인간계에서는 양소유와 8아내를 뜻하며, '운(雲)'은 인생의 부귀영화가 뜬구름과 같다는 주제의식을, 그리고 '몽(夢)'은 '현실-꿈-현실'의 환몽구조를 의미한다.

3. 김만중의 소설 구운몽의 근원이 된 신라의 불교설화와 구운몽의 아류작을 쓰시오.

   `풀이` 조신설화, 옥루몽

제2절 판소리계 소설의 현실인식

1. 판소리계 소설의 특징과 현실인식 `중요` ★★

① 다양한 근원설화를 바탕으로 오랜 기간에 걸쳐 여러 사람의 손을 거치면서 형성된 **공동의 문학**이요 **성장문학**이다.

② 일반 고소설이 산문체로 되어 있는 데 반해 판소리계 소설은 사설의 영향이 강하게 남아 있어 대체로 **4음보의 율문체**로 되어 있다. 특히 일상적인 구어체 문장에서는 반복, 과장, 언어유희, 욕설 등을 사용하여 민중 문학적 특성을 잘 드러낸다.

③ 청중을 염두에 두고 묘사적이고 사실적인 표현을 함으로써 이른바 장면 **극대화 현상**과 **부분의 독자성**이란 특징을 가진다.

④ 우리나라의 한 지방을 배경으로 하여 민속, 생활상, 사조 등을 비교적 잘 표현하고 있어 **향토문학**으로서의 성격을 가진다.

⑤ 긴장 이완의 **서사적 구조**로 짜여 있으며 구성의 전개는 극적이고 단일하다.

⑥ 당시의 각 계층을 대표하는 인물들의 성격을 전형적으로 잘 표현함으로써 등장인물을 생동감 있게 창조하고 있다.

⑦ 주제에 있어서 당시에 성장된 민중의식과 체제저항적인 면을 반영하고 있다.

⑧ **지배계층의 횡포성과 부패성을 폭로**하고 그들의 위선적인 생활을 풍자하기 위한 방법으로 해학이 풍부하게 나타나고 있다.

⑨ 서술자의 개입이 두드러진다. (편집자적 논평)

⑩ 세련된 한문투의 언어와 평민층의 발랄한 속어 및 재담 등이 섞여 있는 **문체의 이중성**을 보인다.

2. 판소리계 소설

흥부전, 심청전, 별주부전(토끼전), 춘향전, 변강쇠전(가루지기전), 장끼전, 배비장전, 옹고집전, 숙영낭자전, 화용도

3. 판소리계 소설의 형성과 발달

근원 설화		판소리		판소리계 소설		신소설 (이해조가 개작)
㉠ 구토 설화	→	수궁가(토벌가)	→	별주부전	→	토의 간
㉡ 방이 설화	→	흥부가(박타령)	→	흥부전	→	연의 각
㉢ 연권녀 설화 (효녀 지은 설화)	→	심청가	→	심청전	→	강상련
㉣ 열녀 설화 신원 설화 암행어사 설화 염정 설화	→	춘향가	→	춘향전	→	옥중화

제3절 소설 이외의 산문문학 - 고대수필 중요 ★

1. 개관

(1) 개념

사회변동에 따른 개인의 체험이나 그 역사적 사실을 기록한 글이다.

(2) 특징

① 임진왜란·병자호란 이후 현실적 사고의 대두와 산문화의 경향으로 발전하였다.
② 처음에는 한문, 나중에는 순 한글로 쓰였다.
③ 조선 후기라 하더라도 국문수필보다 한문수필이 질적·양적으로 뛰어나다.
④ 민간과 궁중에서 함께 쓰였다.
⑤ 궁정수필은 여성 특유의 섬세하고, 우아한 표현으로 곡진한 정서와 인간미가 넘친다.

2. 종류

(1) **한문수필** : 양반

① **교훈적 내용이나 평론이 주** : 중수필

② '-설(說)'류나 '-론(論)'류가 대부분

③ 고려시대와 조선 전기의 패관문학 작품들을 비롯하여 가전체문학 등

④ 조선 후기의 문집들

홍만종의 『시화총림』·『순오지』, 김만중의 『서포만필』, 박지원의 『열하일기』 등

(2) **국문수필** : 아녀자 중심

① 조선 후기 봉건적 신분질서가 흔들리고, 현실적 사고와 산문화의 경향 등으로 인해 등장

② 운문적인 어투에서 탈피하려는 경향

③ **궁정수상·일기·기행·내간·의인체·잡필 등** : 경수필

④ 국문 여류수필을 '내간체 수필'이라고도 한다.

3. 주요 작품

(1) **3대 궁정수상** : 계축일기, 인현왕후전, 한중록

(2) **3대 여류 수필** : 의유당일기, 조침문, 규중칠우쟁론기

(3) **규중칠우** : 바늘(세요각시), 자(척부인), 가위(교두각시), 실(청홍흑백각시), 다리미(울낭자), 골무(감토할미), 인두(인화부인)

주관식 레벨 UP

조선 후기 궁중수필 중 남편인 사도세자의 비극과 궁중의 음모, 당쟁, 자신의 기구한 생애를 회고하여 적은 자서전적 회고록의 제목은?

풀이 한중만록(한중록)

분류	작품	작가	연대	내용
궁정수상	계축일기 (癸丑日記)	궁녀	광해군 5 (1613)	광해군이 선조의 계비인 인목대비의 아들 영창대군을 죽이고 대비를 폐하여 서궁에 감금했던 사실을 일기체로 기록
	한중록 (閑中錄)	혜경궁 홍씨	정조 20 ~순조 4	남편 사도세자의 비극과 궁중의 음모, 당쟁, 자신의 기구한 생애를 회고하여 적은 자서전적 회고록, '읍혈록(泣血錄)'
	인현왕후전 (仁顯王后傳)	궁녀	숙종 ~정조	인현왕후의 폐비사건. 숙종과 장희빈의 관계를 그림. 「사씨남정기」는 같은 내용을 비유적으로 소설화한 작품
	산성일기 (山城日記)	궁녀	인조	병자호란을 중심으로 한 치욕적인 일면을 객관적으로 그린 작품

일기	화성일기 (華城日記)	이의평	정조 19	정조의 능행(陵行)시 화성(수원)에 수행하여 왕대비의 회갑연에 참가했던 것을 일기로 엮은 것
	의유당일기 (意幽堂日記)	연안 김씨	순조	순조 29년 함흥 판관에 부임하는 남편 이회찬을 따라가, 그 부근의 명승고적을 찾아다니며 보고 듣고 느낀 바를 적은 글
기행	북관노정록 (北關路程錄)	유의양	영조 49	작가가 함경도 종성으로 유배되었을 때의 일을 적은 일기체 기행문
	무오연행록 (戊午燕行錄)	서유문	정조 22	서장관으로 중국에 갔다가 그 견문·감상을 자세히 기록한 완전한 산문체 작품
전기	윤씨행장 (尹氏行狀)	김만중	숙종 16	김만중이 돌아가신 자기 어머니를 추념하여 생전의 행장(行狀)을 지어 여자 조카들에게 나누어 준 글
제문	제문(祭文)	숙종	숙종 46	숙종이 막내 아들 연령군의 죽음을 애통해 하며 그 심회를 적은 글
	조침문(弔針文)	유씨	순조 4	자식 없는 미망인으로서 바느질로 생계를 이어 오다가, 바늘을 부러뜨려 그 섭섭한 심회를 적은 글
기타	요로원야화기 (要路院夜話記)	박두세	숙종 4	당시 선비사회의 병폐를 대화체로 풍자했음.
	어우야담 (於于野談)	유몽인	광해군	최초의 야사집. 민간의 야담과 설화를 모아 엮음. 해학과 기지가 넘치는 작품
	규중칠우쟁론기 (閨中七友爭論記)	미상	미상	의인체. 규중 부인들의 손에서 떨어지지 않는 바늘·실·자·가위·인두·다리미·골무 등의 쟁공(爭功)을 쓴 글

주관식 레벨 UP

'규중칠우쟁론기'는 바느질할 때 사용하는 일곱 가지 사물을 의인화한 작품이다. 일곱 사물과 의인화한 명칭을 쓰시오.

풀이 바늘(세요각시), 자(척부인), 가위(교두각시), 실(청홍흑백각시), 다리미(울낭자), 골무(감토할미), 인두(인화부인)

제 4 장 | 한문학

제1절 | 서정한시의 주요 작품 세계

01 삼국시대

1. 여수장우중문시(與隋將于仲文詩)

神策究天文(신책구천문)	그대의 신기(神奇)한 책략은 하늘의 이치를 다했고
妙算窮地理(묘산궁지리)	오묘한 계획은 땅의 이치를 다했노라.
戰勝功旣高(전승공기고)	전쟁에 이겨서 그 공이 이미 높으니
知足願云止(지족원운지)	만족함을 알고 그만 두기를 바라노라

> **핵심정리**
>
> ① 해제 : 살수대첩에 앞서 을지문덕이 수나라의 장수 우중문에게 보낸 5언 고시로, 적장에게 항복을 종용하는 전술적 성격을 띠고 있으며, 현전하는 가장 오래된 한시이다.
> ② 작가 : 을지문덕
> ③ 갈래 : 한시, 5언 고시
> ④ 성격 : 풍자적, 반어적
> ⑤ 특징 : 반어법, 억양법, 대구법을 사용함.
> ⑥ 의의 : 현전하는 우리나라 최고(最古)의 한시
> ⑥ 연대 : 고구려 26대 영양왕(7세기)
> ⑧ 제재 : 우중문
> ⑨ 주제 : 적장 우중문에 대한 야유와 조롱
> ⑩ 출전 : 『삼국사기』

2. 추야우중(秋夜雨中) 종요 ★

秋風唯苦吟(추풍유고음)	가을바람에 괴로이 읊조리나
世路少知音(세로소지음)	세상에 알아주는 이 없네.
窓外三更雨(창외삼경우)	창밖엔 밤 깊도록 비만 내리는데,
燈前萬里心(등전만리심)	등불 앞에 마음은 만 리 밖을 내닫네.

핵심정리

① 해제 : 당나라에서 문장가로 이름을 떨쳤던 최치원이 자신을 알아주지 않는 세상에 대한 고독과 외로움을 표현한 5언절구의 한시이다.
② 작가 : 최치원
③ 연대 : 통일신라 말(9세기)
④ 갈래 : 오언절구
⑤ 성격 : 서정적, 애상적
⑥ 표현
　㉠ 대구의 구조로 이루어졌다.
　㉡ 화자의 심정을 '객관적 상관물(밤비)'을 통해 형상화하고 있다.
　㉢ 제목에서 가을과 밤, 비의 조합으로 시의 전체적인 분위기를 조성하고 있다.
⑦ 제재 : 비 내리는 가을 밤
⑧ 주제
　㉠ 뜻을 펴지 못한 지식인의 고뇌
　㉡ 고국에 대한 그리움(首丘初心)
⑨ 출전 : 『동문선』 권19

주관식 레벨 UP

다음 작품의 작가와 작품의 제목을 쓰시오.

秋風唯苦吟(추풍유고음) / 世路少知音(세로소지음)
窓外三更雨(창외삼경우) / 燈前萬里心(등전만리심)

　　　　　　　　　　　　　　　풀이 최치원, 추야우중(秋夜雨中)

3. 제가야산독서당(題伽倻山讀書堂) 종요 ★

狂奔疊石吼重巒(광분첩석후중만)　　　첩첩바위 사이를 미친 듯 달려 겹겹 봉우리 울리니,
人語難分咫尺間(인어난분지척간)　　　지척에서 하는 말소리도 분간하기 어렵구나.
常恐是非聲到耳(상공시비성도이)　　　늘 시비(是非)하는 소리가 귀에 들릴세라,
故教流水盡籠山(고교류수진농산)　　　짐짓 흐르는 물로 온 산을 둘러 버렸다네.

핵심정리

① 해제 : 최치원이 신라 말기의 난세에 절망하여 전국 각지를 유랑하다가 가야산 해인사에 은거할 때 지은 7언절구의 한시이다. 세상을 멀리하고 산중에 은둔하고 싶은 심경을 노래했다.
② 작자 : 최치원
③ 갈래 : 칠언절구(七言絕句)
④ 성격 : 서정적, 상징적

⑤ 표현
  ㉠ 물의 이미지를 사용하여 시상을 전개하고 있다.
  ㉡ 자연의 물소리와 세상의 소리를 대조하여 주제를 형상화하고 있다.
  ㉢ 청각적 이미지를 사용하고 있다.
  ㉣ 대구법(기구-결구, 승구-전구)을 사용하고 있다.
  ㉤ 선경후정과 4단 구성의 방식을 통해 시상을 전개하고 있다.
⑥ 제재 : 물소리
⑦ 주제
  ㉠ 산중에 은둔하고 싶은 심경
  ㉡ 속세와의 단절 의지
⑧ 연대 : 통일신라 말기(9세기)
⑨ 출전 : 『동문선』 권19

02 고려시대

1. 송인(送人) 〔종요〕★★★

雨歇長堤草色多(우헐장제초색다)	비 갠 긴 언덕엔 풀빛이 푸르른데
送君南浦動悲歌(송군남포동비가)	남포에서 임 보내며 슬픈 노래 울먹이네.
大同江水何時盡(대동강수하시진)	대동강 물이야 어느 때 마를거나
別淚年年添綠波(별루년년첨록파)	해마다 이별 눈물 강물에 더하는 것을.

핵심정리

① 해제 : 우리나라 한시 중 **이별가**(離別歌)의 백미(白眉)로 평가되는 7언 절구의 한시로, 자연사와 인간사의 대조를 통하여 이별의 정한을 심화·확대하고 있다.
② 작자 : 정지상
③ 갈래 : 칠언절구(七言絶句)
④ 성격 : 서정적, 애상적, 감각적, 묘사적
⑤ 특징
  ㉠ 선경후정의 방법으로 시상을 전개하고 있다.
  ㉡ 도치법과 과장법, 설의법을 활용해 이별의 한(恨)을 극대화하고 있다.
  ㉢ 대동강변의 푸르름과 강물의 색조가 아름답게 대비되고 있다.
  ㉣ 자연의 모습과 인간의 모습을 대조함으로써 슬픔의 정서를 부각하고 있다.
  ㉤ 시적인 이미지를 선명하게 제시하고 함축적인 언어를 사용하고 있다.
⑥ 제재 : 임과의 이별
⑦ 주제 : 이별의 정한(情恨)
⑧ 연대 : 고려 인종(12세기)
⑨ 출전 : 『동문선』

다음 작품에 나타난 표현기법 4가지를 쓰시오.

雨歇長堤草色多(우헐장제초색다) / 送君南浦動悲歌(송군남포동비가)
大同江水何時盡(대동강수하시진) / 別淚年年添綠波(별루년년첨록파)

풀이 도치법, 과장법, 설의법, 대조법

2. 사리화(沙里花) 중요 ★

黃雀何方來去飛(황작하방래거비)	참새야 어디서 오가며 나느냐
一年農事不曾知(일년농사부증지)	일 년 농사는 아랑곳하지 않고,
鰥翁獨自耕耘了(환옹독자경운료)	늙은 홀아비 홀로 갈고 맸는데
耗盡田中禾黍爲(모진전중화서위)	밭의 벼며 기장을 다 없애다니.

핵심정리

① 해제 : 권력자(탐관오리)들의 농민 수탈과 횡포가 만연했던 당대 민족적 현실을 상징적 표현을 통해 풍자하고 있는 노래이다.
② 작자 : 이제현의 한역
③ 갈래 : 칠언절구
④ 성격 : 현실 고발적, 풍자적, 상징적, 비판적
⑤ 표현
   ㉠ 상징법(참새 : 수탈자, 관리 / 홀아비 : 농민, 힘없는 백성) ≒ 苛斂誅求(가렴주구)
   ㉡ 부당한 현실을 비유적으로 고발하며 원망하는 어조를 취하고 있다.
   ㉢ 당시 민족적 현실을 반영하고 있다.
⑥ 주제
   ㉠ 권력자들의 농민 수탈에 대한 비판과 고발
   ㉡ 가혹한 수탈로 인한 농민의 피폐한 삶
⑦ 출전 : 『익재난고(益齋亂藁)』

당시 사회상을 고려하여 밑줄 친 시어의 상징성을 쓰시오.

㉠ 黃雀何方來去飛(황작하방래거비) / 一年農事不曾知(일년농사부증지)
㉡ 鰥翁獨自耕耘了(환옹독자경운료) / 耗盡田中禾黍爲(모진전중화서위)

풀이 고려말 혼란한 사회상을 고려해 볼 때 ㉠의 '황작'은 백성을 수탈하는 탐관오리를, ㉡의 '환옹'은 수탈당하는 힘없는 백성을 상징한다.

3. 부벽루(浮碧樓)

昨過永明寺(작과영명사)	어제 영명사를 지나다가
暫登浮碧樓(잠등부벽루)	잠시 부벽루에 올랐네.
城空月一片(성공월일편)	텅 빈 성엔 조각달 떠 있고
石老雲千秋(석로운천추)	천 년 구름 아래 바위는 늙었네.
麟馬去不返(인마거불반)	기린마는 떠나간 뒤 돌아오지 않으니
天孫何處遊(천손하처유)	천손(天孫)은 지금 어느 곳에 노니는가?
長嘯倚風磴(장소의풍등)	돌계단에 기대어 길게 휘파람 부노라니
山青江自流(산청강자류)	산은 오늘도 푸르고 강은 절로 흐르네.

핵심정리

① 해제 : 고려 말 문신이었던 작가가 평양의 부벽루에서 고구려의 영화롭던 지난날을 회상하며 느낀 심회를 노래한 5언 율시의 한시이다. 자연의 의구함과 대비되는 인간 역사의 유한성과 그로 인한 무상감이 잘 드러나 있다.
② 작가 : 이색
③ 갈래 : 오언율시
④ 성격 : 회고적, 애상적
⑤ 표현
　㉠ 인간 역사의 유한함과 자연의 영원함을 대비(대조)시키면서 표현의 효과(쓸쓸한 감회)를 높이고 있다.
　㉡ 시간의 흐름을 시각적 이미지로 표현하고 있다.
　㉢ 영화롭던 과거 왕조를 회상하는 애상적 목소리로 노래하고 있다.
⑥ 제재 : 부벽루 주변의 풍경과 감상
⑦ 주제
　㉠ 인간 역사의 유한성과 무상감
　㉡ 지난 역사의 회고와 고려 국운회복의 소망
⑧ 출전 : 『목은집』

03 조선시대

1. 무어별(無語別) – 규원(閨怨)

十五越溪女(십오월계녀)	열다섯의 아리따운 아가씨가
羞人無語別(수인무어별)	남부끄러워 말없이 이별했네.
歸來掩重門(귀래엄중문)	돌아와 겹문을 닫아걸고
泣向梨花月(읍향리화월)	배꽃 같은 달을 보며 우네.

① 해제 : 여인이 이별하는 순간을 감각적이고 환상적으로 그린 5언절구의 한시이다.
② 작가 : 임제
③ 갈래 : 한시, 5언절구
④ 성격 : 서정적, 애상적, 낭만적
⑤ 특징
    ㉠ 간결하고 담백한 표현으로 절제된 언어의 아름다움을 구사함.
    ㉡ 관찰자적 입장에서 객관적으로 시적 상황을 전달함.
⑥ 제재 : 이별
⑦ 주제
    ㉠ 이별의 슬픔
    ㉡ 이별한 소녀의 애틋한 마음
⑧ 출전 : 『백호집』

2. 사청사우(乍晴乍雨) 중요 ★

乍晴還雨雨還晴(사청환우우환청)	잠시 개었다 비 내리고 내리다 다시 개니
天道猶然況世情(천도유연황세정)	하늘의 도도 그러하거늘, 하물며 세상 인정이라.
譽我便是還毀我(예아변시환훼아)	나를 높이다가는 곧 도리어 나를 헐뜯고
逃名却自爲求名(도명각자위구명)	공명을 피하다가는 돌이켜 스스로 공명을 구한다.
花開花謝春何管(화개화사춘하관)	꽃 피고 지는 것을 봄이 어찌 다스릴꼬?
雲去雲來山不爭(운거운래산부쟁)	구름이 오고 구름이 가도 산은 다투지 않음이라.
寄語世人須記認(기어세인수기인)	세상 사람들에게 말하노니, 꼭 새겨두기를,
取歡無處得平生(취환무처득평생)	기쁨을 취하려 한들, 어디서 평생 즐거움을 얻을 것인가를.

① 작가 : 김시습
② 갈래 : 칠언율시
③ 성격 : 비유적, 경세적
④ 표현
    ㉠ 대구를 통해 주제를 효과적으로 드러내고 있다.
    ㉡ 자연 현상(변화무쌍한 날씨)에 빗대어 인간사를 풍자하고 있다.
    ㉢ 세상 사람을 청자로 설정하여 주제의식을 드러내고 있다.
    ㉣ 욕망을 버리고 순리대로 살 것을 깨우치고 있다.
⑤ 제재 : 변덕스러운 날씨
⑥ 주제 : 변덕스러운 인간 세상에 대한 비판과 순리대로 사는 삶

3. 빈녀음(貧女吟)

手把金剪刀(수파금전도)	손에 쇠로 된 가위 잡았는데
夜寒十指直(야한십지직)	밤이 추워 열손가락이 곧아졌네.
爲人作嫁衣(위인작가의)	남을 위해 시집갈 때 옷을 만들어 주면서도
年年還獨宿(연년환독숙)	해마다 다시 독수공방하네.

핵심정리

① 해제 : 전체 4수로 이루어진 연작시 중 두 번째 작품으로, 추운 겨울 밤 남을 위해 밤을 새워 옷을 짓는 여인의 모습을 통해 사회적 불평등을 표현하고 있다.
② 작가 : 허난설헌
③ 갈래 : 5언절구
④ 성격 : 자조적, 애상적
⑤ 어조 : 독백적 어조
⑥ 제재 : 삯바느질
⑦ 주제 : 가난 때문에 시집 못가는 여인의 한(불평등한 사회 현실 비판)
⑧ 출전 : 『난설헌집(蘭雪軒集)』

4. 탐진촌요(耽津村謠)

棉布新治雪樣鮮(면포신치설양선)	새로 짜낸 무명이 눈결같이 고왔는데
黃頭來博吏房錢(황두래박이방전)	황두가 와서는 이방 줄 돈이라며 뺏어가네.
漏田督稅如星火(누전독세여성화)	누전 세금 독촉이 성화같이 급하구나,
三月中旬道發船(삼월중순도발선)	삼월 중순 세곡선(稅穀船)이 서울로 떠난다고.

핵심정리

① 해제 : 부패한 조선 후기의 현실을 비판하고 있는 한시로, 관리들에게 수탈당하는 농민의 현실을 사실적으로 묘사하고 있다.
② 작가 : 정약용(鄭若鏞)
③ 갈래 : 칠언절구(七言絕句)
④ 성격 : 고발적, 비판적, 사실적
⑤ 특징
  ㉠ 다양한 표현 방법(직유법, 도치법)과 상징 기법으로 효과를 높임.
  ㉡ 수탈 계층의 포악성을 고발함.
  ㉢ 농민의 고통에 대한 안타까움이 드러남.
  ㉣ 피폐한 농촌 현실을 사실적으로 묘사함.
⑥ 제재 : 농민 생활의 고초

⑦ 주제
　　㉠ 농촌의 모습과 농민 생활의 고초
　　㉡ 탐관오리들의 횡포 고발
⑧ 출전 : 『여유당전서(與猶堂全書)』

5. 구우(久雨)

窮居罕人事(궁거한인사)	궁벽하게 사노라니 사람 보기 드물고
恒日廢衣冠(항일폐의관)	항상 의관도 걸치지 않고 있네.
敗屋香娘墜(패옥향낭추)	낡은 집엔 향랑각시 떨어져 기어가고,
荒畦腐婢殘(황휴부비잔)	황폐한 들판엔 팥꽃이 남아 있네.
睡因多病減(수인다병감)	병 많으니 따라서 잠마저 적어지고,
秋賴著書寬(추뢰저서관)	글 짓는 일로써 수심을 달래 보네.
久雨何須苦(구우하수고)	비 오래 온다 해서 어찌 괴로워만 할 것인가
晴時也自歎(청시야자탄)	날 맑아도 또 혼자서 탄식할 것을.

> **핵심정리**
>
> ① 작가 : 정약용
> ② 갈래 : 오언율시
> ③ 성격 : 비판적, 우회적
> ④ 표현
> 　　㉠ 적절한 소재를 활용하여 궁벽한 처지를 형상화함. (비유)
> 　　㉡ 외부 풍경에 대한 묘사와 주관적 정서의 표현이 적절히 조화를 이룸. (선경후정)
> ⑤ 제재 : 가난
> ⑥ 주제
> 　　㉠ 장마철 농촌의 궁핍한 삶.
> 　　㉡ 민생고를 해결하기 위한 제도 개혁을 역설함.
> 　　㉢ 궁벽한 처지에 대한 한탄
> ⑦ 출전 : 『여유당전서(與猶堂全書)』

6. 타맥행(打麥行) 중요 ★★

新篘濁酒如湩白(신추탁주여동백)	새로 거른 막걸리 젖빛처럼 뿌옇고
大碗麥飯高一尺(대완맥반고일척)	큰 사발에 보리밥, 높이가 한 자로세.
飯罷取枷登場立(반파취가등장립)	밥 먹자 도리깨 잡고 마당에 나서니
雙肩漆澤飜日赤(쌍견칠택번일적)	검게 탄 두 어깨 햇볕 받아 번쩍이네.

呼邪作聲擧趾齊(호사작성거지제)	옹헤야 소리 내며 발맞추어 두드리니
須臾麥穗都狼藉(수유맥수도랑자)	삽시간에 보리 낟알 온 마당에 가득하네.
雜歌互答聲轉高(잡가호답성전고)	주고받는 노랫가락 점점 높아지는데
但見屋角紛飛麥(단견옥각분비맥)	보이느니 지붕 위에 보리티끌뿐이로다.
觀其氣色樂莫樂(관기기색락막락)	그 기색 살펴보니 즐겁기 짝이 없어
了不以心爲形役(요불이심위형역)	마음이 몸의 노예 되지 않았네.
樂園樂郊不遠有(낙원락교불원유)	낙원이 먼 곳에 있는 게 아닌데
何苦去作風塵客(하고거작풍진객)	무엇하러 벼슬길에 헤매고 있으리요.

핵심정리

① 작가 : 정약용(鄭若鏞)
② 갈래 : 행(한시의 일종), 서정시
③ 성격 : 사실적, 반성적
④ 구성 : '기-승-전-결'의 4단 구성
⑤ 특징
  ㉠ 평민적인 시어로써 농촌의 노동을 사실적이고 현장감 있게 그려 내 조선 후기 한시의 새로운 전형을 보여 주고 있다.
  ㉡ 다산의 **중농 사상**과 **사실주의** 시 정신을 잘 나타내고 있다.
  ㉢ 보리타작하는 농민의 모습을 사실적으로 묘사하고 있다.
  ㉣ 선경후정의 방식으로 시상을 전개하고 있다.
⑥ 제재 : 보리타작
⑦ 주제 : 노동의 즐거움과 자신의 삶에 대한 반성

7. 절명시(絕命詩) : 제3수 중요 ★★★

鳥獸哀鳴海岳嚬(조수애명해악빈)	새와 짐승들도 슬피 울고 바다 또한 찡그리네
槿花世界已沈淪(근화세계이침륜)	무궁화 이 나라가 이젠 망해버렸구나.
秋燈掩卷懷千古(추등엄권회천고)	가을의 등불 아래 책 덮고 지난날을 되새기니
難作人間識字人(난작인간식자인)	글 아는 사람 노릇하기가 어렵구나.

핵심정리

① 해제 : 한문 문학의 마지막 세대의 지식인이 1910년 **한일병합** 소식을 듣고 비탄에 빠져 쓴 한시이다. 민족이 직면한 현실 앞에서 고뇌하는 지식인의 마음이 나타나 있다.
② 작자 : 황현
③ 갈래 : 칠언절구
④ 성격 : 우국적, 고백적, 저항적, 참여적

⑤ 표현
    ㉠ 나라를 잃은 지식인의 고뇌와 절망의 심정을 고백적 어조로 표현하고 있다.
    ㉡ 활유법, 과장법, 대유법, 의인법, 감정이입 등의 다양한 시적 기법을 활용하고 있다.
⑥ 제재 : 경술국치(국권의 상실)
⑦ 주제 : 망국의 한과 지식인으로서 처신의 어려움.
⑧ 출전 : 『매천집』

주관식 레벨 UP

다음 작품의 역사적 배경이 된 사건은?

> 鳥獸哀鳴海岳嚬(조수애명해악빈) / 槿花世界已沈淪(근화세계이침륜)
> 秋燈掩卷懷千古(추등엄권회천고) / 難作人間識字人(난작인간식자인)

                                                      풀이 경술국치(한일합방)

제2절   서사한시의 주요 작품 세계

1. 동명왕(東明王) 중요 ★★

핵심정리

① 해제 : 민족의식을 고취하고 민족의 자주성을 널리 알리고자 고구려의 건국 시조인 **동명왕의 신화**를 장편 서사시의 형태로 재창조한 우리나라 최초의 건국 서사시이다. 고려가 위대한 고구려를 계승하고 있다는 자부심이 드러나 있다.
② 작가 : 이규보
③ 갈래 : 장편 영웅 서사시
④ 형식 : 5언 연속체, 전 282구
⑤ 성격 : 서사적, 신화적, 진취적, 교훈적
⑥ 구성 : 영웅의 일대기 구조(서장, 본장, 종장의 3부)
⑦ 특징
    ㉠ 우리나라 최초의 건국 서사시이다.
    ㉡ 중화(中華) 사상에서 벗어나 우리 민족의 우월성을 드높이고 있다.
    ㉢ 북방계 난생(卵生) 설화에 해당하며 천손 하강 모티프를 지니고 있다.
    ㉣ 오랜 역사와 전통을 지닌 민족임을 재인식하려는 주체성이 드러나 있다.
⑧ 제재 : 고구려 건국 신화인 '주몽 신화'
⑨ 주제 : 동명왕의 탄생과 고구려 건국
⑩ 출전 : 『동국이상국집』

2. 노객부원(老客婦怨) : 늙은 나그네 아낙의 원망

> **핵심정리**
>
> ① 임란 이후 산문 정신과 현실주의적 사고의 발달로 인간의 삶을 사실적으로 담으려 하였다. 서사한시도 이전의 건국 영웅 서사시에서 범인 서사시로 바뀌게 된다. 이 시기에 출현한 서사한시들은 대체로 하층 백성과 여성을 주인공으로 하고 있으며, 전쟁 또는 탐관오리에 의한 백성의 참상을 묘사한 것, 남녀의 사랑, 여인의 비극적 생애를 그린 작품들로 분류할 수 있다. (허균의 '노객부원', 이광사의 '파경합', 정약용의 '도강고가부사'가 대표작이다)
>
> ② 허균의 '노객부원'은 백성의 고통을 그린 서사한시이다. 이 작품은 임란 중 홀로 과부가 된 여인의 모습을 통해 임란 당시 우리 백성들이 겪은 고통을 대변하고 있다. 이는 미약한 백성의 가슴 아픈 이야기를 전면에 내세워 전란에 적절히 대비하지 못한 조정에 대한 측면적인 비판을 내포하고 있다.

제3절 한문소설의 주요 작품 세계

1. 조선 전기 한문소설 (종요) ★★★

(1) 전개 양상

① 한국 고대 한문소설의 효시는 김시습의 '금오신화(金鰲新話)'인데, 이 작품은 민중 사이에서 구전되던 설화, 고려의 패관문학, 가전(假傳) 등의 서사적 전통 위에 중국의 전기소설인 '전등신화(剪燈新話)'의 영향을 받아 이루어졌다.

② 전기적 요소를 간직한 한문소설은 고대소설의 출발을 보여 주며, 조선 후기 국문소설의 융성에 토대가 되었다.

(2) 주요 작품

작품	연대	작자	내용
금오신화	세조	김시습	• 최초의 한문소설. 전 시대의 설화와 상당한 유사성을 가지나, 소설로서의 요건을 갖추었고 작가의 주제 의식이 분명 • 명나라 구우의 「전등신화」의 영향을 받음. • 단편 소설집으로 '만복사저포기, 이생규장전, 취유부벽정기, 남염부주지, 용궁부연록' 등 일부 작품만이 전함.
대관재몽유록	중종	심의	주인공이 꿈속에서, 최치원이 천자가 되고 역대 문인들이 신하가 되어 있는 왕궁에 가서 벼슬하고 결혼까지 해서 행복하게 살았다는 이야기
화사	선조	임제	• 국가와 군신을 꽃에 비유하여 치국 흥망의 역사를 기록한 의인체 한문소설 • 설총의 '화왕계'의 영향을 받음
수성지	선조	임제	세상에 대한 불만과 현실에 대한 저주를 그린 의인체 한문소설
원생몽유록	선조	임제	• 생육신의 한 사람인 남효온의 처지를 슬퍼하여 쓴 몽유록계 전기소설(傳奇小說) • 세조의 왕위 찬탈을 배경으로 한 정치 권력의 모순을 묘사함.

1. 김시습의 우리나라 최초의 한문 단편소설집 "금오신화"에는 5편의 단편소설이 수록되어 있다. 이 5편의 제목을 모두 쓰시오.

풀이 만복사저포기, 이생규장전, 취유부벽정기, 남염부주지, 용궁부연록

2. 국가와 군신을 꽃에 비유하여 치국 흥망의 역사를 기록한 의인체의 한문소설로 설총의 '화왕계'의 영향을 받았다고 하는 임제의 한문소설의 제목을 쓰시오.

풀이 화사(花史)

2. 조선 후기 한문소설(漢文小說) : 연암 박지원

작품	연대	작자	비고
호질(虎叱)	정조	박지원	• 유학자들의 위선적 가면을 폭로하고 북학론을 주장하며 의자(醫者)와 무자(巫者)의 반성을 촉구하는 실학사상을 내용으로 함. • 『열하일기』에 수록, 수절과부의 위선도 비판
허생전(許生傳)	정조	박지원	• 이용후생의 실학사상 반영. 『열하일기』에 수록 • 양반(사대부)의 무능 폭로 • 경제구조의 취약점 비판 • 사대부의 허위적 명분론 비판
양반전(兩班傳)	정조	박지원	• 양반 사회의 허례허식 및 그 부패성의 폭로 • 『방경각외전』에 수록
광문자전(廣文者傳)	정조	박지원	• 걸인인 광문의 정직함과 불평과 슬픔을 그려서 사회의 부패상을 폭로한 작품 • 『방경각외전』에 수록
예덕선생전(穢德先生傳)	정조	박지원	• 인분(똥)을 나르는 예덕선생을 통해 양반들의 위선을 공박한 작품 • 직업 차별의 타파와 천인(賤人)의 성실성 예찬. 『방경각외전』에 수록
마장전(馬駔傳)	정조	박지원	• 세상의 거짓된 일면을 말하고 벗을 사귀기 어려움을 강조 • 『방경각외전』에 수록
민옹전(閔翁傳)	정조	박지원	• 무위도식하는 인간 메뚜기가 더 무섭다는 내용. • 민옹의 일화를 중심으로 타락한 사회를 풍자한 작품, 『방경각외전』에 수록
우상전(虞裳傳)	정조	박지원	• 학식이 높고 시에 능한 우상이 일본에 간 일과, 조선이 허례에 빠져 있음을 풍자한 작품 • 『방경각외전』에 수록
김신선전(金神仙傳)	정조	박지원	• 김홍기의 신출귀몰하는 행색을 그리고, 신선이 곡식을 안 먹음은 불우한 선비가 굶주려 산에서 노는 일이라고 풍자함. • 『방경각외전』에 수록
열녀함양박씨전(烈女咸陽朴氏傳)	영조	박지원	• 남편을 잃고 3년상을 마친 후 음독자살을 한 박씨 부인의 절의(節義)를 표현한 작품, 과부의 재가 금지를 비판 • 『연상각선본』에 수록

주관식 레벨 UP

1. 박지원의 기행수필집인 "열하일기"에 수록된 한문소설 2편의 제목을 쓰시오.

　　　　　　　　　　　　　　　　　　　　　　　　　　　　　　　풀이 호질, 허생전

2. 다음 설명에 알맞은 소설의 제목을 쓰시오.

> 박지원이 지은 한문소설로 『방경각외전』에 수록되어 있다. 이 작품은 인분(똥)을 나르는 인물을 통해 양반들의 위선을 공박하고, 직업 차별의 타파를 주장하고 천인(賤人)의 성실성을 예찬하고 있다.

　　　　　　　　　　　　　　　　　　　　　　　　　　　　　풀이 예덕선생전(穢德先生傳)

제4절　기타 산문문학

01 삼국시대

작품	시대	작자	내용	갈래
여수장우중문시	고구려	을지문덕	• 수의 장군 우중문을 우롱한 한시 • 현존하는 최고(最古)의 한시	한시
화왕계	신라 신문왕	설총	• 꽃을 의인화하여 임금을 풍간. 의인체의 효시이며, 고대 소설 '화사'에 영향을 미침. • 소설적인 기록물의 효시 • 『삼국사기』에 수록되어 있으며 『동문선』에서 '풍왕서'라는 제목으로 전함.	설화
계원필경	신라	최치원	현존하는 최고의 개인 문집	문집
토황소격문	신라	최치원	당나라 유학 중 황소에게 항복을 권유한 문서	한문
왕오천축국전	신라 성덕왕	혜초	• 구도(求道)를 위해 천축국을 순례한 기행문 • 우리나라 최초의 기행문	한문수필
화랑세기	신라 성덕왕	김대문	• 부전(不傳) • 설화 문학서	설화
고승전	신라 성덕왕	김대문	이름난 고승(高僧)에 대한 전기	전기

주관식 레벨 UP

1. 다음 설명에 맞는 작가와 작품의 제목을 쓰시오.

> 이 작품은 꽃을 의인화하여 임금을 풍간한 의인체의 효시이며, 임제의 한문소설 '화사'에 영향을 주었다. 또한 소설적인 기록물의 효시라는 문학사적 의의를 지녔고, '동문선'에는 '풍왕서'라는 제목으로 전하고 있다.

풀이 설총, 화왕계

2. 최치원이 지은 우리나라 최초의 개인문집의 제목을 쓰시오.

풀이 계원필경

02 패관문학(稗官文學) 중요 ★★

1. 개념

왕의 정치 참고 자료로 삼기 위해 민간에 구전되어 오던 **전승설화**가 많이 문헌에 **채록**되었고, 채록되는 과정에서 채록자(採錄者)의 창의가 가미되어 윤색된 것을 패관문학(稗官文學)이라 한다.

참고 패관(稗官)이란 중국 한나라 때 임금이 민간의 풍속이나 정사를 살피기 위하여 거리의 소문을 모아 기록시키던 벼슬 이름이다.

2. 특징

① 항간에 구전되는 이야기를 한문으로 기록하면서 발달하였다.
② 처음에는 설화만을 대상으로 했지만, 나중에는 떠도는 모든 것을 포함하게 되었다.
③ **채록자의 견해가 가미**되어 다소 창의성도 드러나지만 **공동의 문학**이며, **기록문학**이다.
④ 장르상 **한문수필**이며, **평론적 성격**을 띠게 되었다.

3. 의의

조선 시대 고대소설 발달의 모태가 되었다.

4. 작품집

작품집	연대	작자	내용
수이전 (殊異傳)	문종	박인량	• 최초의 순수 설화집 • 현재 전하지 않고, 연오랑 세오녀, 호원 등 9편이 『삼국유사』, 『해동고승전』에 전함.
백운소설 (白雲小說)	고종	이규보	• 삼국 ~ 고려까지의 시인들과 그들의 시에 대하여 논한 책 • 일종의 수필집의 성격으로 시화(詩話), 문담(文談)을 기록 • '소설'이란 명칭을 최초로 사용한 문헌
파한집 (破閑集)	고종	이인로	• 시화(詩話), 문담(文談), 기사(記事), 자작(自作), 고사(故事), 풍물(風物) 등을 기록한 책 • 비평 문학의 효시
보한집 (補閑集)	고종	최자	• 이인로의 『파한집』을 보충한 수필체의 시화들을 엮은 책 • 아름다운 근체시(近體詩)와 시평(詩評), 거리에 떠도는 이야기, 흥미있는 사실(史實), 부도(浮屠)와 부녀자들의 이야기를 수록한 것으로, 당시의 사회 상황을 살펴보는 데 좋은 참고가 됨. • 3권 1책
역옹패설 (櫟翁稗說)	고려 말	이제현	• 『익재난고』의 권말에 수록됨. • 「소악부」에 고려속요가 한역되어 있음.

주관식 레벨 UP

1. 다음 설명에 맞는 장르의 명칭을 쓰시오.

> 고려 때 왕의 정치 참고 자료로 삼기 위해 민간에 구전되어 오던 전승설화가 많이 문헌에 채록되었고, 채록되는 과정에서 채록자의 창의가 가미되어 윤색된 것을 말한다. 이 작품들은 장르상은 한문 수필이고, 평론적 성격을 띠며, 문학사적으로는 조선 시대 고대소설 발달의 모태가 되었다.

풀이 패관문학

2. 다음은 고려 때의 패관문학들이다. 괄호에 맞는 작가들을 쓰시오.

> ① 수이전(殊異傳) – (㉠)
> ② 백운소설(白雲小說) – (㉡)
> ③ 파한집(破閑集) – (㉢)
> ④ 보한집(補閑集) – (㉣)
> ⑤ 역옹패설(櫟翁稗說) – (㉤)

풀이 ㉠: 박인량, ㉡: 이규보, ㉢: 이인로, ㉣: 최자, ㉤: 이제현

03 가전체문학(假傳体文學) 종요 ★★★

1. 개념

(1) 가전(假傳)이란, 어떤 사물을 역사적 인물처럼 의인화하여 그 가계(家系)와 생애(生涯) 및 개인적 성품, 공과(功過)를 기록하는 전기(傳記) 형식의 글을 말한다. 실전(實傳)이라 하지 않고 가전이라 한 것은 '가(假)'가 허구적 성격을 내포하고 있기 때문이다.

(2) 사물을 의인화해서 **열전(列傳) 형식**에 의거하여 그 일생을 다룬 **전기체의 문학**이다.

2. 특징

(1) **형성**

고려 중기 이후 설화를 수집·정리·창작하는 과정에서 의인체의 가전이 출현하게 되었다. 이러한 가전체 문학의 발달은 무신난 이후에 등장한 사대부들의 의식과 밀접히 관련되어 있다. 즉, 객관적 관념론자인 그들이 사물에 대한 관심과 인간생활을 합리적으로 구성하려는 정신을 표현한 것이다.

(2) **목적**

계세징인(戒世懲人 : 세상 사람들을 경계하고 징벌함)을 목적으로, 사회를 비판·풍자하고 교훈을 주고자 하는 **교술문학**이다.

(3) **의의**

① 창의성이 상당히 가미된 허구적 작품이라는 점에서 소설문학에 한 단계 접근한 문학양식이며, **설화와 소설의 교량적 구실**을 하였다.
② 완전한 소설이 아니기 때문에 **한문수필**에 포함된다.
③ 의인체라 하여 모두 가전체에 포함되는 것은 아니다.

> 참고 ㉠ 의인체의 효시: 설총, '화왕계'
> ㉡ 가전체의 효시: 임춘, '국순전'

주관식 레벨 UP

1. 고려 시대 '가전체'의 개념과 목적, 그리고 문학사적 의의에 대해 서술하시오.

   풀이 가전체란 어떤 사물을 역사적 인물처럼 의인화하여 그 가계와 생애 및 개인적 성품, 공과를 열전 형식에 의거하여 기록하는 전기 형식의 글이다. 세상 사람들을 경계하고 징벌하는 '계세징인'을 목적으로 사회를 비판·풍자하고 교훈을 주고자 하는 교술문학이며, 패관문학보다 창의성이 상당히 가미된 허구적 작품이라는 점에서 소설문학에 한 단계 접근한 문학양식으로 설화와 고대소설의 교량적 구실을 하였다.

2. 고려 시대 '가전체'의 효시에 해당하는 작품과 작가를 쓰시오.

   풀이 국순전, 임춘

3. 작품 : '동문선'에 수록

작품	연대	작가	내용
국순전	인종	임춘	• 술을 의인화하여 술이 지닌 매력과 지나쳐서 생겨나는 폐단을 표현함. • 가전체의 효시. 이규보의 '국선생전'에 영향을 줌.
공방전	인종	임춘	엽전을 의인화하여 탐재(貪財)를 경계함.
국선생전	고종	이규보	술을 의인화하여 군자(君子)의 처신을 경계함.
청강사자현부전	고종	이규보	거북을 의인화하여 어진 사람의 행적을 그림.
죽부인전	공민왕	이곡	대나무를 의인화하여 절개(節槪)를 나타냄.
저생전	고려 말	이첨	종이를 의인화하여 위정자들에게 올바른 정치를 권유하는 내용
정시자전	고려 말	석식영암	지팡이를 의인화하여 인세(人世)의 덕에 관하여 경계함.

주관식 레벨 UP

다음은 '가전체문학'을 정리해 놓은 것이다. 괄호 안을 바르게 채우시오.

작품	작가	대상
국순전	임춘	(㉠)
(㉡)	임춘	엽전(돈)
(㉢)	이규보	술
청강사자현부전	(㉣)	거북
죽부인전	이곡	(㉤)
저생전	이첨	(㉥)
(㉦)	석식영암	지팡이
(㉧)	혜심	대나무
빙도자전	혜심	(㉨)
(㉩)	이윤보	게

풀이 ㉠: 술, ㉡: 공방전, ㉢: 국선생전, ㉣: 이규보, ㉤: 대나무, ㉥: 종이, ㉦: 정시자전, ㉧: 죽존자전,
㉨: 얼음, ㉩: 무장공자전

01 설화(說話)

1. 개념

한 민족 사이에서 구전되어 온 일정한 구조를 가지고 있는 꾸며낸 이야기로 서사문학의 한 갈래

2. 특징

(1) 성격

① 입에서 입으로 전달되는 구전 문학의 형태로 전해 오다가 고려 시대에 『수이전』, 『삼국유사』, 『삼국
사기』 등의 문헌에 한역(漢譯)되어 정착되었다.

② 민족 전체의 사상과 정서를 담고 있으며, 민족적 긍지를 심어 준다.

③ 무속신앙(巫俗信仰, shamanism), 동물숭배 사상(토테미즘, totemism) 등이 바탕

(2) 의의

① 고려 시대에 그 맥락이 이어져, 패관문학, 가전체를 발생시키고, 나아가 후대 소설 문학의 근원이
된다.

② 넓은 의미의 민족 문학이다.

3. 갈래

(1) 신화(神話): 민족신이나 건국신에 대한 신앙 상징으로 신성하고 진실한 것으로 믿는 이야기, 국조 탄생 신
화, 개국 신화 등으로 '신이(神異) 탄생→신성 결혼→등극(즉위)→사회의 이적(異蹟)'의 구조를 지닌다.

(2) 전설(傳說): 신화보다 후대에 생긴 것으로, 역사성과 진실성이 있다고 믿어지는 이야기. 비범한 인물
의 위대한 업적이나, 뒷받침할 만한 연기물(緣起物)로써 구체적인 사물(산・바위・하천・나무・동물
등)과 결합되어 전한다.

(3) 민담(民譚) : 신성하지도 진실하지도 않은, 흥미와 교훈 위주로 꾸며진 이야기. 협의의 설화로, 슬기와 기지, 해학이 들어 있으며, 상상력과 권선징악적 구성 등으로 후대 소설에 큰 영향을 주었다.

4. 주요 신화

나라	신화명	내용
고조선	단군신화	• 우리나라 건국신화, 홍익인간 이념제시, 현존 최고의 신화 • 민족주의적 영웅서사시의 원류 • 출전 : 『삼국유사』, 『제왕운기』, 『응제시주』, 『동국여지승람』, 『세종실록지리지』
고구려	주몽신화	동명왕의 출생에서부터 건국의 성업(聖業)까지를 묘사한 설화
신라	박혁거세신화	나정(蘿井) 근처에서 발견한 알에서 태어나 6村 사람들의 추대로 임금이 됨. 박씨의 시조설화
	석탈해신화	알에서 나와 버려진 뒤 남해왕의 사위가 되고 나중에 임금으로 추대된 석(昔)씨의 시조설화
	김알지신화	시림(始林 : 鷄林)의 나무에 걸렸던 금궤에서 태어났다고 전해지는 경주 김씨의 시조설화
가락국	수로왕신화	알에서 태어난 6명의 아이들 중 가락국의 왕이 된 김해 김씨의 시조설화

02 근원 설화와 후대 소설과의 영향관계

1. 판소리계 소설 중요 ★★

근원 설화	판소리 사설	판소리계 소설	개작 신소설
도미 설화	춘향가	춘향전	옥중화(獄中花)
방이 설화	흥보가	흥부전	연(燕)의 각(却)
연권녀 설화	심청가	심청전	강상련(江上蓮)
귀토 설화	수궁가	별주부전	토(兎)의 간(肝)

2. 기타

① 조신 설화 → 구운몽(김만중) → 아류작 : 옥루몽

② 지하국 대적 퇴치 설화 → 홍길동전 → 아류작 : 전우치전, 서화담전

③ 쟁장 설화(爭長說話) → 두껍전

④ 장자못 설화 → 옹고집전

⑤ 신데렐라형 설화 → 콩쥐팥쥐전

판소리계 소설 '심청전'의 근원 설화와 이해조가 개작한 신소설의 제목을 쓰시오.

풀이 연권녀 설화(효녀 지은 설화), 강상련

제2절 | 민요(民謠)의 특징과 갈래

01 민요 중요 ★

1. 민요의 개념과 특성

(1) 개념 : 민중들 사이에서 저절로 생겨나서 전해지는 노래

① **민(民)** : 민요는 식자층이 아닌 일반 서민 백성이 즐긴 예술인 것이다. 그런 면에서 한시나 시조, 가사 등의 시가 양식과 성격을 달리한다.

② **요(謠)** : 민요는 일정한 노랫가락에 실려서 불린다. 그리고 누구에게나 노래 불리기에 적당한 노랫말의 형식을 지녀서 같은 서민 예술인 설화, 민속극 등과 구별된다.

(2) 특성(特性)

① **구전성(口傳性)** : 설화와 마찬가지로 민요는 문자에 의한 기록과 무관하게 입에서 입으로 전승된다.

② **서정성(抒情性)** : 민요는 대체로 농축된 정서를 직접적으로 표출하는 것이 특징이다.

③ **서민성(庶民性)** : 민요는 서민의 일상생활에서 불리는데, 특히 노동과 밀접한 관계를 갖는다. 이러한 민요에는 서민의 생활 감정이 다른 어느 양식보다도 잘 포함되어 있다.

④ **형식미(形式美)** : 민요는 가락에 실려 불리는 것이기 때문에 노래로 불리기에 적합하도록 그 율격이나 형식이 다듬어져 있다. 그 율격(律格)은 일정한 정형성을 띠는 것이 보통이다.

'민요'의 특성을 3가지만 제시해 보시오.

풀이 구전성(口傳性), 서정성(抒情性), 서민성(庶民性), 형식미(形式美) 등

2. 민요의 율격과 형식

(1) **민요의 율격(律格)** : 민요는 노래로 불리기에 적당하도록 그 율격이 다듬어져 있는데, 그 종류는 다양하다.

① **1음보격** : '음해야' 같은 노래. 급격한 느낌을 준다.

② **2음보격** : 대체로 급격한 느낌. '강강술래', '땅다지기 노래' 등이 있다.

③ **3음보격** : 경쾌한 느낌. '아리랑', '한강수타령' 등이 있다.

④ **4음보격** : 장중한 느낌. 매우 폭넓게 나타난다. 이들 여러 형식 중에서 특히 4음절을 중심으로 하는 4음보격의 민요가 주류를 이루고 있다.

(2) **민요의 형식(形式)**

① **분연체(分聯體)** : 연이 나누어지는 방식의 민요이다. 특히 연 사이에 후렴이 개입하는 경우가 많다.

② **연속체(連續體)** : 연이 나누어지지 않는 형식의 민요. 짧은 것에서부터 상당히 긴 것까지 그 종류가 다양하다. 이처럼 민요의 형식과 내용은 매우 다양하다. 삶의 온갖 경험과 다양한 정서가 반영되고 있다. 노동의 고달픔과 보람, 일상생활에서 느끼는 희로애락의 정서, 남녀 간의 사랑, 윤리 의식, 종교적 축원, 동·식물 등 사물의 묘사에서 말놀음에 이르기까지 민요의 내용은 다양하다. 일제 시대에는 아리랑과 같은 저항 정신이 담긴 민요가 불리기도 했다.

3. 민요의 분류

(1) **기능에 따른 분류** : 민요는 그 기능 여하에 따라 기능요(機能謠)와 비기능요(非機能謠)로 나누어진다. 기능요란 노동 등과 같은 일정한 기능에 맞추어 부르는 민요이고, 비기능요는 단지 노래의 즐거움 때문에 부르는 민요이다. 기능요는 다시 그 기능의 종류에 따라 노동요(勞動謠), 의식요(儀式謠), 유희요(遊戲謠) 등으로 나뉜다.

① **노동요** : 일을 하면서 부르는 민요로서 '논매기 노래', '타작 노래' 등 농업에 관계되는 것, '해녀 노래'와 같이 어업에 관계되는 것 등의 여러 종류가 있다.

② **의식요** : '지신밟기요' 등의 세시(歲時) 의식에 관계된 노래, '상여 노래' 등 장례 의식에 관계된 노래들을 말한다.

③ **유희요** : 놀이에 박자를 맞추면서 부르는 민요로서, '강강술래', '줄다리기 노래', '널뛰기 노래' 등을 말한다.

주관식 레벨 UP

'민요'의 분류 중 '기능요'의 유형 3가지만 제시해 보시오.

풀이 노동요(勞動謠), 의식요(儀式謠), 유희요(遊戲謠) 등

---

(2) 가창 방식에 따른 분류 : 민요는 그 가창 방식에 따라 선후창(先後唱), 교환창(交換唱), 독창(獨唱), 제창(齋唱) 등으로 나뉜다.

① **선후창** : 한 사람이 앞소리를 선창하면 다른 사람들이 후렴을 따라 부르는 방식의 민요. '상여 노래', '강강술래' 등 많은 노래가 여기에 속한다.

② **교환창** : 노랫말을 사람들이 서로 나누어 돌아가면서 부르는 방식의 민요. '모내기 노래'에 흔히 나타난다.

③ **독창(혹은 제창)** : 한 사람(혹은 여러 사람)이 계속 이어 부르는 형태의 민요. 같은 노래가 혼자 또는 여럿에 의해 불릴 수 있다. '베틀요', '시집살이요' 등과 같이 길게 이어져 나가는 노래가 흔히 이 형식을 취한다.

(3) 창자에 따른 분류 : 민요는 창자에 따라 남요(男謠), 부요(婦謠), 동요(童謠)로 나누어진다.

① **남요** : 주로 남자들이 부르는 민요. 남자의 노동과 관계되는 '모심기 노래', '상여 노래' 등이 이에 해당한다.

② **부요** : 여성들이 주로 부르는 노래. '베틀요', '시집살이요', '길쌈요', '강강술래' 같은 것들이 이에 속한다.

③ **동요** : 어린이들이 부르는 노래. '기러기 노래', '잠자리 노래', '나물 노래'와 같은 것들이 이에 속한다.

4. 민요의 역사적 전개

(1) 고대 사회 : '구지가'와 같은 고대 가요, 그리고 '풍요', '서동요' 같은 향가가 민요의 성격을 지니고 있다. 백제 노래라고 기록된 '정읍사'도 이 시기 민요의 모습을 보여 준다.

(2) 고려 시대 : 속요(俗謠) 중 '상저가', '가시리', '청산별곡' 등의 노래가 이 시기 민요의 단면을 보여 준다. 이 시대에는 민요가 궁중에까지 전해져 궁중 악곡의 가사로 쓰이기도 하였다.

(3) 조선 시대 : 현전하는 노래들을 통해 볼 때, 다양한 형식과 가락을 바탕으로 상층의 시가 양식을 흡수하면서 독특한 유행 민요가 형성되었는데 그것을 잡가(雜歌)라고 한다. '창부 타령', '새타령', '수심가', '육자배기' 등의 노래가 있다.

(4) 일제 강점기 : 서구 문물이 유입되는 가운데도 각종 '아리랑' 등 저항적인 내용의 민요가 널리 불려졌다.

02 주요 작품의 감상

1. 시집살이 노래

> **핵심정리**
>
> ① 갈래 : 민요, 서정민요, 부요(婦謠)
> ② 형식 : 4음보 가사체, 대화체, a-a-b-a형의 민요적 표현
> ③ 성격 : 여성적, 서민적, 부요(婦謠 : 당대 여성들의 보편적 삶의 체험, 혹은 정서의 표현)
> ④ 구성 : 3단 구성(기, 서, 결)
> ⑤ 표현
> ㉠ 대화 형식
> ㉡ 일정 음보의 반복에 의한 리듬감 형성
> ㉢ 한을 해학적으로 표현. '흥보가'에서 절망적 상황을 해학적으로 표현한 것과 유사
> ㉣ 반복과 대구, 과장 등 다양한 표현법 구사
> ㉤ 갈등 대상(며느리↔시집식구)의 대비를 통한 주제의 표출
> ㉥ 발상과 표현 : 언어유희
> ⑥ 의의
> ㉠ 전형적인 부요의 하나로 시집살이의 어려움과 한이 절실하게 표현됨.
> ㉡ 다양한 언어 표현이 주제와 잘 어울린다.
> ⑦ 주제 : 시집살이의 한과 체념
> ⑧ 출전 : 충남 예산 지방 노래 채록

2. 초부가(樵夫歌)

> **핵심정리**
>
> ① 갈래 : 구전민요
> ② 성격 : 자조적, 비관적, 체념적, 신세 한탄
> ③ 율격 : 대체로 4음보
> ④ 특징
> ㉠ 열거와 대구를 사용하여 내용을 확장하고 있다.
> ㉡ 후렴구를 사용하여 리듬감을 살리고 있다.
> ㉢ 객관적 상관물과 감정이입을 사용하여 화자의 처지를 비관하고 있다.
> ㉣ 상황의 대조를 통하여 자신의 불행한 처지를 부각하고 있다.
> ⑤ 주제 : 나무꾼의 고달픈 신세 한탄

3. 아리랑타령

> **핵심정리**
>
> ① 갈래 : 신민요, 서정민요, 구비민요, 제창요
> ② 운율 : 3음보
> ③ 형식 : 분절체(총 9연), 후렴구
> ④ 성격 : 현실비판적, 풍자적, 적층적, 구비적, 직설적
> ⑤ 특징
>   ㉠ 시간적 순서에 따른 추보식 구성으로 시상을 전개하고 있다.
>   ㉡ 후렴구의 반복으로 운율을 살리고 있다.
>   ㉢ 대구법, 대유법 등의 표현기법을 통해 현실을 비판하고 있다.
>   ㉣ 구비문학으로서의 적층성이 잘 반영되어 있다.
> ⑥ 제재 : 민족의 현실(민씨의 세도정치 및 일본의 수탈)
> ⑦ 주제 : 위기에 처한 민족의 수난과 개화기 민족 현실에 대한 비판

> **주관식 레벨 UP**
>
> 일제 시대 민씨의 세도정치 및 일본의 수탈을 제재로 '위기에 처한 민족의 수난과 개화기 민족 현실에 대한 비판'의 주제의식을 나타낸 민요의 제목을 쓰시오.
>
> **풀이** 아리랑타령

제3절　무가의 특징과 주요 서사무가

01　무가(巫歌) 종요 ★★

(1) 무가의 개념

무가는 무속의식에서 **무당이 부르는 노래**를 말한다. 무당은 인간세상의 여러 가지 우환과 병고를 신의 힘을 빌려 해결하려는 사람으로서 신과 인간 사이의 중재능력을 사회로부터 인정받은 존재이다. 무가는 무당이 부르는 노래이지만, 무당은 인간의 마음을 신에게 전하기도 하고 신의 의지를 인간에게 전하기도 하기 때문에 누가 하는 말이냐에 따라 신의 언어와 인간의 언어로 나누어진다. 신의 언어는 무당에게 신이 강림해서 말로 하는 '공수'를 말하고, 인간의 언어는 무가의 대부분인 '축원'을 말한다.

(2) 무가의 문학적 특징

① **주술성** : 치병(治病), 점복(占卜), 예언 등을 할 때 이용된다.
② **신성성** : 신을 대상으로 구연(口演)한다.
③ **제한성** : 무당에 의해서만 전승된다.
④ **오락성** : 무가의 구연은 참관하는 사람들에게 흥미로운 구경거리가 된다.
⑤ **율문성** : 전승에 편리하도록 대체로 4음보격의 율문으로 되어 있다.

(3) 무가의 종류

① **서정무가**

서정무가는 신이나 인간의 주관적 정감을 표현한 무가로서 주로 신과 인간이 서로 어울려 놀면서 부르는 분연체 노래들이 여기에 속한다. '**노랫가락**' '**대감타령**' '**창부타령**' 등이 그것이다. 「노랫가락」은 서울 지역에서 행하는 가망, 제석, 산마누라, 군웅, 별상 등의 굿거리에서 부른다. 흔히 신이 하강해 인간의 청원을 들어주기로 약속을 정하고 그 약속을 굳게 다지기 위해서 신과 인간이 어울려서 춤을 추고 노래를 하며 즐겁게 노는 순서가 있는데 여기에서 부르는 것이 「노랫가락」이다. 「대감타령」은 「널리리야」라고도 하는데 대감굿거리에서 부르는 노래다. 대감신을 청배해 노는 놀이를 '대감놀이'라도 하는데 대감놀이 전체는 굿놀이로서 여기에서 구연되는 무가는 희곡적 성격을 가진다. 「창부타령」은 서울, 경기 등 중부 지역에서 광대의 신을 모시고 노는 굿거리에서 부르는 노래이다.

② **교술무가**

교술무가는 무의를 진행하는 일정한 기능을 가지고 있다. 교술무가의 언어를 지시기능을 중심으로 다시 나누면 무당이 신에게 하는 언어인 청배, 축원과 신이 인간에게 전하는 말인 공수로 나누어진다. 청배는 신을 굿하는 장소로 내림(來臨)하도록 하는 기능을 가진 무가로 신의 내림을 청하는 방식은 세 가지가 있다. 신의 이름을 부르는 방법, 신이 오고 있는 모습을 묘사하는 방법, 그리고 신의 근본을 풀어내는 방법이다. 공수는 무녀의 몸속으로 내림한 신이 무녀의 입을 통해 의사를 전달하는 말이다. 축원은 굿을 행하는 상황에 따라 그 내용이 달라지기는 하나 대체적으로 통일된 격식이 존재한다. 서두에는 우주의 시원에서부터 인간세상의 역사가 개략적으로 서술되고, 무의를 하는 사람인 기주(祈主)의 생년과 성씨 및 무의를 행하는 시일과 장소 그리고 무의를 하는 이유가 진술된다.

③ **서사무가**

서사무가는 '본풀이'라고도 하는데 무속 신의 내력을 이야기하고 있다는 점에서 무속신화이고, 악기 반주에 맞추어서 많은 사람에게 재미있는 이야기를 노래로 들려준다는 점에서는 구비서사시라고 할 수 있다. 굿에서 서사무가를 구연하는 형태는 구송창(口誦唱)과 연희창(演戱唱)의 두 가지로 나누어진다. 구송창은 악기 반주를 해 주는 조무(助巫)의 협조가 없이 주무(主巫) 혼자서 북이나 징을 치며 앉아서 단조로운 가락으로 구송하는 형태로서 말과 창의 구분이 없다. 연희창은 조무의 악기 반주에 맞추어 주무는 서서 부채를 들고 무가 내용을 묘사하는 형용을 몸짓으로 표현해 가면서 말과 노래를 번갈아 가며 구연하는 형태를 말한다. 전국적으로 전승되는 서사무가로 「바리공주」나 「제석본풀이」등을 들 수 있는데 「바리공주」는 「바리데기」, 「칠공주」, 「오구풀이」등의 다른 명칭도 있다. 「바리공주」가 구연되는 제전은 죽은 사람의 혼령을 저승으로 천도하기 위해 베풀어지는 사령제(死靈祭) 무의이다. 「제석본풀이」는 「성인노리푸념」(강계), 「삼태자놀이」(평양), 「셍굿」(함흥), 「당금애기」(양평), 「시준풀이」(강릉), 「제석풀이」(청주), 「초공본풀이」(제주) 등 다양한 무가의 명칭이 있다.

다음은 어떤 유형의 무가에 대한 설명인가?

'본풀이'라고도 하며 무속 신의 내력을 이야기하고 있다는 점에서 무속신화이고, 악기 반주에 맞추어서 많은 사람에게 재미있는 이야기를 노래로 들려준다는 점에서는 구비서사시라고 할 수 있다.

풀이 서사무가

④ **희곡무가**

'무극' 또는 '굿놀이'를 채록한 무가를 희곡무가라고 하는데 주요자료는 경기, 서울 지역에 「소놀이굿」, 「장님놀이」, 「사자놀이」, 「어둥이놀이」, 동해안 지역에 「도리강관원놀이」, 「거리굿」, 「중잡이놀이」, 「범굿」, 황해도 지역에 「사또놀이」, 「사냥굿」, 「도산말명」, 제주도에 「세경놀이」, 「영감놀이」, 「전상놀이」 등이 있다. 희곡무가에서는 장면의 전환이 주무의 설명에 따라 관념적으로 이루어지며 작중의 시간과 공간의 변화 역시 관념적으로 처리된다.

02 주요 서사무가(敍事巫歌)

1. 바리데기 중요 ★★

불라국에 오귀 대왕과 길대 부인이 살고 있었다. 부부는 딸만 여섯을 낳았다. 그러던 차에 신령님께 치성(致誠)을 드려 아이를 잉태하지만, 낳고 보니 또 딸이었다. 대왕은 실망하여 아이를 내다 버리라고 명한다. 길대 부인이 그 이름을 '바리데기'라고 짓고 산에 갖다 버리니, 학이 나타나 채 간다.

세월이 흐른 뒤, 오귀 대왕은 큰 병에 걸렸는데 백약이 무효였다. 병을 고치려면 서천 서역국에 가서 약수(藥水)를 구해 와야 한다는데, 자식들 모두가 가기를 싫어했고, 모두 갈 사람이 없었다. 그때 부인이 꿈에 계시를 받고 산으로 가서 바리데기를 찾는다. 신령의 도움으로 무사히 지내고 있던 바리데기는 부모와 만나자마자 자청(自請)해서 약수(藥水)를 구하러 길을 떠난다.

바리데기가 우여곡절(迂餘曲折)을 다 겪으며 서천 서역국에 당도하니, 약수를 지키는 동수자가 자기와 결혼해야 약수를 준다고 하였다. 바리데기는 그와 결혼하여 아이 셋을 낳은 다음 비로소 약수와 신비한 꽃을 얻어 불라국으로 돌아온다. 그러나 아버지인 오귀 대왕은 이미 죽어 장례식을 치르고 있었다. 깜짝 놀란 바리데기가 죽은 아버지의 입에 약수를 흘려 넣자 죽었던 대왕이 살아난다. 바리데기는 그 공적으로 죽은 사람을 저승으로 인도하는 오구신이 된다.

핵심정리

① 작자 : 미상
② 연대 : 미상
③ 배경 : 환상적 세계(구체적인 배경은 없다)
④ 성격 : 신화적, 서사적, 무속적, 교훈적

⑤ 갈래 : 서사무가(敍事巫歌), 무속 서사시
⑥ 율격 : 4・4조가 기본 바탕
⑦ 형식 : 구연(口演)을 위한 운문체
⑧ 구조 : 영웅의 설화적 구조(발단-전개-위기-절정-결말)의 5단 구성으로 구조화할 수 있다. 그리고 이 구성은 영웅 설화의 '탄생-버려짐-고난-목적 달성-신이 됨'의 구조와도 일치한다.
⑨ 모티브 : 부모의 병을 낫게 할 약을 구하기 위해 시련을 겪고 모험을 하는 이야기는 설화나 소설 등에서 자주 사용되는 모티브이다. 이 이야기에는 기아(棄兒), 재생(再生), 효행(孝行) 설화가 혼합되어 있다. 또한 출생에서부터 버림을 받고 시련을 겪는다는 것은 동양에서의 영웅의 일생과도 통한다. 한편 이 이야기는 집안의 위기를 극복함으로써 후에 세상의 구원자가 된 인물의 성취담으로 해석되기도 한다.
⑩ 제재 : 바리공주의 일생
⑪ 주제
    ㉠ 바리데기의 고난과 성취의 일생을 통해 본 무속신의 내력
    ㉡ 죽은 자를 살려내려고 하는 인간의 소망. 孝(효)
⑫ 채집지 : 동해안
⑬ 출전 : 경북 영일 지방 무가/ 김복순 구술, 최정여・서대석 채록

주관식 레벨 UP

서사무가 '바리데기'에 나타난 영웅 설화의 기본구조를 쓰시오.

풀이 탄생-버려짐-고난-목적 달성-신이 됨

---

2. 제석본풀이(帝釋本풀이)

옛날 어느 훌륭한 집안에 고귀한 부부가 있었는데, 아들만 아홉이 있었다. 딸을 갖기를 원한 이들 부부는 결국 딸아이 하나를 낳았다. 그 딸아이의 이름은 당금애기였는데, 미모와 재질이 뛰어났다. 아이가 처녀가 되었을 때, 어느 날 이 집 가족들은 불가피한 일이 있어 당금애기만 집에 놔두고 집을 비우게 되었다. 집에 혼자 남은 당금애기는 그녀의 인물이 뛰어나다는 소문을 듣고 찾아온 스님의 방문을 받게 된다. 중은 당금애기에게 시주를 청하고, 하룻밤 묵게 해 달라고 청한다. 당금애기는, 그 날 밤 붉은 구슬 세 개가 자신의 치마폭에 떨어져 안기는 꿈을 꾼다. 스님은 이 꿈을 아들 삼형제를 낳을 꿈이라고 한다. 이를 계기로 당금애기는 잉태하게 되었고, 당금애기는 집에서 쫓겨나 뒷산의 바위 굴 속에 갇힌다. 당금애기는 그 곳에서 학(鶴)의 도움으로 아들 세 쌍둥이를 낳아 잘 길렀다.
아이들이 커 아버지를 찾자 당금애기는 예전에 스님이 준 박씨를 심어 그것의 줄을 따라 금강산으로 찾아가, 그 곳에서 스님을 만나게 된다. 그 곳에서 당금애기는 삼신이 되고 아이들은 제석신이 되었다.

핵심정리

① 갈래 : 서사무가, 구비서사시, 본풀이
② 성격 : 서사적, 무속적, 신화적, 주술적
③ 형식 : 구연(口演)을 위한 운문체
④ 특징
  ㉠ 천부지모형(天父地母型). 여성의 수난이 드러나 있다.
  ㉡ 무녀의 구연과 악사의 반주로 진행된다.
  ㉢ 말과 창(唱)으로 이루어졌다.
  ㉣ 신성성과 오락성을 동시에 지닌다.
⑤ 구성
  ㉠ 발단 : 집에 혼자 남겨진 당금애기에게 스님이 찾아옴.
  ㉡ 전개 : 당금애기는 잉태하고 스님은 박씨 하나를 주고 사라짐.
  ㉢ 위기 : 오빠들이 당금애기를 죽이려 하다가 어머니의 반대로 당금애기를 바위굴에 가둠.
  ㉣ 절정 : 바위굴에서 세 아들을 낳음.
  ㉤ 결말 : 당금애기와 세 아들이 스님을 찾아가고 신직을 받음.
⑥ 제재 : 당금애기의 일생
⑦ 주제 : 삼신할미의 내력, 당금애기의 수난과 극복

주관식 레벨 UP

다음의 구성 단계로 이루어진 서사무가의 제목을 쓰시오.

① 발단 : 집에 혼자 남겨진 당금애기에게 스님이 찾아옴.
② 전개 : 당금애기는 잉태하고 스님은 박씨 하나를 주고 사라짐.
③ 위기 : 오빠들이 당금애기를 죽이려 하다가 어머니의 반대로 당금애기를 바위굴에 가둠.
④ 절정 : 바위굴에서 세 아들을 낳음.
⑤ 결말 : 당금애기와 세 아들이 스님을 찾아가고 신직을 받음.

풀이 제석본풀이

제4절 판소리의 특징과 구성요소 **중요** ★★★

1. 개관

(1) 개념

① 전문 예술가인 광대가 부르는 구비서사시. '판'은 일정한 원리에 따라 소리를 구성하는 것을 의미한다.

② 전라도 지방의 서사무가(敍事巫歌)에서 파생된 것으로 대개 18세기 초엽, 즉 숙종 말에서 영조 초로 보고 있다. 1754년 영조 30년에 쓰인 유진한의 「만화본 춘향전(晚華本 春香傳)」이 판소리에 관한 최초의 자료이다.

(2) 특징

① **형태** : 문학과 음악이 결합된 **종합예술**이다. → 전문 예술가인 광대가 창(운문체)과 아니리(산문체)를 번갈아 가면서 부른다.

② **계층** : 서민의식을 반영하고 민속적이며 풍자적·해학적인 **민중예술**이다. → 판소리는 원래는 평민들이 향유했으나 후대에는 양반과 서민이 함께 향유한 **국민문학**으로 성장했다.

③ **주제** : 양반도 향유하는 과정에서 봉건 윤리가 강조되어 표면적 주제는 유교이념이다. 그러나 내면에는 현실 및 양반 풍자의 내용도 스며있다. → **주제의 양면성**

④ **내용** : 극적 요소가 많다. 그러나 서사적 요소가 강하고, 서사문학의 발달과정에서 발생했기 때문에 서사 양식으로 분류된다. 즉, **구비서사시**이다.

⑤ **문체** : 노래이기 때문에 주로 운문체이지만 산문체로 결합되었다.

⑥ **언어** : 양반들의 언어와 평민들의 언어가 함께 섞여 **언어사용의 계층적 양면성**을 보인다.

⑦ **연희자** : 전문적인 소리꾼(광대)

⑧ **표현** : 일상적인 구어체로 반복·과장·욕설·한시 및 고사의 인용이 많다.

⑨ **구성** : 장면 중심(부분의 독자성)으로 이루어져 있으며, **적층문학**이므로 앞뒤가 맞지 않는 모순을 보인다.

⑩ **형식** : 한 음보의 음절수의 변화가 심하지만, 대체로 4음보격의 운문에 속한다.

2. 전개 과정

(1) 형성기 : 17세기 말 ~ 18세기 초(숙종 말 ~ 영조 초)

① 최선달, 하한담에 의해 판소리 12마당이 불렸다.

② **판소리 12마당**

춘향가, 심청가, 흥부가(일명 박흥보가, 박타령), 수궁가(일명 토끼타령), 적벽가(일명 화용도타령), 변강쇠타령(일명 가루지기타령), 배비장타령, 장끼타령, 옹고집타령, 강릉 매화타령, 무숙이타령, 숙영낭자타령

③ 송만재의 '관우희'에서는 '무숙이 → 왈짜, 숙영낭자 → 가짜신선'으로 바뀌었다.

(2) 성행기 : 19세기 중반

　① 신재효가 12마당을 6마당으로 개작·정리하였다.

　② 판소리 6마당

　　춘향가, 적벽가, 심청가, 흥부가(박타령), 수궁가(토별가), 변강쇠타령(가루지기타령)

> **주관식 레벨 UP**
>
> 신재효가 개작·정리한 판소리 6마당의 명칭을 쓰시오.
>
> 　　　　　　　[풀이] 춘향가, 적벽가, 심청가, 흥부가(박타령), 수궁가(토별가), 변강쇠타령(가루지기타령)

(3) 쇠퇴기 : 20세기 초(신문학기)

　① 변강쇠타령을 제외한 5마당만 오늘날 전해진다.

　② 쇠퇴의 직접적인 원인은 '신파극'의 융성 때문이다.

3. 판소리의 구성

(1) 판소리의 3요소

　① **광대** : '창'과 '아니리(이야기 사설)'로 번갈아 판을 짜고, '너름새(발림)'라고 하는 동작이나 몸짓을 한다.

　② **고수** : 북치는 사람. 장단을 맞추고 관객과 함께 흥을 돋우기 위해 '추임새'를 한다.

　③ **관객** : 판소리 공연을 구경하는 사람을 말한다.

(2) 판소리의 구성요소

　① **창(唱)** : 판소리나 잡가 등을 가락에 맞추어 **노래를 부르는 것**

　② **아니리(사설)** : 창이 아닌 말로, 창 도중에 **이야기하는 말**을 이른다.

　③ **발림(너름새)** : 광대가 하는 **보조동작**이다. 즉, 자기가 부르고 있는 사설이 나타내는 장면을 동작으로 묘사함으로써 관중의 이해를 돕는 구실을 한다.

　④ **추임새** : 추임새에는 고수의 추임새와 관중의 추임새가 있다. 광대는 추임새를 할 수 없다.

> **주관식 레벨 UP**
>
> 1. 판소리의 3요소와 구성의 3요소를 구별하여 쓰시오.
>
> 　　　　　　　[풀이] 3요소 : 광대, 고수, 관객 / 구성의 3요소 : 창, 아니리, 발림
>
> 2. 고수가 장단을 맞추고 관객과 함께 흥을 돋우기 위해 발하는 탄성을 판소리 용어로 무엇이라 하는가?
>
> 　　　　　　　[풀이] 추임새

(3) 판소리 용어

① **1고수 2명창(광대)** : 고수의 중요성을 지칭

② **더질더질** : 판소리 끝부분에 오는 용어

③ **더늠** : 창자마다 갖고 있는 독특한 창법과 사설, 창자의 장기

④ **웅얼조** : 창자의 방백

⑤ **서편제** : 남도 무악권의 판소리

⑥ **시나위** : 남도 무악

⑦ **허두가** : 신재효 작, 본 창을 하기 전 목청 조절용 노래

(4) 판소리 장단

① **진양조** : 가장 느린 곡조. 애연조(哀然調)로 슬프고 무거운 느낌을 준다.

② **중모리** : 중간 빠르기의 곡조로 안정감을 준다.

③ **중중모리** : 중모리보다 약간 빠른 곡조로 흥취를 돋우며, 우아하다.

④ **자진모리** : 빠른 곡조로 섬세하면서 명랑하고 차분한 느낌을 준다.

⑤ **휘모리** : 가장 빠른 곡조로 급박감을 준다.

⑥ **엇모리** : 평조음(平調音)으로 평화스럽고 경쾌하며 이질적인 장단이다.

주관식 레벨 UP

1. 다음 제시된 판소리 장단을 가장 느린 가락부터 가장 빠른 가락의 순서대로 기호를 나열해 보시오.

> ㉠ 자진모리, ㉡ 휘모리, ㉢ 중중모리, ㉣ 진양조, ㉤ 중모리

[풀이] ㉣ → ㉤ → ㉢ → ㉠ → ㉡

2. 현전 판소리 5마당 중 형성과정이 이질적인 작품의 제목을 쓰고, 그 이유를 두 가지만 제시해 보시오.

[풀이] 적벽가. 나머지 네 마당은 우리나라의 작품인데 반하여 '적벽가'는 중국작품이고, 네 마당은 구비 전승되다가 서설이 소설로 정착하는 반면에 '적벽가'는 나관중의 '삼국지연의'라는 소설이 먼저 창작되었고, 나중에 판소리로 극화되었다.

제5절 민속극(民俗劇)의 특징과 작품 세계 중요 ★★★

1. 개관

(1) 개념

가장(假裝)한 배우가 대화와 몸짓으로 사건을 말하는 전승 형태를 말하는 것으로, **전통극**이라고도 한다.

(2) 특징

① 민속극은 농민이나 사당 등의 서민들에 의해 주도되었으며, 나아가서 서민들을 관중으로 삼았기 때문에 서민들의 언어와 삶의 모습이 생생히 드러나 있다.

② **구전에 의해 전승·세습**되고, **평민 계층이 향유**하며, 서민 정신, **풍자와 해학의 정신**을 나타낸다.

> 참고 민속극의 특성 : ㉠ 민중성(민중 의식 투영), ㉡ 풍자성(현실 비판), ㉢ 골계성(해학적 행동과 대사), ㉣ 축제성(인물과 관객의 어울림)

2. 유형

(1) 가면극

① **특성**

㉠ 가면극에는 **무대장치가 없기** 때문에 극중 시간과 공간을 자유롭게 선택·변화시킬 수 있으며, 두 개의 사건을 한 무대에서 보여 줄 수 있다.

㉡ **관중이나 악사**는 방관적인 제3자가 아니라, **극에 개입함**으로써 극적 환상이 차단되고 현실적 비판이 선명해진다.

㉢ 대사는 말과 노래가 섞여 있고, 무언극(無言劇)처럼 몸짓과 춤이 의미전달의 주요 수단이 되는 부분도 있다.

㉣ 언어는 일상적 구어를 기조로 하고, 때때로 관용적인 한문구를 빌려 쓰며, 신랄한 비어(卑語)와 재담(才談)을 거리낌 없이 구사한다.

㉤ 봉건적 질서에서 벗어나려는 하층민의 욕구가 담겨 있다.

② **종류**

㉠ 농촌 탈춤 : 강릉 관노 가면극, 북청 사자놀이, 하회별신굿 탈놀이

㉡ 도시 탈춤

㉮ 산대놀이 : 서울 및 서울 근처의 가면극→송파 산대놀이, 양주 별산대

㉯ 탈춤 : 해서(황해도) 일대의 가면극→강령 탈춤, **봉산 탈춤**, 은율 탈춤

㉰ 오광대(五廣大) : 경남 지방→고성, 진주, 통영의 오광대

㉱ 들놀음[야유(野遊)] : 부산 근처에 분포된 가면극→동래, 수영 야유

③ **내용** : 양반 계층에 대한 풍자, 승려의 파계에 대한 조소, 처첩 간의 갈등, 서민들의 빈궁상 등 평민들의 저항 의식을 담아 **골계미**가 넘친다.

전통 가면극은 전승 지역에 따라 명칭을 달리 부르기도 한다. 기호에 맞는 명칭을 쓰시오.

- 서울 및 서울 근처의 가면극 – (㉠)
- 경남 지방의 가면극 – (㉡)
- 해서(황해도) 일대의 가면극 – (㉢)
- 부산 근처에 분포된 가면극 – (㉣)

풀이 ㉠: 산대놀이, ㉡: 오광대, ㉢: 탈춤, ㉣: 들놀음[야유(野遊)]

(2) 인형극

① 남사당패에 의해 공연된 전통극으로 '꼭두각시 놀음, 박첨지 놀음, 홍동지 놀음, 덜미'라고도 한다.
② 내용상 조선 후기 기존의 도덕이나 권위를 공격하고 비판하였다.

(3) 무극(巫劇)

① 무당굿놀이로서 대개 무의(巫儀)의 일부로서 행해진다.
② **주요 특성**: 제의성 + 연극성
㉑ 동해안 별신굿의 '거리굿'과 '탈굿', 제주도의 무의 중 '세경놀이', '영감놀이' 등

(4) 그림자극

① 인형에 빛을 쏘여 생긴 그림자를 막에 비추어서 공연하는 연극
② 주로 **사찰**에서 **불교의 포교**를 목적으로 행함.
③ 신문학 초기에 소멸되어 현전하지는 않음.

3. 주요 작품 감상

(1) 봉산탈춤 중요 ★★★

핵심정리

① 작자: 미상
② 연대: 미상(조선 후기로 추정)
③ 갈래: 가면극, 민속극, 구비 희곡 탈춤(대본), 전통극
④ 성격: 평민적, 해학적, **풍자적**, 탈중세적, 근대 지향적
⑤ 문체: 대화체, 구어체
⑥ 전승지역: 황해도 봉산
⑦ 배경
　㉠ 시간적: 조선 후기로 중세에서 근대로의 이행기

    ⓒ 사회적 : 봉건질서가 해체될 무렵으로 신분 질서 와해기

    ⓒ 공간적 : 황해도 봉산 지방

⑧ **공연 주체** : 상인들과 이속 또는 중인 계급

⑨ **표현**

    ㉠ 서민적인 비속어와 양반투의 한자어나 한시구를 동시에 구사하여 **언어의 양면성**이 나타난다.

    ㉡ 대담성, 솔직성 등이 나타나 있고, 말의 성찬으로 인한 자유분방한 열거가 나타나 있다.

    ⓒ 대구, 인용, 반어, 언어유희, 익살, 과장 등이 풍부해 고도의 **풍자성**을 드러내고 있다.

⑩ **구성** : 7개의 독립된 과장(마당)이 옴니버스식 구성

⑪ **주제** : 신분적 특권 계급인 양반에 대한 조롱과 풍자

⑫ **의의** : 짙은 해학과 풍자를 통하여 근대적 시민 의식을 표현한 대표적인 민속극으로, 중요 무형 문화재 17호로 지정됨.

주관식 레벨 UP

서양 연극과 봉산탈춤의 구성방식의 특성을 서술하시오.

풀이 서양 연극의 구성단위는 '막'과 '장'으로 각 구성단위가 유기적 구성으로 독립적 상연을 할 수 없는 반면에, 봉산탈춤은 구성단위인 각 마당이 옴니버스 구성방식이어서 독립된 상연이 가능하다.

---

(2) 꼭두각시 놀음 : 제5막 표생원(表生員) 거리

핵심정리

① **갈래** : 인형극 대본

② **성격** : 희극적, 풍자적

③ **특징**

    ㉠ 꼭두각시와 영감의 재회와 갈등이 나타나 있다.

    ㉡ 막과 막 사이의 줄거리에 연관성이 없다.

    ⓒ 무대 밖의 악사나 관중이 등장인물과 대화한다.

    ㉣ 사투리, 비속어, 언어유희 등 해학적인 표현이 나타나 있다.

    ㉤ 정형화된 무대 장치가 없다.

    ㉥ 독립적인 과장들이 옴니버스식 구성을 취하고 있다.

    ㉦ 당대의 부조리와 모순을 풍자하고 있다.

④ **구성** : 2마당 8거리(막)

    ㉠ 박첨지 마당

        ㉮ 제1막-곡예장 거리 : 박첨지가 유랑하다가 남사당패 놀이판에 끼어든 이야기를 하며 자기소개를 함.

        ㉯ 제2막-뒷절 거리 : 소무당과 춤을 추며 파계 행위를 하는 상좌승

        ㉰ 제3막-최영로의 집 거리 : 홍동지가 이시미로부터 박첨지를 구출함.

        ㉱ 제4막-동방 노인 거리 : 눈을 감고 등장한 동방 노인의 세상 풍자

        ㉲ 제5막-표생원 거리 : 표 생원의 처(꼭두각시)와 첩(돌모루집)의 다툼.

       ⓒ 평안감사 마당
          ㉮ 제6막-꿩 사냥 거리 : 새로 부임한 평안감사의 꿩 사냥
          ㉯ 제7막-평안감사 상여 거리 : 홍동지가 평안감사 모친의 상여를 맴.
          ㉰ 제8막-건사 거리 : 절을 짓고 다시 허물어 버림.
     ⑤ 주제 : 일부다처제와 가부장제에 대한 풍자

제6절   속담의 특징과 유형 중요 ★

1. 속담의 개념

한 민족이 오랜 생활 경험을 통해 얻은 지혜를 간명한 표현으로 나타낸 것으로 넓은 의미에서 관용적 표현에
속한다.

2. 속담의 기능

(1) **설득성** : 속담은 전통적으로 진리로서의 권위를 지니고 있으므로 천만 마디의 긴 설명보다도 훨씬 효과
    적으로 상대방을 설득하는 무기가 된다.

(2) **교훈성** : 속담은 사리(事理)를 밝혀 주는 짧은 구절이므로 어른들이 젊은이에게 주는 중요한 교훈이
    된다.

(3) **생동성** : 속담은 일상적 언어생활의 순간순간에 매우 효과적으로 사용되어 메마른 언어생활을 다채롭
    고 생동감 있게 만들 수 있다.

3. 속담의 의미 구조

(1) **의미의 상대성** : 앞서 나오는 명사의 의미 속성과 뒤에 나오는 명사의 의미 속성이 대립하는 구조

(2) **의미의 점층성** : 앞서 나오는 명사의 의미 속성이 뒤에 가서 더욱 심화되는 구조

4. 속담의 요건

① 민중 속에서 생산된 관용적 표현이어야 한다.
② 보편적인 의미를 강조하기 위하여 쓰여야 한다.
③ 일정한 기능을 갖는 세련된 말이어야 한다.

5. 속담의 특징

① 은유나 직유 같은 **비유의 형식**으로 표현한다.
② 민중의 지혜, 길거리의 철학이 담겨 있다.
③ 인간의 본성이나 심리 등을 날카롭게 제시한다.
④ 선인들의 감정, 사고, 기질 등이 반영되어 있다.
⑤ **표면적 의미와 이면적 의미가 서로 다르지만** 속담을 구성하고 있는 단어의 의미를 통해 전체적인 의미를 추정해 낼 수 있도록 되어 있다.
⑥ 속담은 우회적인 표현에 효과적이며 시대에 맞게 적절하게 변용되어 사용될 수 있다.
⑦ 상반되는 의미를 지닌 속담들도 많이 있는데, 그것들은 삶의 다양한 국면을 함께 조명한다는 의미에서 서로 상호 보완적인 관계에 있다.

6. 속담의 유형

(1) 형태별

① **주제만 있는 경우** : 단어형
   → 동네북, 두루춘향, 개팔자, 사면초가, 억지춘향이 등
② **주제와 보조 부분이 함께 있는 경우** : 문장형
   → 꿀 먹은 벙어리, 단솥에 물 붓기, 고생 끝에 낙이 있다, 달도 차면 기운다 등
③ **나열형** : 중문의 문장
   → 귀에 걸면 귀걸이 코에 걸면 코걸이, 아산이 깨어지나 평택이 무너지나 등
④ **나열형** : 주제와 보조 부분이 있는 것(이어진 문장)
   → 열 길 물속은 알아도 한 치 사람 속은 알지 못한다.

(2) 주제별

① **한자성어와 관련**
   ㉠ 십벌지목(十伐之木) : 열 번 찍어 아니 넘어가는 나무 없다.
   ㉡ 망양보뢰(亡羊補牢) : 소 잃고 외양간 고친다.
   ㉢ 당구풍월(堂拘風月) : 서당개 삼년에 풍월을 읊는다.

② **여자와 관련**

　　㉠ 암탉이 울면 집안이 망한다.

　　㉡ 여자가 너무 알면 팔자가 세다.

　　㉢ 여편네 셋이 모이면 접시 구멍 뚫는다.

③ **성적인 표현과 관련**

　　㉠ 문둥이 자지 떼어 먹듯

　　㉡ 억새에 자지 베었다.

　　㉢ 십년 과수로 앉았다가 고자 대감을 만났다.

④ **과학적 근거와 관련**

　　㉠ 봄볕에 며느리를 내보내고 가을볕에 딸 내보낸다.

　　㉡ 제비집 떨어지면 화재 위험

(3) 기능별

① **교훈형** : 교훈과 경계를 목적으로 하는 격언이나 금언과 유사

　　㉠ 달도 차면 기운다.

　　㉡ 기는 놈 위에 나는 놈 있다.

　　㉢ 바늘 도둑이 소 도둑 된다.

② **풍자형** : 어떤 행위나 행위자에 대한 비판과 조롱

　　㉠ 횃대 밑에서 호랑이 잡는다.

　　㉡ 노처녀보고 시집가라 한다.

③ **표현형** : 외모나 소리 등을 있는 그대로 절실하게 표현

　　㉠ 저녁 굶은 시어미상

　　㉡ 게 눈 감추듯

　　㉢ 대보름날 개 같다.

주관식 레벨 UP

'봄볕에 며느리를 내보내고 가을볕에 딸 내보낸다.'는 속담의 의미를 풀이해 보시오.

풀이 선선한 가을볕에는 딸을 쪼이고 살갗이 잘 타고 거칠어지는 봄볕에는 며느리를 쪼인다는 뜻으로, 시어머니는 며느리보다 제 딸을 더 아낌을 비유적으로 이르는 말

제7절   수수께끼의 특징과 유형

1. 개념

구비문학의 한 장르로 수수께끼는 어떤 사물에 대하여 바로 말하지 않고 빗대어서 말하여 그 사물의 뜻이나 이름을 맞히는 전통놀이이다.

2. 특징

① 구연(口演)에 있어 화자(話者)와 청자(聽者) 쌍방이 참여한다는 점
② 묘사가 극히 단순하다는 점
③ 은유적인 표현이라는 점
④ 고의적인 오도성(誤導性)을 띠고 있다는 점

3. 요건

① 질문과 답변으로 구성된다.
② 겨루기의 형태를 띤다.
③ 오답을 유도할 장치가 있다.

4. 기능

① 말장난을 통한 오락성을 강조한다.
② 은유적 표현을 통한 문학성을 강화한다.
③ 지혜 겨루기를 통한 교육적 효과를 강조한다.

5. 유형

(1) 시늉에 관한 수수께끼 : 대상의 외형이나 성질, 동작을 묘사하는 수수께끼

① 날개 없이 날아가는 것은? [연기]
② 먹어도 먹어도 배부르지 않는 것은? [나이]
③ 엉덩이에 뿔 난 것은? [솥뚜껑]

(2) 소리에 관한 수수께끼 : 동음이의어를 이용한 수수께끼

① 못 사오게 했더니 사온 것은? [못]

② 감은 감인데 못 먹는 감은? [영감]

③ 가위는 가위인데 자를 수 없는 가위는? [팔월 한가위]

(3) 문자에 관한 수수께끼 : 한자 문화권에서 발전한 파자(破字) 수수께끼

① 나무 둘이 씨름하는 것은? [林]

② 계집이 갓 쓴 글자는? [安]

③ 나무가 옥에 갇혀 있는 자는? [困]

(4) 지혜에 관한 수수께끼 : 다른 수수께끼가 비교적 은유적인데 비해, 이것은 비은유적인 수수께끼로 '무엇'에 관한 것이 아니라 '왜', '어떻게', '누구'와 관련된 것이다. 따라서 해답자에게 특별한 지혜와 지식과 논리가 요구되기도 하며, 답항은 엉뚱하거나 엉터리없는 경우도 많다.

① 꼽추는 어떻게 자나? [눈감고 잔다]

② 나폴레옹은 알프스를 넘으면서 왜 빨간 허리띠를 했나?

[바지가 흘러내리지 않도록 하려고]

③ 두 아이가 가는데 웬 노인이 아이들의 나이를 물으니까 한 아이의 대답이 '내가 저 애에게 한 살 주면 갑절이 되고, 저 애가 나에게 한 살 주면 동갑'이라 한다. 각각 아이들의 나이는? [5세와 7세]

01 다음 조선시대 후기의 문학에 대한 설명 중 잘못된 것은?

① '봉산탈춤'과 같은 민속극이 성행하였다.

② '한중록', '인현왕후전' 등의 궁정 수필이 창작되었다.

③ 실사구시의 사상을 배경으로 구체적 현실을 대상으로 한 작품들이 양산되었다.

④ 강호가도(江湖歌道) 계열의 작품이 유행하고 개인 시조집의 편찬이 시작되었다.

02 다음 중 고전시가의 하나인 '정읍사'에 대한 설명으로 옳지 않은 것은?

① 백제시대에 창작된 것으로 알려졌다.

② 행상나간 남편의 무사 귀환을 빌고 있다.

③ 한글로 기록된 가장 오래된 가요다.

④ 주술성을 지녀 집단적으로 불려졌다.

03 다음 중 향가에 대한 설명으로 잘못된 것은?

① 현전하는 향가 중 '혜성가(彗星歌)'는 최초의 작품으로 8구체 형식을 취하고 있다.

② 충담사는 10구체 향가인 '안민가(安民歌)'와 '찬기파랑가(讚耆婆郞歌)'를 남겼다.

③ 각간 위홍과 대구 화상이 역대의 향가를 모은 『삼대목(三代目)』이 있었다는 것은 『삼국사기』의 기록을 통해 알 수 있다.

④ '균여전(均如傳)'에서는 향가가 '삼구육명(三句六名)' 형식으로 짜여 있다고 한다.

---

01 사대부 계층의 자연친화적인 강호가도(江湖歌道) 계열의 작품이 유행한 것은 조선 전기다. 다만, 이 시풍의 완성으로 평가받는 시기는 후기 윤선도 때이다. 조선 후기의 시조는 실학의 도입으로 인한 현실적 사고의 대두, 산문화의 경향, 사설시조의 융성, 전문가객의 등장과 가단의 형성, 시조집의 편찬 등이 특징으로 나타난다.

02 '정읍사(井邑詞)'는 행상하는 서민 아낙네의 기원과 염려를 통해 소박한 기다림의 정서를 잘 표현한 서정가요이다. 주술성과는 아무 관련이 없다.

03 '혜성가'는 현전 최초의 10구체 향가이다. 또한 현전 최초의 향가는 4구체 '서동요'이다.

정답 (01 ④ 02 ④ 03 ①)

04 후렴구에 'ㄹ'과 'ㅇ'음을 반복적으로 사용하는 것은 음악적 리듬감을 살리기 위함이다.
① 청산별곡은 3음보의 비정형시다. (구비 전승되다가 훈민정음 창제 이후에 정착)
② 시적 자아는 고려 말 내우외환 때문에 삶의 지향점을 잃어버린 유랑민으로, 이상향(현실 도피적 공간)을 추구하고 있다.
③ 조선 초 악장에 대한 설명이며, 고려 속요는 민요적 가락에 맞추어 불렀던 평민들의 노래다.

04 다음 작품에 대한 설명으로 알맞은 것은?

> 가던새 가던새 본다 물 아래 가던새 본다
> 잉무든 장글란 가지고 가던새 본다
> 얄리리 얄리 얄라성 얄라리 얄라

① 4음보 정형시이다.
② 시적자아는 현실세계에 만족하고 있다.
③ 주로 귀족이 지어 불렀던 노래로 궁중에서 연주되었다.
④ ㄹ과 ㅇ음을 반복하여 음악적 리듬감을 잘 살리고 있다.

05 경기체가는 고려 중엽 무신 집권 이후 등장한 신진 사대부들의 득의에 찬 삶과 향락적인 여흥을 위하여 창출된 정형시가로, 조선 전기 이후 가사로 통합되면서 발전적 해체를 하게 된 교술양식이다.

05 다음 작품에 대한 설명 중 옳은 것은?

> 紅牡丹(홍모단) 白牡丹(빅모단) 丁紅牡丹(뎡홍모단)
> 紅芍藥(홍쟉약) 白芍藥(빅쟉약) 丁紅芍藥(뎡홍쟉약)
> 御柳玉梅(어류옥미) 黃紫薔薇(황ᄌ장미) 芷芝冬柏(지지동빅)
> 위 間發(간발)ㅅ 景(경) 긔 엇더ᄒ니잇고.
> 葉(엽) 合竹桃花(합듁도화) 고온 두 분
> 위 相映(상영)ㅅ 景(경) 긔 엇더ᄒ니잇고.

① 삼국 시대에 출현한 장르로서, 자연의 아름다움을 노래한 것이다.
② 고려 가요의 하나로, 유토피아적인 동경을 노래하였다.
③ 주로 사대부가 작가인 정형시로서, 조선 전기 이후 자취를 감추었다.
④ 조선 초기의 산문으로, 자연의 아름다움을 노래한 것이다.

정답 04 ④ 05 ③

06 다음 중 '용비어천가'에 대한 설명으로 틀린 것은?

① 세종 27년인 1445년에 완성되었고, 주해와 간행은 세종 29년인 1447년에 이루어졌다.
② 최초의 국문으로 된 악장 작품이다.
③ 서사, 본사, 결사로 된 125장의 악장이다.
④ 한문으로 된 본가에 국역시를 덧붙이고 국문의 주해를 단 체재이다.

07 다음 시조에 대한 설명으로 적절하지 <u>않은</u> 것은?

> 반중(盤中) 조홍(早紅)감이 고아도 보이ᄂ다
> 유자(柚子) | 안이라도 품음즉도 ᄒ다마ᄂ
> 품어 가 반기리 업슬시 글노 설워 ᄒᄂ이다
> — 박인로, 「조홍시가(早紅柹歌)」

① '조홍감'이 창작의 계기가 된다.
② 독자에게 생전에 효도를 다하자는 교훈을 준다.
③ '유자' 관련 고사는 주제를 효과적으로 부각시킨다.
④ 주제와 관련된 한자성어는 '맥수지탄(麥秀之嘆)'이다.

08 다음 시조에 대한 설명으로 옳지 <u>않은</u> 것은?

> 창 내고저 창을 내고저 이내 가슴에 창 내고저
> 고모장지 셰살장지 가로다지 여다지에 암돌저귀 수돌저귀
> 크나큰 장도리로 뚝닥 박아 이내 가슴에 창 내고저
> 이따금 하 답답할 제 여다져 볼까 하노라.

① 형식면에서 가사와 민요의 특징을 찾아볼 수 있다.
② 과장과 반복으로 해학적 분위기를 연출하고 있다.
③ 현실로부터 도피하고자 하는 강렬한 욕망이 엿보인다.
④ 구체적인 일상어와 친근한 일상적 사물이 적극 활용되고 있다.

06 용비어천가는 세종 27년(1445) 4월 국문 본가가 완성되었고, 세종 29년(1447) 2월 한역 가사와 한문 주해 완료 후 그해 10월 간행하였다. 훈민정음 실험 과정에서 최초로 만든 문헌으로 장르 상 '신체'의 악장문학이며 2절 4구체 125장으로 이루어져 있다.

07 지은이가 선조 34년 9월에 한음 이덕형을 찾아가 조홍감의 대접을 받았을 때, 중국의 회귤(懷橘) 고사를 생각하고 돌아가신 어버이를 슬퍼하여 지은 효도의 노래로 교훈적, 유교적 특성이 강하다. 한마디로 풍수지탄(風樹之嘆)을 연상하게 하는 노래이다. ④의 맥수지탄(麥秀之嘆)은 '보리 이삭만이 무성함을 탄식한다.'라는 뜻으로, 고국이 멸망한 것에 대한 탄식을 의미한다.

08 인생살이의 고달픔 때문에 답답한 심정을 사면이 꽉 막혀 있는 방으로 표현하고 '가슴에 창을 내어 여닫고 싶다.'는 행위는 불가능한 상황의 설정을 통해 현실은 답답하지만 이를 극복해보려는 심리의 표현으로 나타난다. 특히 종장의 의미를 보면 단순히 현실 도피가 아님을 알 수 있다.

정답 06 ④ 07 ④ 08 ③

09 다음 글에 대한 설명으로 옳지 <u>않은</u> 것은?

> 화란춘성(花爛春城)하고 만화방창(萬化方暢)이라.
> 때 좋다. 벗님네야, 산천경개(山川景槪)를 구경을 가세.
>
> 죽장망혜(竹杖芒鞋) 단표자(單瓢子)로 천리 강산을 들어를 가니,
> 만산홍록(滿山紅綠)들은 일년일도(一年一度) 다시 피어 춘색(春色)을 자랑노라 색색이 붉었는데,
> 창송취죽(蒼松翠竹)은 창창울울(蒼蒼鬱鬱)한데,
> 기화요초(琪花瑤草) 난만중(爛漫中)에 꽃 속에 잠든 나비 자취 없이 날아난다.
>
> 유상앵비(柳上鶯飛)는 편편금(片片金)이요, 화간접무(花間蝶鵡)는 분분설(紛紛雪)이라. 삼촌가절(三春佳節)이 좋을씨고 도화만발 점점홍(桃花滿發點點紅)이로구나.
> 어주축수 애삼춘(漁舟逐收愛三春)이어든 무릉도원(武陵桃源)이 예 아니냐.
>
> 양류세지 사사록(楊柳細枝絲絲綠)하니 황산곡리 당춘절(黃山谷裏當春節)에 연명오류(淵明五柳)가 예 아니냐.

① 조선 후기에 유흥의 자리에서 주로 직업적 소리꾼들에 의해 가창된 노래이다.

② 4·4조 4음보가 기본 율조를 이루고 있다.

③ 좋은 절기에 경승(景勝)을 찾는 산놀이의 노래이다.

④ 경상, 전라 등 남도 12잡가 중 대표적 노래이다.

10 다음은 관동별곡 중 일부이다. 밑줄 친 부분이 묘사한 대상은?

> 銀은 ᄀ튼 무지게, 玉옥 ᄀ튼 龍용의 초리, 셧돌며 쑴ᄂ 소리
> 十십里리의 ᄌ자시니, 들을 제ᄂ 우레러니 보니ᄂ 눈이로다.

① 은하수   ② 폭포
③ 옷고름   ④ 파도

11 다음 중 박지원의 한문 소설로, 유학대가(儒學大家)의 위선과 정절부인(貞節婦人)의 가식(假飾)을 폭로한 작품은?

① 호질(虎叱)
② 양반전(兩班傳)
③ 허생전(許生傳)
④ 민옹전(閔翁傳)

12 다음 글이 설명하는 고전 소설의 제목은?

> 이 소설의 창작 동기는 작가 김만중이 어머니 윤씨를 위로
> 하기 위한 것이라고 하며, 소설 속에 펼쳐지는 파란만장한
> 인간사의 대부분은 여성들의 현세적 욕구를 만족시키는 부
> 귀영화와 그것을 위한 투쟁과 갈등이다.

① 홍길동전
② 구운몽
③ 사씨남정기
④ 춘향전

---

10 예시문은 정철의 '관동별곡' 중 '만폭
동 폭포'의 장관을 대구에 의해 인상
적으로 묘사하고 있는 부분이다. '무
지개'와 '용의 초리'의 원관념은 '폭
포'이며, '우레'의 원관념은 '폭포의
소리'다.

11 연암 소설 중 '북곽 선생'이라는 위선
적인 도학자의 생활과 '동리자'라는
정절 부인의 가식을 폭로한 것은 '호
질(虎叱)'이다. 이 소설은 액자식 구
성(격자식 구성)으로 되어 있으며, 연
암 소설 중 가장 풍자적인 작품이다.

12 먼저, 창작 동기에서 ②는 '위대부인
(爲大夫人)설'이 지배적이요, ③은
숙종과 장희빈 사건을 모델로 숙종
의 마음을 인현왕후쪽으로 되돌리기
위해 지어졌다는 점을 생각해 보아
야 한다. 소설의 내용면에서 여성들
의 현세적 욕구를 만족시키는 부귀
영화의 측면에서도 ③보다는 ②가
훨씬 강하다. ②에서 보여주는 처첩
(2처 8첩 - 8선녀의 환생)간의 애정
백서는 각기 주어진 신분과 운명에
따라 한 남성을 중심으로 기이한 화
해를 이루며 서로 심히 열망하며 희
구하고 있기까지 한다는 점에서 그
러하다. ③에서 사씨부인(사정옥)의
판단과 처신은 유교적인 삼종지의
(三從之義)를 따르는 것으로 봉건적
도덕성을 옹호하는 데 그치는 한계
를 지닌다.

정답 (10 ② 11 ① 12 ②)

13 인화낭자 '인두'가 스스로 공치사(功致辭)를 하는 대목이다. 인두란 바느질할 때 쓰는 다리미 역할이므로 넓은 천을 다리는 '다리미'와 구별해야 한다.

13 다음 글에서 말하고 있는 화자로 옳은 것은?

> 그대네는 다토지 말라. 나도 잠간 공을 말하리라. 미누비 세누비 눌로 하여 저가락 같이 고으며, 혼솔이 나 곧 아니면 어찌 풀로 붙인 듯이 고으리요. 침재(針才) 용속한 재 들락날락 바르지 못한 것도 내의 손바닥을 한번 씻으면 잘못한 흔적이 감초여 세요의 공이 날로 하여 광채 나나니라.
> – 「규중칠우쟁론기」 중에서 –

① 바늘   ② 실
③ 인두   ④ 다리미

14 기구와 결구에서는 자연의 물소리를, 승구와 전구에서는 세상 사람들의 소리를 제시하여 서로 대조하고 있다.
① '물소리'는 세상과의 단절을 의도한 상징적인 표현
② 동일한 시어의 반복은 없다.
③ 현실과 뜻이 맞지 않아 고뇌하는 작자의 모습이 나타난다. 시비의 소리가 난무하는 어지러운 세태, 이를 듣고 싶지 않아 결국에는 물소리를 통해 스스로를 세상과 격리시키고 있다.

14 다음 한시에 대한 설명 중 바른 것은?

> 첩첩한 바위 사이를 미친 듯 달려 겹겹의 봉우리에 울리니 지척에서 하는 사람의 말소리도 분간키 어려워라.
> 사람의 시비하는 소리 귀에 들릴까 두려워하여,
> 짐짓 흐르는 물을 시켜 온 산을 둘러싸네.
> – 최치원, 「제가야산독서당」 –

① 비유와 상징을 사용한 함축적인 작품이다.
② 동일한 시어를 반복적으로 사용하여 작자의 내면 정서를 드러내고 있다.
③ 현실을 좀 더 적극적으로 살려는 의지를 노래하고 있다.
④ 대립적인 이미지를 지닌 시어를 사용하고 있다.

정답 13 ③   14 ④

15 다음 한시의 정서로 가장 적절한 것은?

> 雨歇長堤草色多
> 送君南浦動悲歌
> 大洞江水何時盡
> 別淚年年添綠波

① 心心相印
② 敎外別傳
③ 麥秀之嘆
④ 戀戀不忘

16 다음 작품의 제목은 무엇인가?

> 김시습이 쓴 한문소설로서 춘향전과 같이 지리적 배경을 남원으로 한 작품이다. 주인공 양생(梁生)은 일찍이 부모를 여읜 노총각이다. 항상 외롭게 살 수는 없어 아름다운 배필을 짝 지워 달라고 부처에게 발원한다. 여기에 양생은 부처와 내기를 하는데, 양생이 이긴다. 내기 약속대로 부처는 한 여인을 양생과 만나게 하는데 그 상대는 3년 전에 죽인 여인의 환신이다. 양생은 그녀와 사랑에 빠진다. 그러나 3일간의 사랑은 그 여인이 저승으로 돌아감으로써 끝난다. 그 후 양생은 지리산으로 들어가 약초를 캐며 살았다. 곧, 이 작품은 불교의 발원(發願) 사상으로 시작해서 윤회(輪廻) 사상으로 끝을 맺고 있다.

① 이생규장전
② 만복사저포기
③ 용궁부연록
④ 호질

15 제시된 작품은 정지상의 '송인(送人)'이다. 대동강을 배경으로 이별의 정한을 노래한 한시로, 임을 떠나보내는 슬픔과 애달픈 정서가 나타나 있다.
戀戀不忘(연연불망) : 그리워서 잊지 못함.
① 心心相印(심심상인) : 서로 마음에서 마음으로 뜻이 통함 ≒ 이심전심, 교외별전
② 敎外別傳(교외별전) : [불교] 선종에서, 부처의 가르침을 말이나 글에 의하지 않고 바로 마음에서 마음으로 전하여 진리를 깨닫게 하는 법
③ 麥秀之嘆(맥수지탄) : 고국의 멸망을 한탄함을 이르는 말. 기자(箕子)가 은(殷)나라가 망한 뒤에도 보리만은 잘 자라는 것을 보고 한탄하였다는 데서 유래한다.

16 만복사저포기에 대한 설명이다. 금오신화에는 ①~③ 이외에 남염부주지, 취유부벽정기가 수록되어 있다.
④ 「호질」은 박지원의 한문소설이다.

정답 15 ④ 16 ②

17 거북이가 아니라 지팡이이다.

17 다음 중 연결이 옳지 <u>않은</u> 것은?

① 죽부인전 - 이곡 - 대나무 - 절개

② 국순전 - 임춘 - 술 - 간사한 관료 풍자

③ 공방전 - 임춘 - 엽전 - 재물욕 경계

④ 정시자전 - 석식영암 - 거북이 - 경솔한 행동

18 춘향전 → 옥중화(이해조)
'혈의 누'는 이인직이 쓴 최초의 신소설이다.

18 다음은 설화와 판소리 그리고 고전소설과 신소설로 이어지는 계보를 나타낸 것이다. **틀린** 것은?

① 도미 설화 - 춘향가 - 춘향전 - 혈의 누

② 방이 설화 - 박타령 - 흥부전 - 연의 각

③ 구토지설 - 수궁가 - 별주부전 - 토의 간

④ 효녀 지은 설화 - 심청가 - 심청전 - 강상련

19 '적벽가'는 중국 소설 나관중의 『삼국지연의』에서 '절정'을 이루는 '적벽대전' 대목을 판소리로 극화하였다. 보통의 판소리 대부분은 '설화→판소리사설→판소리계 소설'의 형성 과정을 거치나 '적벽가'는 소설이 먼저 쓰였고 이를 판소리로 극화한 점이 나머지 작품과 다르다.

19 다음 중 판소리 전에 소설로 먼저 만들어진 것은?

① 변강쇠타령

② 적벽가

③ 춘향전

④ 토별가

정답 17 ④ 18 ① 19 ②

20 다음 중 판소리 용어가 <u>잘못된</u> 것은?

① 창 : 노래를 부르는 부분

② 아니리 : 창과 창 사이에 이야기 하듯 엮어가는 사설

③ 추임새 : 고수와 관객이 흥을 돋우는 소리

④ 발림 : 명창이 자신의 독특한 방식으로 다듬어 부르는 어떤 마당의 한 대목

21 다음 중 민속극에 대한 설명으로 바르지 <u>않은</u> 것은?

① 가면극, 인형극, 그림자극 등이 있다.

② 산대희설, 기악설, 절충설 등의 기원설이 있다.

③ 풍자의 특성으로 인해 서민들의 인기를 모았다.

④ 광대들의 참여로 오락적인 요소가 가미되어 새로운 형식이 되었다.

22 속담은 의미의 구성상 '상대성'과 '점층성'을 특징으로 한다. 다음 중 점층성이 두드러지는 것은?

① 그림의 떡

② 무자식이 상팔자

③ 꿩 먹고 알 먹고

④ 달면 삼키고 쓰면 뱉는다.

---

20 '발림'은 '너름새'와 동일한 의미로 광대의 몸짓을 의미한다. 명창이 자신의 독특한 방식으로 다듬어 부르는 어떤 마당의 한 대목은 '더늠'이라고 한다.

21 '민속극'은 본디 종교적이나 주술적인 특성이 강해 '제의적' 목적으로 쓰였으나, 조선 후기 평민의 종합 예술로 정착을 하면서 '연희적' 성격으로 변모된 것이지 새로운 형식으로 변모된 것은 아니다.

22 '꿩 먹고(소득 1) 알 먹고(소득 2)'는 한꺼번에 두 가지 소득을 볼 때 쓰는 말로, 의미가 더욱 심화되는 점층성을 지닌 속담이다.
① 표면적 의미는 '그림 속에 있는 떡'이고, 기본적 의미는 '아무리 마음에 들어도 실지로 차지할 수 없다.'는 것으로, '그림'과 '떡'의 의미 속성이 대립하는 상대성을 지닌 속담이다.
② '무자식(− 행복)이 상팔자(+ 행복)'는 표면적 의미와 기본적 의미의 차이가 없는 경우로, '자식이 없어서 다행'이나 '자식 가진 사람 부러워할 것 없다'와 같은 함축적 의미를 상대성으로 표현하고 있다.
④ 의미의 구성상 상대성과 관계가 깊은 속담으로 신의나 지조를 돌보지 않고 이익만을 꾀한다는 말이다.

정답 20 ④   21 ④   22 ③

01

정답 향가계여요, '도이장가'와 '정과정곡'

해설 **'향가계여요'**
(1) 개념
향가에서 고려가요로 넘어오는 과정에서 발생한 과도기적 형태의 노래로, 고려 때 지어졌으나 향가의 잔영이 남아 있는 노래
(2) 작품으로는 '도이장가'와 '정과정곡'이 있다.

02

정답 ⊙ 머리곰 : 멀리멀리. 멀(어근) + 이 (부사화접미사) + 곰(강세접미사)
ⓒ 져재 : 시장에. 져자(시장) + ㅣ(처소부사격조사)
ⓒ 졈그롤셰라 : 저물까 두렵습니다. 졈글(어근) + 오(매개모음) + ㄹ셰라(의구형어미)

해설 **'정읍사' 현대어 풀이**
달님이시여 높이높이 돋으시어
멀리멀리 비춰 주소서.
어긔야 어강됴리 / 아으 다롱디리
시장에 가 계시는지요.
위험한 곳을 디딜까 두렵습니다.
어느 곳에나 놓으십시오.
당신 가시는 곳에 저물까 두렵습니다.
어긔야 어강됴리 / 아으 다롱디리

주관식 문제

01 고려시대에 발생된 운문문학 중 향가가 소멸되고 고려가요가 형성되는 과도기에서 창출된 장르의 명칭과 작품 2편을 쓰시오.

02 다음 작품의 밑줄 친 부분을 현대어로 풀이해 보시오.

돌하 노피곰 도ᄃᆞ샤
어긔야 ⊙ 머리곰 비취오시라
어긔야 어강됴리 / 아으 다롱디리
ⓒ 져재 녀러신고요
어긔야 즌 ᄃᆡ를 드ᄃᆡ욜셰라
어긔야 어강됴리
어느이다 노코시라
어긔야 내 가논 ᄃᆡ ⓒ 졈그롤셰라
어긔야 어강됴리 / 아으 다롱디리

03 향가의 표기 방식인 '향찰(鄕札)' 표기의 서술방식을 설명하시오.

04 '정읍사'와 '처용가'가 고려가요에도 포함될 수 있었던 원인을 제시해 보시오.

03

정답 '향찰'이란 한자의 음과 뜻을 빌려 한자의 어순을 버리고 우리말 전체의 어순을 적었던 차자표기이다. 실질 형태소(어휘 형태소)는 한자의 뜻을, 조사나 어미와 같은 형식 형태소(문법 형태소)는 한자의 음을 빌려 표기했다. 다만 실질 형태소라고 하더라도 '고유명사'는 '음'을 차용했고, 접미사는 뜻을 차용하였다.

04

정답 훈민정음 창제 이후 전대의 구비문학이 궁중악에 편입되면서 국문으로 『악학궤범』, 『악장가사』, 『시용향악보』 등에 수록되었는데, 국문학에서는 이때 정착된 작품들을 장르상 '고려속요'로 처리한다. 결국 '정읍사'와 '처용가'는 당시 민간에서 구비되었다가 정착이 되었으므로 고려시대의 평민의 노래는 아니지만 '고려속요' 속에도 포함되게 되었다.

해설 '정읍사'는 백제 유일의 현전가요로 고대가요이며, '처용가'는 신라 향가의 마지막 작품이다. 그런데 '정읍사'와 '처용가'는 고려속요에도 포함된다. 훈민정음 창제 이후 전대의 구비문학이 궁중악에 편입되면서 국문으로 『악학궤범』, 『악장가사』, 『시용향악보』등에 수록되었다. 국문학에서는 이때 정착된 작품들을 장르상 '고려속요'로 처리한다. 결국 '정읍사'와 '처용가'는 당시 민간에서 구비되었다가 정착이 되었으므로 고려시대의 평민의 노래는 아니지만 '고려속요' 속에도 포함되게 되었다. 그러므로 장르상 '정읍사'는 '고대가요'이면서도 '고려속요'에도 포함되며, '처용가'는 향찰로 기록된 작품은 '향가'로, 국문으로 정착한 작품은 '고려속요'에 포함되게 된다.

05

정답 고려 중엽 이후 무신(武臣)들이 집권하게 되자, 대부분의 문신들은 관계(官界)를 떠나 초야에서 은둔하였지만, 일부 문신들은 집권층들의 문하를 드나들며 신흥 사대부계층을 형성하게 되었다. 경기체가는 이들 신흥 사대부들이 자신들의 득의에 찬 삶과 향락적인 여흥을 위하여 창출한 시가양식이며, 후렴구에 경기하여(景幾何如)라는 구절이 들어 있기 때문에 '경기체가' 혹은 '경기하여가'라 불린다.

06

정답 '악장'이란 조선 건국 직후 왕의 행차나 종묘제향 등 국가적인 행사에 사용하던 음악의 가사로서, 조선 초기의 송축가를 말한다. 내용은 주로 민심수습을 목적으로 조선 개국의 정당성을 피력하였고, 조선 창업자들의 업적을 칭송하거나 조선의 새로운 제도나 문물에 대해 찬양하였다. 또한 조선 왕조의 영원한 발전을 축원하거나 후왕(後王)에 대한 권계(勸戒) 등의 내용을 담았다. 하지만 악장 문학은 개인적인 정서를 담은 시가문학이 아니라 정치적 목적성을 지닌 교술 양식이었기 때문에 왕권과 체제의 확립으로 더 이상 지속되지 못하고 일찍 소멸하게 되었다.

05 고려시대 '경기체가'의 형성 배경에 대해 서술하시오.

06 '악장(樂章)' 문학의 개념과 내용, 그리고 후대 시가문학으로 발달하지 못하고 소멸된 이유를 쓰시오.

해설 '악장' 문학의 소멸 이유 : 한계성
① 향유 계층의 제한 : 백성들과 유리된 궁중 문학이었다.
  → 가장 근본적 이유 : 향유 계층의 제한으로 국민문학(민족문학)의 성격을 지니지 못했다.
② 작가층의 제한 : 개국 공신들이나 권신 등 일부 지배층에 한하였다.
③ 주제의 제한 : 송축과 찬양으로 일관하였다.
④ 표현의 제한 : 과장과 아유(阿諛)가 심해 문학성이 결여되었다.
⑤ 형식의 제한 : 한시현토체가 주류를 이루었다.

07 고려 말에 완성된 시조의 기본형을 쓰고, 이를 형태상, 분장상, 배행상의 기준에 따라 설명해 보시오.

해설 '시조(時調)'의 명칭
① '단가(短歌), 시여(詩餘), 신조(新調), 영언(永言), 가요(歌謠), 가곡' 등으로 불렸다.
② 조선 영조 때의 가객 이세춘(李世春)의 곡조명인 '시절가조(時節歌調)'에서 '시조(時調)'라는 명칭이 유래되었다.
③ 신광수(申光洙)의 『석북집(石北集)』에 근거가 제시되어 있다.

07
정답 고려 말 고려속요의 분절과정에서 완성된 시조는 3·4조 또는 4·4조의 음수율과 4음보의 음보율을 지니며, 3장 6구 12음보 45자 내외의 정형시로 종장의 첫 음보 3음절은 항상 고정된다. 이 기본형을 형태상으로는 '평시조'라 하고, 분장상으로는 연의 구별이 없이 1편의 작품이므로 '단시조'라 한다. 또한 배행상으로는 1장이 1행으로 구성되었으므로 '장별배행시조'라 한다.

08 정철의 가사 '사미인곡'과 '속미인곡'의 공통점과 어조의 차이점을 쓰시오.

08
정답 (1) 공통점
① 최초의 유배문학인 '정과정곡'의 영향을 받은 유배가사
② 양반가사이며, 정격가사
③ 충신연군지사
④ 여성적 어조
(2) 차이점
'사미인곡'이 한 여인의 독백체라면, '속미인곡'은 두 여인의 대화체로 구성되었다.

09 김만중의 소설 '구운몽(九雲夢)'을 창작동기, 배경설화, 국문학적 의의 순서로 설명하시오.

09
정답 ① 창작동기 : 장희빈이 인현왕후 대신 왕후로 책봉된 기사환국으로 숙종 15년에 남해로 귀양 갔을 때 귀양지에서 어머니 윤씨 부인의 한가함과 근심을 덜어주기 위하여 이 작품을 지었다고 한다.
② 배경설화 : 신라의 불교설화인 '조신설화'
③ 국문학적 의의
㉠ 몽자류 소설의 효시
㉡ 고대소설 융성의 토대를 마련
㉢ 영문으로 번역되어 외국에 소개된 최초의 소설

10

정답 ㉠ : 세요각시(細腰閣氏 : 새색시)
ⓛ : 척부인(戚夫人)
ⓒ : 교두각시(交頭閣氏)
ⓔ : 인화부인(引火夫人)
ⓜ : 울낭자(娘子 : 처녀)
ⓗ : 청홍흑백각시(靑紅黑白閣氏)
ⓢ : 감토할미

해설 '규중칠우쟁론기'
① 작가 : 미상(어느 규중 부인)
② 갈래 : 고대 국문수필
③ 성격 : 풍자적, 우화적, 교훈적, 논쟁적
④ 표현 : 의인법, 풍유법
⑤ 문체 : 내간체, 대화체
⑥ 주제 : 직분에 따른 성실한 삶 추구. 자신의 처지를 망각하고 교만하거나 불평, 원망하지 말며 사리에 순응하고 성실해야 함.
⑦ 출전 : 『망로각수기(忘老却愁記)』
⑧ 의의 : '조침문(弔針文)'과 함께 의인화로 된 내간체 고전수필의 쌍벽을 이룬다.

11

정답 제시된 한시는 정약용의 '구우(久雨)'로 '오언율시'이다. 시상 전개방식은 형태상으로 '4단 구성(수련-함련-경련-미련)'이며, 내용상으로는 '선경후정'이다.

해설 정약용, 「구우」
① 작가 : 정약용
② 갈래 : 오언율시
③ 성격 : 비판적, 우회적
④ 표현
㉠ 적절한 소재를 활용하여 궁벽한 처지를 형상화함. (비유)
ⓛ 외부 풍경에 대한 묘사와 주관적 정서의 표현이 적절히 조화를 이룸 (선경후정)
⑤ 제재 : 가난
⑥ 주제
㉠ 장마철 농촌의 궁핍한 삶.
ⓛ 민생고를 해결하기 위한 제도 개혁을 역설함.
ⓒ 궁벽한 처지에 대한 한탄
⑦ 출전 : 『여유당전서(與猶堂全書)』

---

10 다음 작품의 괄호에 알맞은 명칭을 순서대로 쓰시오.

> 이른바 규중칠우(閨中七友)는 부인내 방 가운데 일곱 벗이니 글하는 선배는 필묵(筆墨)과 조희, 벼루로 문방사우(文房四友)를 삼았나니 규중 녀잰들 홀로 어찌 벗이 없으리오.
> 이러므로 침선(針線) 돕는 유를 각각 명호를 정하여 벗을 삼을새 바늘로 (㉠)라 하고, 척을 (ⓛ)이라 하고, 가위로 (ⓒ)라 하고, 인도로 (ⓔ)이라 하고, 달우리로 (ⓜ)라 하고, 실로 (ⓗ)라 하며, 골모로 (ⓢ)라 하여, 칠우를 삼아 규중 부인내 아츰 소세를 마치매 칠위 일제히 모혀 종시하기를 한가지로 의논하여 각각 소임을 일워내는지라.

11 다음 한시의 시상 전개방식을 형태상, 내용상으로 구별하여 제시하시오.

> 窮居罕人事(궁거한인사) / 恒日廢衣冠(항일폐의관)
> 敗屋香娘墜(패옥향낭추) / 荒畦腐婢殘(황휴부비잔)
> 睡因多病減(수인다병감) / 秋賴著書寬(추뢰저서관)
> 久雨何須苦(구우하수고) / 晴時也自歎(청시야자탄)

제 3 편

현대문학

교육이란 사람이 학교에서 배운 것을 잊어버린 후에 남은 것을 말한다.

– 알버트 아인슈타인 –

제 1 장 | 현대문학의 이해

제1절 현대문학의 특질 중요 ★

1. 문학의 개념

(1) 문학의 정의

문학은 인간의 가치 있는 체험, 사상과 정서를 상상력으로 재구성하여 언어로 표현하는 예술이다.

① **광의(廣義)** : 기록성
→ 문학을 다른 예술(음악, 미술, 무용 등)과 구별 짓는 기준은 '**표현매체(언어)**'이다.
② **협의(俠義)** : 예술성
→ 문학을 다른 글(비문학)과 구별 짓는 기준은 '**형상화**'이다.

(2) 문학의 본질

① **개연성의 허구(fiction)** : 문학은 현실을 모방한다. 그러나 현실 자체는 아니다.
→ 현실을 토대로 있을법하게 꾸며낸 세계
② **가치 있는 인생체험** : 문학은 개인의 특수한 체험을 함축적으로 표현하여 보편적 공감을 획득한다.

(3) 문학의 3대 특성

① **개성(독창성, 특수성, 개별성)** : 문학은 주관적 체험의 표현이기 때문에 개성적이고 독창적이다. 문학은 작가의 독특한 삶의 표현을 통해 보편성을 획득하게 된다.
② **보편성(일반성)** : 문학은 인간의 공통적인 정서를 다루기 때문에 공간을 초월하여 모든 사람들에게 보편적인 감동을 준다. → 공간적 개념
③ **항구성(역사성)** : 문학은 시대를 초월하여 인간이 지향하는 불멸의 가치를 다루기 때문에 영원한 생명력을 지닌다. → 시간적 개념

(4) 문학의 구성 요소

① **정서(情緖)** : 인간의 순화된 모든 감정이며, 독자에게 감동을 주는 요소이다.
→ '보편성, 항구성'을 획득하게 해 주는 요소
② **상상(想像)** : 과거의 체험과 이미지를 결합하여 새로운 질서의 세계를 창조한다.
→ '독창성'을 획득하게 해 주는 요소

③ **사상(思想)** : 지은이의 중심사상으로 작품 속에 주제가 된다.

  → '사상성, 위대성'을 획득하게 해 주는 요소

④ **형식(形式)** : 작품의 구조와 문체를 이루어 문학의 내용을 이루는 요소이다.

  → '예술성'을 획득하게 해 주는 요소

주관식 레벨 UP

문학의 4대 구성요소와 문학의 특성과의 관계를 설명해 보시오.

  풀이 정서(情緒) : 보편성, 항구성, 상상(想像) : 독창성, 사상(思想) : 위대성, 형식(形式) : 예술성

---

2. 문학의 기원설

(1) 심리학적 기원설 : 심미성(審美性) 강조

문학은 인간의 심리현상으로서 **인간심리에 내재된 예술 충동**에 의해 문학이 발생한다는 학설

① **모방본능설** : 사람은 사물을 모방하려는 본성과 모방된 것을 보고 기뻐하는 본능이 있어서, 이로부터 예술이 나왔다는 학설이다.

  ㉠ 플라톤, 『공화국』 : 부정적 측면의 모방론

  ㉡ 아리스토텔레스, 『시학』 : 긍정적 측면의 모방론

② **흡인본능설** : 남의 관심을 끌기 위한 인간의 욕구에서 문학이 발생했다는 학설

  → 다윈(Darwin)과 같은 진화론자들

③ **유희본능설** : 인간이 가진 '행위 그 자체를 즐기는 유희충동'에서 예술이 나왔다는 설로, 유희 본능은 '정력의 과잉'과 '노력의 여력'에 의한 '힘의 과잉'을 놀이로써 풀어내려는 본능이다.

  → 칸트, 쉴러, 스펜서

④ **자기표현본능설** : 자기 자신을 표현하려는 본능에서 문학이 발생했다고 보는 학설이다.

  → 허드슨(W. H. Hudson)

(2) 발생학적 기원설 : 실용성(實用性) 강조

유희설이 생활과 무관한 것이라는 점에서 그것을 비판하는 데서 출발한 이 이론은 실제생활과 관련된 실용성, 노동과정 등을 통하여 예술의 발생기원을 찾는다. 즉, 실용적·공리적 욕구가 먼저 있었고, 심미적 욕구는 그 다음에 생긴 것이다. → 헌(Hirn), 그로세(Grosse) 등

(3) 발라드 댄스(ballad dance)설 : 실용성 + 심미성

문학이 초자연적인 존재에 대한 제천의식에서 행해진 **원시종합예술**에서 비롯되었다는 학설. 원시종합예술에서 행해진 노래의 가사가 문학으로 분화되었다고 보고 있으며, 문학의 기원설 중 가장 설득력 있게 받아들여지고 있다. → 몰튼(R. G. Moulton)

3. 문학의 기능

(1) 교시적 기능(인식적 기능, 지적 기능) → 참여문학론 입장

① 독자에게 삶과 세계에 대한 올바른 인식을 일깨워 주는 교훈적 기능

② **문학의 공리적 효용성을 강조**

③ **사상과 내용 강조**

④ **대표적 작가 및 작품**

ㄱ 플라톤 : 시인추방론

ㄴ 공자 : '詩三百篇一言而蔽之曰思無邪'(시 삼백 편은 한 마디로 말하면, 생각함에 사악함이 없는 것이다.)

ㄷ 고대소설(권선징악), 개화기문학, 이광수의 계몽문학, 1920년대 KAPF(목적문학), 1930년대 농촌 계몽소설, 1950년대~1960년대 현실 참여문학 등

(2) 쾌락적 기능(심미적 기능, 정적 기능) → 순수문학론 입장

① 독자에게 미적・정서적 즐거움을 주는 기능

② **형식과 예술성 강조**

③ **대표적 작가 및 작품**

ㄱ 아리스토텔레스, 『시학』: **카타르시스**(Catharsis) = 정화 작용

→비극적 예술 체험(불안, 공포, 연민 등)으로 인한 정서의 순화

ㄴ 유미주의(예술 지상주의)와 관련

ㄷ 1920년대 반계몽적 순수문학, 김동인의 탐미주의 소설(「광화사」, 「광염소나타」), 1930년대 반계급적 순수문학(시문학파, 구인회), 1960년대 전통 순수시 등

주관식 레벨 UP

아리스토텔레스의 『시학』에 나오는 '카타르시스'의 개념을 쓰시오.

풀이 비극에 등장하는 인물들의 비참한 운명을 보고 간접 경험을 함으로써, 자신의 두려움과 슬픔이 해소되고 마음이 깨끗해지는 일을 뜻한다.

---

(3) 종합적 기능(참다운 문학의 기능, 절충설)

① 쾌락적 기능과 교훈적 기능은 양면이 적절히 통합되어야 참다운 감동을 얻을 수 있다는 견해

② **문학의 당의정설(糖衣錠說)** : 교훈설과 쾌락설의 상보적 관계

주관식 레벨 UP

다음 설명에 적합한 학설을 뜻하는 용어를 쓰시오.

로마의 시인 루크레티우스의 저서 '사물의 본성에 관하여(De rerum natura)'에서 나온 용어로, 의사가 어린 아이에게 쑥탕(湯)을 먹이려 할 때에 그릇의 거죽 전면에 달콤한 꿀물을 칠해서 먹이는 것처럼, 시(詩)도 이 꿀물과 같은 구실을 해야 한다는 것이다.

풀이 당의정설

4. 미적 범주 중요 ★

(1) 개념

주체(나)와 대상(자연)간의 관계를 '있는 것'과 '있어야 할 것', '융합'과 '상반'이라는 네 가지 요소의 결합에 의해 숭고(崇高)·우아(優雅)·비장(悲壯)·골계(滑稽) 등으로 미의식을 분별하는 것이다.

(2) 유형

① **숭고미(崇高美)** : 주체가 대상을 추구하는 미의식
   ⊙ '있어야 할 것'과 '있는 것'이 '있어야 할 것'에 의해 융합을 이룰 때 나타나는 미의식
   ⓛ 경건하고 엄숙한 분위기, 고고한 정신적 경지를 체험할 수 있게 하는 미의식
   ⓒ 절대적 대상에서 경이(驚異)·외경(畏敬)·위대(偉大) 등의 느낌을 얻는 미적 감흥
   ⓜ 절대적 대상에 대한 송축(頌祝)·찬양(讚揚)·거룩함
   ⓗ 인간고(人間苦)의 극복 의지나 승화
② **비장미(悲壯美)** : 주체와 대상이 서로 어울리지 못하는 미의식
   ⊙ '있는 것'과 '있어야 할 것'이 상반되면서 '있는 것'을 부정하고 '있어야 할 것'을 긍정하면서 나타나는 미의식
   ⓛ 슬픔이 극에 달한 상태나 한(恨)의 정서 표출로 인해 형상화되는 미의식
   ⓒ 주로 이별의 정한(情恨)을 나타냄.
   ⓔ 전통 시가에서 가장 두드러지게 나타나는 미의식

주관식 레벨 UP

다음 설명이 의미하는 미적 범주는 무엇인가?

'있는 것'과 '있어야 할 것'이 상반되면서 '있는 것'을 부정하고 '있어야 할 것'을 긍정하면서 나타나는 미의식으로 슬픔이 극에 달한 상태나 한(恨)의 정서 표출로 인해 형상화된다.

풀이 비장미

---

③ **우아미(優雅美)** : 주체와 대상이 서로 어울리는 미의식
   ⊙ '있는 것'과 '있어야 할 것'이 '있는 것'에 의해 융합을 이룰 때 나타나는 미의식
   ⓛ 아름다운 형상이나 수려한 자태를 그려 냄으로써 고전적인 기품과 멋을 드러내는 미의식
   ⓒ 자연 친화나 동화를 나타내는 **강호가도(江湖歌道)** 계열
   ⓔ 윤선도 : 강호가도 시풍의 완성
   ⓜ 계승 : 1930년대 '전원시파(목가시인)' → 신석정, 김동명, 김상용
④ **골계미(滑稽美)** : 주체가 대상을 얕잡아 비꼬는 미의식
   ⊙ '있어야 할 것'과 '있는 것'이 상반되면서 '있어야 할 것'을 부정하고 '있는 것'을 긍정하면서 나타나는 미의식
   ⓛ 숭고미에 대립되는 개념
   ⓒ 풍자나 해학 등의 수법에 의해 우스꽝스러운 상황이나 인간상을 구현하는 미의식

　　② 조선 후기 평민문학(사설시조, 판소리, 민속극 등)에 나타나는 미의식
　　⑩ 계승 : 김유정 소설의 '해학'이나 채만식 소설의 '풍자' 의식

5. 문학 감상의 관점 　중요 ★★

(1) 외재적 관점

　① 반영론적(反映論的) 관점 : 작품과 시대 현실과의 관계 중시[= 모방론]
　　㉠ 작품은 작가가 살던 시대 현실을 반영한다는 입장으로, 작품이 창작된 당시의 시대 현실의 모습을 중시하는 관점
　　㉡ 문학은 시대의 거울(반영)이다.
　　㉢ 관련 사조 : 사실주의
　　㉣ 오류 : ㉮ 기계적 반영론, ㉯ 속류 사회학, ㉰ 목적론적 문학관
　② 표현론적(表現論的) 관점 : 작품과 작가와의 관계 중시[= 생산론]
　　㉠ 작품은 작가의 감정이나 사상이 표현된 것으로 보는 관점. '등불'에 비유
　　㉡ 작가의 생애나 사상, 정서 등을 연구
　　㉢ 관련 사조 : 낭만주의
　　㉣ 오류
　　　㉮ 의도(意圖)의 오류 (작품에는 작가가 의도한 그대로 나타나지 않는데도 작가 중심으로 평가할 때 나타나는 오류)
　　　㉯ 메시지 및 제재에 대한 선입관의 오류

주관식 레벨 UP

다음 설명이 나타내는 문학 감상의 관점은 무엇인가?

> 문학 작품을 감상할 때 작품과 작가와의 관계를 중시하는 것으로 작품은 작가의 감정이나 사상이 표현된 것으로 보는 관점이다. 주로 '등불'에 비유되며 의도(意圖)의 오류를 범하기 쉽다.

　　　　　　　　　　　　　　　　　　　　　　　　　　　　　　풀이 표현론점 관점

---

　③ 효용론적(效用論的) 관점 : 작품과 독자와의 관계 중시 [= 수용론, 영향론]
　　㉠ 작품은 독자에게 예술적 감동과 미적 쾌락을 통해 영향을 끼친다는 관점
　　㉡ 작품의 어떤 부분이 독자에게 영향을 미치는지를 파악
　　㉢ 관련 사조 : 수용 미학
　　㉣ 오류 : 감정(感情)의 오류 (작품을 독자에게 미치는 영향을 바탕으로 평가를 하게 되면, 작품 자체에 대한 본질적인 평가가 될 수 없기 때문에 나타나는 오류)

(2) 절대주의적(絕對主義的) 관점(내재적 관점)

　① 작품 자체의 의미를 중시 [= 존재론, 구조론, 객관론]

　② 작품을 언어 구조의 집합체로 보고, 작가나 시대 현실 등의 **언어 외적요소를 배제하는** 관점

　③ 작품의 자립성과 유기성을 인정하여, 작품 자체의 분석에 초점을 둠

　④ 작품 속에 나타난 내적 요소(표현 기법-비유, 상징, 반어, 역설, 긴장, 이미지, 운율, 형식, 문체, 미적 범주, 언어)를 연구

　⑤ **관련 사조** : 형식주의, 구조주의

　⑥ **오류** : 독단론적 형식주의(작품은 작가의 생애, 시대 현실, 독자와의 관계 등 다양한 관계 속에서 형성되는데, 그러한 요소들을 배제하고 작품을 평가할 때 나타나는 오류)

(3) **종합주의적(綜合主義的) 관점** : 위의 여러 관점 중 한 가지만 작용했을 때 오류가 발생할 수 있으므로, 여러 관점을 유기적으로 통합하여 평가해야 한다는 관점

제2절　현대문학의 갈래와 개념

1. 문학 갈래의 개념

(1) 작품의 객관적 구성요소인 형식, 제재, 내용, 표현양식 등을 기준으로 특질이 있는 무리로 구분, 체계화한 일종의 틀을 말한다.

(2) 문학작품을 그 형성원리 및 존재방식의 공통성과 차이점에 입각하여 분류한 것이다.

　① **유(類)개념** : 시대와 지역을 초월하여 보편적으로 나타나는 상위갈래를 말한다. (기본갈래)

　② **종(種)개념** : 특정시대와 지역에 고유하게 나타나는 하위갈래를 말한다. (변종갈래)

2. 언어의 형태에 따른 갈래

(1) **운문문학** : 리듬을 중시하는 문학형태로, 정서적이고 감성적인 효과를 일으킨다.

(2) **산문문학** : 언어의 전달기능을 중시하는 문학형태이다.

3. 언어의 전달 방식에 따른 갈래

(1) 구비문학(口碑文學) : 입에서 입으로 전승되어 온 문학양식을 말하며, 유동문학(流動文學), 표박문학(漂泊文學), 적층문학(積層文學), 부동문학(浮動文學), 구전문학(口傳文學)이라고 한다.

(2) 기록문학(記錄文學) : 문자로 기록된 문학양식을 말한다. 한국문학사에서는 「구지가(龜旨歌)」나 「황조가(黃鳥歌)」처럼 단지 한자로 번역 기재된 것은 진정한 의미의 기록문학이라 할 수 없고, 본격적 의미의 기록문학은 10구체 향가에서부터이다.

4. 표현 양식에 따른 갈래 _{중요} ★★

(1) 3분법(三分法) : 가장 보편적인 문학의 갈래이다. 아리스토텔레스가 『시학』에서 모방의 양식에 따라 '서정, 서사, 극'으로 분류한 이래 헤겔의 미학에 이르기까지 일반적인 분류

(2) 4분법(四分法) : 서정양식(시), 서사양식(소설), 극양식(희곡), 교술양식(수필)
  ① **서정양식** : 세계의 자아화
     ㉠ 개인의 주관적 정서를 표출
     ㉡ 대부분 **독백적 형식**으로 표현(1인칭 시점)
     ㉢ 정련된 언어와 풍부한 운율미에 의존한다.
  ② **서사양식** : 자아와 세계의 대결
     ㉠ 서술자에 의해 인간의 삶이 일정한 **줄거리**를 가지고 전개되며, 주로 **과거형 시제**를 사용한다.
     ㉡ 자아와 세계와의 갈등을 다룬다.
     ㉢ 말하기 수법(서술)이 위주이며, 인물의 내면심리를 직접 제시할 수 있다.
  ③ **극양식** : 자아와 세계의 대결
     ㉠ 인간의 행위와 사건을 직접 독자 앞에서 **행동화**하는 양식이다.
     ㉡ 자아와 세계와의 갈등을 다룬다.
     ㉢ 서술자의 개입이 없다.
     ㉣ 직접 서술이 불가능하며, 인물의 대화와 행동을 직접 제시한다.
     ㉤ 시제는 현재형이다.
  ④ **교술양식** : 자아의 세계화
     ㉠ 실제로 존재하는 사물을 서술·전달한다.
     ㉡ 세계가 자아의 주관적 입장에 의해 변형되지 않고 그대로 작품 속에 등장한다.
     ㉢ **작가를 통한 직접적 전달방식**을 취한다.
     ㉣ 독자를 어떤 가치관으로 설득하려 한다.

(3) 5분법(五分法) : 시, 소설, 희곡, 수필, 평론

(4) **6분법(六分法)** : 시, 소설, 희곡, 수필, 평론, 시나리오

주관식 레벨 UP

1. 문학의 4대 갈래를 상위개념의 용어로 제시하시오.

　　　　　　　　　　　　　　　　　　풀이 서정양식, 서사양식, 극양식, 교술양식

2. 다음 〈보기〉는 어떤 문학의 갈래에 대한 설명인가?

> ┌ 보기 ┐
>
> 실제로 존재하는 사물을 서술・전달하며, 세계가 자아의 주관적 입장에 의해 변형되지 않고 그대로
> 작품 속에 등장한다. 또한 허구적 대리인을 통하지 않고 작가를 통한 직접적 전달방식을 취하는
> '자아의 세계화'이다.

　　　　　　　　　　　　　　　　　　　　　　풀이 교술양식(수필)

---

5. 한국문학의 갈래

(1) **상위 갈래** : 서정양식, 서사양식, 극양식, 교술양식

(2) **하위 갈래**

　① **서정양식** : 서정민요, 고대가요, 향가, 고려속요, 시조, 잡가, 신체시, 현대시
　② **서사양식** : 서사민요, 서사무가, 신화, 전설, 민담, 고대소설, 판소리, 신소설, 현대소설
　③ **극양식** : 가면극, 인형극, 창극, 신파극, 현대극
　④ **교술양식** : 경기체가, 악장, 가사, 창가, 가전체문학, 몽유록, 서간, 수필, 교술민요

주관식 레벨 UP

한국문학의 갈래 중 고전문학에서 제시한 대표적 서정양식 4가지만 제시해 보시오.

　　　　　　　　　　　　　　　　　　풀이 고대가요, 향가, 고려속요, 시조

제3절 | 한국 현대문학의 흐름

1. 개화기의 문학 중요 ★

(1) 기간

갑오개혁(1894)부터 1908년 『소년』지에 육당 최남선의 신체시 '해에게서 소년에게'를 발표하기 전까지의 10여 년간

(2) 시대 배경

① **역사적 격동기** : 문학 · 사상 · 문화 · 제도의 근대화와 문호개방의 소용돌이 속에서 독립된 주권국가의 자주권 확보를 위한 움직임이 지속되었다.

② **사회적 변혁기** : 근대식 교육기관의 설립과 신문 · 잡지 발행으로 사회적 변혁의 분위기가 고조되었다.

③ **계몽주의적 이념** : 급박한 시대변화에 대응하려는 지식인의 계몽의식이 확산되었다.

④ **근대적 민족 문학** : 개화기의 애국계몽운동이 일제강점 이후 민족독립운동으로 전환되어 민족적 수난에 대응하는 문학의 근대적 양상이 태동되었다.

(3) 특성

① 언문일치 운동의 시작 : 유길준, 『서유견문』(1896)

② **주제** : 근대 지향의 문학이 싹트고, 개화 · 계몽과 자주 독립, 애국 등이 문학의 주제로 부각

③ 개화 가사는 창가를 거쳐 신체시(1908)로 발전

④ 신소설(新小說)의 태동

⑤ 신문과 잡지가 창간되어 문학과 국어를 일반 대중에게 보급

⑥ **의의** : 고전문학에서 현대문학으로 넘어가는 과도기적 문학

> **주관식 레벨 UP**
>
> 최초로 국한문혼용체를 사용함으로써 언문일치의 시도라는 의미를 지닌 작품명과 작가를 쓰시오.
>
> **풀이** 서유견문, 유길준

2. 1910년대 문학 중요 ★

(1) 기간

1908년 『소년』지에서부터 1919년 3 · 1운동 이전까지의 문학

(2) 개관

① **2인 문단 시대** : 최남선과 이광수의 문학 활동이 주축

② **계몽문학 시대** : 서구의 근대 의식과 문화를 적극적으로 수용하고자 하며, 자주독립국가를 건설하고
  자 하는 민족의식을 고취시키는 민족주의적 계몽주의가 주류
③ **운문문학** : 신체시가 쓰였으며(1908~), 1910년대 말에 자유시가 등장
④ **현대소설의 태동** : 이광수의 최초의 현대 장편 소설 '무정'(1917)이 등장
⑤ 김억의 주도로 간행된 『태서문예신보』를 통하여 프랑스의 상징시가 소개

주관식 레벨 UP

1910년대를 일명 2인 문단시대라 한다. 이 시대를 주도한 두 명의 작가는 누구인가?

　　　　　　　　　　　　　　　　　　　　　　　　　　　　　　　　풀이 최남선, 이광수

---

(3) 주요 잡지

잡지	발행기간	발행인	주요 사항
소년(少年)	1908 ~ 1911	최남선	• 최초의 월간 종합지. 신문학 개척의 선구적 잡지 • 「해에게서 소년에게」가 실려 있음
매일신보	1910 ~ 1938		일제에 항거하던 민족지로 『대한매일신보』를 강제 매수하여 발행. 국·한문 혼용. 이인직의 「모란봉」, 이해조의 「춘외춘」, 이광수의 「무정」·「개척자」 등이 연재
청춘(靑春)	1914 ~ 1918	최남선	월간 종합지, 최남선이 창작시집 발표. 이광수가 「소년의 비애」, 「방황」 등 단편소설을 발표
학지광(學之光)	1914 ~ 1930	• 현상윤 • 최팔용	동경 유학생들이 발간한 문예물 중심의 회지
유심(惟心)	1918	한용운	불교전문 월간교양지
태서문예신보 (泰西文藝新報)	1918 ~ 1919	장두철	• 순국문의 최초의 문예주간지, 김억이 주로 활동 • 해외문학 특히 프랑스의 세기말적인 상징시를 소개

주관식 레벨 UP

1. 다음 설명과 관계 깊은 문예지의 명칭을 쓰시오.

   > 1918년 간행된 순국문의 최초의 문예주간지로 김억이 주로 활동했으며 해외문학 특히 프랑스의 세기말
   > 적인 상징시를 소개하여 우리 문단에 자유시가 발생할 수 있는 기틀을 마련하였다.

   　　　　　　　　　　　　　　　　　　　　　　　　　　　　풀이 태서문예신보(泰西文藝新報)

2. 우리나라 최초의 문예월간지와 주간지의 명칭을 쓰시오.
   　　　　　　　　　　　풀이 『소년(少年)』(1908), 『태서문예신보(泰西文藝新報)』(1918)

---

3. 1920년대 문학 　중요　★★★

(1) 기간

1919년 순문예 동인지 『창조』 창간 이후부터 1920년대 말까지의 시기

(2) 시대 배경

① **3·1운동의 실패** : 3·1운동의 실패로 우리 민족은 크나큰 정치적 좌절감을 느끼게 되었지만, 다른 한편 이를 계기로 민족해방운동의 새로운 방향을 모색하게 되었다.

② **문화적 회유 정책** : 1910년대의 무단 정치를 일시적으로 철회하고 **문화적 회유 정책의 실시**로 신문이나 잡지 및 **동인지** 등이 발간되어 **서구 문학의 유입**이 활발해졌다.

③ **사회단체의 결성과 계급주의 사상의 등장** : 3·1운동 후 새로운 민족문학의 발판으로 청년단체, 정치단체, 노동단체 등이 대거 결성되었다. 그리고 1917년 러시아혁명 후 전 세계로 퍼지기 시작한 계급주의 사상이 도입되었다.

(3) 특징

① **동인지 문단 시대** : 『창조』를 비롯한 『백조』, 『폐허』, 『장미촌』 등의 문학 동인지가 속출하면서 전문적인 문인들이 등장하여 문학의 저변이 확대되었다.

② **반계몽주의적 순문학 옹호** : 1910년대의 계몽주의 문학에 대한 반발로 예술로서의 문학의 독자성이 추구되었다.

③ **서구 문예사조의 도입기** : 서구의 문예 사조인 낭만주의, 사실주의, 자연주의, 상징주의 등이 한꺼번에 유입되어 우리 문학의 서구화·현대화를 촉진하였다.

④ **언문일치의 완성(= 구어체 문장의 확립)** : 김동인, 「약한 자의 슬픔」(1919, 창조)

⑤ 계급 문학이 대두되고 이에 반발하여 **국민문학파**가 등장하여 대립적 문학 운동을 전개

⑥ 3·1운동 직후, 시에는 감상적 낭만주의가 두드러지게 나타났고, 민요시 운동과 시조의 부흥운동이 전개되었으며, 경향시도 쓰였다.

⑦ 소설에서는 주로 사실주의·자연주의 경향을 보였으며, 패배적인 분위기와 인물 묘사가 나타났고, 경향 소설도 대두되었다.

주관식 레벨 UP

1. 1920년대를 대표할 수 있는 3대 동인지의 명칭과 발간 연대를 쓰시오.

　풀이　 『창조』(1919), 『폐허』(1920), 『백조』(1922)

2. 문학사상 언문일치의 완성작이라는 평가를 받는 작품과 작가를 쓰시오.

　풀이　 '약한 자의 슬픔', 김동인

3. 1920년대를 대표하는 시와 소설에 나타난 서구의 문예사조를 쓰시오.

　풀이　 시는 '낭만주의', 소설은 '사실주의' 경향이 강하게 나타난다.

---

(4) 주요 잡지 및 동인지

잡지명	연대	작가	특징
창조 (創造)	1919	김동인, 주요한, 전영택	• 최초의 순문예 동인지 • 1910년대 이광수의 관념적 계몽주의를 반대하고 순수문학을 추구 • 소설에서의 사실주의, 자연주의를 도입하였고, 시에서는 상징주의, 낭만주의를 추구 • 본격적인 문학동인지 • 김동인에 의해 언문일치의 완성(구어체문장 확립) • 김동인의 「약한 자의 슬픔」, 주요한의 「불놀이」 게재
개벽 (開闢)	1920	이돈화, 박영희, 김기진	• 월간교양잡지, 동인지가 아님. • 천도교의 기관지, 신경향파적 성격을 지님.
폐허 (廢墟)	1920	김억, 염상섭, 남궁벽, 황석우, 오상순	• 문학동인지 – 시중심의 활동 • 퇴폐주의 성격
장미촌 (薔薇村)	1921	황석우, 변영로, 노자영, 박종화, 박영희	• 최초의 시 전문 동인지 • 낭만주의적 자유시 제창 • 『폐허』와 『백조』의 교량적 역할을 하였음.
백조 (白潮)	1922	박종화, 현진건, 이상화, 나도향, 홍사용, 박영희	• 시에서는 감상적 낭만주의가 주조를 이루었고, 소설에서는 사실주의 경향을 띰. • 낭만주의(병적 감상주의)
금성 (金星)	1923	양주동, 유엽, 이장희, 백기만	• 시 동인지 • 상징수법과 낭만주의 풍조
영대 (靈臺)	1924	주요한, 김억, 김소월, 김동인, 이광수	• 순문예 동인지, 민족주의적 경향 • 『창조』의 후신
조선문단 (朝鮮文壇)	1924	방인근, 이광수	• 동인지의 성격을 탈피하고, 신인추천제를 둔 문예종합지로 민족주의 경향을 띰. • 『개벽』지와 대립된 잡지
해외문학 (海外文學)	1927	김진섭, 이헌구, 정인섭, 이하윤	• 외국문학에 대한 최초의 본격적인 번역 소개지 • 해외문학 연구회 기관지
삼천리 (三千里)	1929	김동환	월간 교양지, 동인지가 아님.
문예공론 (文藝公論)	1929	양주동, 염상섭	• 문예종합지, 동인지가 아님. • 계급주의와 민족주의를 절충하려는 경향

주관식 레벨 UP

다음 설명과 관계 깊은 동인지의 명칭을 쓰시오.

• 최초의 순문예 동인지이다.
• 1910년대 이광수의 관념적 계몽주의를 반대하고 순수문학을 추구하였다.
• 소설에서의 사실주의, 자연주의를 도입하였고, 시에서는 상징주의, 낭만주의를 추구하였다.

풀이 창조

4. 1930년대 문학 [중요] ★★★

(1) 기간

1930년대 초부터 일제 말기까지로 본격적으로 현대문학이 정립되는 시기

(2) 시대 배경

일제가 대륙 침략의 야욕을 본격적으로 드러내면서 한국을 병참기지화 하는 한편, 사상적, 문화적 통제를 한층 강화하여, 문학에서는 검열 때문에 원만한 작품 활동을 할 수 없었던 시기였다. 이에 따라 문학적 활동의 방향은 정치성이나 사회의식을 전혀 드러내지 않거나, 현실 문제를 풍자 등의 우회적 방법으로 표현하게 된다. 이 시기 말경에는 회유와 강압에 못 이기거나, 혹은 자발적으로 친일문학이 나타났다.

(3) 특징

① **범사회적 문단 시대(= 유파 중심 시대)**
② **목적문학의 퇴조와 순수문학의 지향**
　　㉠ 일제의 탄압이 가중됨에 따라 카프가 해체되고, 문학의 순수성과 예술성을 지향하는 세력이 문단의 주류를 형성
　　㉡ 문학이 역사적 가치의 대상에서 예술적 가치의 대상으로 변모
　　㉢ 문학의 소재와 형식이 다양해지며, 문학의 예술적 수준이 향상
③ **주지주의, 초현실주의** 등 새로운 **서구문학을 수용**함으로써 보다 성숙된 문학적 기교를 구사하게 되었다.
④ 시에서는 **시문학파, 주지시파, 생명파, 청록파, 전원파**, 초현실주의 등 다양한 유파가 나타났으며, 이육사, 윤동주 등은 민족적 지절을 지킨 저항시를 썼다.
⑤ 소설에서는 풍자 소설, 역사 소설, 심리 소설, **브나로드**의 영향을 받은 **농촌 소설** 등이 나타났다.
⑥ **현대극의 출발**: 사실주의 희곡이 등장했다.
⑦ 수필 문학이 독립된 장르로 정착했다.

(4) 주요 동인지 및 잡지

① **순수문학 추구 동인지 및 잡지**

동인지	연대	발행자 및 동인	특징
시문학 (詩文學)	1930	김영랑, 박용철, 정지용, 신석정,	순수시 옹호, 계급문학 반대, 유미주의적 경향, 섬세하고 세련된 시어, 시어의 음악성 중시, 1920년대 중반 이후 문단을 주도한 카프파의 계급주의문학을 비판하고, 문학의 예술성을 주장, 카프파의 계급주의문학이 지나치게 이념을 노출시킨 데 대한 반발로 일어남.
문예월간 (文藝月刊)	1931	박용철, 이하윤, 정지용	순문예 종합지
문학(文學)	1934	박용철	순수문학을 주장한 문예지
시원(詩苑)	1935	모윤숙, 노천명, 김광섭, 김상용	순수문학을 추구한 시 전문지

② 주요 동인지 및 잡지

지명(誌銘)	연대	대표 작가	특징
삼사문학	1934	조풍연, 신백수	의식의 흐름 수법을 보인 초현실주의적 경향의 작품들을 다수 발표
조선문학	1935	이무영	필진이 주로 프로문학계의 인물인 것으로 보아, 프로문학 잔재 세력의 거점으로 보임.
조광	1935		• 조선일보 자매지 • 이상의 「날개」, 채만식의 「태평천하」 등을 게재
시인부락	1936	서정주, 김동리, 김달진	• 시 전문 동인지. 인간과 생명 자체의 근원성에 대한 집요한 관심을 보임. 또한, 예술지상주의적인 순수문학을 인간주의적인 순수문학으로 심화시킴. • 서정주의 「화사」, 「문둥이」 등이 발표됨.
자오선	1937	이육사, 김광균, 신석초	모든 경향과 유파를 초월한 시 전문 동인지
문장(文章)	1939	조지훈, 박목월, 박두진	월간 종합 문예지. 범문단적인 작품 발표 및 고전 발굴에 주력. 특히, 신인 추천 제도를 두어 우수한 신인을 발굴

주관식 레벨 UP

1920년대 카프의 정치적 목적성에 대한 반발로 유미주의 일면을 계승하여 1930년대 순수문학운동을 전개했던 대표적 유파 둘은?

풀이 순수시파(시문학파)와 구인회

5. 해방공간의 문학

(1) 기간

8・15해방 이후부터 6・25전쟁(1950) 이전까지

(2) 시대 배경

8・15해방은 우리 민족문학의 회생(回生)을 가져온 역사적 전환점이었다. 그러나 이와 동시에 나타난 좌・우익의 이념적 갈등은 문학을 바라보는 시각에 있어서도 치열한 분열과 대립을 가져 왔으며, 이에 따라 전쟁 체험과 분단으로 인한 비극이 가장 중요한 문학적 제재로 등장했다. 민족문학 진영 대 계급문학 진영으로 대립하였다.

(3) 특징

① **문학에서의 이념 논쟁** : 8・15직후부터 이데올로기의 갈등이 일어나, 문단은 우익과 좌익으로 양분되었다.

참고 중간파(좌우 문학, 절충 문학) : 염상섭

② **문학 논쟁** : 김동석의 '순수 문학의 정체'와 김동리의 '독조 문학의 본질'로 시작되었다. 민족 문학파의 입장은 당의 문학에 대하여 인간의 문학을, 정치주의 문학에 대하여 순수 문학을 지향하는 것이었다. 계급주의 문학의 논자는 임화였고, 염상섭은 양자를 절충하였다.

③ **일제하의 체험과 귀향의식** : 해방 후 일제하의 절박한 삶의 체험을 회상하고, 고향을 잃은 자들의 귀향 의식을 표현하려는 주제의식이 나타났다.

6. 1950년대 문학 `중요` ★★

(1) 시대 배경

1950년대에는 전후의 불안한 정치·사회적인 분위기 속에서 **허무주의, 실존주의적인 경향**이 대두되었다. 특히 6·25를 계기로 미국과의 관계가 가까워지면서 미국을 중심으로 한 서구문학의 본격적인 유입이 이루어졌다.

(2) 특성

① **전후 문학이 등장** : 전쟁으로 인한 경제적·정신적 피폐상과 인간성 상실의 문제, 분단 현실의 아픔, 절망적인 시대 상황 등을 혁신적인 기법으로 형상화한 작품들이 발표되었다.

> `참고` **전후 문학**
> 세계 제1·2차 대전 후의 문학을 말하는데, 좁은 의미로는 제2차 대전 후의 문학을 특히 '전후 문학'이라 한다. 전후의 비참한 현실, 사회의 부조리, 불안 의식을 형상화하는 데 본질적 특색이 있다. 한국의 전후 문학은 6·25 전쟁 이후에 본격화되고 한국 문학의 중요한 제재와 테마가 되었다.

② **현실참여적인 주지시**와 **전통지향적인 순수시**가 대립되었다.

③ 풍자와 역설의 기법과 현실에 대한 지적 인식을 통한 비판정신이 첨예화되었다.

④ 서구의 실존주의 문학을 본격적으로 **수용**하면서 존재에 대한 형이상학적 통찰 및 휴머니즘의 회복을 강조하였다.

7. 1960년대 문학 `중요` ★★

(1) 시대 배경

1960년대는 4·19와 5·16이라는 정치적 격동기를 배경으로 전개된다. 이 시기의 문학은 4·19를 통해 진보에의 믿음과 인간이 역사의 창조적 주체라는 인식을 갖게 되어 언어의 탐구에 주력하고 시민 의식을 내세우게 되었다. 1960년대 문학의 또 다른 조건으로는 근대화로 인한 도시로의 인구 집중과 농촌의 궁핍화 현상을 들 수 있다.

(2) 특징

① **문학의 현실 참여 문제** : 사회 부조리에 대한 비판, 비인간화 현상에 대한 비판, 이에 대한 저항의식을 목적으로 하는 현실 참여적 성격의 문학이 강력하게 대두되었다.

② **민족의 비극과 분단 현실에 대한 심화된 인식** : 6 · 25의 상흔과 인간의 비참한 삶, 민족의 분단이라는 비극성에 대한 관심의 고조로 이를 사실적으로 증언, 육화(肉化)하려는 모습을 보였다.

③ **사실주의 경향의 문학** : 역사 · 사회에 대한 주지적 인식을 바탕으로 사실적으로 묘사하였다.

④ **서정과 기교의 문학** : 참여 문학의 강력한 세력에도 불구하고 전통적 서정주의와 독특한 문학적 기교를 추구하여 문학의 예술성을 높였다.

⑤ **1960년대 순수 · 참여 논쟁** : 문학과 정치 · 사회 상황과의 관련에 대하여 이형기, 이어령, 유종호가 '순수'를, 그리고 김우종, 김병걸 등이 '참여'적 입장을 견지하였다.

8. 1970년대 이후의 문학

(1) 1970년대 문학

1970년대에는 그 동안 문단의 주류를 형성했던 기성 문인들이 퇴조의 기미를 보이는 한편 젊은 신인들의 눈부신 움직임이 단연 각광을 받게 되었다. 소설 분야에서는 최인호, 황석영, 조해일, 조선작 등 젊은 작가들이 속속 등장하였다. 소위 1970년대 작가로 일컬어지는 이들은 가장 많은 독자를 차지하는 신문 소설에서도 그 자리를 휩쓸다시피 했다. 이렇게 해서 나온 최인호의 '별들의 고향', 조해일의 '겨울 여자' 등은 공전의 베스트셀러가 되어 일종의 소설 황금시대를 구가하기도 했다. 그러나 이와 같은 작품 경향에 대해 그 상업주의 문학으로서의 병폐를 지적하는 비평의 소리가 일각에서는 높아지기도 했다. 한편 산업 사회의 도래와 함께 그 병리적인 면을 작품을 통해 표현한 조세희의 '난장이가 쏘아올린 작은 공' 등의 작품집이 나와 단편집으로서 드물게 많은 독자를 얻은 베스트셀러가 되었다. 또 황석영은 공사판의 노사관계를 다룬 '객지'라든지 남북 분단의 비극을 작품화한 '한씨 연대기' 등을 발표하였다. 1970년대의 시단에서는 먼저 유신 체제와 어두운 정치 상황 아래에서 시인 김지하가 발표한 '오적(五賊)'이 필화사건(筆禍事件)을 몰고 와 국제적인 파문을 일으켰다. 이 밖에도 두드러진 작품 활동을 한 시인으로서는 정진규 · 정현종 · 박이도 · 이승훈 등을 들 수 있다. 이들은 우리 현대시의 새로운 변모를 가져오는 데 가장 앞장서는 구실을 했다.

(2) 1980년대 문학

1980년대에 와서 소설에서 큰 흐름을 형성하게 된 것은 그 동안 두드러지게 나타나지 않았던 대하소설 (大河小說)의 등장이다. 이것이 독자들에게도 큰 호응을 얻게 되었는데 그 대표적인 작품으로 황석영의 역사 소설 '장길산'과 조정래의 '태백산맥' 등을 들 수 있다. 이밖에도 이문열의 장편 '영웅시대'도 문단의 많은 주목을 받고, 그 후 그는 1990년대에 넘어 오도록 왕성한 작품 활동을 하고 있다. 시에 있어서는 이성복 · 황지우 · 최승자 · 김광규 등이 발랄한 작품 활동을 했고, 이 밖에 노동시를 쓴 박노해와 기록적인 시집의 판매 성적을 올린 서정인도 1980년대에 빠질 수 없는 시인이라고 할 수 있다.

(3) 1990년대 문학

1990년대에 접어들어 많은 상업주의적인 소설이 나타나 독자들을 혼란케 하는 경향도 있었지만 박경리의 대하소설 '토지'가 25년 만에 완성된 것은 뜻 깊은 일이었다. 이 밖에 작가 홍성원도 1960년대에 등단한 이후 1990년대에 이르기까지 '먼동', '달과 칼' 등의 장편을 발표하였다. 또 신경숙, 공지영 등의 젊은 여성주의 작가(페미니즘)들의 활동도 두드러졌다. 시에서는 1970년대 이후 두드러진 작품 활동을 해 온 고은이 '만인보', '백두산' 등의 장시(長詩)를 완성하고 1930년대에 시단에 나온 서정주가 첫 시집 『화사집』 이후 계속해서 작품을 써 오다 타계하였다. 여류 시인들도 홍윤숙·김남조·김지향·천양회 등이 1950년대 이후부터 시작품을 꾸준하게 발표했다.

제 2 장 | 현대시

제1절 한국 현대시의 특징

1. 시의 특성

① **운율성** : 음악성으로서 리듬이 있는 운율적 언어로 표현
② **사상성**
    ㉠ 의미 있는 내용으로서 시인의 인생관·세계관
    ㉡ 사상은 직접 드러나지 않고, 정서와 융합하여 나타난다.
③ **정서성**
    ㉠ 주관성으로서의 시인의 순화된 개성적 정서가 바탕이 된다.
    ㉡ 시의 내용은 사상과 정서이지만 주된 요소는 사상이 아니라 정서이다.
④ **압축성** : 가장 짧은 형태의 문학 양식으로 압축과 생략을 통해 시적 의미를 표현한다.
⑤ **영상성** : 시는 사상과 감정을 심상을 사용하여 구체화한다.
⑥ **주관성** : 시는 시인의 내면적 정서의 주관적인 토로이다.
⑦ **자기 목적성** : 시는 다른 목적을 달성하기 위한 도구가 아니라 자체에 목적이 있다.
⑧ **간접적 전달성** : 시적 자아(서정적 자아)라는 대리인을 통한 전달

2. 시의 3대 구성요소

① **음악적 요소** : 운율(리듬) → 순수시(시문학파)
② **회화적 요소** : 심상(이미지) → 주지시(모더니즘파)
③ **의미적 요소** : 주제(사상) → 경향시(예맹파), 참여시

3. 시의 심상(心象) 종요 ★★

(1) **심상(image)의 개념**
    ① 감각기관에 의해 마음속에 떠오르는 대상에 대한 영상이나 대상을 감각적으로 인식하도록 자극하는 말이다.
    ② **사물의 감각적 형상(形象)**

(2) 심상의 제시 방법

① **묘사적 심상** : 묘사나 감각적 수식어의 구사, 서술에 의해 제시되는 심상이다.

② **비유적 심상** : 보조 관념을 통해 원관념의 속성을 표현하는 심상으로 직유법, 은유법 등 비유법을 사용한다.

③ **상징적 심상** : 상징적 표현에 의해 사물의 영상을 드러내는 심상으로, 비유적 심상보다 폭과 깊이가 넓고 깊으며, 대체로 한 편의 작품 속에서 반복적으로 쓰이면서 시가 지니는 분위기를 응집시킨다.

(3) 심상의 종류

① **단일 심상** : 하나의 감각만 사용하는 심상

  ㉠ 시각적 심상 : 색채, 명암, 모양, 움직임 등을 시각(눈)을 통하여 마음속에 떠올리도록 표현한 시어나 시구의 심상

  ㉡ 청각적 심상 : 소리를 청각을 통하여 마음속에 떠올리도록 표현한 시어나 시구의 심상

  ㉢ 후각적 심상 : 냄새를 후각(코)을 통하여 마음속에 떠올리도록 표현한 시어나 시구의 심상

  ㉣ 미각적 심상 : 맛을 미각(혀)을 통하여 마음속에 떠올리도록 표현한 시어나 시구의 심상

  ㉤ 촉각적 심상 : 감촉을 촉각(살갗)을 통하여 마음속에 떠올리도록 표현한 시어나 시구의 심상

② **결합 심상** : 둘 이상의 감각이 결합된 경우

  ㉠ 공감각적 심상 : 두 종류 이상의 감각이 결합하여 **감각이 전이**(轉移)되어 표현된 것

  ㉡ 복합감각적 심상 : 둘 이상의 **감각을 병치**시키는 것을 말한다. 감각의 전이가 일어나지 않고 두 감각이 독립적으로 존재한다.

주관식 레벨 UP

두 종류 이상의 감각을 결합하여 감각이 전이되어 표현된 것을 무엇이라 하는가?

〔풀이〕 공감각적 심상

---

4. 시상의 전개 방식 〔중요〕★★

(1) 개념

시인 자신의 사상이나 정서를 일정한 질서에 의해 한 편의 시로 조직해 나가는 것을 말한다.

(2) 유형

① **시간적 흐름** : 시간적 순서에 따른 전개

  ㉠ 추보식 구성 : 과거 → 현재 → 미래

  ㉡ 역순행식 구성 : 현재 → 과거

② **선경후정(先景後情)** : 사물 또는 풍경을 그리듯이 보여 주고 그 다음에 시적 화자의 정서를 표출하는 방법

③ **기승전결(起承轉結)** : 시상 제시[起] → 시상의 반복 심화[承] → 시적 전환 시도[轉] → 중심 생각 또는 정서의 제시[結]

④ **시선의 이동**

　㉠ 원근법(遠近法) : 먼 곳 → 가까운 곳, 가까운 곳 → 먼 곳

　㉡ 상하법(遠近法) : 위 → 아래, 아래 → 위

⑤ **연상 작용** : 하나의 시어가 주는 이미지를 이와 관련된 다른 관념으로 꼬리를 무는 방식으로 시상을 전개

⑥ **점층적 시상 전개**

⑦ **어조의 변화에 따른 시상 전개**

주관식 레벨 UP

사물 또는 풍경을 그리듯이 보여 주고 그 다음에 시적 화자의 정서를 표출하는 시상 전개방식을 무엇이라 하는가?

풀이 선경후정(先景後情)

제2절　한국 현대시의 흐름

1. 개화기 ～ 1910년대

(1) 창가가사(唱歌歌詞) 중요 ★

① **개념** : 개화기의 전통적 가사 형식(4·4조)이나, 거기에 **찬송가나 민요의 영향**을 받아들인 형식으로 개화·계몽이라는 새로운 사상을 노래한 시가이다.

② **발생** : 기독교 찬송가나 신교육 기관을 통해서 보급된 서양 음악과 결합하여 형성된 것으로, 1896년 『독립신문』에서 처음 쓰였다.

③ **형식** : 초기(개화가사)에는 3·4조 또는 4·4조, 이후(창가)에는 6·5조, 7·5조, 8·5조 등의 다양한 율조를 취했다. (3음보격의 활용)

④ **내용** : 애국·독립 사상의 고취, 신문명의 찬양, 신학문 권장, 정치 및 사회 비판 등

⑤ **주요 발표지** : 『독립신문』, 『소년』, 『청춘』

⑥ **의의** : 개화가사가 신체시(新體詩)로 넘어가는 교량 구실

주관식 레벨 UP

개화기의 전통적 가사 형식(4·4조)이나, 거기에 찬송가나 민요의 영향을 받아들인 형식으로 개화·계몽이라는 새로운 사상을 노래하였고, 개화가사가 신체시로 넘어가는 교량 구실을 한 시가의 명칭은?

풀이 창가가사

---

(2) 신체시(新體詩) 종요 ★

① **개념** : 1908년 이후에 등장한 새로운 형태의 시로 '신시(新詩)'라고도 한다.
② **형식** : 6·5, 7·5, 8·5조 등의 외형률에서 탈피하여 좀 더 자유시에 접근한 형태
③ **주제** : 개화사상, 신교육 고취, 남녀평등, 자주 독립 등 계몽적 내용
④ **의의** : 전대의 정형시가(창가가사)에서 현대적 자유시로 넘어가는 교량적 역할
⑤ **주요 발표지** : 『소년』(1908), 『청춘』(1914)
⑥ **최초** : 육당(六堂) 최남선의 '해(海)에게서 소년에게'(1908)

주관식 레벨 UP

1908년 『소년』에 발표된 최초의 신체시와 작가의 이름을 쓰시오.

풀이 '해(海)에게서 소년에게', 최남선

---

(3) 서구 자유시의 등장

① **출발** : 신체시를 계승하고 서구의 시를 수용하면서 1918년 무렵부터 현대적 자유시가 등장하였다.
② **형식** : 외형률(정형시)의 규칙성에서 탈피하여 내재율(자유시)이 지배하는 형식
③ **작품** : 1918년 「태서문예신보」에 김억의 '봄은 간다'가 발표되고, 1919년 『창조』에 '불놀이'가 등장하는 등 현대적 자유시가 등장한다.

2. 1920년대 종요 ★★★

(1) 시의 전개

① **자유시의 본격화** : 주요한의 '불놀이'가 발표된 이래 자유시가 본격화된다.
② **낭만적·감상적 경향** : 초기에는 3·1운동의 실패, 서구의 세기말 사조의 영향 등으로 말미암아 우울한 정서와 감상적인 경향을 중심으로 한 낭만주의 시가 주류를 이루었다. 후반에는 이러한 경향이 극복되고 건강하고 밝은 정서를 회복한 서정시들이 주류를 형성하였다.
③ **전통 지향의 흐름**
　㉠ 민요시 운동 : 김억, 주요한, 김동환, 김소월, 이상화, 홍사용 등에 의해 민요시 운동이 일어났다.
　㉡ 시조 부흥 운동 : 최남선이 주도한 시조 부흥 운동은 카프의 계급주의에 반발하여 민족주의적 경향에 바탕을 두고 전통 시형인 시조를 계승·발전시키고자 한 것이다. 이에는 이병기, 이은상, 정인보 등이 참여하였다. 시조 부흥 운동은 시조의 현대화 작업이다.
④ **경향시의 등장** : 초기의 감상적 낭만주의 시에 대한 반발로 사회주의 이데올로기에 바탕을 둔 현실 인식을 형상화하려는 경향시가 등장하였다. 그러나 이들 경향시는 지나치게 이데올로기를 강조함으로써 시로서는 예술적 형상화가 이루어지지 못했기 때문에 문학적 성과를 거두지 못했다.

주관식 레벨 UP

1. 1919년 『창조』의 창간호에 발표된 최초의 자유시와 작가의 이름을 쓰시오.

　　　　　　　　　　　　　　　　　　　　　　　　　　　　　　풀이 '불놀이', 주요한

2. 1920년대 카프의 계급주의에 반발하여 민족주의적 경향에 바탕을 두고 전통 시가인 '시조의 부흥 운동'을 전개한 유파와 중심 작가의 이름을 쓰시오.

　　　　　　　　　　　　　　　　　　　　　　　　　　　　　　풀이 국민문학파, 최남선

---

(2) 주요 시인의 경향 및 작품 **종요** ★★

① 김억(金億)

　㉠ 호는 안서(岸曙). 『폐허(廢墟)』(1921) 동인

　㉡ 초기의 감상적인 시에서 민요시로 전환하였으며, 『태서문예신보』(1918)를 통해 서구적 상징시의 이론 및 작품을 번역 소개하였다.

　㉢ 『오뇌의 무도』(1921) : 현대 최초의 번역 시집. 베를렌, 보들레르의 시를 번역한 것으로서 한국 시단에 퇴폐적·상징적 경향을 낳게 한 촉매제 역할

　㉣ 『해파리의 노래』(1923) : 현대 최초의 개인 창작 시집. 인생과 자연을 7·4조, 4·4조 등의 민요 형식으로 담담하게 노래

　㉤ 오산 학교에서 김소월을 가르쳐 그를 시단에 소개

주관식 레벨 UP

김억이 쓴 현대 최초의 번역시집과 현대 최초의 개인 창작 시집의 제목을 쓰시오.

　　풀이 현대 최초의 번역시집 : 『오뇌의 무도』(1921), 현대 최초의 개인 창작 시집 : 『해파리의 노래』(1923)

---

② 주요한(朱耀翰)

　㉠ 호는 송아. 『창조(創造)』(1919) 동인

　㉡ 「불놀이」(1919) : 『창조』 1호에 발표. 최초의 자유시

　㉢ 초기에는 감상적 경향, 후기에는 민요적 경향. 계몽성·교술성을 극복하고 시 자체의 예술적 미 의식을 부여하는 감각적인 시를 선보여 한국 근대 자유시 발전의 계기 마련

　㉣ 『아름다운 새벽』(1924) : 주요한의 처녀 시집

　㉤ 『3인 시가집(三人詩歌集)』(1929) : 이광수, 김동환 등의 공동 시집

③ 김소월(金素月)

　㉠ 본명은 '정식(廷湜)'. 『영대』(1924) 동인

　㉡ 김억의 영향으로 문단에 등단. 민요조의 서정시. 작품의 주조는 '한(恨)'이라고 평가된다. 민요 시인, 전통 시인으로 불린다.

© 대표작

㉮ 시 : '**진달래꽃**'(1922), '산유화', '**초혼**', '길', '가는 길', '금잔디', '**먼 후일**', '못 잊어', '엄마야
누나야', '**접동새**', '바라건대는 우리에게 우리의 보섭 대일 땅이 있었더면' 등

㉯ 시집 : 『**진달래꽃**』(1925)

주관식 레벨 UP

다음 설명과 관계 깊은 시인은 누구인지 쓰시오.

- 본명은 정식(廷湜), 『**영대**』(1924) 동인
- 김억의 영향으로 문단에 등단, 민요조의 서정시
- 대표작으로 '산유화', '초혼', '먼 후일', '못 잊어' 등

풀이 김소월

---

④ **이상화(李相和)**

㉠ 호는 **상화(尙火)**, 『**백조(白潮)**』(1922) 동인

㉡ 초기 : 감상적, 퇴폐적 경향

㉢ 후기 : 'KAPF'(1925) 가담. 항일적, 민족주의적 경향

㉣ 대표작 : '말세(末世)의 희탄', '나의 침실로', '이중(二重)의 사망', '**빼앗긴 들에도 봄은 오는
가**'(1926, 새벽)

㉤ 유고시집 : 『**상화와 고월**』(1946, 백기만)

⑤ **김동환(金東煥)**

㉠ 호는 **파인(巴人)**. 종합 잡지 『**삼천리(三千里)**』 주재

㉡ 초기에는 신경향파에 속하였으나, 향토색 짙은 민족 정서를 바탕으로 한 애국적 시를 많이 지었
다. 민요시 운동도 전개하였다.

㉢ 대표작 : '북청 물장수', '**국경의 밤**'(1925)―현대 최초의 장편 서사시

주관식 레벨 UP

1925년 김동환이 발표한 현대 최초의 장편 서사시는 무엇인가?

풀이 국경의 밤

---

⑥ **한용운(韓龍雲)**

㉠ 호는 **만해(萬海)**. 불교 잡지 『**유심(惟心)**』 간행. 특정 문예 동인으로 활동하지는 않음.

㉡ 불교적 명상을 통한 자연에의 몰입, 어두운 시대에서도 절망하지 않는 믿음과 종교적 신념을 **역
설적 구조와 산문시적**으로 표현

㉢ 타고르의 영향을 받았으며 연가풍의 서정성이 돋보인다.

㉣ 대표작

㉮ 시집 : 『**님의 침묵**』(1926)

ⓑ 시 : '알 수 없어요', '찬송', '나룻배와 행인', '당신을 보았습니다', '복종', '논개의 애인이 되어 그의 묘에', '님의 침묵' 등
ⓒ 소설 : '흑풍', '후회', '박명'
ⓓ 논설 : '조선 독립 이유서', '조선 불교 유신론'

3. 1930년대 종요 ★★★

(1) 1930년대 시(詩)의 특성

① **순수 서정시의 등장** : '시문학파'를 중심으로 시어의 조탁과 음악성에 치중하는 경향이 대두되었다.
② **모더니즘 시의 등장** : 시각적 이미지를 중시하며 도시문명의 비판 등 지성을 중시하는 시를 추구하는 시인들이 등장하였다.
③ **반주지적(反主知的) 생명성의 탐구** : 생명의 깊은 고뇌와 삶의 근본문제를 추구하는 시들이 『시인 부락』(1936)을 중심으로 시도되어, 시의 새로운 국면으로 나타나게 되었다.
④ **자연과의 친화를 노래** : 『문장』(1939)지를 통하여 등단한 박목월, 박두진, 조지훈 등에 의해 자연과의 친화를 노래하는 시적 경향이 대두되었다.
⑤ **저항과 참회의 시** : 이육사는 일제에 대한 저항과 당당한 대결정신을, 윤동주는 암담한 시대 상황에 대한 철저한 인식의 바탕 위에 식민지 지식인으로서의 고뇌, 끊임없는 자아성찰을 노래하였다.

(2) 주요 유파

① **시문학파(詩文學派, 순수시파) → 순수시 운동**
  ㉠ 주요 작가 : 『시문학』(1930) 동인(박용철, 김영랑, 정지용, 정인보, 신석정, 이하윤 등)
  ㉡ 형성 배경
    ㉮ 1920년대 중반 이후 프로문학과 민족주의문학의 대립으로 인한 **이념적 문학풍토에 반발**하는 경향이 대두되었다.
    ㉯ 박용철, 김영랑의 주도로 『시문학』(1930), 『문예월간』(1931), 『문학』(1934), 『시원』(1935) 등 순수시 잡지가 간행되고, '구인회' 및 '해외문학파'와 같은 순수문학 동인이 결성되었다.
  ㉢ 특성
    ㉮ 프로문학의 목적의식, 도식성, 획일성, 조직성에 반대하여 **순수문학을 옹호**
    ㉯ 언어의 조탁과 시어의 음악성을 중시
    ㉰ 청징하고 섬세한 정서를 순화
    ㉱ 예술지상주의, 유미주의의 경향
  ㉣ 의의 : 순수시 운동에 의하여 우리나라의 현대시가 시의 언어와 형식에서 좀 더 세련된 차원으로 발전되었다.
  ㉤ 한계 : 시에서 일체의 이념적·사회적 관심을 배제하고 오직 섬세한 감각과 그윽한 서정성을 추구하는 것이 순수시의 본령이라고 생각한 결과 지나치게 개인의 내면세계에만 편중되어 역사의식을 상실했다.

다음 특성과 관계 깊은 1930년대 시파를 무엇이라 하는가?

- 프로문학의 목적의식, 도식성, 획일성, 조직성에 반대하여 순수문학을 옹호
- 언어의 조탁과 시어의 음악성을 중시
- 청징하고 섬세한 정서를 순화
- 예술지상주의, 유미주의의 경향

풀이 시문학파(순수시파)

ⓑ 작가 및 작품 경향

시인	작품 경향	대표 작품
김영랑	투명한 감성의 세계를 감각적인 시어와 가락으로 표현	모란이 피기까지는, 내 마음 아실 이, 독을 차고
박용철	삶에 대한 회의를 감상적인 가락으로 표현	떠나가는 배
정지용	고향에의 향수를 감각적인 시어를 구사하여 표현	향수, 고향, 유리창
이하윤	해외 시의 소개와 서정시 운동, 『시문학』 동인	들국화, 물레방아

② **주지파(主知派, 모더니즘파)** - 모더니즘 시 운동

ⓐ 주요 작가 : 최재서, 김기림, 김광균, 정지용, 장만영, 이상 등

ⓑ 형성 배경

㉮ 1926년경부터 태동되어 오던 **모더니즘 시 운동**이 1934년 최재서에 의해 소개된 후 활발하게 전개되었다.

㉯ 서구의 신고전주의 철학 및 **초현실주의,** 다다이즘, 입체파, 미래파, 이미지즘 등 현대적 문예 사조의 이념이 본격적으로 수용되었다.

ⓒ 특징

㉮ **기계 문명 및 도시 문명의 황폐성 비판, 이국적 정조**(외국의 모더니즘 작품에서는 문명 비판적 성격이 두드러지나, 우리나라에서는 일부 나타나기는 하지만 상대적으로 문명 비판적 성격이 약하다)

㉯ **사물에 대한 지적 인식 중시**

㉰ **객관적이고 과학적인 시학에 의거한 의도적인 시를 창작**

㉱ **감각적 시어 및 회화적 심상(이미지)을 중시**

ⓓ 의의 : 반낭만주의적 입장에서 회화적 이미지의 창조라는 '방법의 지각'을 가지려 했다.

ⓔ 한계 : 사상성의 결여(이미지를 중시한 나머지 인생관과 세계관에 대한 깊은 인식이 없었다)

다음 특성과 관계 깊은 1930년대의 유파는?

- 기계 문명 및 도시 문명의 황폐성을 비판하였다.
- 사물에 대한 지적 인식을 중시하였다.
- 객관적이고 과학적인 시학에 의거한 의도적인 시를 창작하였다.
- 감각적 시어 및 회화적 심상(이미지)을 중시하였다.
- 김기림, 김광균, 정지용, 장만영, 이상 등

풀이 모더니즘파(주지파)

ⓑ 작가 및 작품 경향

시인	작품 경향	대표 작품
김기림	주지주의문학의 이론을 통한 모더니즘 시 운동을 전개	기상도, 바다와 나비
김광균	『시인부락』(1936), 『자오선(子午線)』(1937) 동인으로 활동. 공감각적, 시각적인 언어를 통하여 참신한 이미지를 표현	외인촌, 데생, 추일서정, 와사등, 기항지, 설야
장만영	농촌을 중심으로 한 자연을 소재로 하여 선명한 이미지를 표현	바다로 가는 여인, 달·포도·잎사귀
김해경 (李箱)	구인회에 참여하여 '시와 소설' 편집. 다다이즘, 초현실주의 경향의 실험적인 작품을 시도	오감도, 거울

③ **생명파(生命派, 인생파)**

㉠ 주요 작가 : 『시인부락』(1936) 동인(서정주, 김동리), 『생리』(1937) 동인(유치환)

㉡ 형성 배경

㉮ 경향파의 목적의식, 순수시파의 기교주의, 주지시파의 비생명적 메커니즘에 대한 반발

㉯ 생명 의식의 고양과 인생의 궁극적 의미의 추구에 주력

㉢ 특징

㉮ 삶의 깊은 고뇌와 본원적 생명력의 탐구 정신을 강조

㉯ 토속적인 소재와 전통적인 가치 의식을 추구

㉰ 철학적인 사색으로 시의 내부 공간의 확대

㉣ 작가 및 작품 경향

시인	작품 경향	대표 작품
서정주 (미당)	• 초기 : 보들레르의 영향으로 인간의 원죄 의식과 근원적 문제인 생명성을 탐구 • 후기 : 불교적 상상력에 뿌리를 둔, 영원성을 희구하는 정신주의와 신비주의적 색채 • 『시인부락』(1936) 동인	화사, 문둥이, 자화상, 추천사, 국화 옆에서, 무등을 보며, 춘향유문, 귀촉도
유치환 (청마)	• 초기 : 니체의 영향을 받아 의지가 허무에 압도된 낭만적, 상징적 경향의 시를 씀. • 후기 : 생명탐구의 시 세계. 즉, 삶의 본질을 추구하는 시를 씀. • 허무의 세계를 극복하려는 강인한 원시 생명적 의지를 시화한 까닭에 '허무와 의지의 시인'으로 불림.	깃발, 바위, 일월, 생명의 서, 울릉도

④ **전원시파(田園詩派, 목가시인)**

　㉠ 주요 작가 : 신석정, 김동명, 김상용

　㉡ 형성 배경

　　㉮ 1930년대 후반 극심한 **일제의 탄압** 아래 현실로부터 도피하려는 의식에서 비롯됨.

　　㉯ 서구 의존적인 시에서 탈피하여 **동양적 세계관을 중시**하려는 경향이 대두

　㉢ 특징

　　㉮ 자연 친화적이며, 관조적인 태도

　　㉯ 서경적인 묘사를 토대로 한 자족적인 정서를 표현

　　㉰ 이상향으로서의 전원생활에 대한 동경과 안빈낙도의 세계관

　㉣ 작가 및 작품 경향

시인	작품 경향	대표 작품
신석정	자연 친화의 목가적 시풍으로 이상향에의 동경을 노래	슬픈 구도, 그 먼 나라를 알으십니까, 아직은 촛불을 켤 때가 아닙니다
김동명	일제의 탄압을 피해 농촌에 묻혀 향수, 비애, 고독을 서정으로 노래	파초, 진주만, 내 마음은
김상용	동양적 관조의 세계를 전원적인 정서로 노래	남으로 창을 내겠소

주관식 레벨 UP

다음 설명과 관계 깊은 유파와 주요 동인 3명의 이름을 쓰시오.

- 1930년대 후반 극심한 일제의 탄압 아래 현실로부터 도피하려는 의식에서 비롯하였다.
- 자연 친화적이며, 관조적인 태도를 취하였다.
- 서경적인 묘사를 토대로 한 자족적인 정서를 표현하였다.
- 이상향으로서의 전원생활에 대한 동경과 안빈낙도의 세계관을 나타냈다.

　　　　　　　　　　　　　　　　　　풀이 전원시파(목가시인) / 신석정, 김동명, 김상용

---

⑤ **청록파(靑鹿派, 자연파)** 〔중요〕 ★★★

　㉠ 주요 작가 : 박목월, 조지훈, 박두진

　㉡ 형성 배경

　　㉮ 일제 말 군국주의 통치에 따른 문학적 탄압에 대한 소극적 대응으로 나타났다.

　　㉯ 물질문명에 대한 거부로서 은둔과 자연관조의 태도로 형성되었다.

　　㉰ **문장(1939)**지의 추천으로 등단, 해방 후 공동 시집 『**청록집**』(1946) 간행

　㉢ 특징

　　㉮ 전통적인 서정과 운율로 자연과의 친화를 추구

　　㉯ 주지시에 대한 반발에서 비인간화된 세계에 대한 반항을 지향

　　㉰ **향토적 정조와 전통 회귀 정신을 강조**

　　㉱ 작품 경향이나 종교적 성격은 다르나 전통적인 율감으로 **한국적(동양적) 자연관**을 표출하였다는 공통점을 갖는다.

ㄹ 작가 및 작품경향

시인	작품 경향	대표 작품
박두진 (혜산)	기독교적 생명사상에 입각한 자연과의 친화를 노래하였으나, 그의 자연은 목가적인 세계가 아니고, 인간과 사회에 대한 윤리의식이 밑바탕이 되어 종교적 신앙과 일체를 이루었다.	향현, 낙엽송, 도봉, 설악부, 묘지송, 해
박영종 (목월)	향토성이 짙은 토속적인 언어, 정형적인 율격, 간결한 이미지와 섬세한 서정성을 바탕으로 자연과의 친화를 표현했다.	나그네, 청노루, 윤사월, 산도화, 하관, 이별가
조동탁 (지훈)	회고적, 민속적인 제재를 통해 민족적 정서와 전통에 대한 향수 및 불교적 선미(禪味)를 그렸다.	봉황수, 승무, 완화삼, 고풍 의상

주관식 레벨 UP

1939년 '문장'지에서 정지용의 추천으로 등단하여 해방 직후 가장 먼저 공동시집을 발간하여 해방 전후를 이어주는 교량적 역할을 담당했다는 평가를 받는 유파와 동인 3명, 그리고 공동시집의 제목을 각각 쓰시오.

[풀이] 자연파(청록파) / 조지훈, 박목월, 박두진 / 『청록집』(1946)

⑥ 저항과 참회의 시인

　ㄱ 주요 작가 : **이육사, 윤동주**

　ㄴ 의의

　　㉮ 일제 말기의 문학적 공백기에 민족적인 의지와 양심을 지켜 주었다.

　　㉯ 일제 치하에 한국 저항시의 맥을 형성하고 있다.

　ㄷ 작가 및 작품 경향

　　㉮ 이육사(李陸史)

　　　ⓐ 본명은 원록(源綠). 신석초, 김광균 등과 시 동인지 『자오선』(1937) 발간

　　　ⓑ 현실에 타협하지 않는 강렬한 대결 정신을 지사적·대륙적 풍모로 표현

　　　ⓒ **남성적 어조**와 격조 높은 시어와 절제된 형식미를 통해 **조국 광복을 염원**하는 소망과 의지를 잘 형상화

　　　ⓓ 유고시집 : 『육사시집』(1946)

　　　ⓔ 작품 : '광야', '절정', '꽃', '교목', '청포도' 등

　　㉯ 윤동주(尹東柱)

　　　ⓐ 북간도 용정(龍井) 출생

　　　ⓑ 연희전문을 거쳐 도일, 도시샤[同志社] 대학 영문과 재학 중 1943년 여름 방학을 맞아 귀국하다 사상범으로 일경에 체포되어, 1945년 2월 후쿠오카[福岡] 형무소에서 옥사

　　　ⓒ 내면화된 윤리적 성찰과 고백

　　　ⓓ **기독교 영향** : '도덕적 순결성 지향'(서시), '자기 참회와 반성(참회록)', '자기희생적 인간애(십자가)' 등

　　　ⓔ **부끄럼의 미학.** 식민지 지식인의 정신적·윤리적 고통을 섬세한 서정과 투명한 시심으로 노래

ⓕ 유고시집 : 『하늘과 바람과 별과 시』(1948)

ⓖ 작품 : '서시', '간', '십자가', '또 다른 고향', '별 헤는 밤', '자화상', '참회록', '쉽게 씌어진 시' 등

⑦ **기타 작가**

시인	작품 경향	대표 작품
김현승	인간의 절대 고독, 영혼의 순결성을 노래	가을의 기도, 눈물, 가을, 절대 고독
김광섭	고요한 서정과 지적 경향	해바라기, 성북동 비둘기
노천명	고독 애수의 주정적 경향	사슴, 산호림, 별을 쳐다보며
이용악	• 식민지 치하의 뿌리 뽑힌 유랑민의 삶을 노래 • 짓밟히면서도 일어나는 민중의 끈질긴 생명력을 다룸. • 민족적 사실주의	낡은 집, 오랑캐꽃, 전라도 가시내, 분수령
백석	평안도 지방의 향토적 생활과 민속을 객관적 태도로서 사실적으로 그림. 식민지 상황에서 유랑하는 민중의 삶을 다룸. 민족적 사실주의, '서사적 이야기의 구조'	여우난 곬족, 사슴, 가즈랑집, 고향, 여승

4. 해방 공간의 문학 종요 ★

(1) 해방의 감격과 역사적 의미에 대한 시적 인식이 보편화됨

(2) 유고시집의 간행 : 이육사의 『육사시집』(1946), 윤동주의 『하늘과 바람과 별과 시』(1948)

(3) 자연파 시인들의 공동시집 간행 : 『청록집』(1946)

(4) 민족주의적 정조 : 우리 민족의 전통적 정서를 계승하고 민족에 대한 애정을 주제로 함.

(5) 후반기(後半期) 동인의 등장

① **동인** : 김수영, 박인환, 김경린

② **경향** : 1930년대 중반의 모더니즘 시를 계승하였으며, 도시와 문명을 소재로 하여 시각적 이미지와 관념의 조화를 시도했다.

③ **공동시집** : 『새로운 도시와 시민들의 합창』(1948)

주관식 레벨 UP

해방 공간의 시기 1930년대 중반의 모더니즘 시를 계승하였으며, 도시와 문명을 소재로 하여 시각적 이미지와 관념의 조화를 시도한 동인의 명칭과 1948년 발표한 공동시집의 제목을 각각 쓰시오.

풀이 '후반기 동인' / 『새로운 도시와 시민들의 합창』

---

5. 1950년대

(1) 전쟁 체험의 시 : 동족상잔의 비극적 체험을 시인의 내면적 인식으로 수용하여 시대에 대한 적극적인 대응방식 모색

예 유치환 「보병과 더불어」, 구상 「초토의 시」, 조지훈 「다부원에서」 등

(2) 모더니즘 시

① **문명 비판** : '후반기' 동인을 중심으로 1930년대 모더니즘 시의 방법과 정신을 계승·발전시켜 현대 도시문명의 메커니즘과 그 어두운 의식적 단면을 감각적 이미지와 실험적 형태, 이국적 정서를 통해 표현하였다.

예 박인환 「목마와 숙녀」, 김규동 「나비와 광장」 등

② **지적인 내면 인식의 시** : 사회현상에 비판적으로 대응하려는 주지적 성향과 형이상학적인 존재 인식을 통해, 전후의 허무의식으로부터 벗어나 새로운 질서를 회복하려는 내면적 의지를 표현하였다.

예 송욱 「하여지향」, 김춘수 「꽃」·「꽃을 위한 서시」 등

③ **현실 인식의 시** : 분단과 사회현실의 인식

예 박봉우 「휴전선」, 신경림 「갈대」, 김수영 「눈」·「폭포」 등

(3) 전통적인 순수시

① **휴머니즘적 지향** : 전쟁으로 인한 인간성 상실을 반성하고, 삶의 본질에 대한 사색과 소생의 의지를 안정된 언어로 표현하였다.

예 이형기 「비」, 박남수 「새」, 정한모 「가을에」 등

② **고전주의적 지향** : 전통적인 정서와 한(恨)의 가락이 결합되어 전아(典雅)하면서도 정적(靜的)인 깊이를 지닌 순수서정을 표현하였다.

예 박재삼 「울음이 타는 가을 강」, 이동주 「강강술래」 등

(4) 주요 작가와 작품 경향

시인	작품 경향	작품
김수영	인간주의에 바탕을 두고 있으면서 1950년대의 사회적 풍토를 풍자적으로 시화(詩化)하였다. 저항정신에 뿌리박은 참여파의 전위적 역할을 함	달나라의 장난, 눈, 풀, 폭포, 병풍
송욱	풍자와 익살을 통한 현실비판의 정신	하여지향, 장미
김춘수	말과 존재의 관계를 지적인 이해를 토대로 하여 나타낸 '인식(認識)의 시인', '이미지의 시인', '무의미시' • 초기 : 사물의 본질을 탐구하려고 노력함 • 후기 : 이미지에 의한 순수시를 추구함	꽃, 꽃을 위한 서시, 부다페스트에서의 소녀의 죽음

6. 1960년대 이후 {종요}★

(1) 전통적 서정주의의 흐름과 그 분화 : 현실 참여주의에 반대하고 시의 예술성과 순수성, 그리고 전통적인 서정성 추구에 몰두하는 경향이 나타났다.

   ① **전통적 정서 계승**

       {예} 서정주「동천」, 김광섭「성북동 비둘기」, 박재삼「춘향이 마음」 등

   ② **예술적 기교를 추구**

       {예} 김춘수「처용」, 전봉건「속의 바다」, 신동집「모순의 물」 등

(2) 비판적 현실의식의 시 : 4·19 이후 현실의식이 깊어지는 가운데 시를 통한 사회인식과 실천을 중시하였으며, 참여시적 경향이 두드러졌다.

       {예} 김수영「거대한 뿌리」·「풀」, 신동엽「껍데기는 가라」, 신경림「농무」 등

(3) 현대시조의 활성화

       {예} 김상옥「사향」·「봉선화」, 이호우「개화」·「살구꽃 핀 마을」, 정완영「조국」, 이영도「낙화」 등

제3절   한국 현대시 주요 작품의 이해

01 초혼(招魂) : 김소월 {종요}★

> 산산이 부서진 이름이여!
> 허공 중에 헤어진 이름이여!
> 불러도 주인(主人) 없는 이름이여!
> 부르다가 내가 죽을 이름이여!
> ▶ 임의 부재에 대한 확인
>
> 심중(心中)에 남아 있는 말 한 마디는
> 끝끝내 마저 하지 못하였구나.
> 사랑하던 그 사람이여!
> 사랑하던 그 사람이여!
> ▶ 사랑을 고백하지 못한 회한
>
> 붉은 해는 서산 마루에 걸리었다.
> 사슴의 무리도 슬피 운다.

떨어져 나가 앉은 산(山) 위에서
나는 그대의 이름을 부르노라.
▶ 삶의 의미를 상실한 허탈감

설움에 겹도록 부르노라.
설움에 겹도록 부르노라.
부르는 소리는 비껴가지만
하늘과 땅 사이가 너무 넓구나.
▶ 이어질 수 없는 절망적 거리

선 채로 이 자리에 돌이 되어도
부르다가 내가 죽을 이름이여!
사랑하던 그 사람이여!
사랑하던 그 사람이여!
▶ 임의 재생을 소망하는 비원(悲願)

핵심정리

① 갈래 : 자유시, 서정시
② 성격 : 애상적, 감상적, 전통적, 격정적
③ 경향 : 혼백을 부르는 고복(皐復) 의식이 강함
④ 표현
　　㉠ 설화적 모티브(관련 설화–망부석 설화)
　　㉡ 자아의 내면의 간절한 절규가 애절하게 표출됨.
　　㉢ 3음보의 전통적 민요조의 리듬
⑤ 어조 : 의지적이며 절규적 어조, 여성적 어조. 반복과 영탄을 동반한 강렬한 어조
⑥ 제재 : 사별한 임(임의 죽음)
⑦ 주제 : 사별(死別)한 님에 대한 그리움

---

02 알 수 없어요 : 한용운 `중요` ★★

바람도 없는 공중에 수직(垂直)의 파문을 내이며
고요히 떨어지는 오동잎은 누구의 발자취입니까.
▶ 임의 발자취 : 없음(無爲)으로 보이는 현상계의 움직임(有爲)

지리한 장마 끝에 서풍에 몰려가는 검은 구름의 터진 틈으로
언뜻언뜻 보이는 푸른 하늘은 누구의 얼굴입니까.
▶ 임의 얼굴 : 권태(倦怠)와 공포(恐怖)의 순간순간 드러나는 진리의 표상(表象)

꽃도 없는 깊은 나무에 푸른 이끼를 거쳐서 옛 탑(塔) 위의
고요한 하늘을 스치는 알 수 없는 향기는 누구의 입김입니까.
▶ 임의 입김 : 오묘(奧妙)하고 고풍연(古風然)한 진리의 표상

근원은 알지도 못할 곳에서 나서 돌뿌리를 울리고
가늘게 흐르는 작은 시내는 구비구비 누구의 노래입니까.
▶ 임의 노래 : 신비한 연원(淵源)의 표상

연꽃 같은 발꿈치로 가이 없는 바다를 밟고 옥 같은 손으로
끝없는 하늘을 만지면서 떨어지는 해를 곱게 단장하는 저녁놀은 누구의 시(詩)입니까.
▶ 임의 시 : 온 누리에 충만한 인연(因緣)의 표상

타고 남은 재가 다시 기름이 됩니다.
그칠 줄을 모르고 타는 나의 가슴은 누구의 밤을 지키는 약한 등불입니까.
▶ 나의 존재 : 불멸(不滅)의 사모(思慕), 고독한 구도(진리를 구하는) 정신

핵심정리

① 갈래 : 자유시, 서정시
② 운율 : 내재율
③ 성격 : 상징적, 신비적, 관념적, 명상적
④ 어조 : 연가풍의 여성적 어조
⑤ 특징
　㉠ 자연계의 친숙하고 아름다운 현상을 무한의 존재와 연결시켜, 철학적인 질문을 함.
　㉡ 차분하고 부드러운 어조와 아름다운 시어들을 선택하여, 구도의 과정을 심미적으로 설명함.
　㉢ 경어체의 겸손함과 높은 격조가 두드러짐.
⑥ 제재 : 자연계의 현상들
⑦ 주제 : 임에 대한 동경과 구도 정신, 진리의 궁극을 추구하고자 하는 정신

03 나룻배와 행인 : 한용운

나는 나룻배,
당신은 행인.
▶ 나와 당신의 관계

당신은 나를 흙발로 짓밟습니다.
나는 당신을 안고 물을 건너갑니다.
나는 당신을 안으면 깊으나 얕으나 급한 여울이나 건너갑니다.
▶ 무심한 당신과 나의 희생

나는 나룻배,
당신은 행인.
▶ 나와 당신의 관계

당신은 나를 흙발로 짓밟습니다.
나는 당신을 안고 물을 건너갑니다.
나는 당신을 안으면 깊으나 얕으나 급한 여울이나 건너갑니다.
▶ 무심한 당신과 나의 희생

만일 당신이 아니 오시면 나는 바람을 쐬고 눈비를 맞으며
밤에서 낮까지 당신을 기다리고 있습니다.
당신은 물만 건너면 나를 돌아보지도 않고 가십니다그려.
그러나 당신이 언제든지 오실 줄만은 알아요.
나는 당신을 기다리면서 날마다 날마다 낡아갑니다.
▶ 인고(忍苦)하며 기다리는 나(인종과 만남의 신념)

나는 나룻배,
당신은 행인.
▶ 나와 당신의 관계

핵심정리

① 갈래 : 자유시, 서정시
② 성격 : 명상적, 상징적
③ 어조 : 여성적 어조
④ 표현 : 쉬운 우리말 표현 속에 깊이를 담음
⑤ 제재 : 나룻배와 행인
⑥ 주제
  ㉠ 참된 사랑의 본질인 희생과 믿음 「불교적 자비와 법인(法認)」
  ㉡ 인내와 희생을 통한 사랑의 실천

04 유리창 1 : 정지용 _{중요}★★★

유리(琉璃)에 차고 슬픈 것이 어른거린다.
열없이 붙어서서 입김을 흐리우니
길들은 양 언 날개를 파다거린다.
▶ 유리창에 어린 영상 : 아이를 잃은 허전함

지우고 보고 지우고 보아도
새까만 밤이 밀려나가고 밀려와 부딪히고,
물 먹은 별이, 반짝, 보석(寶石)처럼 백힌다.
▶ 창밖의 밤의 영상 : 죽음의 재확인

밤에 홀로 유리를 닦는 것은
외로운 황홀한 심사이어니,
고운 폐혈관(肺血管)이 찢어진 채로
아아, 늬는 산(山)ㅅ새처럼 날러갔구나!
▶ 죽은 아이에 대한 영상 : 자아의 상실감

핵심정리

① 갈래 : 자유시. 서정시
② 성격 : 서정적, 회화적, 애상적, 감각적
③ 어조 : 감정을 절제한 지성적 어조
④ 표현
  ㉠ 시각적 이미지 중시
  ㉡ 감정의 대위법(對位法)을 통한 감정 절제
  ㉢ 역설법(모순형용)
  ㉣ 주객전도
⑤ 제재 : 유리창에 어린 입김
⑥ 주제 : 죽은 아이에 대한 그리움과 슬픔

05 **모란이 피기까지는 : 김영랑**

모란이 피기까지는
나는 아직 나의 봄을 기다리고 있을테요.
▶ **모란이 피기를 기다림 : 봄을 기다림**

모란이 뚝뚝 떨어져 버린 날,
나는 비로소 봄을 여읜 설움에 잠길 테요
▶ **모란을 잃은 슬픔 : 설움에 잠김**

오월 어느 날, 그 하루 무덥던 날,
떨어져 누운 꽃잎마저 시들어 버리고는
천지에 모란은 자취도 없어지고,
뻗쳐 오르던 내 보람 서운케 무너졌느니,
▶ **모란을 잃은 슬픔 : 보람이 무너짐**

모란이 지고 말면 그 뿐, 내 한 해는 다 가고 말아,
삼백 예순 날 하냥 섭섭해 우옵내다.
▶ **모란을 잃은 슬픔 : 공허감**

모란이 피기까지는
나는 아직 나의 봄을 기다리고 있을테요, 찬란한 슬픔의 봄을.
▶ **모란이 피기를 기다림**

핵심정리

① **갈래** : 자유시, 서정시, 순수시
② **운율** : 내재율
③ **성격** : 낭만적, 유미적, 애상적
④ **어조** : 여성적 어조
⑤ **시상전개** : 수미상관법
⑥ **특징**
    ㉠ 유미주의적 경향
    ㉡ 시어의 조탁, 향토적 정서의 어휘 사용
    ㉢ 역설적 표현(모순 형용)
⑦ **제재** : 모란
⑧ **주제** : 소망이 이루어지기를 기다림.

06 거울 : 이상 종요 ★

거울속에는소리가없소
저렇게까지조용한세상은참없을것이오
▶ **거울 속의 밀폐된 세계**

거울속에도내게귀가있소
내말을못알아듣는딱한귀가두개나있소
▶ **분열된 두 자아 사이의 의사소통의 단절**

거울속의나는왼손잡이오
내악수를받을줄모르는 -- 악수를모르는왼손잡이오
▶ **분열된 두 자아의 상호 단절**

거울때문에나는거울속의나를만져보지를못하는구료마는
거울이아니었던들내가어찌거울속의나를만나보기만이라도했겠소
▶ **거울의 이중성**

나는지금거울을안가졌소마는거울속에는늘거울속의내가있소
잘은모르지만외로된사업에골몰할게요
▶ **자아의 완전한 이중화**

거울속의나는참나와는반대요마는
또꽤닮았소
나는거울속의나를근심하고진찰할수없으니퍽섭섭하오
▶ **분열된 두 자아의 유사성과 독자성**

핵심정리

① 갈래 : 자유시, 관념시, 주지시
② 성격 : 주지적 · 자의식적
③ 특징
　　㉠ 초현실주의의 영향
　　㉡ 자의식 세계 표출(자동기술법)
　　㉢ 띄어쓰기 무시 등 전통적인 문학관을 거부하는 실험적인 시
④ 제재 : 거울
⑤ 주제 : 분열된 삶을 누리는 비극적 자아상

07 바다와 나비 : 김기림 중요 ★★★

아무도 그에게 수심(水深)을 일러준 일이 없기에
흰나비는 도무지 바다가 무섭지 않다.
▶ 바다의 무서움을 모르는 나비

청(靑)무우 밭인가 해서 내려갔다가는
어린 날개가 물결에 절어서
공주처럼 지쳐서 돌아온다.
▶ 가혹한 현실에 부딪힌 나비의 좌절

3월달 바다가 꽃이 피지 않아서 서글픈
나비 허리에 새파란 초승달이 시리다.
▶ 나비의 모습 : 좌절된 꿈(냉혹한 현실 세계)

핵심정리

① 갈래 : 자유시, 서정시, 주지시
② 성격 : 주지적, 상징적, 감각적
③ 심상 : 시각적 심상의 대조(흰 나비 ↔ 푸른 바다, 청무우밭, 새파란 초생달)
④ 어조 : 객관적이고 간결하며 단호한 목소리
⑤ 표현
  ㉠ 선명한 심상의 제시와 냉정한 어조로 시적 긴장감을 불러일으킴.
  ㉡ 서글픔과 애처로움이 뒤섞인 관조적 미의식
⑥ 제재 : 바다와 나비
⑦ 주제 : 새로운 세계에 대한 동경과 좌절감, 낭만적 꿈의 좌절과 냉혹한 현실에 대한 인식

08 추천사(秋韆詞) : 서정주

향단아 그넷줄을 밀어라.
머언 바다로
배를 내어 밀듯이
향단아.
▶ 떠나고 싶은 마음 : 이상 세계의 추구

이 다소곳이 흔들리는 수양버들 나무와
배갯모에 놓이듯 한 풀꽃 더미로부터,
자잘한 나비 새끼 꾀꼬리들로부터
아주 내어 밀듯이, 향단아.
▶ 아름다운 현실에 대한 미련(지상의 세계) : 현실 삶의 인식

산호(珊瑚)도 섬도 없는 저 하늘로
나를 밀어 올려다오.
채색(彩色)한 구름같이 나를 밀어 올려다오.
이 울렁이는 가슴을 밀어 올려다오!
▶ 초월적 세계에의 갈망(천상의 세계)

서(西)으로 가는 달같이는
나는 아무래도 갈 수가 없다.
▶ 현실의 한계성 자각(운명적 한계)

바람이 파도를 밀어 올리듯이
그렇게 나를 밀어 올려다오.
향단아.
▶ 초월에 대한 소망을 버리지 않으려는 의지

핵심정리

① 갈래 : 자유시, 서정시
② 성격 : 낭만적, 전통적, 이상적, 불교적, 동양적, 초월적
③ 어조 : 여성적이며 간절한 갈망의 어조
④ 제재 : 그네 타는 춘향
⑤ 주제 : 현실 초월에의 갈망(현실의 고뇌를 극복할 수 있는 초월 세계에 대한 갈망)

09 깃발 : 유치환 (종요)★★

이것은 소리 없는 아우성.
저 푸른 해원을 향하여 흔드는
영원한 노스탤지어의 손수건.
▶ 깃발의 역동적인 모습

순정은 물결같이 바람에 나부끼고
오로지 맑고 곧은 이념의 푯대 끝에
애수(哀愁)는 백로처럼 날개를 펴다.
▶ 깃발의 순수한 열정과 애수

아! 누구인가?
이렇게 슬프고도 애달픈 마음을
맨 처음 공중에 달 줄을 안 그는.
▶ 이상향에 대한 동경과 좌절에서 오는 비애

핵심정리

① 갈래 : 자유시, 서정시, 주의시
② 성격 : 상징적, 낭만적, 역설적, 남성적, 허무 의지적
③ 표현
　　㉠ 비유를 통해 추상적인 관념을 구체화함
　　㉡ '깃발'의 보조관념 : 아우성, 손수건, 순정, 애수, 마음
④ 시상 전개 방식 : 정조의 이동(동경 → 좌절)
⑤ 제재 : 깃발
⑥ 주제 : 이상향을 향한 동경과 비애(이상을 향한 숙명적 슬픔)

10 그날이 오면 : 심훈

그날이 오면, 그날이 오며는
삼각산(三角山)이 일어나 더덩실 춤이라도 추고
한강(漢江)물이 뒤집혀 용솟음칠 그 날이
이 목숨이 끊기기 전에 와 주기만 할 양이면
▶ 무심한 산천까지 감격할 해방의 날을 염원함

나는 밤하늘에 날으는 까마귀와 같이
종로(鐘路)의 인경(人磬)을 머리로 드리받아 울리오리다.
두개골이 깨어져 산산조각 나도
기뻐서 죽사오매 오히려 무슨 한(恨)이 남으리까.
▶ 자기희생의 의지

그날이 와서, 오호 그날이 와서
육조(六曹) 앞 넓은 길을 울며 뛰며 뒹굴어도
그래도 넘치는 기쁨에 가슴이 미어질 듯하거든
▶ 해방의 날에 느낄 감회

드는 칼로 이 몸의 가죽이라도 벗기어
커다란 북을 만들어 둘처메고는
여러분의 행렬(行列)에 앞장을 서오리다.
우렁찬 그 소리를 한 번이라도 듣기만 하면
그 자리에 꺼꾸러져도 눈을 감겠소이다.
▶ 자기희생의 의지

핵심정리

① 갈래 : 자유시, 서정시, 참여시
② 성격 : 저항적, 격정적, 희생적, 의지적
③ 어조 : 광복을 바라는 격정적, 남성적 어조
④ 특징
　　㉠ 대구, 반복, 과장의 표현을 통한 감정 표출
　　㉡ 삼각산, 육조: 국가를 상징
　　㉢ 인경, 북: 감격을 외침으로 표현할 수 있는 소리의 대상
⑤ 제재 : 해방의 날
⑥ 주제 : 민족 해방의 염원

11 또 다른 고향 : 윤동주

고향에 돌아온 날 밤에
내 백골(白骨)이 따라와 한방에 누웠다.
▶ 귀향과 자아 분열

어둔 방은 우주로 통하고,
하늘에선가 소리처럼 바람이 불어온다.
▶ 절망적 현실

어둠 속에 곱게 풍화 작용하는
백골을 들여다보며
눈물짓는 것이 내가 우는 것이냐?
백골이 우는 것이냐?
아름다운 혼이 우는 것이냐?
▶ 두 자아의 갈등 : 자아의 슬픔과 고뇌

지조 높은 개는
밤을 새워 어둠을 짓는다.

어둠을 짓는 개는
나를 쫓는 것일 게다.
▶ 불안과 강박 관념 : 자아에 대한 반성

가자 가자
쫓기우는 사람처럼 가자.
백골 몰래
아름다운 또 다른 고향에 가자.
▶ 이상향 추구 : 또 다른 고향 추구

핵심정리

① 갈래 : 자유시, 서정시
② 성격 : 상징적, 성찰적, 관조적
③ 표현 : 자아의 대립에 의한 갈등 구조
④ 제재 : 고향의 상실
⑤ 주제 : 이상향에 대한 동경

12 폭포 : 김수영 중요 ★

폭포는 곧은 절벽을 무서운 기색도 없이 떨어진다.
▶ 낙하하는 폭포의 세찬 기세(고매한 정신의 기세) : 외적 모습

규정할 수 없는 물결이
무엇을 향하여 떨어진다는 의미도 없이
계절과 주야를 가리지 않고
고매한 정신처럼 쉴 사이 없이 떨어진다.
▶ 끊임없는 폭포의 낙하 운동(고매한 정신의 운동) : 폭포의 내적 속성

금잔화도 인가도 보이지 않는 밤이 되면
폭포는 곧은 소리를 내며 떨어진다.
▶ 폭포의 굉음(고매한 정신의 울림) : 암울한 상황 속에 폭포의 소리

곧은 소리는 소리이다.
곧은 소리는 곧은 소리를 부른다.
▶ 폭포의 곧은 소리와 선구자적 행동성

번개와 같이 떨어지는 물방울은
취할 순간조차 마음에 주지 않고
나타(懶惰)와 안정을 뒤집어 놓은 듯이
높이도 폭도 없이 떨어진다.
▶ 부정적 사회 현실과 나태한 삶의 자세에 대한 자각

핵심정리

① 갈래 : 자유시, 서정시, 주지시, 참여시
② 운율 : 내재율(산문적 진술의 반복)
③ 성격 : 주지적, 참여적
④ 어조 : 사물의 의미를 탐색하는 지적인 목소리
⑤ 표현
  ㉠ 사물이나 현상의 구체성이 추상적 의미로 나가고 있음.
  ㉡ 대상에 대한 시인의 정서가 정신적 의미의 추구로 변용되어 드러남.
  ㉢ 평범한 일상어의 산문적 진술 방식으로 반복을 통한 점층적 효과를 드러냄.
  ㉣ 시각과 청각 심상을 통하여 폭포를 형상화함.
⑥ 제재 : 폭포
⑦ 주제 : 부정적 사회 현실과 타협하지 않는 의지적 삶의 추구

13 껍데기는 가라 : 신동엽 중요 ★★

껍데기는 가라.
사월도 알맹이만 남고
껍데기는 가라.
▶ 순수하지 못한 모든 사회 세력에 대한 거부의 선언

껍데기는 가라.
동학년(東學年) 곰나루의, 그 아우성만 살고
껍데기는 가라.
▶ 민중의 순수한 열망과 배치(背馳)되는 모든 사회 세력에 대한 거부의 선언

그리하여, 다시
껍데기는 가라.
이곳에선, 두 가슴과 그곳까지 내논
아사달과 아사녀가
중립의 초례청 앞에 서서
부끄럼 빛내며
맞절할지니
▶ 민중의 순수함을 바탕으로 평화적이고 중립적인 통일이 이루어지기를 소망함.

껍데기는 가라.
한라에서 백두까지
향그러운 흙가슴만 남고
그, 모오든 쇠붙이는 가라.
▶ 무력을 바탕으로 한 모든 사회 세력에 대한 거부의 선언

핵심정리

① 갈래 : 자유시, 참여시
② 성격 : 저항적, 의지적
③ 특징
  ㉠ 수미상관과 반복을 통한 주제의 강조
  ㉡ 밝고 힘찬 어조
  ㉢ 간절한 염원의 표출
④ 시어의 상징 의미
  ㉠ 껍데기 : 허위, 비리, 불의, 외세, 문명 등 부정적 요소(= 쇠붙이로 구체화)
  ㉡ 쇠붙이 : 과학 문명을 타고 들어온 외세 군대(무기), 억압적인 힘
⑤ 주제 : 왜곡된 역사 극복의 의지

14 꽃 : 김춘수 중요 ★★★

내가 그의 이름을 불러 주기 전에는
그는 다만
하나의 몸짓에 지나지 않았다.
▶ 존재의 본질이 인식되지 않은 무의미한 존재

내가 그의 이름을 불러 주었을 때
그는 나에게로 와서
꽃이 되었다.
▶ 본질이 인식됨으로써 의미를 가지게 된 존재

내가 그의 이름을 불러 준 것처럼
나의 이 빛깔과 향기에 알맞은
누가 나의 이름을 불러다오.
그에게로 가서 나도
그의 꽃이 되고 싶다.
▶ 존재의 본질이 알려진, 의미 있는 존재가 되고 싶은 화자의 소망

우리들은 모두
무엇이 되고 싶다.
너는 나에게 나는 너에게
잊혀지지 않는 하나의 눈짓이 되고 싶다.
▶ 의미 있는 존재가 되고 싶은 모두의 소망

핵심정리

① 갈래 : 자유시, 관념시, 주지시, 무의미시
② 성격 : 관념적, 주지적, 상징적, 인식론적, 철학적
③ 사상 : 철학의 인식론, 존재론
④ 사조 : 실존주의
⑤ 특징 : 말과 존재의 관계를 지적인 이해를 토대로 표현
⑥ 제재 : 꽃
⑦ 주제 : 존재의 본질 구현에 대한 소망

15 성북동 비둘기 : 김광섭

성북동 산에 번지가 새로 생기면서
본래 살던 성북동 비둘기만이 번지가 없어졌다.
새벽부터 돌 깨는 산울림에 떨다가
가슴에 금이 갔다.
그래도 성북동 비둘기는
하느님의 광장 같은 새파란 아침 하늘에
성북동 주민에게 축복의 메시지나 전하듯
성북동 하늘을 한 바퀴 휘돈다.
▶ 삶의 터전을 상실한 비둘기(자연 환경의 파괴로 인해 삶의 터전을 잃음)

성북동 메마른 골짜기에는
조용히 앉아 콩알 하나 찍어 먹을
널찍한 마당은커녕 가는 데마다
채석장 포성이 메아리쳐서
피난하듯 지붕에 올라 앉아
아침 구공탄 굴뚝 연기에서 향수를 느끼다가
산 1번지 채석장에 도로 가서
금방 따낸 돌 온기에 입을 닦는다.
▶ 문명에 쫓기는 비둘기(이리저리 쫓겨 다니며 옛날을 그리워하는 초라한 신세가 됨)

예전에는 사람들을 성자(聖者)처럼 보고
사람 가까이서
사람과 같이 사랑하고
사람과 같이 평화를 즐기던
사랑과 평화의 새 비둘기는
이제 산도 잃고 사람도 잃고
사랑과 평화의 사상까지
낳지 못하는 쫓기는 새가 되었다.
▶ 사랑과 평화를 낳지 못하는 쫓기는 새(자연과 사람을 잃고 사랑과 평화까지 낳지 못하는 새가 됨)

핵심정리

① 갈래 : 자유시, 서정시, 상징시
② 성격 : 비판적, 상징적, 우의적
③ 특징
　㉠ 비둘기를 의인화
　㉡ 청각, 후각, 시각의 심상 대비
　㉢ 묘사와 서술의 혼합
　㉣ 'ㅅ'음의 반복으로 주제 강조

④ 어조 : 비판적, 냉소적 어조
⑤ 제재 : 비둘기
⑥ 주제 : 자연에 대한 향수와 문명 비판

16 농무(農舞) : 신경림 종요 ★

징이 울린다 막이 내렸다.
오동나무에 전등이 매어 달린 가설 무대
구경꾼이 돌아가고 난 텅 빈 운동장
▶ 소외된 삶의 처지를 연상하게 하는 공간적 배경

우리는 분이 얼룩진 얼굴로
학교 앞 소줏집에 몰려 술을 마신다.
답답하고 고달프게 사는 것이 원통하다.
▶ 소외된 삶에 대한 억울함을 술로 달램

꽹과리를 앞장세워 장거리로 나서면
따라붙어 악을 쓰는 조무래기들뿐
처녀애들은 기름집 담벼락에 붙어 서서
철없이 킬킬대는구나.
▶ 공동체적 삶이 파괴된 농촌의 현실

보름달은 밝아 어떤 녀석은
꺽정이처럼 울부짖고 또 어떤 녀석은
서림이처럼 해해대지만 이까짓
산 구석에 처박혀 발버둥친들 무엇하랴
비료 값도 안 나오는 농사 따위야
아예 여편네에게나 맡겨 두고
▶ 농촌의 불합리한 현실에 대한 비판

쇠전을 거쳐 도수장 앞에 와 돌 때
우리는 점점 신명이 난다.
한 다리를 들고 날라리를 불거나.
고갯짓을 하고 어깨를 흔들거나.
▶ 절망적인 현실과 역설적인 신명

> **핵심정리**
>
> ① 갈래 : 자유시, 저항시, 민중시
> ② 성격 : 사실적, 묘사적
> ③ 특징
>   ㉠ 역설적인 상황 설정
>   ㉡ 이야기의 형식의 원용
>   ㉢ 산문적인 어조
> ④ 제재 : 농무
> ⑤ 주제 : 근대화 과정에서 소외된 농촌 현실에 대한 분노와 농민들의 한

17 울음이 타는 가을 강(江) : 박재삼 [중요] ★★★

> 마음도 한자리 못 앉아 있는 마음일 때,
> 친구의 서러운 사랑 이야기를
> 가을 햇볕으로나 동무삼아 따라가면,
> 어느새 등성이에 이르러 눈물나고나,
> ▶ 인생의 유한성에 대한 서러움 : 친구의 서러운 사랑 이야기
>
>
> 제삿날 큰집에 모이는 불빛도 불빛이지만,
> 해질녘 울음이 타는 가을江을 보것네.
> ▶ 자연 현상으로서의 사라짐 : 노을에 물든 가을 강
>
>
> 저것 봐, 저것 봐,
> 네보담도 내보담도
> 그 기쁜 첫사랑 산골 물소리가 사라지고
> 그 다음 사랑 끝에 생긴 울음까지 녹아나고
> 이제는 미칠 일 하나로 바다에 다 와가는
> 소리 죽은 가을 강(江)을 처음 보것네.
> ▶ 근원적 현상으로서의 인생의 유한성과 한(恨)

> **핵심정리**
>
> ① 갈래 : 자유시, 서정시
> ② 성격 : **전통적**, 토속적, 주정적, 일상적, 평이성
> ③ 심상 : 비유적, 원형적, **공감각적**(시각과 청각의 조화) 심상
> ④ 어조 : 영탄적, 여성적

⑤ 표현
  ㉠ '보것네'와 같은 판소리조의 어미와 구어체를 중심으로 한 평이한 언어의 구사
  ㉡ 시각적인 이미지와 청각적인 이미지의 결합에 의한 시적 대상의 제시
⑥ 제재 : 저녁놀에 물든 가을 강(江)
⑦ 주제
  ㉠ 인생 본연의 유한성과 한(恨). 삶의 서러움과 한
  ㉡ 인간 본연의 사랑과 고독과 무상함

18 슬픔이 기쁨에게 : 정호승 종요 ★

나는 이제 너에게도 슬픔을 주겠다.
사랑보다 소중한 슬픔을 주겠다.
겨울 밤 거리에서 귤 몇 개 놓고
살아온 추위와 떨고 있는 할머니에게
귤값을 깎으면서 기뻐하던 너를 위하여
나는 슬픔의 평등한 얼굴을 보여 주겠다.
▶ 이기적인 '너'에게 전하는 슬픔의 평등함

내가 어둠 속에서 너를 부를 때
단 한 번도 평등하게 웃어 주질 않은
가마니에 덮인 동사자가 다시 얼어 죽을 때
가마니 한 장조차 덮어 주지 않은
무관심한 너의 사랑을 위해
흘릴 줄 모르는 너의 눈물을 위해
나는 이제 너에게도 기다림을 주겠다.
▶ 무관심한 '너'에게 전하는 기다림의 힘

이 세상에 내리던 함박눈을 멈추겠다.
보리밭에 내리던 봄눈들을 데리고
추워 떠는 사람들의 슬픔에게 다녀와서
눈 그친 눈길을 너와 함께 걷겠다.
슬픔의 힘에 대한 이야기를 하며
기다림의 슬픔까지 걸어가겠다.
▶ 새로운 희망의 길을 여는 슬픔의 힘

> **핵심정리**
> ① **성격** : 현실 비판적, 교훈적, 의지적
> ② **표현**
>   ㉠ 의지적인 어조와 이기적 삶에 대한 비판적 태도
>   ㉡ '슬픔'을 시적 화자로 설정하여 청자인 '기쁨'에게 말하는 형식을 취함. (의인화)
>   ㉢ '-겠다'의 반복을 통해 운율감을 형성하고 화자의 의지적인 자세를 효과적으로 나타냄
> ③ **제재** : 타인의 고통에 무관심한 이기적인 삶
> ④ **주제** : 이기적인 삶에 대한 반성 촉구

19 새들도 세상을 뜨는구나 : 황지우 중요★

영화가 시작하기 전에 우리는
일제히 일어나 애국가를 경청한다.
▶ 애국가를 경청하는 우리

삼천리 화려 강산의
을숙도에서 일정한 군(群)을 이루며
갈대 숲을 이륙하는 흰 새떼들이
자기들끼리 끼룩거리면서
자기들끼리 낄낄대면서
일렬 이열 삼렬 횡대로 자기들의 세상을
이 세상에서 떼어 메고
이 세상 밖 어디론가 날아간다.
▶ 세상 밖을 향한 자유로운 새들의 비상

우리도 우리들끼리
낄낄대면서
깔쭉대면서
우리의 대열을 이루며
한 세상 떼어 메고
이 세상 밖 어디론가 날아갔으면
하는데 대한 사람 대한으로
길이 보전하세로
각각 자기 자리에 앉는다.
주저 앉는다.
▶ 현실에 대한 이상과 좌절

① 성격 : 낭만적, 현실 비판적, 풍자적
② 표현
  ㉠ 대조적인 상황 설정(새↔우리)을 통해 좌절감을 강조함.
  ㉡ 현실에 대한 냉소적인 어조
  ㉢ 반어적 표현을 적절히 구사하여 절망적인 상황을 노래함.
  ㉣ 폭압적 현실에 대한 극도의 좌절감을 풍자라는 수법을 통해 보여줌.
③ 제재 : 새
④ 주제
  ㉠ 암울한 현실에 대한 좌절감과 허무 의식
  ㉡ 현실적 삶의 위선과 억압에 대한 비판과 자유로운 삶에 대한 희구

20 홀린 사람 : 기형도 중요 ★

사회자가 외쳤다.
여기 일생 동안 이웃을 위해 산 분이 계시다.
이웃의 슬픔은 이분의 슬픔이었고
이분의 슬픔은 이글거리는 빛이었다.
사회자는 하늘을 걸고 맹세했다.
이분은 자신을 위해 푸성귀 하나 심지 않았다.
눈물 한 방울도 자신을 위해 흘리지 않았다.
사회자는 흐느꼈다.
보라, 이분은 당신들을 위해 청춘을 버렸다.
당신들을 위해 죽을 수도 있다.
▶ '그분'을 찬양하며 군중들을 선동하는 사회자

그분은 일어서서 흐느끼는 사회자를 제지했다.
군중들은 일제히 그분에게 박수를 쳤다.
사내들은 울먹였고 감동한 여인들은 실신했다.
▶ 선동에 넘어간 군중들의 환호

그때 누군가 그분에게 물었다, 당신은 신인가
그분은 목소리를 향해 고개를 돌렸다.
당신은 유령인가, 목소리가 물었다.
▶ '그분'의 정체를 의심하는 '누군가'의 질문

저 미치광이를 끌어내, 사회자가 소리쳤다.
사내들은 달려갔고 분노한 여인들은 날뛰었다.
▶ '누군가'에 대한 사회자와 군중의 분노

그분은 성난 사회자를 제지했다.
군중들은 일제히 그분에게 박수를 쳤다.
사내들은 울먹였고 감동한 여인들은 실신했다.
그분의 답변은 군중들의 아우성 때문에 들리지 않았다.
▶ '그분'의 위선적 행동과 우매한 군중들의 환호

핵심정리

① 성격 : 비판적, 풍자적, 현실 참여적, 극적
② 표현
　　㉠ 극적 상황(인물, 사건)을 제시하여 주제를 형상화함.
　　㉡ 우의적 방식으로 모순되고 부정적인 현실을 비판, 고발함.
　　㉢ 시적 화자는 자신의 정서를 드러내지 않고 극중 사건을 사실적으로 전달하는 관찰자적 태도를 취함.
　　㉣ 선동가에 의해 대중이 기만당하는 장면이 상세하게 묘사됨.
　　㉤ 시 속에 등장하는 인물들이 현실 속의 특정한 사람들을 상징함.
③ 제재 : 지배층의 선동과 기만
④ 주제 : 지배층의 기만적인 통치 방식과 우매한 대중에 대한 비판

---

21 저문 강에 삽을 씻고 : 정희성 종요 ★★

흐르는 것이 물뿐이랴.
우리가 저와 같아서
강변에 나가 삽을 씻으며
거기 슬픔도 퍼다 버린다.
▶ 강물에서 발견한 인생의 의미

일이 끝나 저물어
스스로 깊어가는 강을 보며
쭈그려 앉아 담배나 피우고
나는 돌아갈 뿐이다.
▶ 삶에 대한 체념적이고 무기력한 태도

삽자루에 맡긴 한 생애가
이렇게 저물고, 저물어서
샛강 바닥 썩은 물에
달이 뜨는구나.
▶ 무기력하게 늙어 가는 노동자로서의 삶

우리가 저와 같아서
흐르는 물에 삽을 씻고
먹을 것 없는 사람들의 마을로
다시 어두워 돌아가야 한다.
▶ 암담한 현실에 대한 체념

핵심정리

① 성격 : 비유적, 성찰적, 회고적
② 표현
    ㉠ 감정의 절제를 통해 지식인인 시인과 노동자인 화자 사이의 균형을 획득함.
    ㉡ 인생을 자연물인 '강'의 이미지와 결합하여 시적 의미를 획득함.
    ㉢ 구체적인 삶의 경험을 자연물의 이미지와 결합시킴.
    ㉣ 시간의 흐름과 화자의 내면 변화에 따라 시상을 전개함.
③ 제재 : 강물
④ 주제
    ㉠ 노동자로 살아온 인생에 대한 성찰
    ㉡ 도시의 가난한 근로자들의 삶의 비애

제1절 │ **한국 현대소설의 특징**

1. 소설의 특징

(1) 소설의 특성

① **서사성** : 소설은 인물·사건·배경 등을 갖추고, 일정한 시간의 흐름에 따라 이야기(story)가 전개된다.

② **허구성** : 소설은 실제로 있었던 이야기가 아니라, 작가의 상상력에 의하여 창조된 개연성 있는 허구의 세계이다.

③ **진실성** : 소설은 허구의 세계를 그리지만 진실을 지닌 인생의 표현이다.

④ **모방성** : 소설은 현실을 모방·반영한다.

⑤ **산문성** : 소설은 운문이 아닌 산문으로 쓰인 대표적인 산문문학 양식이다.

⑥ **예술성** : 소설은 예술의 한 형식으로서, 그에 상응하는 형식미와 예술적 기교를 갖추어야 한다.

⑦ **객관성** : 시가 주관적인 문학임에 대하여 소설은 객관적인 문학이다.

(2) 소설의 3요소

① **주제** : 작가가 작품을 통하여 나타내고자 하는 중심적인 의도(작가의 인생관, 세계관)

② **구성**

  ㉠ 주제를 효과적으로 표현하기 위하여 작가가 임의에 의하여 사건이 필연적인 인과관계로 짜인 구조를 말한다.

  ㉡ 소설의 예술성을 가능하게 하는 요인 중 핵심적인 역할을 한다.

③ **문체** : 말이 어떤 개성적 특징을 보이며, 어떠한 질서에 따라 어떻게 조직되어 있는가를 일컫는 말로 작자의 개성이 드러난 표현이다.

(3) 구성의 3요소

① **인물** : 작가의 상상에 의해 창조된 사건의 행위자이며 이야기의 주체이다.

② **사건** : 사건을 주제를 향하여 필연적으로 발생하고 전개된다.

③ **배경** : 사건이 발생하고 인물이 활동하는 구체적인 시간과 공간, 상황을 말한다.

주관식 레벨 UP

소설의 3요소와 구성의 3요소를 구별하여 쓰시오.

> **풀이** 소설의 3요소 : 주제, 구성, 문체 / 구성의 3요소 : 인물, 사건, 배경

---

2. 소설의 구성(plot) 중요 ★

(1) 구성의 개념

① 주제를 효과적으로 표현하기 위하여 작가의 임의에 의하여 사건이 필연적인 인과 관계로 짜인 구조를 말한다.

② 소설의 예술성을 가능하게 하는 요인 중 핵심적인 역할을 한다.

(2) 줄거리(story)와 구성(plot)

① **줄거리** : 사건이 일어난 시간적 순서대로 나열하는 것이다.

② **구성** : 작가의 의도에 따라 인과 관계에 의해 사건을 전개하는 것이다.

> **주관식 레벨 UP**
>
> 'story'와 'plot'의 개념을 서술해 보시오.
>
> **풀이** '줄거리(story)'는 사건이 일어난 시간적 순서대로 나열하는 것이고, '구성(plot)'은 작가의 의도에 따라 인과 관계에 의해 사건을 전개하는 것이다.

(3) 이야기의 짜인 틀에 따른 구성

① **피카레스크식 구성** : 독립된 각각의 이야기가 동일한 주제로 엮어지거나, 각각 다른 이야기에 동일한 주인공이 등장하는 구성이다. 인과 관계에 의하지 않고 산만하고 개별적으로 진행되는 피카레스크 소설에서 유래한 구성 방법이다.

② **옴니버스 구성** : 독립된 짧은 이야기를 묶어 한 편의 이야기를 만드는 구성으로 피카레스크와 유사하나 서로 다른 인물들이 등장한다.

③ **액자식 구성**

　㉠ 전체적인 큰 이야기 속에 또 다른 이야기가 전개되는 구성이다.

　㉡ 외부 이야기(外話, 외부 액자)는 사실성과 진실성을 부여하는 역할을 하며, 내부 이야기(內話, 내부 액자)는 주제 의식을 드러낸다.

　㉢ 액자 구성은 거의 '내가 보고 들은 이야기'의 형식을 취하기 때문에 전체적 시점은 1인칭 관찰자 시점이고, 내부 액자의 시점은 전지적 작가 시점으로 시점의 변화가 일어난다.

　㉣ 이 방식은 '객관적으로 약간의 거리를 두는 효과'를 나타내기도 한다.

　　예 박지원 「허생전」, 현진건 「고향」, 김동리 「등신불」·「무녀도」, 김동인 「광화사」·「광염소나타」·「배따라기」·「붉은 산」, 황순원 「목넘이 마을의 개」, 이청준 「선학동 나그네」·「눈길」, 박완서 「그 여자네 집」, 안국선 「금수회의록」, 김만중 「구운몽」 등

(4) 복선과 암시 종요 ★★

① **복선(underplot)**

㉠ '암시'가 가질 수 있는 **우연성을 배제하고, 사건에 필연성을 부여**

㉡ 앞부분에서 인물의 행동이나, 대화, 소재 등을 제시하여 뒷부분의 사건과 필연적으로 연결되도록 하는 기법

㉢ 복선이 없이 일어나는 사건은 당황하기가 쉬우며 작품 전개에 무리도 가져온다.

② **암시** : 구체적인 사건이나 소재가 아니더라도 앞으로 일어날 일을 넌지시 알리거나, 의미를 깨우치도록 하는 요소로 복선에 비해 추상적이고 포괄적인 상태로 나타난다.

주관식 레벨 UP

소설의 기법 중 '암시'와 '복선'의 차이점에 대해 서술하시오.

풀이 '암시'는 구체적인 사건이나 소재가 아니더라도 앞으로 일어날 일을 넌지시 알리거나, 의미를 깨우치도록 하는 요소로 복선에 비해 추상적이고 포괄적인 상태로 나타나지만, '복선'은 앞부분에서 인물의 행동이나, 대화, 소재 등을 제시하여 뒷부분의 사건과 필연적으로 연결되도록 하는 기법으로 '암시'가 가질 수 있는 우연성을 배제하고, 사건에 필연성을 부여한다.

---

3. 소설의 인물

(1) 인물의 개념

① 소설에서 인물이란 외부에서의 관찰의 대상, 즉 작중 인물

② 그 인물의 내적 속성, 즉 인물의 성격이라는 두 속성을 동시에 지닌다.

(2) 인물의 유형 종요 ★★

① **역할에 따른 분류(주제의 방향에 따라)**

㉠ **주동인물** : 작품의 주인공으로 소설의 이야기를 이끌며 주제를 부각시키는 인물, 주동적 역할을 수행하는 긍정적 성격의 인물

㉡ **반동인물** : 주인공의 의지, 행위에 대항하여 갈등을 일으키는 인물, 주인공에 대립되는 반대자·적대자·갈등을 일으키는 부정적 성격의 인물

② **성격의 변화 여부에 따른 분류**

㉠ **평면적 인물(靜的人物, 2차원적 인물)**

작품 전편을 통하여 성격이 변하지 않는 인물, 환경의 영향을 받지 않는 인물

㉡ **입체적 인물(動的人物, 발전적·3차원적 인물, 원형적 인물)**

사건이 전개되면서 성격의 변화를 보이는 인물

③ **대표성의 여부에 따른 분류**

㉠ **전형적 인물(유형적 인물)**

특정한 부류나 계층의 인간들을 대표하는 성격의 인물(보편성 획득)

ⓒ 개성적 인물 : 현대의 인간을 그린 오늘날의 소설에서 많이 보이는 독자적인 성격의 인물을 말한다.

주관식 레벨 UP

소설의 인물 중 '전형적 인물'의 개념을 쓰시오.

　　　　　　　　풀이 '전형적 인물'이란 특정한 부류나 계층의 인간들을 대표하는 성격의 인물을 말한다.

---

(3) 인물(성격)의 제시 방법 중요 ★

① **직접적 제시(분석적, 해설적, 편집자적, 논평적, 요약적, 설명적)**

　ⓐ 작가가 등장인물의 특성이나 성격을 직접적으로 **설명 · 요약 · 분석 · 해설**하는 방법

　ⓑ '**말하기**'의 수법 : 서술 중심

　ⓒ 등장인물의 심리를 세밀하게 분석하여 설명해 주고 소설의 속도를 빠르게 해 주는 이점이 있는 반면, 사건의 진행을 방해하며 추상적인 설명으로 흐르기 쉬운 단점이 있다.

　ⓓ 전지적 작가시점, 고대소설에서 주로 쓰인다.

② **간접적 제시(극적 제시, 장면적 제시, 입체적, 묘사적, 보여주기 유형)**

　ⓐ 인물의 성격을 대화와 행동으로 나타내므로 독자 스스로의 판단이 가능하다.

　ⓑ '**보여주기**'의 수법

　ⓒ 인물의 성격을 생생하게 구체적으로 드러내는 이점이 있지만, 작가의 견해를 나타내기에 불편하여 인물의 제시가 불명확해지기 쉽고, 소설의 속도가 느려지는 단점이 있다.

　ⓓ 작가 관찰자 시점, 현대소설에서 주로 쓰인다.

(4) 인물과 갈등의 유형 중요 ★★

① **한 개인의 내면적 갈등**

한 개인의 양면적 자아, 즉, 진실과 허위, 선과 악 등이 갈등을 일으키는 것으로 **개인의 내면적(심리적) 갈등**을 말한다.

② **외적 갈등** : 적대자나 반동세력과의 갈등을 말한다.

　ⓐ **개인 대 개인의 갈등** : 각 인물 사이의 갈등으로 가장 보편적 갈등 유형이다. 주로 주동인물과 반동인물 사이의 갈등이 대표적이다.

　ⓑ **개인 대 사회의 갈등**

　　㉮ 주인공과 주인공이 속해 있는 사회적 환경과의 갈등

　　㉯ 주로 사회 체제나 제도상의 모순 때문에 등장인물이 겪는 갈등

　ⓒ **개인 대 운명의 갈등** : 개인이 삶의 과정에서 운명적으로 겪는 갈등이다.

　ⓓ **인간 대 자연의 갈등** : 등장인물과 이들의 행동을 제한하는 자연현상과의 갈등이다.

주관식 레벨 UP

소설의 갈등의 유형 중 '개인 대 개인의 갈등'이란 어떤 갈등을 의미하는가?

풀이 주동인물과 반동인물 사이의 갈등

4. 소설의 시점 종요 ★★★

(1) 시점(視點)의 개념

① 사건을 바라보는 서술자의 입장이나 각도를 말한다.
② 시점은 소설의 의미 방향을 결정하는 한 요소이다.

주관식 레벨 UP

소설의 시점의 개념을 서술하시오.

풀이 시점은 소설의 의미 방향을 결정하는 한 요소로 사건을 바라보는 서술자의 입장이나 각도를 말한다.

(2) 시점의 분류 기준

① **서술자의 위치** : 서술자가 등장인물이냐 아니냐에 따라 1인칭 시점과 3인칭 시점이 구분된다.
② **서술자의 태도** : 서술자가 인물의 내면 속에 들어가느냐 밖에서 관찰만 하느냐에 따라 주인공 시점과 관찰자 시점이 구분된다.

주관식 레벨 UP

소설 시점의 분류기준 두 가지를 통해 나타나는 시점의 유형을 설명하시오.

풀이 소설의 시점은 '서술자의 위치'에 따라 1인칭과 3인칭 시점이 구별되고, '서술자의 태도'에 따라 주인공과 관찰자 시점이 구분된다.

(3) 시점의 종류

① **1인칭 주인공 시점(1인칭 서술자 시점, 1인칭 주관적 시점)**
　㉠ 주인공이 자기 자신의 이야기를 하는 시점
　㉡ 주인공의 심리묘사와 내면세계를 그리는데 유용하다.
　㉢ 자기 자신의 이야기를 하므로 독자에게 신뢰감을 줄 수 있으나, 객관성 유지가 어렵다.
　㉣ 서술자(작가)와 작중인물의 거리가 가장 가깝다.
　㉤ 서간체 소설, 수기체 소설, 사소설(私小說), **심리소설** 등에 주로 쓰인다.

② **1인칭 관찰자 시점(1인칭 목격자 시점, 1인칭 객관적 시점)**

　㉠ 주인공이 아닌 '나'가 주인공의 이야기를 관찰하여 서술하는 시점

　㉡ 인물의 초점은 '나'가 아니라 주인공에게 주어진다.

　㉢ 화자인 나의 주관성과 주인공의 객관적 세계를 조화시킬 수 있으나, 독자의 폭넓은 관찰과 경험
　　의 기회를 제한하여 화자의 눈에 비친 세계 밖에 다룰 수 없는 단점이 있다.

　㉣ 주인공의 내면을 숨김으로써 긴장과 경이감을 자아내는 효과를 내는 장점이 있다.

　㉤ 본격적인 이야기를 하기 위한 서두설명이 따르므로 **주도적 시점**이라고도 한다.

③ **전지적 작가 시점(파노라마적 시점)**

　㉠ 전지적(全知的)이고 분석적인 작가가 **전지전능한** 위치에서 서술하는 시점

　㉡ **모든 인물의 심리 묘사가 가능**하다.

　㉢ 아직 등장하지 않은 인물까지 미리 알 수 있다

　㉣ 등장인물의 운명까지 미리 알 수 있다.

　㉤ 작가의 서술에 융통성을 주나, 지나치게 주관적이고 작가의 목소리가 작품 속에 튀어나와 예술
　　성을 상실할 수도 있다.

　㉥ 서술자가 모든 것을 다 밝혀 주기 때문에 독자들은 상상하거나 유추하거나 종합할 필요가 전혀
　　없이 그대로 받아들이기만 하는 단점이 있다.

④ **3인칭 관찰자 시점(작가 관찰자 시점, 3인칭 객관적 시점)**

　㉠ 작가가 외부 관찰자 입장에서 **인물의 외적 상황만**을 서술하는 시점

　㉡ 해설이나 평가를 하지 않고, 인물이나 사건을 그대로 제시한다.

　㉢ 인물의 **직접적 제시가 불가능**하고 간접적 제시로만 표현한다.

　㉣ 인물의 **내부 심리 묘사가 불가능**하다.

　㉤ 서술자가 개입하지 않아 **가장 객관적인 시점**이다.

　㉥ 서술자와 작중인물의 거리가 가장 멀다.

주관식 레벨 UP

소설의 시점 중 서술자가 해설이나 평가를 하지 않고, 인물이나 사건을 그대로 제시하며 서술자와
작중인물의 거리가 가장 먼 시점은 무엇인가?

　　　　　　　　　　　　　　　　　　　　　　　　풀이 3인칭 관찰자 시점(작가 관찰자 시점)

제2절 한국 현대소설의 흐름

1. 1900년대~1910년대

(1) 신소설(新小說) 종요 ★

① **개념** : 갑오개혁 이전의 고대소설에 대하여 새로운 내용·형식·문체로 이루어진 소설로 1917년 이
광수의 '무정'이 발표되기 전까지의 소설을 말한다.

② **최초** : 1906년 『만세보』에 연재된 이인직의 '혈의 누'

③ **특징** : 현대소설적 요소를 보이나, 고대소설의 요소를 완전히 탈피하지는 못하였다.

④ **내용** : 당시의 현실에서 취재하고, 당시의 현실적 인물을 등장시켜 자주 독립, 신교육 사상, 근대적
문명에 대한 동경, 남녀평등, 자유 결혼, 미신 타파 등 개화사상을 고취

⑤ **의의** : 고대소설과 현대소설을 연결하는 교량적 구실

⑥ **한계** : 현실에 대한 깊은 인식으로 발전하지 못하고 낙관적인 문명의 꿈을 그리는 것에 그쳤을 뿐만
아니라, 과도기적 양상으로 인해 권선징악적 요소의 주제를 완전히 탈피하지는 못하였다.

주관식 레벨 UP

우리나라 최초의 '신소설'을 쓴 작가와 작품을 쓰시오.

풀이 이인직, 혈의 누

---

(2) 주요 작품

① 창작 신소설

작품	연대	작가	내용
혈의누(血의淚)	1906	이인직	신교육사상 고취, 자유결혼 주장, 최초의 신소설, 『만세보』에 연재
귀의성(鬼의聲)	1906	이인직	처첩 간의 갈등과 신·구 사상의 갈등을 그린 작품
치악산(雉岳山)	1908	이인직	양반의 부패 폭로. 고부 간의 갈등을 그림. 『만세보』에 연재
은세계(銀世界)	1908	이인직	국민의 권리와 자주독립을 고취한 정치소설, 최초로 원각사에서 상연됨.
모란봉(牡丹峰)	1913	이인직	'혈의누'의 속편. 삼각관계를 그린 애정소설, 『매일신보』 연재 중 미완성
빈상설(鬢上雪)	1908	이해조	소실 때문에 패가망신을 하게 되는 가정비극
구마검(驅魔劍)	1908	이해조	무당의 거짓말을 폭로하여 미신타파를 강조
자유종(自由鍾)	1910	이해조	정치적인 토론소설, 자주독립·여성해방·한자폐지 등을 다룸.
화의혈(花의血)	1911	이해조	동학혁명을 전후한 관리들의 부패상 폭로
추월색(秋月色)	1912	최찬식	외국유학 및 애정의 기복을 다룬 소설
안의성(雁의聲)	1912	최찬식	삼각연애를 소재로 자유결혼과 인권옹호를 다룬 소설
금수회의록 (禽獸會議錄)	1908	안국선	우화·정치소설. 당국에 의해 압수됨. 동물의 입을 빌려 사회 각층의 의식 구조와 사회 부패상을 풍자함.

1908년 이인직이 쓴 소설로 국민의 권리와 자주독립을 고취한 정치소설이며 원각사에서 최초로 각색 상연된 작품은 무엇인가?

은세계(銀世界)

② **개작 신소설** : 판소리계 소설의 개작

신소설	연대	작가	원작품
옥중화(獄中花)	1912	이해조	춘향전(春香傳)을 개작한 것
강상련(江上蓮)	1912	이해조	심청전(沈淸傳)을 개작한 것
연의각(燕의脚)	1913	이해조	흥부전(興夫傳)을 개작한 것
토의간(兎의肝)	1916	이해조	별주부전(鼈主簿傳)을 개작한 것
소양정(昭陽亭)	1912	이해조	소양정기(昭陽亭記)를 개작한 것

이해조가 '춘향전(春香傳)'을 개작한 신소설의 제목은 무엇인가?

옥중화(獄中花)

③ **번안 신소설** : 외국 소설을 빌려와 등장인물, 장소 등을 우리나라 명칭으로 바꾸어, 옮긴 사람의 창 의력이 가미되어 원작과는 다른 면모를 지녔다.

작품명	연대	작가	내용
철세계(鐵世界)	1908	이해조	프랑스의 쥘 베른의 「철세계」를 번안한 소설
설중매(雪中梅)	1909	구연학	일본의 스에히로의 「설중매」를 번안한 정치소설. 이인직이 각색하여 1908년 원각사에서 상연함.
장한몽(長恨夢)	1913	조중환	일본의 오자끼의 「곤지기야차(金色夜叉)」를 번안한 애정소설, 일명 「이수일과 심순애」
해왕성(海王星)	1916	이상협	프랑스의 뒤마의 「몽테크리스토 백작」을 번안한 작품
애사(哀史)	1919	민태원	프랑스의 빅토르 위고의 「레미제라블」을 번안한 작품

조중환이 일본의 오자끼고요의 「곤지기야차(金色夜叉)」를 번한한 작품으로 일명 「이수일과 심순애」라 알려진 소설의 제목은?

장한몽(長恨夢)

④ **역사·전기 신소설**
　　㉠ 개념 : 국권과 민족 자주권의 회복, 문명개화를 위한 애국계몽운동의 실제적 필요에서 실재의 역사적 위인을 제재로 한 전기문학이다.
　　㉡ 의의 : 국권을 회복하기 위한 근거를 역사와 위인의 전기에서 끌어온 것으로, 애국계몽운동에 큰 역할을 담당했으며 민족주의적 저항문학으로서 주목할 가치가 있다.

작품	연대	작가	인물 내용
월남망국사	1906	현채	양계초의 월남망국사를 번역한 국한문본
애국부인전	1907	장지연	잔-다르크의 일대기를 다룸.
서사건국지	1907	박은식 역술	스위스의 빌헬름 텔의 영웅적 투쟁을 다룸.
을지문덕전	1908	신채호	고구려 을지문덕의 일대기를 다룸.
이순신전	1908	신채호	이순신의 일대기를 다룸. 『대한매일신보』에 연재
최도통전	1910	신채호	최영 장군의 이야기를 다룸. 『대한매일신보』에 연재
강감찬전	1907	우기선	고구려 강감찬 장군의 전기

2. 1920년대 종요 ★★★

(1) 전개 양상

① **소설의 예술성 추구** : 계몽주의 경향을 극복하고, 문학에 있어서의 문학 본래의 순수성을 추구함으로써 문학의 독자적 가치를 확립했다.
② **사실주의·자연주의적 경향** : 식민지의 사회 현실을 사실적으로 묘사하려 하였다.
③ **경향 소설의 등장** : 카프 결성을 일제 식민지 강점하의 암울한 상황에서 삶의 극한에 몰린 빈민들의 방화, 살인 등 파국적 행동을 다루었다. 대표 작품으로는 최서해의 '홍염', '탈출기' 등이 있다.
④ **기법의 진전** : 기법상 전대 소설과는 달리, 완전한 언문일치체의 문장 구사, 구성상의 긴밀성, 묘사의 객관성과 치밀성, 결말의 비극성 등이 이루어졌다.
⑤ **현대 단편 소설의 기틀 확립**
⑥ **동반자(同伴者) 작가의 활동** : 카프(KAPF)에 가담하지는 않았으나 프로 문학에 동조하는 작가들이 나타났다. 이효석은 '행진곡', '도시와 유령' 등을, 유진오는 '오월의 구직자' 등을 발표함으로써 이런 경향을 보였고, 채만식도 초기에 동반 작가로 활동하기도 했고, 박화성도 이러한 경향을 띤다.

> **주관식 레벨 UP**
>
> 1920년대 나타난 '동반자(同伴者) 작가'의 뜻을 쓰고, 주요 활동 작가를 세 명만 제시해 보시오.
>
> **풀이** '동반자 작가'란 1925년 계급주의를 표방하고 창설된 카프(KAPF)에 가담하지는 않았으나 프로 문학에 동조하는 경향을 띤 작가들로, 이효석, 유진오, 채만식, 박화성 등이 이에 속한다.

(2) 주요 소설가의 경향 및 작품

① 김동인(金東仁) 중요 ★★★

- ㉠ 호는 금동(琴童). 최초의 동인지 『창조』 발간
- ㉡ 이광수의 계몽주의에 반발하여 사실주의 문학을 전개
- ㉢ 계급주의 문학에 반발한 유미주의 문학을 전개
- ㉣ 사투리와 비속어를 많이 사용하였고, 주로 간결체를 사용
- ㉤ 언문일치[口語體] 문장의 확립('더라', '이라' 등의 문어체를 탈피)
- ㉥ 과거 시제의 정착
- ㉦ 대명사 '그'를 정착[남자(He)와 여자(She)를 구별하지 않고 모두 '그'를 사용]
- ㉧ 단일 묘사법 사용 : 작가는 전지전능한 신(神)의 입장에 서서 미리 소재와 주제를 결정해 놓고 작중 인물을 인형 놀리듯 조정해야 한다고 주장하였는데, 이를 '인형 조종술'이라 한다.
- ㉨ 대표작 : 「약한 자의 슬픔」(사실주의), 「배따라기」(낭만주의, 유미주의), 「감자」(자연주의), 「광염소나타」(유미주의), 「광화사」(유미주의), 「붉은 산」(민족주의), 「발가락이 닮았다」(인도주의), 「운현궁의 봄」(역사소설), 「대수양」(역사소설), 「젊은 그들」(역사소설)

주관식 레벨 UP

1. 김동인이 주장한 '인형조종술'의 개념을 서술하시오.

   풀이 '인형조종술'이란 김동인이 제시한 소설의 기법으로 작가는 전지전능한 신(神)의 입장에 서서 미리 소재와 주제를 결정해 놓고 작중 인물을 인형 놀리듯 조정해야 한다는 뜻이다.

2. 김동인의 소설 중 '탐미주의'의 특성을 지닌 작품 두 편만 제시해 보시오.

   풀이 광화사, 광염소나타

---

② 전영택(田榮澤)

- ㉠ 호는 늘봄. 『창조』 동인
- ㉡ 사실주의적 기법으로 소설을 쓰면서도 환경의 노예로서의 인간의 본능적 본성이나 추악성보다 따뜻한 인간애를 그린 인도주의적 사실주의의 특징을 보였다.
- ㉢ 대표작 : 「소」, 「화수분」, 「크리스마스 전야의 풍경」, 「천치냐 천재냐」 등

③ 염상섭(廉想涉)

- ㉠ 호는 횡보(橫步). 『폐허』 동인
- ㉡ 자연주의 문학의 선구자 : '표본실의 청개구리'(1921)
- ㉢ 사실주의 문학의 확립 : 그의 초기 자연주의는 점차 사실주의 경향으로 바뀌게 되고, 사실주의 작품은 '삼대'가 대표적이다. 이 작품은 본격적인 전형적 인물의 설정, 객관성을 띤 사건의 전개, 현실에 대한 체험을 바탕으로 한 점에서 사실주의 경향이 뚜렷이 나타난다.
- ㉣ 장편 소설의 기틀 확립 : 작품 속에 나오는 모든 인물들의 심리를 두루 관찰하여 그려내는 다원 묘사 방법인 '다원묘사법(복합묘사방법)'을 중시
- ㉤ 대표작 : 「표본실의 청개구리」(최초의 자연주의 소설), 「만세전」, 「삼대」(사실주의 완성작), 「두 파산」

우리나라 최초의 자연주의 소설의 제목과 작가를 쓰시오.

표본실의 청개구리, 염상섭

④ **현진건(玄鎭健)**

- ㉠ 호는 빙허(憑虛). 『백조』 동인. 『개벽』에 '희생화'로 등단
- ㉡ 치밀한 구성과 객관적인 묘사로 사실주의적 단편소설을 확립. '한국의 모파상'
- ㉢ 대표작 : 「희생화」(처녀작), 「빈처」, 「고향」, 「운수 좋은 날」, 「술 권하는 사회」, 「B사감과 러브 레터」, 「무영탑」 등

다음 설명이 지시하는 소설가는 누구인가?

- 호는 빙허(憑虛). 잡지 「백조」 동인이다.
- 『개벽』에 '희생화'로 등단하였다.
- 치밀한 구성과 객관적인 묘사로 사실주의적 단편 소설을 확립하였으며, '한국의 모파상'이라 불린다.

현진건

⑤ **나도향(羅稻香)**

- ㉠ 본명은 경손(慶孫), 필명은 빈(彬). 『백조』 동인
- ㉡ 초기 : 애상적이고 감상적
- ㉢ 후기 : 감상에서 벗어나 냉정하고 객관적인 사실주의 경향을 보임
- ㉣ 대표작 : 「별을 안거든 울지나 말걸」, 「환희」, 「물레방아」, 「뽕」, 「벙어리 삼룡이」 등

⑥ **주요섭(朱耀燮)**

- ㉠ 호는 여심(餘心). 1921년 단편 '깨어진 항아리'로 문단에 데뷔
- ㉡ 초기(1920년대) : 신경향파. 프로 문학의 특성인 하층 계급의 생활과 그 자연발생적인 반항을 표현
- ㉢ 중기(1930년대) : 인간의 내면세계를 추구한 예술적 향취를 풍기는 자연주의적 경향
- ㉢ 말기(8·15 광복 후) : 강렬한 현실 의식을 반영하는 경향
- ㉣ 대표작 : 「인력거꾼」, 「살인」, 「사랑손님과 어머니」, 「아네모네의 마담」, 「대학교수와 모리배(謀利輩)」, 「잡초」 등

⑦ **최서해(崔曙海)**

- ㉠ 본명은 학송(鶴松), 호는 서해(曙海).
- ㉡ 1924년 단편 '고국(故國)'이 『조선문단』지에 추천되면서 문단에 데뷔
- ㉢ 신경향파의 대표적 작가 : 빈곤의 참상과 체험을 토대로 묘사. 간결하고 직선적인 문체에 힘입어 한층 더 호소력을 지니고 있었으나, 예술적인 형상화가 미흡
- ㉣ 카프 발족에 가담하지 않은 것은, 그의 '빈궁 문학'이 어디까지나 목적의식적인 것이 아니라 그의 체험과 생리에서 우러나온 자연발생적이었음을 보여줌.
- ㉤ 대표작 : 「탈출기」, 「기아와 살육」, 「홍염」, 「박돌의 죽음」 등

3. 1930년대 중요 ★★★

(1) 1930년대 소설의 특성

① **사실적 소설** : 유진오, 이효석, 김유정, 채만식 등이 한층 심화된 사실적 묘사로 일제 치하 지식인의 문제와 농민의 삶을 작품화하였다. 1920년대 소설은 주로 하층민의 문제를 다루고 있는 반면에 1930년대 소설은 지식인의 문제를 다룬 소설이 많다.

② **장편소설** : 장편소설의 창작에 대한 관심이 높아지면서, 깊이 있는 현실 탐구와 사회적 전형의 창조가 이루어졌다. 대표적인 작품으로는 염상섭의 「삼대(三代)」, 심훈의 「상록수」, 채만식의 「탁류」・「태평천하」, 현진건의 「무영탑」, 강정애의 「인간문제」 등이 있다.

③ **풍자소설** : 채만식에 의해 식민지 현실을 우회적으로 풍자한 소설이 쓰였다.

④ **심리소설** : 지적인 실험소설이 등장하였다. 이상(李箱)의 「날개」는 일제 치하 우리 지식인들의 공포의식과 좌절의식을 가장 잘 작품화한 예이다.

⑤ **농촌소설** : 브나로드 운동의 영향으로 농촌의 삶과 문제를 다룬 작품이 출현했다.

⑥ **역사소설** : 일제의 검열을 피해 민족의식을 우회적으로 고취하려는 의도로 역사소설이 유행했다.

(2) 전개 양상

① **도시소설** : 도시 공간 배경
  ㉠ 도시소설이란 도시성(都市性)이 내포하고 있는 병리적인 제요소와 도시적인 세태를 제시하고 관찰하고자 한 소설
  ㉡ 이상의 「날개」, 박태원의 「천변풍경」・「소설가 구보 씨의 일일」, 채만식의 「레디메이드 인생」, 이효석의 「장미 병들다」, 유진오의 「김강사와 T교수」 등

② **풍자적 기법을 통한 우회적 현실비판** : 채만식

③ **총체적 현실 탐구와 사회적 전형의 창조**

④ **농민의 삶에 대한 현실적 인식**
  ㉠ 농촌 계몽소설(브나로드 운동)
  ㉡ 향토적 농촌소설
  ㉢ 현실 비판적 농촌소설

⑤ **민족의 현실 인식과 민족의식의 고취**

⑥ **토속적 세계의 근원적인 탐구**

주관식 레벨 UP

다음 설명이 제시하는 소설의 제목은?

1935년 "동아일보"에 연재된 심훈의 장편소설로 "동아일보" 창간 15주년 기념 소설 현상 모집에 당선된 작품이다. '브나로드' 운동이 전개되었던 시대적 배경을 가지고 쓰인 작품으로 일제강점기에 농촌계몽운동과 민족주의를 고취시켰다는 점에서 이광수의 '흙'과 쌍벽을 이룬다.

풀이 상록수(常綠樹)

(3) 작가 및 작품 경향

① **심훈**

　ⓐ 경향 : 민족주의, 사실주의적인 경향의 **농촌계몽소설**을 발표

　ⓑ 작품 : 「상록수」, 「영원의 미소」, 「직녀성」

② **채만식**

　ⓐ 경향

　　㉮ 동반자 작가

　　㉯ 사회풍자적인 소설을 많이 쓴 풍자소설의 대가

　ⓑ 작품 : 「레디메이드 인생」, 「치숙」, 「탁류」, 「태평천하」

③ **유진오**

　ⓐ 경향

　　㉮ 동반자 작가

　　㉯ 지식인의 고뇌와 무력감을 표현

　ⓑ 작품 : 「김강사와 T교수」, 「창랑정기」

④ **김유정**

　ⓐ 경향

　　㉮ 구인회 동인

　　㉯ 농촌의 현실을 해학적으로 표현

　ⓑ 작품 : 「동백꽃」, 「봄봄」, 「소나기」, 「만무방」, 「금 따는 콩밭」

⑤ **이효석**

　ⓐ 경향

　　㉮ 동반자 작가, 구인회 동인

　　㉯ 초기 : 동반자 작가로서 경향파적인 성향의 작품을 쓰면서 반도시적 경향을 보이고 사회적 모순을 표현함.

　　㉰ 후기 : 자연문학과 심미주의 세계로 전환하여 서정적인 작품을 씀.

　　㉱ 특징 : 세련된 언어, 풍부한 어휘, 시적 분위기의 형성 등을 통해 산문 세계의 예술성을 승화시킴.

　ⓑ 작품 : 「메밀꽃 필 무렵」, 「산」, 「돈(豚)」, 「들」

주관식 레벨 UP

다음 설명과 관련이 깊은 소설가는 누구인가?

- 동반자 작가, 구인회 동인
- 초기 : 동반자 작가로서 경향파적인 성향의 작품을 쓰면서 반도시적 경향을 보이고 사회적 모순을 표현함.
- 후기 : 자연문학과 심미주의 세계로 전환하여 서정적인 작품을 씀.
- 세련된 언어, 풍부한 어휘, 시적 분위기의 형성 등을 통해 산문 세계의 예술성을 승화했다는 평가를 받음.

풀이 이효석

---

⑥ **김정한**
  ㉠ 경향 : 낙동강 일대를 배경으로 하여 일제 강점하의 농촌현실을 사실적으로 표현
  ㉡ 작품 : 「사하촌」, 「모래톱 이야기」

⑦ **이무영**
  ㉠ 경향 : **농촌소설**. 사실주의적 경향
  ㉡ 작품 : 「제1과 제1장」, 「흙의 노예」

⑧ **박영준**
  ㉠ 경향 : **농촌소설**. 사실주의적 경향
  ㉡ 작품 : 「모범 경작생」, 「목화씨 뿌릴 때」

⑨ **이상(김해경)**
  ㉠ 경향
    ㉮ **구인회 동인**
    ㉯ **초현실주의**
    ㉰ 심리주의적 내면 묘사 기법인 **의식의 흐름** 추구
  ㉡ 작품 : 「날개」, 「종생기」, 「봉별기」

⑩ **김동리**
  ㉠ 경향
    ㉮ **토속적, 신비주의적, 사실주의적 경향**
    ㉯ 무속신앙을 배경으로 작품을 창작했다.
  ㉡ 작품 : 「무녀도」, 「황토기」, 「바위」, 「사반의 십자가」, 「화랑의 후예」

⑪ **황순원**
  ㉠ 경향
    ㉮ **삼사문학 동인**
    ㉯ **범생명적 휴머니즘** 추구
  ㉡ 작품 : 「카인의 후예」, 「학」, 「목넘이 마을의 개」

참고 구인회
  ㉠ 1933년에 결성된 순수문학을 지향한 문학 동호회로 '예술파'라고도 불린다.
  ㉡ 문단 및 예술계 작가인 이종명, 김유영의 발기로 이효석, 이무영, 유치진, 이태준, 조용만, 김기림, 정지용 등 9명이었다.
  ㉢ 김유영, 이종명, 이효석, 유치진, 조용만이 탈퇴하고 그 대신 박태원, 이상, 박팔양, 김유정, 김환태가 가입하여 언제나 인원수는 9명이었다.
  ㉣ 이들은 경향주의 문학에 반하여 '순수예술 추구'를 취지로 하여 약 3~4년 동안 월 2~3회의 모임과 서너 번의 문학 강연회, 그리고 『시와 소설』이라는 기관지를 한 번 발행하였다.

주관식 레벨 UP

다음 설명과 관련이 깊은 단체는?

- 1933년에 결성된 순수문학을 지향한 문학 동호회로 '예술파'라고도 불린다.
- 경향주의 문학에 반하여 '순수예술 추구'를 취지로 내세웠다.
- 『시와 소설』이라는 기관지를 한 번 발행하였다.

풀이 구인회

---

4. 해방 공간(1945~1950)

(1) 식민지적 삶의 극복 : 일제 시대를 반성하고 그 체험을 승화시켜 광복의 의미를 되새기고자 했다.

　예 채만식의 「논 이야기」·「민족의 죄인」, 김동인의 「반역자」 등

(2) 귀향 의식과 현실적 삶의 인식 : 해방 직후 삶에 대한 인식을 바탕으로 지식인 문제와 귀향의식을 묘사하였다.

　예 김동리의 「혈거부족」, 이무영의 「굉장소전」 등

(3) 남북분단에 대한 대응 : 38도선의 분단 문제와 미·소 양군의 진주와 군정을 그렸다.

　예 염상섭의 「삼팔선」·「이합(離合)」 등

(4) 역사소설과 순수소설 : 순수문학적 입장에서 보편적인 삶을 다룬 순수소설과 민족의식을 고취하기 위한 역사소설도 발표되었다.

　예 염상섭의 「임종」·「두 파산」, 박종화의 「홍경래」 등

5. 1950년대 중요 ★

(1) 전후(戰後)의 소설

　① **형성배경**

　　㉠ 6·25 전쟁 체험으로 인한 민족의 비극적 현실을 배경

　　㉡ 전후 사회의 혼란된 가치관과 정신적 상처를 배경으로 한다.

　② **특징**

　　㉠ 전후 사회와 현실에 대한 다양한 인식으로 새로운 인간상을 제시

　　　예 **황순원 「카인의 후예」, 장용학 「요한시집」** 등

　　㉡ 개인과 사회의 갈등문제를 다루면서 소외된 삶의 문제, 삶의 내부에 자리한 부조리한 현실 인식, 행동을 통한 참여문제를 다루어 참여문학의 전통을 수립하였다.

　　　예 김성한 「바비도」, 선우휘 「불꽃」 등

ⓒ 인간의 본질적인 삶의 문제를 서정적 필치로 다루었다.

　　예 오영수「갯마을」, 강신재「절벽」 등

ⓔ 서구의 실존주의 문학의 영향으로 인간의 본질 문제, 인간존재의 해명 등을 다룬 작품들이 등장하였다.

　　예 **김성한「오분간」(동시묘사법)**

㉮ 전쟁 체험과 민족현실의 자각

　　ⓐ 전쟁 체험의 작품화

　　　예 **오상원「유예」, 선우휘「불꽃」 등**

　　ⓑ 전쟁 속의 삶과 그 방향 : 전장(戰場)의 모습을 직접 묘사하기보다는, 전쟁으로 인한 후방에 있는 사람들의 고통을 표현

　　　예 안수길「제3인간형」, 김동리「밀다원 시대」, 염상섭「취우」 등

㉯ 전후의 소외된 삶과 실존적 상황인식

　　ⓐ 전후 실존적 삶의 현실과 허무의식 : 전쟁의 후유증과 실존철학의 영향으로 뿌리 뽑힌 삶의 무기력함과 그 방황을 새로운 감각으로 표현

　　　예 **이범선의「오발탄」, 손창섭「비오는 날」・「잉여인간」 등**

　　ⓑ 전쟁의 후유증과 그 극복 : 전쟁으로 인한 육체적・정신적 파멸, 현실의 인식과 극복 의지를 형상화하였다.

　　　예 **하근찬「수난이대」, 황순원「학」 등**

(2) 작가 및 작품 경향

작가	특징	작품
김성한	• 「오분간」에서 동시묘사법의 새로운 기교 사용 • 「바비도」에서 신의 섭리와 세계의 부조리에 대한 저항을 표현 • 인간의 존엄성과 정의구현을 실천하는 행동적・반항적 인간을 주로 표현	암야행, 오분간, 바비도, 방황, 이성계, 요하, 이마
손창섭	전후의 음울한 분위기와 소외된 불구적 인간형을 냉소적이고, 사실적인 필치로 표현. 실존주의의 영향을 받음.	비오는 날, 잉여인간, 혈서, 낙서족
선우휘	「불꽃」을 발표하여 인간주의 사상을 행동으로 실현하는 주인공을 형상화하여 광복 당시의 분열상의 비극적 국면을 묘사	불꽃, 테러리스트, 깃발 없는 기수, 노다지
이범선	절망 속에서 정신적 지주를 잃은 당시의 빈곤상과 삶의 관계를 해명	오발탄, 학마을 사람들
오영수	농어촌 서민층의 애환을 특질로 한 한국인의 감상성을 크게 부각	머루, 갯마을
정한숙	민족의 기개를 형상화함.	금당벽화, 바다의 왕자
전광용	「흑산도」에서 토속적 삶에 내재된 가난함을 표현했고, 「꺼삐딴리」에서는 인간의 변절적 순응주의를 비판	흑산도, 꺼삐딴리
박경리	세속적 삶의 모순을 작품으로 형상화함.	암흑시대, 토지, 김약국의 딸들

6. 1960년대 이후 종요 ★

1950년대의 소설을 계승하면서 이를 보다 심화·발전시키면서, 다양한 현실인식과 인간존재에 대한 해명, 현실 참여적 성격 등을 보였으며, 사실주의적 기법을 폭넓게 수용하였다.

① **전쟁의 상흔과 민족의 비극을 조명한 작품**

　예 황순원 「나무들 비탈에 서다」, 오상원 「황선지대」, 강용준 「철조망」 등

② **현실 참여주의적 작품**

　예 김정한 「모래톱 이야기」·「인간단지」, 손창섭 「부부」·「길」, 이호철 「판문점」·「닳아지는 살들」, 선우휘 「망향」, 전광용 「나신」·「꺼삐딴리」 등

③ **역사에 대한 새로운 인식의 작품**

　예 안수길 「북간도」, 김정한 「수라도」, 유주현 「조선 총독부」, 서기원 「혁명」 등

④ **순수 지향의 작품**

　예 김동리 「등신불」, 오영수 「머루」, 강신재 「임진강 민들레」, 김승옥 「서울, 1964년 겨울」, 이청준 「병신과 머저리」, 최인훈 「회색인」 등

⑤ **노동자 계층의 뿌리 뽑힌 삶의 현실과 유랑의식을 보인 작품**

　예 황석영 「객지」·「삼포 가는 길」, 조세희 「난장이가 쏘아 올린 작은 공」

⑥ **민족사의 재인식** : 민중의 삶에 근거한 민족사를 재인식하여 대하(大河) 역사소설을 썼다.

　예 박경리 「토지」, 황석영 「장길산」 등

제3절　한국 현대소설의 주요 작품 이해

01 혈의 누 : 이인직 종요 ★

> **줄거리**
>
> 청일 전쟁이 일어나 옥련의 일가족은 뿔뿔이 흩어진다. 어머니는 가족을 찾아 헤매다가 자살을 결심하나 구출되어 집으로 돌아오며, 아버지는 큰 뜻을 품고 미국 유학을 떠난다. 부모를 잃고 헤매던 옥련은 총탄을 맞아 부상을 입지만 일본인 이노우에 소좌의 도움을 받아 치료를 받고 그의 양녀가 된다. 이노우에 소좌가 전사(戰死)하자 양어머니는 옥련을 미워하게 되고, 옥련은 가출한다. 옥련은 자살을 기도하나 실패하고, 우연히 기찻간에서 미국 유학을 떠나는 구완서를 만나 미국으로 건너가 공부를 하게 된다. 옥련의 기구한 과거의 이력과 우수한 학교 성적이 신문에 나는데, 기사를 읽고 깜짝 놀란 아버지 김관일이 옥련을 찾아 부녀가 상봉한다. 옥련은 구완서와 약혼을 하며 귀국하여 우리나라를 문명한 강국으로 만드는 문제와 남녀 평등의 사업 등에 대하여 이야기를 나눈다.

핵심정리

① 갈래 : 신소설. 계몽소설
② 성격 : 교훈적. 계몽적
③ 표현
　　㉠ 운문투·한문투 탈피
　　㉡ 묘사적 산문체
　　㉢ 언문일치에 접근 고사·격언 등 인용투 탈피
④ 시점 : 전지적 작가 시점
⑤ 배경 : 구한말 한국과 일본, 미국 등
⑥ 연대 : 1906년 7월 22일부터 10월 10일까지 『만세보』에 연재
⑦ 의의 : 신소설의 효시. 고전소설에서 현대소설로 발전하는 과정의 교량 역할을 함.
⑧ 등장인물
　　㉠ 옥련 : 주인공. 문명주의자(文明主義者)이며 김관일의 딸이다.
　　㉡ 김관일 : 옥련의 아버지로 청일 전쟁을 계기로 부국강병의 뜻을 품는다.
　　㉢ 구완서 : 부국강병(富國强兵)의 뜻을 품은 유학생이다.
⑨ 구성
　　㉠ 발단 : 청일 전쟁의 난리로 옥련은 부모와 헤어짐.
　　㉡ 전개 : 일본인 군의관의 도움으로 옥련은 구출되어 성장함.
　　㉢ 위기 : 군의관이 전사하자 옥련은 집에서 나와 자살을 기도함.
　　㉣ 절정 : 유학생 구완서를 따라 미국으로 건너감.
　　㉤ 결말 : 문명개화한 신학문을 배운 후, 나라를 위해 봉사할 것을 다짐함.
⑩ 주제
　　㉠ 신교육 사상과 개화 의식의 고취
　　㉡ 중국 배척과 친일 의식, 자유 결혼관, 남녀평등 의식 고취
　　㉢ 신교육 권장과 향학열 고취

02 금수회의록(禽獸會議錄) : 안국선 중요 ★★

줄거리

　흰 구름 아래의 더없이 부드러운 바람결에 잠깐 잠이 들어, 짚신을 신고 대지팡이를 흔들며 유유히 봄길을 나서는데, 발길이 가 닿은 곳은 '금수 회의장'이라는 곳의 현판 앞이다. 그곳에서 '하늘과 땅 사이에 있는 무슨 물건이든지 의견이 있으면 누구든 서슴지 말고 말하고, 듣고 싶으면 회의 내용도 각자 자유롭게 방청하라'라는 알림판을 보고 있는데 길짐승, 날짐승, 벌레, 물고기, 풀, 나무, 돌 등의 행렬에 의해 엉겁결에 밀려들어가 그 회의를 모두 보게 된다.
　이들은 저마다 인간 사회의 갖은 부도덕과 비합리, 모순들을 낱낱이 드러내어 비판하고 인간을 동물의 밑으로 깎아 내린다. 개회사에서 회장은,

첫째, 사람된 자의 책임을 의논하여 분명히 할 일.

둘째, 사람의 행위를 들어서 옳고 그름을 의논할 일.

셋째, 요즘 세상 사람들 중에서 인간의 자격이 있는 자와 없는 자를 조사할 일.

이라는 세 가지 문제를 토의하여 자신들과 사람과의 관계를 분명히 하고, 사람들이 여전히 악한 행위를 일삼으며 반성하지 않으면 '사람'이라는 이름을 빼앗고, '이등 마귀'라는 이름을 갖게 할 것을 하늘에 아뢰겠다고 강조한다.

이어 금수들이 하나씩 등장하여 제각기 인간을 비판하고 조소하는 연설을 하고, 회의가 끝나 모두 나간 뒤에 '나'는, 모든 금수에게 이렇게 비판과 비난을 받는 처참한 사람을 어떻게 구할 방법이 없는가를 생각한다. 그러다가 하늘은 아직도 사람을 사랑한다 하니 구원의 길이 있다는 것을 말하며, 인간을 구제할 가느다란 지평을 보여준다.

핵심정리

① 갈래 : 신소설, 우화소설, 정치소설, 풍자소설

② 문체 : 산문체, 연설문체

③ 구성

ㄱ 몽유록 형식(환몽구조)

ㄴ 액자식 구성

④ 특징

ㄱ 동물을 의인화하여 인간의 추악한 면과 사회의 부패상을 풍자

ㄴ 우리나라 최초의 판매 금지 소설(1909년 언론출판규제법에 의하여 금서 조치)

⑤ 연대 : 1908년 황성서적업조합(皇城書籍業組合)에서 출간

⑥ 내용

ㄱ 사회자의 서언

ㄴ 제1석 : 반포지효(反哺之孝) – 까마귀를 통하여 부모에 대한 효도 강조

ㄷ 제2석 : 호가호위(狐假虎威) – 여우를 통하여 간사한 행동 경계

ㄹ 제3석 : 정와어해(井蛙語海) – 개구리를 통하여 분수를 지킬 줄 모르는 행동 경계

ㅁ 제4석 : 구밀복검(口蜜腹劍) – 벌을 통하여 정직함 강조

ㅂ 제5석 : 무장공자(無腸公子) – 게를 통하여 지조와 절개 강조

ㅅ 제6석 : 영영지극(營營之極) – 파리가 등장하여 형제, 동포 간의 우애 강조

ㅇ 제7석 : 가정맹어호(苛政猛於虎) – 호랑이를 통하여 포악하지 말 것을 강조

ㅈ 제8석 : 쌍거쌍래(雙去雙來) – 원앙새를 통하여 부부의 금슬을 강조

⑦ 시점 : 1인칭 관찰자 시점

⑧ 주제 : 인간세계의 모순과 비리와 타락성 풍자

03 무정(無情) : 이광수 중요 ★★

줄거리

경성학교 영어교사인 이형식은, 성실하고 한편으로 우유부단한 청년이다. 그가 개화한 기독교인인 김장로의 딸 선형에게 처음으로 영어를 가르치고 온 날, 뜻밖에도 옛 스승의 딸인 영채가 그를 찾아온다. 어릴 적에 정혼한 사이나 다름없었던 영채에게서 형식은, 스승 박진사가 억울하게 옥에 갇혔고, 영채는 아버지를 구하기 위해 기생이 되었다는 사연을 듣는다. 영채가 돌아간 후 형식은 영채와 선형을 두고 여러 공상을 하며, 영채의 순결을 의심하면서도 한편으론 그와 결혼하겠다고 결심하기도 한다.

다음날, 형식은 학생들의 규탄 대상이 되어 있는 학감 배명식과 학생들의 대립을 중재하려 하다가, 배명식이 영채를 집요하게 탐내고 있음을 알게 된다. 그를 찾은 형식은 영채가 배명식에게 농락당하고 있는 장면을 목도하고 영채를 구해낸다. 이튿날 영채는 유서를 남기고 떠나 버리고, 놀란 형식이 뒤를 쫓지만, 영채를 찾지는 못한다. 영채가 죽었다고 생각하고 돌아온 형식은 배 학감의 조종에 넘어간 학생들의 조롱에 부딪히자 학교를 그만두고, 김 장로의 중개로 선형과 약혼한다.

한편, 영채는 자살하러 가던 길에 활달한 신여성 병욱을 만나 마음을 바꾸게 된다. 병욱은 영채가 형식을 사모한다는 생각이 구도덕의 환각임을 역설하고 영채를 자신의 집으로 데리고 간다. 병욱의 집에서 나날이 새로운 생활에 눈떠 나간 영채는 결국, 병욱과 함께 유학을 가기로 한다.

형식, 선형과 영채, 병욱은 유학길에 오른 기차 안에서 우연히 만나게 된다. 애정의 갈등을 겪고 있던 이들은, 수해가 난 삼랑진에서 수재민들을 도우면서 그 갈등이 풀려나감을 느낀다. 조선의 어려움을 느끼고 조선을 위해 헌신하겠다고 다짐하는 중에 애정의 갈등이 용해된 것이다. 숙소로 돌아온 이들은 형식의 선도에 따라, 조선 민중을 계몽할 각오를 다지고 각자의 앞날을 설계한다.

핵심정리

① 갈래 : 장편소설, **계몽소설**
② 성격 : 계몽적, 민족적, 사실적
③ 배경
   ㉠ 시간적 : 1910년대(일제 강점기 및 근대 초기)
   ㉡ 공간적 : 서울, 평양, 삼랑진 등
   ㉢ 사상적 : **계몽주의, 민족주의**, 기독교 및 유교 사상
④ 특징
   ㉠ 내용면 : 고전소설과 달리 일상적이고 현실적인 당대인의 삶에서 소재를 취하였다.
   ㉡ 문체면 : 근대화한 현실과 인간의 심리를 세밀한 묘사를 통해 표현하였고, 인물의 대화를 직접 인용하는 구어체 문장을 사용하였다.
⑤ 시점 : 전지적 작가 시점
⑥ 등장인물
   ㉠ 이형식 : 개화기 지식인의 표본. 신문명을 섭렵했고, 새로운 가치관을 지닌 인물이지만 과도기적인 혼란을 보여주는 인물
   ㉡ 김선형 : 기독교 집안의 개화된 신여성이면서도, 자아의 각성을 보여주지 못하고 피동적인 삶을 영위하는 인물
   ㉢ 박영채 : 유교 교육을 받은 순종적인 전통적 여인이었지만, 욕망의 성취 대상이 전이되어 전통적인 여성상에서 자아의 각성을 통한 새로운 시대의 여성상으로 다소 변모되는 동적인 인물

ⓒ 신우선 : 신문기자로, 적극적 성격의 소유자

ⓓ 김병욱 : 반봉건적, 진취적인 신여성으로 근대적인 자각을 토대로 확고한 주체의식을 지닌 인물이며, 영채를 개명하게 하는 중개자적 인물

⑦ **구성**

   ㉠ 발단 : 이형식과 박영채의 재회, 사랑을 고백하는 영채

   ㉡ 전개 : 기생이 된 영채와 선형 사이에서 방황하는 형식의 심리적 갈등

   ㉢ 위기 : 자살을 기도하는 영채, 그녀를 찾으려는 형식

   ㉣ 절정 : 형식과 선형의 약혼, 영채, 병욱, 우선 등과 상봉, 수재민 구호, 유학을 떠남.

   ㉤ 결말 : 등장인물들의 근황(에필로그)

⑧ **의의** : 현대 최초의 장편소설

⑨ **출전** : 『매일신보』(1917.1~6)에 126회에 걸쳐 연재

⑩ **주제**

   ㉠ 근대적 시민 사회의 탄생을 겨냥한 민족적 자각과 혁신

   ㉡ 민족의식의 고취와 자유연애

04 감자 : 김동인 중요 ★

줄거리

가난하지만 도덕적인 성품을 지녔던 복녀는 어려운 집안 형편 때문에 80원에 팔려 시집을 가게 된다. 늙은 남편은 게으르고 무능력한 사람이라 결혼 후에도 극도의 가난에 시달리면서 칠성문 밖 빈민굴에서 살게 된다.

생계를 이어 볼 요량으로 당국에서 벌인 송충이잡이에 나간 복녀는 작업 감독의 눈에 들어 매춘을 하면서 점점 타락하게 된다. 왕 서방네 감자를 훔치러 갔다가 왕 서방과 관계를 맺게 된 후 남편의 도움까지 받으며 왕 서방의 정부(情婦) 노릇을 하던 복녀는 왕 서방이 돈으로 산 어떤 처녀와 결혼한다는 소문을 듣고 강한 질투심에 사로잡히게 된다. 왕 서방이 결혼식을 올리던 날 신방에 뛰어들어 신혼부부에게 낫을 휘두르던 복녀는 오히려 이를 막으려던 왕 서방의 손에 죽고 만다.

사흘 뒤, 왕 서방과 의사, 복녀 남편의 흥정에 따라 복녀는 뇌일혈로 죽었다는 진단이 내려지고 공동묘지에 묻히게 된다.

핵심정리

① **갈래** : 단편소설, 순수소설, 사실주의(자연주의) 소설

② **배경**

   ㉠ 공간적 : 칠성문 밖 빈민굴

   ㉡ 시간적 : 1920년대 식민지 치하

   ㉢ 사상적 : 계급의식, 금권사상, 환경결정론

③ 표현상 특징
  ㉠ 평안도 사투리와 하층 사회의 비속어 구사
  ㉡ 장면 중심적인 사건 전개의 집약적 효과
④ 갈등구조
  ㉠ 복녀와 남편의 갈등
  ㉡ 복녀와 왕서방의 갈등
  ㉢ 복녀와 환경과의 갈등
⑤ 시점 : 3인칭 작가 관찰자 시점(부분적인 서술자의 개입이 이루어짐)
⑥ 등장인물
  ㉠ 복녀 : 원래 도덕적 관념을 지닌 정숙한 여성이었으나, 자신을 둘러싼 타락한 현실에 의해 타락하고 파멸해가는 입체적 인물의 전형임.
  ㉡ 남편 : 게으르고 무기력하고 가난한 사람으로 아내를 하나의 상품으로 인식하는 비인간적인 인물
  ㉢ 왕서방 : 중국인 소작인으로 복녀와 정을 통하다가 복녀를 죽이는 비정한 인물. 가진 자의 횡포를 집약적으로 보여주는 정적 인물
⑦ 구성
  ㉠ 발단 : 온갖 죄악의 소굴인 칠성문 밖 빈민굴의 복녀
  ㉡ 전개 : 복녀에게 닥쳐온 환경의 변화와 점진적인 타락. '성(性)'에 눈뜸.
  ㉢ 위기 : 새 장가를 드는 왕서방에 대한 강한 질투
  ㉣ 절정 : 복녀가 왕서방의 신방에 뛰어드나 도리어 자신의 낫에 살해당함.
  ㉤ 결말 : 복녀의 주검을 둘러싼 비정한 돈 거래
⑧ 주제
  ㉠ 환경으로 인하여 도덕적으로 피폐해가는 인간의 모습
  ㉡ 비참한 환경이 빚어낸 한 여인의 비극
⑨ 출전 : 『조선문단』, 1925년

05 홍염(紅焰) : 최서해

> **줄거리**
>
> 조선에서 소작인 생활을 하던 문 서방은 가난을 극복하기 위해 간도로 이주하지만, 그 곳에서도 역시 혹독한 흉년을 만나 빚만 늘어날 뿐 생활이 나아지지 않는다. 문 서방은 만주인 지주 인가의 소작인 노릇을 했는데, 흉년 때문에 제대로 빚을 갚지 못해 지주 인가에게 딸 용례를 빼앗기고 만다. 딸을 빼앗긴 슬픔에 문 서방의 아내는 병에 걸리게 되고, 죽기 전에 딸을 한 번만이라도 보고 싶어 하지만, 인가는 그것을 허락하지 않는다. 결국 아내는 딸을 보지 못하고 죽는다. 아내가 죽고 그 이튿날 밤 문 서방은 인가의 집을 찾아가 그의 집에 불을 지른 뒤, 억압에서 해방된 듯 시원하게 웃는다. 불길 속에서 인가와 용례를 발견한 문 서방은 준비한 도끼로 인가를 죽인 후, 자신의 딸 용례를 끌어안고 기쁨을 느끼게 된다.

핵심정리

① 갈래 : 단편소설, 신경향파 소설
② 특징 : 사실적, 현실 고발적
③ 배경
  ㉠ 시간적 : 1920년대 일제 식민지 치하
  ㉡ 공간적 : 중국 서간도 빼허(白河), 조선인 이주민 마을
  ㉢ 사상적 : 사회주의 사상과 계급사상
④ 특징
  ㉠ 속도감과 강한 인상을 주는 간결체의 문장
  ㉡ 남성적이고 폭력적인 속성
⑤ 등장인물
  ㉠ 문 서방 : 가난한 소작농으로 1920년대에 삶의 터전을 잃고 간도로 건너간 이주민을 대표하는 전형적 인물. 딸을 빼앗기고 아내를 잃은 뒤 순박한 성격에서 저항적이며 적극적인 성격으로 변화한다.
  ㉡ 인가 : 소작인들을 학대하고 착취하는 지주의 전형
  ㉢ 문 서방의 아내 : 애지중지하던 딸을 빼앗기고 병을 얻어 목숨을 잃는 가련한 인물
  ㉣ 용례 : 문 서방의 외동딸로 문 서방이 인가에게 진 빚을 갚지 못하자 인가에게 붙잡혀 간다.
⑥ 구성
  ㉠ 발단 : 소작인 문 서방이 서간도로 이주하여 인가의 소작인이 됨.
  ㉡ 전개, 위기 : 소작료 체납으로 인가에게 딸 용례를 빼앗김. 이로 인하여 아내가 죽음.
  ㉢ 절정, 결말 : 문 서방은 인가의 집에 방화를 하고 인가를 죽이게 됨.
⑦ 시점 : 전지적 작가 시점
⑧ 주제
  ㉠ 간도에서의 조선인 이주민들의 비참한 삶과 악덕 지주에 대한 그들의 저항
  ㉡ 간도 이민 생활의 곤궁과 지주에 대한 울분과 징계
⑨ 출전 : 『조선문단』(1927)에 발표

06 고향 : 현진건 중요★

줄거리

'나'는 서울행 기차간에서 기이한 얼굴의 '그'와 자리를 이웃해서 앉게 된다. 이 좌석에는 각기 다른 국적의 사람들이 앉아 있다. '엄지와 검지 손가락으로 짧게 끊은 꼿꼿한 수염을 비비면서' 마지못해 고개를 까딱거리는 일본인과 '기름진, 뚜우한 얼굴에 수수께끼 같은 웃음을 띤' 중국인 사이에 한국인 '그'와 '내'가 합석하고 있다. 즉, 세 나라 사람이 모이게 된 것이다.

'그'라는 사나이에 대하여 '나'는 처음에 남다른 흥미를 느끼고 바라보다가 이내 싫증을 느껴 애써 그를 외면하려 했지만 그의 딱한 신세타령을 듣게 되자 차차 연민의 정을 느끼게 된다. 마침내 술까지 함께

마시게 되고 '나'는 '그'의 얼굴에서 '조선의 얼굴'을 발견한다. '그'는 정처 없이 유랑하는 실향민이었으며 '나'는 '그'의 유랑의 동기와 내력을 듣게 된다.

대구 근교의 평화로운 농촌의 농민이었던 '그'는 동양척식 주식회사에 의하여 농토를 빼앗기고, 서간도로 이주 후 비참한 생활 끝에 일본을 거쳐 다시 폐허의 고향에 돌아왔다. 그러나 무덤과 해골을 연상하게 하는 고향에서 '그'는 이십 원에 유곽에 팔려 갔다가 질병과 부채만을 안고 돌아온 옛 애인과 해후했다. 그는 괴로운 심정으로 일자리를 찾아 지금 경성으로 올라가는 중이다. 그는 취흥에 겨워 어릴 때 부르던 아픔의 노래를 읊조린다.

핵심정리

① 갈래 : 단편소설, 액자소설
② 성격 : 사실적, 현실 고발적, 저항적
③ 배경
   ㉠ 시간적 : 일제 강점기(1920년대)
   ㉡ 공간적 : 대구 발 서울 행 열차 안
④ 특징
   ㉠ 특별한 흥미를 주는 극적인 사건이나 특징적 인물도 등장하지 않지만, 일제 강점기하의 조선 농민의 비참한 생활상을 극명하게 보여 주고 있다.
   ㉡ 작가는 '그'라는 인물을 통해 **농촌의 황폐된 모습과 수탈당하는 농민의 생활상**을 고발하고 있으며, '그'의 옛 애인을 통해서는 식민지 여성의 수난상을 보여 주면서 일제의 식민 정책에 강한 저항 의식을 드러내고 있다.
   ㉢ 상징법과 구체적인 외양 묘사, 어조의 변화 등에 의한 점층적인 성격 표출, 대화의 사용에 의한 효과적인 사건 서술, 노래의 제시를 통한 주제의 집약 등의 기법을 사용했다.
⑤ 구성 : 입체적 구성
   ㉠ 발단 : 서울로 가는 기차 안에서 보게 되는 기이한 옷차림새의 '그'와 일본인, 중국인의 모습
   ㉡ 전개 : '나'와 '그'의 대화. '그'의 사람됨과 대강의 사정
   ㉢ 위기 : 농토를 잃고 고향을 떠나 파란 많던 유랑 생활을 하던 때와 황폐해진 고향을 찾았을 때의 이야기
   ㉣ 절정 : 옛날 고향에서 혼삿말이 있었으나 유곽으로 팔려 갔다가 늙고 병들어서야 고향을 찾아왔던 한 여인과의 불행한 해후(邂逅) 이야기
   ㉤ 결말 : 술에 취하여 부르는 민요
⑥ 등장인물
   ㉠ 나 : '그'와 우연히 열차에 동승하여 '그'를 관찰하고 '그'의 이야기를 전달하는 화자. 당대 지식인으로 초반에는 애써 당대 현실을 외면하나 '그'의 이야기를 들으며 조선의 현실을 재인식하며 그와 공감대를 형성하게 된다.
   ㉡ 그 : 외관상 말수가 많고 다소 천박하게 보이는 인물로 이 소설의 주인공. 강점기의 박해 받는 식민지 농민의 전형적 인물로 볼 수 있다. 초반부에서는 현실 수용적인 나약한 인물로 그려지나, 후반부에서는 미약하나마 현실에 대한 비판 의식과 저항성을 보여준다.
   ㉢ 그녀 : 농촌의 황폐화로 유곽에 팔려 간 여성으로서, 당대의 한국 여성들의 비참한 삶의 모습을 상징적으로 보여 준다.
⑦ 시점 : 1인칭 관찰자 시점

⑧ 주제
　　㉠ 일제 시대 농민(민중)의 참혹한 생활상의 폭로
　　㉡ 일제의 수탈로 인한 민족의 비참한 삶
⑨ 출전 : 1926년 단편집 『조선의 얼굴』에 수록

07 만세전 : 염상섭 종요 ★

줄거리

　동경 유학생인 '나'는 만세운동이 일어나기 전 해의 겨울, 아내가 위독하다는 전보를 받는다. 사랑하지도 미워하지도 않는 아내인지라 망설이다 귀향을 하게 된다. 오는 도중에 배 안의 목욕탕에서 조선인 노무자들을 경멸하는 일인들의 이야기를 듣고 나라를 잃은 울분을 느끼게 되며 부산에 도착하여 일본인 형사의 조사를 받을 때는 망국민으로서의 설움을 절감한다. 서울로 가는 기차 속에서 궁핍과 고난 속에서 살아가는 조선인의 군상을 목격한다. 서울에 와 보니 현대 의학을 외면한 채 재래식 치료를 받아 아내는 죽게 되었고, 나는 아내의 죽음에 대해 아무런 감정도 느끼지 못한다. 사회고, 집안이고 구더기가 들끓는 공동묘지 같은 답답한 환경, 그는 어서 이곳을 탈출하여 자유인이 되고 싶을 뿐이다. 마침내 그는 동경으로 떠난다.

핵심정리

① 갈래 : 단편소설, 장회소설(전 9장), 여로형 소설, 사실주의 소설
② 배경
　　㉠ 시간적 : 3 · 1 만세운동이 일어나기 직전인 1918년 겨울
　　㉡ 공간적 : 동경, 고베, 교토, 시모노세끼, 김천, 서울 등
　　㉢ 사상적 : 봉건 인습의 폐해와 제국주의에 대한 민족주의의 노정
③ 특징
　　㉠ 자조적이고 혐오적인 어조
　　㉡ 사실적이고 호흡이 긴 문체
　　㉢ 여로형(원점 회귀) 구조
④ 구성
　　㉠ 발단 : 아내가 위독하다는 전보를 받고 귀국 준비를 함.
　　㉡ 전개 : 고베, 교오또 등지의 술집을 전전하면서 답답한 심회를 드러냄.
　　㉢ 위기 : 연락선 안에서 조선인을 멸시하는 일본인에게 분개함.
　　㉣ 절정 : 부산→김천→서울→집안, 모두 답답한 분위기로 가득함.
　　㉤ 결말 : 아내의 죽음, 다시 일본으로 건너감.
⑤ 등장인물
　　㉠ 나(이인화) : 당대의 현실을 '공동묘지'로 인식하고 지나치게 자학적이고 감상적으로 살아가는 인물이다. 당대 지식인의 전형적인 인물로 정적 인물

           ⓛ 정자 : 처음에는 부모와의 불화와 사귀던 남자와의 이별로 가출하여 술집 여급이 되었으나, 마음을 고쳐먹고 집으로 돌아가서 대학에 진학할 결심을 하는 여성으로 동적 인물
           ⓒ 아내 : 전통적인 한국의 여인상을 지닌 인물. 십 년 간의 시집살이와 남편의 무관심 속에서 비극적으로 죽어가는 시대의 희생양
  ⑥ 시점 : 1인칭 주인공 시점
  ⑦ 주제 : 식민지 조선의 괴로운 삶의 모습과 암담한 현실
  ⑧ 출전 : 『신생활』(1922)에 발표되다가, 『시대일보』로 옮겨져 완결됨.

08 삼대 : 염상섭 (중요)★★

줄거리

  사회 변동 속에 재산을 모은 조의관은 벼슬을 사고 족보를 꾸며 양반 행세를 한다. 그는 아들 상훈을 못마땅해 하며 손자 덕기에게 자신의 모든 재산을 물려주려 한다. 방학을 맞아 집에 온 덕기에게 사회주의자인 친구 김병화가 찾아오고, 둘은 독립운동가 이우삼을 후원하는 홍경애를 만난다. 조의관이 위독해지자 그의 어린 첩 수원집과 최 참봉 등이 재산을 노려 조의관을 독살하고, 상속권이 손자 덕기에게 넘어간 것을 안 상훈은 땅문서와 유서를 훔쳐 달아나며, 이우삼과 잡화상을 운영하던 김병화와 홍경애도 독립운동을 후원한 혐의로 연행된다. 안팎으로 시련을 겪게 된 덕기는 할아버지의 공백을 절감하며 자신이 어떻게 조 씨 가문을 경영해 나갈 것인지 망연해한다.

핵심정리

  ① 갈래 : 장편소설, 가족사 소설, 사실주의 소설, 장회(章回)소설
  ② 배경
      ㉠ 시간적 : 식민지 시대(1930년 전후)
      ㉡ 공간적 : 식민지 조선, 서울, 조의관의 집(중산층 집안)
  ③ 문체
      ㉠ 만연체 : 서울 특유의 말씨와 호흡이 긴 문체. 구어체
      ㉡ 난삽하고 장황한 서술
  ④ 특징
      ㉠ 가족사 소설로 식민지 시대를 사는 삼대의 모습을 나타내고 있다.
      ㉡ 사실주의 특징을 보여 주는 소설이다.
      ㉢ 행동과 대화를 통한 간접적 제시 방법과 서술자의 논평에 의한 직접적 제시 방법을 거의 동등하게 사용하여 등장인물의 성격을 제시하고 있다.
      ㉣ 주요 인물을 시점의 주체로 설정하였다.(서술자의 개입)
      ㉤ 당대의 풍속과 세대 간의 갈등을 묘사하고 있다.
      ㉥ 중산층의 서울말을 구사하여 현실성을 부여하고 있다.
      ㉦ 전 42장의 회장식 구성과 순행식 구성으로 이루어져 있다.

⑤ 갈등구조
 ㉠ 가족 내부의 갈등 : 세대의 가치관 및 재산권을 중심으로 한 삼대의 갈등
 ㉡ 개인과 사회의 갈등(계층 간의 갈등) : 타락한 부르주아와 급진적 사회주의 이념 사이의 갈등
⑥ 등장인물
 ㉠ 조의관 : 구한말 세대(1세대), 유교적, 수구적, 보수적 인물, 조상숭배 정신(족보, 제사), 배금주의자
 ㉡ 조상훈 : 개화기 세대(2세대), 기독교적, 개화적, 과도기적 지식인, 위선자
 ㉢ 조덕기 : 식민지 시대(3세대), 중도적, 절충적 인물, 근대적 지식인
 ㉣ 조창훈 : 조상훈의 사촌 형, 조의관에게 돈을 뜯어내는 속물근성의 소유자
 ㉤ 김병화 : 진보적, 현실적 인물, 프롤레타리아 계급
 ㉥ 홍경애 : 조상훈에게 농락당하는 연약한 희생자에서 이념적으로 변신(유일한 입체적 인물)
⑦ 구성
 ㉠ 발단 : 유학생 덕기가 방학을 맞아 귀향했다가 친구 병화를 만남.
 ㉡ 전개 : 덕기는 조부와 조부의 세 부인을 비롯한 집안의 뒤엉킨 인간관계와 갈등을 목격함.
 ㉢ 위기 : 조부가 병환으로 위독해지고, 이를 틈타서 새 조모 수원집이 모략을 꾸밈.
 ㉣ 절정 : 조의관이 사망하자 재산 문제 등을 둘러싸고 집안의 갈등이 심화되며, 사회주의 사건과 관련하여 덕기와 주변 사람들이 체포됨.
 ㉤ 결말 : 덕기는 무혐의로 풀려나지만 향후 어떻게 살 것인가를 놓고 생각에 빠짐.
⑧ 시점 : **3인칭 전지적 작가 시점**(각 장면에서 주요 인물을 시점의 주체로 삼음)
⑨ 주제 : 한 가족의 삶을 중심으로 나타나는 **세대·계층 간의 갈등 및 현실 대응 방식**
⑩ 출전 : 1947년 을유문화사(乙酉文化社)에서 단행본으로 간행

09 날개 : 이상 `중요`★★

줄거리

나는 33번지 유곽에서 아내가 벌어다 주는 돈으로 살아가는 룸펜이다. 아내는 상당한 미인이며 나는 아내의 아름다움을 내심 사랑하고 있다. 그러나 그런 아내를 독점하지는 못하고 있으며 기껏해야 아내의 외출 시에 그녀의 방으로 건너와 소지품을 갖고 놀 뿐이다. 또 내객이 있을 때는 모르는 척하고 자거나 밖으로 나가야 하는 것이 나에게는 큰 불만이다. 그러던 중 아내는 자신의 영업에 방해를 받지 않기 위해 수면제를 먹인다. 이를 안 나는 충격을 이기지 못해 백화점 옥상으로 올라가 자신의 비참한 생활에서 벗어날 수 있는 상황을 달라고 절규한다. 이는 폐쇄되고 어두운 방으로부터의 탈출이요, 전도된 질서로부터의 해방이요, 의지적 인간 회복이다.

핵심정리

① 갈래 : 단편소설, 심리주의 소설, 초현실주의
② 배경
 ㉠ 공간적 : 해가 들지 않는 서울의 33번지 구석방, 거리, 역 대합실, 산, 옥상
 ㉡ 시간적 : 1930년대 어느 날
 ㉢ 사상적 : 다다이즘, 모더니즘

③ 특징
  ㉠ 자아의 분열상과 의식의 흐름 기법, 지적인 실험 정신에 입각하여 서술하고 있다.
  ㉡ 독백체에 의한 직접적 서술을 위주로 하고 있다.
  ㉢ 일제 치하의 우리 지식인들의 공포 의식과 좌절 의식을 가장 잘 작품화하였다.
  ㉣ 억압된 자아의식을 '방'이라는 밀폐된 구조로 표현하고 있다.
  ㉤ 서두에 도입부가 제시되어 '나'의 역설적 논리가 나타나 있다.
  ㉥ 주인공 '나'의 자폐적인 세계를 역설적인 독백체로 표현하고 있다.
④ 갈등 : 주인공 내부에서의 일상적 자아와 본래적 자아간의 갈등. 이 두 개의 분열된 자아를 통합하여 완전한 인간으로 통합해가는 것이 이 작품의 결말이다.
⑤ 등장인물
  ㉠ 나 : 화자이면서 주인공. 자의식에 사로잡힌 좌절한 지식인의 모습이다. '박제가 되어 버린 천재'로 표현된 자폐적 성격의 소유자이고, '두 개의 태양'으로 상징되는 이중성격 내지 자아분열의 징후를 보이는 비일상성의 인물이다.
  ㉡ 아내 : 물질과 사회적 타협의 표상으로 타락한 현실 속에서 그럭저럭 살아가는 존재이다.
⑥ 구성 : '나'가 집에서 보고 느낀 의식, 무의식의 상태와 외출해서 느낀 점 등을 순차적으로 나타낸 단순구성
  ㉠ 첫 번째 외출 : 아내의 사생활 인지
  ㉡ 두 번째 외출 : 아내와의 관계에 변화가 옴.
  ㉢ 세 번째 외출 : 폐쇄적인 환경에서 벗어남.
  ㉣ 네 번째 외출 : 일상성에서 벗어난 삶으로의 이행
  ㉤ 다섯 번째 외출 : 자발적인 일탈 행동
⑦ 시점 : 1인칭 주인공 시점
⑧ 주제 : 식민지 치하 지식인의 분열된 자의식과 극복 의지
⑨ 출전 : 1936년 9월 『조광(朝光)』에 발표

10 봄봄 : 김유정 중요 ★★

줄거리

내 아내가 될 점순이는 열여섯 살인데도 불구하고 키가 너무 작다. 점순네 데릴사위로 3년 7개월이나 일을 해주었건만 심술 사납고 의뭉한 장인은 점순이의 키가 작다는 이유를 들어 성례시켜 줄 생각은 하지도 않았다. 서낭당에 가 치성도 드려 보고 꾀병도 부려 봤지만 도통 반응이 없고 몽둥이질만 한다.
어느 날 점순이의 충돌질에 장인과 대판 싸움을 벌였는데 점순이가 갑자기 장인의 역성을 드는 바람에 오히려 얻어맞기만 했지만 결국 가을에 성례를 시켜준다는 약속을 받기에 이른다.

핵심정리

① 갈래 : 단편소설, 순수소설, 농촌소설
② 배경
  ㉠ 시간적 : 1930년대
  ㉡ 공간적 : 강원도 농촌 마을(점순이네 집)
③ 특징
  ㉠ 아이러니의 구조
  ㉡ 육감적인 언어의 사용
  ㉢ 노골적인 표현과 거칠고 서투른 행동 묘사
  ㉣ 해학적이고 토속적인 문장
④ 등장인물
  ㉠ 나(26세) : 작중 화자. 우직하고 순박한 머슴
  ㉡ 장인 : '나'의 장인이 될 사람. 데릴사위라는 미명하에 일만 시키는 잔꾀 많은 주인
  ㉢ 점순 : 깜찍하고 야무진 성격. '나'와 장인 사이에서 애매한 태도를 취한다.
⑤ 구성
  ㉠ 발단 : 결혼을 둘러싼 나와 장인 간의 갈등 내용
  ㉡ 전개 : 나와 장인간의 갈등 심화
  ㉢ 절정 : 나와 장인 사이의 해학적 활극
  ㉣ 결말 : 갈등의 해소와 나의 순종(절정 속에 삽입)
⑥ 시점 : 1인칭 주인공 시점
⑦ 주제
  ㉠ 의뭉스러운 주인과 우직하고 천진스러운 머슴 사이의 해학적 갈등과 그 해결
  ㉡ 농촌 사회의 구조적 모순과 부조리한 현실 풍자
⑧ 출전 : 1935년 12월 『조광』에 발표

11 메밀꽃 필 무렵 : 이효석

줄거리

장돌뱅이이고 왼손잡이인 허 생원은 봉평장을 파하고 조 선달을 따라 충줏집에 갔다가, 동이가 충줏집과 놀아나는 것을 보고 뺨을 때려 내쫓고는 마음이 언짢다. 그러나 그날 밤 셋은 대화장을 향해 떠난다. 허 생원은 젊었을 때 메밀꽃이 하얗게 핀 달밤에, 봉평의 성 처녀와 물방앗간에서 이럭저럭 이야기가 되어 밤을 같이한 일이 있다고 이야기한다.

동이도 자기는 아버지가 누구인지 모르는데, 어머니가 자기를 낳아 의붓아버지 밑에서 어렵게 자라다가 장돌뱅이로 나섰으며, 어머니의 친정은 봉평이라고 이야기한다. 늙은 허 생원은 냇물을 건너다 미끌어 넘어져 동이의 등에 업혀 물가로 나오게 되는데, 동이로부터 자기의 어머니가 의부와도 갈라져 제천에 살고 있는데, 봉평으로 모셔와야겠다는 이야기를 듣는다. 옷을 말린 허 생원은 대화장을 보고는 제천으로 가자며 동이에게 동행을 청한다. 이때 동이의 채찍이 왼손에 들려 있음을 분명히 본다.

핵심정리

① 갈래 : 단편소설, 순수소설, 서정소설
② 배경
    ㉠ 시간적 : 1920년대 어느 여름날 낮에서 밤까지
    ㉡ 공간적 : 자연과 인간의 조화를 의미하는 낭만적 공간(장터, 산길, 달밤, 개울, 메밀꽃…)
    ㉢ 사상적 : 반사회적이고 반문명적인 자연 친화 사상
③ 특징
    ㉠ 간결한 대화와 사실적인 문체(묘사의 탁월함)
    ㉡ 시처럼 부드러운 서정적 분위기(운문과 산문의 장점을 조화)
    ㉢ 치밀한 구성(순차적 구성에 여러 개의 삽화 배치)
    ㉣ 암시와 추리의 기법(왼손잡이를 통해 혈연적 연기관계 암시)
    ㉤ '아버지 찾기'라는 원형을 지닌 작품
④ 등장인물
    ㉠ 허 생원 : 주동 인물. 삶의 뿌리가 뽑힌 장돌뱅이. 소박하고 토속적 성격
    ㉡ 조 선달 : 부차적 인물. 허 생원의 동료
    ㉢ 동이 : 장돌뱅이. 허 생원의 친자(親子)인 것으로 암시되는 외로운 인물
⑤ 구성
    ㉠ 발단 : 장터에서 전을 거두는 인물들
    ㉡ 전개 : 충줏집에서 일어난 사건, 대화장으로 가는 도중에 들려주는 허 생원의 추억담
    ㉢ 절정 : 동이의 지나온 삶에 대한 이야기
    ㉣ 결말 : 동이와 허 생원의 혈육관계 암시
⑥ 시점 : 전지적 작가 시점
⑦ 주제 : 떠돌이 삶의 애환 속에 펼쳐지는 인간 본연의 애정
⑧ 출전 : 1936년 『조광(朝光)』 10월호에 발표

12 수난이대 : 하근찬 중요 ★

줄거리

  삼대 독자 진수가 전장에서 죽지 않고 돌아온다는 사실에 박만도는 즐거운 마음으로 용머리재를 넘어 정거장으로 향하나, 진수가 병원에서 나오는 참이라는 데 대해 불안을 느낀다. 장에서 진수를 위해 고등어를 사 들고 정거장으로 가다가 십이삼 년 전에 징용 가던 일과 비행장 건설 공사 중에 한 팔을 잃은 일을 회상한다. 정거장에서 진수를 기다리던 만도는 한쪽 다리를 잃은 진수가 나타나자 놀란다. 부자는 서먹서먹한 감정으로 대화도 없이 집으로 가다가 만도는 술을 마시고 진수에게 국수를 사 먹인다. 집을 향해 걸어가면서 만도는 절망 상태에 빠져 있는 진수에게 그래도 다 살아갈 수 있다고 위로해 준다. 진수는, 고등어를 들고 소변을 보려고 애쓰는 아버지의 고등어를 받아준다. 외나무다리에서 진수가 어쩔 줄 몰라 하자 만도가 업어서 외나무다리를 건넌다.

핵심정리

① 갈래 : 단편소설, 가족사 소설, 전후소설
② 배경
　㉠ 시간적 : 일제 강점하에서 6·25 직후까지
　㉡ 공간적
　　㉮ 현실적 공간 – 전쟁의 상흔이 남아 있는 농촌
　　㉯ 허구적 공간 – 일제 암흑기의 남양의 어떤 섬과 6·25의 전쟁터
　㉢ 사상적 : 전후의 허무주의, 반제국주의, 반전주의
④ 특징
　㉠ 과거와 현재의 교차를 통해 회상 또는 연상의 기법을 적절히 구사하고 있다.
　㉡ 사실적 묘사, 토착어의 구사 등을 통해 인물의 성격과 상황, 분위기를 제시하고 있다.
　㉢ 오전에서 오후로의 이동을 통해, 희망에서 절망으로, 상승에서 하강으로의 분위기 변화를 자연스럽게 끌고 가고 있다.
⑤ 등장인물
　㉠ 박만도 : 아버지. 제2차 세계대전으로 인하여 한쪽 팔을 잃음.
　㉡ 박진수 : 아들. 6·25전쟁으로 인하여 한쪽 다리를 잃음.
⑥ 구성
　㉠ 발단 : 만도는 6·25전쟁에 나간 아들이 고향에 돌아온다는 통지를 받고 역으로 마중을 나감.
　㉡ 전개
　　㉮ 만도는 일제의 강제 징용에 끌려갔다가 방공호 작업장에서 한 팔을 잃은 자신의 과거를 회상함.
　　㉯ 아들의 귀향을 축하하는 마음에서 도착 시간보다 이르게 나가 장에서 고등어를 삼.
　㉢ 위기 : 기차에서 내린 아들이 다리를 하나 잃은 채 목발을 짚고 있는 것을 본 만도는 분노하여 뒤도 안 보고 걸어감.
　㉣ 절정 : 외나무다리에서 팔이 없는 아버지가 다리 없는 아들을 업고 건너며 서로를 위로함.
　㉤ 결말 : 용머리재가 부자를 내려다 봄.
⑦ 시점 : 전지적 작가 시점에 작가 관찰자 시점이 다소 혼용된 형태
⑧ 주제
　㉠ 민족의 수난과 그 극복 의지
　㉡ 비극을 통한 인간정신의 고양(휴머니즘)
⑨ 출전 : 『한국일보』(1957) 신춘문예 당선작

13 광장 : 최인훈 [종요]★★

줄거리

　이 작품의 주인공 이명준은 전쟁 중에 월북한 거물급 남로당원인 아버지 때문에 경찰서로 끌려가서 고초를 겪곤 한다. 또한, 남한의 타락하고 부조리한 상황에 염증을 느낀다. 이로 인해 명준은 사랑하는 '윤애'라는 여인도 버려둔 채 월북한다. 그러나 북한도 이념과 허위에 가득 찬 곳이라는 것을 깨닫고 환멸을 느낀다. 결국 전장에서 포로가 되어 석방 과정에서 제3국인 중립국을 택하게 되고, 제3국행 배에서 갈매기를 보며 전선에서 만난 애인 은혜와 그 뱃속의 아이를 떠올리며 물속으로 뛰어들어 자살하게 된다. 따라서

이 작품은 민족 분단의 비극을 이념(이데올로기)적인 측면에서 본격적으로 다룬 장편 소설로, 남과 북을 오가면서 진실한 삶의 자리를 찾으려 노력을 기울이는 주인공의 모습을 통해 역사와 민족의 문제, 그리고 인간적 삶의 방향에 대한 문학적 모색을 보여 주고 있다.

핵심정리

① 갈래 : 중(장)편소설, 사회소설
② 배경
    ㉠ 시간적 : 8 · 15 해방에서 6 · 25 종전 사이 공간
    ㉡ 공간적
        ㉮ 현재 : 인도로 가는 타고르호(號) 선상(船上)
        ㉯ 회상 : 6 · 25 당시의 남한과 북한
③ 성격 : 회상적, 현실 비판적, 관념적, 추상적
④ 특징
    ㉠ 철학 · 사회학 용어의 빈번한 사용으로 관념적 · 철학적 경향을 띠고 있다.
    ㉡ 분단 문제를 최초로 이데올로기의 측면에서 다룬 분단 문학의 대표작이다.
    ㉢ 부분적으로 의식의 기법을 사용하고 있다.
    ㉣ 과거 회상의 독백체와 관념적 문체를 사용하고 있다.
⑤ 등장인물
    ㉠ 이명준 : 주인공. 철학도. 전쟁 포로. 남한과 북한을 오가면서 남한의 나태와 방종, 북한의 부자연스러운 이념적 구속에 환멸을 느끼고 진정한 '광장'을 찾아 중립국으로 가기로 하지만, 결국 삶의 참된 가치의 실현에 의문을 느끼고 배 위에서 바다로 투신자살한다.
    ㉡ 이형도 : 명준의 부친. 월북한 혁명가. 이상적인 혁명가가 아닌 부정적 이미지를 보임. 남로당원으로 월북하여 북한에서 고위 관리를 하고 있지만, 명준에게 이상적 혁명가의 모습을 보이지 못함으로써 역시 회의의 대상이 된다.
    ㉢ 윤애 : 명준의 남쪽 애인. 명준의 월북 후 명준의 친구 태식과 결혼하여 평범하게 사는 여인
    ㉣ 은혜 : 명준의 북쪽 애인. 발레리나. 북한군 간호 장교로 종군하다가 명준의 아이를 가진 채 전사(戰死). 명준의 삶에 어떤 실마리를 제공할 수 있었던 여인
    ㉤ 갈매기 : 중요한 소재. 배 위에서 은혜와 그의 딸로 상징됨. 명준이 자살하는 동기가 된다.
⑥ 구성
    ㉠ 발단 : 월북한 아버지 때문에 고초를 겪다가 명준도 월북함.
    ㉡ 전개 : 북쪽 사회의 부자유와 이념의 허상에 환멸을 느낌.
    ㉢ 위기 : 인민군으로 종군하다가 포로가 됨.
    ㉣ 절정 : 포로 석방 때 제3국을 선택함.
    ㉤ 결말 : 타고르호(號)에서 바다로 투신함.
⑦ 시점 : 3인칭 전지적 작가 시점
⑧ 주제 : 이데올로기의 갈등 속에서 이상적 삶의 방식을 추구하는 인간의 모습
⑨ 출전 : 『새벽』(1960)

14 삼포 가는 길 : 황석영

줄거리

공사판을 떠돌아다니는 '영달'은 공사판의 공사가 중단되자 밥값을 떼어먹고 도망쳐 나온다. 어디로 갈까 망설이다가 정씨를 만나 동행이 된다. '정씨'는 교도소에서 목공·용접 등의 기술을 배우고 출옥하여 영달이처럼 공사판을 떠돌아다니던 노동자인데, 그는 영달이와는 달리 정착을 위해 고향인 삼포로 향하는 길이다.

그들은 감천으로 행선지를 바꾸어 가던 중에 술집에서 도망친 백화를 만난다. 백화는 이제 겨우 스물두 살이지만 열여덟에 가출해서 수많은 술집을 전전해서인지 삼십이 훨씬 넘은 여자처럼 늙어 보이는 작부였다. 그들은 그녀의 신세가 측은하게 느껴져 동행이 된다.

백화는 영달에게 호감을 느껴 그것을 표현하지만 영달은 무뚝뚝하게 응대한다.

역에 도착하자 백화는 영달에게 자기 고향으로 함께 가자는 제안을 하지만 영달은 이에 응하지 않고 백화에게 차표와 요깃거리를 사준다.

백화가 떠난 후 영달과 정씨는 삼포로 가는 기차를 기다리던 중 삼포에도 공사판이 벌어졌다는 사실을 알게 된다. 영달이는 일자리가 생겨 반가웠지만 정씨는 발걸음이 내키지 않는다. 마음의 정처(定處)를 잃어버렸다는 생각 때문이었다.

핵심정리

① 갈래 : 단편소설, 여로형 소설
② 성격 : 사실주의
③ 배경 : 1970년대, 공사장에서 고향인 강원도 삼포로 가는 여로
④ 특징
    ㉠ '삼포'란 지명
        ㉮ 가공의 지명이며 떠도는 자의 영원한 마음의 고향
        ㉯ 산업화로 고장의 성격이 바뀐 농어촌
    ㉡ 산업화 과정에서 삶의 터전을 상실한 시대의 민중의 전형성을 드러냄.
⑤ 등장인물
    ㉠ 정씨 : 출옥한 후 고향인 삼포(森浦)를 찾아가고 있는 인물. 막노동자. 결말부에서 떠돌이 신세가 됨.
    ㉡ 노영달 : 착암기 기술자. 공사판을 찾아 돌아다니는 뜨내기 막노동자. 행동과 말은 거칠지만 따뜻한 인간미를 지닌 인물
    ㉢ 백화 : 군인 부대가 있는 작은 시골 마을 술집에서 도망친 작부
⑥ 구성
    ㉠ 발단 : 영달은 공사판 일이 중단되자 밥값을 떼어 먹고 도망치던 중 삼포로 가는 정씨를 만나 동행함.
    ㉡ 전개 : 두 사람은 찬샘이라는 마을에 있는 국밥집에 들른다. 월출 방향이 험할 것 같아 감천 방면으로 가던 중 도망친 국밥집 색시 백화를 만나 동행이 된다.
    ㉢ 절정 : 몸을 녹이기 위해 폐가에 들어간다. 그곳에서 백화는 과거에 자신이 지내온 이야기를 들려주고 영달에게 자기 고향으로 함께 가자는 제안을 하지만 영달은 백화를 떠나보낸다.
    ㉣ 결말 : 정씨와 영달은 대합실에서 만난 어느 노인에게서 삼포에 대한 소식을 듣게 된다. 삼포에도 공사판이 벌어졌다는 사실을 알게 되자 영달은 일자리가 생겼다고 좋아하지만 정씨는 풀이 죽는다.

⑦ 시점 : 3인칭 전지적 작가 시점
⑧ 주제
　　㉠ 급속한 산업화 속에서 고향을 상실하고 떠돌아다니는 뜨내기 인생의 애환
　　㉡ 산업화로 인한 민중들의 궁핍한 삶. 따뜻한 인정과 연대(連帶)의식
⑨ 출전 : 『신동아』(1973)

제 **4** 장 | 현대수필

제1절 한국 현대수필의 특징

1. 수필의 본질

(1) 개념

인생과 자연에 대한 체험과 관조(觀照)의 내용을 형식에 구애받지 않고 자유롭게 표현한 **교술문학의** 한 갈래이다.

> 참고 넓은 의미로는 감상문, 편지문, 일기문, 평론문, 책의 서문, 전기문, 칼럼 등도 수필에 포함된다.

(2) 수필의 특성 중요 ★

① **자유로운 형식의 산문(무형식의 형식)** : 수필은 다른 문학에 비하여 형식이 자유롭다. 그렇다고 형식이 없이 아무렇게나 쓰는 글은 아니다.

② **개성의 문학** : 수필은 형식적 제약이 없이 필자가 자신의 느낌이나 체험을 고백적으로 쓴 글이므로 가장 개성적이다.

③ **제재의 다양성** : 인생이나 사회, 역사, 자연 등 무엇이든지 수필의 제재가 될 수 있다.

④ **유머, 위트, 비평 정신이 드러나는 글**

⑤ **비전문적 · 개방적인 글** : 수필은 누구나 쓸 수 있다.

⑥ **심미적 · 철학적인 글** : 인생과 자연의 관조에서 체득한 삶의 의미, 가치 등이 드러나는 글

⑦ **직접적 전달성** : 허구적 대리인을 거치지 않고, 작가가 자신의 생각이나 사상을 직접 전달

⑧ **자기 고백적 · 독백의 문학** : 글쓴이의 내적 심성(心性)이 드러나는 글이다.

⑨ **인생의 체험과 관조의 문학**

⑩ **대화적 산문** : 독자와의 교감을 중시하는 문학이다.

⑪ **설득의 실용적인 공리성** : 독자를 설득시키는 실용적인 목적으로 사용할 수 있다.

2. 수필의 갈래

(1) 주제의 경중에 따라

① **경수필(미셀러니, 개인적 수필)**

비형식적 수필. 예술적 가치를 추구하며, 감정 · 정서로 전개된다. 일정한 주제보다 사색이 주(主)가 되는 서정적 수필의 경향. 몽테뉴적인 수필이다.

② **중수필(에세이, 사회적 수필)**

형식적 수필. 실용적 가치를 추구하며, 설명과 논리로 전개된다. 지성적·객관적이며 설득력이 강한 비평적인 수필의 경향. 베이컨적인 수필이다.

(2) 진술 유형에 따라

① **서정적 수필**

㉠ 일상생활이나 자연에서 느낀 것을 솔직하게, 주정적(主情的)·주관적으로 표현한 수필

㉡ 인간과 자연의 교감에 기초한 사색적 성격을 지닌다.

㉢ 표현기교에 유의하여 예술성을 강조한다.

　　㉔ 이양하 「신록예찬」, 이상 「권태」, 나도향 「그믐달」, 윤오영 「달밤」 등

② **서사적 수필**

㉠ 인간세계나 자연의 어떤 사건에 대하여, 필자의 주관을 개입시키지 않고 객관적으로 서술한 수필이다.

㉡ 내용의 사실성, 현실성, 서술의 정확성이 중요시된다.

㉢ 이야기나 사건이 개입되는 수필

㉣ 주로 기행수필이 이에 속한다.

　　㉔ 최남선 「백두산근참기」·「심춘순례」, 현진건 「불국사 기행」, 정비석 「산정무한」 등

③ **교훈적 수필**

㉠ 필자의 오랜 체험이나 깊은 사색을 바탕으로 하는 교훈적인 내용을 담은 수필

㉡ 인도주의적, 계몽주의적 색채를 띤다.

㉢ 내용과 문체가 중후하고, 신념과 삶의 태도 등이 강하게 드러난다.

　　㉔ 심훈 「대한의 영웅」, 이양하 「나무」, 김진섭 「모송론」, 조지훈 「지조론」 등

④ **희곡적 수필**

㉠ 필자 자신이나 다른 사람이 체험한 사실을 생각나는 대로 서술하되, 사건의 내용 자체에 다분히 극적인 요소가 있어서 작품의 내용 전개가 희곡적으로 전개되는 수필

㉡ 극적 사건의 전개가 작품의 내용이며, 문체는 사건 전개에 따라 다양하게 변한다.

㉢ 사건 전개가 유기적·통일적 진행을 이루며, 극적 효과를 위해 현재시제가 흔히 쓰인다.

　　㉔ 계용묵 「구두」, 피천득 「은전 한 닢」, 이숭녕 「너절하게 죽는구나」 등

(3) 수필의 영역에 포함되는 글

① **기행문** : 여행 중에 접한 견문(見聞)과 느낀 감상(感想)을 여정(旅程)에 따라 적은 글로 서사적인 수필에 해당한다.

② **감상문** : 인간의 삶이나 작품에 대한 감상을 적은 글이다.

③ **일기문** : 날마다 그날그날 겪은 일이나 생각, 느낌 따위를 적는 개인의 기록이다.

④ **서간문** : 상대방에게 보내는 실용문의 일종으로 안부와 용건을 적어 보내는 글이며, 문예문에서는 수필의 범주에 포함시킨다.

⑤ **평론** : 하나의 문학 작품을 해석하고 감상하고 평가하는 일체의 활동을 말한다.

⑥ **전기문** : 실존 인물(사실성)이 등장하면서도 문학성을 지니므로 수필에 포함한다.

제2절　한국 현대수필의 흐름 (종요) ★

1. 1900년대～1910년대 : 현대수필의 태동기

(1) 형성 배경

① 19세기 후반 이래의 정치, 사회적 격동에 따라 문학인의 의식이 변화되었다.

② 개화기 이래 수입된 서구 문학의 영향을 받았다.

③ 개화기 이래 싹튼 국문에 대한 자각이 일어났다.

④ 신문, 잡지, 동인지 등 발표지가 확대되었다.

(2) 전개 양상

① **시초** : 유길준, 『서유견문』(1896)

　　㉠ 국한문혼용체의 시도(한주국종체)

　　㉡ 새로운 세계에 대한 견문을 개화기 특유의 진보적 사상으로 표출

② 『소년』(1908), 『청춘』(1914), 『학지광』(1914), 『태서문예신보』(1918) 등에 수필 문예란이 만들어지고, 1919년 2월 『창조』 제2호에 수필류의 글이 수록되면서 태동하게 되었다.

③ 『소년』에 76편, 『태서문예신보』에 28편, 『청춘』에 180여 편이 발표되었다.

④ 이때 활동한 작가들은 대부분 전문 수필가가 아닌 시인이나 소설가들이었다.

⑤ **의의** : 오늘날에 비하면 장르 의식은 물론 완결미와 개성미를 갖추었다고 볼 수는 없지만 수필문학이 제대로 형성되지 못한 초기 수필의 모습으로 그 나름의 의미를 지니고 있다.

(3) 유형 및 작품

① **기행수필**

　　㉠ 최남선 : '반순성기(半巡城記)'(1909), '평양행'(平壤行)(1909)

　　㉡ 한샘 : '동경 가는 길'(1917)

　　㉢ 이광수 : '남유잡감(南遊雜感)'(1918)

　　㉣ 흰뫼 : '동도의 길'(1919)

② **수상수필**

　　㉠ 최승구 : '남조선의 신부'(1914)

　　㉡ 전영택 : '독어록(獨語錄)'(1916)

ⓒ 나혜석 : '잡감(雜感)'(1917), '이상적 부인'(1919)

ⓔ 이광수 : '천재야, 천재야'(1917)

ⓜ 이일 : '만추(晚秋)의 적막'(1918), '고독의 비애'(1918)

2. 1920년대 : 현대수필의 정착기

(1) 전개 양상

① 수필 장르가 어느 정도 **독자성**을 확보하기 시작했다.

② 『동광(東光)』(1926), 『조선문단』(1927)에 이르러 수필의 명칭이 통일되었다.

③ 일본으로부터 중개된 서구의 자아의식을 수용하고, 사물과 자아를 응시하는 수상류의 수필이 새로운 문학양식으로 자리 잡기 시작했다.

④ 기행수필과 수상수필의 병립 양상이 나타났다.

⑤ 1920년대는 수상수필과 기행수필이 병존하면서 총 1700여 편의 수필이 발표되는 등 1930년대 본격적인 수필문학으로의 진입을 위한 토대가 되었다.

(2) 유형 및 작품

① **기행수필**

ⓐ 이광수 : '금강산유기(金剛山遊記)'(1925)

ⓑ 최남선 : '심춘순례(尋春巡禮)'(1926), '백두산참관기(白頭山參觀記)'(1927)

ⓒ 이병기 : '낙화암 찾는 길에'(1929)

② **수상수필**

ⓐ 이광수 : '우덕송(牛德頌)'(1925)

ⓑ 염상섭 : '국화(菊花)와 앵화(櫻花)'(1925)

ⓒ 최학송 : '그리운 어릴 때'(1925)

3. 1930년대 : 현대수필의 성숙기

(1) 전개 양상

① **서구 현대 수필 이론의 도입** : 해외문학파에 의해 외국의 수필 작품 및 이론이 도입되어 수필의 양상이 보다 다양해졌다.

② 임화는 '수필문학의 재검토'에서 수필의 문학적 본질·성격·위치 등에 대한 객관화를 시도했다. 김기림은 '수필을 위하여'(1933)에서 수필의 문학성과 그 영역을 추구하고, 김광섭은 '수필문학소고(隨筆文學小考)'(1934)에서 수필의 형식과 그 표현에 대한 이론을 모색하였으며, 김진섭의 '수필의 문학적 영역'(1939)에 이르러서 비로소 문학 양식으로서의 수필론이 정립되었다.

③ **수필 문학의 본격화** : 전문적 수필가들이 등장했으며, 기행문적 성격을 벗어난 수필의 독자성을 확보했다.

④ 1935년 『조광(朝光)』이 속간되고, 수필문학 전문지인 『박문(博文)』이 창간되었으며, 『문장(文章)』·『인문평론(人文評論)』 등에 수필 고정란이 설정되어 수필의 발표 무대가 많아졌다.
⑤ 개인적 수필과 사회적 수필의 유형을 형성하게 되었다.

주관식 레벨 UP

1930년대 외국의 수필 작품 및 이론을 도입하여 수필이 독립된 장르로 정착할 수 있도록 공헌한 유파는?

풀이 해외문학파

---

(2) 유형 및 작품

① 개인적 수필
- ㉠ 이양하 : 「신록예찬」·「조그마한 기쁨」
- ㉡ 이효석 : 「사온일(四溫日)」·「화초」
- ㉢ 피천득 : 「금아문선(琴兒文選)」
- ㉣ 노자영 : 「산사일기(山寺日記)」
- ㉤ 김유정 : 「그믐달」
- ㉥ 이희승 : 「청추수제」

② 사회적 수필
- ㉠ 김진섭 : 「인생철학」, 「주부송(主婦頌)」, 「생활인의 철학」
- ㉡ 이상 : 「권태」
- ㉢ 고유섭 : 「고려청자」
- ㉣ 이광수 : 「인생의 향기」
- ㉤ 이은상 : 「무상(無常)」

4. 해방 공간 시대 : 현대수필의 침체기

(1) 광복 직후 남북 대립과 민족문학 모색의 혼란 속에서 수필은 새로운 변모를 가져오지 못한 채 침체되었다.

(2) 이미 발표한 수필들을 정리하면서 다수 수필집이 발표되었다.
① **박종화** : 『청태집(靑苔集)』(1942)
② **이광수** : 『돌베개』(1948)
③ **김진섭** : 『인생예찬』(1947)
④ **이양하** : 『이양하 수필집』(1947)
⑤ **마해송** : 『편편상』(1948)·『속편편상』(1949)
⑥ **현진건** : 『단군성적순례(檀君聖跡巡禮)』(1948)

5. 1950년대

(1) 전개 양상

1950년대는 전쟁에 의한 참혹한 피해와 이에 대한 복구로 이어진다. 전쟁은 무엇보다 생존 자체를 위협했으며, 그 후유증인 물질적, 정신적 폐해는 수필문학은 물론 한국문학 전체를 관통하는 주제의식으로 남게 된다. 문인들은 이데올로기의 대립으로 분열과 투쟁에 휩싸였으며, 시나 소설 등 한국문학은 전쟁의 상흔이라는 제한된 주제의식으로 더욱 깊은 암흑 속으로 침잠하였다. 그러나 이 시기에도 수필문학은 1940년대 활약했던 김용준, 김소운, 김진섭을 비롯하여, 조경희 등의 활동이 계속되었다.

(2) 작가와 작품

① **이희승** : 「벙어리 냉가슴」
② **피천득** : 「산호와 진주」
③ **조지훈** : 「지조론」

6. 1960년대 이후

(1) 전개 양상

① 산업사회의 도래와 사회 혼란으로 굴곡의 시대를 거치게 되지만 오히려 이 시기 수필문학은 오히려 괄목할만한 성장을 하게 된다.
② 전숙희, 김남조, 유안진, 문정희 등 여성 수필가들의 활약이 두드러진다.
③ 수필문학의 성장은 시나 소설을 쓰는 작가에서부터 수필을 중점적으로 쓰는 작가까지 많은 작가들이 수필문학에 눈을 돌리게 하였다.

(2) 유형 및 작품

① **개인적 수필**
  ㉠ 한흑구 : 「보리」
  ㉡ 전숙희 : 「제사」
  ㉢ 조경희 : 「우화」
  ㉣ 윤오영 : 「까치」
  ㉤ 박연구 : 「바보네 가게」
  ㉥ 윤재천 : 「다리가 예쁜 여자」
② **사회적 수필**
  ㉠ 김형석 : 「영원과 사랑의 대화」
  ㉡ 김태길 : 「빛이 그리울 때」
  ㉢ 조연현 : 「문학과 인생」

제3절   한국 현대수필 주요 작품 이해

01   청춘예찬 : 민태원 중요 ★

청춘! 이는 듣기만 하여도 가슴이 설레는 말이다. 청춘! 너의 두 손을 가슴에 대고, 물방아 같은 심장의 고동을 들어 보라. 청춘의 피는 끓는다. 끓는 피에 뛰노는 심장은 거선(巨船)의 기관(汽罐)같이 힘있다. 이것이다. 인류의 역사를 꾸며 내려온 동력은 바로 이것이다. 이성(理性)은 투명하되 얼음과 같으며, 지혜는 날카로우나 갑 속에 든 칼이다. 청춘의 끓는 피가 아니더면, 인간이 얼마나 쓸쓸하랴? 얼음에 싸인 만물(萬物)은 죽음이 있을 뿐이다.

그들에게 생명을 불어넣는 것은 따뜻한 봄바람이다. 풀밭에 속잎 나고, 가지에 싹이 트고, 꽃 피고 새 우는 봄날의 천지는 얼마나 기쁘며, 얼마나 아름다우냐? 이것을 얼음 속에서 불러내는 것이 따뜻한 봄바람이다. 인생에 따뜻한 봄바람을 불어 보내는 것은 청춘의 끓는 피다. 청춘의 피가 뜨거운지라, 인간의 동산에는 사랑의 풀이 돋고, 이상(理想)의 꽃이 피고, 희망(希望)의 놀이 뜨고, 열락(悅樂)의 새가 운다.

사랑의 풀이 없으면 인간은 사막이다. 오아시스도 없는 사막이다. 보이는 끝끝까지 찾아다녀도, 목숨이 있는 때까지 방황하여도, 보이는 것은 거친 모래뿐일 것이다. 이상의 꽃이 없으면, 쓸쓸한 인간에 남는 것은 영락(零落)과 부패(腐敗) 뿐이다. 낙원을 장식하는 천자만홍(千紫萬紅)이 어디 있으며, 인생을 풍부하게 하는 온갖 과실이 어디 있으랴?

핵심정리

① 갈래 : 수필, 중수필. 서정적 수필
② 성격 : 예찬적, 설득적, 남성적, 웅변적
③ 문체 : 강건체, 화려체
④ 어조 : 웅변적. 격정적
⑤ 특징
    ㉠ 청춘의 특징을 병렬식으로 나열함(병렬식 구성).
    ㉡ 적절한 비유와 함축적 어휘를 사용하여 문체가 화려함.
    ㉢ 호흡이 빠르고 웅변적 어조와 힘찬 문체를 사용
    ㉣ 영탄법, 설의법 등 다양한 표현 방법을 사용하여 설득력과 호소력을 높임.
    ㉤ 박진감과 생동감을 줌.
⑥ 제재 : 청춘
⑦ 주제 : 청춘에 대한 예찬

02 신록예찬 : 이양하 중요 ★

봄, 여름, 가을, 겨울, 두루 사시(四時)를 두고 자연이 우리에게 내리는 혜택에는 제한이 없다. 그러나 그 중에도 그 혜택을 풍성히 아낌없이 내리는 시절은 봄과 여름이요, 그 중에도 그 혜택을 가장 아름답게 나타내는 것은 봄, 봄 가운데도 만산(萬山)에 녹엽(綠葉)이 싹트는 이 때일 것이다. 눈을 들어 하늘을 우러러보고 먼 산을 바라보라. 어린애의 웃음같이 깨끗하고 명랑한 5월의 하늘, 나날이 푸르러 가는 이 산 저 산, 나날이 새로운 경이(驚異)를 가져오는 이 언덕 저 언덕, 그리고 하늘을 달리고 녹음을 스쳐 오는 맑고 향기로운 바람─우리가 비록 빈한하여 가진 것이 없다 할지라도, 우리는 이러한 때 모든 것을 가진 듯하고, 우리의 마음이 비록 가난하여 바라는 바, 기대하는 바가 없다 할지라도, 하늘을 달리어 녹음을 스쳐 오는 바람은 다음 순간에라도 곧 모든 것을 가져올 듯하지 아니한가?

오늘도 하늘은 더할 나위 없이 맑고, 우리 연전(延專) 일대를 덮은 신록은 어제보다도 한층 더 깨끗하고 신선하고 생기 있는 듯하다. 나는 오늘도 나의 문법 시간이 끝나자, 큰 무거운 짐이나 벗어 놓은 듯이 옷을 훨훨 떨며, 본관 서쪽 숲 사이에 있는 나의 자리를 찾아 올라간다. 나의 자리래야 솔밭 사이에 있는, 겨우 걸터앉을 만한 조그마한 소나무 그루터기에 지나지 못하지마는, 오고 가는 여러 동료가 나의 자리라고 명명(命名)하여 주고, 또 나 자신도 하룻동안에 가장 기쁜 시간을 이 자리에서 가질 수 있으므로, 시간의 여유가 있을 때마다 나는 한 특권이나 차지하는 듯이, 이 자리를 찾아 올라와 앉아 있기를 좋아한다.

핵심정리

① 갈래 : 경수필, 서정적 수필
② 문체 : 우유체, 만연체
③ 성격 : 예찬적・관조적・사색적・낭만적・서정적・자연 친화적
④ 특징
　　㉠ 서술과 묘사로 적절히 자연의 아름다움을 표현
　　㉡ 자연을 소재로 하여 자연에 몰입하는 친화적 태도를 보임.
　　㉢ 인간과 자연을 조감하면서 인생을 이야기한 명상적 태도가 보임.
　　㉣ 신록의 아름다움에 빗대어, 인간의 명리를 생각하는 자세를 나무람.
　　㉤ 인간의 가치보다는 자연의 가치를 긍정함.
⑤ 제재 : 오월의 신록
⑥ 주제 : 신록의 아름다움에 대한 예찬

03 지조론 : 조지훈

> 지조란 것은 순일(純一)한 정신을 지키기 위한 불타는 신념이요, 눈물겨운 정성이며, 냉철한 확집(確執)이요, 고귀한 투쟁이기까지 하다. 지조가 교양인의 위의(威儀)를 위하여 얼마나 값지고, 그것이 국민의 교화에 미치는 힘이 얼마나 크며, 따라서 지조를 지키기 위한 괴로움이 얼마나 가혹한가를 헤아리는 사람들은 한 나라의 지도자를 평가하는 기준으로서 먼저 그 지조의 강도(强度)를 살피려 한다. 지조가 없는 지도자는 믿을 수가 없고, 믿을 수 없는 지도자는 따를 수가 없기 때문이다. 자기의 명리(名利)만을 위하여 그 동지와 지지자와 추종자를 일조(一朝)에 함정에 빠뜨리고 달아나는 지조 없는 지도자의 무절제와 배신 앞에 우리는 얼마나 많이 실망하였는가. 지조를 지킨다는 것이 참으로 어려운 일임을 아는 까닭에 우리는 지조 있는 지도자를 존경하고 그 곤고(困苦)를 이해할 뿐 아니라 안심하고 그를 믿을 수도 있는 것이다. 이와 같이 생각하는 자(者)이기 때문에 지조 없는 지도자, 배신하는 변절자들을 개탄(慨歎)하고 연민(憐憫)하며 그와 같은 변절의 위기의 직전에 있는 인사들에게 경성(警醒)이 있기를 바라는 마음이 간절하다.

핵심정리

① 갈래 : 중수필, 교훈적 수필
② 성격 : 논리적 · 사회적 · 공적(公的) · 경세적(警世的) · 교훈적 · 설득적
③ 문체 : 한문투의 강건체
④ 특징
　㉠ 다양한 일화를 적절히 인용하여 지조와 변절의 의미를 쉽게 이해시키고 있다.
　㉡ 변절자들의 그릇된 행태를 준열한 어조로 비판하면서 자기주장을 뚜렷이 제시하고 있다.
　㉢ 고어(古語)투를 바탕으로 호흡이 긴 문장을 구사하고 있다.
　㉣ 고전적인 선비의 지조와 정치가들의 변절을 적절히 대비시키고 있다.
⑤ 제재 : 지조
⑥ 주제 : 지조 있는 삶의 자세 강조. 정치인들에게 요구되는 지조 강조

04 산정무한 : 정비석

> 복잡한 것은 빛깔만이 아니었다. 산의 용모는 더욱 다기(多岐)하다. 혹은 깎은 듯이 준초(峻峭)하고, 혹은 그린 듯이 온후(溫厚)하고, 혹은 막잡아 빚은 듯이 험상궂고, 혹은 틀에 박은 듯이 단정하고……. 용모, 풍취(風趣)가 형형색색인 품이 이미 범속(凡俗)이 아니다.
> 　산의 품평회를 연다면, 여기서 더 호화로울 수 있을까? 문자 그대로 무궁무진(無窮無盡)이다. 장안사 맞은편 산에 울울창창(鬱鬱蒼蒼) 우거진 것은 모두 잣나무뿐인데, 모두 이등변삼각형으로 가지를 늘어뜨리고 섰는 품이, 한 그루 한 그루의 나무가 흡사히 괴어 놓은 차례탑(茶禮塔) 같다. 부처님은 예불상(禮佛床)만으로는 미흡해서, 이렇게 자연의 진수성찬을 베풀어 놓으신 것일까? 얼른 듣기에 부처님이 무엇을 탐낸다는 것이 천만부당한 말 같지만, 탐내는 그것이 물욕 저편의 존재인 자연이고 보면, 자연을 맘껏 탐낸다는 것이 이미 불심(佛心)이 아니고 무엇이랴.

핵심정리

① **갈래** : 수필, 경수필, 기행문
② **문체** : 화려체, 우유체, 만연체
③ **성격** : 낭만적, 기교적, 주정적
④ **구성** : '서두 – 본문'의 2단 구성, 여정에 따른 추보식 구성
⑤ **특징**
    ㉠ 서경과 서정이 조화를 이루고 있다.
    ㉡ 감각적인 언어로 신선하고 섬세하게 표현하였다.
    ㉢ 은유·직유·열거·대구·대조 등 다양한 표현 기교를 사용하고 있다.
⑥ **제재** : 금강산의 아름다운 모습
⑦ **주제** : 금강산의 장관과 금강산 탐승(探勝)의 정취

05 달밤 : 윤오영 [중요] ★

　내가 잠시 낙향(落鄕)해서 있었을 때 일.
　어느 날 밤이었다. 달이 몹시 밝았다. 서울서 이사 온 윗마을 김 군을 찾아갔다. 대문은 깊이 잠겨 있고 주위는 고요했다. 나는 밖에서 혼자 머뭇거리다가 대문을 흔들지 않고 그대로 돌아섰다.
　맞은편 집 사랑 툇마루엔 웬 노인이 한 분 책상다리를 하고 앉아서 달을 보고 있었다. 나는 걸음을 그리로 옮겼다. 그는 내가 가까이 가도 별 관심을 보이지 아니했다.
　"좀 쉬어 가겠습니다."
　하며 걸터앉았다. 그는 이웃 사람이 아닌 것을 알자,
　"아랫마을서 오셨소?"
　하고 물었다.
　"네, 달이 하도 밝기에……."
　"음! 참 밝소."
　허연 수염을 쓰다듬었다. 두 사람은 각각 말이 없었다. 푸른 하늘은 먼 마을에 덮여 있고, 뜰은 달빛에 젖어 있었다. 노인이 방으로 들어가더니, 안으로 통한 문 소리가 나고 얼마 후에 다시 문 소리가 들리더니, 노인은 방에서 상을 들고 나왔다. 소반에는 무청김치 한 그릇, 막걸리 두 사발이 놓여 있었다.
　"마침 잘 됐소, 농주(農酒) 두 사발이 남았더니……."
　하고 권하며, 스스로 한 사발을 죽 들이켰다. 나는 그런 큰 사발의 술을 먹어 본 적은 일찍이 없었지만 그 노인이 마시는 바람에 따라 마셔 버렸다.

핵심정리

① **갈래** : 경수필, 서정적 수필
② **성격** : 회고적, 담화적, 함축적, 소박함

③ 특성
  ㉠ 정물화에 비길 수 있는 **정적 구도**
  ㉡ 압축미 있는 간결체 문장
  ㉢ **향토성** 짙은 서정성의 부각
  ㉣ 생략적 표현과 극도의 압축에 의한 은근한 미적 효과
④ 주제
  ㉠ 달밤의 정취와 향토적인 아름다운 인정
  ㉡ 달밤에 우연히 이루어진 아름다운 인간의 인정 어린 모습

06 그믐달 : 나도향 종요 ★

나는 그믐달을 몹시 사랑한다.

그믐달은 요염하여 감히 손을 댈 수도 없고, 말을 붙일 수도 없이 깜찍하게 예쁜 계집 같은 달인 동시에 가슴이 저리고 쓰리도록 가련한 달이다.

서산 위에 잠깐 나타났다 숨어버리는 초생달은 세상을 후려 삼키려는 독부(毒婦)가 아니면 철모르는 처녀 같은 달이지마는, 그믐달은 세상의 갖은 풍상을 다 겪고, 나중에는 그 무슨 원한을 품고서 애처롭게 쓰러지는 원부(怨婦)와 같이 애절하고 애절한 맛이 있다.

보름의 둥근 달은 모든 영화와 끝없는 숭배를 받는 여왕(女王)과 같은 달이지마는, 그믐달은 애인을 잃고 쫓겨남을 당한 공주와 같은 달이다.

초생달이나 보름달은 보는 이가 많지마는, 그믐달은 보는 이가 적어 그만큼 외로운 달이다. 객창한등(客窓寒燈)에 정든 임 그리워 잠못 들어 하는 분이나, 못 견디게 쓰린 가슴을 움켜잡은 무슨 한(恨) 있는 사람이 아니면 그 달을 보아 주는 이가 별로 없을 것이다.

핵심정리

① 갈래 : 경수필, 서정적 수필
② 성격 : 주관적, 낭만적
③ 특징
  ㉠ 다양한 비유와 간결한 문체를 사용함.
  ㉡ 그믐달을 초승달, 보름달과 대비하여 특성을 드러냄.
  ㉢ 달을 여인에 비유하여(의인화) 작가의 심정을 잘 나타냄.
④ 제재 : 그믐달
⑤ 주제 : 그믐달을 사랑하는 마음

07 무소유 : 법정 중요 ★★

> 지난해 여름 장마가 갠 어느 날 봉선사로 운허노사를 뵈러 간 일이 있었다. 한낮이 되자 장마에 갇혔던 햇볕이 눈부시게 쏟아져 내리고 앞 개울물 소리에 어울려 숲속에서는 매미들이 있는 대로 목청을 돋구었다.
>
> 아차! 이때서야 문득 생각이 난 것이다. 난초를 뜰에 내놓은 채 온 것이다. 모처럼 보인 찬란한 햇볕이 돌연 원망스러워졌다. 뜨거운 햇볕에 늘어져 있을 난초 잎이 눈에 아른거려 더 지체할 수가 없었다. 허둥지둥 그 길로 돌아 왔다. 아니나 다를까, 잎은 축 늘어져 있었다. 안타까워하며 샘물을 길어다 축여 주고 했더니 겨우 고개를 들었다. 하지만 어딘지 생생한 기운이 빠져나간 것 같았다.
>
> 나는 이때 온몸으로 그리고 마음속으로 절절히 느끼게 되었다. 집착이 괴로움인 것을, 그렇다 나는 난초에게 너무 집념한 것이다. 이 집착에서 벗어나야겠다고 결심했다. 난을 가꾸면서는 산철(승가(僧家)의 유행기(遊行期))에도 나그네 길을 떠나지 못한 채 꼼짝을 못했다. 밖에 볼 일이 있어 잠시 방을 비울 때면 환기가 되도록 들창문을 조금 열어놓아야 했고, 분(盆)을 내놓은 채 나가다가 뒤미처 생각하고는 되돌아와 들여놓고 나간 적도 한두 번이 아니었다. 그것은 지독한 집착이었다.
>
> 며칠 후, 난초처럼 말이 없는 친구가 놀러 왔기에 선뜻 그의 품에 분을 안겨 주었다. 비로소 나는 얽매임에서 벗어난 것이다. 날아갈 듯 홀가분한 해방감. 3년 가까이 함께 지낸 '유정(有情)'을 떠나보냈는데도 서운하고 허전함보다 홀가분한 마음이 앞섰다.
>
> 이때부터 나는 하루 한 가지씩 버려야겠다고 스스로 다짐을 했다. 난을 통해 무소유(無所有)의 의미 같은 걸 터득하게 됐다고나 할까.

핵심정리

① 갈래 : 경수필, 서정적 수필
② 성격 : 사색적, 교훈적, 체험적
③ 특성
  ㉠ 고백적인 말하기로 자신의 체험을 서술하고 있다.
  ㉡ 글의 전개 과정에서 철학적 내용을 적절히 배치하고 있다.
  ㉢ 사색적이고 담담한 태도를 유지하고 있다.
  ㉣ 역설적인 표현을 통해 진리를 전달하고 있다.
④ 제재 : 난과 관련된 생활 체험
⑤ 주제 : 진정한 자유와 무소유의 의미

제 5 장 | 현대희곡

제1절 **한국 현대희곡의 특징** 종요 ★★

1. 희곡의 본질

(1) 정의

무대 상연을 전제로 한 연극의 대본으로, 대사와 행동에 의해 표현되는 문학 장르이다.

(2) 희곡의 특성

① **무대 상연의 문학** : 희곡은 원칙적으로 무대 상연을 전제로 한 문학이다. 그러나 단지 읽기 위해서 쓴 희곡도 있는데, 이를 '레제드라마(lesedrama)'라고 한다.

② **행동의 문학** : 무대 위에 인물의 행동으로 표현되는 예술이다.

③ **대사의 문학** : 대화를 표현 형식으로 삼는다.

④ **현재화된 인생 표현** : 사건 진행은 관객에게 현재적 사실로 받아들이게 한다.

⑤ **대립과 갈등의 문학** : 이념의 대립, 의지의 갈등을 본질로 삼는다.

⑥ **가장 직접적이며 객관적인 형식의 문학** : 배우가 직접 독자와 대면하는 양식으로 작가는 개입할 수 없고 독자에게 상황을 보여 주기 때문에 가장 객관적인 양식이다.

(3) 희곡의 제약

무대 상연을 전제로 하기 때문에 많은 제약이 있다.

① **근본적 제약(보여주기)** : 직접 서술의 불가능
  ㉠ 작가의 직접적인 묘사나 해설이 불가능하다.
  ㉡ 인물의 직접적 제시가 불가능하다.
  ㉢ 내면적인 심리 묘사가 어렵다.

② **공간적 제약** : 무대
  ㉠ 등장인물의 수의 제약
  ㉡ 군중 장면의 불가능
  ㉢ 장면 전환의 제약

③ **시간적 제약**
  ㉠ 상연 시간(작품의 길이) : 압축성
  ㉡ 반드시 현재형

참고 고전극의 3일치 : 무대의 제약성 때문에 통일시킨 원칙
ⓐ 시간의 일치 : 시간은 24시간 이내에 끝내야 한다.
ⓑ 장소의 일치 : 한 장소에서 사건이 이루어져야 한다.
ⓒ 행동의 일치 : 사건은 주제를 향하여 통일되어야 한다.

주관식 레벨 UP

고전극의 3일치란 무엇인지 서술해 보시오.

풀이 고전극의 3일치란 시간은 24시간 이내에 끝내야 한다는 '시간의 일치', 한 장소에서 사건이 이루어져야 한다는 '장소의 일치', 그리고 사건은 주제를 향하여 통일되어야 한다는 '행동의 일치'를 말한다.

(4) 희곡의 약속

희곡과 독자(관객) 사이에 자연스럽게 승인된 묵계를 말한다. 즉, 희곡(연극)에서 보여주는 세계는 실제 현실은 아니지만 실제 현실로 인식하는 것이다. 이러한 약속을 '**컨벤션**(convention, 인습)'이라고 한다.

① 무대는 극이 전개되는 가공의 장소이지만 진짜 현실로 받아들인다.
② 배우는 실제 인물로 간주한다.
③ 배우의 행동도 실제 행동으로 간주한다.
④ 인물의 방백과 독백도 다른 등장인물은 듣지 못한다고 정한다.

주관식 레벨 UP

다음 설명을 뜻하는 희곡의 용어는?

희곡(연극)에서 보여주는 세계는 실제 현실은 아니지만 실제 현실로 인식하는 것처럼 희곡과 독자(관객) 사이에 자연스럽게 승인된 묵계를 말한다.

풀이 컨벤션(convention, 인습)

2. 희곡의 구성 요소

(1) 내적 구성 요소

① **인물** : 개성적이고도 전형적인 인물로 갈등과 의지의 투쟁을 보여주는 인물
② **행동** : 생략, 압축, 초점화된 행동(갈등과 대립을 일으킴)

(2) 외적 구성 요소(희곡의 3요소)

① **해설** : 무대 지시, 희곡의 첫머리에 등장인물, 장소, 무대 등을 설명해 놓은 부분이다.
② **지문** : 대사의 사이에서 인물의 동작, 표정, 심리, 말투. 분위기를 지시하는 부분이다.

③ **대사** : 극의 모든 사건과 인물의 행동, 심리 등이 구체적으로 드러나는 부분으로 대사는 사건의 진행
과 인물의 성격을 드러내는 중요한 요소이다.
　㉠ 독백 : 상대방 없이 혼자서 하는 말로 동기(動機)의 설정, 내적 투쟁의 준비와 결심, 심리 변화,
　　갈등의 표출에 쓰인다.
　㉡ 대화 : 두 사람 이상의 등장인물이 서로 주고받는 말로서 구체성, 간결성, 탄력성, 집중성, 극적
　　(劇的)인 특성을 지닌다.
　㉢ 방백 : 관객에게는 들리지만 무대에서의 상대방 배우에게는 들리지 않는 것으로 약속된 대사이다.

주관식 레벨 UP

1. 연극의 3요소와 희곡의 3요소를 구별하여 제시하시오.
　　　풀이 연극의 3요소 : 희곡, 배우, 관객 / 희곡의 3요소 : 해설, 지문, 대사

2. 희곡 대사의 유형 중 '방백'이란 무엇인지 개념을 쓰시오.
　　　풀이 관객에게는 들리지만 무대에서의 상대방 배우에게는 들리지 않는 것으로 약속된 대사이다.

---

(3) 희곡의 단위

① **막(act)** : 휘장(커튼)을 올리고 내리는 것으로 생기는 구분이다.
② **장(scene)** : 전체 가운데 한 독립된 장면(場面)으로 대화가 합쳐져서 이룩된 단위이다. 인물의 등장
과 퇴장, 배경의 전환, 조명이 꺼졌다 켜지는 것으로 구분한다.

3. 희곡의 갈래

(1) 내용에 따른 갈래

① **비극(悲劇)**
　㉠ 인간이 운명, 성격, 상황 등에 의해 패배해 가는 모습을 제시하는 희곡을 말하며 비범한 개인인
　　주동 인물이 투쟁하다가 패배하여 좌절하는 내용이다.
　㉡ 효과 : 엄숙하고 진지하며 관객에게 연민과 공포를 불러일으켜 감정의 정화(카타르시스)를 느끼
　　게 한다.
　㉢ 비장미와 숭고미를 그 본질로 한다.
② **희극(喜劇)**
　㉠ 인간의 성격이나 행위에 내재하는 우둔함. 비리(非理), 모순과 같은 약점을 묘사하여 골계미(滑
　　稽美)를 나타내는 희곡으로 해피엔딩으로 끝난다.
　㉡ 경쾌하고 흥미 있는 줄거리와 인물을 등장시켜 인간성의 경직과 사회의 불합리를 웃음으로 풀어
　　가는 극이다. 따라서 인간을 교정하는 효과를 가지고 있는 동시에 웃음을 통해 인간의 심정을
　　더 한층 건강하게 하는 효과가 있다.

ⓒ 풍자와 해학, 그리고 기지(wit)로 표현되는 비평 정신을 느낄 수 있다. **시대 현실을 비판하는 특성을 지닌다.**

③ **희비극**: 비극과 희극의 복합 형태로 대체로 처음에는 비극적으로 전개되나 작품의 전환점에 이르러 희극적인 상태로 전환되는 것이 많다.

(2) 창작 의도에 따른 분류

① **창작 희곡**: 처음부터 무대 상연을 목적으로 창작한 희곡
② **각색 희곡**: 소설, 수기, 시나리오 등을 기초로 각색한 희곡
③ **레제드라마(lesedrama)**: 상연되지 않고 읽기만을 위한 독서 희곡으로 연극성을 무시하고 문학성만을 중시한다.
④ **뷔넨드라마(bühnendrama)**: 반드시 무대 상연을 전제로 한 희곡

> **주관식 레벨 UP**
>
> 희곡의 갈래 중 '뷔넨드라마'와 '레제드라마'의 차이점을 제시해 보시오.
>
> **풀이** '뷔넨드라마'는 반드시 무대 상연을 전제로 한 희곡이며, '레제드라마'는 상연되지 않고 소설처럼 읽기만을 위한 독서 희곡이다.

(3) 기타 희곡

① **멜로드라마(melodrama)**: 사랑을 주제로 하여 줄거리에 변화가 많고, 호화로운 무대로 관객을 대하는 감상적·통속적인 대중극이다.
② **모노드라마(monodrama)**: 한 사람의 배우가 연출하는 극이다.
③ **팬터마임(pantomime)**: 대사가 없이 동작만으로 이루어진 극으로 '무언극(無言劇)'
④ **키노드라마(kinodrama)**: 영화의 기법을 섞어 사용하는 특수한 연극으로 연극과 영화의 연쇄극이라고 한다.
⑤ **소인극(素人劇)**: 전문적인 연극인이 아닌 사람들이 하는 연극이다.
⑥ **사이코드라마(psychodrama)**: 극적인 효과보다는 진단이나 치유의 효과를 기대하는 목적극으로 주로 사회적 부적응이나 인격 장애 진단 및 치료에 이용한다.

> **주관식 레벨 UP**
>
> 희곡의 갈래 중 영화의 기법을 섞어 사용하는 특수한 연극으로 연극과 영화의 연쇄극을 무엇이라 하는가?
>
> **풀이** 키노드라마(kinodrama)

(4) 사조에 따른 분류

① **고전주의극** : 형식미를 바탕으로 엄격한 통제를 강조한다. 3일치 법칙이 적용된다.

② **낭만주의극** : 형식의 구속에서 탈피하여 자유분방한 정열을 구가하는 연극이다.

③ **사실주의극** : 인생의 단편을 현실 그대로 표현하는 데 주력하는 연극이다.

④ **표현주의극** : 외적인 현실의 단순한 묘사를 거부하고, 작가 스스로 파악한 내적인 현실을 그대로 표현하는 연극으로 내용이 주관적이며 개인적이다.

⑤ **서사극** : 카타르시스(catharsis)를 통한 감정의 정화를 거부하고 관객의 냉철한 관찰을 통해 판단력을 부여하는 것을 목적으로 삼는다.

⑥ **부조리극** : 1950년대 파리를 중심으로 일어난 일련의 연극 운동으로 '반극'이라고도 한다. 인간의 존재를 비합리적인 것으로 보고 인간의 숙명적 고독, 인간 상호간의 커뮤니케이션의 불가능 등에 초점을 맞추는 연극으로 일정한 대화, 일정한 구성의 거부 등을 그 특징으로 한다.

주관식 레벨 UP

1. 다음 설명이 뜻하는 연극을 무엇이라 하는가?

> 외적인 현실의 단순한 묘사를 거부하고, 작가 스스로 파악한 내적인 현실을 그대로 표현하는 연극으로 내용이 주관적이며 개인적이다.

풀이 표현주의극

2. 다음 설명이 뜻하는 연극을 사조별로 무엇이라 하는가?

> 1950년대 파리를 중심으로 일어난 일련의 연극 운동으로 '반극'이라고도 한다. 인간의 존재를 비합리적인 것으로 보고 인간의 숙명적 고독, 인간 상호간의 커뮤니케이션의 불가능 등에 초점을 맞추는 연극으로 일정한 대화, 일정한 구성의 거부 등을 그 특징으로 한다.

풀이 부조리극(Anti-drama, 반극)

제2절 한국 현대희곡의 흐름 (중요) ★★★

1. 1900년대의 희곡문학

(1) 민속극의 쇠퇴 : 19세기에는 민속극인 탈춤이나 꼭두각시 놀음(인형극)이 크게 유행하였으나, 일제의 식민 통치가 시작되면서 급속히 쇠퇴하였다.

(2) 창극의 공연 : 창극이란 판소리를 무대 위에서 배역을 나누어 대화창으로 부르는 연극으로, 협률사(1902), 원각사(1908) 등에서 '춘향전', '심청가', '최명도 타령' 등을 공연하였다.

(3) **신극의 태동** : 신극은 창극과 달리 산문으로 된 대사를 사용한 본격적인 연극으로 근대극에 가까워진
형태이다. 1908년 원각사가 창립되면서 이인직의 '은세계'를 공연하였고, **구연학의 번안 소설인 '설중
매'**를 연극으로 각색하여 원각사에서 상연하였다. 계몽적인 주제가 많았고 예술성보다는 대중의 흥미에
맞추었다.

> **주관식 레벨 UP**
>
> 원각사에서 각색하여 상연했던 대표작 두 편을 제시해 보시오.
>
> 풀이 이인직의 신소설인 '은세계'와 구연학의 번안소설인 '설중매'

2. 1910년대의 희곡문학

(1) **신파극(新派劇) 등장**

① **개념** : 1921년에 결성된 신극단체인 극예술협회 이전의 신극을 특히 신파극이라고도 한다. 재래의
형식과 전통을 깨뜨리고 창극의 테두리를 벗어나서 현대의 세상 풍속과 인정, 비화 등을 제재로 하
는 통속적 연극을 말한다.

② **공연** : '혁신단'의 「**불효천벌**」(1911)을 **시초로** 「육혈포 강도」, 조중환의 번안물 「장한몽」(1913), 이
상협의 「눈물」(1914)이 공연되어 큰 인기를 끌었다.

> **주관식 레벨 UP**
>
> 다음 설명은 어떤 연극에 대한 것인가?
>
> 1921년에 결성된 신극단체인 극예술협회 이전의 신극을 말한다. 재래의 형식과 전통을 깨뜨리고 창극의 테두
> 리를 벗어나서 현대의 세상 풍속과 인정, 비화 등을 제재로 하는 통속적 연극을 말한다.
>
> 풀이 신파극(新派劇)

(2) **극단(劇團)**

극단명	연대	대표자	공연 작품
혁신단	1911 ~ 1921	임성구	불효천벌, 육혈포 강도, 장한몽, 귀의성 등
문수성	1912 ~ 1916	윤백남	불여귀, 청춘, 눈물 등을 공연
유일단	1912 ~ 1916	이기세	혈의누, 장한몽, 불여귀 등을 공연

참고 ㉮ 최초의 각색 상연작 : 이인직, 「은세계」(1908)
　　　㉯ 최초의 신파극 : 「불효천벌」(1911)
　　　㉰ 최초의 창작 희곡 : 조중환의 「병자(病者)3인」(1912)

1911년 '혁신단'에서 상연한 최초의 신파극과 최초의 창작 희곡의 제목을 쓰시오.

풀이 최초로 상연된 신파극은 '불효천벌'이고, 최초의 창작 희곡은 1913년 조중환의 '병자삼인'이다.

3. 1920년대의 희곡문학

(1) 전개 양상

① **근대극의 정착** : 서구의 근대극 양식의 도입으로 신파극을 벗어나 일상적인 대사를 구가하고, 현실적인 인물과 무대를 설정하여 사실주의적 경향을 보인다.

② **본격적인 근대희곡의 출현** : 김우진에 의한 '표현주의' 희곡의 실험

③ **근대적 희곡의 창작**

　　㉠ 김우진 : 「난파」, 「산돼지」

　　㉡ 박승희 : 「산 서낭당」

　　㉢ 윤백남 : 「제야의 종소리」 등

(2) 근대극 단체의 결성

① **극예술협회(1921)**

　　㉠ 동경 유학생 중심으로 결성(김우진, 조명희, 홍해성, 마해송 등)

　　㉡ 「김영일의 사(死)」, 「최후의 악수」 등 공연

② **토월회(1922)**

　　㉠ 동경 유학생이 발기하여 확장된 근대극 단체(박승희, 김기진, 이서구, 윤심덕 등)

　　㉡ 87회의 최장기 공연 기록을 세움

　　㉢ 「부활」, 「칼멘」, 「곰」, 「오로라」 등 주로 번역극을 상연

4. 1930년대 희곡문학

(1) 전개 양상

① **현대극의 확립** : 해외문학파를 중심으로 '극예술연구회(1931)'가 결성되고, 본격적 현대극이 공연되면서 민족의식을 고취하기 위한 사실주의 희곡이 성행했다.

② **민족적 현실 반영** : 식민지 상황에서 허덕이는 농민들의 비참한 삶과 사회적 모순을 파헤친 작품들이 주류를 이루었다.

③ **대중적 신파극의 토착화** : 1930년대는 신파극의 전성시대로 정통 신극운동이 어려움을 겪는 반면 대중적 신파극은 전성기를 누리게 된다.

(2) 극예술연구회(1931)

① 해외문학파가 중심이 된 본격적인 현대극 단체

② 사실주의적 경향

③ **창립 동인** : 김진섭, 유치진, 이헌구, 서항석, 윤백남, 이하윤, 함대훈, 홍해성, 정인섭 등

④ 예술과 인생 본위의 기치 아래 초창기의 번역극, 소인극에서 탈피할 것을 주장하고, 창작극, 전문극을 적극 전개하여 연극 발전에 큰 공적을 남겼다.

⑤ **공연 작품**

　㉠ 창립 작품으로 고골리의 '검찰관'을 공연

　㉡ 유치진 : 「토막(土幕)」(1932), 「소」(1934)

　㉢ 함세덕 : 「동승(童僧)」(1939)

주관식 레벨 UP

다음 설명과 관련이 깊은 연극 단체는?

- 1931년 해외문학파가 중심이 된 본격적인 현대극 단체
- 사실주의 경향
- 예술과 인생 본위의 기치 아래 초창기의 번역극, 소인극에서 탈피할 것을 주장
- 창작극, 전문극을 적극 전개하여 연극 발전에 큰 공적을 남김.
- 창립 작품으로 고골리의 '검찰관'을 공연. 유치진의 창작 희곡 「토막(土幕)」 상연

풀이 극예술연구회

---

5. 1940년대 희곡문학

(1) 전개 양상

① **암흑기** : 일제의 연극 통제로 일부 작가들이 친일 문학으로 전락한 '연극의 어용화' 시기였다.

② **소극적 저항** : 현실에서 관심을 돌려 역사나 민족, 농촌에서 소재를 구하였다.

(2) 작가와 작품

① **오영진** : 「맹진사댁 경사」(1943)

② **이규환** : 「임자 없는 나룻배」

③ **이기영** : 「인신교주」

6. 해방공간(1945~1950)의 희곡문학

(1) 전개 양상

① **이념의 대립** : 8·15 광복 직후 좌·우익의 이념 대립이 극심해졌다.

② **민족극의 수립** : 좌익의 경향극(이데올로기 희곡)에 대립하여 민족주의 진영에서는 민족주의의 계몽극을 내세워 맞섰다.
③ **한국적 희곡의 정립** : 정통 사실주의극이 뿌리를 내려갔으며, 전통적인 민속이나 소설 등에 소재의 원천을 두고 그것들의 재창조를 통한 한국적 희곡의 정립을 꾀하였다.

(2) 작가와 작품
① **유치진** : 「조국」(1946), 「자명고」(1947), 「유관순」(1948), 「은하수」(1948)
② **오영진** : 「살아 있는 이중생 각하」(1949)

7. 1950년대의 희곡문학

(1) 전개 양상
① **국립극장 설치** : 1950년 4월 29일 민족예술의 발전을 위해 국가에서 설립한 극장으로 유치진이 설립자이다.
② **현실인식과 현실참여의식 중심** : 전쟁이 남긴 상처와 전후의 정치, 사회의 비리를 폭로하고 비판하는 사실주의로 일관하였다.
③ 전쟁의 공포, 이념에 대한 혐오를 형상화한 작품이 발표되었다.

(2) 작가와 작품
① 오상원 : 「녹슨 파편」(1953), 「잔상(殘像)」(1956)
② 유치진 : 「나도 인간이 되련다」(1953)
③ 차범석 : 「불모지」(1957), 「성난 기계」(1959)
④ 이근삼 : 「원고지」(1959)

8. 1960년대의 희곡문학

(1) 전개 양상
① **동인제 극단 활동** : 「실험극장」(1960), 「민중극장」(1963) 등의 등장과 「드라마센터」의 개관(1962년), 극작워크숍 운영 등으로 문학 지망생들이 희곡에 관심을 가질 수 있는 기회가 제공되면서 문학의 3대 장르 중 그 발전이 가장 미약하였던 희곡분야는 문학 내외적인 환경 변화로 인해 60년대에 비로소 발전하게 되었다.
② **모더니즘 연극의 시작** : 서구의 '부조리극'이 공연됨에 따라 사실주의가 주조로 흐르면서도 기법 면에서도 혁신을 꾀하였다.
③ **중견 작가들의 활약** : 50년대에 등단한 오영진, 차범석, 이근삼 등이 활발한 작품 활동을 전개하면서 중심적 역할을 하였다.
④ **주제의 다변화** : 현대사회 및 정치현실의 모순 비판, 분단문제에 대한 관심 등 다양한 주제의식이 나타났다.
⑤ **우리 역사에 대한 재인식** : '탈춤부흥운동'이 전개되었다.

(2) 작가와 작품

① **이근삼** : 「대왕은 죽기를 거부했다」(1960), 「국물 있사옵니다」(1966)
② **차범석** : 「산불」(1963)
③ **천승세** : 「만선」(1964)
④ **오태석** : 「환절기」(1968), 「교행」(1969)

9. 1970년대의 희곡문학

(1) 전개 양상

① **전통의 현대적 수용** : 1960년대 '탈춤부흥운동'을 통하여 재해석된 탈춤의 공연양식을 이어받아 대학가를 중심으로 창작탈춤의 시도와 함께 마당극 운동이 활발히 전개되었다.
② 새로운 연극적 양식의 실험
③ 역사적 사실을 소재로 한 작품 발표
④ **사회 현실비판** : 유신체제하의 사회현실을 비판하는 작품들이 창작되었다.

(2) 작가와 작품

① **윤대성** : 「망나니」(1969), 「노비문서」(1973)
② **최인훈** : 「옛날옛적에 훠어이 훠이」(1976), 「둥둥 낙랑둥」(1978)
③ **이강백** : 「파수꾼」(1974)
④ **차범석** : 「새야 새야 파랑새야」(1975)
⑤ **오태석** : 「춘풍의 처」(1976)

제3절 　한국 현대희곡 주요 작품 이해

01 산돼지 : 김우진 중요 ★

> 최원봉이 차혁과 바둑을 둔다. 청년회 간부인 원봉은 자신의 주관으로 연 바자회의 수익금 50원을 써 버리고, 이러한 사실을 덮어 주려는 차혁과 싸운다. 사람들은 원봉을 '산돼지'라 부르고 원봉은 자신의 행동에 대해 정신적 갈등을 일으켜 몽환병에 시달린다. 최 주사의 유언에도 불구하고, 원봉과 정숙, 영순과 차혁이 각각 교제한다. 원봉은 자기를 둘러싸고 있는 비밀(꿈속에서 토벌 병정에 쫓기는 동학군이었던 아버지와 관군에게 쫓기다가 원봉을 낳고 죽은 어머니의 일)을 꿈을 통해 알게 된다. 원봉은 자신에게 지워진 사회 개혁의 사명과 현실과의 괴리로 고민한다. 꿈에서 현실로 돌아오고, 원봉에게 실망해 일본 동경으로 떠났던 원봉의 애인 정숙이 돌아온다. 둘은 서로의 나아갈 방향을 논의하며 갈등을 해소한다.

① 해제 : 현실 개혁의 사명감과 기존 질서 사이에서 갈등하는 1920년대 한 청년 지식인의 저항 의식을 표현주의 기법으로 그린 희곡이다.
② 갈래 : 장막극, 표현주의 극
　　❖ 표현주의 : 객관적인 사실보다 사물이나 사건에 의하여 야기되는 주관적인 감정과 반응을 표현하는 데에 중점을 두는 예술 사조
③ 성격 : 실험적, 상징적
④ 배경
　　㉠ 시간적 : 1920년대
　　㉡ 공간적 : 서울과 가까운 어느 마을
⑤ 특징
　　㉠ 우리나라 최초의 표현주의 극
　　㉡ 상징적 수법을 사용하여 인물의 심리를 드러냄.
⑥ 제재 : 일제 강점기 지식인의 삶
⑦ 주제 : 식민지 지식인의 좌절과 새로운 삶의 방향 모색
⑧ 출전 : 『조선지광』(1926)

02 토막(土幕) : 유치진 중요★★★

　집을 판 돈으로 여비를 만들어 일본으로 돈 벌러 떠나는 삼조가 등장한다. 명서와 처는 일본에 가 있는 아들 명수에게 삼조를 통해 편지를 전하려 했으나 명서가 편지를 다 쓰지 못했으므로 그저 안부의 말과 돈을 보내라는 말만 전하라고 부탁한다. 삼조가 떠나고 경선이 토막 안으로 뛰어 들어온다. 빚을 갚지 못해 경매꾼들이 가산을 차압하는 판에 처를 피해 도망쳐 온 것이다. 그러나 처에게 들켜서 무능한 남편으로 몰림을 당하고 집은 빚쟁이에게 빼앗기게 되자 무작정 가출해 버린다. 이 때 구장이 신문을 들고 등장한다. 명수가 체포된 기사가 실려 있다. 해방 운동 중에 체포된 것이다. 명서는 깊은 절망에 빠진다.
　절망과 기대 속에서 시일이 흐른다. 명서와 금녀는 가마니틀을 빼앗겨서 꽈리를 팔아 생계를 잇는다. 경선 처는 아들과 함께 명서네 부엌에서 기거하며 구걸을 하며 산다. 명서 처는 신문의 보도를 부정하면서도 찢어 버리지 못할 만큼 불안에 싸여 마침내 그녀는 정신 이상의 상태로 빠져 들어간다.
　한편, 경선 처는 등짐장수가 된 남편과 만나게 되고 이들 일가는 밤중에 고향을 떠난다. 이웃 여자와의 대화에서 금녀가 오빠의 행위에 대한 자부심의 변호 발언을 하게 되고 명서 처는 불안한 정신 상태에서 아들 맞을 준비를 서두른다.
　이 때 우편배달부가 등장한다. 그가 가져온 명수의 유골은 그 가족의 혹시나 하던 일말의 기대를 무참히 깨뜨린다.

핵심정리

① 갈래 : 희곡, 장막극, 비극, 사실주의 희곡
② 성격 : 비판적, 현실 고발적, 사실적
③ 배경
    ㉠ 시간적 : 1920년대
    ㉡ 공간적 : 어느 빈한한 농촌
④ 특징
    ㉠ 1920년대 궁핍한 한국 농촌의 현실을 잘 묘사한 **사실주의 희곡의 전형**이다.
    ㉡ 희극적 인물(경선)을 설정하여 비극의 효과를 높이고 있다.
    ㉢ 상징적인 배경을 설정하였다.
    ㉣ 한국 현대 사실주의 희곡의 효시이다.
⑤ 제재 : 일제 강점기 한국 농촌의 현실과 비참한 삶
⑥ 주제 : 일제의 악랄한 수탈 속에서 황폐해져 가는 조선의 참담한 현실
⑦ 출전 : 『문예월간』(1932)

---

03 살아 있는 이중생 각하 : 오영진 중요★

해방 전부터 친일 행위로 치부를 해온 이중생은 군정기에도 권력에 아부를 하여 부를 유지한다. 고문 변호사인 최 변호사는 재산을 지키는 방법으로 재산을 사위인 송달지에게 상속한다는 유서를 남기고 거짓으로 죽은 척한 다음 사람들이 잊으면 송달지라는 이름으로 행세할 것을 이중생에게 제안한다. 이중생은 송달지를 가까스로 설득하여 재산을 사위에게 상속한다는 유서를 작성하고 자살한 것으로 꾸민 다음 부고를 띄운다. 이중생의 집에 조문객이 몰려들고 송달지가 상주가 되어 장례를 치른다. 국회 특위의 김 의원이 나타나 송달지에게 조사가 마무리되면 재산이 국고로 환수될 가능성이 많은 만큼 차라리 무료 병원을 설립하는 데 재산을 헌납할 것을 권한다. 이에 의사인 송달지는 허락을 하고 관 속에 누워 이야기를 듣고 있던 이중생은 김 의원이 돌아가자 사위를 꾸중한다. 이때 학병으로 끌려가 생사를 알 수 없었던 아들 하식이 돌아오고 아버지를 책망한다. 일을 도와주기 위해 와 있던 아낙에게 귀신 취급을 받은 이중생은 정말로 자살을 한다.

핵심정리

① 갈래 : 희곡, 장막극, 희극, **사회 풍자극**
② 성격 : 풍자적, 해학적
③ 배경
    ㉠ 시간적 : 광복 직후
    ㉡ 공간적 : 서울 이중생의 집
④ 특징
    ㉠ 인물을 희화화하고 풍자하여 **희극미**를 지닌다.
    ㉡ **위장과 위장의 실패라는 서사적 구조**를 가진다.

ⓒ 전체적으로는 표준어를 구사하나 부분적으로 사투리가 쓰인다.

ⓔ 부정적 인물과 긍정적 인물 간의 대비를 통해 사건을 전개하고 있다.

⑤ 제재 : 이중생의 위장 자살

⑥ 주제

　　ⓐ 이기적이고 탐욕스러운 인물에 대한 풍자와 비판

　　ⓑ 친일 세력 청산과 새로운 세계에 대한 희구

⑦ 출전 : 『오영진 전집 1』(1989) / 초연(1949)

04 원고지(原稿紙) : 이근삼 중요 ★★

　이 작품은 뚜렷한 '줄거리'가 없다. 따라서 특별한 사건의 전개도 없으며, 갈등의 양상도 두드러지지 않는다. 다만, 하나의 '상황'을 보여 줄 뿐이다. 그 상황의 내용은 다음과 같다. 먼저 장녀와 장남이 나와서 가족과 집안일을 소개하고 나면, 아내가 돈 문제로 남편을 추궁한다. 남편은 이내 이성이 마비된 채 정신착란 증세에 빠진다. 게다가 장녀와 장남은 갖가지 명목의 용돈을 요구한다.

　교수는 밤 8시 시계 소리를 듣고 아침인 줄 착각하고 출근하려다가 다시 돌아와 잠을 잔다. 그러나 지옥의 사자 같은 감독관이 나타나 번역 원고 쓰기를 독촉한다. 아내는 번역 원고 한 장이 나올 때마다 이것을 돈으로 환산하여 챙긴다.

　교수는 우연히 190칸만 있는 원고지를 발견하고 환상 속에서 젊은 날의 희망과 정열을 상징하는 천사를 만난다. 그러나 이 천사도 교수를 뒤로 한 채 곧 사라져 버린다. 감독관이 또다시 번역하는 일을 독촉한다.

　그는 기계적으로 번역을 한다. 심지어는 영자(英字) 신문까지도 번역할 참이다. 교수는 일하다 지쳐 잠이 들고 아침이 된다. 신문에는 어제와 똑같은 사건이 일어나고 있음을 알리고, 교수는 번역하는 일에, 아내는 장녀, 장남에게 용돈을 나누어 주는 일에 쫓기고, 감독관은 번역을 독촉한다.

핵심정리

① 갈래 : 희곡, 부조리극(상황극, 반극), 단막극

② 성격 : 반사실적, 서사적, 풍자적, 실험적

③ 배경

　　ⓐ 시간적 : 현대

　　ⓑ 공간적 : 어느 중년 교수의 집

④ 특징

　　ⓐ 특별한 사건의 전개나 갈등, 위기가 없이 극중 상황만을 전개한 실험적 기법을 사용하였다.

　　ⓑ 무대 장치, 분장, 소도구 등은 물론이고 등장인물의 대사와 동작 모두가 짙은 반어와 풍자 및 희극적 과장의 방법을 사용한다.

⑤ 제재 : 어느 중년 교수의 일상

⑥ 주제 : 현대인의 기계적 삶에 대한 비판과 풍자

⑦ 출전 : 『사상계』(1960)

01 다음 중 문학의 갈래에 대한 설명으로 **틀린** 것은?

① 서정 양식은 개인의 정서를 표현한 것이다.

② 서사 양식은 현재를, 극 양식은 과거 시제를 사용한다.

③ 교술 양식은 자아의 세계화를 표현한 것이다.

④ 극 양식은 서술자의 개입이 없다.

02 다음 괄호 안에 들어갈 말로 가장 적절한 것은?

문학은 인간의 상상력을 활용하여 현실의 모습을 그려낸다. 다시 말해, 작가의 상상력에 의하여 현실을 재창조, 재구성하여 작품 속에 도입하는 것이다. 이렇게 볼 때 문학과 현실은 (   ) 관계에 있다고 할 수 있다.

① 대등적(對等的)

② 대비적(對比的)

③ 상보적(相補的)

④ 유추적(類推的)

03 다음 중 1920년대 우리나라 문학에 대한 설명으로 거리가 **먼** 것은?

① 사실주의 소설이 주류를 이루었다.

② 이광수나 최남선의 주도하에 계몽문학이 활발하게 이루어졌다.

③ 동인지를 중심으로 한 활동이 활발히 이루어졌다.

④ 카프의 결성 등 신경향파 문학이 대두되었다.

---

01 문학 갈래의 특성을 묻고 있다. 문학 갈래의 특성을 파악할 때는 세계와 자아의 관계 및 전달 방식, 전달의 내용 등을 중심으로 판단한다. ②번은 설명이 서로 바뀌어 있다. '서사'는 시간적 흐름에 따른 행위(움직임 = 사건)를 서술자의 직접적인 서술로 다루기 때문에 주로 '과거 시제'를 사용하는 반면에, '극 양식'은 서술자의 직접 개입이 없이 '대화나 행동'으로 갈등을 제시하기 때문에 반드시 '현재형'으로 제시된다. 그래서 극 양식(희곡)을 '현재화된 인생 표현의 문학'이라고 한다.

02 유추적 관계 : 문학은 현실을 반영하면서도 작가의 상상력에 의해 현실을 재창조, 재구성한다.

03 이광수나 최남선의 주도하에 계몽문학이 활발하게 이루어진 것은 1910년대 문학이다.

정답 (01 ② 02 ④ 03 ②)

04 1960년대에 대한 설명이다. 1950년대에는 전쟁의 경험을 형상화하면서 실존주의적 시각이 드러나던 시대였다.
① 1910년대 : 2인 문단시대, 민족주의적 계몽문학이 주류
② 1920년대 : 다수 동인지 문단시대, 반계몽적 순수문학의 옹호, 서구 문예사조의 본격적 도입
③ 1930년대 : 범사회적 문단시대, 반계급적 순수문학의 옹호, 농촌 계몽소설의 등장

04 다음 중 각 시대별로 나타난 문학의 특징을 설명한 것으로 적절하지 **않은** 것은?

① 1910년대 – 전근대적 사회를 극복하고자 하였으며, 서구문학의 유입에 따라 우리 민족의 역량을 길러야 한다는 민족주의적 계몽주의가 주류를 이루었다.

② 1920년대 –『백조』,『장미촌』,『폐허』 등과 같은 문예 동인지가 발간되면서 전문적인 문인들이 등장하여 문학의 저변이 확대되었다.

③ 1930년대 – 문학의 순수성과 예술성을 지향하는 문인들이 문단의 주류를 형성하였고, 브나로드 운동의 영향으로 농촌 계몽을 목적으로 하는 문학이 등장하였다.

④ 1950년대 – 정치적 격동기를 배경으로 사회 현실에 대한 통찰과 인식, 역사에 대한 반성과 비판을 주류로 하는 참여 문학이 형성되었다.

05 '죽어도 아니 눈물 흘리오리다.'는 임에게 버림받은 상황에서 '슬프기는 하지만 겉으로 슬픔을 나타내지 않음'의 애이불비(哀而不悲)의 태도를 나타낸 '반어적 표현'이다.

05 다음 시에서 가장 두드러지게 사용된 표현 기법은?

> 나 보기가 역겨워
> 가실 때에는
> 죽어도 아니 눈물 흘리오리다.

① 상징
② 반어
③ 은유
④ 대구

정답 04 ④ 05 ②

06 다음 시의 시상 전개 방식을 설명한 것으로 옳은 것은?

> 머언 산 청운사(靑雲寺) / 낡은 기와집
> 산은 자하산(紫霞山) / 봄눈 녹으면
> 느릅나무 / 속잎 피어가는 열두 굽이를
> 청노루 / 맑은 눈에
> 도는 / 구름
>
> — 박목월, 「청노루」

① 시상이 시선의 이동에 따라 전개되고 있다.
② 시상이 시간의 흐름에 따라 전개되고 있다.
③ 시상이 화자의 심리 변화에 따라 전개되고 있다.
④ 시상이 계절의 변화에 따라 전개되고 있다.

07 다음 ㉠~㉣ 중 그 비유적 표현의 의미가 가장 <u>다른</u> 것은?

> 유리(琉璃)에 ㉠ 차고 슬픈 것이 어린거린다.
> 열없이 붙어 서서 입김을 흐리우니
> 길들은 양 ㉡ 언 날개를 파다거린다.
> 지우고 보고 지우고 보아도
> 새까만 밤이 밀려 나가고 밀려와 부딪히고
> ㉢ 물 먹은 별이, 반짝, 보석(寶石)처럼 백힌다.
> 밤에 홀로 ㉣ 유리를 닦는 것은
> 외로운 황홀한 심사이어니,
> 고흔 폐혈관(肺血管)이 찢어진 채로
> 아아, 늬는 산(山)ㅅ새처럼 날러갔구나
>
> — 정지용, 「유리창」

① ㉠   ② ㉡
③ ㉢   ④ ㉣

---

06 박목월의 '청노루'는 시선의 이동 중 '원근법'에 의해 '원경'에서 '근경'으로 시선이 이동되면서 시상을 전개하고 있다. '머언 산 청노사(원경)' → '비탈길에 선 청노루' → '청노루 눈 속에 도는 구름(근경)'

07 '죽은 아들'을 비유하는 보조관념이 아닌 것을 묻는 문제이다.
'㉣ 유리를 닦는 것'은 죽은 아들을 만나고자 하는 시적화자의 애달픈 심정과 관련된 행위이다.
'㉠ 차고 슬픈 것'
'㉡ 언 날개'
'㉢ 물 먹은 별'은 모두 죽은 아들의 보조관념이다. 이밖에 '산(山)ㅅ새'도 같은 의미다.

정답 (06 ① 07 ④)

08 '단편서사시'라는 용어는 임화의 1929년 시 '네거리의 순이'(조선지광, 1929. 1)·'우리 오빠와 화로'(조선지광, 1929. 2) 등에 김기진이 명명한 것이다. 임화는 '단편서사시'로 대표적인 프롤레타리아 시인의 자리를 굳혔다. ④는 장편서사시이다.

09 액자식 구성을 취한 소설 : 액자에 사진을 넣은 것처럼 이야기 속에 또 다른 이야기가 들어 있는 형식의 소설. 즉, 바깥의 이야기(외화, 外話)와 안의 이야기(내화, 內話)가 있는데, 이를 형식적인 관점에서 볼 때는 내화가 외화에 종속되어 있지만 실제로는 내화가 더 중요하고 비중이 더 큰 경우가 보통이다. 이러한 소설 형식은 이야기 밖에 또 다른 서술자의 시점을 배치함으로써, 전지적 소설 방식에서 탈피하여 다양한 이야기를 전개해 나갈 수 있다. 외화와 내화가 시점이 다른 경우가 대부분이다.

10 1인칭 주인공 시점의 가장 큰 특징은 주관성이다. 주인공이 자신의 내면세계를 고백적이고 독백적인 어조로 말하기 때문에 독자는 친밀감을 느낄 뿐 주인공의 내밀한 생각을 파악하기는 어렵다.
서술자와 주인공의 거리는 가깝지만, 독자와 주인공의 거리는 멀어진다.

11 운수 좋은 날 : 현진건, 1924년 『개벽』 → 태평천하 : 채만식, 1938년 『조광』 → 광장 : 최인훈, 1960년 『새벽』 → 난쟁이가 쏘아올린 작은 공 : 조세희, 1976년 『문학과 지성』

08 다음 중 단편서사시에 관한 설명으로 옳지 않은 것은?

① 1930년을 전후해 KAPF가 창안했다.
② 시 속에 이야기를 끌어들여 대중성과 사실성을 부각시켰다.
③ 임화의 '우리 오빠와 화로'와 관련이 있다.
④ 김동환의 '국경의 밤'에서 신동엽의 '금강'까지 계승되었다.

09 다음 중 내부 이야기와 외부 이야기로 이루어진 통합식 구성 형식을 취하고 있는 소설을 무엇이라 하는가?

① 액자소설
② 역사소설
③ 피카레스크소설
④ 옴니버스소설

10 다음 중 1인칭 주인공 시점의 특징으로 올바르지 않은 것은?

① 독자와 작품 속의 주인공 사이의 거리가 멀다.
② 독자는 작품 속 주인공의 내밀한 생각을 파악하기가 쉽다.
③ 독자의 관심을 일정한 곳으로만 몰고 가기 쉽다.
④ 독자는 주인공을 관심의 중심에 놓고 감상한다.

11 다음 작품을 발표 연대순으로 올바르게 연결한 것은?

① 운수 좋은 날 - 태평천하 - 광장 - 난쟁이가 쏘아올린 작은 공
② 태평천하 - 운수 좋은 날 - 광장 - 난쟁이가 쏘아올린 작은 공
③ 운수 좋은 날 - 광장 - 태평천하 - 난쟁이가 쏘아올린 작은 공
④ 난쟁이가 쏘아올린 작은 공 - 운수 좋은 날 - 태평천하 - 광장

정답 08 ④ 09 ① 10 ② 11 ①

12 다음 중 김유정과 관련된 설명으로 적절하지 <u>않은</u> 것은?

① 이상, 이태준, 김환태 등과 함께 구인회 멤버로 활동했다.

② 대표작으로는 「만무방」, 「봄봄」, 「동백꽃」, 「땡볕」 등이 있다.

③ 식민지 시대 하층민들의 삶에 밀착된 언어로 그들의 끈질긴 생명력을 표출하고 있다.

④ 언어 표현을 중시하는 모더니즘 계열의 작가이다.

12 김유정 : '구인회' 작가의 한 사람으로, 그의 작품은 대부분 농촌을 무대로 하는데, 토속적 인간상을 해학과 익살스러운 필치로 서술하였다.
모더니즘 계열의 작가로는 김기림, 장만영, 정지용, 김광균, 이상 등이 있다.

---

13 다음 괄호 안에 들어갈 단어이자 이 소설의 제목은?

> "X 경찰서 앞입니다."
> 철호는 눈을 떴다. 상반신을 번쩍 일으켰다. 그러나 곧 또 털썩 뒤로 기대로 쓰러져 버렸다.
> "아니야, 가."
> "X 경찰서입니다. 손님."
> 조수 애가 뒤로 몸을 틀어 돌리고 말했다.
> "가자." 철호가 여전히 눈을 감고 있었다.
> "어디로 갑니까?"
> "글쎄 가!"
> "하 참 딱한 아저씨네."
> "……."
> "취했나?"
> 운전수가 힐끔 조수 애를 쳐다보았다.
> "그런가 봐요."
> "어쩌다 (   ) 같은 손님이 걸렸어. 자기 갈 곳도 모르게."
> 운전수는 기어를 넣으며 중얼거렸다. 철호는 까무룩히 잠이 들어가는 것 같은 속에서 운전사가 중얼거리는 소리를 멀리 듣고 있었다.

① 오발탄

② 태평천하

③ 화수분

④ 바비도

13 '오발탄(誤發彈)'은 1959년 『현대문학』에 발표된 이범선의 소설이다. '잘못 발사된 총알'의 작품적 의미는 실패한 인생을 뜻한다. 암담한 전후 현실을 배경으로 정신 이상이 된 노모, 권총 강도가 된 동생 영호, 양공주인 여동생, 분만 도중 숨진 아내 등 철호 일가의 비참한 삶이 결국 주인공 철호를 방향을 상실한 오발탄 같은 존재로 만드는 과정을 통해 전쟁이 남긴 상처에 대한 고발과 소시민적 삶의 비애와 절망을 주제로 하고 있다.
② 태평천하(太平天下) : 채만식
③ 화수분 : 전영택
④ 바비도 : 김성한

정답 12 ④ 13 ①

14 '개연성'은 '절대적으로 확실하지 않으나 아마 그럴 것이라고 생각되는 성질로 전기와 구별되는 '소설'의 특성이다.

전기문의 특성
㉠ 사실성, ㉡ 서사성, ㉢ 교훈성,
㉣ 문학성

15 나무의 변화하는 모습을 감각적으로 묘사하는 것이 아니라, 나무를 의인화하여 그 속성을 비유적으로 제시하고 있을 뿐이다.
① '나무는 주어진 분수에 만족할 줄을 안다.'
② '후박(厚薄)과 불만족(不滿足)을 말하지 아니한다.'
④ '나무는 덕(德)을 지녔다.'

16 고전주의극 : 엄격한 균형과 통제(3일치), 형식미 중시, 비극 중시(카타르시스)
② 사실주의극의 특성
③ 낭만주의극의 특성
④ 고전주의극의 특성

부조리극
실존주의와 초현실주의 사상을 배경으로 카프카 등의 영향을 받아 1950년대 프랑스를 중심으로 일어난 전위극(전위 예술)

정답 14 ② 15 ③ 16 ①

14 다음 중 전기문의 특징이 <u>아닌</u> 것은?

① 사실성   ② 개연성
③ 교훈성   ④ 문학성

15 다음 글의 이해로 적절하지 <u>않은</u> 것은?

> 나무는 덕(德)을 지녔다. 나무는 주어진 분수에 만족할 줄을 안다. 나무로 태어난 것을 탓하지 아니하고, 왜 여기 놓이고 저기 놓이지 않는가를 말하지 아니한다. 등성이에 서면 햇살이 따사로울까, 골짜기에 내려서면 물이 좋을까 하여, 새로운 자리를 엿보는 일도 없다. 물과 흙과 태양의 아들로, 물과 흙과 태양이 주는 대로, 후박(厚薄)과 불만족(不滿足)을 말하지 아니한다.
> – 이양하, '나무' 중에서

① 대상에 인격을 부여하고 있다.
② 대상에서 인생의 교훈을 발견하고 있다.
③ 대상의 변화를 감각적으로 묘사하고 있다.
④ 대상을 예찬하는 태도를 취하고 있다.

16 다음 중 희곡의 갈래에 대한 설명으로 바른 것은?

① 고전주의극 : 인간의 감정 유발로 인한 행동을 철저히 통제하고, 극 중 질서를 수립하는 데 최대의 노력 경주
② 낭만주의극 : 19세기 이후 자연과학 정신과 합리주의 사상의 영향으로 나타남.
③ 사실주의극 : 자유, 평등, 박애를 구가하며 인간의 무한한 상상력을 바탕으로 한 연극
④ 부조리극 : 관객에게 카타르시스를 경험케 하는 것이 연극의 목적이라는 아리스토텔레스의 견해에 기반을 둠.

주관식 문제

01 다음 설명에 적합한 학설을 뜻하는 용어를 쓰시오.

> 플라톤이 『공화국』을 통해 제시한 학설이다. 인간은 이성의 힘으로 진리(이데아)에 도달해야 하는데 예술가는 감성에 의존하여 작품 활동을 한다. 독자들이 작품에 감동을 느끼는 것은 결국 이성이 마비되어 진리로부터 동떨어지는 것이므로 이를 방지하기 위한 주장이다.

01
정답 시인추방론
해설 '플라톤'의 모방론 : 부정적 측면의 모방론
① 세계에는 인간이 추구해야 할 절대 관념(idea : 진리)이 있고, 이 이데아를 반영한 것이 현실의 감각 세계이다. 이 현실을 반영하는 세계가 예술의 세계이므로 예술은 그림자에 불과한 사물의 허상이다.
② 세 개의 침대 : 진리는 현상에 존재하는 것이 아니라 이데아에 존재한다. 목수는 이데아를 모방하여 침대를 만들고[현상], 이를 다시 화가가 모방하여 그림[예술, 문학]을 그린다. 그러므로 예술은 진리로부터 두 단계나 멀리 떨어진 것이다.
③ 시인추방론 : 인간은 이성의 힘으로 진리(이데아)에 도달해야 하는데 예술가는 감성에 의존하여 작품 활동을 한다. 독자들이 작품에 감동을 느끼는 것은 결국 이성이 마비되어 진리로부터 동떨어지는 것이므로 이를 방지하기 위한 주장이다.

02 다음 〈보기〉는 어떤 문학의 갈래에 대한 설명인지 쓰시오.

> 보기
> ㉠ '자아와 세계의 대결'
> ㉡ 서술자에 의해 인간의 삶이 일정한 줄거리를 가지고 전개되며, 주로 과거형 시제를 사용한다.
> ㉢ 주로 자아와 세계와의 갈등을 다룬다.
> ㉣ 말하기 수법(서술)이 위주이며, 인물의 내면심리를 직접 제시할 수 있다.

02
정답 서사양식(소설)
해설 '극양식(희곡)'의 특징
㉠ '자아와 세계의 대결'
㉡ 인간의 행위와 사건을 직접 독자 앞에서 행동화하는 양식이다.
㉢ 주로 자아와 세계와의 갈등을 다룬다.
㉣ 서술자의 개입이 없다.
㉤ 직접 서술이 불가능하며, 인물의 대화와 행동을 직접 제시한다.
㉥ 시제는 현재형이다.

03

정답 1920년대 특징 : ㉡, ㉢, ㉤, ㉨, ㉭

오답 정리
① 1900~1910년대 : ㉥, ㉪
② 1930년대 : ㉠, ㉣, ㉥, ㉧
③ 해방공간 : ㉰
④ 1960년대 : ㉨, ㉱

03 1920년대 문학적 특징에 해당하는 5가지를 골라 기호를 쓰시오.

> ㉠ 반계급적 순수 문학 운동이 전개되었다.
> ㉡ 동인지 문단 시대이다.
> ㉢ 민요시와 시조의 부흥운동이 전개되었다.
> ㉣ 범사회적 문단 시대이다.
> ㉤ 계급주의와 민족주의의 이데올로기의 대립이 전개되었다.
> ㉥ 신체시와 신소설이 주로 창작되었다.
> ㉦ 모더니즘 계열의 주지파가 등장하였다.
> ㉧ 청록파와 생명파가 등장하였다.
> ㉨ 산업화의 병폐가 주요 제재로 등장하였다.
> ㉩ 언문일치가 완성되었다.
> ㉪ 『태서문예신보』를 통해 프랑스의 상징시와 시론이 소개되었다.
> ㉫ 반계몽적 순수문학을 옹호하였다.
> ㉬ 참여시와 순수시가 대립하였다.
> ㉭ 윤동주와 이육사의 유고시집이 발표되었다.

해설 1920년대 문학적 특징
① 동인지 문단 시대 : 『창조』를 비롯한 『폐허』, 『장미촌』, 『백조』 등의 문학 동인지가 속출하면서 전문적인 문인들이 등장하여 문학의 저변이 확대되었다.
② 반계몽주의적 순문학 옹호 : 1910년대의 계몽주의 문학에 대한 반발로 예술로서의 문학의 독자성이 추구되었다.
③ 서구 문예사조의 도입기 : 서구의 문예 사조인 낭만주의, 사실주의, 자연주의, 상징주의 등이 한꺼번에 유입되어 우리 문학의 서구화·현대화를 촉진하였다.
④ 언문일치의 완성(= 구어체 문장의 확립) : 김동인, 「약한 자의 슬픔」(1919, 창조)
⑤ 계급 문학이 대두되고 이에 반발하여 국민 문학파가 등장하여 대립적 문학 운동을 전개하였다.
⑥ 3·1운동 직후, 시에는 감상적 낭만주의가 두드러지게 나타났고, 민요시 운동과 시조의 부흥운동이 전개되었으며, 경향시도 쓰였다.
⑦ 소설에서는 주로 사실주의·자연주의 경향을 보였으며, 패배적인 분위기와 인물 묘사가 나타났고, 경향 소설도 대두되었다.

04 다음 〈보기〉에 적합한 작가의 이름과 괄호의 작품을 제시하시오.

┌ 보기 ┐

① 개화기의 계몽운동가·사학자·문인·기미독립선언서 기초자
② 1908년 최초의 종합잡지 (㉠) 창간, 최초의 신체시 (㉡) 발표
③ 시조 부흥운동을 주도하였고, 1926년 현대 최초의 개인 시조집 (㉢) 간행
④ 근대적인 수필의 개척(주로 기행수필) : 1926년 수필집 (㉣) 간행

04

정답 최남선
㉠ : 소년(少年)
㉡ : 해(海)에게서 소년(少年)에게
㉢ : 백팔번뇌
㉣ : 심춘순례

해설 최남선의 주요 저서
① 최초의 신체시 : 「해에게서 소년에게」(1908)
② 현대 최초 개인 시조집 : 『백팔번뇌』(1926)
③ 고시조 편찬집 : 『시조유취』(1928)
④ 수필집 : 『심춘순례』(1926)

05
정답 ㉠, ㉢, ㉣, ㉤, ◎
• 1910년대 : ㉢
• 1920년대 : ㉠, ㉣, ㉤
• 1960년대 : ◎

05 1930년대 시의 특징이 아닌 것을 모두 골라 기호를 쓰시오.

㉠ 사회주의 이데올로기에 바탕을 둔 경향시가 등장하였다.

㉡ 반주지적(反主知的) 생명성을 탐구하는 생명파가 등장하였다.

㉢ 신체시가 나타나 전대의 정형시가(창가 가사)에서 현대적 자유시로 넘어가는 교량적 역할을 담당하였다.

㉣ 3 · 1운동의 실패, 서구의 세기말 사조의 영향 등으로 말미암아 우울한 정서와 감상적인 경향을 중심으로 한 낭만주의 시가 주류를 이루었다.

㉤ 민요시 운동과 현대 시조의 부흥 운동이 전개되었다.

㉥ 프로문학의 목적의식, 도식성, 획일성, 조직성에 반대하여 순수문학을 옹호하는 순수시파가 활동하였다.

㉦ 주지파는 반낭만주의적 입장에서 회화적 이미지의 창조라는 '방법의 지각'을 가지려 했다.

◎ 현실 참여주의에 반대하고 시의 예술성과 순수성, 그리고 전통적인 서정성 추구에 몰두하는 경향이 나타났다.

해설 **1930년대 시의 특징**

① 순수 서정시의 등장 : '시문학파'를 중심으로 시어의 조탁과 음악성에 치중하는 경향이 대두되었다.

② 모더니즘 시의 등장 : 시각적 이미지를 중시하며 도시문명의 비판 등 지성을 중시하는 시를 추구하는 시인들이 등장하였다.

③ 반주지적(反主知的) 생명성의 탐구 : 생명의 깊은 고뇌와 삶의 근본문제를 추구하는 시들이 『시인부락』(1936)을 중심으로 시도되어, 시의 새로운 국면으로 나타나게 되었다.

④ 자연과의 친화를 노래 : 『문장』(1939)지를 통하여 등단한 박목월, 박두진, 조지훈 등에 의해 자연과의 친화를 노래하는 시적 경향이 대두되었다.

⑤ 저항과 참회의 시 : 이육사는 일제에 대한 저항과 당당한 대결 정신을, 윤동주는 암담한 시대 상황에 대한 철저한 인식의 바탕 위에 식민지 지식인으로서의 고뇌, 끊임없는 자아 성찰을 노래하였다.

06 시에서 두 종류 이상의 감각을 결합하여 감각이 전이되어 표현된 것을 '공감각적 심상'이라 한다. 다음 〈보기〉에 제시된 시구들의 감각의 전이 방법을 쓰시오.

> ─ 보기 ─
>
> ㉠ 해설피 금빛 게으른 울음을 우는 곳 – 정지용, 「향수」
> ㉡ 향기로운 님의 말소리 – 한용운, 「님의 침묵」
> ㉢ 금으로 타는 태양의 즐거운 울림 – 박남수, 「아침 이미지」
> ㉣ 새파란 초승달이 시리다 – 김기림, 「바다와 나비」
> ㉤ 동해 쪽빛 바람에 – 유치환, 「울릉도」
> ㉥ 매운 계절의 채찍에 갈겨 – 이육사, 「절정」

06
정답 ㉠ 청각의 시각화 : 울음(청각) → 금빛(시각)
㉡ 청각의 후각화 : 님의 말소리(청각) → 향기로운(후각)
㉢ 시각의 청각화 : 태양(시각) → 울림(청각)
㉣ 시각의 촉각화 : 새파란 초승달(시각) → 시리다(촉각)
㉤ 촉각의 시각화 : 바람(촉각) → 쪽빛(시각)
㉥ 촉각의 미각화 : 채찍(촉각) → 매운(미각)

해설 '복합 감각적 심상'
둘 이상의 감각을 병치시키는 것을 말한다. 감각의 전이가 일어나지 않고 두 감각이 독립적으로 존재한다.
• 술 익는 마을마다 타는 저녁놀(후각＋시각) – 박목월, 「나그네」
• 둥기둥 줄이 울면 초가삼간 달이 뜨고(청각＋시각) – 정완영, 「조국」

07 1930년대 말 '자연파' 등장의 형성 배경과 주요 작가를 서술하시오.

해설 자연파(청록파) 시의 특징
① 전통적인 서정과 운율로 자연과의 친화를 추구하였다.
② 주지시에 대한 반발에서 비인간화된 세계에 대한 반항을 지향하였다.
③ 향토적 정조와 전통 회귀 정신을 강조하였다.
④ 작품 경향이나 종교적 성격은 다르나 전통적인 율감으로 한국적(동양적) 자연관을 표출하였다는 공통점을 갖는다.

07
정답 '자연파'는 1939년 『문장』지에서 정지용의 추천으로 등단한 시인들로 '조지훈, 박목월, 박두진'을 일컫는다. 자연파는 일제 말 군국주의 통치에 따른 문학적 탄압에 대한 소극적 대응으로 나타났으며, 물질문명에 대한 거부로서 은둔과 자연관조의 태도로 형성되었다. 이들은 해방 후 공동 시집 『청록집』(1946)을 간행함으로써 '청록파'라 불리며, 해방 전후를 이어주는 교량적 역할을 담당했다는 평가를 받는다.

08

08

정답 소설에서 '인물'이란 작가에 의해 창조되어 사건을 전개하는 대상으로 첫째, 외부에서의 관찰의 대상, 즉 작중 인물이며 둘째, 인물의 내적 속성, 즉 인물의 성격이라는 두 가지 속성을 지닌다.

08 소설에서 '인물'의 속성 2가지를 제시해 보시오.

해설 **인물의 유형**
① 역할에 따른 분류(주제의 방향에 따라)
  ㉠ 주동 인물 : 작품의 주인공으로 소설의 이야기를 이끌며 주제를 부각시키는 인물, 주동적 역할을 수행하는 긍정적 성격의 인물
  ㉡ 반동 인물 : 주인공의 의지, 행위에 대항하여 갈등을 일으키는 인물, 주인공에 대립되는 반대자 · 적대자 · 갈등을 일으키는 부정적 성격의 인물
② 성격의 변화 여부에 따른 분류
  ㉠ 평면적 인물(靜的人物, 2차원적 인물)
    작품 전편을 통하여 성격이 변하지 않는 인물, 환경의 영향을 받지 않는 인물
  ㉡ 입체적 인물(動的人物, 발전적 · 3차원적 인물, 원형적 인물)
    사건이 전개되면서 성격의 변화를 보이는 인물
③ 대표성의 여부에 따른 분류
  ㉠ 전형적 인물(유형적 인물)
    특정한 부류나 계층의 인간들을 대표하는 성격의 인물(보편성 획득)
  ㉡ 개성적 인물
    현대의 인간을 그린 오늘날의 소설에서 많이 보이는 독자적인 성격의 인물

09 다음 특징과 관련 깊은 작가와 작가의 대표적 작품을 3가지 이상 제시하시오.

> ㉠ 구어체 문장을 확립하였다.
> ㉡ 이광수의 계몽주의에 반발하여 사실주의 문학을 전개하였다.
> ㉢ 사투리와 비속어를 많이 사용하였고, 과거 시제를 정착하였다.
> ㉣ 남자(He)와 여자(She)를 구별하지 않고 모두 '그'를 사용함으로써 대명사 '그'를 정착하였다.
> ㉤ 인형조종술에 입각한 '일원묘사법'을 제시하였다.

09
정답 김동인. 약한 자의 슬픔, 배따라기, 감자, 광화사, 광염소나타, 붉은 산 등

해설 김동인
① 호는 금동(琴童). 최초의 동인지 『창조』(1919) 발간
② 이광수의 계몽주의에 반발하여 사실주의 문학을 전개
③ 계급주의 문학에 반발한 유미주의 문학을 전개
④ 사투리와 비속어를 많이 사용하였고, 주로 간결체를 사용
⑤ 언문일치[口語體] 문장의 확립('더라', '이라' 등의 문어체를 탈피)
⑥ 과거 시제의 정착
⑦ 대명사 '그'를 정착[남자(He)와 여자(She)를 구별하지 않고 모두 '그'를 사용]
⑧ 단일묘사법 사용 : 작가는 전지전능한 신(神)의 입장에 서서 미리 소재와 주제를 결정해 놓고 작중 인물을 인형 놀리듯 조정해야 한다고 주장하였는데, 이를 '인형조종술'이라 한다.
⑨ 대표작 :「약한 자의 슬픔」(사실주의), 「배따라기」(낭만주의, 유미주의), 「감자」(자연주의), 「광염소나타」(유미주의), 「광화사」(유미주의), 「붉은 산」(민족주의), 「발가락이 닮았다」(인도주의), 「운현궁의 봄」(역사소설), 「대수양」(역사소설), 「젊은 그들」(역사소설)

10

정답 희곡은 무대 상연을 전제로 하기 때문에 많은 제약이 있다. 첫째, 보여 주기의 문학이므로 소설과는 달리 직접 서술이 불가능하며, 둘째, 무대 라는 공간적 제약이 있어 군중 장면이 불가능하고, 셋째, 반드시 현재형으로 표출되기 때문에 과거 시제를 사용할 수 없다.

10 소설에 비해 희곡이 갖는 제약을 3가지만 제시해 보시오.

해설 **희곡의 제약**
① 근본적 제약(보여주기) : 직접 서술의 불가능
    ㉠ 작가의 직접적인 묘사나 해설이 불가능하다.
    ㉡ 인물의 직접적 제시가 불가능하다.
    ㉢ 내면적인 심리 묘사가 어렵다.
② 공간적 제약 : 무대
    ㉠ 등장인물의 수의 제약
    ㉡ 군중 장면의 불가능
    ㉢ 장면 전환의 제약
③ 시간적 제약
    ㉠ 상연 시간(작품의 길이) : 압축성
    ㉡ 반드시 현재형

최종모의고사

최종모의고사

정답 및 해설

우리 인생의 가장 큰 영광은 결코 넘어지지 않는 데 있는 것이 아니라
넘어질 때마다 일어서는 데 있다.

– 넬슨 만델라 –

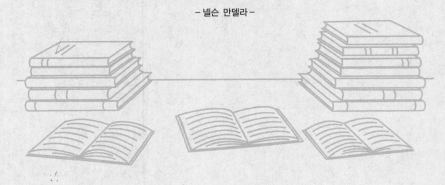

제한시간: 50분 I 시작 ___시 ___분 - 종료 ___시 ___분

⊡ 정답 및 해설 432p

01 다음 중 1922년 "백조" 동인으로 활동했던 시인의 작품은?

① 빼앗긴 들에도 봄은 오는가
② 깃발
③ 모란이 피기까지는
④ 추천사

02 다음 중 패관문학만으로 옳게 짝지어진 것은?

① 정시자전 – 국순전 – 공방전
② 흥부전 – 춘향전 – 심청전
③ 파한집 – 보한집 – 역옹패설
④ 열하일기 – 조침문 – 동명일기

03 다음 〈보기〉에 대한 설명으로 바르지 않은 것은?

┌─ 보기 ─┐
내가 동생에게 용돈을 주었다.
└────────┘

① 어절의 개수는 4개이다.
② 음절의 개수는 12개이다.
③ 단어의 개수는 7개이다.
④ '자음+모음+자음'으로 이루어진 음절은 7개이다.

04 〈보기〉의 단어에 공통으로 적용된 음운 변동은?

┌─ 보기 ─┐
• 꽃내음[꼰내음]
• 바깥일[바깐닐]
• 학력[항녁]
└────────┘

① 중화
② 첨가
③ 비음화
④ 유음화

05 다음 글의 내용이 나타내고 있는 언어의 특성으로 적절한 것은?

영미는 모두가 사물을 하나의 이름으로 부르는 게 싫어서 사물의 이름을 자신이 정한 다른 단어로 바꿔 부르기로 결심하였다. 영미는 '침대'를 '사진'이라 부르기로 결심하고는 "침대에 누울 거야."가 아닌, "사진에 누울 거야."라고 말하였으며, '의자'를 '시계'라 부르면서 "시계에 앉아 있다."라고 이야기하였다. 영미 주변의 친구들은 영미의 말을 좀처럼 알아들을 수 없었다.

① 언어의 창조성
② 언어의 사회성
③ 언어의 역사성
④ 언어의 자의성

06 다음 중 우리나라 시가의 발생 순서로 옳은 것은?

① 속요 → 시조 → 향가 → 가사
② 시조 → 향가 → 가사 → 시조
③ 향가 → 속요 → 시조 → 가사
④ 가사 → 향가 → 시조 → 속요

07 〈보기〉의 시에 대한 설명으로 가장 옳은 것은?

> ┌ 보기 ┐
> 公無渡河
> 公竟渡河
> 墮河而死
> 當奈公何

① 황조가와 더불어 현존하는 우리나라 최고(最古)의 서사시다.
② 한시와 함께 번역한 시가가 따로 전한다.
③ '물'의 상징적 의미를 따라 시상을 전개하고 있다.
④ 몇 번을 죽어도 충성의 마음이 변치 않음을 노래하고 있다.

08 〈보기〉는 황진이가 지은 시조이다. 괄호에 들어갈 알맞은 낱말끼리 짝지은 것은?

> ┌ 보기 ┐
> 冬至ㅅ돌 기나긴 밤을 한 (㉠)를 버혀
> 내여
> (㉡) 니불 아래 서리서리 너헛다가
> 어론님 오신 날 밤이여든 구뷔구뷔 펴
> 리라.

	㉠	㉡
①	허리	春風
②	허리	秋風
③	머리	春風
④	머리	秋風

09 문장 성분 간의 호응이 가장 옳은 것은?

① 왜냐하면 한국이 빠른 속도로 경제적 발전을 이루었다는 것이다.
② 그 사람이 우리에게 중요한 까닭은 우리가 합격했다는 사실이다.
③ 내가 그 분을 처음 뵌 것은 호텔에서 내 친구하고 만나 이야기하고 있을 때였다.
④ 학계에서는 국어 문법에 관심과 조명을 해 나가고 근대 국어에도 관심을 보이기 시작했다.

10 다음 중 복수 표준어가 아닌 것은?

① 꺼림하다 - 께름하다
② 짓물다 - 짓무르다
③ 쏘이다 - 쐬다
④ 쇠 - 소

11 다음 중 밑줄 친 부분의 문장 성분이 다른 하나는?

① 아이 둘과 나, 이렇게 셋이서 길을 나섰다.
② 이번 대회는 우리 학교에서 우승을 차지했다.
③ 선생님께서 숙제를 내 주셨다.
④ 드디어 동생이 학생회장이 되었다.

12 다음 중 언어 예절에 어긋나는 것은?

① 면접을 마친 후 면접관에게 : "면접관님, 수고하십시오."
② 잘못 걸린 전화를 받았을 때 : "잘못 거셨습니다."
③ 점원이 손님에게 : "손님께서 찾으시는 물건은 품절이십니다."
④ 장례식에서 조문객이 상주에게 : "삼가 조의를 표합니다."

13 호칭어와 지칭어의 사용이 바르지 않은 것은?

① (친구 사이에서) 영호, 자네 춘부장께서는 무고하신가?
② (남동생이 누나에게) 누님, 매부와 언제 여행을 가셔요?
③ (며느리가 시아버지에게) 아버님, 어머니는 어디 가셨어요?
④ (올케가 시누이에게) 고모, 할머님께서 저 찾지 않으셨어요?

14 다음 중 '훈민정음'의 제자 원리에서 기본자와 가획자의 연결이 바르지 않은 것은?

① ㅅ – ㅿ
② ㄱ – ㅋ
③ ㅁ – ㅍ
④ ㅇ – ㆆ

15 다음 '춘향가'의 한 대목을 판소리로 구연할 때 가장 알맞은 장단은?

> 모든 수령 도망할 제 거동 보소, 인궤 잃고 과줄 들고 병부 잃고 송편 들고, 탕건 잃고 용수 쓰고, 갓 잃고 소반 쓰고 칼집 쥐고 오줌 누기, 부서지니 거문고요 깨지느니 북 장고라. 본관이 똥을 싸고 멍석 구멍 생쥐 눈 뜨듯 하고 내아(內衙)로 들어가서
> "어 추워라. 문 들어온다 바람 닫아라. 물 마르다 목 들여라."
> 관청색(官廳色)은 상을 잃고 문짝 이고 내달으니 서리 역졸 달려들어 후닥딱
> "애고, 나 죽네."

① 중모리
② 진양조
③ 엇모리
④ 자진모리

16 다음 작품에 대한 설명으로 적절하지 <u>않은</u> 것은?

> 기심 매러 갈 적에는 갈뽕을 따 가지고
> 기심 매고 올 적에는 올뽕을 따 가지고
> 삼간방에 누어 놓고 청실홍실 뽑아내서
> 강릉 가서 날아다가 서울 가서 매어다가
> 하늘에다 베틀 놓고 구름 속에 이매 걸어
> 함경나무 바디집에 오리나무 북게다가
> 짜궁짜궁 짜아 내어 가지잎과 뭅거워라
> 배꽃같이 바래워서 참외같이 올 짓고
> 외씨 같은 보선 지어 오빠님께 드리고
> 겹옷 짓고 솜옷 지어 우리 부모 드리겠네
>   – 작자 미상, '베틀 노래'

① 노동 현실에 대한 한과 비판이 드러나 있다.
② 대구법과 직유법 등의 표현 기법을 사용하고 있다.
③ 4·4조의 운율과 언어유희로 리듬감을 형성하고 있다.
④ 화자의 상상력을 바탕으로 과장되게 표현한 부분이 나타나 있다.

17 다음 시들을 발표 순서대로 배열한 것은?

> ㉠ 여승은 합장하고 절을 했다.
> 가지취의 내음새가 났다.
> 쓸쓸한 낯이 옛날같이 늙었다.
> 나는 불경처럼 서러워졌다.
> ㉡ 눈은 살아 있다.
> 떨어진 눈은 살아 있다.
> 마당 위에 떨어진 눈은 살아 있다.
> ㉢ 산에는 꽃 피네.
> 꽃이 피네.
> 갈 봄 여름 없이
> 꽃이 피네.
> ㉣ 껍데기는 가라.
> 사월도 알맹이만 남고
> 껍데기는 가라.

① ㉠ – ㉢ – ㉡ – ㉣
② ㉠ – ㉢ – ㉣ – ㉡
③ ㉢ – ㉠ – ㉡ – ㉣
④ ㉢ – ㉠ – ㉣ – ㉡

18 우리나라 시(詩) 유파의 발생순서가 바르게 연결된 것은?

① 생명파 – 주지시파 – 낭만파 – 순수시파
② 낭만파 – 예맹파 – 순수시파 – 청록파
③ 주지시파 – 낭만파 – 청록파 – 예맹파
④ 순수시파 – 청록파 – 낭만파 – 생명파

19 다음 단위의 표현 중 올바른 것으로만 짝지어진 것은?

> ㉠ 오징어 한 축 : 20마리
> ㉡ 오이 한 거리 : 30개
> ㉢ 버선 한 죽 : 10벌
> ㉣ 배추 한 접 : 100개

① ㉠, ㉡
② ㉡, ㉢
③ ㉠, ㉢, ㉣
④ ㉡, ㉢, ㉣

20 다음 중 관용적 표현이 쓰이지 <u>않은</u> 문장은?

① 아름이는 영희의 콧대를 꺾었다.
② 드디어 그 공사의 첫 삽을 떴다.
③ 철수는 이번 시험에서 미역국을 먹었다.
④ 영희는 음식 만드는 일을 제일 꺼린다.

21 의미 관계가 유사한 한자 성어와 속담의 연결로 적절하지 <u>않은</u> 것은?

① 동병상련(同病相憐) – 비렁뱅이가 하늘을 불쌍히 여긴다.
② 마호체승(馬好替乘) – 역말도 갈아타면 낫다.
③ 작학관보(雀學鸛步) – 뱁새가 황새를 따라가면 다리가 찢어진다.
④ 외부내빈(外副內貧) – 난부자든거지

22 다음 한시에 쓰이지 <u>않은</u> 표현 기법은?

> 雨歇長堤草色多(우헐장제초색다)
> 비 갠 긴 둑엔 풀빛이 짙어 가는데
> 送君南浦動悲歌(송군남포동비가)
> 남포에서 임 보내며 슬픈 노래 부르네
> 大同江水何時盡(대동강수하시진)
> 대동강 물은 어느 때 마르려는지
> 別淚年年添綠波(별루년년첨록파)
> 해마다 이별 눈물 푸른 강물에 더해지네
> — 정지상, '송인(送人)'

① 과장법
② 설의법
③ 풍유법
④ 도치법

23 다음 중 희곡의 특징이 <u>아닌</u> 것은?

① 배우는 자신의 행동으로 사건을 직접 전달한다.
② 시간과 공간, 등장인물의 수에 제약이 있다.
③ 반드시 복선이 깔려 있어야 한다.
④ 대사를 통해 인물의 내적 심리를 표현하기도 한다.

24 이 작품에 활용된 시점(視點)에 대한 설명으로 가장 적절한 것은?

> 우리 부부는 숙명적으로 발이 맞지 않는 절름발이인 것이다. 내나 아내나 제 거동에 로직을 붙일 필요는 없다. 변해할 필요도 없다. 사실은 사실대로 오해는 오해대로 그저 끝없이 발을 절뚝거리면서 세상을 걸어가면 되는 것이다. 그렇지 않을까?
>
> 그러나 나는 이 발길이 아내에게로 돌아가야 옳은가 이것만은 분간하기가 좀 어려웠다. 가야 하나? 그럼 어디로 가나?
>
> 이때 뚜— 하고 정오 사이렌이 울었다. 사람들은 모두 네 활개를 펴고 닭처럼 푸드덕거리는 것 같고 온갖 유리와 강철과 대리석과 지폐와 잉크가 부글부글 끓고 수선을 떨고 하는 것 같은 찰나, 그야말로 현란을 극한 정오다.
>
> 나는 불현듯이 겨드랑이가 가렵다. 아하, 그것은 내 인공의 날개가 돋았던 자국이다. 오늘은 없는 이 날개, 머릿속에서는 희망과 야심의 말소된 페이지가 딕셔너리 넘어가듯 번뜩였다.
>
> 나는 걷던 걸음을 멈추고 그리고 어디 한번 이렇게 외쳐 보고 싶었다.
>
> 날개야 다시 돋아라.
> 날자. 날자. 날자. 한 번만 더 날자꾸나.
> 한 번만 더 날아 보자꾸나.

① 서술자는 인물의 대화와 행동, 장면 등을 객관적으로 관찰하고 전달하여 극적 효과를 야기한다.
② 중심인물의 내면이 드러나지 않아 긴장감과 경이감을 조성하며, 어떠한 인물을 관찰자로 설정했는가에 따라 소설의 효과가 달라진다.
③ 서술자와 인물, 서술자와 독자의 거리는 멀지만, 인물과 독자의 거리는 가깝다.
④ 서술자의 내면적 갈등이나 감정 등의 심리 변화를 생생하게 전해줄 수 있으나 객관성이 결여될 수 있다.

주관식 문제

01 (1) 작품의 제목을 쓰고, (2) 밑줄 친 ㉠~㉣의 현대어 풀이, 그리고 (3) 국문학적 의의를 3가지 이상 기술하시오.

> 돌하 ㉠ 노피곰 도드샤
> 어긔야 머리곰 비취오시라
> 어긔야 어강됴리 / 아으 다롱디리
> 져재 ㉡ 녀러신고요
> 어긔야 즌 디를 ㉢ 드디욜셰라
> 어긔야 어강됴리
> ㉣ 어느이다 노코시라
> 어긔야 내 가논 디 졈그롤셰라
> 어긔야 어강됴리 / 아으 다롱디리

02 (1) 〈보기〉 ㉠~㉣을 표준어 규정에 맞게 고치고, (2) 표준어 사정원칙을 3가지 조건으로 나누어 기술하시오.

> **보기**
> • ㉠ 강남콩의 덩굴이 처마까지 뻗어 올라갔다.
> • 아물아물 ㉡ 아지랭이가 피어오르다.
> • 딸부자 집에서 또 딸을 ㉢ 바랜다니 의외이다.
> • 구렁이가 ㉣ 또아리를 틀고 있다.

03 1930년대 순수시파와 구인회의 (1) 공통점 과 (2) 각 유파와 관련된 잡지를 쓰시오. 그리고 (3) 각 유파에 속한 대표적 작가를 두 명 이상 제시해 보시오.

04 (1) 〈보기〉에 제시된 높임법의 유형을 모두 쓰고, (2) 각 높임법을 〈보기〉에 쓰인 특징으로 제시해 보시오.

> 보기
>
> 아버지께서 쓰시던 물건을 그분께 가져다 드렸습니다.

01	02	03	04	05	06	07	08	09	10	11	12
①	③	④	③	②	③	③	①	③	②	④	②
13	14	15	16	17	18	19	20	21	22	23	24
④	①	④	①	③	②	③	④	①	③	③	④

	주관식 정답
01	(1) 제목 : 정읍사 (2) 현대어 풀이 　㉠ 노피곰 : 높이높이 　㉡ 녀러신고요 : 가 계신지요 　㉢ 드듸욜셰라 : 디딜까 두렵습니다. 　㉣ 어느이다 : 어느 곳에나 다, 어느 것이나 다 (3) 국문학적 의의 　① 백제 유일의 현전 가요 　② 국문 표기의 최고 가요 　③ 시조의 원형과 가까운 형식 　④ 망부석 배경설화를 지닌 노래 　⑤ 고대가요이면서도 고려속요 속에 포함되는 유일한 노래
02	(1) 맞게 쓰기 　㉠ 강낭콩 　㉡ 아지랑이 　㉢ 바란다니 　㉣ 똬리 (2) 표준어 사정원칙 : 교양 있는 사람들이 두루 쓰는 현대 서울말로 정한다. 　① 사회적 조건 : 교양 있는 사람들 　② 시대적 조건 : 현대 　③ 지역적 조건 : 서울
03	(1) 공통점 : 1920년대 카프의 정치적 목적성에 대한 반발로 유미주의 일면을 계승하여 1930년대 순수문학운동을 전개하였다. (2) 관련 잡지 　① 순수시파(1930) : 시문학 　② 구인회(1933) : 시와 소설 (3) 대표적 작가 　① 순수시파 : 김영랑, 박용철, 정지용, 신석정 등 　② 구인회 : 1933년 8월 이종명(李鍾鳴)・김유영(金幽影)의 발기로 이효석(李孝石)・이무영(李無影)・유치진(柳致眞)・이태준(李泰俊)・조용만(趙容萬)・김기림(金起林)・정지용(鄭芝溶) 등 9인이 결성하였다. 그러나 발족한 지 얼마 안 되어 발기인인 이종명・김유영과 이효석이 탈퇴하고 그 대신 박태원(朴泰遠)・이상(李箱)・박팔양(朴八陽)이 가입하였으며, 그 뒤 또 유치진・조용만 대신에 김유정(金裕貞)・김환태(金煥泰)가 보충되어 언제나 인원수는 9명이었다.
04	(1) 높임법의 유형 : '주체높임'과 '객체높임', 그리고 '상대높임'을 모두 사용하고 있다. (2) 높임법의 특징 : 　① 주체높임 : 주어의 대상인 '아버지'를 주격조사 '−께서'와 높임선어말어미 '−시'를 사용하여 높이고 있다. 　② 객체높임 : 부사어의 대상인 '그분'을 부사격조사 '−께'와 높임말 '드리다'를 사용하여 높이고 있다. 　③ 상대높임 : 생략된 청자를 서술어의 종결어미 '−습니다(아주 높임)'를 사용하여 높이고 있다.

01 **정답** ①

1922년 발간된 잡지 〈백조〉에는 박종화, 현진건, 이상화, 나도향, 홍사용, 박영희, 김기진 등이 동인으로 참여해 활동하였다.
① 이상화 : 1922년 〈백조〉 동인
② 유치환 : 1937년 〈생리〉 동인
③ 김영랑 : 1930년 〈시문학〉 동인
④ 서정주 : 1936년 〈시인부락〉 동인

02 **정답** ③

'패관문학'이란 왕의 정치 참고 자료로 삼기 위해 민간에 구전되어 오던 전승설화가 문헌에 채록되었고, 그 과정에서 채록자(採錄者)의 창의가 가미되어 윤색된 것을 말한다. 처음에는 설화만을 대상으로 했지만, 나중에는 떠도는 모든 것을 포함하게 되었다. 장르상 한문 수필이며, 평론적 성격을 띤다.
③ 파한집(이인로) – 보한집(최자) – 역옹패설(이제현)
① 정시자전 – 국순전 – 공방전 : 고려시대 사물을 의인화해서 열전(列傳) 형식에 의거하여 그 일생을 다룬 전기체의 문학인 '가전체 문학'이다.
② 흥부전 – 춘향전 – 심청전 : 조선 후기 판소리계 소설들이다.
④ 열하일기 – 조침문 – 동명일기 : 조선 후기 수필문학들이다.

03 **정답** ④

음절은 소리의 최소 단위이므로 먼저 발음 상황을 숙지해야 한다.
→ 내가 동생에게 용또늘 주얻따
④ '자음+모음+자음'으로 이루어진 음절은 '3개(동, 생, 늘)'이다.
① '어절'은 띄어쓰기 단위와 일치한다. 어절은 '4개(내가+동생에게+용돈을+주었다)'이다.

② 음절은 발음의 최소단위이다. 음절은 '12개(내+가+동+생+에+게+용+또+늘+주+얻+따)'이다.
③ 단어는 품사의 단위와 일치한다. 단어는 '7개'이다.
→ 내(대명사)+가(조사)+동생(명사)+에게(조사)+용돈(명사)+을(조사)+주었다(동사)

04 **정답** ③

③ 꽃내음 : 꼰내음[끝소리규칙 – 교체(중화)]
→ 꼰내음[비음화 – 교체(동화)]
바깥일 : 바깥닐['ㄴ'첨가 – 첨가] → 바깐닐[끝소리규칙 – 교체(중화)] → 바깐닐[비음화 – 교체(동화)]
학녁 : 항녁[비음화–교체(동화)]
① '중화'는 '끝소리규칙'을 의미한다. '꽃내음'과 '바깥일'에는 '중화현상'이 있지만 '학력'에는 없다.
② '바깥일'에만 'ㄴ' 첨가 현상이 나타난다.
④ '유음화'는 'ㄴ'이 'ㄹ'의 앞뒤에서 유음 'ㄹ'로 바뀌는 현상인데, 〈보기〉의 발음에는 적용되지 않는다.

05 **정답** ②

② 영미 주변의 친구들이 영미의 말을 좀처럼 알아들을 수 없었던 것은 언중들 사이의 묵계를 어기고 자기 나름대로의 언어를 사용했기 때문이다. 언어는 언중들 간의 사회적 약속이므로 개인이나 특정 집단이 이를 마음대로 바꿀 수 없다. 이를 '언어의 사회성(=불역성)'이라 한다.
① 창조성(=개방성) : 언어는 무한에 가까운 생각들을 표현하고 전달할 수 있는 개방적 기호 체계이다.
③ 역사성(=가역성) : 언어는 항상 고정되어 불변한 것이 아니라 시간의 경과에 따라 끊임없이 변화한다.

④ 자의성(=임의성) : 말소리와 의미 사이에는 아무런 필연적인 관계가 없는 임의적인 것이다.

06 **정답** ③

③ 향가(신라 시대) → 속요(고려 초 : 향가의 소멸 과정에서 발생) → 시조(고려 중엽 : 고려 속요의 분절 과정에서 발생) → 가사(조선 전기 : 경기체가의 붕괴과정에서 발생)

07 **정답** ③

③ 기구(1행)의 '물[河]'은 '충만한 사랑'을, 승구(2행)의 '물'은 '이별'을, 전구(3행)의 '물'은 '죽음'을 상징한다. 〈공무도하가〉는 '물'의 상징적 의미를 따라 시상을 전개하고 있다.
① 〈공무도하가〉는 황조가와 더불어 현존하는 우리나라 최고(最古)의 서정시다.
② 〈공무도하가〉는 4언 4구체의 한역가사만 전해질 뿐 번역한 시가는 따로 전해지지 않는다.
④ 〈공무도하가〉는 '임을 여읜 슬픔'을 노래한 것으로 '변하지 않는 충성의 마음'과는 관련이 없다.

알/아/두/기

공무도하가
① 작자 : 백수 광부(白首狂夫)의 처(妻)
   ※ 원작자는 백수 광부의 처이며, 곽리자고(霍里子高)의 부인 여옥(麗玉)이 이를 노래로 정착시킨 것으로 알려져 있다. 보통 가사명일 경우 '공무도하가'로, 곡조명(曲調名)일 경우 '공후인(箜篌引)'으로 구분한다.
② 연대 : 고조선(古朝鮮)
③ 성격 : 개인적 서정적 가요
④ 종류 : 한역가(漢譯歌), 서정시, 개인적 서정가요
⑤ 표현 : 직서법, 직정적(直情的)이고 절박한 표현
⑥ 구성 : 4언 4구체
⑦ 제재 : 물

⑧ 주제 : 임을 여읜 슬픔, 남편의 죽음을 애도(哀悼)
⑨ 의의
   ㉠ 황조가와 함께 우리나라 최고의 서정가요
   ㉡ 원시적 집단적 서사시에서 서정시로 옮아가는 과도기적 작품

08 **정답** ①

冬至(동지)ㅅ돌 기나긴 밤을 한 허리를 버혀 내여
春風(춘풍) 니불 아래 서리서리 너헛다가
어론님 오신 날 밤이여든 구뷔구뷔 펴리라.
① 임이 오지 않는 긴 겨울밤과 임과 함께 하는 짧은 봄 밤 사이의 거리감을, 시적 화자는 홀로 지새는 긴 겨울밤의 시간을 잘라내어 임과 함께 하는 시간에 더하여 좁히고자 한다. 추상적인 시간을 구체적인 사물로 형상화시키면서 임에 대한 애틋한 그리움과 사랑을 절실히 환기시키는 표현의 솜씨가 돋보인다.

알/아/두/기

황진이, '冬至ㅅ돌 기나긴 밤을~'
① 종류 : 평시조, 단시조
② 성격 : 연정가(戀情歌), 애련(愛戀)의 노래, 감상적, 낭만적
③ 표현
   ㉠ 불가능한 상황 설정=추상적 시간의 구체적 사물화
   ㉡ 대구법, 의태어의 사용
④ 제재 : 연모(戀慕)의 정
⑤ 주제 : 임을 그리는 마음

09 **정답** ③

③ 안은문장의 주어 '내가 그 분을 처음 뵌 것은'과 서술어 '~만나 이야기하고 있을 때였다.'는 문장에 맞게 호응하고 있다.
① 부사어 '왜냐하면'과 서술어 '이루었다는 것이다.'는 호응이 바르지 않다.
   → 왜냐하면~이루었기 때문이다.

② 주어 '까닭은'과 서술어 '합격했다는 사실이
다.'는 호응이 바르지 않다.
→ 까닭은~합격했기 때문이다.
④ 과도한 서술어의 생략 : '관심과 조명을 해'에
서 뒤 문장의 목적어 '조명을'과 서술어 '하다'
는 호응되지만 앞 문장의 목적어 '관심을'과
'하다'는 호응되지 않는다. 그러므로 앞 문장
의 목적어와 호응하도록 생략된 서술어 '갖
다'를 넣어야 한다.
→ ~관심을 갖고 조명을 해 나가고~

10 **정답** ②
② 표준어규정 제17항 : 비슷한 발음의 몇 형태
가 쓰일 경우, 그 의미에 아무런 차이가 없
고, 그 중 하나가 더 널리 쓰이면, 그 한 형태
만을 표준어로 삼는다. '짓무르다'만 단수표
준어로 인정하고 '짓물다'는 표준어로 인정하
지 않는다.
① 표준어 규정 제19항 : 어감의 차이를 나타내
는 단어 또는 발음이 비슷한 단어들이 다 같
이 널리 쓰이는 경우에는, 그 모두를 표준어
로 삼는다. '꺼림하다'와 '께름하다'는 복수표
준어이다.
※ 나부랭이 : 종이나 헝겊 따위의 자질구레
한 오라기
③ 표준어 규정 제18항 : 다음 단어는 ㄱ을 원칙
으로 하고, ㄴ도 허용한다. '쐬다'가 원칙이
고 '쏘이다'도 복수로 허용한다.
④ 표준어 규정 제18항 : 다음 단어는 ㄱ을 원칙
으로 하고, ㄴ도 허용한다. '쇠-'가 원칙이고
'소-'도 복수로 허용한다.

11 **정답** ④
주어가 아닌 하나를 찾는 문제다.
④ 학생회장이 : 보어. '이'는 ('되다', '아니다'
앞에 쓰여) 바뀌게 되는 대상이나 부정(否定)
하는 대상임을 나타내는 보격 조사

① 셋이서 : 주어. '서'는 ('혼자, 둘이, 셋이' 따위
사람의 수를 나타내는, 받침 없는 체언 뒤에
붙어) 그 말이 주어임을 나타내는 주격 조사
② 학교에서 : 주어. '에서'는 (단체를 나타내는
명사 뒤에 붙어) 앞말이 주어임을 나타내는
주격 조사
③ 선생님께서 : 주어. '께서'는 (사람을 나타내는
체언 뒤에 붙어) 그 대상을 높임과 동시에 그
대상이 문장의 주어임을 나타내는 주격 조사

12 **정답** ②
② 잘못 거셨습니다, 잘못 걸렸습니다. : 전화가
잘못 걸려온 경우라도, '전화 잘못 거셨습니
다.'와 같이 말하는 것은 상대의 잘못을 지적
한 것이 되어, 상대방에게 '전화도 제대로 못
거는가?'란 느낌이 들게 할 수 있기 때문에
언어 예절에 어긋난 표현이다.
① '수고'는 아랫사람이 윗사람에게 사용하는 말
이 아니라, 윗사람이 아랫사람에게 또는 동
년배 사이에 사용하는 말이다.
③ 손님께서 찾으시는 물건은 품절입니다. : 주
체인 손님을 높이는 말은 조사 '께서'와 선어
말어미 '시'다. 주체와 관련된 서술어는 '찾
다'이므로 여기에는 '시'를 사용할 수 있지만,
'물건'을 높일 수는 없다.
④ 상가는 유족의 슬픔과 고통을 함께 나누는 장
소이다. 문상을 가면 일단 고인에게 두 번 절
하고 상주에게 맞절을 한 후 아무 말도 하지
않고 물러나 오는 것이 예다. 상을 당한 사
람을 가장 극진히 위로해야 할 자리이지만,
그 어떤 말도 유족에게는 위로가 될 수 없기
때문이다. 다만 굳이 말을 해야 할 상황이라
면 "삼가 조의를 표합니다." 또는 "뭐라 위로
의 말씀을 드려야 할지 모르겠습니다." 등이
적합하다.

13 정답 ④

④ '올케'는 '오빠의 아내'라는 말이고, '시누이'는 '남편의 누나나 여동생'을 의미하는 말이다. 올케가 손아래 시누이를 부를 때는 '아가씨, 아기씨'라 호칭하고, 손위 시누이를 부를 때는 '형님'이라고 호칭한다. '고모'는 아버지의 누이를 이르거나 부르는 말이므로 적절하지 않다.

① 춘부장(椿府丈) : 남의 아버지를 높여 이르는 말

② 매부(妹夫) : 손위 누이나 손아래 누이의 남편을 이르거나 부르는 말이다. 다만 '매형, 자형'은 누나의 남편에 대한 호칭어이므로 여동생의 남편에게는 붙이지 않는다.

③ 시아버지에 대한 호칭어는 '아버님'이고, 시어머니에 대한 호칭어는 '어머님'과 '어머니'를 둘 다 사용할 수 있다.

14 정답 ①

① 치음 기본자 'ㅅ'의 가획자는 'ㅈ'과 'ㅊ'이다. 'ㅿ(반치음)'은 치음의 '이체자'이다.

② 아음의 기본자 'ㄱ'에 가획자는 'ㅋ'이다.

③ 순음의 기본자 'ㅁ'에 'ㅍ'은 2가획자이다.

④ 후음의 기본자 'ㅇ'에 가획자는 'ㆆ'이다.

알아두기

훈민정음 초성 17자

명칭	기본자	가획자	이체자	제자원리
어금닛소리 (牙音)	ㄱ	ㅋ	ㆁ	혀뿌리가 목구멍을 막는 모양 (舌根閉喉之形)
혓소리 (舌音)	ㄴ	ㄷ, ㅌ	ㄹ	혀끝이 윗잇몸에 붙는 모양 (舌附上齶之形)
입술소리 (脣音)	ㅁ	ㅂ, ㅍ		입술 모양 (口形)
잇소리 (齒音)	ㅅ	ㅈ, ㅊ	ㅿ	이의 모양 (齒形)
목구멍소리 (喉音)	ㅇ	ㆆ, ㅎ		목구멍 모양 (喉形)

15 정답 ④

지시문은 '암행어사 출도' 소리에 놀라 각 고을 수령들이 허둥대고 도망가는 장면을 해학적으로 표현하고 있다. 이 장면은 빠르고도 명랑한 느낌을 주는 장단이 적합하다.

④ 자진모리 : 휘모리장단보다 좀 느리고 중중모리장단보다 빠른 속도로, 섬세하면서도 명랑하고 차분하면서 상쾌하다. 판소리에서 어떤 일을 길게 나열하여 서술하거나 극적이고 긴박한 장면에서 쓰인다.

① 중모리 : 보통 빠르기 장단으로, 판소리나 민요·타령 등에서 서정적이거나 인물의 감정을 표현하는데 적합한 장단이다.

② 진양조 : 판소리의 장단 중 가장 느린 곡조. 극적인 상황이 한가하고, 느슨한 또는 서정적인 대목에서 흔히 쓰이며, 슬프고 무거운 느낌을 준다.

③ 엇모리 : 가장 이질적인 장단이다. 박자가 일정한 리듬으로 반복되지 않고 길고 짧은 박자가 엇박으로 반복되기 때문에 관객에게 불편한 느낌을 주면서도 시선을 끌게 된다. 주로 특이하고 신비한 인물이 등장할 때 엇모리장단을 쓴다.

16 정답 ①

① '베틀 노래'는 베 짜기의 고달픔을 덜어 주면서도 가족들에 대한 애정을 드러내고 있는 강원도 통천 지방의 구전 민요이자 노동요이다. '노동 현실에 대한 한과 비판'과는 관련이 없다.

② 대구법 : 기심 매러 갈 적에는 갈뽕을 따 가지고/기심 매고 올 적에는 올뽕을 따 가지고/ 직유법 : 배꽃같이 바래워서 참외같이 올 짓고/외씨 같은 보선 지어 오빠님께 드리고

③ 4·4조 4음보의 민요적 운율과 '갈뽕', '올뽕'의 언어유희로 리듬감을 형성하고 있다.

④ '강릉 가서 날아다가 서울 가서 매어다가/하늘에다 베틀 놓고 구름 속에 이매 걸어'의 과장된 표현으로 화자의 상상력을 드러내고 있다.

알/아/두/기

작자 미상, '베틀 노래'
① 해제 : 부녀자들이 베틀에서 베를 짜면서 그 고달픔을 덜기 위해 부른 노동요이다. 4·4조, 4음보의 연속체로 된 노래이다. 이 노래는 강원도 통천 지방의 민요로, 그 내용은 뽕을 따서 누에를 치는 것으로부터 시작하여 누에고치에서 실을 뽑아 비단을 짜서 가족들의 옷을 지어 주는 데까지의 전과정을 서사시적으로 노래하고 있다.
② 갈래 : 민요, 노동요
③ 운율 : 4·4조 4음보
④ 특징 :
　㉠ 대구법, 직유법, 반복법, 언어유희, 과장법 등 다양한 표현기법을 사용하고 있다.
　㉡ 뽕잎을 따서 옷을 짓기까지의 과정을 추보식으로 전개하고 있다.
⑤ 제재 : 베 짜기
⑥ 주제 : 베 짜는 여인의 흥과 멋. 베를 짜는 과정과 가족에 대한 사랑

17 정답 ③

㉢ 김소월, '산유화' : 1924년
㉠ 백석, '여승' : 1936년
㉣ 김수영, '눈' : 1957년
㉣ 신동엽, '껍데기는 가라' : 1967년

18 정답 ②

낭만파 : 1920년대 초. '폐허(1920)', '백조(1922)' 동인들을 중심으로 전개
→ 예맹파 : 1926년 카프 결성. 초기의 감상적 낭만주의 시에 대한 반발로 사회주의 이데올로기에 바탕을 둔 현실 인식을 형상화하려는 경향시가 등장
→ 순수시파 : '시문학(1930)' 동인을 중심으로 전개. 1920년대 중반 이후 프로문학과 민족주의 문학의 대립으로 인한 이념적 문학풍토에 반발하는 경향이 대두
→ 청록파(자연파) : 문장(1939)지의 추천으로 등단. 물질문명에 대한 거부로서 은둔과 자연관조의 태도로 형성. 해방 후 공동 시집 〈청록집〉(1946) 간행

19 정답 ③

㉠ 축 : 오징어를 묶어 세는 단위. 한 축은 오징어 스무 마리를 이른다.
㉢ 죽 : 옷, 그릇 따위의 열 벌을 묶어 세는 단위
㉣ 접 : 채소나 과일 따위를 묶어 세는 단위. 한 접은 채소나 과일 백 개를 이른다.
㉡ 거리 : 오이나 가지 따위를 묶어 세는 단위. 한 거리는 오이나 가지 오십 개를 이른다.

20 **정답** ④

관용적 표현 : 둘 이상의 낱말이 합쳐져 원래의 뜻과는 전혀 다른 새로운 뜻으로 굳어져서 쓰이는 표현이다. 우리말에서는 주로 구어체에 많이 나타나며, 속담이나 격언 등에 사용된다.

④ '꺼리다'는 '사물이나 일 따위가 자신에게 해가 될까하여 피하거나 싫어하다.'의 직접적 의미로 관용적 표현으로 사용되지 않았다.

② 콧대를 꺾다 : 자만심이나 자존심을 한풀 꺾다.

③ 첫 삽을 뜨다 : 건설 사업이나 그밖에 어떤 일을 처음으로 시작하다.

④ 미역국을 먹다 : 시험에서 낙방하다.

21 **정답** ①

① '동병상련'은 같은 병을 앓는 사람끼리 서로 가엾게 여긴다는 뜻으로, 어려운 처지에 있는 사람끼리 서로 가엾게 여김을 이르는 말이고, '비렁뱅이가 하늘을 불쌍히 여긴다.'는 주제넘게 엉뚱한 일을 걱정함을 이르는 속담이므로 서로 연결되지 않는다. '동병상련'은 '과부 사정은 홀아비가 안다.'는 속담과 연결지을 수 있다.

② 마호체승(馬好替乘) : 말도 갈아타는 것이 좋다는 뜻으로, 예전 것도 좋지만 새로운 것으로 바꾸어 보는 것도 즐겁다는 말
 - 역말도 갈아타면 낫다 : 한 가지만 계속하지 않고 이따금 다른 일을 갈아 가면서 하면 기분도 새로워지고 싫증이 나지 않는다는 말

③ 작학관보(雀學鸛步) : 참새가 황새의 걸음을 배운다는 뜻으로, 자기의 역량은 생각하지 아니하고 억지로 남을 모방함을 비유적으로 이르는 말
 - 뱁새가 황새를 따라가면 다리가 찢어진다 : 다리가 짧은 뱁새가 긴 다리의 황새를 따라가려니 다리가 찢어진다는 뜻으로, 남을 따라서 제힘에 겨운 일을 억지로 하려다가는 도리어 화를 당하게 된다는 말

④ 외부내빈(外副內貧) : 겉으로는 부유하여 보이나 실상은 구차하고 가난함
 - 난부자든거지 : 실제는 가난하지만 겉보기에는 부자로 보이는 사람

22 **정답** ③

③ '풍유법(諷諭法)'은 말하고자 하는 본뜻을 직접적으로 드러내지 않고, 속담이나 격언 등 다른 표현을 통해 간접적으로 드러내는 방법이다. 인용 시에는 풍유법이 사용된 구절은 보이지 않는다.

① 과장법 : 결구(4행) - 임이 그리워 흘리는 눈물이 해마다 보태져 대동강 물이 마를 날이 없다고 표현

② 설의법 : 전구(3행) - '언제나 다할 것인가'의 표현을 통해 화자의 애절한 이별의 정서를 표출

④ 도치법 : 전구(3행)과 결구(4행)의 순서를 바꿔 배치함으로써 이별의 한을 더욱 강조하는 효과를 거둠

알/아/두/기

정지상, '송인'
① 갈래 : 7언 절구의 한시
② 성격 : 애절하고 우수적임, 서정적, 송별
③ 어조 : 이별을 슬퍼하는 애상적인 목소리
④ 특징 :
 ㉠ 자연 현상과 화자가 처한 상황이 대비되어 나타남
 ㉡ 화자의 정서가 깊은 강물의 흐름과 어우러짐
 ㉢ 시어의 운율 역시 비애감이 확장되고 지속됨을 느낄 수 있도록 함
⑤ 표현 : 설의법, 도치법, 과장법
⑥ 구성 : '기 - 승 - 전 - 결'의 4단 구성
 ㉠ 기 : 강변의 서경 - 서러움의 봄빛
 ㉡ 승 : 이별의 전경 - 이별의 슬픔
 ㉢ 전 : 이별의 한 - 대동강 물의 원망
 ㉣ 결 : 이별의 정한 - 이별의 눈물
⑦ 주제 : 임을 보내는 정한, 이별의 슬픔

23 정답 ③

③ '복선'이란 소설이나 희곡 등에서, 앞으로 발생할 사건에 대하여 그에 관련된 일을 미리 넌지시 비쳐 보이는 일을 의미하는데 모든 작품에서 반드시 복선이 깔려 있어야 하는 것은 아니다.

① 직접적 전달성 : 희곡은 '보여주기' 문학이므로 배우는 무대 위에서 자신의 행동으로 사건을 직접 전달해야 한다.

② 제약이 많다 : 무대 위에서 행하기 때문에 시간과 공간, 등장인물의 수 등 제약이 가장 강한 문학이다.

④ 직접 서술이 불가능하지만, 배우는 대사를 통해 간접적으로 등장인물의 내적 심리를 표현하기도 한다.

알/아/두/기

희곡의 특성
① 무대 상연의 문학 : 희곡은 원칙적으로 무대 상연을 전제로 한 문학이다. 그러나 단지 읽기 위해서 쓴 희곡도 있는데, 이를 '레제드라마(lesedrama)'라고 한다.
② 행동의 문학 : 무대 위에 인물의 행동으로 표현되는 예술이다.
③ 대사의 문학 : 대화를 표현 형식으로 삼는다.
④ 현재화된 인생 표현 : 사건 진행은 관객에게 현재적 사실로 받아들이게 한다.
⑤ 대립과 갈등의 문학 : 이념의 대립, 의지의 갈등을 본질로 삼는다.
⑥ 가장 직접적이며 객관적 형식의 문학 : 배우가 직접 독자와 대면하는 양식으로 작가는 개입할 수 없고 독자에게 상황을 보여주기 때문에 가장 객관적인 양식이다.

24 정답 ④

〈출전 : 이상, '날개'〉

④ '날개'는 1인칭 주인공 시점이므로 서술자의 내면적 갈등이나 감정 등의 심리 변화를 생생하게 전해 줄 수 있으나 3인칭 시점보다는 객관성이 결여될 수 있다.

① 3인칭 관찰자 시점(=작가 관찰자 시점)

② 1인칭 관찰자 시점(=1인칭 목격자 시점)

③ 3인칭 관찰자 시점은 외부적 행동 관찰이 주가 되므로 서술자와 인물, 서술자와 독자의 거리는 멀지만, 인물과 독자의 거리는 가깝다. 단, 1인칭 주인공 시점은 인물(주인공)이 자신의 체험을 직접 말하므로 서술자와 인물, 서술자와 독자, 인물과 독자 사이의 모든 거리가 가장 가까운 시점이다.

알/아/두/기

시점과 거리의 관계
㉠ 서술자와 인물 사이의 거리 : 1인칭 주인공〉전지적 작가〉1인칭 관찰자〉3인칭 관찰자
㉡ 서술자와 독자 사이의 거리 : 1인칭 주인공〉전지적 작가〉1인칭 관찰자〉3인칭 관찰자
㉢ 독자와 인물 사이의 거리 : 1인칭 주인공〉3인칭 관찰자〉1인칭 관찰자〉전지적 작가

주관식 해설

01 정답

(1) 제목 : 정읍사
(2) 현대어 풀이
　　㉠ 노피곰 : 높이높이
　　㉡ 녀러신고요 : 가 계신지요
　　㉢ 드딕욜셰라 : 디딜까 두렵습니다.
　　㉣ 어느이다 : 어느 곳에나 다. 어느 것이나 다
(3) 국문학적 의의
　　① 백제 유일의 현전 가요
　　② 국문 표기의 최고 가요
　　③ 시조의 원형과 가까운 형식
　　④ 망부석 배경설화를 지닌 노래
　　⑤ 고대가요이면서도 고려속요 속에 포함되는 유일한 노래

알/아/두/기

'정읍사' 현대어 풀이
달님이시여 높이높이 돋으시어
멀리멀리 비춰 주소서.
어긔야 어강됴리 / 아으 다롱디리
시장에 가 계시는지요.
위험한 곳을 디딜까 두렵습니다.
어느 곳에나 다 놓으십시오.
당신 가시는 곳에 저물까 두렵습니다.
어긔야 어강됴리 / 아으 다롱디리

02 정답

(1) 맞게 쓰기
　　㉠ 강낭콩
　　㉡ 아지랑이
　　㉢ 바란다니
　　㉣ 똬리
(2) 표준어 사정원칙 : 교양 있는 사람들이 두루 쓰는 현대 서울말로 정한다.
　　① 사회적 조건 : 교양 있는 사람들
　　② 시대적 조건 : 현대
　　③ 지역적 조건 : 서울

03 정답

(1) 공통점 : 1920년대 카프의 정치적 목적성에 대한 반발로 유미주의 일면을 계승하여 1930년대 순수문학운동을 전개하였다.
(2) 관련 잡지
　　① 순수시파(1930) : 시문학
　　② 구인회(1933) : 시와 소설
(3) 대표적 작가
　　① 순수시파 : 김영랑, 박용철, 정지용, 신석정 등
　　② 구인회 : 1933년 8월 이종명(李鍾鳴)·김유영(金幽影)의 발기로 이효석(李孝石)·이무영(李無影)·유치진(柳致眞)·이태준(李泰俊)·조용만(趙容萬)·김기림(金起林)·정지용(鄭芝溶) 등 9인이 결성하였다. 그러나 발족한 지 얼마 안 되어 발기인인 이종명·김유영과 이효석이 탈퇴하고 그 대신 박태원(朴泰遠)·이상(李箱)·박팔양(朴八陽)이 가입하였으며, 그 뒤 또 유치진·조용만 대신에 김유정(金裕貞)·김환태(金煥泰)가 보충되어 언제나 인원수는 9명이었다.

04 정답

(1) 높임법의 유형 : '주체높임'과 '객체높임', 그리고 '상대높임'을 모두 사용하고 있다.
(2) 높임법의 특징 :
　　① 주체높임 : 주어의 대상인 '아버지'를 주격조사 '-께서'와 높임선어말어미 '-시'를 사용하여 높이고 있다.
　　② 객체높임 : 부사어의 대상인 '그분'을 부사격조사 '-께'와 높임말 '드리다'를 사용하여 높이고 있다.
　　③ 상대높임 : 생략된 청자를 서술어의 종결어미 '-습니다(아주 높임)'를 사용하여 높이고 있다.

년도 학위취득종합시험 답안지(객관식)

전공분야

성 명

수험번호

(1) 4 │ │ │

(2) ①②③ ●

응시과목
1 ①②③④ 14 ①②③④
2 ①②③④ 15 ①②③④
3 ①②③④ 16 ①②③④
4 ①②③④ 17 ①②③④
5 ①②③④ 18 ①②③④
6 ①②③④ 19 ①②③④
7 ①②③④ 20 ①②③④
8 ①②③④ 21 ①②③④
9 ①②③④ 22 ①②③④
10 ①②③④ 23 ①②③④
11 ①②③④ 24 ①②③④
12 ①②③④
13 ①②③④

과목코드

교시코드 ①②③

응시과목
1 ①②③④ 14 ①②③④
2 ①②③④ 15 ①②③④
3 ①②③④ 16 ①②③④
4 ①②③④ 17 ①②③④
5 ①②③④ 18 ①②③④
6 ①②③④ 19 ①②③④
7 ①②③④ 20 ①②③④
8 ①②③④ 21 ①②③④
9 ①②③④ 22 ①②③④
10 ①②③④ 23 ①②③④
11 ①②③④ 24 ①②③④
12 ①②③④
13 ①②③④

과목코드

답안지 작성시 유의사항

1. 답안지는 반드시 컴퓨터용 사인펜을 사용하여 다음 <보기>와 같이 표기할 것.
   <보기> 잘된표기: ●
   잘못된 표기: ⊗ ⊘ ◑ ◐ ○ ◉

2. 수험번호 (1)에는 아라비아 숫자로 쓰고, (2)에는 "●"와 같이 표기할 것.

3. 과목코드는 뒷면 "과목코드번호"를 보고 해당과목의 코드번호를 찾아 표기하고,
   응시과목란에는 응시과목명을 한글로 기재할 것.

4. 교시코드는 문제지 전면 의 교시를 해당란에 "●"와 같이 표기할 것.

5. 한번 표기한 답은 긁거나 수정액 및 스티커 등 어떠한 방법으로도 고쳐서는
   아니되며, 고친 문항은 "0"점 처리함.

※ 감독관 확인란

(인)

관리번호

(연번)

(응시자수)

[이 답안지는 마킹연습용 모의답안지입니다.]

★ 수험생은 수험번호와 응시과목 코드번호를 표기(마킹)한 후 일치여부를 반드시 확인할 것.

○○년도 학위취득 종합시험 답안지(주관식)

전공분야

성명

과목코드

교시코드

번호	※ 1차 점수	※ 1차 채점	※1차확인	응 시 과 목	※2차확인	※ 2차 채점	※ 2차 점수
1	⓪①②③④⑤ ⑥⑦⑧⑨⑩						⓪①②③④⑤ ⑥⑦⑧⑨⑩
2	⓪①②③④⑤ ⑥⑦⑧⑨⑩						⓪①②③④⑤ ⑥⑦⑧⑨⑩
3	⓪①②③④⑤ ⑥⑦⑧⑨⑩						⓪①②③④⑤ ⑥⑦⑧⑨⑩
4	⓪①②③④⑤ ⑥⑦⑧⑨⑩						⓪①②③④⑤ ⑥⑦⑧⑨⑩
5	⓪①②③④⑤ ⑥⑦⑧⑨⑩						⓪①②③④⑤ ⑥⑦⑧⑨⑩

답안지 작성시 유의사항

1. ※란은 표기하지 말 것.
2. 수험번호 (2)란, 과목코드, 교시코드는 반드시 컴퓨터용 싸인펜으로 표기할 것.
3. 교시코드는 문제지 전면 의 교시를 해당란에 컴퓨터용 싸인펜으로 표기할 것.
4. 답안을 반드시 흑·청색 볼펜 또는 만년필을 사용할 것. (연필 또는 적색 필기구 사용불가)
5. 답안을 수정할 때에는 두줄(=)을 긋고 수정할 것.
6. 답란이 부족하면 해당답란에 "뒷면기재"라고 쓰고 뒷면 '추가답란'에 문제번호를 기재한 후 답안을 작성할 것.
7. 기타 유의사항은 객관식 답안지의 유의사항과 동일함.

※ 감독관 확인란

(인)

남도 학위취득종합시험 답안지(객관식)

컴퓨터용 사인펜만 사용

전공분야

성명

★ 수험생은 수험번호와 응시과목 코드번호를 표기(마킹)한 후 일치여부를 반드시 확인할 것.

수 험 번 호

(1) 4 — — —

(2) ① ② ③ ●

※ 감독관 확인란
(인)

감 독 관 확 인 란

관 리 번 호
(연번)
(응시자수)

과목코드 / 응시과목

교시코드	응시과목				
	1	① ② ③ ④	14	① ② ③ ④	
	2	① ② ③ ④	15	① ② ③ ④	
	3	① ② ③ ④	16	① ② ③ ④	
	4	① ② ③ ④	17	① ② ③ ④	
	5	① ② ③ ④	18	① ② ③ ④	
	6	① ② ③ ④	19	① ② ③ ④	
	7	① ② ③ ④	20	① ② ③ ④	
	8	① ② ③ ④	21	① ② ③ ④	
	9	① ② ③ ④	22	① ② ③ ④	
	10	① ② ③ ④	23	① ② ③ ④	
	11	① ② ③ ④	24	① ② ③ ④	
	12	① ② ③ ④			
	13	① ② ③ ④			

답안지 작성시 유의사항

1. 답안지는 반드시 컴퓨터용 사인펜을 사용하여 다음 예와 같이 표기할 것.
   보기 잘된표기: ● 잘못된 표기: ⊘ ⊗ ◑ ◐ ○ ●

2. 수험번호 (1)에는 아라비아 숫자로 쓰고, (2)에는 "●"와 같이 표기할 것.
3. 과목코드는 뒷면 "과목코드번호"를 보고 해당과목의 코드번호를 찾아 표기하고,
   응시과목란에는 응시과목명을 한글로 기재할 것.
4. 교시코드는 문제지 전면의 교시를 해당란에 "●"와 같이 표기할 것.
5. 한번 표기한 답은 긁거나 수정액 및 스티커 등 어떠한 방법으로도 고쳐서는
   아니되고, 고친 문항은 "0"점 처리됨.

[이 답안지는 마킹연습용 모의답안지입니다.]

년 도 학 위 취 득
종합시험 답안지(주관식)

전공분야

성명

★ 수험생은 수험번호와 응시과목 코드번호를 표기(마킹)한 후 일치여부를 반드시 확인할 것.

과목코드

① ② ③ ④ ⑤ ⑥ ⑦ ⑧ ⑨ ⓪	① ② ③ ④ ⑤ ⑥ ⑦ ⑧ ⑨ ⓪	① ② ③ ④ ⑤ ⑥ ⑦ ⑧ ⑨ ⓪	① ② ③ ④ ⑤ ⑥ ⑦ ⑧ ⑨ ⓪

교시코드
① ② ③ ④

수 험 번 호

(1)				(2)			

4 — 1 — 1 —
① ② ③ ●

응시과목

번호	※1차 점수	※1차 채점	과 목	※2차 채점	※2차 점수
1	⓪①②③④⑤ ⑥⑦⑧⑨⑩				⓪①②③④⑤ ⑥⑦⑧⑨⑩
2	⓪①②③④⑤ ⑥⑦⑧⑨⑩				⓪①②③④⑤ ⑥⑦⑧⑨⑩
3	⓪①②③④⑤ ⑥⑦⑧⑨⑩				⓪①②③④⑤ ⑥⑦⑧⑨⑩
4	⓪①②③④⑤ ⑥⑦⑧⑨⑩				⓪①②③④⑤ ⑥⑦⑧⑨⑩
5	⓪①②③④⑤ ⑥⑦⑧⑨⑩				⓪①②③④⑤ ⑥⑦⑧⑨⑩

※1차확인

※2차확인

답안지 작성시 유의사항

1. ※란은 표기하지 말 것.
2. 수험번호 (2)란, 과목코드, 교시코드 표기는 반드시 컴퓨터용 싸인펜으로 표기할 것
3. 교시코드는 문제지 전면 의 교시를 해당란에 컴퓨터용 싸인펜으로 표기함 것.
4. 답란은 반드시 흑·청색 볼펜 또는 만년필을 사용할 것. (연필 또는 적색 필기구 사용불가)
5. 답안을 수정할 때에는 두줄(=)을 긋고 수정할 것.
6. 답란이 부족하면 해당답란에 "뒷면기재"라고 쓰고 뒷면 '추가답란'에 문제번호를 기재한 후 답안을 작성할 것.
7. 기타 유의사항은 객관식 답안지의 유의사항과 동일함.

※ 감독관 확인란

(인)

컴퓨터용 사인펜만 사용

학위취득종합시험 답안지(객관식)

★ 수험생은 수험번호외 응시과목 코드번호를 표기(마킹)한 후 일치여부를 반드시 확인할 것.

전공분야

성명

(1) 수험번호 4 | – | – | –

(2) ① ② ③ ●

과목코드				응시과목				
				1 ① ② ③ ④	14 ① ② ③ ④
				2 ① ② ③ ④	15 ① ② ③ ④
				3 ① ② ③ ④	16 ① ② ③ ④
				4 ① ② ③ ④	17 ① ② ③ ④
				5 ① ② ③ ④	18 ① ② ③ ④
				6 ① ② ③ ④	19 ① ② ③ ④
				7 ① ② ③ ④	20 ① ② ③ ④
교시코드				8 ① ② ③ ④	21 ① ② ③ ④
① ② ③ ④				9 ① ② ③ ④	22 ① ② ③ ④
				10 ① ② ③ ④	23 ① ② ③ ④
				11 ① ② ③ ④	24 ① ② ③ ④
				12 ① ② ③ ④	
				13 ① ② ③ ④	

과목코드				응시과목				
				1 ① ② ③ ④	14 ① ② ③ ④
				2 ① ② ③ ④	15 ① ② ③ ④
				3 ① ② ③ ④	16 ① ② ③ ④
				4 ① ② ③ ④	17 ① ② ③ ④
				5 ① ② ③ ④	18 ① ② ③ ④
				6 ① ② ③ ④	19 ① ② ③ ④
				7 ① ② ③ ④	20 ① ② ③ ④
				8 ① ② ③ ④	21 ① ② ③ ④
				9 ① ② ③ ④	22 ① ② ③ ④
				10 ① ② ③ ④	23 ① ② ③ ④
				11 ① ② ③ ④	24 ① ② ③ ④
				12 ① ② ③ ④	
				13 ① ② ③ ④	

답안지 작성시 유의사항

1. 답안지는 반드시 컴퓨터용 사인펜을 사용하여 다음 [보기]와 같이 표기할 것.
   [보기] 잘된 표기: ●   잘못된 표기: ⊗ ⊘ ● ◐ ○
2. 수험번호 (1)에는 아라비아 숫자로 쓰고, (2)에는 " ● "와 같이 표기할 것.
3. 과목코드는 뒷면 "과목코드번호"를 보고 해당과목의 코드번호를 찾아 표기하고,
   응시과목란에는 응시과목명을 한글로 기재할 것.
4. 교시코드는 문제지 전면 의 교시를 해당란에 " ● "와 같이 표기할 것.
5. 한번 표기한 답은 긁거나 수정액 및 스티커 등 어떠한 방법으로도 고쳐서는
   아니되고, 고친 문항은 "0"점 처리함.

※ 감독관 확인란

(인)

관 리 번 호

(연번)

(응시자수)

[이 답안지는 마킹연습용 모의답안지입니다.]

년 도 학 위 취 득
종합시험 답안지(주관식)

★ 수험생은 수험번호와 응시과목 코드번호를 표기(마킹)한 후 일치여부를 반드시 확인할 것.

전공분야

성 명

수 험 번 호

	수	험	번	호	
(1)					4
(2)					①②③●

과목코드

교시코드

① ② ③ ④

답안지 작성시 유의사항

1. ※란은 표기하지 말 것.
2. 수험번호 (2)란, 과목코드, 교시코드는 반드시 컴퓨터용 싸인펜으로 표기할 것.
3. 교시코드는 문제지 전면 의 교시를 해당란에 컴퓨터용 싸인펜으로 표기할 것.
4. 답란은 반드시 흑·청색 볼펜 또는 만년필을 사용할 것.
   (연필 또는 적색 필기구 사용불가)
5. 답안을 수정할 때에는 두줄(=)을 긋고 수정할 것.
6. 답란이 부족하면 해당답란에 "뒷면기재"라고 쓰고 뒷면 '추가답란'에 문제번호를 기재한 후 답안을 작성할 것.
7. 기타 유의사항은 객관식 답안지의 유의사항과 동일함.

문항	※1차 점수	※1차 채점	응 시 과 목	※2차확인	2차 채점	※2차 점수
1	⓪①②③④⑤⑥⑦⑧⑨⑩					⓪①②③④⑤⑥⑦⑧⑨⑩
2	⓪①②③④⑤⑥⑦⑧⑨⑩					⓪①②③④⑤⑥⑦⑧⑨⑩
3	⓪①②③④⑤⑥⑦⑧⑨⑩					⓪①②③④⑤⑥⑦⑧⑨⑩
4	⓪①②③④⑤⑥⑦⑧⑨⑩					⓪①②③④⑤⑥⑦⑧⑨⑩
5	⓪①②③④⑤⑥⑦⑧⑨⑩					⓪①②③④⑤⑥⑦⑧⑨⑩

※1차확인

※2차확인

※ 감독관 확인란

(인)

시대에듀 독학사 4단계 교양공통 국어

개정2판1쇄 발행	2025년 07월 10일 (인쇄 2025년 05월 21일)
초 판 발 행	2019년 09월 06일 (인쇄 2019년 07월 26일)
발 행 인	박영일
책 임 편 집	이해욱
편 저	양경모
편 집 진 행	김다련
표지디자인	박종우
편집디자인	차성미 · 이다희
발 행 처	(주)시대고시기획
출 판 등 록	제10-1521호
주 소	서울시 마포구 큰우물로 75 [도화동 538 성지 B/D] 9F
전 화	1600-3600
팩 스	02-701-8823
홈 페 이 지	www.sdedu.co.kr

I S B N	979-11-383-9380-5 (13700)
정 가	26,000원

독학사 시험 합격을 위한
최적의 강의 교재!

심리학과 · 경영학과 · 컴퓨터공학과 · 간호학과 · 국어국문학과 · 영어영문학과

심리학과 2 · 3 · 4단계

2단계 기본서 [6종]

이상심리학 / 감각 및 지각심리학 /
사회심리학 / 발달심리학 / 성격심리학 /
동기와 정서

2단계 6과목 벼락치기 [1종]

3단계 기본서 [6종]

상담심리학 / 심리검사 / 산업 및 조직심리학 /
학습심리학 / 인지심리학 / 학교심리학

4단계 기본서 [4종]

임상심리학 / 소비자 및 광고심리학 /
심리학연구방법론 / 인지신경과학

경영학과 2 · 3 · 4단계

2단계 기본서 [7종]

회계원리 / 인적자원관리 / 마케팅원론 /
조직행동론 / 경영정보론 / 마케팅조사 /
원가관리회계

2단계 6과목 벼락치기 [1종]

3단계 기본서 [6종]

재무관리론 / 경영전략 / 재무회계 /
경영분석 / 노사관계론 / 소비자행동론

4단계 기본서 [2종]

재무관리 + 마케팅관리 / 회계학 + 인사조직론

s u c c e s s

4단계 교양공통 합격을 위한
최적의 교재!

양경모 편저

★★ 시대에듀 ★★

독학사 4단계
교양공통

국어 핵심요약집

시대에듀

핵심요약집
120% 활용 방안

교수님 코칭!

독학사 시험은 매년 정해진 평가영역에서 개념 위주의 문항이 출제됩니다. 결코 어렵게 출제되는 시험이 아니기에 기본 개념만 잘 정리해 둔다면 충분히 합격 점수인 60점 이상을 획득할 수 있습니다.

좋은 결과를 얻으려면 정리된 학습 방법과 노력이 필요합니다. 본서에 수록된 핵심요약집은 각 단원별로 중요한 내용을 한 번 더 정리한 것으로, 다음과 같이 활용한다면 효율적인 학습에 도움이 될 것입니다.

정리 노트로 활용!

핵심요약집은 기본서의 핵심 내용이 단원별로 정리·요약되어 있으므로 중요한 부분을 확인하기 쉬우며, 나만의 정리 노트로도 활용할 수 있습니다.

자투리 시간에 활용!

바쁜 일상에서 공부할 시간을 따로 내는 것은 어려운 일입니다. 자투리 시간을 활용하여 정리된 요약집으로 틈틈이 복습한다면, 효과적으로 학습 시간을 확보할 수 있을 것입니다.

복습에 활용!

새로운 내용을 파악할 때는 예습보다 복습의 효과가 비교적 더 큽니다. 기본서를 학습한 후 핵심요약집을 통해 중요 내용을 떠올리며 복습하면 내용을 보다 효과적으로 정리할 수 있습니다.

시험 직전에 활용!

시험 직전, 짧은 시간 안에 많은 내용을 확인하려면 평소 정리 및 준비를 잘 해두어야 합니다. 시험에 들어가기 전 핵심 요약집으로 중요한 내용만 빠르게 체크해도 합격에 도움이 될 것입니다.

시험장에 가져가는
핵심요약집

제1편	국어학
제2편	고전문학
제3편	현대문학

시 / 험 / 전 / 에 / 보 / 는 / 핵 / 심 / 요 / 약 / 키 / 워 / 드 /

얼마나 많은 사람들이 책 한 권을 읽음으로써 인생에 새로운 전기를 맞이했던가.

– 헨리 데이비드 소로 –

제 **1** 편 │ 국어학

제1장 │ 국어에 대한 이해

제1절 ▶ 언어로서의 국어

1. 언어와 사고

① 언어우위론 : 사고보다 언어가 먼저라는 견해
② 사고우위론 : 언어보다 사고가 먼저라는 견해

2. 언어의 특성

특성	설명
기호성	언어는 기호의 하나로, 형식(말소리)과 내용(의미)을 가지고 있다.
자의성(임의성, 무연성)	말소리와 의미 사이에는 아무런 필연적인 관계가 없는 임의적인 관계이다.
사회성(불역성)	언어는 사회적 약속이므로 개인이 함부로 바꾸지 못한다.
역사성(가역성)	언어는 항상 고정되어 불변한 것이 아니라 시간의 경과에 따라 끊임없이 변화한다.
분절성(불연속성)	현실세계는 연속적이나 언어는 물리적으로 연속된 실체를 분절적으로 끊어서 표현한다.
추상성(일반화)	같은 부류의 사물들에서 공통적 속성을 뽑아내는 추상화의 과정을 거쳐서 형성된다.
개방성(창조성)	언어는 무한에 가까운 생각들을 표현하고 전달할 수 있는 개방적 기호 체계이다.
체계성(유기성)	언어 기호가 모여서 일정한 의미를 전달할 때, 언어 기호들은 하나의 체계를 이루고, 일정한 규칙에 따라 배열되며, 일정한 질서 아래 실현된다.
선조성	둘 이상의 기호가 전후 위치관계를 유지하면서 순차적으로 배열된다.

3. 언어의 기능

① 표현의 기능
② 감화적 기능(지령적 기능, 환기적 기능, 명령적 기능)
③ 친교적 기능(사교적 기능)
④ 표출적 기능
⑤ 지식과 정보의 보존 기능
⑥ 미적 기능(시적 기능)
⑦ 관어적 기능(사전적 기능)

제2절 ▶ 국어의 언어적 특징

1. 국어의 분류

분류	성격	예
첨가어 (교착어, 부착어)	뜻을 나타내는 실질 형태소에 조사와 어미, 접사 같은 문법적 관계를 나타내는 형식 형태소가 붙음으로써 문법적 기능을 다하는 언어(체언＋조사, 어간＋어미, 어근＋접사)를 말한다. 예 나＋가(주격), 나＋의(소유격), 나＋를(목적격)	한국어, 일본어, 만주어, 몽골어, 터키어
굴절어	낱말에 다른 말을 첨가하지 않고, 어형(語形)의 일부를 변화시키거나 또는 접사를 붙여, 단어가 문장 속에서 가지는 여러 가지 관계를 나타내는 언어를 말한다. 명사・대명사 등에는 성(性)・수(數)・격(格), 동사에는 인칭(人稱)・시제(時制)・수(數) 등의 문법 범주가 있어 이에 따라 일정하게 변화한다. 인도-유럽어가 대표적이다. 예 I(주격), my(소유격), me(목적격)	영어, 독어, 불어
고립어	어미의 변화나 접사 등 문법적 관계를 나타내는 요소의 발달이 없고, 낱말의 실현 위치에 의하여 단어가 문장 속에서 가지는 여러 가지 관계가 결정되는 언어를 말한다. 예 高山(높은 산) － 山高(산이 높다)	중국어, 태국어, 베트남어
포합어	동사를 중심으로 그 전후에 인칭을 나타내는 접사나 목적을 나타내는 말이 결합 또는 삽입되어서, 한 말로써 한 문장을 나타낼 수 있는 언어를 말한다.	아메리카 인디언의 말, 아이누말

2. 국어의 특질

(1) 음운상의 특징

① 삼지적 상관속을 이룬다.

② 다른 언어에 비해 마찰음(ㅅ, ㅆ, ㅎ)이 적다.

③ 두음법칙이 있다.

④ 음운상 설전음(r)과 설측음(l)의 구별이 불분명하다.

⑤ 음절 끝 위치에 오는 파열음들이 닫힌 상태로 발음된다. → 음절 끝소리 규칙

⑥ 단모음의 수는 10개(ㅏ, ㅓ, ㅗ, ㅜ, ㅡ, ㅣ, ㅐ, ㅔ, ㅚ, ㅟ)나 될 정도로 많다.

⑦ 모음조화 현상이 있다.

⑧ 모음동화, 자음동화 현상이 있다.

⑨ 음상의 차이와 소리의 길이로 인하여 어감(語感)이 달라지거나 의미가 분화되는 경우가 있다.

(2) 어휘(단어)상의 특징

① 국어의 어휘는 고유어, 한자어, 외래어의 삼중 체계를 이루고 있다.

② 차용어가 많다. 특히 한자어의 비중이 높다.

③ 감각어가 발달하였다.

④ 음성상징어(의성어, 의태어)가 발달되어 있다.

⑤ 친족 관계를 나타내는 어휘가 발달하여 있다.

⑥ 단어에 성(性)의 구별이 없고, 명사에 수(數)의 개념도 없다.

⑦ 형용사에 비교급과 최상급이 없다.

⑧ 관사, 관계대명사, 의문대명사, 전치사, 접속사가 없다.

(3) 구문상의 특징

① 첨가어로 조사와 어미, 접사가 발달되어 있다.

② 단어 형성법(파생법, 합성법)이 발달되어 있다.

③ '주어 + 목적어 + 서술어'의 구조(SOV형의 언어 = 미괄형의 문단 구성)를 갖는다.

④ 어순의 자리바꿈이 비교적 자유롭다.

⑤ 수식어(꾸미는 말 : 관형어, 부사어)는 피수식어(체언, 용언)의 앞에 온다.

⑥ 문장의 요소가 생략되는 일이 많다(주어 및 조사 생략이 많다).

⑦ 높임말과 높임 표현이 발달하였다.

⑧ 시제의 표시가 불분명하다.

⑨ 능동과 피동, 주동과 사동의 개념이 막연한 점이 있다.

⑩ 단어의 단수·복수 개념이 엄격하지 않다.

제3절 ▶ 음운론 이해

1. 음운과 음절

(1) **음운** : 단어의 의미를 변별하는 최소의 단위

(2) **음절** : 한 번에 낼 수 있는 소리마디를 나타내는 문법 단위(발음의 최소 단위)

2. 국어의 음운 체계

(1) **자음(子音)** : 19개

조음 방식		조음 위치	두 입술	윗 잇몸, 혀 끝	센입천장, 혓바닥	여린입천장, 허 뒤	목청 사이
			입술소리	혀끝소리	센입천장소리	여린입천장소리	목청소리
안울림소리	파열음	예사소리	ㅂ	ㄷ		ㄱ	
		된소리	ㅃ	ㄸ		ㄲ	
		거센소리	ㅍ	ㅌ		ㅋ	
	파찰음	예사소리			ㅈ		
		된소리			ㅉ		
		거센소리			ㅊ		
	마찰음	예사소리		ㅅ			
		된소리		ㅆ			ㅎ
울림소리	비음		ㅁ	ㄴ		ㅇ	
	유음			ㄹ			

(2) 모음(母音) : 21개

허의 앞뒤 입술의 모양 / 허의 높이	전설 모음		후설 모음	
	평순	원순	평순	원순
고모음	ㅣ	ㅟ	ㅡ	ㅜ
중모음	ㅔ	ㅚ	ㅓ	ㅗ
저모음	ㅐ		ㅏ	

3. 음운 변동의 종류

(1) 교체(= 대치) : 어떤 음운이 형태소의 끝에서 다른 음운으로 바뀌는 현상

① 음절의 끝소리 규칙(= 중화현상)

㉠ 받침소리로는 'ㄱ, ㄴ, ㄷ, ㄹ, ㅁ, ㅂ, ㅇ'의 7개 자음만 발음한다.

㉡ 받침 'ㄲ, ㅋ', 'ㅅ, ㅆ, ㅈ, ㅊ, ㅌ', 'ㅍ'은 어말 또는 자음 앞에서 각각 대표음 [ㄱ, ㄷ, ㅂ]으로 발음한다.

> 닦다[닥따]　　키읔[키윽]　　옷[옫]　　웃다[욷:따]　　있다[읻따]

② 비음화

㉠ 받침 'ㄱ(ㄲ, ㅋ, ㄳ, ㄺ), ㄷ(ㅅ, ㅆ, ㅈ, ㅊ, ㅌ, ㅎ), ㅂ(ㅍ, ㄼ, ㄿ, ㅄ)'은 'ㄴ, ㅁ' 앞에서 [ㅇ, ㄴ, ㅁ]으로 발음한다.

> 먹는[멍는]　　국물[궁물]　　깎는[깡는]　　키읔만[키응만]

㉡ 받침 'ㅁ, ㅇ' 뒤에 연결되는 'ㄹ'은 [ㄴ]으로 발음한다.

> 담력[담:녁]　　침략[침:냑]　　강릉[강능]　　항로[항:노]　　대통령[대:통녕]

㉢ 받침 'ㄱ, ㅂ' 뒤에 연결되는 'ㄹ'도 [ㄴ]으로 발음한다.

> 막론[막논→망논]　　백리[백니→뱅니]　　협력[협녁→혐녁]　　십리[십니→심니]

③ 유음화 : 'ㄴ'은 'ㄹ'의 앞이나 뒤에서 [ㄹ]로 발음한다.(= 설측음화)

㉠ ㄴ + ㄹ

> 난로[날:로]　　신라[실라]　　천 리[철리]
> 광한루[광:할루]　　대관령[대:괄령]　　권력[궐력]

㉡ ㄹ + ㄴ

> 칼날[칼랄]　　물난리[물랄리]　　설날[설랄]
> 줄넘기[줄럼끼]　　핥는지[할른지]

[붙임] 첫소리 'ㄴ'이 'ㅀ', 'ㄾ'뒤에 연결되는 경우에도 이에 준한다.

닳는[달른]	뚫는[뚤른]	핥네[할레]

❂ 다만, 다음과 같은 단어들은 'ㄹ'을 [ㄴ]으로 발음한다. (비음화)

의견란[의ː견난]	임진란[임ː진난]	생산량[생산냥]
결단력[결딴녁]	공권력[공꿘녁]	

④ **구개음화** : 받침 'ㄷ, ㅌ(ㄾ)'이 조사나 접미사의 모음 'ㅣ'와 결합되는 경우에는, [ㅈ, ㅊ]으로 바꾸어서 뒤 음절 첫소리로 옮겨 발음한다.

곧이듣다[고지듣따]	굳이[구지]	미닫이[미다지]
땀받이[땀바지]		

[붙임] 'ㄷ' 뒤에 접미사 '히'가 결합되어 '티'를 이루는 것은 [치]로 발음한다.

굳히다[구치다]	닫히다[다치다]	묻히다[무치다]

⑤ **된소리되기**

예사소리(ㄱ, ㄷ, ㅂ, ㅅ, ㅈ)가 일정한 조건 아래에서 된소리가 되는 현상이다. 즉 안울림소리와 안울림소리가 충돌했을 때 뒷소리 안울림의 예사소리가 반드시 된소리로 발음되는 결정적 변동이며 항상 표준발음이다.

㉠ 받침 'ㄱ(ㄲ, ㅋ, ㄳ, ㄺ), ㄷ(ㅅ, ㅆ, ㅈ, ㅊ, ㅌ), ㅂ(ㅍ, ㄼ, ㄿ, ㅄ)' 뒤에 연결되는 'ㄱ, ㄷ, ㅂ, ㅅ, ㅈ'은 된소리로 발음한다.

국밥[국빱]	깎다[깍따]	넋받이[넉빠지]
삯돈[삭똔]	닭장[닥짱]	넓죽하다[넙쭈카다]

㉡ 어간 받침 'ㄴ(ㄵ), ㅁ(ㄻ)' 뒤에 결합되는 어미의 첫소리 'ㄱ, ㄷ, ㅅ, ㅈ'은 된소리로 발음한다.

신고[신ː꼬]	껴안다[껴안따]	앉고[안꼬]
얹다[언따]	삼고[삼ː꼬]	더듬지[더듬찌]

❂ 다만, 피동, 사동의 접미사 '-기-'는 된소리로 발음하지 않는다.

안기다	감기다	굶기다	옮기다

㉢ 어간 받침 'ㄼ, ㄾ' 뒤에 결합되는 어미의 첫소리 'ㄱ, ㄷ, ㅅ, ㅈ'은 된소리로 발음한다.

넓게[널께]	핥다[할따]	훑소[훌쏘]	떫지[떨찌]

❂ 용언의 어간 기본형이 홑받침 'ㄹ'일 때는 된소리로 발음하지 않는다.

| 갈 + 고[갈고] | 길 + 지[길지] | 살 + 게[살게] 등 |

㉣ 관형사형 '-(으)ㄹ' 뒤에 연결되는 'ㄱ, ㄷ, ㅂ, ㅅ, ㅈ'은 된소리로 발음한다.

| 할 것을[할꺼슬] | 갈 데가[갈떼가] | 할 바를[할빠를] | 할 수는[할쑤는] |

❂ 다만, 끊어서 말할 적에는 예사소리로 발음한다.

㉤ '-(으)ㄹ'로 시작되는 어미의 경우에도 이에 준한다.

| 할걸[할껄] | 할밖에[할빠께] | 할세라[할쎄라] |

(2) 탈락(= 생략) : 두 음운 중 어느 하나가 없어지는 현상

① 자음탈락

㉠ 자음군단순화 : 어말이나 자음 앞에서 겹받침이 올 때 둘 중 하나가 대표음이 되고 나머지는 탈락하는 현상

㉮ 겹받침 'ㄳ', 'ㄵ', 'ㄼ, ㄽ, ㄾ', 'ㅄ'은 어말 또는 자음 앞에서 각각 [ㄱ, ㄴ, ㄹ, ㅂ]으로 발음한다.

| 넋[넉] | 넋과[넉꽈] | 앉다[안따] | 여덟[여덜] |
| 넓다[널따] | 외곬[외골] | 핥다[할따] | 값[갑] |

㉯ 겹받침 'ㄺ, ㄻ, ㄿ'은 어말 또는 자음 앞에서 각각 [ㄱ, ㅁ, ㅂ]으로 발음한다.

| 닭[닥] | 흙과[흑꽈] | 맑다[막따] | 늙지[늑찌] |
| 삶[삼:] | 젊다[점:따] | 읊고[읍꼬] | |

[다만 1] '밟-'은 자음 앞에서 [밥]으로 발음하고, '넓-'은 다음과 같은 경우에 [넙]으로 발음한다.

ⓐ

| 밟다[밥:따] | 밟소[밥:쏘] | 밟지[밥:찌] |

ⓑ

| 넓-죽하다[넙쭈카다] | 넓-적하다[넙쩌카다] | 넓-둥글다[넙뚱글다] |

[다만 2] 용언의 어간 발음 'ㄺ'은 'ㄱ' 앞에서 [ㄹ]로 발음한다.

| 맑게[말께] | 묽고[물꼬] | 얽거나[얼꺼나] |

ⓒ 동음 탈락 : 같은 음절이나 음운이 맞설 때 하나를 생략한다.

간난(艱難) 〉 가난	목과(木瓜) 〉 모과	종용(從容) 〉 조용
출렴(出斂) 〉 추렴	밥보 〉 바보 등	

ⓒ 'ㄹ' 탈락

  ㉮ 용언의 활용(규칙 활용) : [ㄹ + ㄴ, ㅂ, ㅅ, 오]

날다 : 나니, 난, 나는, 납니다, 나시오, 나오 등

  ㉯ 파생과 합성 과정에서 : [ㄹ + ㄴ, ㄷ, ㅅ, ㅈ]

딸님 〉 따님	솔나무 〉 소나무	열닫이 〉 여닫이
달달이 〉 다달이	말소 〉 마소	활살 〉 화살

ⓒ 'ㅎ' 탈락

  ㉮ 'ㅎ' 불규칙 : [ㅎ + ㄴ, ㄹ, ㅁ, 오]

하얗다 : 하야니, 하얄, 하야면, 하야오 등

  ㉯ 'ㅎ' + 모음(어미, 접미사)

좋은 〉 [조은]	끓이다 〉 [끄리다] 등

ⓜ 'ㅅ' 탈락(불규칙 활용) : [ㅅ + 모음 어미]

긋 + 어 〉 그어	짓 + 어 〉 지어	붓 + 어 〉 부어

② **모음 탈락**

  ㉠ 동음 탈락

서 + 었 + 다 〉 섰다	가 + 아 〉 가	타 + 았 + 다 〉 탔다 등

  ㉡ '으' 탈락(규칙 활용) : [으 + 모음(ㅇ)]

담그 + 아 〉 담가	잠그 + 아라 〉 잠가라	따르 + 아서 〉 따라서 등

  ㉢ 'ㅏ' 탈락

간편하 + 게 〉 간편케	부지런하 + 다 〉 부지런타 등

  ㉣ 'ㅓ' 탈락

캐 + 어 〉 캐

ⓜ '─' 탈락(불규칙 활용)

> 푸 + 어 〉 퍼

(3) 축약 : 두 형태소가 만나 한 음운 또는 한 음절로 되는 현상

① **자음 축약** : [ㅎ + ㄱ, ㄷ, ㅂ, ㅈ] → ㅋ, ㅌ, ㅍ, ㅊ

좋고[조코]	좋다[조타]	잡히다[자피다]
낙하[나카]	끊기다[끈키다] 등	

② **모음 축약** : 두 모음이 결합되어 한 모음이 되는 경우

ㄱ ─ + ㅣ 〉 ㅢ : 뜨이 + 다 〉 띄다

ㄴ ㅗ + ㅣ, ㅏ 〉 ㅚ, ㅘ : 보이 + 다 〉 뵈다, 보 + 아라 〉 봐라

ㄷ ㅜ + ㅣ, ㅓ 〉 ㅟ : 누 + 이어 〉 뉘여, 두 + 어라 〉 둬라

ㄹ ㅚ + ㅓ 〉 ㅙ : 되 + 어 〉 돼, 뵈 + 어요 〉 봬요

ㅁ ㅣ + ㅓ, ㅗ 〉 ㅕ, ㅛ : 가지 + 어 〉 가져, 다치 + 어 〉 다쳐, 하지 + 오 〉 하죠

ㅂ ㅏ + ㅣ 〉 ㅐ : 사이 〉 새

ㅅ ㅏ + ㅕ 〉 ㅐ : 하 + 여 〉 해

(4) 첨가 : 형태소가 합성될 때 그 사이에 음운이 덧붙는 현상

① **사잇소리 현상**

두 개의 형태소 또는 단어가 합성 명사를 이룰 때 앞말의 끝소리가 울림소리이고, 뒷말의 첫소리가 안울림 예사소리이면 뒤의 예사소리가 된소리로 변하는 현상이다. 이는 수의적 변동이므로 울림소리 뒤에서 사잇소리 현상이 일어나지 않는 단어도 있으며, 조건에 따라 표준발음일 수도 있고, 아닐 수도 있다.

ㄱ 표기상으로는 사이시옷이 없더라도, 관형격 기능을 지니는 사이시옷이 있어야 할(휴지가 성립되는) 합성어의 경우에는, 뒤 단어의 첫소리 'ㄱ, ㄷ, ㅂ, ㅅ, ㅈ'을 된소리로 발음한다.

문-고리[문꼬리]	눈-동자[눈똥자]	신-바람[신빠람]
그믐-달[그믐딸]	아침-밥[아침빱]	

ㄴ 한자어에서, 'ㄹ' 받침 뒤에 결합되는 'ㄷ, ㅅ, ㅈ'은 된소리로 발음한다.

갈등[갈뜽]	발동[발똥]	절도[절또]
갈증[갈쯩]	물질[물찔]	발전[발쩐]

② **소리의 첨가**

ㄱ 합성어 및 파생어에서, 앞 단어나 접두사의 끝이 자음이고 뒤의 단어나 접미사의 첫 음절이 '이, 야, 여, 요, 유'인 경우에는, 'ㄴ'소리를 첨가하여 [니, 냐, 녀, 뇨, 뉴]로 발음한다.

| 솜-이불[솜니불] | 홑-이불[혼니불] | 막-일[망닐] | 한-여름[한녀름] |

ⓒ 'ㄹ' 받침 뒤에 첨가되는 'ㄴ' 소리는 [ㄹ]로 발음한다.

| 들-일[들:릴] | 솔-잎[솔립] | 설-익다[설릭따] |

ⓒ 과도한 소리의 첨가 : 표준발음으로 인정하지 않는다.
　㉮ 과도한 'ㄴ' 첨가 : 표준발음으로 인정하지 않는다.

| 6 · 25[유기오(○)/ 융니오(×)] | 3 · 1절[사밀쩔(○)/ 삼닐쩔(×)] |
| 강요[강요(○)/ 강뇨(×)] | |

　㉯ 과도한 'ㄹ' 첨가 : 표준발음으로 인정하지 않는다.

| 송별연[송벼련(○)/ 송별련(×)] | 활용[화룡(○)/ 활용(×)] |
| 실용[시룡(○)/ 실룡(×)] | |

ⓔ 둘 다를 표준발음으로 인정하는 경우 : 다음과 같은 말들은 'ㄴ' 소리를 첨가하여 발음하되, 표기대로 발음할 수 있다.

| 이죽-이죽[이중니죽/ 이주기죽] | 야금-야금[야금냐금/ 야그먀금] |

❏ 2017년 발음 수정(복수 표준 발음으로 인정)

표제어	수정 전	수정 후	비고
관건[2]	[관건]	[관건/관껀]	발음 수정
불법[1]	[불법]	[불법/불뻡]	발음 수정
교과[1]	[교:과]	[교:과/교:꽈]	발음 수정
반값	[반:갑]	[반:갑/반:깝]	발음 수정
효과[1]	[효:과]	[효:과/효:꽈]	발음 수정
분수[6]	[분쑤]	[분쑤/분수]	발음 수정
점수[6]	[점쑤]	[점쑤/점수]	발음 수정
함수[4]	[함:쑤]	[함:쑤/함:수]	발음 수정
안간힘	[안깐힘]	[안깐힘/안간힘]	발음 수정
인기척	[인끼척]	[인끼척/인기척]	발음 수정
강약	[강약]	[강약/강냑]	발음 수정
영영[1]	[영:영]	[영:영/영:녕]	발음 수정
의기양양	[의:기양양]	[의:기양양/의:기양냥]	발음 수정
밤이슬	[밤니슬]	[밤니슬/바미슬]	발음 수정
연이율	[연니율]	[연니율/여니율]	발음 수정
순이익	[순니익]	[순니익/수니익]	발음 수정

감언이설	[가먼니설]	[가먼니설/가머니설]	발음 수정
괴담이설	[과ː담니설/괘ː담니설]	[과ː담니설/괘ː다미설]	발음 수정

❂ [김밥/ 김빱]의 복수 발음은 '표준국어대사전' 2016년 3/4분기 수정에서 인정되었다.

③ 'ㅣ' 모음 동화

　㉠ 'ㅣ'모음 순행 동화 : 다음과 같은 용언의 어미는 [어]로 발음함을 원칙으로 하되, [여]로 발음함도 허용한다.

피어[피어/ 피여]	되어[되어/ 되여]

　[붙임] '이오, 아니오'도 이에 준하여 [이요], [아니요]로 발음함을 허용한다.

　㉡ 'ㅣ'모음 역행 동화(Umlaut 현상) : 앞 음절의 'ㅏ, ㅓ, ㅗ, ㅜ'가 뒤 음절에 전설모음인 'ㅣ'가 오면, 전설모음인 'ㅐ, ㅔ, ㅚ, ㅟ'로 동화되는 현상을 말한다.

4. 모음의 발음

(1) **단모음** : 'ㅏ, ㅐ, ㅓ, ㅔ, ㅗ, ㅚ, ㅜ, ㅟ, ㅡ, ㅣ'는 단모음(單母音)으로 발음한다. 다만, 'ㅚ, ㅟ'는 이중 모음으로 발음할 수 있다.

최근[최근/ 췌근]	금괴[금괴/ 금궤]	국회[구쾨/ 구쿼] 등

(2) **이중 모음** : 'ㅑ ㅒ ㅕ ㅖ ㅘ ㅙ ㅛ ㅝ ㅞ ㅠ ㅢ'는 이중 모음으로 발음한다.

　① 용언의 활용형에 나타나는 '져, 쪄, 쳐'는 [저, 쩌, 처]로 발음한다.

가지어 → 가져[가저]	찌어 → [쩌]	다치어 → 다쳐[다처]

　② '예, 례' 이외의 'ㅖ'는 [ㅔ]로도 발음한다.

계집[계ː집/ 게ː집]	계시다[계ː시다/ 게ː시다]	시계(時計)[시계/ 시게]

　③ 자음을 첫소리로 가지고 있는 음절의 'ㅢ'는 [ㅣ]로 발음한다.

늴리리[닐리리]	닁큼[닝큼]	무늬[무니]	띄어쓰기[띠어쓰기]

　④ 단어의 첫음절 이외의 '의'는 [ㅣ]로, 조사 '의'는 [ㅔ]로 발음함도 허용한다.

주의[주의/ 주이]	협의[혀븨/ 혀비]	우리의[우리의/ 우리에]
강의의[강ː의의/ 강ː이에]		

제4절 ▶ 형태론 이해

1. 문법 단위

음운은 최소의 의미 변별 단위, 형태소는 최소의 의미 단위, 단어는 최소 자립 단위

2. 단어의 형성

(1) 어근과 접사

① **어근** : 단어를 형성할 때 실질적인 의미를 나타내는 중심 부분
② **접사** : 어근에 붙어 그 뜻을 제한하는 주변 부분

(2) 단어의 분류

① **단일어** : 하나의 실질적 어근으로 된 단어
② **복합어**
　㉠ 파생어 : 접두사 + 실질적 어근, 실질적 어근 + 접미사
　㉡ 합성어 : 실질적 어근 + 실질적 어근

3. 파생어 : 어근의 앞이나 뒤에 파생 접사가 붙어서 만들어진 단어

(1) 접두파생어

① **관형사성 접두사** : 관형사처럼 체언 앞에 붙는 접두사

접두사	의미	보기
강–	다른 것이 섞이지 않은	강술, 강기침, 강울음
갖–	가죽으로 된	갖신, 갖옷, 갖풀
개–	야생의, 질이 떨어지는/ 쓸데없는	개살구, 개나리/ 개떡/ 개수작, 개죽음
군–	쓸데없는/ 가외로 더한	군것질, 군소리, 군입, 군불, 군살/ 군식구
날–	생 것의/ 아직 익지 않은/ 아주 지독한	날것, 날고기/ 날김치/ 날도둑, 날강도
대–	가득 찬/ 큰(대단한)	대낮/ 대기록, 대성공, 대학자
덧–	거듭, 덧붙인	덧신, 덧니, 덧저고리
돌–	야생의, 품질이 낮은	돌미역, 돌미나리/ 돌배
들–	야생의, 품질이 낮은	들국화, 들장미, 들꽃, 들풀/ 들깨, 들기름
맞–	마주/ 걸맞은	맞돈, 맞고소/ 맞상대
맏–	같은 항렬 등에서 손위로서 첫째인	맏아들, 맏며느리, 맏손자, 맏형
메–	차지지 않은	메떡, 메밥, 메수수, 멥쌀
맨–	순전하게 다만 그것뿐	맨발, 맨손, 맨머리, 맨몸
민–	꾸밈새나 딸린 것 없이/ 격식을 갖추지 않은	민머리, 민저고리/ 민며느리
보금–	깃들이게 만든	보금자리

불–	몹시 심한	불가물, 불여우
빗–	비스듬한	빗면
선–	익숙하지 못한/ 덜 된	선무당, 선머슴, 선소리, 선웃음/ 선잠
시(媤)–	시집의, 시가의	시아버지, 시누이
숫–	변하지 않은, 본디 그대로의	숫음식, 숫총각, 숫눈
알–	덮어 싼 것이 없는, 진짜의	알몸, 알밤, 알부자, 알거지
암–, 수–	암컷, 수컷의	암캐, 암캉아지, 수탉, 수탕나귀
애–	어린, 앳된, 처음의	애송이, 애호박, 애벌레, 애갈이
엇–	서로 마주 대하는, 어긋난	엇셈, 엇각, 엇보
올–	식물이나 열매가 일찍 자란	올감자, 올벼, 올밤, 오조
옹–	작고 옹졸한	옹생원
옹달–	작고 오목한	옹달샘, 옹달솥
찰–	끈기가 있고 차진, 매우 심한	찰떡, 찰흙, 찹쌀/ 찰거머리
참–	진짜의, 썩 좋은	참벗, 참사랑/ 참먹, 참숯, 참깨, 참기름
큰–	맏이의	큰아버지, 큰고모, 큰형, 큰이모
풋–	덜 익은/ 미숙한	풋고추, 풋사과/ 풋잠, 풋사랑
한–	큰, 한창의, 한가운데, 같은/ 바깥	한고비, 한길/ 한겨울/ 한마을/ 한데
햇–	그해에 새로 태어난	햇곡식
헛–	쓸데없는/ 실속 없는	헛구역, 헛기침, 헛소문, 헛수고, 헛고생
홀–	짝이 없는	홀아비, 홀몸
홑–	하나로 된	홑이불, 홑몸, 홑바지

② **부사성 접두사** : 부사처럼 주로 용언 앞에 붙는 접두사

접두사	의미	보기
깔–	업신여기어	깔보다
덧–	본래 있는 위에 더	덧나다, 덧붙다
돋–	남보다 뛰어나게	돋보다
들–	몹시, 함부로	들볶다, 들끓다, 들쑤시다
되–	도리어, 도로, 다시	되걸리다, 되새기다
드–	정도가 한층 높게	드높다, 드세다
빗–	잘못	빗나가다, 빗디디다
숫–	본디 생긴 그대로	숫되다
얕–	실제보다 깎아 보아	얕보다, 얕잡다
엇–	비뚜로, 어긋나게	엇가다, 엇깎다
엿–	남몰래, 가만히	엿듣다, 엿보다
올–	일찍되게, 야무지게	올되다, 올차다
짓–	함부로, 흠씬	짓누르다, 짓밟다

치-	위로	치솟다, 치닫다
새-	빛깔이 짙고 산뜻하게	새(샛)하얗다, 새빨갛다

(2) 접미파생어

① 한정적 접미사 : 품사는 바꾸지 않고 뜻을 더해 주는 접미사(= 어휘적 파생법)

접사	의미	보기
-금	강조하는 구실을 함.	다시금
-꾼	전문적·습관적으로 하는 사람	사냥꾼, 씨름꾼, 나무꾼, 심부름꾼
-꾸러기	버릇이 많은 것	잠꾸러기, 심술꾸러기
-님	남의 이름이나 호칭 뒤에 붙어 높임.	선생님, 사장님, 별님
-다랗	정도를 의미하는 형용사에 붙음.	굵다랗다, 높다랗다
-들	여럿(복수 표시)	사람들, 나무들
-보	사물의 모양, 정도	꾀보, 먹보
-뜨리	강세의 뜻	넘어뜨리다/ 넘어트리다
-사귀	낱낱의 잎	잎사귀
-씨	태도, 버릇	솜씨, 마음씨
-아지	얕잡음, 작음	강아지, 모가지(목 + 아지), 송아지
-알/ 얼	색깔·모양에 관계있는 말에 붙음.	까맣다(깜+알+다), 둥그렇다(둥글+얼+다)
-이	부사 뒤에 붙는 접미사	더욱이, 일찍이
-쟁이	성질, 행동, 모양을 나타내는 말에 붙음.	심술쟁이, 욕심쟁이
-질	노릇과 짓	낚시질, 도둑질
-치	강세의 뜻	밀치다, 놓치다

② 지배적 접미사 : 품사를 바꿔 주는 접미사(= 통사적 파생법)

형태	용법	보기
파생 명사	동사 → 명사	웃-음, 크-기, 쓰-기, 지우-개, 마-개(막 + 애), 놀-이, 덮개(덮 + 개)
	형용사 → 명사	슬-픔, 넓-이, 높-이
	부사 → 명사	깜박-이, 덜렁-이
파생 동사	명사 → 동사	위반-하다, 운동-하다
	형용사 → 동사	밝-히다, 높-이다, 낮-추다, 늦-추다, 넓-히다
	부사 → 동사	깜박-이다, 꿈틀-거리다, 출렁-거리다, 더-하다
파생 형용사	명사 → 형용사	가난-하다, 학생-답다, 슬기-롭다, 자연-스럽다, 신사-답다, 복-스럽다
	부사 → 형용사	울퉁불퉁-하다, 반듯반듯-하다, 보드럽다(보들 + 업 + 다)
	관형사 → 형용사	새-롭다
	동사 → 형용사	그립다(그리 + ㅂ + 다), 놀랍다(놀라 + ㅂ + 다), 아프다(앓 + 브 + 다)

파생 부사	동사 → 부사	마주(맞+우), 너무(넘+우), 차마(참+아), 비로소(비롯+오)
	형용사 → 부사	자주(잦+우), 많-이, 깨끗-이, 높-이, 달리(다르+이), 급-히, 멀리
	명사 → 부사	나날-이, 정성-껏, 힘-껏, 진실-로, 정말-로, 곳곳-이, 집집-이
파생 조사	동사 → 조사	조차(좇+아), 부터(붙+어)
	형용사 → 조사	같-이
	명사 → 조사	밖-에
파생 관형사	명사 → 관형사	우호-적, 정신-적
	대명사 → 관형사	이-까짓, 그-까짓

4. 합성어 : 파생 접사 없이 실질적 어근과 실질적 어근이 직접 합쳐져서 만들어진 단어

(1) 합성어의 종류

합성 명사	두 개의 명사 어근이 연결	대등 합성어	앞뒤, 똥오줌
		종속 합성어	돌다리, 도시락밥
		융합 합성어	춘추, 연세
	관형사+명사		새해, 새마을
	용언의 관형사형+명사		큰형, 어린이
	용언의 명사형+명사		볶음밥, 디딤돌
합성 대명사	관형사+명사		이것, 여러분
	대명사 반복		누구누구, 여기저기
합성 수사	수사+수사		열하나, 예닐곱
	동일수사 반복		하나하나
합성 동사	앞 뒤 어근이 모두 동사	대등 합성어	들고나다
		종속 합성어	갈아입다
		융합 합성어	돌아가다[死]
	형용사+동사		기뻐하다, 좋아하다
	명사+동사(구성 방법에 있어 차이)		힘들다, 힘쓰다, 앞서다
	부사+동사		잘되다, 못하다
	제한적 어근+동사		쳐다보다
합성 형용사	형용사끼리 합성		희디히다, 머나멀다
	동사+동사		깎아지르다
	명사+형용사		맛있다, 대중없다
	명사+동사		맛나다, 힘차다
	부사와 용언이 연결	부사+형용사	가만있다, 다시없다
		부사+동사	못나다, 막되다
	관형사형+명사+형용사		보잘것없다, 쓸데없다

합성 관형사	관형사 + 관형사		한두
	관형사 + 명사		온갖
	수사 + 동사		스무남은
	형용사 + 형용사		기나긴
	부사 + 동사		몹쓸
합성 부사	뒤 어근이 부사인 구성	부사 + 부사	곧잘
		명사 + 부사	하루빨리
		대명사 + 부사	제각각
	뒤 어근이 명사인 구성	관형사 + 명사	한바탕
		명사 + 명사	밤낮
		동사 + 명사	이른바
	부사 + 동사		가끔가다
	동사 + 동사		가다가다, 오락가락
	동사의 명사형 반복		더듬더듬
	형용사의 반복 구성		느릿느릿
	부사의 반복 구성		아슬아슬
합성 감탄사	감탄사 + 감탄사		얼씨구절씨구
	감탄사 + 명사		아이참
	관형사 + 명사		웬걸
	동사 + 동사		자장자장
	대명사 + 동사		여보(여기 보오)

(2) 합성법의 유형

① **통사적 합성어** : 두 어근 또는 단어가 연결된 방식이 문장에서의 구나 어절의 구성 방식과 일치하는 것을 말한다. (생산적 합성법)

② **비통사적 합성어** : 비통사적 합성어는 일반적인 우리말의 통사적 구성 방법과 어긋나는 방법으로 형성된 것을 말한다. (비생산적 합성법)

㉠ 용언과 체언이 연결될 때 소위 관형사형 전성 어미가 생략되는 현상

늦잠	늦더위	꺾쇠
감발	덮밥	접칼 등

㉡ 용언과 용언이 연결되는 데 있어서 연결 어미가 생략되는 현상

여닫다	우짖다	검푸르다	뛰놀다	잡쥐다

㉢ 국어의 부사는 용언이나 관형사나 다른 부사를 수식하는 것인 원칙인데 부사가 체언 앞에 오는 현상

부슬비	헐떡고개	촐랑새

제2장 훈민정음과 한글에 대한 이해

제1절 ▶ 국어와 한글

1. 한글의 우수성

제자 원리가 매우 과학적이고 체계적이며 독창적이고, 철학이 심오하며 합리적이다. 먼저 상형의 원리로 기본자를 만들었는데, 자음의 기본자(ㄱ, ㄴ, ㅁ, ㅅ, ㅇ)는 발음 기관을 본떠 만들었고, 모음(ㆍ, ㅡ, ㅣ)은 천·지·인을 상형하여 만들었다. 그리고 이들 기본자에 가획의 원리를 적용하여 많은 글자를 만들어 냈다.

2. 한글의 명칭의 변천

훈민정음(訓民正音)	세종의 어지 : 세종대왕이 붙인 정식 명칭 → 정음
언문(諺文)	최만리 상소문 : 훈민정음을 낮추어 부른 이름. '상놈의 글' (암클 : 여자들이 사용하는 글이란 뜻으로, 훈민정음을 낮추어 부른 이름)
반절(半切)	중종 22년(1527년) 최세진의 '훈몽자회(訓蒙字會)'에서 처음 제시 → 최세진이 붙인 이름은 아니다.
국서(國書)	숙종(17세기 말) 김만중이 '서포만필'에서 붙인 이름
국문(國文)	영조(18세기) 때 홍계희가 '삼운성휘'에서 처음 붙인 이름이고, 갑오개혁 이후 국어 존중 의식에 의해 주로 사용되었다.
가갸글	한글 음절의 차례(가, 갸, 거, 겨, …)에서 비롯된 이름으로, 조선어 연구회에서는 '가갸날'을 제정하기도 했다.
한글	1913년 주시경이 '한민족의 글, 위대한 글'이라는 뜻으로 붙인 이름

3. 한글 자모의 명칭

〈훈몽자회(訓蒙字會)〉

초성 종성 통용 8자	ㄱ	ㄴ	ㄷ	ㄹ	ㅁ	ㅂ	ㅅ	ㆁ
	基役 기역	尼隱 니은	池(末) 디귿	梨乙 리을	眉音 미음	非邑 비읍	時(衣) 시옷	異凝 이응
초성 독용 8자	ㅋ	ㅌ	ㅍ	ㅈ	ㅊ	ㅿ	ㅇ	ㅎ
	(箕) 키	治 티	皮 피	之 지	齒 치	而 ㅿ	伊 이	屎 히

제2절 ▶ 훈민정음

1. 훈민정음(訓民正音) : 백성을 가르치는 바른 소리

2. 훈민정음(訓民正音) 제자 원리

(1) 초성(初聲, 자음, 첫소리) : 17자 – 발음기관 모양의 상형(象形) + 가획(加劃)

명칭	기본자	가획자	이체자	제자 원리
어금닛소리(牙音)	ㄱ	ㅋ	ㆁ	혀뿌리가 목구멍을 막는 모양(舌根閉喉之形)
혓소리(舌音)	ㄴ	ㄷ, ㅌ	ㄹ	혀끝이 윗잇몸에 붙는 모양(舌附上齶之形)
입술소리(脣音)	ㅁ	ㅂ, ㅍ		입술 모양(口形)
잇소리(齒音)	ㅅ	ㅈ, ㅊ	ㅿ	이의 모양(齒形)
목구멍소리(喉音)	ㅇ	ㆆ, ㅎ		목구멍 모양(喉形)

(2) 중성(中聲, 모음, 가온딧소리) : 11자 – '天·地·人' 삼재(三才) 상형

기본자	제자 원리	발음
·	形之圓 象乎天也 하늘의 둥근 모양(天)	舌縮而聲深 혀를 오그려 소리를 깊게 냄(후설)
ㅡ	形之平 象乎地也 땅의 평평한 모양(地)	舌小縮而聲不深不淺 혀를 조금 오그려 소리가 깊지도 얕지도 않음(중설)
ㅣ	形之立 象乎人也 사람이 서 있는 모양(人)	舌不縮而聲淺 혀를 오그리지 않아 소리가 얕음(전설)

(3) 종성(終聲, 자음, 끝소리) : 종성부용초성(終聲復用初聲) – 따로 만들지 않고 초성자를 다시 사용한다.

제3절 ▶ 표기법(表記法)

1. 받침규정

(1) 종성부용초성 : 표의적 표기

(2) 8종성 가족용(15세기 일반적 표기법) : 표음적 표기

(3) 초성 종성 통용 8자 : 8종성의 재확인(정착)

(4) 7종성법(七終聲法)

(5) 종성부용초성 : 표의적 표기

2. 연철, 혼철, 분철

표기방법		연철(이어적기)	혼철(거듭적기)	분철(끊어적기)
나타난 시기		15C에 철저히 지켜짐	16C부터 나타남	1933년 이후 완전히 정착됨
표기상 특징		표음적 표기: 앞말의 종성을 뒷말의 초성에 내려 적음	과도기적 표기: 앞말의 종성을 적고 뒷말의 초성에도 내려 적음	표의적 표기: 앞말의 종성을 적고 뒷말의 초성에 'ㅇ'을 적음
체언 + 조사	심 + 이	시미	심미	심이
	님 + 을	니믈	님믈	님을
	바롤 + 애	바르래	바롤래	바롤애
어간 + 어미	높 + 은	노픈	놉픈	높은
	깊 + 은	기픈	깁픈	깊은
	흩 + 은	흐튼	홋튼	흩은

제3장   표준어와 방언

제1절 ▶ 주요 표준어 규정 해설

〈발음 변화에 따른 표준어 규정〉

(1) 제1절 자음

제3항	다음 단어들은 거센소리를 가진 형태를 표준어로 삼는다. (ㄱ을 표준어로 삼고, ㄴ을 버림)

ㄱ	ㄴ	비고
끄나풀	끄나불	
나팔꽃	나발꽃	
녘	녁	동~, 들~, 새벽~, 동 틀 ~.
부엌	부억	
살-쾡이	삵-괭이	'삵'도 표준어임.
칸	간	1. ~막이, 빈~, 방 한~. 2. '초가삼간, 윗간'의 경우에는 '간'임.
털어-먹다	떨어-먹다	재물을 다 없애다.

참고 ① 거센소리 표기가 올바른 경우
　　　[텁수룩하다(○)/ 덥수룩하다(×)], [해코지(○)/ 해꼬지(×)],
　　　[오지랖(○)/ 오지랍(×)], [찌푸리다(○)/ 찌뿌리다(×)]
　　② 복수로 인정하는 경우
　　　[삐치다(○)/ 삐지다(○)], [후텁지근하다(○)/ 후덥지근하다(○)] 등

제4항	다음 단어들은 거센소리로 나지 않는 형태를 표준어로 삼는다. (ㄱ을 표준어로 삼고, ㄴ을 버림)

ㄱ	ㄴ	비고
가을-갈이	가을-카리	
거시기	거시키	
분침	푼침	

참고 ① 거센소리 표기가 올바르지 않은 경우
　　[덤풀(×)/ 덤불(○)], [널판지(×)/ 널빤지(○)], [재털이(×)/ 재떨이(○)],
　　[먼지털이(×)/ 먼지떨이(○)], [곤두박히다(×)/ 곤두박이다(○)],
　　[흐리멍텅하다(×)/ 흐리멍덩하다(○)], [착찹하다(×)/ 착잡하다(○)]
　　[저녘(×)/ 저녁(○)], [칼치(×)/ 갈치(○)] 등
② [나침반(羅針盤)]과 [나침판]은 둘 다 바른 표기다.

제5항	어원에서 멀어진 형태로 굳어져서 널리 쓰이는 것은, 그것을 표준어로 삼는다. (ㄱ을 표준어로 삼고, ㄴ을 버림)

ㄱ	ㄴ	비고
강낭콩	강남콩	
고샅	고샅	겉~, 속~.
사글-세	삭월-세	'월세'는 표준어임.
울력-성당	위력-성당	떼를 지어서 으르고 협박하는 일

참고 ① '고샅'과 '고샅'은 의미가 다른 말이다.
　　㉠ 고샅 : 초가지붕을 엮을 때 쓰는 새끼.
　　㉡ 고샅 : [골＋샅]. 마을의 좁은 골목. 좁은 골짜기 사이
② '삭월세(朔月貰)'는 어원이 한자어이나, 어원에서 멀어져 굳어진 '사글세'만을 인정하고 있기 때문에 '사글셋방'의 경우에는 비록 어원이 4음절의 한자어 '朔月貰房'에서 왔다 하더라도 한자어의 어원을 인정하지 않기 때문에 사이시옷을 표기해야 한다.

제6항	다음 단어들은 의미를 구별함이 없이, 한 가지 형태만을 표준어로 삼는다. (ㄱ을 표준어로 삼고, ㄴ을 버림)

ㄱ	ㄴ	비고
돌	돐	생일, 주기.
둘-째	두-째	'제2, 두 개째'의 뜻.
셋-째	세-째	'제3, 세 개째'의 뜻.

넷-째	네-째	'제4, 네 개째'의 뜻.
빌리다	빌다	1. 빌려 주다, 빌려 오다.
		2. '용서를 빌다'는 '빌다'임.

참고 ① 생일이나 주기를 뜻하는 '돐'은 '돌'로 통일되었으므로 '돌[石]'과의 의미를 구별할 때는 소리의 길이로 파악한다.
　　ⓘ 돌[生日], ⓛ 돌:[石]
② '차용하다'의 의미만 '빌리다'로 통일되었고, 그 외의 의미는 '빌다'로 쓴다.
　　※ 빌다 ⓘ 빌어먹다[乞]
　　　　　　ⓛ 소원을 빌다, 행복을 빌다[祝, 祈願]
　　　　　　ⓒ 용서를 빌다[恕]

다만, '둘째'는 십 단위 이상의 서수사(순서)에 쓰일 때에 '두째'로 한다.

ㄱ	ㄴ	비고
열두-째		열두 개째의 뜻은 '열둘째'로.
스물두-째		스물두 개째의 뜻은 '스물둘째'로.

참고 ① '셋째'와 '넷째'는 10 이하든 10 이상이든 모두 받침이 있는 것으로 통일되었다.
② '둘째'의 경우는 10 이하에는 '두째'를 인정하지 않으나, 십 단위 이상의 서수사(순서)에 쓰일 때에만 인정한다. 다만, 십 단위 이상이라 해도 양수사(수량)에서는 '둘째'를 쓴다는 점에 유의한다.
　　ⓘ 열두째 : 열두 번째, ⓛ 열둘째 : 열두 개째

| 제7항 | 수컷을 이르는 접두사는 '수-'로 통일한다. (ㄱ을 표준어로 삼고, ㄴ을 버림) |

ㄱ	ㄴ	비고
수-꿩	수-퀑/ 숫-꿩	'장끼'도 표준어임.
수-나사	숫-나사	
수-놈	숫-놈	
수-사돈	숫-사돈	
수-소	숫-소	'황소'도 표준어임.
수-은행나무	숫-은행나무	

[다만 1] 다음 단어에서는 접두사 다음에서 나는 거센소리를 인정한다. 접두사 '암-'이 결합되는 경우에도 이에 준한다. (ㄱ을 표준어로 삼고, ㄴ을 버림)

ㄱ	ㄴ	비고
수-캉아지	숫-강아지	
수-캐	숫-개	
수-컷	숫-것	

ㄱ	ㄴ	
수-탉	숫-닭	
수-탕나귀	숫-당나귀	
수-톨쩌귀	숫-돌쩌귀	
수-퇘지	숫-돼지	
수-평아리	숫-병아리	

[다만 2] 다음 단어의 접두사는 '숫-'으로 한다. (ㄱ을 표준어로 삼고, ㄴ을 버림)

ㄱ	ㄴ	비고
숫-양	수-양	
숫-염소	수-염소	
숫-쥐	수-쥐	

참고 ① 접두사 다음에 나는 거센소리를 인정하는 경우는 '암-'이나 '수-'다음에 예사소리가 오는 모두를 인정하는 것이 아니라, 위에 제시된 9가지만 한한다.
예) [숫고양이 → 수코양이(×)/ 수고양이(○)], [숫벌 → 수펄(×)/ 수벌(○)]
② 접두사 '숫'을 인정하는 경우도 [다만 2]에 제시된 3가지만 인정한다.

(2) 제2절 모음

제9항	' ㅣ ' 역행 동화 현상에 의한 발음은 원칙적으로 표준 발음으로 인정하지 아니 하되, 다만 다음 단어들은 그러한 동화가 적용된 형태를 표준어로 삼는다. (ㄱ을 표준어로 삼고, ㄴ을 버림)

ㄱ	ㄴ	비고
-내기	-나기	서울-, 시골-, 신출-, 풋-.
냄비	남비	
동댕이-치다	동당이-치다	

[붙임 1] 다음 단어는 ' ㅣ ' 역행 동화가 일어나지 아니한 형태를 표준어로 삼는다. (ㄱ을 표준어로 삼고, ㄴ을 버림)

ㄱ	ㄴ	비고
아지랑이	아지랭이	

[붙임 2] 기술자에게는 '-장이', 그 외에는 '-쟁이'가 붙는 형태를 표준어로 삼는다. (ㄱ을 표준어로 삼고, ㄴ을 버림)

ㄱ	ㄴ	비고
미장이	미쟁이	
유기장이	유기쟁이	
멋쟁이	멋장이	
소금쟁이	소금장이	

담쟁이-덩굴	담장이-덩굴	
골목쟁이	골목장이	
발목쟁이	발목장이	

참고 ① '~장이'는 '장인(匠人)'에서 유래된 말로 수공업의 기술자를 나타내는 경우에만 사용해야 한다.
　　　　예 미장이, 놋갓장이[주장(鑄匠)], 고리장이(유기장이), 땜장이, 옹기장이[= 도공(陶工), 도기장이],
　　　　　석수장이, 대장장이, 칠장이, 도배장이, 간판장이 등
　　② '~쟁이'를 쓰는 경우
　　　⊙ 사람이 아닌 경우 : 예 담쟁이넝쿨, 발목쟁이, 소금쟁이, 사주쟁이, 멋쟁이 등
　　　ⓒ 기술자가 아닌 경우 : 예 점쟁이, 관상쟁이, 중매쟁이 등
　　　ⓒ '사람의 직업, 성질, 습관 또는 행동 모양' 등을 나타내는 말에 붙어서 그러한 사람을 가르쳐 낮춰
　　　　부르는 경우
　　　　예 환쟁이, 침쟁이, 소리쟁이, 글쟁이, 월급쟁이 등

제10항	다음 단어는 모음이 단순화한 형태를 표준어로 삼는다. (ㄱ을 표준어로 삼고, ㄴ을 버림)

ㄱ	ㄴ	비고
괴팍-하다	괴퍅-하다/ 괴팩-하다	
-구먼	-구면	
미루-나무	미류-나무	← 美柳~.
미륵	미력	← 彌勒. ~보살, ~불, 돌~
여느	여늬	
온-달	왼-달	만 한 달
으레	으례	
케케-묵다	켸켸-묵다	
허우대	허위대	
허우적-허우적	허위적-허위적	허우적-거리다

제11항	다음 단어에서는 모음의 발음 변화를 인정하여, 발음이 바뀌어 굳어진 형태를 표준어로 삼는다. (ㄱ을 표준어로 삼고, ㄴ을 버림)

ㄱ	ㄴ	비고
-구려	-구료	
깍쟁이	깍정이	1. 서울~, 알~, 찰~ 2. 도토리, 상수리 등의 받침은 '깍정이'임.
나무라다	나무래다	
미수	미시	미숫-가루
바라다	바래다	'바램[所望]'은 비표준어임.

상추	상치	~쌈.
시러베-아들	실업의-아들	
주책	주착	←主着. ~망나니, ~없다
지루-하다	지리-하다	←支離.
튀기	트기	
허드레	허드래	허드렛-물, 허드렛-일
호루라기	호루루기	

(3) 제3절 준말

제14항	준말이 널리 쓰이고 본말이 잘 쓰이지 않는 경우에는, 준말만을 표준어로 삼는다. (ㄱ을 표준어로 삼고, ㄴ을 버림)

ㄱ	ㄴ	비고
귀찮다	귀치 않다	
김	기음	~매다.
똬리	또아리	머리에 받치는 고리 모양의 물건
무	무우	~강즙, ~말랭이, ~생채, 가랑~, 갓~, 왜~, 총각~
미다	무이다	1. 털이 빠져 살이 드러나다. 2. 찢어지다.
뱀	배암	
뱀-장어	배암-장어	
빔	비음	설~, 생일~.
샘	새암	
생-쥐	새앙-쥐	
솔개	소리개	
온갖	온가지	
장사-치	장사-아치	

제16항	준말과 본말이 다 같이 널리 쓰이면서 준말의 효용이 뚜렷이 인정되는 것은, 두 가지를 다 표준어로 삼는다. (ㄱ은 본말이며, ㄴ은 준말임)

ㄱ	ㄴ	비고
거짓-부리	거짓-불	작은말은 '가짓부리, 가짓불'임.
노을	놀	저녁~.
막대기	막대	
망태기	망태	

머무르다	머물다	모음 어미가 연결될 때에는 준말의 활용형을 인정하지 않음
서두르다	서둘다	
서투르다	서툴다	
석새–삼베	석새–베	
시–누이	시–뉘/ 시–누	
오–누이	오–뉘/ 오–누	
외우다	외다	외우며, 외워 : 외며, 외어.
이기죽–거리다	이죽–거리다	
찌꺼기	찌끼	'찌꺽지'는 비표준어임.

참고 [머무르다/ 머물다], [서두르다/ 서둘다], [서투르다/ 서툴다]의 경우 활용할 때, 자음의 어미 앞에서는 본말과 준말의 활용을 모두 인정하지만, 모음의 어미 앞에서는 본말의 활용('르' 불규칙 활용)만을 인정하고 준말의 활용형을 인정하지 않는다.

① [머무르 + 고 〉 머무르고(○)/ 머물 + 고 〉 머물고(○)]
  [머무르 + 어 〉 머물러(○)/ 머물 + 어 〉 머물어(×)]
② [서두르 + 지 〉 서두르지(○)/ 서둘 + 지 〉 서둘지(○)]
  [서두르 + 어 〉 서둘러(○)/ 서둘 + 어 〉 서둘어(×)]
③ [서투르 + 게 〉 서투르게(○)/ 서툴 + 게 〉 서툴게(○)]
  [서투르 + 어 〉 서툴러(○)/ 서툴 + 어 〉 서툴어(×)]

(4) 제5절 복수 표준어

제18항	다음 단어는 ㄱ을 원칙으로 하고, ㄴ도 허용한다.

ㄱ	ㄴ	비고
네	예	
쇠–	소–	–가죽, –고기, –기름, –머리, –뼈.
괴다	고이다	물이 ~, 밑을 ~.
꾀다	꼬이다	어린애를 ~, 벌레가 ~.
쐬다	쏘이다	바람을 ~.
죄다	조이다	나사를 ~.
쬐다	쪼이다	볕을 ~.

참고 ① 소의 부속물을 나타낼 때는 '쇠–'와 '소–'의 두 형태가 모두 표준어로 인정되지만, 그렇지 않을 경우에는 '소–'만을 인정한다.
  예 소달구지, 소도둑, 소띠, 소몰이, 소싸움 등
② '꾀다'를 속되게 이르는 말인 '꼬시다'도 표준어로 인정한다.

제19항	어감의 차이를 나타내는 단어 또는 발음이 비슷한 단어들이 다 같이 널리 쓰이는 경우에는, 그 모두를 표준어로 삼는다. (ㄱ, ㄴ을 모두 표준어로 삼음)

ㄱ	ㄴ	비고
거슬츠레-하다	게슬츠레-하다	
고까	꼬까	~신, ~옷.
고린-내	코린-내	
교기(驕氣)	갸기	교만한 태도.
구린-내	쿠린-내	
꺼림-하다	께름-하다	
나부랭이	너부렁이	

참고 복수 표준어와 유사한 표기를 주의
① [해쓱하다 – 핼쑥하다(○)/ 핼쓱하다(×)]
② [뜨개질 – 뜬게질(○)/ 뜬개질(×)]
③ [늦장 – 늑장(○)/ 늦장(×)]
④ [길잡이 – 길라잡이(○)/ 길앞잡이(×)]
⑤ [신기롭다 – 신기하다(○)/ 신기스럽다(×)]
⑥ [거슬츠레하다 – 게슬츠레하다(○)/ 거슬치레하다(×)]
⑦ [넝쿨 – 덩굴(○)/ 덩쿨(×)]
⑧ [봉숭아 – 봉선화(○)/ 봉숭화(×)]
⑨ [좀체 – 좀처럼(○)/ 좀체로(×)]
⑩ [삽살개 – 삽사리(○)/ 삽살이(×)]
⑪ [뾰루지 – 뾰두라지(○)/ 뾰두락지(×)]
⑫ [고깃간 – 푸줏간(○)/ 푸줏관, 다림방(×)]
⑬ [벌레 – 버러지(○)/ 벌거지, 벌러지(×)]
⑭ [여태껏 – 입때껏 – 이제껏(○)/ 여직껏(×)]
⑮ [우레 – 천둥(○)/ 우뢰(×)]
⑯ [마룻줄 – 용총줄(○)/ 이어줄(×)]
⑰ [부침개질 – 부침질 – 지짐질(○)/ 부치개질(×)]
⑱ [서럽다 – 섧다(○)/ 설다(×)]
⑲ [역성들다 – 역성하다(○)/ 편역들다(×)]
⑳ [장가가다 – 장가들다(○)/ 서방가다(×)]

제2절 ▶ 추가 표준어

1. 2011년

(1) 현재 표준어와 같은 뜻으로 추가로 표준어로 인정한 것(11개)

추가된 표준어	현재 표준어
간지럽히다	간질이다
남사스럽다	남우세스럽다
등물	목물
맨날	만날
묫자리	묏자리
복숭아뼈	복사뼈
세간살이	세간
쌉싸름하다	쌉싸래하다
토란대	고운대
허접쓰레기	허섭스레기
흙담	토담

(2) 현재 표준어와 별도의 표준어로 추가로 인정한 것(25개)

추가된 표준어	현재 표준어	뜻 차이
~길래	~기에	**~길래**: '~기에'의 구어적 표현
개발새발	괴발개발	'**괴발개발**'은 '고양이의 발과 개의 발'이라는 뜻이고, '**개발새발**'은 '개의 발과 새의 발'이라는 뜻
나래	날개	'**나래**'는 '날개'의 문학적 표현
내음	냄새	'**내음**'은 향기롭거나 나쁘지 않은 냄새로 제한됨.
눈꼬리	눈초리	• **눈초리**: 어떤 대상을 바라볼 때 눈에 나타나는 표정 예 '매서운 눈초리' • **눈꼬리**: 눈의 귀 쪽으로 째진 부분
떨구다	떨어뜨리다	'**떨구다**'에 '시선을 아래로 향하다'라는 뜻 있음.
뜨락	뜰	'**뜨락**'에는 추상적 공간을 비유하는 뜻이 있음.
먹거리	먹을거리	**먹거리**: 사람이 살아가기 위하여 먹는 음식을 통틀어 이름.
메꾸다	메우다	'**메꾸다**'에 '무료한 시간을 적당히 또는 그럭저럭 흘러가게 하다.'라는 뜻이 있음.
손주	손자(孫子)	• **손자**: 아들의 아들. 또는 딸의 아들 • **손주**: 손자와 손녀를 아울러 이르는 말
어리숙하다	어수룩하다	'**어수룩하다**'는 '순박함/ 순진함'의 뜻이 강한 반면에, '**어리숙하다**'는 '어리석음'의 뜻이 강함.
연신	연방	'**연신**'이 반복성을 강조한다면, '**연방**'은 연속성을 강조

휭하니	휭허케	휭허케 : '휭하니'의 예스러운 표현
걸리적거리다	거치적거리다	자음 또는 모음의 차이로 인한 어감 및 뜻 차이 존재
끄적거리다	끼적거리다	"
두리뭉실하다	두루뭉술하다	"
맨숭맨숭/맹숭맹숭	맨송맨송	"
바둥바둥	바동바동	"
새초롬하다	새치름하다	"
아웅다웅	아옹다옹	"
야멸차다	야멸치다	"
오손도손	오순도순	"
찌뿌둥하다	찌뿌듯하다	"
추근거리다	치근거리다	"

(3) 두 가지 표기를 모두 표준어로 인정한 것(3개)

추가된 표준어	현재 표준어
택견	태껸
품새	품세
짜장면	자장면

2. 2014년

(1) 현재 표준어와 같은 뜻을 가진 표준어로 인정한 것(5개)

추가된 표준어	현재 표준어
구안와사	구안괘사
굽신*	굽실
눈두덩이	눈두덩
삐지다	삐치다
초장초	작장초

❂ '굽신'이 표준어로 인정됨에 따라, '굽신거리다, 굽신대다, 굽신하다, 굽신굽신, 굽신굽신하다' 등도 표준어로 함께 인정됨.

(2) 현재 표준어와 뜻이나 어감의 차이가 나는 별도의 표준어로 인정한 것(8개)

추가된 표준어	현재 표준어	뜻 차이
개기다	개개다	**개기다** : (속되게) 명령이나 지시를 따르지 않고 버티거나 반항하다. (*개개다 : 성가시게 달라붙어 손해를 끼치다)
꼬시다	꾀다	**꼬시다** : '꾀다'를 속되게 이르는 말. (*꾀다 : 그럴듯한 말이나 행동으로 남을 속이거나 부추겨서 자기 생각대로 끌다)
놀잇감	장난감	**놀잇감** : 놀이 또는 아동 교육 현장 따위에서 활용되는 물건이나 재료. (*장난감 : 아이들이 가지고 노는 여러 가지 물건)
딴지	딴죽	**딴지** : (주로 '걸다, 놓다'와 함께 쓰여) 일이 순순히 진행되지 못하도록 훼방을 놓거나 어기대는 것. (*딴죽 : 이미 동의하거나 약속한 일에 대하여 딴전을 부림을 비유적으로 이르는 말)
사그라들다	사그라지다	**사그라들다** : 삭아서 없어져 가다. (*사그라지다 : 삭아서 없어지다)
섬찟*	섬뜩	**섬찟** : 갑자기 소름이 끼치도록 무시무시하고 끔찍한 느낌이 드는 모양. (*섬뜩 : 갑자가 소름이 끼치도록 무섭고 끔찍한 느낌이 드는 모양)
속앓이	속병	**속앓이** : (1) 속이 아픈 병. 또는 속에 병이 생겨 아파하는 일 (2) 겉으로 드러내지 못하고 속으로 걱정하거나 괴로워하는 일 (*속병 : (1) 몸속의 병을 통틀어 이르는 말 (2) '위장병'을 일상적으로 이르는 말 (3) 화가 나거나 속이 상하여 생긴 마음의 심한 아픔
허접하다	허접스럽다	**허접하다** : 허름하고 잡스럽다. (*허접스럽다 : 허름하고 잡스러운 느낌이 있다)

✪ '섬찟'이 표준어로 인정됨에 따라, '섬찟하다, 섬찟섬찟, 섬찟섬찟하다' 등도 표준어로 함께 인정됨.

3. 2015년

(1) **복수 표준어** : 현재 표준어와 같은 뜻을 가진 표준어로 인정한 것(4개)

추가 표준어	현재 표준어	비고
마실	마을	• '이웃에 놀러 다니는 일'의 의미에 한하여 표준어로 정함. '여러 집이 모여 사는 곳'의 의미로 쓰인 '마실'은 비표준어임. • '마실꾼, 마실방, 마실돌이, 밤마실'도 표준어로 인정함. 예 나는 아들의 방문을 열고 이모네 **마실** 갔다 오마고 말했다.
이쁘다	예쁘다	'이쁘장스럽다, 이쁘장스레, 이쁘장하다, 이쁘디이쁘다'도 표준어로 인정함. 예 어이구, 내 새끼 **이쁘기도** 하지.
찰지다	차지다	사전에서 〈'차지다'의 원말〉로 풀이함. 예 화단의 **찰진** 흙에 하얀 꽃잎이 화사하게 떨어져 날리곤 했다.
−고프다	−고 싶다	사전에서 〈'−고 싶다'가 줄어든 말〉로 풀이함. 예 그 아이는 엄마가 **보고파** 앙앙 울었다.

(2) 별도 표준어 : 현재 표준어와 뜻이 다른 표준어로 인정한 것(5개)

추가 표준어	현재 표준어	뜻 차이
꼬리연	가오리연	• **꼬리연** : 긴 꼬리를 단 연. • **가오리연** : 가오리 모양으로 만들어 꼬리를 길게 단 연. 띄우면 오르면서 머리가 아래위로 흔들린다. 예 행사가 끝날 때까지 하늘을 수놓았던 대형 **꼬리연**도 비상을 꿈꾸듯 끊임없이 창공을 향해 날아올랐다.
의론	의논	• **의론(議論)** : 어떤 사안에 대하여 각자의 의견을 제기함. 또는 그런 의견. • **의논(議論)** : 어떤 일에 대하여 서로 의견을 주고 받음. • '의론되다, 의론하다'도 표준어로 인정함. 예 이러니저러니 **의론**이 분분하다.
이크	이키	• **이크** : 당황하거나 놀랐을 때 내는 소리. '이키'보다 큰 느낌을 준다. • **이키** : 당황하거나 놀랐을 때 내는 소리. '이끼'보다 거센 느낌을 준다. 예 **이크**, 이거 큰일 났구나 싶어 허겁지겁 뛰어갔다.
잎새	잎사귀	• **잎새** : 나무의 잎사귀. 주로 문학적 표현에 쓰인다. • **잎사귀** : 낱낱의 잎. 주로 넓적한 잎을 이른다. 예 **잎새**가 몇 개 남지 않은 나무들이 창문 위로 뻗어 올라 있었다.
푸르르다	푸르다	• **푸르르다** : '푸르다'를 강조할 때 이르는 말. • **푸르다** : 맑은 가을 하늘이나 깊은 바다, 풀의 빛깔과 같이 밝고 선명하다. • '푸르르다'는 '으불규칙용언'으로 분류함. 예 겨우내 찌푸리고 있던 잿빛 하늘이 **푸르르게** 맑아 오고 어디선지도 모르게 흙냄새가 뭉클하니 풍겨 오는 듯한 순간 벌써 봄이 온 것을 느낀다.

(3) 복수 표준형 : 현재 표준적인 활용형과 용법이 같은 활용형으로 인정한 것(2개)

추가 표준형	현재 표준형	비고
말아 말아라 말아요	마 마라 마요	'말다'에 명령형어미 '-아', '-아라', '-아요' 등이 결합할 때는 어간 끝의 'ㄹ'이 탈락하기도 하고 탈락하지 않기도 함. 예 내가 하는 말 농담으로 듣지 마/ 말아. 　얘야, 아무리 바빠도 제사는 잊지 마라/ 말아라. 　아유, 말도 마요/ 말아요.
노랗네 동그랗네 조그맣네 …	노라네 동그라네 조그마네 …	• ㅎ불규칙용언이 어미 '-네'와 결합할 때는 어간 끝의 'ㅎ'이 탈락하기도 하고 탈락하지 않기도 함. • '그렇다, 노랗다, 동그랗다, 뿌옇다, 어떻다, 조그맣다, 커다랗다' 등등 모든 'ㅎ'불규칙용언의 활용형에 적용됨. 예 생각보다 훨씬 **노랗네**/ 노라네. 　이 빵은 **동그랗네**/ 동그라네. 　건물이 아주 **조그맣네**/ 조그마네.

4. 2016년

(1) 추가 표준어(4항목)

추가 표준어	현재 표준어	뜻 차이
걸판지다	거방지다	**걸판지다**[형용사] ① 매우 푸지다. 　예 술상이 **걸판지다**./ 마침 눈먼 돈이 생긴 것도 있으니 오늘 저녁은 내가 　　**걸판지게** 사지. ② 동작이나 모양이 크고 어수선하다. 　예 싸움판은 자못 **걸판져서** 구경거리였다./ 소리판은 옛날이 **걸판지고** 소리 　　할 맛이 났었지. --- **거방지다**[형용사] ① 몸집이 크다. ② 하는 짓이 점잖고 무게가 있다. ③ = 걸판지다①.
겉울음	건울음	**겉울음**[명사] ① 드러내 놓고 우는 울음. 　예 꼭꼭 참고만 있다 보면 간혹 속울음이 **겉울음으로** 터질 때가 있다. ② 마음에도 없이 겉으로만 우는 울음. 　예 눈물도 안 나면서 슬픈 척 **겉울음** 울지 마. --- **건울음**[명사] = 강울음. **강울음**[명사] = 눈물 없이 우는 울음, 또는 억지로 우는 울음.
까탈스럽다	까다롭다	**까탈스럽다**[형용사] ① 조건, 규정 따위가 복잡하고 엄격하여 적응하거나 적용하기에 어려운 데가 　있다. '가탈스럽다①'보다 센 느낌을 준다. 　예 **까탈스러운** 공정을 거치다. 　　규정을 **까탈스럽게** 정하다. 　　가스레인지에 길들여진 현대인들에게 지루하고 **까탈스러운** 숯 굽기 작업 　　은 쓸데없는 시간 낭비로 비칠 수도 있겠다. ② 성미나 취향 따위가 원만하지 않고 별스러워 맞춰주기에 어려운 데가 있다. 　'가탈스럽다②'보다 센 느낌을 준다. 　예 **까탈스러운** 입맛 　　성격이 **까탈스럽다**. 　　딸아이는 사 준 옷이 맘에 안 든다고 **까탈스럽게** 굴었다. ✪ 같은 계열의 '가탈스럽다'도 표준어로 인정함. --- **까다롭다**[형용사] ① 조건 따위가 복잡하거나 엄격하여 다루기에 순탄하지 않다. ② 성미나 취향 따위가 원만하지 않고 별스럽게 까탈이 많다.
실뭉치	실몽당이	**실뭉치**[명사] 실을 한데 뭉치거나 감은 덩이. 예 뒤엉킨 **실뭉치** 　　**실뭉치**를 풀다. 　　그의 머릿속은 엉클어진 **실뭉치**같이 갈피를 못 잡고 있었다. **실몽당이**[명사] 실을 풀기 좋게 공 모양으로 감은 뭉치.

(2) 추가 표준형(2항목)

추가 표준어	현재 표준어	비고

엘랑	에는	• 표준어 규정 제25항에서 '에는'의 비표준형으로 규정해 온 '**엘랑**'을 표준형으로 인정함.
		• '엘랑' 외에도 'ㄹ랑'에 조사 또는 어미가 결합한 '**에설랑, 설랑, −고설랑, −어설랑, −질랑**'도 표준형으로 인정함.
		• '엘랑, −고설랑' 등은 단순한 조사/ 어미 결합형이므로 사전 표제어로는 다루지 않음.
		  예 **서울엘랑** 가지를 마오.
		  교실에설랑 떠들지 마라.
		  나를 앞에 **앉혀놓고설랑** 자기 아들 자랑만 하더라.

주책이다	주책없다	• 표준어 규정 제25항에 따라 '주책없다'의 비표준형으로 규정해 온 '**주책이다**'를 표준형으로 인정함. • '주책이다'는 '일정한 줏대가 없이 되는대로 하는 짓'을 뜻하는 '**주책**'에 서술격조사 '**이다**'가 붙은 말로 봄. • '주책이다'는 단순한 명사＋조사 결합형이므로 사전 표제어로는 다루지 않음. 예 이제 와서 오래 전에 헤어진 그녀를 떠올리는 나 자신을 보며 '나도 참 **주책이군**' 하는 생각이 들었다.

5. 2017년

(1) 추가 표준어(5항목)

추가 표준어	현재 표준어	뜻 차이
꺼림직하다	꺼림칙하다	**꺼림직하다**[형용사] : 마음에 걸려서 언짢고 싫은 느낌이 있다. (＝ 꺼림칙하다) **꺼림칙하다**[형용사] : 마음에 걸려서 언짢고 싫은 느낌이 있다. (≒ 꺼림직하다) 예 그가 그 일을 알고 있다는 사실이 마음속에 조금 **꺼림칙하게** 남았다. 아이를 혼자 보내기가 **꺼림칙했으나** 어쩔 수 없었다.
께름직하다	께름칙하다	**께름직하다**[형용사] : 마음에 걸려서 언짢고 싫은 느낌이 꽤 있다. (＝ 께름칙하다) **께름칙하다**[형용사] : 마음에 걸려서 언짢고 싫은 느낌이 꽤 있다. (≒ 께름직하다) 예 작은아버지를 쫓겨나게 했던 일이 조금 **께름칙하기는** 했으나 자기가 부러 그랬던 것은 아니라고 생각하면 그만일 것도 같았다. 늘 그랬었지만 따라나서기가 **께름칙하다**.

추켜세우다	치켜세우다	**추켜세우다**[동사]
		① 옷깃이나 신체 일부 따위를 위로 가뜬하게 올려 세우다. (＝ 치켜세우다)
		  예 눈썹을 **추켜세우다**.
		  재섭이 얼른 몸을 **추켜세우고는** 딱하다는 듯이 혀를 찼다.
		② 정도 이상으로 크게 칭찬하다. (＝ 치켜세우다)

		치켜세우다[동사] ① 옷깃이나 신체 일부 따위를 위로 가뜬하게 올려 세우다. (≒ 추켜세우다) 　예 바람이 차가워지자 사람들은 모두 옷깃을 **치켜세우고** 있었다. 　　　어른에게 눈초리를 **치켜세우고** 대들다니 버릇이 없구나. ② 정도 이상으로 크게 칭찬하다. (≒ 추켜세우다) 　예 한때는 사람들이 그를 영웅으로 **치켜세운** 적도 있었다. 　　　그때는 우리를 개화된 애국자라고 **치켜세우더니** 사세가 불리해지니까 우릴 헌신짝 버리듯 하고는 제 놈들만 꽁무니를 빼지 않았소.
추켜올리다	추어올리다	**추켜올리다[동사]** ① 옷이나 물건, 신체 일부 따위를 위로 가뜬하게 올리다. (= 추어올리다) 　예 그녀는 자꾸 흘러내리는 치맛자락을 **추켜올리며** 걸었다. 　　　그 총부리 앞에서 두 손을 번쩍 **추켜올린** 채 지시에 따라 움직이던 첫 대면 당시의 기억이 언제까지고 새로웠다. ② 실제보다 과장되게 칭찬하다. (= 추어올리다) <hr>**추어올리다[동사]** ① 옷이나 물건, 신체 일부 따위를 위로 가뜬하게 올리다. (≒ 추켜올리다, 치켜올리다) 　예 바지를 **추어올리다**. 　　　그는 땀에 젖어 이마에 찰싹 들러붙은 머리카락을 손가락으로 **추어올렸다**. 　　　그는 완장을 어깨 쪽으로 바짝 **추어올린** 다음 가슴을 활짝 펴고는 심호흡을 했다. ② 실제보다 과장되게 칭찬하다. (≒ 추어주다, 추켜올리다, 치켜올리다) 　예 그 애는 조금만 **추어올리면** 기고만장해진다. 　　　그를 옆에서 자꾸 **추어올리니** 그도 공연히 우쭐대는 마음이 들었다.
치켜올리다	추어올리다 추켜올리다	**치켜올리다[동사]** ① 옷이나 물건, 신체 일부 따위를 위로 가뜬하게 올리다. (= 추어올리다) ② 실제보다 과장되게 칭찬하다. (= 추어올리다)

제3절 ▶ 띄어쓰기 정리

1. 붙여 쓰는 경우

(1) 체언이나 부사에 붙는 조사는 붙여 쓴다.

① 체언 다음의 '-대로', '-만큼', '-뿐'은 조사이므로 체언과 붙여 쓴다.

학생대로 선생대로	그이만큼	공무원뿐 아니라

② 체언 다음에 모양이나 행동이 그 정도임을 나타내는 '-같이'나 오직 그것뿐임을 뜻하는 '-밖에'는 조사이므로 체언과 붙여 쓴다.

황소같이	하나밖에	할 수밖에

③ '커녕', '라고', '부터', '마는'은 조사이므로 붙여 쓴다.

들어가기는커녕 좋습니다마는	"알았다."라고	하고서부터/ 친구로부터

(2) 용언의 어미 또는 어미처럼 굳어 버린 숙어는 붙여 쓴다.

배운 것은 없을망정 놀지언정	보다시피 가다뿐이냐?	하면 할수록

❖ 기(에) 다음의 '망정'은 의존 명사이므로 띄어 쓴다.
　　예 비가 오기에 망정이지.

(3) 성과 이름, 성과 호 등은 붙여 쓰고, 이에 덧붙는 호칭어, 관직명 등은 띄어 쓴다.

윤동주(尹東柱) 박병채∨박사	이율곡(李栗谷) 충무공∨이순신∨장군	채영신∨씨	최치원∨선생

❖ 다만, 성과 이름, 성과 호를 분명히 구분할 필요가 있을 경우에는 띄어 쓸 수 있다.

남궁억/ 남궁∨억 황보지봉(皇甫芝峰)/ 황보∨지봉	독고준/ 독고∨준

(4) 우리말 성에 붙는 가(哥), 씨(氏)는 접미사이므로 윗말에 붙여 쓴다(= 성씨 그 자체 의미).
　예 김가, 이가, 최가, 박씨, 송씨, 정씨
① 이름 또는 성명에 붙는 '씨'는 띄어 쓴다.
　　예 수영∨씨, 김수영∨씨
② 다만, 호칭어일 때(의존명사)는 띄어 쓴다.
　　예 이∨씨, 김∨가

(5) 분류학상의 동식물명은 모두 붙여 쓴다.

강장동물문 며느리발톱 사가도귤빛부전나비	암끝검은표범나비 카이젤펭귄 푸른수리팔랑나비	너도밤나무 사철나무속	야치식물강 푸른누룩곰팡이

(6) 우리말로 된 농축산물의 품종명은 붙여 쓴다.

개량백색토	새마을금장고추	긴알락콩	진돗개

(7) 역사적인 서명(書名), 사건명은 붙여 쓴다.

경국대전	조선왕조실록	삼국사기	고금속어
훈민정음	임오군란	동국여지승람	임진왜란

(8) 접두사나 접미사는 붙여 쓴다.

① '주의'가 붙어 되는 말은 접미사이므로 윗말에 붙여 쓴다.

민주주의	자유주의	사실주의	후기 인상주의	낭만주의

② 명사의 아래, 어원적 어근 혹은 부사 아래에 '**하다**'가 붙어 한 단어가 될 때, '하다'는 접미사이므로 윗말에 붙여 쓴다.

결행하다	출렁출렁하다	황량하다
착하다	물렁물렁하다	반듯하다

③ '하다'가 붙을 수 있는 명사에 '**시키다, 되다**'가 붙어 한 낱말이 될 때, '시키다, 되다'는 접미사이므로 윗말에 붙여 쓴다. 또한 '**드리다**'가 몇몇 명사 뒤에서 '공손한 행위'의 뜻을 더할 때는 접미사이므로 붙여 쓴다.

결정되다	결정시키다	발전시키다
감사드리다	인사드리다	전화드리다 등

④ 명사 아래에 붙어 피동의 의미 '입음'을 나타내는 '**받다, 당하다**'는 접미사이므로 윗말에 붙여 쓴다.

봉변당하다	사기당하다	납치당하다
오해받다	교육받다	사랑받다

⑤ 명사 아래에 접미사 '**화(化)**'가 붙어, 그렇게 만들거나 그렇게 됨을 나타내는 말 아래에, 다시 '**하다, 시키다, 되다**'가 붙을 때에는 접미사이므로 붙여 쓴다.

대중화하다	대중화시키다	대중화되다

❖ 다만 중간에 조사가 들어갈 경우는 띄어 쓴다.

결정을∨하다	봉변을∨당하다	반듯은∨하다
대중화를∨하다	결정을 시키다	

⑥ 숫자와 함께 쓰이는 '**몇**', '**수**' 등은 접두사이므로 숫자에 붙여 쓴다.

몇백 년	수천 개

⑦ '제(第)-'는 한자어 수사에 붙어 차례를 나타내는 접두사이므로 항상 뒷말과 붙여 쓴다.

제1∨장/ 제1장(○)/ 제∨1장(×)	제3∨과/ 제3과(○)/ 제∨3과(×)
제2∨차 세계 대전	

⑧ '짜리, 어치'는 접미사이므로 어근과 반드시 붙여 쓴다.

얼마짜리	100원어치

(9) '있다', '없다'의 경우 대개는 앞말과 띄어 쓴다. 그러나 합성어가 된 말에는 붙여 쓴다.

① 가만있다, 관계있다, 값있다, 뜻있다, 재미있다, 멋있다, 맛있다 등
② 거침없다, 그지없다, 빈틈없다, 손색없다, 스스럼없다, 틀림없다, 하염없다, 상관없다, 관계없다 등
✪ 반드시 띄어 써야 하는 경우

눈치∨있다	실속∨있다	쓸모∨있다	염치∨있다
의미∨있다	자신∨있다	거리낌∨없다	남김∨없다
부담∨없다	필요∨없다 등		

(10) 첩어 또는 준첩어는 한 덩어리가 되게 붙여 쓴다.

가끔가끔	가만가만히	곤드레만드레	너울너울	매일매일
머나먼	엉큼성큼	여기저기	요리조리 등	

(11) 한 부분이 자립성이 희박한 말에 붙어 굳어 버렸거나, 본동사와 어울려 한 개념, 한 상태, 한 동작을 나타내는 다음 말들은 합성어로 보고 붙여 쓴다.

걸어가다	끌려오다	뛰어들다	거두어들이다
뛰어나가다	흘러내리다	끌어당기다	쥐어뜯다
가려먹다	둘러싸다	뛰어오르다	끌어올리다
뒤집어쓰다	내주다	휘어잡다	달려들어가다

2. 띄어 쓰는 경우

(1) 의존 명사는 앞말(관형어)과 띄어 쓴다.

아는∨<u>의</u>	한∨<u>가지</u>	먹을∨<u>만큼</u>	우는∨<u>것</u>
모르는∨<u>체</u>	한∨<u>개</u>	집 한∨<u>채</u>	옷 한∨<u>벌</u>

(2) 두 말을 이어 주거나 열거할 적에 쓰이는 말은 띄어 쓴다.

국장∨겸∨과장	열∨내지∨스물	청군∨대∨백군
부산·광주∨등	이사장∨및∨이사들	사과·배∨등속

(3) 십(10) 이상의 숫자에 접미사 '여'가 붙으면 '연간', '일간' 등은 윗말 '여'에서 띄어 쓰고, '간'은 접미사의 성격이 강하므로 붙여 쓴다.

10여∨일간	20여∨분간	30여∨년간	40여∨초간

❂ 다만, 순서를 나타내는 경우나 숫자와 어울리어 쓰이는 경우에는 붙여 쓸 수 있다.

두시 삼십분 오초	제일과	삼학년
육층	1998년 7월 25일	2대대
16동 502호	제1실습실	80원

(4) 수를 적을 적에는 만(萬) 단위로 띄어 쓴다.

> 12억 3456만 7898 : 십이억 삼천사백오십육만 칠천팔백구십팔

(5) 고유 명사에 붙는 명사로서 독립할 수 있는 것은 띄어 쓴다.

세종∨대왕	안중근∨의사	이순신∨장군
한용운∨스님	이준∨열사	손기정∨선수

(6) 뚜렷이 별개의 단어로 인식되는 것은 띄어 쓴다.

의암∨선생∨행장기	독립∨투쟁사∨자료집

(7) 붙여 쓰면 이해하기 어렵다거나 의존 명사로 인정되는 것들은 띄어 쓴다.

예 • 문명인∨간(문명인 사이), 문명∨인간(문명한 인간)
  • 삼십이∨조(條)로 된 법률, 삼십이조(32兆)∨원
  • 20세기∨초, 19세기∨말(의존 명사로 인정)

3. 붙여 써도 좋고 띄어 써도 좋은 경우

(1) 보조 용언은 띄어 씀을 원칙으로 하되, 경우에 따라 붙여 씀도 허용한다.

원칙	허용
• 불이 꺼져 간다.	• 불이 꺼져간다.
• 내 힘으로 막아 낸다.	• 내 힘으로 막아낸다.
• 어머니를 도와 드린다.	• 어머니를 도와드린다.
• 그릇을 깨뜨려 버렸다.	• 그릇을 깨뜨려버렸다.
• 비가 올 듯하다.	• 비가 올듯하다.
• 그 일은 할 만하다.	• 그 일은 할만하다.
• 일이 될 법하다.	• 일이 될법하다.
• 비가 올 성싶다.	• 비가 올성싶다.
• 잘 아는 척한다.	• 잘 아는척한다.

더 알아두기

본용언과 보조 용언을 붙여 쓸 수 있는 경우
① 본용언과 보조 용언이 보조적 연결어미 '-아/ 어'로 연결되어 있는 경우
② 보조 용언이 '체하다, 만하다, 척하다, 듯하다, 법하다'인 경우
③ 보조 용언이 '성싶다'인 경우

본용언과 보조 용언을 붙여 쓸 수 없는 경우
① 보조적 연결어미 '-고, -지, -게'로 연결되는 경우
　예 책을 읽고 싶다. 책을 읽지 않았다. 책을 읽게 해라.
② 보조적 연결어미 '-아/ 어' 뒤에 조사가 붙는 경우
　예 잘도∨놀아만∨나는구나! 책을∨읽어도∨보고…
③ 본용언이 합성동사인 경우
　예 네가∨덤벼들어∨보아라. 강물에∨떠내려가∨버렸다.
④ 보조용언의 중간에 조사가 붙는 경우
　예 그가 올∨듯도∨하다. 잘난∨체를∨한다.

(2) 성명 이외의 고유 명사는 단어별로 띄어 씀을 원칙으로 하되, 단위별로 띄어 쓸 수 있다.

원칙	허용
대한∨중학교	대한중학교
한국∨대학교∨사범∨대학	한국대학교∨사범대학

(3) 전문 용어는 단어별로 띄어 씀을 원칙으로 하되, 붙여 쓸 수 있다.

원칙	허용
만성∨골수성∨백혈병	만성골수성백혈병
중거리∨탄도∨유도탄	중거리탄도유도탄

(4) 단음절로 된 단어가 연이어 나타날 적에는, 수식어와 피수식어가 자연스럽게 의미상 하나의 단어를
이룰 때에는 붙여 쓸 수 있다.

• 이∨집∨저∨집 – 이집∨저집	• 이∨말∨저∨말 – 이말∨저말
• 한∨잎∨두∨잎 – 한잎∨두잎	• 좀∨더∨큰∨것 – 좀더∨큰 것
• 한∨잔∨술 – 한잔∨술	• 좀∨더∨큰∨새∨집 – 좀더∨큰∨새집
• 늘∨더∨먹는다 – 늘더∨먹는다(×)	• 꽤∨안∨온다 – 꽤안∨온다(×)

4. 기타 띄어쓰기에 주의해야 할 경우

(1) 부정의 '안'과 '못'의 띄어쓰기

① '안(아니)'이나 '못'이 '하다'와 어울릴 적에 용언의 어미 '–지' 다음에 오면 **보조 용언의 일부**로 보고
뒤의 '하다'와 붙여 쓴다.

먹지(는)∨아니한다.	먹지(는)∨못하다.

② **열등 비교**를 나타내는 '못하다'는 붙여 쓴다.

그녀는 언니만∨못하다.

③ 위의 경우 이외에는 '안'과 '못'은 **부정의 부사**로 보고 뒷말과 띄어 쓴다.

내가 못∨하는 일은 없다.	그렇게 하면 안∨될 것이다.

(2) '안되다/ 안 되다', '못되다/ 못 되다', '못하다/ 못 하다'의 띄어쓰기

❂ 부정문인 경우는 띄어 쓰나, 부정문으로 쓰인 경우가 아니면 붙여 쓴다.

① 마음이 안되다/ 시험에 실패했다니 참 안되었다. [형용사]
　 일이 안∨되다/ 시간이 아직 안∨되었다. [부정문]
② 못된 친구/ 행동이 못되다/ 심보가 못되다 [형용사]
　 외교관이 못∨된 것을 비관하다/ 떠난 지 채 1년이 못∨되었다. [부정문]
③ 숙제를 못하다/ 노래를 못하다. [형용사]
　 ❂ 뜻 : '하긴 했는데 일정한 수준에 못 미치다', 반대말은 '잘하다'임
　 아파서 일을 못∨하다/ 일이 있어서 숙제를 못∨하다 [부정문]
④ 형이 동생만 못하다 : 읽지 못하다→'–지 못하다' 구성

(3) 의존 명사와 어미의 구별

① ~ㄴ데
　㉠ **'처소 및 경우'의 뜻**일 때 : '데'가 의존 명사이므로 앞말과 띄어 씀.
　㉡ **'~ㄴ다, 그런데'의 뜻**일 때 : '데'를 어미의 일부로 보고 앞말과 붙여 씀.

　　　　예 그가 사는∨데를 모르겠다.

　　　　　　배즙은 목 아픈∨데 효과가 있다.

　　　　　　비가 오는데 어디 가니?

　　② ~ㄴ지

　　　　㉠ **경과한 시간**'의 뜻일 때 : '지'가 의존 명사이므로 앞말과 띄어 씀.

　　　　㉡ **막연한 의문**'의 뜻일 때 : '지'를 어미의 일부로 보고 앞말과 붙여 씀.

　　　　　　예 그가 떠난∨지가 벌써 10년이 되었다.

　　　　　　　　그것이 무엇을 의미하는지를 모르겠다.

　　③ ~ㄴ바

　　　　㉠ **방법**', '**일**'의 뜻일 때 : '바'가 의존 명사이므로 앞말과 띄어 씀.

　　　　㉡ **~았(었)더니**'의 뜻일 때 : '바'를 어미의 일부로 보고 앞말과 붙여 씀.

　　　　　　예 생각하는∨바가 같다. 어찌할∨바를 모르다.

　　　　　　　　금강산에 가 본바 과연 절경이었다.

　　④ ~ㄴ만큼

　　　　㉠ **분량**', '**정도**'의 뜻일 때 : '만큼'이 의존 명사이므로 앞말과 띄어 씀.

　　　　㉡ **이유**'의 뜻일 때 : '만큼'을 어미의 일부로 보고 앞말과 붙여 씀.

　　　　　　예 나는 대접받은∨만큼 일은 하겠다.

　　　　　　　　나는 충분히 대접을 받은만큼 불만이 없다.

　　⑤ '-걸'/ '-ㄹ 거야', '-ㄹ 텐데'/ '-ㄹ 테야'

　　　　'-걸'이 '것을'의 축약형으로 쓰였거나 '-거야'가 '-것이야'의 축약형으로 쓰였을 때 '-거-'가 의존 명사이므로 앞의 용언의 관형사형과 띄어 쓴다. 또한 '-텐데'가 '-ㅌ인데', '-테야'가 '-터이야'의 축약형으로 쓰였을 때도 '-터'가 의존 명사이므로 용언의 관형형과 띄어 쓴다.

　　　　㉠ 후회할∨걸 왜 그랬어. ('-ㄹ 것을')

　　　　　　이 옷은 네 몸에 맞을∨거야. ('-ㄹ 것이야')

　　　　㉡ 날이 맑아야 할∨텐데. ('-ㄹ 터인데')

　　　　　　회사를 그만둘∨테야. ('-ㄹ 터이야')

　　　　　　✚ '-걸'이 뉘우침이나 아쉬움, 막연한 추측을 나타낼 때는 어미의 일부이므로 앞말에 붙여 쓴다.

　　　　㉢ 내가 먼저 사과할걸.(가벼운 뉘우침이나 아쉬움)

　　　　　　지금쯤 도착했을걸?(막연한 추측)

(4) 외래어에 붙을 때와 우리말에 붙을 때의 구별 : '해, 섬, 강, 산' 등이 외래어에 붙을 때나 우리말에 붙을 때나 모두 붙여 쓴다. (2016년 개정)

카리브해/ 북해	발리섬/ 목요섬	콜로라도강/ 압록강
에베레스트산/ 백두산		

(5) '한'이 '하나의, 대략, 어느, 어떤'의 의미를 나타낼 때는 관형사로 보아 띄어 쓰고, 그 외의 막연한 '일차(一次), 일단(一但), 같은, 대단히, 기회가 있는 어떤 때, 과거의 어느 때'의 경우에는 붙여 쓴다.

> ㉠ 실망하지 말고 다시 한∨번 도전해야지. 한∨열흘 걸릴까? (대략)
> 옛날에 한∨가난한 선비가 살았다. (어느)
> 한번 엎지른 물은 다시 주워 담지 못한다. (일차)
> 인심 한번 박하네. (대단히)
> 한번은 길에서 큰돈을 주운 적이 있다. (과거의 어느 때)
> 제주도는 한번 가봄직한 곳이다. (기회가 있는 어떤 때)
> 한마음 한뜻으로 뭉쳐 보자. 온 가족이 한자리에 모였다. (같은)

(6) '-어지다', '-어하다'의 띄어쓰기

> ✪ '-어지다', '-어하다'는 앞말의 품사를 바꾸는 경우가 있어 일률적으로 붙여 쓴다.

① 이루어지다, 예뻐지다, 잘 만들어졌다
② 행복해하다, 애통해하다

(7) 중(中) : 의존 명사 – 띄어 쓴다

① **여럿의 가운데**

학생∨중에	꽃∨중의 꽃	내가 찾는 물건이 이∨중에 있다.

② **무엇을 하는 동안**

회의∨중에는 잡담을 하지 말 것!	지금 다리를 건설∨중이다.

③ **어떤 상태에 있는 동안**

임신 중	수감 중	대학 재학 중에 입대하다

④ **(주로 '중으로' 꼴로 쓰여)어떤 시간의 한계를 넘지 않는 동안.**

그는 오늘내일 중으로 출국할 예정이다.

⑤ **안이나 속**

해수 중에 녹아 있는 산소	공기 중에 떠다니는 바이러스.

⑥ **한 단어로 굳어진 말은 합성어이므로 붙여 쓴다.**

은연중	무의식중	한밤중
부재중	부지불식중 등	

(8) '만'

① '시간의 경과', '동안'의 뜻 : 의존 명사이므로 띄어 쓴다.

이거 얼마∨만인가?	집 떠난 지 3년∨만에 돌아왔다.

❂ '오랜만에, 오랫동안'의 구별에 주의

② '한정'의 뜻 : 보조사로 붙여 쓴다.

철수만 오다	공부만 하다

③ '그러한 정도에 이름'의 뜻 : 보조사이므로 붙여 쓴다.

형만 한 아우 없다	짐승만도 못하다
호랑이만 하다	그 사람도 키가 꼭 너만 하더라.

(9) '만큼', '뿐', '대로'

① 체언 뒤에서는 조사로 쓰이므로 붙여 쓴다.
   예 저 도서관만큼 크게 지으시오.
      숙제를 해 온 학생은 철수뿐이었다.
      약속대로 되었다.

② 관형어 뒤에는 의존 명사이므로 띄어 쓴다.
   예 애쓴∨만큼 얻게 되어 있다.
      허공만 응시할∨뿐 아무 말이 없었다. 바른∨대로 대라.

③ '-니만큼', '-리만큼'은 어미의 일부이므로 붙여 쓴다.
   예 열심히 일했느니만큼 좋은 성과가 기대된다.

(10) '상' : 접미사-붙여 쓴다.

① '그것과 관계된 입장' 또는 '그것에 따름'의 뜻을 더하는 접미사

관계상	미관상	사실상	외관상	절차상

② '추상적인 공간에서의 한 위치'의 뜻을 더하는 접미사

인터넷상	전설상	통신상	역사상

③ 물체의 위나 위쪽을 이르는 말

지구상의 생물	지도상의 한 점	직선상의 거리

(11) '녘' : 의존 명사

① '방향'을 나타낼 때 : '쪽'의 뜻으로 항상 붙여 쓴다. (= 합성어)

동녘	서녘	남녘	북녘	들녘 등

② (일부 명사나 어미 '-을' 뒤에 쓰여) 어떤 때의 무렵 : 의존 명사이므로 띄어 쓴다.

해∨뜰∨녘	해∨질∨녘	동틀∨녘	아침 녘	황혼 녘 등

> **참고** '동트다'는 한 단어이므로 '동틀∨녘'에서 '동틀-'은 붙여 써야 하지만, '해뜨다'나 '해지다'의 경우
> 한 단어로 인정하지 않으므로 '해∨뜰∨녘, 해∨질∨녘'처럼 모두 띄어 써야 한다.

③ 합성어이므로 붙여 쓰는 경우

새벽녘	샐녘	저물녘	어슬녘	저녁녘 등

(12) '내(內), 외(外), 초(初), 말(末), 백(白)' : 의존 명사로 띄어 쓴다.

① 범위∨내, 이 구역∨내

② 예상∨외, 이 계획∨외에도, 전공∨외의 교양 과목

③ 20세기∨초, 내년∨초, 개국∨초, 학기∨초

④ 90년∨말, 이 달∨말, 이번 학기∨말쯤에 보자, 고려∨말, 금년∨말

❂ '학기말 시험, 학년말 고사'처럼 굳어진 경우는 붙여 쓴다.

⑤ 주인∨백, 관리소장∨백

(13) '간(間)' : 의존 명사-띄어 쓴다.

① '한 대상에서 다른 대상까지의 사이'

㉠ 서울과 부산 간 야간열차.

② '관계'의 뜻을 나타내는 말

㉠ 부모와 자식 간에도 예의를 지켜야 한다.

가족∨간, 국가∨간, 이웃∨간, 3개국∨간

③ 앞에 나열된 말 가운데 어느 쪽인지를 가리지 않는다는 뜻을 나타내는 말

㉠ 공부를 하든지 운동을 하든지 간에 열심히만 해라.

(14) '만하다', '듯하다', '체하다'

① 용언의 관형사형 다음 : 보조 용언이므로 띄어 씀이 원칙이나 붙여 씀을 허용한다.

㉠ 음악이 들을∨만하다. - 들을만하다.

죽이 끓을∨듯하다. - 끓을듯하다.

잘난∨체한다. - 잘난체한다.

② **보조 용언의 중간에 조사가 붙는 경우**: 반드시 띄어 써야 한다.

　　㉡ 음악이 들을∨<u>만하다</u>. – 들을∨만도∨하다.

　　　죽이 끓을∨듯하다. – 끓을∨듯도∨하다.

　　　잘난∨<u>체한다</u>. – 잘난∨체를∨한다.

③ 체언 뒤의 조사 '만'과 '하다'가 결합된 경우일 때나 어간 뒤에 '듯하다'가 오는 경우에는 '하다'가 서술어이므로 띄어 쓴다.

　　㉡ 강아지가 <u>송아지만</u>∨하다. 죽이 <u>끓듯</u>∨하다. / 죽이 끓∨듯하다. (×)

제4장　**올바른 국어 사용**

제1절 ▶ 고유어 어휘

1. 단위를 나타내는 말(단위성 의존 명사)

(1) 10 단위

☑부분은 Check로 활용해 보세요!

□ 갓	비웃, 굴비 따위의 10마리. 고사리, 고비 따위의 10모숨 **참고** 비웃: 식료품인 생선으로서의 청어
□ 고리	소주 10사발을 한 단위로 일컫는 말
□ 꾸러미	달걀 10개를 꾸리어 싼 것. 꾸리어 싼 것을 세는 단위
□ 뭇	생선 10마리, 미역 10장, 자반 10개를 이르는 단위
□ 동	먹은 10장, 붓은 10자루를 이르는 단위
□ 죽	버선이나 그릇 등의 열 벌을 한 단위로 말하는 것

(2) 20 단위

□ 두름	조기, 청어 따위의 생선을 10마리씩 두 줄로 묶은 20마리
□ 제	탕약 20첩, 또는 그만한 분량으로 지은 환약이나 고약의 양.
□ 쾌	북어 20마리
□ 태	나무꼬챙이에 꿴 말린 명태 20마리
□ 축	마른 오징어 20마리

(3) 50 단위

□ 거리	오이, 가지 따위의 50개를 이르는 단위
□ 동	피륙 50필, 무명과 베는 50필

(4) 100 단위

□ 강다리	쪼갠 장작 100개비를 한 단위로 이르는 말
□ 담불	벼 100섬을 단위로 이르는 말
□ 접	과일, 무, 배추, 마늘 따위의 100개를 이르는 말
□ 톳	김 100장씩을 한 묶음으로 세는 단위

(5) 기타 단위

□ 매	젓가락 한 쌍
□ 벌	옷, 그릇 따위의 짝을 이룬 한 덩이를 세는 말
□ 손	고등어나 배추 등 크고 작은 두 개를 묶은 것
□ 켤레	신, 버선, 따위의 둘을 한 벌로 세는 단위
□ 쌈	바늘 24개
□ 판	달걀 30개
□ 연	종이 전지 500장
□ 우리	기와를 세는 단위. 한 우리는 2,000장

(6) 단위를 세는 말

□ 모숨	모나 푸성귀처럼 길고 가는 것의 한 줌쯤 되는 분량
□ 바리	마소에 잔뜩 실은 짐을 세는 단위
□ 움큼	손으로 한 줌 움켜 쥔 만큼의 분량
□ 술	숟가락으로 떠서 헤아릴만한 분량
□ 채	집, 이부자리를 세는 단위
□ 사리	국수, 새끼 같은 것을 사리여 놓은 것을 세는 단위
□ 가리	곡식, 장작의 한 더미. 삼을 벗긴 한 줌
□ 가웃	되, 말, 자의 수를 셀 때 남는 반분
□ 마투리	한 가마니나 한 섬에 차지 못하고 남은 양
□ 바리	마소가 실어 나르는 짐을 세는 단위

2. 날씨와 관련된 말

(1) 바람과 관련된 말

□ 샛바람	동풍(東風)=춘풍(春風)
□ 마파람	남풍(南風)=앞바람
□ 하늬바람	서풍(西風)=추풍(秋風)=갈바람
□ 된바람	북풍(北風)=동풍(冬風)=뒤바람
□ 갈마바람	서남풍의 뱃사람 말

☐ 건들바람	초가을에 선들선들 부는 바람
☐ 고추바람	몹시 찬바람
☐ 높새바람	북동풍의 뱃사람 말
☐ 높하늬바람	북서풍의 뱃사람 말
☐ 된마파람	동남풍의 뱃사람 말
☐ 살바람	좁은 틈새로 들어오는 바람. 황소바람
☐ 색바람	초가을에 선선히 부는 바람
☐ 소소리바람	초봄에 제법 차갑게 부는, 살 속으로 기어드는 차고 음산한 바람
☐ 왜바람	일정한 방향 없이 이리저리 부는 바람
☐ 피죽바람	모기철에 아침에는 동풍이 불고, 저녁에는 서북풍이 부는 상태

(2) 비와 관련된 말

☐ 개부심	장마에 큰물이 난 뒤, 한동안 쉬었다가 몰아서 내리는 비
☐ 건들장마	초가을에 비가 쏟아지다가 번쩍 개고 또 오다가 다시 개는 장마
☐ 그믐치	음력 그믐에 내리는 비나 눈
☐ 는개	안개보다는 조금 굵고 이슬비보다는 가는 비
☐ 먼지잼	비가 겨우 먼지나 날리지 않을 정도로 오는 것
☐ 목비	모낼 무렵에 한목 오는 비
☐ 발비	빗방울의 발이 보이도록 굵게 내리는 비
☐ 여우비	볕이 난 날 잠깐 뿌리는 비
☐ 웃비	(날이 아주 갠 것이 아니라) 한창 내리다가 잠시 그친 비
☐ 작달비	굵직하고 거세게 퍼붓는 비

(3) 눈과 관련된 말

☐ 길눈	한 길이나 될 만큼 많이 쌓인 눈
☐ 누리	싸락눈보다 크고 단단한 덩이로 내리는 눈. 우박
☐ 마른눈	비가 섞이지 않고 내리는 눈
☐ 숫눈	쌓인 그대로 있는 눈
☐ 자국눈	겨우 발자국이 날 정도로 적게 내린 눈

(4) 안개 · 서리와 관련된 말

☐ 물안개	비 오듯이 많이 끼는 안개
☐ 해미	바다 위에 낀 매우 짙은 안개
☐ 된서리	늦가을에 아주 되게 내린 서리
☐ 무서리	그 해의 가을 들어 처음 내리는 묽은 서리

| □ 상고대 | 나무나 풀에 눈같이 내린 서리 |
| □ 서리꽃 | 유리창 따위에 엉긴 수증기가 얼어붙어 꽃처럼 무늬를 이룬 것 |

3. 길과 관련된 말

□ 고샅길	마을의 좁은 골목길, 좁은 골짜기 사이의 길
□ 길라잡이	길을 인도하는 사람
□ 길섶	길의 가장자리. 길가
□ 낭길	낭떠러지를 끼고 난 길
□ 도린곁	인적이 드문 외진 곳
□ 모롱이	산모퉁이의 휘어 둘린 곳
□ 숫눈길	눈이 와서 덮인 후에 아무도 아직 지나지 않은 길
□ 자드락길	나지막한 산기슭에 경사지게 있는 좁은 길
□ 조롱목	조롱 모양으로 된 길목
□ 허방	길 가운데 움푹 패인 땅

4. 사람과 관련된 말

(1) 사람을 가리키는 말

□ 간나위	간사스러운 사람
□ 감때꾼	생김새나 모양이 매우 험상궂고 몹시 사나운 사람
□ 고림보	마음이 옹졸하여 하는 짓이 푼푼하지 못한 사람
□ 고명딸	아들 많은 집의 외딸
□ 고삭부리	음식을 많이 먹지 못하는 사람, 기력이나 체질이 약해 늘 병치레를 하는 사람
□ 구나방	말이나 행동이 거칠고 예절이 없는 사람
□ 궐공	몸이 허약한 사람
□ 까리	일정한 직업이 없이 길거리에서 떠돌아다니는 부랑자
□ 늦깎이	㉠ 사리를 남보다 늦게 깨달은 사람. ㉡ 나이가 들어서 중이 된 사람
□ 늿보	사람됨이 천하고 더러운 사람
□ 대갈마치	온갖 어려움을 겪은 아주 야무진 사람
□ 만무방	예의나 염치가 없는 사람들의 무리
□ 망석중	남이 부추기는 대로 따라 노는 사람
□ 모도리	조금도 빈틈없이 아주 야무지게 생긴 사람
□ 벽창호	고집이 세고 성질이 무뚝뚝한 사람
□ 안잠자기	남의 집에서 잠을 자면서 일을 도와주며 사는 여자
□ 책상물림	글만 읽다가 세상에 처음 나서서 물정에 어두운 사람
□ 핫아비	지어미가 있는 남자. 유부남

□ 핫어미	지아비가 있는 여자. 유부녀
□ 윤똑똑이	자기만 혼자 잘나고 영악한 체하는 사람을 낮잡아 이르는 말
□ 궁도련님	부유한 집에서 자라나 세상의 어려운 일을 잘 모르는 사람을 비유적으로 이르는 말
□ 바사기	사물에 어두워 아는 것이 없고 똑똑하지 못한 사람을 놀림조로 이르는 말

(2) 사람의 태도나 성격과 관련된 말

□ 감궂다	음충맞게 험상궂다.
□ 곰살궂다	성질이 부드럽고 다정스럽다.
□ 곰상스럽다	성질이나 행동이 잘고 좀스럽다.
□ 궤란쩍다	행동이 건방지고 주제넘다.
□ 끌밋하다	차림새나 인물이 깨끗하고 미끈하여 시원하다.
□ 두남두다	가엾게 여기어 돌보아주다.
□ 무람없다	예의를 지키지 아니하여 버릇없다.
□ 버르집다	작은 일을 크게 벌이다.
□ 살갑다	겉으로 보기보다는 마음이 너르다./ 상냥하고 부드럽다.
□ 숫되다	순진하고 어수룩하다.
□ 열없다	조금 부끄럽다. 담이 작고 겁이 많다.
□ 웅숭깊다	성품이 온화하고 도량이 넓다.

제2절 ▶ 주요 순우리말 어휘

ㄱ ~ ㄴ

□ 가멸다	재산이 많고 살림이 넉넉하다.
□ 가시버시	부부(夫婦)의 낮춤말
□ 가없다	끝이 없다. 한이 없다. 다함이 없다.
□ 각다분하다	일해 나가는 데 있어서 매우 힘들고 고되다.
□ 갈붙이다	남을 헐뜯어 사이가 벌어지게 하다.
□ 감사납다	㉠ 휘어잡기 힘들게 억세고 사납다. ㉡ 일하기 힘들게 험하고 거칠다.
□ 감투밥	그릇 위까지 올라오도록 수북하게 담은 밥
□ 갖바치	가죽신 만드는 일을 업으로 삼던 사람
□ 겅성드뭇하다	많은 수효가 듬성듬성 흩어져 있다.
□ 게걸스럽다	먹으려고 하는 탐심이 있다.
□ 견고틀다	비슷한 능력의 사람이 서로 힘을 겨루다.
□ 곁두리	농부나 일꾼들이 끼니 외에 참참이 먹는 음식(비슷한 말 : 사이참, 샛밥)

□ 곰바지런하다	일을 시원스럽게 해치우지는 못하나, 놀지 않고 고물고물 바지런하다.
□ 구순하다	사귀거나 지내는데 의가 좋다.
□ 그악스럽다	사납고 모진 데가 있다.
□ 길마	짐을 싣기 위하여 소의 등에 얹는 틀
□ 깜냥	일을 가늠 보아 해낼 만한 능력
□ 나우	좀 많게. 정도가 좀 낮게
□ 날포	하루 남짓한 동안. '-포'는 '동안'을 나타내는 접미사
□ 너스레	남을 놀리려고 늘어놓는 말솜씨
□ 너울	바다의 사나운 큰 물결
□ 넌출지다	넝쿨이 치렁치렁하게 늘어지다.
□ 넘나다	분수에 지나치는 짓을 하다.
□ 노루목	노루가 자주 다니는 길목이란 뜻으로 넓은 들에서 다른 곳으로 이어지는 좁은 지역을 이르는 말
□ 눙치다	언짢았던 마음을 풀어서 누그러지게 하다.
□ 느껍다	그 무엇에 대한 느낌이 가슴에 사무쳐서 마음에 겹다.

ㄷ ~ ㅁ

□ 다붓하다	떨어진 사이가 멀지 않다.
□ 다직해야	기껏 한다고 해야
□ 대궁	먹다가 그릇 안에 남긴 밥
□ 도란도란	나직한 목소리로 정답게 이야기하는 소리, 또는 그 모양
□ 도르리	여러 사람이 음식을 돌려가며 내어 함께 먹는 일
□ 도저하다	㉠ (사람이나 그 학식, 생각 따위가) 아주 깊고 철저하다. ㉡ (언행이) 아주 곧아서 빗나감이 없다.
□ 동티나다	잘못 건드려 재앙이 일어나다.
□ 되모시	이혼하고 처녀 행세하는 여자
□ 두남두다	잘못을 두둔해 주다.
□ 두억시니	≒야차(夜叉). 모질고 사나운 귀신의 하나. 사람을 괴롭히거나 해친다는 사나운 귀신
□ 드레	사람의 됨됨이로서의 점잖음과 무게
□ 드팀전	온갖 피륙을 파는 가게
□ 똘기	채 익지 않은 과실
□ 마뜩잖다	아주 마음에 들지 않다
□ 마뜩하다	'제법 마음에 들어 좋다'의 뜻을 지닌 긍정적 표현
□ 머홀다	험하다
□ 모꼬지	여러 사람이 놀이나 잔치 따위로 모이는 일
□ 모도리	조금도 빈틈이 없는 야무진 사람을 얕잡아 이르는 말
□ 무녀리	㉠ 한 태에 낳은 여러 마리 새끼 가운데 가장 먼저 나온 새끼 ㉡ 말이나 행동이 좀 모자란 듯이 보이는 사람을 비유적으로 이르는 말

☐ 무자맥질	물속에 들어가서 떴다 잠겼다 하며 팔다리를 놀리는 것
☐ 미리내	'은하수'의 방언
☐ 미쁘다	믿음직하다, 미덥다
☐ 미욱하다	어리석고 둔하다
☐ 미주알고주알	아주 사소한 일까지 속속들이

ㅂ ~ ㅅ

☐ 바리	㉠ 놋쇠로 만든 여자의 밥그릇 ㉡ 마소에 잔뜩 실은 짐을 세는 말
☐ 바이	다른 도리 없이, 전연, 아주, 과연
☐ 바투	거리가 썩 가깝게
☐ 반기	㉠ 잔치나 제사를 지낸 후 몫몫이 담아 여러 사람에게 돌리는 음식 ㉡ 밥그릇
☐ 버르집다	㉠ 없던 일이나 아니 해도 좋을 일을 일으켜 벌여 놓다. ㉡ 남이 알지 못하던 일을 들추어내다. ㉢ 조그마한 일을 크게 떠벌리다.
☐ 버성기다	벌어져서 틈이 있다.
☐ 베잠방이	베로 만든 옷
☐ 벼리	㉠ 그물의 위쪽 코를 꿰어 잡아당기게 된 줄 ㉡ 책의 첫머리에 속 내용을 대강 추려 차례로 벌여 놓은 줄거리 → 목차(目次)
☐ 벼리다	날이 무딘 연장을 불에 달구어 두드려 날카롭게 만들다.
☐ 변죽	그릇 따위의 가장자리
☐ 불콰하다	(술기운을 띠거나 혈기가 좋아서 얼굴빛이) 보기 좋게 불그레하다.
☐ 사위다	불이 다 타서 재가 되다.
☐ 사이참	일을 하다가 잠시 쉬는 동안. 또 그때 먹는 음식. 새참
☐ 생때같다	몸이 튼튼하고 병이 없다
☐ 선불	설맞은 총알
☐ 설피다	짜거나 엮은 것이 거칠고 성기다.
☐ 성글다	간격이나 사이가 뜨다. (유) 성기다
☐ 성엣장	물 위에 떠서 흘러가는 얼음덩이
☐ 세간나다	함께 살던 사람이 따로 살림을 차리다.
☐ 손방	할 줄 모르는 솜씨(비전문가). 문외한(門外漢)
☐ 시앗	남편의 첩
☐ 신소리	상대방의 말을 슬쩍 놓쳐서 받아넘기는 말
☐ 싸개통	여러 사람이 둘러싸고 다투며 승강이를 벌이는 모양

ㅇ ~ ㅎ

□ 아귀다툼	서로 헐뜯고 기를 쓰며 사납게 다투는 일
□ 악도리	모질게 덤비기를 잘하는 사람·짐승, 영악한 싸움쟁이
□ 알음알음	서로 아는 관계
□ 암상	남을 미워하고 샘을 잘 내는 잔망스러운 심술
□ 애오라지	다만, 오직, 마음에 부족하나마 겨우
□ 어이딸	어머니와 딸, 모녀(母女)
□ 에워가다	빙 돌아 둘러 가다, 피하여 둘러 가다.
□ 옹골지다	실속 있게 꽉 차다.
□ 웃기	과실, 포, 떡 등을 괸 이에 모양을 내기 위해 얹는 재료
□ 의뭉스럽다	겉으로는 어리석은 것 같으나 속은 엉큼한 데가 있다.
□ 자못	생각보다 매우, 꽤
□ 저어하다	두려워하다.
□ 종요롭다	없어서는 안 될 만큼 몹시 긴요하다.
□ 지청구	까닭 없이 남을 탓하고 원망하는 짓
□ 짜장	참, 정말로, 과연
□ 추레하다	겉모양이 깨끗하지 못하고 생기가 없다.
□ 칠칠하다	㉠ 잘 자라서 길다. ㉡ 일의 솜씨가 능란하고 빠르다.
□ 턱찌끼	먹다 남은 음식
□ 투미하다	어리석고 둔하다.
□ 푼푼하다	㉠ 모자람이 없이 넉넉하다. ㉡ 사람됨이 옹졸하지 아니하고 너그럽고 활달하다.
□ 함초롬하다	가지런하고 곱다.
□ 함함하다	털이 보드랍고 반지르르하다.
□ 해거름	해가 서쪽으로 기울어질 무렵
□ 행짜	심술을 부려 남을 해치는 행위

제3절 ▶ 한자어 어휘와 한자성어

1. 나이

10세	幼學(유학)	61세	回甲(회갑), 華甲(화갑), 還甲(환갑), 還曆(환력), 望七(망칠)
10세 안팎	沖年(충년)	62세	進甲(진갑)
15세	志學(지학)	70세	從心(종심), 古稀(고희)
16세	二八(이팔)	77세	喜壽(희수)
여자 나이 20세 안팎	妙齡(묘령), 芳年(방년)	81세	望九(망구)
남자 나이 20세	弱冠(약관), 丁年(정년)	88세	米壽(미수)
30세	而立(이립)	90세	凍梨(동리), 졸수
40세	不惑(불혹)	91세	望百(망백)
48세	桑年(상년)	99세	白壽(백수)
50세	知天命(지천명), 半百(반백), 艾年(애년)	60세 또는 80세	下壽(하수)
51세	望六(망륙)	80세 또는 100세	中壽(중수)
60세	耳順(이순), 六旬(육순)	100세 또는 100세 이상	上壽(상수)

2. 간지(干支)

① 십간(十干)

甲(갑), 乙(을), 丙(병), 丁(정), 戊(무), 己(기), 庚(경), 辛(신), 壬(임), 癸(계)

② 십이지(十二支)

12지	자(子)	축(丑)	인(寅)	묘(卯)	진(辰)	사(巳)	오(午)	미(未)	신(申)	유(酉)	술(戌)	해(亥)
동물	쥐	소	범	토끼	용	뱀	말	양	원숭이	닭	개	돼지
시각	23~1	1~3	3~5	5~7	7~9	9~11	11~13	13~15	15~17	17~19	19~21	21~23

3. 날짜

① 朔(삭)

　㉠ 음력으로 매달 초하룻날

　㉡ '개월'의 예스러운 말

② 旬(순) : 열흘

③ 望(망) : 보름

④ 念(념) : 스무날

⑤ 晦(회) : 그믐

제1장   문학 일반

1. 문학의 특성

    (1) 개성 : 독특성

    (2) 보편성 : 공시성

    (3) 항구성 : 역사성, 통시성

    (4) 문학의 구성요소 : 문학의 3대 특성을 결정짓는 요소 : 정서

2. 문학의 갈래

상위 갈래	하위 갈래
서정 양식 : 세계의 자아화	시
서사 양식 : 세계와 자아의 갈등, 주로 과거 시제 사용	소설
극 양식 : 세계와 자아의 갈등, 반드시 현재 시제 사용	희곡
교술 양식 : 자아의 세계화	수필

3. 문학의 기원설

(1) 심리학적 기원설

모방본능설	• 플라톤, 『공화국』: 부정적 측면의 모방론 • 아리스토텔레스, 『시학』: 긍정적 측면의 모방론
유희본능설	• 인간이 가진 '행위 그 자체를 즐기는 유희충동'에서 예술이 나왔다는 설 • 칸트, 실러, 스펜서
흡인본능설	• 남을 끌어들이려는 흡인 본능 • '다윈'과 같은 진화론자
자기 표현 본능설	• 자기를 표현하려는 본능에 의하여 창작된다는 것 • 허드슨

(2) 발생학적 기원설 : 실용성 강조

    실용적·공리적 욕구가 먼저 있었고, 심미적 욕구는 그 다음에 생긴 것이다. → 헌(Hirn), 그로세(Grosse) 등

(3) 발라드 댄스설(Ballad Dance)

문학이 초자연적인 존재에 대한 제천의식에서 행해진 원시종합예술에서 비롯되었다는 학설
→ 몰튼(R. G. Moulton)

4. 문학 작품 감상

(1) 내재적 관점

절대론주의적(존재론, 구조론, 객관론) 관점 : 작품의 구조, 구성, 의미, 운율, 심상, 주제, 수사법 파악 등

(2) 외재적 관점

① **반영론적 관점(모방론)** : 시대, 현실 반영
② **표현론적 관점(생산론)** : 작가의 인품, 환경, 일생
③ **효용론적 관점(수용론)** : 독자의 느낌, 감동

(3) 종합주의적(綜合主義的) 관점

위의 관점 중 어느 한 가지만 작용했을 때 오류가 발생할 수 있으므로, 위의 여러 관점을 유기적으로 통합하여 평가해야 한다는 관점

5. 미적 범주(미의식)

숭고미	• 일상생활에서 벗어난 크고 위대한 것을 추구하는 미의식 • 고대 문학에서 가장 분명히 나타남. 예 〈단군신화〉, 〈찬기파랑가〉, 한용운의 〈님의 침묵〉
우아미	• 아름다움 자체를 추구하는 미의식 • 고전적인 기품과 멋이 드러남. • 자연의 조화라는 가치에 순응하고자 함. 예 조지훈의 〈승무〉, 윤선도의 〈어부사시사〉
비장미	• 삶의 정한과 비극적 상황에서 나타나는 미의식 • 자연과 조화를 추구하고자 하는 '나'의 의지가 현실적 여건 때문에 좌절됨. 예 정몽주의 〈단심가〉, 김소월의 〈초혼〉, 〈접동새〉
골계미	• 구속을 거부하고 삶을 긍정하려는 각성에서 오는 아름다움 • 풍자, 해학 등의 수법으로 우스꽝스러운 상황이나 인간상을 표현 • 자연의 질서나 이치를 의의 있는 것으로 존중하지 않고, 추락시킴. 예 〈춘향전〉 등 판소리계 소설, 사설시조

6. 문학 비평

역사주의 비평	작품을 이해하기 위해서 작품이 창작된 당대의 사회·문화적 환경과 작가의 경험을 중시해야 한다는 입장이다. 따라서 객관성을 얻을 수 있도록 원전을 확정하고, 작자의 생애를 연구하며, 당시 시대상황을 연구하는 것을 주요 과제로 삼았다.
심리주의 비평	정신분석학적 방법을 작가의 창작 심리나 문학 작품의 해명, 독자 심리에 적용하는 방법론이다.
형식주의 비평	작품의 해석을 작품 내부로 한정하는 입장으로, 작품의 평가보다는 상세한 기술과 분석에 관심을 둔다. 가장 오래된 전통적인 비평 방법이다.
사회, 문화적 비평	문학을 사회적 소산으로 보는 입장으로, 작품에 나타난 사회상과 사상을 형태나 기법만큼 중요시했다. 다만, 이 방법은 문학을 사회학의 일종으로만 종속시킬 수 있다는 점에서 한계점을 가진다.
신화 비평	원형 비평으로도 불리는 것으로, 작품 속에서 남아 있는 신화적 자취를 찾아보려는 비평 방법이다. 다만, 모든 작품을 신화적인 요소로만 환원하면 작품의 독창성을 간과할 수 있다.

제2장　고전문학사

1. 고대문학의 개관

(1) **국문학의 기원**: 원시종합예술의 형태였던, 원시 제천의식(祭天儀式) → 발라드 댄스설(Ballad Dance)

(2) **집단적 서사 문학에서 개인적 서정 문학으로 전개**

(3) **사상적 배경**: 무속신앙과 동물숭배 사상(Totemism), 불교, 유교

2. 고려 시대 문학의 개관

(1) **한문학의 융성**: 과거 제도의 실시, 국자감(國子監)과 학당(學堂)의 설치 등

(2) **향가의 쇠퇴 → 국문학의 위축기**

3. 조선 전기 문학(조선 건국 ~ 임진왜란 이전)

(1) **진정한 의미의 국문학 형성**: 훈민정음의 창제

(2) **운문 중심 문학**

 ① **시조의 부흥, 경기체가의 지속, 악장문학의 형성, 가사의 발생**

 ② **양대 시가문학**: 시조와 가사

(3) **양반 사대부 중심의 문학**

(4) **배경 사상**: 불교의 쇠퇴. 유교 중심(관념적·교훈적)

4. 조선 후기 문학

(1) 문학 향유 계층의 확대

사대부 중심 문학에서 평민의 현실 비판 문학으로 전개

(2) 운문 중심에서 산문 중심으로 전개

(3) 판소리와 민속극의 성행

제3장　고전시가 문학

제1절 ▶ 고대가요

1. 현전가요의 개념

집단적이고 서사적인 문학에서 개인적이고 서정적인 시가(詩歌)로 분리되면서 생성·발전, 향가 이전의 시가

2. 현전가요의 특징

① 집단적 서사시에서 개인적 서정시로 발전하였다.
② 배경설화 속에 삽입가요의 형태로 구비 전승되었다.
③ 구전되다가 한역(漢譯)되어 전한다.

　　참고 단, '정읍사'만은 조선 시대에 국문 정착

④ 집단적 서사문학에서 개인적 서정문학으로의 이행되는 모습을 보여줌.

3. 작품 개관

제목	작가	시기	내용	특징	출전
공무도하가 (公無渡河歌)	백수광부의 처	고조선	사별(死別)의 정한	최초의 서정시가, 곡조명 : 공후인	해동역사, 고금주
구지가 (龜旨歌)	구간 (九干)	신라 유리왕	• 영신군가(迎神君歌) • 수로왕 강림 신화	최초의 구비 서사시, 주술가, 노동요	삼국유사
황조가 (黃鳥歌)	유리왕	고구려	이별의 정한	최초의 개인 서정시	삼국사기
정읍사 (井邑詞)	행상인의 아내	백제	남편의 안전 기원	국문으로 정착된 최고(最古)의 시가	악학궤범
해가사 (海歌詞)	강릉 주민	신라 성덕왕	수로 부인	구지가의 아류작	삼국유사

제2절 ▶ 향가

1. 개념

광의(廣義)로는 중국의 시가(詩歌)에 대한 우리나라의 노래이고 협의(狹義)로는 향찰(鄕札)로 표기된 신라 시대의 노래를 말함

2. 시기

신라 초인 6C 경부터 고려 초 10C 경까지 활발하게 창작되었고, 고려 중엽에 소멸함.

3. 작자층

승려, 화랑, 여인 등 다양하나, 현전 작품에는 승려와 화랑이 많음.

4. 기록 문헌

① **삼국유사** : 14수(배경 설화와 함께 기록)
② **균여전** : 11수(보현십원가 : 10구체)
③ **삼대목** : 부전 – 신라 최대 향가집

5. 형식상 갈래

① **4구체** : 민요나 동요가 향찰로 정착된 초기 형식(단, '도솔가'는 순수한 개인 기록·창작 향가) 예 서동요(백제 武王), 풍요, 헌화가, 도솔가(월명사)
② **8구체** : 4구체와 10구체의 과도기적 양식 예 처용가, 모죽지랑가(득오)
③ **10구체** : 정제된 정형시. 완성된 양식

✪ 참고 : 기타

최초의 향가	서동요
10구체 향가의 효시	혜성가(융천사)
신라 시대에 지어진 마지막 향가	처용가
최후의 향가	고려 광종 때 균여대사의 '보현십원가'

6. 주요 작품

형식	제목	작가	내용	특징
4구체	서동요(薯童謠)	백제 무왕	선화공주와의 결혼을 위해 부른 참요적 내용, 동요의 정착형	최초의 향가
	풍요(豊謠)	미상	불상을 지을 때 진흙을 운반하면서 부른 불교적 노동요	향가 중 유일한 노동요

8구체	헌화가(獻花歌)	어느 노인	수로 부인에게 철쭉을 꺾어 바치면서 부른 연정가		진달래꽃과 관련된 민요
	도솔가(兜率歌)	월명사	해외 변괴를 없애기 위한 주술가		주술가
	모죽지랑가 (慕竹旨郞歌)	득오	죽지랑의 인품을 그리며 부른 추모가		만가(輓歌)
	처용가(處容歌)	처용	아내를 범하는 역신(疫神)을 쫓는 노래, 무가(巫歌), 주술가		신라 향가의 마지막 작품
10구체	혜성가(彗星歌)	융천사	혜성의 변괴와 왜구의 출몰을 막기 위해 부른 주술가		최초의 10구체

제3절 ▶ 고려가요

1. 개념

향가가 쇠퇴하고 그 명맥을 유지하던 향가계의 노래까지 자취를 감추면서 크게 유행한 갈래로, 고려시대 평민들이 부르던 민요적 시가로 '고속가(古俗歌)', '여요(麗謠)', '장가(長歌)', '별곡(別曲)' 등으로 부르는 서정양식이다.

2. 특징

① 3음보, 연장체(분절체), 후렴구 발달, 향락적, 현실도피적
② 평민 문학, 다양한 음수율, 작자·연대 미상

3. 주요 작품

작품	형식	작품내용	출전
청산별곡 (靑山別曲)	전 8연 분절체	• 현실도피적인 생활상과 실연(失戀)의 애정이 담긴 노래 • 고려속요의 백미	악장가사, 시용향악보
동동 (動動)	전 13연 월령체	• 월별로 그 달의 자연경물이나 행사에 따라 남녀 사이의 애정을 읊은 달거리 노래 • 월령체 노래의 효시	악학궤범
정석가 (鄭石歌)	전 6연 분절체	• 임금(또는 임)의 만수무강을 축원한 노래 • 불가능한 상황을 설정하여 임과의 사랑을 노래	악장가사, 시용향악보
가시리	전 4연 연장체	• 남녀 간의 애타는 이별의 노래로 일명 귀호곡(歸乎曲) • 부전가요 '예성강곡'과 연관됨.	악장가사, 시용향악보
상저가 (相杵歌)	4구체, 비연시	• 방아를 찧으면서 부른 소박한 노동요. 신라의 백결 선생의 '대악'과 연관됨. • 내용상 '효'를 주제로 한다.	시용향악보
처용가 (處容歌)	비연시 (非聯詩)	• 향가인 처용가를 부연해서 부른 무가(巫歌), 축사(逐邪)의 노래 • 희곡적으로 구성됨. 향가 해독의 근거 제시	악학궤범, 악장가사

서경별곡 (西京別曲)	전 3연 분절체	• 서경을 무대로 한 남녀 간의 애끓는 이별가 • 임을 따르겠다는 적극적 의지와 임에 대한 질투의 감정이 드러나는 등 적극적인 정서가 돋보임.	악장가사, 시용향악보
쌍화점 (雙花店)	전 4연	• 남녀 간의 적나라한 애정을 표현한 유녀의 노래. '사룡(蛇龍)'과 연관됨. • '쌍화점'은 '만두가게'의 뜻. 남녀상열지사	악장가사, 시용향악보
사모곡 (思母曲)	비연시 (非聯詩)	• 어머니의 사랑을 호미와 낫에 비유한 소박한 노래 • 별칭은 '엇노리'. 신라의 '목주가'와 연관됨	악장가사, 시용향악보
이상곡 (履霜曲)	비연시 (非聯詩)	남녀상열지사로 지목된 것으로 성종 때 개작됨	악장가사
만전춘 (滿殿春)	전 5연	• 남녀 간의 애정을 대담 솔직하게 읊은 사랑의 노래 • 고려속요 중 시조의 형식을 지님(2연과 5연). 남녀상열지사	악장가사
유구곡 (維鳩曲)	비연시 (非聯詩)	• 비둘기를 좋아한다는 노래로 속칭 '비두로기'라 함. • 예종의 '벌곡조'와 관련됨.	시용향악보

제4절 ▶ 경기체가

1. 개념

고려 중엽 무인정권 이후 등장한 신흥 사대부들이 자신들의 득의에 찬 삶과 향락적인 여흥을 위하여 창출한 시가양식으로, 후렴구에 경기하여(景幾何如)라는 구절이 들어 있기 때문에 '경기체가' 혹은 '경기하여가'라 불림.

2. 특징

① 귀족문학, 교술장르, 기록문학, 정형시가
② 사물이나 경치 나열, 사대부의 호탕한 자부심
③ 4구체 전대절, 2구 후소절, 3·3·4조 또는 4·4·4조를 기본 음수율로 하며, 3음보
④ 한문구가 나열되어 있고, 부분적으로 이두를 사용
⑤ 분장체이며 각 절 끝에 '위 景 긔 엇더ᄒ니잇고' 또는 '경기하여'라는 후렴구

3. 주요 작품

작품	연대	작자	형식	내용
한림별곡	고려 고종 때	한림제유	8연, 3·3·4조	시부, 서적, 명필, 명주, 화훼(花卉), 음악, 누각, 추천(鞦韆)을 노래했다. 경기체가의 효시로 당시 문인들의 풍류적인 생활을 읊었다.
관동별곡	고려 충숙왕	안축	8연, 3·3·4조	작자가 강원도 순무사로 있다가 돌아오는 길에 관동 지방의 절경을 보고 읊은 것으로, 모두 8장으로 되어 있다. 『근재집』에 그 내용이 전한다.
죽계별곡	고려 충숙왕	안축	5연	고향인 풍기 순흥의 절경을 읊었다.

제5절 ▶ 악장

1. 개념

왕의 행차나 종묘제향(宗廟祭享) 등 국가적인 행사에 사용하던 음악의 가사로서, 조선 초기의 송축가(頌祝歌)

2. 주요 작품

형식	작품	연대	작자	내용
신체	용비어천가	세종 27	정인지, 안지, 권제	훈민정음으로 쓴 최초의 작품으로, 조선을 세우기까지 6조의 사적(事跡)을 중국 고사와 대비하여 그 공덕을 기리어 지은 노래이다. 각 사적의 기술에 앞서 우리말 노래를 먼저 싣고 그에 대한 한역시를 뒤에 붙였다. 125장. 10권 5책
	월인천강지곡	세종 29	세종	『석보상절』의 석가 공덕을 보고 지은 석가모니의 찬송가
속요체	신도가	태조 3	정도전	새로운 도읍지 예찬과 태조의 만수무강 찬양
	유림가	세종	미상	조선의 창업 송축과 유교 정치를 찬양
	감군은	명종 1	상진	임금의 성덕과 성은 찬양
경기체가	상대별곡	정종~태종	권근	사헌부의 생활을 읊은 것으로, 조선의 문물 제도의 왕성함을 찬양
	화산별곡	세종 7	변계량	조선의 개국 창업을 찬양
	오륜가	세종	미상	오륜에 대해서 부른 송가
	연형제곡	세종	미상	형제의 우애를 기리고 조선의 문물 제도를 찬양
한시체	문덕곡	태조 2	정도전	태조의 문덕(文德)을 찬양
	궁수분곡	태조 2	정도전	태조가 지리산에서 왜구를 격퇴한 것을 찬양. 무공곡
	납씨가	태조 2	정도전	태조가 야인(나하추)을 격파한 무공을 찬양. 무공곡
	정동방곡	태조 2	정도전	태조의 위화도 회군을 찬양
	근천정	태조 2	하륜	시경의 아송체를 모방하여 지은 것으로 태조의 공덕을 찬양
	봉황음	세조	윤회	조선의 문물과 왕가의 태평 기원

제6절 ▶ 시조

1. 명칭

'단가(短歌), 시여(時餘), 신조(新調), 신번(新飜), 영언(永言), 국풍(國風)' 등 조선 영조 때 가객 이세춘이 시절가조(時節歌調)라는 명칭 사용. 신광수(申光洙)의 「석북집(石北集)」에서 기록

2. 주요 가단(歌團)

① **경정산가단** : 영조 때 김천택과 김수장을 중심으로 형성
② **노가재가단** : 영조 때 김수장을 중심으로 형성
③ **승평계** : 고종 때 박효관과 안민영을 중심으로 형성

3. 주요 시조집

시조집	연대	편찬자	편수	내용
청구영언 (靑丘永言)	영조 4년	김천택	시조 998수 가사 17편	• 최초의 고시조집. 곡조별 분류 • 권말에 가사 17편을 수록
해동가요 (海東歌謠)	영조 39년	김수장	883수	작가별 분류
고금가곡 (古今歌曲)	(영조 40?)	송계연월옹	시조 294수 가사 11편	주제에 따라 인륜·권계·송축·정조·연군 등 21항목 으로 분류하여 편찬함.
가곡원류 (歌曲源流)	고종 13년	박효관, 안민영	시조 839수	곡조별 분류. 남창과 여창으로 나누었고, 뒤에 여창유취 (女唱類聚)를 붙였음. 일명 '해동악장(海東樂章)'
병와가곡집 (甁窩歌曲集)	정조	이형상	시조 1109수	일명 '악학습령'. 가장 많은 시조가 실림.
남훈태평가 (南薰太平歌)	철종	미상	224수	잡가 3편, 가사 4편 포함. 순 한글로 표기. 음악적 의도로 종장 끝의 구[제4구]를 생략함.

제7절 ▶ 가사(歌辭)

1. 개념

경기체가의 붕괴에서 발생한 교술 장르로 형식상 운문이며, 내용상 수필적 산문(운문과 산문의 중간형
식)으로 운문에서 산문으로 넘어가는 과도기적 시형

2. 특징

① 4음보, 서정 가사에서 서사 가사로 진행, 운문 문학에서 산문 문학으로 이행되는 과도기적 문학, 결
사의 종구가 시조 종장 음수율(3·5·4·3)과 동일(정격가사)
② 구수나 행수의 제한이 없는 연속체의 장가

3. 조선 전기 작품

작품	연대	작자	내용
상춘곡	성종 1(1470)	정극인	최초의 가사. 자연에 파묻힌 생활 속에서 봄날의 경치를 찬란한 내용으로, 『불우헌집』에 실려 있음. 창작은 15세기, 표기는 후손 정효목에 의해 정조(18세기) 때 표기되었음.
만분가	연산군 4(1498)	조위	무오사화 때 순천에서 지은 최초의 유배 가사
면앙정가	중종 19(1524)	송순	향리인 담양에 면앙정(俛仰亭)을 짓고 나서, 자연과 정취를 노래함. '상춘곡'을 계승하고 '성산별곡'에 영향을 주었음.
관서별곡	명종 11(1556)	백광홍	최초의 기행 가사. 평안도 지방의 자연 풍물을 두루 돌아보고 그 아름다움을 읊었음. 정철의 '관동별곡'에 영향을 줌.
성산별곡	명종 15(1560)	정철	전라남도 담양군 있는 성산의 풍경과, 서하당과 식영정을 중심으로 한 사계절의 변화를 읊으면서 그 누각을 세운 김성원의 풍류를 칭송한 노래로 『송강가사』에 실려 있음. 정철의 처녀작. '면앙정가'의 영향을 받음.
관동별곡	선조 13(1580)	정철	강원도 관찰사로 부임하여 자연을 노래한 기행 가사 '관서별곡'의 영향을 받음.
사미인곡	선조 18(1585)	정철	'정과정곡'의 영향을 받음. 충신연주지사. 한 여인이 생이별한 남편을 그리워하는 독백체 형식. 여성적 어조의 작품
속미인곡	선조 18(1585)	정철	'사미인곡'의 속편. 두 여인의 대화체 형식으로 된 충신연주지사. 우리말의 묘미를 최대한 살려내고 있음.
규원가	선조	허난설헌	여자의 애원을 우아한 필체로 쓴 내방 가사
낙지가	중종	이서	담주의 미풍양속과 그 승경을 노래하고 태평성대가 오기를 기원
선반가	중종	권씨	농암 이현보를 영접하기 위해 창작. 최초의 내방 가사
미인별곡	명종	양사언	한 여인의 아름다움을 노래
환산별곡	명종	이황	벼슬을 버리고 전원에서 유유자적하는 생활을 노래
자경별곡	선조	이이	향풍(鄕風)을 바로잡기 위한 교훈가
강촌별곡	선조	차천로	벼슬을 버리고 자연에 묻혀 생활하는 정경
서호별곡	선조	허강	한강의 풍치를 노래

4. 조선 후기 작품

작품	연대	작가	내용
고공가(雇工歌)	임란 직후	허전	당시 국정의 부패와 무능을 개탄하고, 만조백관을 머슴에 비유하여 부지런하고 검소하기를 권장하는 내용(나랏일을 농사에 빗대어 표현)
고공답주인가(雇工答主人歌)	임란 직후	이원익	허전(許㙓)의 '고공가'에 화답하는 형식으로서, 작가가 영의정의 처지에서 당파싸움을 일삼는 신하를 꾸짖고 임금에게 간(諫)하려는 목적으로 지었음.
조천가(朝天歌)	선조	이수광	일명 조천록, 조천곡. 전·후 2곡이 있었다고 하나, 가사는 알 수 없음. 유배가사
태평사(太平詞)	선조 31	박인로	전쟁가사. 왜적을 몰아내고 태평세월의 도래를 갈구함으로써 수군을 위로한 작품
선상탄(船上嘆)	선조 38	박인로	전쟁가사. 임진왜란 뒤 왜적을 미워하고 평화를 갈구하는 뜻을 읊은 작품
사제곡(莎堤曲)	광해군 3	박인로	사제의 승경과 이덕형의 소요자적하는 생활을 읊은 것
누항사(陋巷詞)	광해군 3	박인로	이덕형과 교유하면서 지은 가사. 가난하지만 안빈낙도하는 심회와 생활상을 읊은 작품

독락당(獨樂堂)	광해군 11	박인로	옥산서원 독락당을 찾아가, 회재 이언적 선생을 추모하고 그 곳의 경치를 노래한 작품
영남가(嶺南歌)	인조 13	박인로	영남 안찰사 이근원의 선정을 백성들이 숭모함을 표현한 작품
노계가(蘆溪歌)	인조 14	박인로	지은이가 만년에 숨어 살던 노계의 경치를 읊은 작품
북관곡(北關曲)	숙종	송주석	작가가 조부인 송시열의 덕원 유배에 따라가 지은 작품, 유배가사
일동장유가 (日東壯遊歌)	영조 39	김인겸	지은이가 일본 통신사 조엄의 서기로 갔다가 견문한 바를 노래한 작품, 현전 최장편 기행가사
만언사(萬言詞)	정조	안조환	지은이가 추자도로 귀양 가서 겪은 천신만고의 참상을 노래한 작품, 유배가사
농가월령가 (農家月令歌)	헌종	정학유	계절에 따른 농가의 월중 행사와 세시풍속을 월령체 형식으로 교훈적으로 노래함. 조선 시대 농촌의 생활사 및 풍속 연궁에 귀중한 자료가 되며, 광해군 때 고상안이 지었다는 설도 있음.
봉선화가	헌종	정일당 남씨	손톱에 봉선화 물을 들이는 풍습 따위를 여인의 감정과 연관하여 읊은 것으로, 모두 100구로 되어 있음.
북천가(北遷歌)	철종4	김진형	명천에 귀양갔다가 돌아오기까지의 생활과 견문을 쓴 작품. 칠보산의 관풍(觀楓) 놀이, 군산월(君山月)과의 사랑 등 호화스러운 생활 모습은 만언사와 대조적, 유배가사
연행가(燕行歌)	고종3	홍순학	1886년에 주청사(奏請使) 유후조의 서장관으로 북경에 가서 견문한 바를 읊은 작품, 장편 기행가사

제4장 고전산문 문학

제1절 ▶ 고대설화(說話)

1. 설화문학의 전개

고대설화 → 패관문학 → 가전체 → 고소설 → 신소설 → 근대소설

2. 문헌 설화

① **고려 시대** : 동국이상국집−동명왕편(이규보), 제왕운기(이승휴), 삼국유사(일연), 삼국사기(김부식), 수이전(박인량), 패관문학서
② **조선 전기** : 세종실록지리지, 동국여지승람, 태평한화골계전(서거정), 용재총화(성현), 촌담해이(강희맹)
③ **조선 후기** : 어우야담(유몽인)

3. 조선 후기 3대 설화집

청구야담, 동야휘집, 계서야담

제2절 ▶ 국문 소설의 갈래

1. 사회소설(社會小說) : 사회 제도의 모순을 비판

작품	연대	작가	내용
홍길동전 (洪吉童傳)	광해군	허균	• 최초의 한글 소설, 사회소설, 영웅소설 • 영향 : '지하국 퇴치 설화', 「수호지」, 「삼국지연의」 등 • 작가의 한문수필 유재론(遺才論), 호민론(豪民論)이 사상적 바탕 • 주제 : 적서차별(嫡庶差別)의 타파, 탐관오리 응징과 빈민구제, 해외진출사상 　(이상국 건설) 등 • 아류작 : '전우치전', '서화담전'
전우치전	미상	미상	담양(潭陽)에 실존하였던 전우치를 주인공으로 하고 있으며, '홍길동전'의 아류 작임.

2. 군담소설(軍談小說)

(1) 역사 군담 : 실존했던 인물이나 실재 사건을 바탕으로 허구화한 소설

작품	연대	작가	내용
임진록 (壬辰錄)	임란 후	미상	• 왜병을 물리치고 왜왕의 항복을 받고 개선하는 내용 • 충무공의 군략(軍略), 서산대사, 사명당의 도술 등이 수록됨.
곽재우전 (郭再佑傳)	임란 후	미상	• 임진왜란 때 홍의장군 곽재우가 의병을 일으켜 왜병을 무찌른 무용담 • '천강 홍의장군'이란 제목으로 출간됨.
김덕령전 (金德齡傳)	임란 후	미상	간신들의 참소로 억울하게 죽은 의병장 김덕령의 생애와 업적을 그림.
임경업전 (林慶業傳)	병란 후	미상	명나라를 구함과 아울러 병자호란의 치욕을 씻으려고 애쓰다가 원통하게 죽어간 임경업의 무용담으로 전기적 소설(傳記的 小說)에 속함.
박씨전 (朴氏傳)	병란 후	미상	• 여성 영웅 소설. 박씨 부인이 병자호란 때 도술로 청나라 장수와 공주를 굴복시 킨 내용 • 병자호란의 치욕을 소설을 통하여 씻고자 하는 작가 의식이 잘 드러남.

(2) 창작 군담 : 중국을 무대로 가공적 영웅을 허구화한 소설

작품	연대	작가	내용
유충렬전	미상	미상	위기에까지 처한 천자를 구하고 나라를 바로 잡아 부귀영화를 누린다는 내용
조웅전	미상	미상	위기에 처한 태자를 구출하고 수십만 대군으로 송나라를 구해 낸다는 내용
장국진전	미상	미상	중국 명나라를 배경으로 하여 장국진의 결혼담과 그 부인의 무용담을 그린 것
장백전	미상	미상	원나라 말기를 배경으로 장백과 딸 장소저의 기구한 운명을 다루고 있음.
소대성전	미상	미상	위기에 처한 천자를 구해 주고는 노왕(魯王)에 제수된 뒤 행복하게 살았다는 내용

3. 설화소설(說話小說) : 구비 전승되어 온 설화를 소재로 한 소설

작품	연대	작가	내용
심청전 (沈淸傳)	미상	미상	• 심청이의 효행을 그림. 유교적 효사상과 불교의 윤회사상 • 도덕소설 '연권녀 설화, 효녀 지은 설화, 거타지 설화, 인신공양 설화' 등의 근원설화가 있음
장끼전	미상	미상	• 꿩을 의인화하여 인간세계를 풍자함. • 풍자소설 별칭 : '웅치전(雄稚傳)'
흥부전 (興夫傳)	미상	미상	• 형제간의 우애(표면적 주제), 계층 간의 갈등(심층적 주제) • '방이 설화, 박타는 처녀 설화, 동물 보은 설화' 등의 근원설화가 있음
옹고집전 (雍固執傳)	미상	미상	• 판소리계 소설 • 부자이면서 인색하고 불효자인 옹고집이 잘못을 뉘우치고 착한 사람이 된다는 이야기
왕랑반혼전 (王郞返魂傳)	미상	미상	• 불교설화를 소설화한 작품 • 왕사궤라는 인물을 통해 불교에의 귀의와 윤회 사상을 강조한 작품

4. 가정소설(家庭小說) : 봉건적인 가정 내의 이야기 등을 다룬 소설

작품	연대	작가	내용
사씨남정기 (謝氏南征記)	숙종	김만중	• 숙종이 인현왕후를 쫓아냄을 풍자한 것이라고도 함. • 요첩(妖妾)과의 환락이나 수신제가에 누(累)가 됨을 풍자한 목적소설이다. 고대수필 '인현왕후전'과 유사함.
창선감의록 (彰善感義錄)	순조	조성기	• 한문소설 • 효와 우애를 강조한 도덕 소설. 한글본도 전함.
장화홍련전 (薔花紅蓮傳)	미상	미상	• 계모가 전처의 자식을 학대함으로써 생긴 가정비극을 그린 작품 • 주제는 권선징악이며 '아랑각 전설'을 모태로 함.
콩쥐팥쥐전	미상	미상	• 착하고 예쁜 콩쥐가 계모와 이복 동생 팥쥐에게 심한 구박을 받으나 감사(監司)와 혼인한다는 내용 • 권선징악을 주제로 하고 있음.

5. 풍자소설(諷刺小說) : 시대, 사회, 인물의 결함이나 과오 등을 풍자한 소설

작품	연대	작가	내용
배비장전 (裵裨將傳)	순조~ 철종(?)	미상	• 양반의 위선적인 생활을 풍자한 것으로, 배비장이 제주도에 갔다가 기생 애랑에게 빠져 수모를 당한 이야기 • 판소리계 소설. '발치설화'와 연관됨.
옹고집전 (雍固執傳)	미상	미상	• 옹고집이 중을 학대하다가, 그 중이 만들어낸 가짜 옹고집에게 쫓겨나서 고생 끝에 자기의 잘못을 뉘우쳐 착한 사람이 됨을 그림. • 판소리계 소설. '장자못' 설화와 연관됨.
이춘풍전 (李春風傳)	영조~ 정조	미상	무력한 남편과 거세된 양반을 풍자한 것으로 새로운 여성상을 제시함.

6. 염정소설(艶情小說) : 남녀 간의 애정 문제를 다룬 소설

작품	연대	작가	내용
춘향전 (春香傳)	영조~ 정조	미상	• 판소리계 소설 • 부사(府使)의 아들 이몽룡과 퇴기(退妓)의 딸 성춘향의 신분을 초월한 사랑을 그림. 완판본 열녀춘향수절가
옥단춘전 (玉丹春傳)	영조~ 정조	미상	• '춘향전'의 아류작 • 이혈룡과 기생 옥단춘과의 사랑을 그림.
숙향전 (淑香傳)	영조~ 정조	미상	• '춘향전'의 아류작 • 숙향이 고생하다가 초왕(楚王)이 되는 이선과 결혼하여 정렬 부인이 된다는 이야기
숙영낭자전 (淑英娘子傳)	영조~ 정조	미상	• '춘향전'의 아류작 • 선비 백선군과 꿈에서 본 숙영과의 사랑을 그림.
운영전 (雲英傳)	선조	유영	• 비극적인 정사 • 원본은 한문본(궁중을 배경으로 한 고대소설 중에서 유일한 비극적 결말). 일 명 '수성궁몽유록', '유영전'이라 함.
구운몽 (九雲夢)	숙종	김만중	• 몽자류 소설의 효시 • '조신설화'의 영향을 받음. • 환몽구조(현실-꿈-현실), 공간이동 (천상-지상-천상) • 중심 사상은 불교의 '공(空)' 사상 • 주제 : 인간의 부귀, 영화, 공명 등이 모두 일장춘몽. 인생무상 • 창작 동기 : 유배지에서 노모를 위로하기 위함. • 아류작 : 옥루몽, 옥련몽
옥루몽 (玉樓夢)	숙종	남익훈	• 몽자류 소설 • 일부다처제의 내용으로 되어 있음. '구운몽'의 아류작임.
채봉감별곡 (彩鳳感別曲)	미상	미상	• 사실적인 묘사로 조선 말기 부패한 관리들의 추악한 이면을 폭로하고, 진취적 인 한 여성이 부모의 명령을 거역하면서까지 사랑을 성취한다는 내용 • '추풍감별곡'이라고 함.

제3절 ▶ 고대수필

1. 개념

사회변동에 따른 개인의 체험이나 그 역사적 사실을 기록한 글

2. 특징

① 임진왜란·병자호란 이후 현실적 사고의 대두와 산문화의 경향으로 발전
② 처음에는 한문, 나중에는 순 한글로 쓰임
③ 조선 후기라 하더라도 국문수필보다 한문수필이 질적·양적으로 뛰어남.
④ 민간과 궁중에서 함께 쓰임. 궁정수필은 여성 특유의 섬세하고, 우아한 표현으로 곡진한 정서와 인간미

3. 주요 작품

분류	작품	작가	연대	내용
궁정수상	계축일기 (癸丑日記)	궁녀	광해군 5 (1613)	광해군이 선조의 계비인 인목대비의 아들 영창대군을 죽이고 대비를 폐하여 서궁에 감금했던 사실을 일기체로 기록
	한중록 (閑中錄)	혜경궁 홍씨	정조20~ 순조 4	남편 사도세자의 비극과 궁중의 음모, 당쟁, 자신의 기구한 생애를 회고하여 적은 자서전적 회고록, '읍혈록(泣血錄)'
	인현왕후전 (仁顯王后傳)	궁녀	숙종~ 정조	인현왕후의 폐비사건. 숙종과 장희빈의 관계를 그림. '사씨남정기'는 같은 내용을 비유적으로 소설화한 작품
일기	산성일기 (山城日記)	궁녀	인조	병자호란을 중심으로 한 치욕적인 일면을 객관적으로 그린 작품
	화성일기 (華城日記)	이의평	정조 19	정조의 능행(陵行)시 화성(수원)에 수행하여 왕대비의 회갑연에 참가했던 것을 일기로 엮은 것
	의유당일기 (意幽堂日記)	연안 김씨	순조	순조 29년 함흥 판관에 부임하는 남편 이회찬을 따라가, 그 부근의 명승고적을 찾아다니며 보고 듣고 느낀 바를 적은 글
기행	북관노정록 (北關路程錄)	유의양	영조 49	작가가 함경도 종성으로 유배되었을 때의 일을 적은 일기체 기행문
	무오연행록 (戊午燕行錄)	서유문	정조 22	서장관으로 중국에 갔다가 그 견문·감상을 자세히 기록한 완전한 산문체 작품
전기	윤씨행장 (尹氏行狀)	김만중	숙종 16	김만중이 돌아가신 자기 어머니를 추념하여 생전의 행장(行狀)을 지어 여자 조카들에게 나누어 준 글
제문	제문(祭文)	숙종	숙종 46	숙종이 막내 아들 연령군의 죽음을 애통해 하며 그 심회를 적은 글
	조침문(弔針文)	유씨	순조 4	자식 없는 미망인으로서 바느질로 생계를 이어 오다가, 바늘을 부러뜨려 그 섭섭한 심회를 적은 글
기타	요로원야화기 (要路院夜話記)	박두세	숙종 4	당시 선비사회의 병폐를 대화체로 풍자했음.
	어우야담 (於于野談)	유몽인	광해군	최초의 야사집. 민간의 야담과 설화를 모아 엮음. 해학과 기지가 넘치는 작품
	규중칠우쟁론기 (閨中七友爭論記)	미상	미상	의인체. 규중 부인들의 손에서 떨어지지 않는 바늘·실·자·가위·인두·다리미·골무 등의 쟁공(爭功)을 쓴 글

제5장　한문학

제1절 ▸ 조선 전기 한문소설

작품	연대	작가	내용
금오신화	세조	김시습	• 최초의 한문소설. 전 시대의 설화와 상당한 유사성을 가지나, 소설로서의 요건을 갖추었고 작가의 주제 의식이 분명 • 명나라 구우의 「전등신화」의 영향을 받음. • 단편소설집으로 '만복사저포기, 이생규장전, 취유부벽정기, 남염부주지, 용궁부연록' 등 일부 작품만이 전함.
대관재몽유록	중종	심의	주인공이 꿈속에서, 최치원이 천자가 되고 역대 문인들이 신하가 되어 있는 왕궁에 가서 벼슬하고 결혼까지 해서 행복하게 살았다는 이야기
화사	선조	임제	• 국가와 군신을 꽃에 비유하여 치국 흥망의 역사를 기록한 의인체 한문 소설 • 설총의 '화왕계'의 영향을 받음
수성지	선조	임제	세상에 대한 불만과 현실에 대한 저주를 그린 의인체 한문 소설
원생몽유록	선조	임제	• 생육신의 한 사람인 남효온의 처지를 슬퍼하여 쓴 몽유록계 전기소설(傳奇小說) • 세조의 왕위 찬탈을 배경으로 한 정치 권력의 모순을 묘사함.

제2절 ▸ 조선 후기 한문소설

작품	연대	작가	내용
호질(虎叱)	정조	박지원	• 유학자들의 위선적 가면을 폭로하고 북학론을 주장하며 의자(醫者)와 무자(巫者)의 반성을 촉구하는 실학사상을 내용으로 함. • 『열하일기』에 수록, 수절과부의 위선도 비판
허생전 (許生傳)	정조	박지원	• 이용후생의 실학사상 반영. 『열하일기』에 수록 • 양반(사대부)의 무능 폭로 • 경제구조의 취약점 비판 • 사대부의 허위적 명분론 비판
양반전 (兩班傳)	정조	박지원	• 양반 사회의 허례허식 및 그 부패성의 폭로 • 『방경각외전』에 수록
광문자전 (廣文者傳)	정조	박지원	• 걸인인 광문의 정직함과 불평과 슬픔을 그려서 사회의 부패상을 폭로한 작품 • 『방경각외전』에 수록
예덕선생전 (穢德先生傳)	정조	박지원	• 인분(똥)을 나르는 예덕선생을 통해 양반들의 위선을 공박한 작품 • 직업 차별의 타파와 천인(賤人)의 성실성 예찬. 『방경각외전』에 수록
마장전 (馬駔傳)	정조	박지원	• 세상의 거짓된 일면을 말하고 벗을 사귀기 어려움을 강조 • 『방경각외전』에 수록
민옹전 (閔翁傳)	정조	박지원	• 무위도식하는 인간 메뚜기가 더 무섭다는 내용. • 민옹의 일화를 중심으로 타락한 사회를 풍자한 작품, 『방경각외전』에 수록

우상전 (虞裳傳)	정조	박지원	• 학식이 높고 시에 능한 우상이 일본에 간 일과, 조선이 허례에 빠져 있음을 풍자한 작품 • 『방경각외전』에 수록
김신선전 (金神仙傳)	정조	박지원	• 김홍기의 신출귀몰하는 행색을 그리고, 신선이 곡식을 안 먹음은 불우한 선비가 굶주려 산에서 노는 일이라고 풍자함. • 『방경각외전』에 수록
열녀함양박씨전 (烈女咸陽 朴氏傳)	영조	박지원	• 남편을 잃고 3년 상을 마친 후 음독자살을 한 박씨 부인의 절의(節義)를 표현한 작품, 과부의 재가 금지를 비판 • 『연상각선본』에 수록

제3절 ▶ 기타 산문문학

1. 삼국시대

작품	시대	작가	내용	갈래
여수장우중문시	고구려	을지문덕	• 수의 장군 우중문을 우롱한 한시 • 현존하는 최고(最古)의 한시	한시
화왕계	신라 신문왕	설총	• 꽃을 의인화하여 임금을 풍간. 의인체의 효시이며, 고대 소설 '화사'에 영향을 미침. • 소설적인 기록물의 효시 • 『삼국사기』에 수록되어 있으며 『동문선』에서 '풍왕서'라는 제목으로 전함.	설화
계원필경	신라	최치원	현존하는 최고의 개인 문집	문집
토황소격문	신라	최치원	당나라 유학 중 황소에게 항복을 권유한 문서	한문
왕오천축국전	신라 성덕왕	혜초	• 구도(求道)를 위해 천축국을 순례한 기행문 • 우리나라 최초의 기행문	한문수필
화랑세기	신라 성덕왕	김대문	• 부전(不傳) • 설화 문학서	설화
고승전	신라 성덕왕	김대문	이름난 고승(高僧)에 대한 전기	전기

2. 패관문학

작품집	연대	작가	내용
수이전 (殊異傳)	문종	박인량	• 최초의 순수 설화집 • 현재 전하지 않고, 연오랑 세오녀, 호원 등 9편이 『삼국유사』, 『해동고승전』에 전함.
백운소설 (白雲小說)	고종	이규보	• 삼국 ~ 고려까지의 시인들과 그들의 시에 대하여 논한 책 • 일종의 수필집의 성격으로 시화(詩話), 문담(文談)을 기록 • '소설'이란 명칭을 최초로 사용한 문헌

파한집 (破閑集)	고종	이인로	• 시화(詩話), 문담(文談), 기사(記事), 자작(自作), 고사(故事), 풍물(風物) 등을 기록한 책 • 비평 문학의 효시
보한집 (補閑集)	고종	최자	• 이인로의 『파한집』을 보충한 수필체의 시화들을 엮은 책 • 아름다운 근체시(近體詩)와 시평(詩評), 거리에 떠도는 이야기, 흥미있는 사실(史實), 부도(浮屠)와 부녀자들의 이야기를 수록한 것으로, 당시의 사회 상황을 살펴보는 데 좋은 참고가 됨. • 3권 1책
역옹패설 (櫟翁稗說)	고려 말	이제현	• 『익재난고』의 권말에 수록됨. • 「소악부」에 고려속요가 한역되어 있음.

3. 가전체문학

작품	연대	작가	내용
국순전	인종	임춘	• 술을 의인화하여 술이 지닌 매력과 지나쳐서 생겨나는 폐단을 표현함. • 가전체의 효시. 이규보의 '국선생전'에 영향을 줌.
공방전	인종	임춘	엽전을 의인화하여 탐재(貪財)를 경계함.
국선생전	고종	이규보	술을 의인화하여 군자(君子)의 처신을 경계함.
청강사자현부전	고종	이규보	거북을 의인화하여 어진 사람의 행적을 그림.
죽부인전	공민왕	이곡	대나무를 의인화하여 절개(節槪)를 나타냄.
저생전	고려 말	이첨	종이를 의인화하여 위정자들에게 올바른 정치를 권유하는 내용
정시자전	고려 말	석식영암	지팡이를 의인화하여 인세(人世)의 덕에 관하여 경계함.

제6장 구비문학

제1절 ▶ 설화

1. 주요 신화

나라	신화명	내용
고조선	단군신화	• 우리나라 건국신화, 홍익인간 이념제시, 현존 최고의 신화 • 민족주의적 영웅서사시의 원류 • 출전 : 『삼국유사』, 『제왕운기』, 『응제시주』, 『동국여지승람』, 『세종실록지리지』
고구려	주몽신화	동명왕의 출생에서부터 건국의 성업(聖業)까지를 묘사한 설화
신라	박혁거세신화	나정(蘿井) 근처에서 발견한 알에서 태어나 6村 사람들의 추대로 임금이 됨. 박씨의 시조설화
	석탈해신화	알에서 나와 버려진 뒤 남해왕의 사위가 되고 나중에 임금으로 추대된 석(昔)씨의 시조설화
	김알지신화	시림(始林 : 鷄林)의 나무에 걸렸던 금궤에서 태어났다고 전해지는 경주 김씨의 시조설화
가락국	수로왕신화	알에서 태어난 6명의 아이들 중 가락국의 왕이 된 김해 김씨의 시조설화

2. 근원 설화와 후대 소설과의 관계

(1) 판소리계 소설

근원 설화	판소리 사설	판소리계 소설	개작 신소설
도미 설화	춘향가	춘향전	옥중화(獄中花)
방이 설화	흥보가	흥부전	연(燕)의 각(却)
연권녀 설화	심청가	심청전	강상련(江上蓮)
귀토 설화	수궁가	별주부전	토(兎)의 간(肝)

(2) 기타

① 조신 설화 → 구운몽(김만중) → 아류작 : 옥루몽

② 지하국 대적 퇴치 설화 → 홍길동전 → 아류작 : 전우치전, 서화담전

③ 쟁장 설화(爭長說話) → 두껍전

④ 장자못 설화 → 옹고집전

⑤ 신데렐라형 설화 → 콩쥐팥쥐전

제2절 ▶ 민요

1. 개념

민중들 사이에서 저절로 생겨나서 전해지는 노래

2. 특징

구전성, 서정성, 서민성, 형식미

제3절 ▶ 판소리

1. 판소리의 성격

(1) 구성 요소

① ┬ **창** : 노래
　├ **아니리** : 사설 – 장면 변화, 정경 묘사, 광대의 휴식
　└ **발림, 너름새** : 연기

② **고수, 관객** : 추임새(흥을 돋우는 소리)

(2) 곡조(완급의 가락)

진양조	가장 느린 곡조. 애연조(哀然調)로 슬프고 무거운 느낌을 준다.
중모리	중간 빠르기의 곡조로 안정감을 준다.
중중모리	중모리보다 약간 빠른 곡조로 흥취를 돋우며, 우아하다.
자진모리	빠른 곡조로 섬세하면서 명랑하고 차분한 느낌을 준다.
휘모리	가장 빠른 곡조로 급박감을 준다.
엇모리	평조음(平調音)으로 평화스럽고 경쾌하며 이질적인 장단이다.

(3) 판소리 사설(辭說)의 문학적 특징

① 구전·적층적 성격
② 전문성 – 광대(전문적 소리꾼)에 의해 공연
③ 장면의 극대화 – 더늠 : 특히 잘하는 대목
④ 향유 계층의 다변화 – 양반, 평민
⑤ 주제의 양면성

표면적 주제	유교적 윤리 의식
이면적 주제	평민 의식을 배경, 현실 풍자 및 해학

⑥ 언어의 이중성 – 양반의 한시·한자어, 평민의 비속어

문어체(文語體)	한자어가 많이 사용된 국한혼용체
구어체(口語體)	우리말 위주의 일상적 문체

⑦ 운문체(율문체)
⑧ 비장미와 해학미의 반복

2. 작품

판소리 12마당	춘향가, 심청가, 흥보가, 수궁가, 적벽가, 변강쇠타령, 장끼타령, 무숙이타령, 옹고집타령, 배비장타령, 강릉매화타령, 숙영낭자타령
판소리 6마당	춘향가, 심청가, 흥보가, 수궁가, 적벽가, 변강쇠타령
판소리 5마당	춘향가, 심청가, 흥보가, 수궁가, 적벽가

✪ 「적벽가」는 중국 소설 「삼국지연의」의 '적벽대전' 부분이 판소리로 형성된 것이고, 나머지는 구전 설화가 연창된 것이다.
✪ 「숙영낭자타령」은 소설에서 형성되었다는 설과 설화에서 형성되었다는 두 견해가 있다.

제 **3** 편 | 현대문학

제1장   현대문학사

제1절 ▶ 개화기 문학

(1) 계몽 사상, 애국 사상, 신문명 예찬 등의 주제 의식
(2) 신문학의 전개 및 현대 문학의 태동
    ① **시가 문학의 전개** : 개화 가사, 창가 가사
    ② **소설 문학의 전개** : 신소설이 등장, 민족의식 고취를 목적으로 역사·전기 문학이 창작
    ③ **극문학의 전개** : 판소리의 대창 형식의 창극과, 신파극 전개
    ④ **언문일치 운동의 전개** : 유길준의 「서유견문」

제2절 ▶ 1910년대 문학

(1) **2인 문단 시대** : 최남선, 이광수
(2) **계몽주의적 목적주의 문학의 전개**
(3) **언문일치의 본격적 전개**
(4) **현대문학의 태동**
    ① **시 문학** : 신체시 등장(최남선의 '해에게서 소년에게'), 최초의 자유시 등장(주요한의 '불놀이')
    ② **소설 문학** : 최초의 현대 장편소설(이광수의 '무정')
    ③ **서구 문예 사조의 도입**
    ④ **신극 운동의 전개**

(5) 1910년대 주요 잡지

잡지	발행기간	발행인	주요 사항
소년(少年)	1908 ~ 1911	최남선	• 최초의 월간 종합지. 신문학 개척의 선구적 잡지 • 「해에게서 소년에게」가 실려 있음
매일신보	1910 ~ 1938		일제에 항거하던 민족지로 『대한매일신보』를 강제 매수하여 발행. 국·한문 혼용. 이인직의 「모란봉」, 이해조의 「춘외춘」, 이광수의 「무정」·「개척자」 등이 연재
청춘(靑春)	1914 ~ 1918	최남선	월간 종합지, 최남선이 창작시집 발표. 이광수가 「소년의 비애」, 「방황」 등 단편소설을 발표
학지광(學之光)	1914 ~ 1930	• 현상윤 • 최팔용	동경 유학생들이 발간한 문예물 중심의 회지
유심(惟心)	1918	한용운	불교전문 월간교양지
태서문예신보 (泰西文藝新報)	1918 ~ 1919	장두철	순국문의 최초의 문예주간지, 김억이 주로 활동, 해외문학 특히 프랑스의 세기말적인 상징시를 소개

제3절 ▶ 1920년대 문학

(1) 문학의 순수 예술성 추구

(2) 다양한 문예 사조의 혼입기

(3) 동인지 중심의 문예 활동

(4) 언문일치 [구어체] 확립

(5) 계급주의 문학의 형성 ↔ 국민문학 운동의 전개

(6) 주요 잡지 및 동인지

잡지명	연대	작가	특징
창조(創造)	1919	김동인, 주요한, 전영택	• 최초의 순문예 동인지 • 1910년대 이광수의 관념적 계몽주의를 반대하고 순수문학을 추구 • 소설에서의 사실주의, 자연주의를 도입하였고, 시에서는 상징주의, 낭만주의를 추구 • 본격적인 문학동인지 • 김동인에 의해 언문일치의 완성(구어체문장 확립) • 김동인의 「약한 자의 슬픔」, 주요한의 「불놀이」 게재
개벽(開闢)	1920	이돈화, 박영희, 김기진	• 월간교양잡지, 동인지가 아님. • 천도교의 기관지. 신경향파적 성격을 지님.
폐허(廢墟)	1920	김억, 염상섭, 남궁벽, 황석우, 오상순	• 문학동인지 – 시중심의 활동 • 퇴폐주의 성격

장미촌(薔薇村)	1921	황석우, 변영로, 노자영, 박종화, 박영희	• 최초의 시 전문 동인지 • 낭만주의적 자유시 제창 • 『폐허』와 『백조』의 교량적 역할을 하였음.
백조(白潮)	1922	박종화, 현진건, 이상화, 나도향, 홍사용, 박영희	• 시에서는 감상적 낭만주의가 주조를 이루었고, 소설에서는 사실주의 경향을 띰. • 낭만주의(병적 감상주의)
금성(金星)	1923	양주동, 유엽, 이장희, 백기만	• 시 동인지 • 상징수법과 낭만주의 풍조
영대(靈臺)	1924	주요한, 김억, 김소월, 김동인, 이광수	• 순문예 동인지, 민족주의적 경향 • 『창조』의 후신
조선문단 (朝鮮文壇)	1924	방인근, 이광수	• 동인지의 성격을 탈피하고, 신인추천제를 둔 문예종합지로 민족주의 경향을 띰. • 『개벽』지와 대립된 잡지
해외문학 (海外文學)	1927	김진섭, 이헌구, 정인섭, 이하윤	• 외국문학에 대한 최초의 본격적인 번역 소개지 • 해외문학 연구회 기관지
삼천리(三千里)	1929	김동환	월간 교양지, 동인지가 아님.
문예공론 (文藝公論)	1929	양주동, 염상섭	• 문예종합지, 동인지가 아님. • 계급주의와 민족주의를 절충하려는 경향

제4절 ▶ 1930 ~ 1945년의 문학

(1) 동인지 문단 시대에서 사회적 [유파별] 문단 시대로 전개

(2) 역사적 가치의 시대에서 예술적 가치의 시대로 전개

(3) 전후 문예 사조의 유입

(4) 참여 문학의 퇴조와 순수 문학의 전개

(5) 주요 잡지 및 동인지

　① 순수문학 추구 동인지 및 잡지

동인지	연대	발행자 및 동인	특징
시문학 (詩文學)	1930	김영랑, 박용철, 정지용, 신석정,	순수시 옹호, 계급문학 반대, 유미주의적 경향, 섬세하고 세련된 시어, 시어의 음악성 중시, 1920년대 중반 이후 문단을 주도한 카프파의 계급주의 문학을 비판하고, 문학의 예술성을 주장, 카프파의 계급주의 문학이 지나치게 이념을 노출시킨 데 대한 반발로 일어남.
문예월간 (文藝月刊)	1931	박용철, 이하윤, 정지용	순문예 종합지
문학(文學)	1934	박용철	순수문학을 주장한 문예지
시원(詩苑)	1935	모윤숙, 노천명, 김광섭, 김상용	순수문학을 추구한 시 전문지

② 주요 동인지 및 잡지

지명(誌銘)	연대	대표 작가	특징
삼사문학	1934	조풍연, 신백수	의식의 흐름 수법을 보인 초현실주의적 경향의 작품들을 다수 발표
조선문학	1935	이무영	필진이 주로 프로문학계의 인물인 것으로 보아, 프로문학 잔재 세력의 거점으로 보임.
조광	1935		• 조선일보 자매지 • 이상의 「날개」, 채만식의 「태평천하」 등을 게재
시인부락	1936	서정주, 김동리, 김달진	• 시 전문 동인지. 인간과 생명 자체의 근원성에 대한 집요한 관심을 보임. 또한, 예술지상주의적인 순수문학을 인간주의적인 순수문학으로 심화시킴. • 서정주의 「화사」, 「문둥이」 등이 발표됨.
자오선	1937	이육사, 김광균, 신석초	모든 경향과 유파를 초월한 시 전문 동인지
문장 (文章)	1939	조지훈, 박목월, 박두진	월간 종합 문예지. 범문단적인 작품 발표 및 고전 발굴에 주력. 특히, 신인 추천 제도를 두어 우수한 신인을 발굴

제5절 ▶ 1945년 이후의 문학

(1) 문단의 좌우 대립

(2) 전쟁 체험의 문학 전개

(3) 서구의 실존주의 문학의 영향 : 장용학(요한시집), 이범선(오발탄), 손창섭(비오는 날, 잉여인간), 김성한(5분간), 김춘수(꽃) 등

(4) 모더니즘시와 전통 지향적 순수시의 양대 흐름 형성

제6절 ▶ 1960 ~ 1970년대 문학의 전개

(1) 사실주의 문학 중심

(2) 현실 참여 문학의 전개

사회 부조리·비인간화 현상에 대한 비판과 저항을 목적으로 하는 현실 참여적 성격의 문학이 본격적으로 전개

① 시 문학

4·19 혁명과 5·16 군사 쿠데타로 이어지는 정치적 격동기를 겪으며, 시민 의식을 바탕으로 정치적 부패와 사회 부조리를 고발하며 자유와 평등의 가치를 지향. → 박두진(우리는 아직 깃발을 내린 것이 아니다), 김수영(푸른 하늘을, 폭포, 풀, 거대한 뿌리, 눈, 달나라의 장난), 신동엽(껍데기는 가라, 금강(錦江), 신동문(비닐우산), 신경림(농무), 김지하(오적, 황톳길, 들녘), 이성부(이 공동의 아침에, 이농(離農), 벼랑 아래에서, 벼), 김광섭(성북동 비둘기) 등

② 소설 문학

4 · 19와 5 · 16을 통해 정치 · 사회에 대한 시민 의식이 높아지자 현실 비판적 자세를 보인 작품이 많이 발표. → 김정한(모래톱 이야기, 인간 단지), 손창섭(부부, 길), 이호철(소시민), 선우휘(망향), 전광용(꺼삐딴 리), 하근찬(야호, 왕릉과 주둔군), 이문구(장한몽), 방영웅(분례기), 유현종(불만의 도시), 최인훈(광장), 송기숙(자랏골의 비가), 이문구(관촌수필), 황석영(객지, 삼포 가는 길), 윤흥길(아홉 켤레 구두로 남은 사내), 조세희(난장이가 쏘아 올린 작은 공)

(3) 민족의 비극과 분단 현실에 대한 심화된 인식

6 · 25전쟁의 상흔으로 인한 인간의 비참한 삶, 남북이념의 대립 등을 사실적으로 증언하고 새로운 각도로 파악한 작품이 창작되었다. → 최인훈(광장), 황순원(나무들 비탈에 서다), 오상원(황선 지대), 강용준(철조망, 밤으로의 긴 여로)

(4) 순수문학의 전개 – 서정주의(敍情主義) 문학

참여문학의 강력한 전개에도 불구하고 전통적 서정과 예술적 기교를 추구하는 문학이 꾸준히 창작되었다.

① 시 문학

50년대의 전통적 서정시 작가들과 김종삼, 천상병, 문덕수, 정한모, 김남조, 조병화 등이 이러한 경향을 전개하였다. → 정한모(가을에, 아가의 방), 조병화(의자), 김남조(겨울 바다, 설일, 너를 위하여), 이동주(혼야 (婚夜)), 박재삼(춘향의 마음, 흥부 부부상), 김종삼(십이음계, 시인학교), 천상병(새, 귀천), 문덕수(선에 관한 소묘)

② 소설 문학

인간의 삶과 인간 존재의 해명이라는 본질적인 문제를 묘사한 것으로서, 시대와 관계없이 꾸준히 맥을 형성해 왔다. → 김동리(등신불, 늪, 윤사월, 을화), 오영수(머루, 후조, 메아리), 박영준(오늘의 신화, 종각), 박경리(시장과 전장, 김약국집 딸들), 강신재(임진강의 민들레), 김승옥(서울 1964년 겨울, 무진기행), 서정인(후송, 강, 원무), 이청준(퇴원, 병신과 머저리), 박태순(연애)

(5) 역사소설

① 비판적 역사소설

역사(근대사를 주로 다룸)를 현실에 비추어 봄으로써 역사에 대한 새로운 인식과 현실에 대한 각성을 촉구하려는 의도로 창작됨 → 안수길(북간도), 김정한(수라도, 어둠 속에서), 김성한(이성계), 서기원(혁명), 유주현(조선 총독부), 하근찬(족제비, 일본도(日本刀))

② 민중의 삶에 근거한 민족사를 재인식한 대하 역사소설 → 박경리(토지), 황석영(장길산)

제2장   현대시

제1절 ▶ 현대시의 특징

1. 시의 특성

운율성, 사상성, 정서성, 압축성, 영상성, 주관성, 자기 목적성, 간접적 전달성

2. 시의 3대 구성요소

음악적 요소	운율(리듬) → 순수시(시문학파)
회화적 요소	심상(이미지) → 주지시(모더니즘파)
의미적 요소	주제(사상) → 경향시(예맹파), 참여시

3. 심상의 종류

(1) 단일심상

하나의 감각만 사용하는 심상으로 시각적, 청각적, 후각적, 미각적, 촉각적 심상이 있다.

(2) 결합심상

공감각적 심상	두 종류 이상의 감각이 결합하여 감각이 전이(轉移)되어 표현된 것
복합감각적 심상	둘 이상의 감각을 병치시키는 것을 말한다. 감각의 전이가 일어나지 않고 두 감각이 독립적으로 존재한다.

제2절 ▶ 한국 현대시의 흐름

1. 1930년대 주요 유파

① **시문학파(詩文學派. 순수시파)** → 순수시 운동

시인	작품 경향	대표 작품
김영랑	투명한 감성의 세계를 감각적인 시어와 가락으로 표현	모란이 피기까지는, 내 마음 아실 이, 독을 차고
박용철	삶에 대한 회의를 감상적인 가락으로 표현	떠나가는 배
정지용	고향에의 향수를 감각적인 시어를 구사하여 표현	향수, 고향, 유리창
이하윤	해외 시의 소개와 서정시 운동, 『시문학』 동인	들국화, 물레방아

② 주지파(主知派, 모더니즘파) - 모더니즘 시 운동

시인	작품 경향	대표 작품
김기림	주지주의문학의 이론을 통한 모더니즘 시운동을 전개	기상도, 바다와 나비
김광균	『시인부락』(1936), 『자오선(子午線)』(1937) 동인으로 활동. 공감각적, 시각적인 언어를 통하여 참신한 이미지를 표현	외인촌, 데생, 추일서정, 와사등, 기항지, 설야
장만영	농촌을 중심으로 한 자연을 소재로 하여 선명한 이미지를 표현	바다로 가는 여인, 달·포도·잎사귀
김해경 (李箱)	구인회에 참여하여 '시와 소설' 편집. 다다이즘, 초현실주의 경향의 실험적인 작품을 시도	오감도, 거울

③ 생명파(生命派, 인생파)

시인	작품 경향	대표 작품
서정주 (미당)	• 초기 : 보들레르의 영향으로 인간의 원죄 의식과 근원적 문제인 생명성을 탐구 • 후기 : 불교적 상상력에 뿌리를 둔, 영원성을 희구하는 정신주의와 신비주의적 색채 • 『시인부락』(1936) 동인	화사, 문둥이, 자화상, 추천사, 국화 옆에서, 무등을 보며, 춘향유문, 귀촉도
유치환 (청마)	• 초기 : 니체의 영향을 받아 의지가 허무에 압도된 낭만적, 상징적 경향의 시를 씀. • 후기 : 생명탐구의 시 세계. 즉, 삶의 본질을 추구하는 시를 씀. • 허무의 세계를 극복하려는 강인한 원시 생명적 의지를 시화한 까닭에 '허무와 의지의 시인'으로 불림.	깃발, 바위, 일월, 생명의 서, 울릉도

④ 전원시파(田園詩派, 목가시인)

시인	작품 경향	대표 작품
신석정	자연 친화의 목가적 시풍으로 이상향에의 동경을 노래	슬픈 구도, 그 먼 나라를 알으십니까, 아직은 촛불을 켤 때가 아닙니다
김동명	일제의 탄압을 피해 농촌에 묻혀 향수, 비애, 고독을 서정으로 노래	파초, 진주만, 내 마음은
김상용	동양적 관조의 세계를 전원적인 정서로 노래	남으로 창을 내겠소

⑤ 청록파(靑鹿派, 자연파)

시인	작품 경향	대표 작품
박두진 (혜산)	기독교적 생명사상에 입각한 자연과의 친화를 노래하였으나, 그의 자연은 목가적인 세계가 아니고, 인간과 사회에 대한 윤리 의식이 밑바탕이 되어 종교적 신앙과 일체를 이루었다.	향현, 낙엽송, 도봉, 설악부, 묘지송, 해
박영종 (목월)	향토성이 짙은 토속적인 언어, 정형적인 율격, 간결한 이미지와 섬세한 서정성을 바탕으로 자연과의 친화를 표현했다.	나그네, 청노루, 윤사월, 산도화, 하관, 이별가
조동탁 (지훈)	회고적, 민속적인 제재를 통해 민족적 정서와 전통에 대한 향수 및 불교적 선미(禪味)를 그렸다.	봉황수, 승무, 완화삼, 고풍 의상

⑥ 기타 작가

시인	작품 경향	대표 작품
김현승	인간의 절대 고독, 영혼의 순결성을 노래	가을의 기도, 눈물, 가을, 절대 고독
김광섭	고요한 서정과 지적 경향	해바라기, 성북동 비둘기
노천명	고독 애수의 주정적 경향	사슴, 산호림, 별을 쳐다보며
이용악	• 식민지 치하의 뿌리 뽑힌 유랑민의 삶을 노래 • 짓밟히면서도 일어나는 민중의 끈질긴 생명력을 다룸. • 민족적 사실주의	낡은 집, 오랑캐꽃, 전라도 가시내, 분수령
백석	평안도 지방의 향토적 생활과 민속을 객관적 태도로서 사실적으로 그림. 식민지 상황에서 유랑하는 민중의 삶을 다룸. 민족적 사실주의. '서사적 이야기의 구조'	여우난 곬족, 사슴, 가즈랑집, 고향, 여승

2. 1950년대 주요 작가와 작품 경향

시인	작품 경향	작품
김수영	인간주의에 바탕을 두고 있으면서 1950년대의 사회적 풍토를 풍자적으로 시화(詩化)하였다. 저항정신에 뿌리박은 참여파의 전위적 역할을 함.	달나라의 장난, 눈, 풀, 폭포, 병풍
송욱	풍자와 익살을 통한 현실비판의 정신	하여지향, 장미
김춘수	말과 존재의 관계를 지적인 이해를 토대로 하여 나타낸 '인식(認識)의 시인', '이미지의 시인', '무의미시' • 초기: 사물의 본질을 탐구하려고 노력함. • 후기: 이미지에 의한 순수시를 추구함.	꽃, 꽃을 위한 서시, 부다페스트에서의 소녀의 죽음

제3장 현대소설

제1절 ▶ 한국 현대소설의 특징

1. 소설의 특징

서사성, 허구성(창조된 개연성), 진실성(소설은 허구의 세계를 그리지만 진실을 지닌 인생 표현), 모방성, 산문성, 예술성, 객관성

2. 3요소

① 소설의 3요소 : 주제, 구성, 문체
② 구성의 3요소 : 인물, 사건, 배경

3. 구성의 종류

피카레스크식 구성	• 독립된 각각의 이야기가 동일한 주제로 엮어지거나, 각각 다른 이야기에 동일한 주인공이 등장하는 구성 • 인과 관계에 의하지 않고 산만하고 개별적으로 진행되는 피카레스크 소설에서 유래한 구성 방법
옴니버스 구성	• 독립된 짧은 이야기를 묶어 한 편의 이야기를 만드는 구성 • 피카레스크와 유사하나 서로 다른 인물들이 등장
액자식 구성	• 전체적인 큰 이야기 속에 또 다른 이야기가 전개되는 구성 • 외부 이야기(外話, 외부 액자)는 사실성과 진실성을 부여하는 역할을 하며, 내부 이야기(內話, 내부 액자)는 주제 의식을 드러냄.

4. 소설의 시점의 종류

① 1인칭 주인공 시점(1인칭 서술자 시점, 1인칭 주관적 시점)
② 1인칭 관찰자 시점(1인칭 목격자 시점, 1인칭 객관적 시점)
③ 전지적 작가 시점(파노라마적 시점)
④ 3인칭 관찰자 시점(작가 관찰자 시점, 3인칭 객관적 시점)

제2절 ▶ 한국 현대소설의 흐름

1. 1900 ~ 1910년대 주요 작품

① 창작 신소설

작품	연대	작가	내용
혈의누(血의淚)	1906	이인직	신교육사상 고취, 자유결혼 주장, 최초의 신소설, 『만세보』에 연재
귀의성(鬼의聲)	1906	이인직	처첩 간의 갈등과 신·구 사상의 갈등을 그린 작품
치악산(雉岳山)	1908	이인직	양반의 부패 폭로. 고부 간의 갈등을 그림. 『만세보』에 연재
은세계(銀世界)	1908	이인직	국민의 권리와 자주독립을 고취한 정치소설, 최초로 원각사에서 상연됨.
모란봉(牡丹峰)	1913	이인직	'혈의누'의 속편. 삼각관계를 그린 애정소설, 『매일신보』 연재 중 미완성
빈상설(鬢上雪)	1908	이해조	소실 때문에 패가망신을 하게 되는 가정비극
구마검(驅魔劍)	1908	이해조	무당의 거짓말을 폭로하여 미신타파를 강조
자유종(自由鍾)	1910	이해조	정치적인 토론소설, 자주독립·여성해방·한자폐지 등을 다룸.
화의혈(花의血)	1911	이해조	동학혁명을 전후한 관리들의 부패상 폭로
추월색(秋月色)	1912	최찬식	외국유학 및 애정의 기복을 다룬 소설
안의성(雁의聲)	1912	최찬식	삼각연애를 소재로 자유결혼과 인권옹호를 다룬 소설
금수회의록(禽獸會議錄)	1908	안국선	우화·정치소설. 당국에 의해 압수됨. 동물의 입을 빌려 사회 각층의 의식구조와 사회 부패상을 풍자함.

② **개작 신소설** : 판소리계 소설의 개작

신소설	연대	작가	원작품
옥중화(獄中花)	1912	이해조	춘향전(春香傳)을 개작한 것
강상련(江上蓮)	1912	이해조	심청전(沈淸傳)을 개작한 것
연의각(燕의脚)	1913	이해조	흥부전(興夫傳)을 개작한 것
토의간(兎의肝)	1916	이해조	별주부전(鼈主簿傳)을 개작한 것
소양정(昭陽亭)	1912	이해조	소양정기(昭陽亭記)를 개작한 것

③ **번안 신소설** : 외국 소설을 빌려와 등장인물, 장소 등을 우리나라 명칭으로 바꾸어, 옮긴 사람의 창의력이 가미되어 원작과는 다른 면모를 지녔다.

작품명	연대	작가	내용
철세계(鐵世界)	1908	이해조	프랑스의 줄 베른의 「철세계」를 번안한 소설
설중매(雪中梅)	1909	구연학	일본의 스에히로의 「설중매」를 번안한 정치소설. 이인직이 각색하여 1908년 원각사에서 상연함.
장한몽(長恨夢)	1913	조중환	일본의 오자끼의 「곤지기야차(金色夜叉)」를 번안한 애정소설, 일명 「이수일과 심순애」
해왕성(海王星)	1916	이상협	프랑스의 뒤마의 「몽테크리스토 백작」을 번안한 작품
애사(哀史)	1919	민태원	프랑스의 빅토르 위고의 「레미제라블」을 번안한 작품

④ **역사·전기 신소설**

작품	연대	작가	인물 내용
월남망국사	1906	현채	양계초의 월남망국사를 번역한 국한문본
애국부인전	1907	장지연	잔-다르크의 일대기를 다룸.
서사건국지	1907	박은식 역술	스위스의 빌헬름 텔의 영웅적 투쟁을 다룸.
을지문덕전	1908	신채호	고구려 을지문덕의 일대기를 다룸.
이순신전	1908	신채호	이순신의 일대기를 다룸. 『대한매일신보』에 연재
최도통전	1910	신채호	최영 장군의 이야기를 다룸. 『대한매일신보』에 연재
강감찬전	1907	우기선	고구려 강감찬 장군의 전기

2. 1920년대

(1) 전개 양상

소설의 예술성 추구, 사실주의적·자연주의적 경향, 경향소설의 등장, 기법의 진전(완전한 언문일치), 현대 단편소설의 기틀 확립, 동반자 작가의 활동

(2) 주요 작가 및 작품

김동인	「약한 자의 슬픔」(사실주의), 「배따라기」(낭만주의, 유미주의), 「감자」(자연주의), 「광염소나타」(유미주의), 「광화사」(유미주의), 「붉은 산」(민족주의), 「발가락이 닮았다」(인도주의), 「운현궁의 봄」(역사소설), 「대수양」(역사소설), 「젊은 그들」(역사소설) 등
전영택	「소」, 「화수분」, 「크리스마스 전야의 풍경」, 「천치냐 천재냐」 등
염상섭	「표본실의 청개구리」(최초의 자연주의 소설), 「만세전」, 「삼대」(사실주의 완성작), 「두 파산」
나도향	「별을 안거든 울지나 말걸」, 「환희」, 「물레방아」, 「뽕」, 「벙어리 삼룡이」 등
주요섭	「인력거꾼」, 「살인」, 「사랑손님과 어머니」, 「아네모네의 마담」, 「대한 교수와 모리배(謀利輩)」, 「잡초」 등
현진건	「희생화」(처녀작), 「빈처」, 「고향」, 「운수 좋은 날」, 「술 권하는 사회」, 「B사감과 러브레터」, 「무영탑」 등
최서해	「탈출기」, 「기아와 살육」, 「홍염」, 「박돌의 죽음」 등

3. 1930년대

(1) 전개 양상

도시소설, 풍자적 기법을 통한 우회적 현실비판(채만식), 농민의 삶에 대한 현실적 인식(농촌 계몽소설), 민족적 현실 인식과 민족의식의 고취

(2) 주요 작가 및 작품

심훈	• 민족주의, 사실주의적인 경향의 농촌계몽소설을 발표 • 「상록수」, 「영원의 미소」, 「직녀성」
채만식	• 동반자 작가, 사회풍자적인 소설을 많이 쓴 풍자소설의 대가 • 「레디메이드 인생」, 「치숙」, 「탁류」, 「태평천하」 등
유진오	• 동반자 작가, 지식인의 고뇌와 무력감을 표현 • 「김강사와 T교수」, 「창랑정기」 등
김유정	• 구인회 동인, 농촌의 현실을 해학적으로 표현 • 「동백꽃」, 「봄봄」, 「소나기」, 「만무방」, 「금 따는 콩밭」 등
이효석	• 동반자 작가, 구인회 동인 • 세련된 언어, 풍부한 어휘, 시적 분위기의 형성 등을 통해 산문 세계의 예술성을 승화시킴. • 「메밀꽃 필 무렵」, 「산」, 「돈(豚)」, 「들」 등
김정한	• 낙동강 일대를 배경으로 하여 일제 강점하의 농촌현실을 사실적으로 표현 • 「사하촌」, 「모래톱 이야기」 등
이무영	• 농촌소설, 사실주의적 경향 • 「제1과 제1장」, 「흙의 노예」 등
박영준	• 농촌소설, 사실주의적 경향 • 「모범 경작생」, 「목화씨 뿌릴 때」 등
이상(김해경)	• 구인회 동인, 초현실주의, 심리주의적 내면 묘사 기법인 의식의 흐름 추구 • 「날개」, 「종생기」, 「봉별기」 등
김동리	• 토속적, 신비주의적, 사실주의적 경향, 무속신앙을 배경으로 작품을 창작 • 「무녀도」, 「황토기」, 「바위」, 「사반의 십자가」, 「화랑의 후예」 등
황순원	• 삼사문학 동인, 범생명적 휴머니즘 추구 • 「카인의 후예」, 「학」, 「목넘이 마을의 개」 등

4. 1950년대

(1) 전후 소설

6·25전쟁 체험으로 인한 민족의 비극적 현실을 배경

(2) 주요 작가 및 작품

작가	특징	작품
김성한	• 「오분간」에서 동시묘사법의 새로운 기교 사용 • 「바비도」에서 신의 섭리와 세계의 부조리에 대한 저항을 표현 • 인간의 존엄성과 정의구현을 실천하는 행동적·반항적 인간을 주로 표현	암야행, 오분간, 바비도, 방황, 이성계, 요하, 이마
손창섭	전후의 음울한 분위기와 소외된 불구적 인간형을 냉소적이고, 사실적인 필치로 표현 실존주의의 영향을 받음.	비오는 날, 잉여인간, 혈서, 낙서족
선우휘	「불꽃」을 발표하여 인간주의 사상을 행동으로 실현하는 주인공을 형상화하여 광복 당시의 분열상의 비극적 국면을 묘사	불꽃, 테러리스트, 깃발 없는 기수, 노다지
이범선	절망 속에서 정신적 지주를 잃은 당시의 빈곤상과 삶의 관계를 해명	오발탄, 학마을 사람들
오영수	농어촌 서민층의 애환을 특질로 한 한국인의 감상성을 크게 부각	머루, 갯마을
정한숙	민족의 기개를 형상화함.	금당벽화, 바다의 왕자
전광용	「흑산도」에서 토속적 삶에 내재된 가난함을 표현했고, 「꺼삐딴리」에서는 인간의 변절적 순응주의를 비판	흑산도, 꺼삐딴리
박경리	세속적 삶의 모순을 작품으로 형상화함.	암흑시대, 토지, 김약국의 딸들

5. 1960년대 이후

1950년대의 소설을 계승하면서 이를 보다 심화·발전시키면서, 다양한 현실인식과 인간존재에 대한 해명, 현실 참여적 성격 등을 보였으며, 사실주의적 기법을 폭넓게 수용

제4장   현대수필

제1절 ▶ 한국 현대수필의 특징

1. 수필의 특성

① **자유로운 형식의 산문(무형식의 형식)** : 수필은 다른 문학에 비하여 형식이 자유롭다. 그렇다고 형식이 없이 아무렇게나 쓰는 글은 아니다.

② **개성의 문학** : 수필은 형식적 제약이 없이 필자가 자신의 느낌이나 체험을 고백적으로 쓴 글이므로 가장 개성적이다.

③ **제재의 다양성** : 인생이나 사회, 역사, 자연 등 무엇이든지 수필의 제재가 될 수 있다.

④ **유머, 위트, 비평 정신이 드러나는 글**

⑤ **비전문적·개방적인 글** : 수필은 누구나 쓸 수 있다.

⑥ **심미적·철학적인 글** : 인생과 자연의 관조에서 체득한 삶의 의미, 가치 등이 드러나는 글

⑦ **직접적 전달성** : 허구적 대리인을 거치지 않고, 작가가 자신의 생각이나 사상을 직접 전달

⑧ **자기 고백적·독백의 문학** : 글쓴이의 내적 심성(心性)이 드러나는 글이다.

⑨ **인생의 체험과 관조의 문학**

⑩ **대화적 산문** : 독자와의 교감을 중시하는 문학이다.

⑪ **설득의 실용적인 공리성** : 독자를 설득시키는 실용적인 목적으로 사용할 수 있다.

2. 수필의 갈래

주제의 경중에 따라	경수필 (미셀러니, 개인적 수필)	• 비형식적 수필. 예술적 가치를 추구하며, 감정·정서로 전개 • 일정한 주제보다 사색이 주(主)가 되는 서정적 수필의 경향, 몽테뉴적인 수필
	중수필 (에세이, 사회적 수필)	• 형식적 수필. 실용적 가치를 추구하며, 설명과 논리로 전개 • 지성적·객관적이며 설득력이 강한 비평적인 수필의 경향. 베이컨적인 수필
진술 유형에 따라	서정적 수필	일상생활이나 자연에서 느낀 것을 솔직하게, 주정적(主情的)·주관적으로 표현한 수필
	서사적 수필	인간세계나 자연의 어떤 사건에 대하여, 필자의 주관을 개입시키지 않고 객관적으로 서술한 수필
	교훈적 수필	필자의 오랜 체험이나 깊은 사색을 바탕으로 하는 교훈적인 내용을 담은 수필
	희곡적 수필	필자 자신이나 다른 사람이 체험한 사실을 생각나는 대로 서술하되, 사건의 내용 자체에 다분히 극적인 요소가 있어서 작품의 내용전개가 희곡적으로 전개되는 수필

제5장   현대희곡

제1절 ▶ 한국 현대희곡의 특징

1. 희곡의 특성

① **무대 상연의 문학** : 희곡은 원칙적으로 무대 상연을 전제로 한 문학이다. 그러나 단지 읽기 위해서 쓴 희곡도 있는데, 이를 '레제드라마(lesedrama)'라고 한다.

② **행동의 문학** : 무대 위에 인물의 행동으로 표현되는 예술이다.

③ **대사의 문학** : 대화를 표현 형식으로 삼는다.

④ **현재화된 인생 표현** : 관객에게 사건 진행을 현재적 사실로 받아들이게 한다.

⑤ **대립과 갈등의 문학** : 이념의 대립, 의지의 갈등을 본질로 삼는다.

⑥ **가장 직접적이며 객관적 형식의 문학** : 배우가 직접 독자와 대면하는 양식으로 작가는 개입할 수 없고 독자에게 상황을 보여 주기 때문에 가장 객관적인 양식이다

2. 희곡의 제약

① **근본적 제약(보여주기)** : 직접 서술의 불가능

② **공간적 제약** : 무대

③ **시간적 제약** : 반드시 현재형

더 알아두기

고전극의 3일치 : 무대의 제약성 때문에 통일시킨 원칙

시간의 일치	시간은 24시간 이내에 끝내야 한다.
장소의 일치	한 장소에서 사건이 이루어져야 한다.
행동의 일치	사건은 주제를 향하여 통일되어야 한다.

---

3. 희곡의 분류

(1) 창작 의도에 따른 분류

① **창작 희곡** : 처음부터 무대 상연을 목적으로 창작한 희곡

② **각색 희곡** : 소설, 수기. 시나리오 등을 기초로 각색한 희곡

③ **레제드라마(lesedrama)** : 상연되지 않고 읽기만을 위한 독서 희곡으로 연극성을 무시하고 문학성만을 중시

④ **뷔넨드라마(bühnendrama)** : 반드시 무대 상연을 전제로 한 희곡

(2) 기타 희곡

① **멜로드라마(melodrama)** : 사랑을 주제로 하여 줄거리에 변화가 많고, 호화로운 무대로 관객을 대하는 감상적 통속적인 대중극이다.

② **모노드라마(monodrama)** : 한 사람의 배우가 연출하는 극이다.

③ **팬터마임(pantomime)** : 대사가 없이 동작만으로 이루어진 극으로 '무언극(無言劇)'

④ **키노드라마(kinodrama)** : 영화의 기법을 섞어 사용하는 특수한 연극으로 연극과 영화의 연쇄극이라고 한다.

⑤ **소인극(素人劇)** : 전문적인 연극인이 아닌 사람들이 하는 연극이다.

⑥ **사이코드라마(psychodrama)** : 극적인 효과보다는 진단이나 치유의 효과를 기대하는 목적극으로 주로 사회적 부적응이나 인격 장애 진단 및 치료에 이용한다.

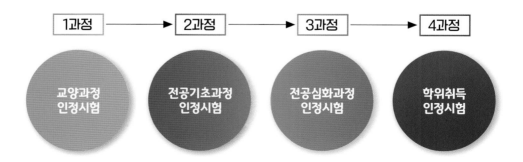

독학사 4단계 교양공통

국어 핵심요약집

한번에
Pass!